Günter Roh

Im Her:
Die Geschichte des 1. FC K

**Günter Rohrbacher-List**

# Im Herzen der Pfalz

## Die Geschichte des 1. FC Kaiserslautern

VERLAG DIE WERKSTATT

## Der Autor

**Günter Rohrbacher-List,** Jahrgang 1953, Diplom-Sozialarbeiter und freier Journalist, lebt und arbeitet in Ludwigshafen.
Bisherige Buchveröffentlichungen u.a.: „1. FC Kaiserslautern: Der Berg, das Land und der Ball“ (1995), „Co Prins – Genie, Filou, Globetrotter“ (1998), „Die Roten Teufel sind wieder da – Die Geschichte des 1. FC Kaiserslautern“ (1998), „Merci Guy Roux – Der AJ Auxerre“ (2001). Buchbeiträge u.a. in: „Davidstern und Lederball – Die Geschichte der Juden im deutschen und internationalen Fußball“ (2003), „Strategen des Spiels – Die legendären Fußballtrainer“ (2005).

Bibliografische Information der Deutschen Bibliothek:
Die Deutsche Bibliothek verzeichnet diese Publikation in der Deutschen Nationalbibliografie; detaillierte bibliografische Daten sind im Internet über http://dnb.ddb.de abrufbar.


Lotzestraße 24a, D-37083 Göttingen
www.werkstatt-verlag.de

Satz und Gestaltung: Verlag Die Werkstatt, Göttingen
Druck und Bindung: Westermann Druck Zwickau

ISBN 978-3-89533-583-9

# Inhalt

## Rund um den Betzenberg



## Statistischer Anhang

# Nichts ist mehr wie es war …

## Der 1. FC Kaiserslautern: Vom Sympathieträger zum Sorgenkind eines Bundeslandes

Als 1995 der Vor-Vorgänger dieses Buches, „Der Berg, das Land und der Ball“ erschien, lag der Gewinn der Deutschen Meisterschaft unter Trainer Karl-Heinz Feldkamp erst vier Jahre zurück. Aber die sportlichen Reserven waren aufgezehrt, die besten Spieler wie Stefan Kuntz und Ciriaco Sforza waren gegangen, und der 1. FCK stand im unteren Drittel der Tabelle. Die Alarmzeichen verhallten ohne Resonanz, die Gefahr eines möglichen Absturzes wurde von den Verantwortlichen nicht ernst genommen. Am Ende der Spielzeit stand der Abstieg, der die Pfalz und ihre Nachbarregionen bis ins Mark erschütterte. Obwohl der Abgrund immer näher gekommen war, hatte niemand wahrhaben wollen, dass der 1. FCK jemals aus der Bundesliga absteigen könnte.

Und so begann nach Jahren relativer Ruhe im Verein die Auseinandersetzung zwischen der Opposition der Erneuerer und dem bis dahin wohlgelittenen Präsidium um Norbert Thines, das die Verantwortung für diesen Niedergang nur fünf Jahre nach der Meisterfeier übernehmen musste. Schließlich setzte sich die Opposition durch und traf weitreichende Entscheidungen. Der sofortige Wiederaufstieg unter Trainer Otto Rehhagel und die nachfolgende sensationelle Deutsche Meisterschaft 1998 waren die positiven Folgen. Doch der Höhepunkt 1998 war gleichzeitig auch der Beginn der destruktivsten Phase in der Geschichte des 1. FCK. Der Größenwahn grassierte, die zeitweilige Spitzenmannschaft sollte nach dem Willen der Verantwortlichen in Vorstand und Aufsichtsrat und des Trainers dauerhaft auf einer Höhe mit Bayern München und den damals noch dominanten Dortmundern rangieren. Doch durch eine wenig glaubwürdige Personalpolitik, die die Mannschaft lediglich ergänzte, aber nicht verstärkte, wurde das erreichbare Ziel, sich dauerhaft für einige Jahre in der Champions League zu etablieren, ein ums andere Mal verfehlt. Rehhagel wurde entlassen, Brehme scheiterte nach hoffnungsvollem Beginn.

Mit dem Amtsantritt von René C. Jäggi hielt die Beliebigkeit Einzug auf dem Betzenberg. Seitdem ist der 1. FCK ein anderer Verein geworden. Bei der Verpflichtung von Trainern verließ man sich mehr auf persönliche Eindrücke und Sympathien als auf Qualität und Kontinuität zu achten. Ein Plan war selten erkennbar – auch bei der Verpflichtung vieler Spieler, die aus allen Ecken der Fußballwelt nach Kaiserslautern geholt wurden und meist ebenso schnell wieder abgegeben wurden, weil sie nicht passten. Dieses Mal dauerte es nicht fünf Jahre bis zum Absturz, sondern acht Spielzeiten, bis der 1. FCK erneut in der 2. Bundesliga angekommen war. Gravierender Unterschied: 2006 stand kein charismatischer Trainer wie Rehhagel der Mannschaft vor, und die Spieler, die abgestiegen waren, verließen bis auf Torhüter Jürgen Macho, Axel Bellinghausen und einige jüngere Spieler den Verein. Im Jahr der Fußball-Weltmeisterschaft 2006, die auch in Kaiserslautern stattfand, war der 1. FCK am Tiefpunkt angelangt, sowohl sportlich als auch finanziell. Für die Bildung einer neuen und aufstiegsfähigen Mannschaft stand nur wenig Geld zur Verfügung, so dass die meisten Neuzugänge ablösefrei sein mussten.

Zwar strömten in der Saison 2006/07 fast so viele Zuschauer ins Fritz-Walter-Stadion wie im Abstiegsjahr, doch das Image des Vereins hat in der letzten Dekade – nicht nur wegen des verpassten sofortigen Wiederaufstiegs – merklich gelitten. Als das Land Rheinland-Pfalz im Mai 2007 den 60. Jahrestag seiner Gründung beging, fragte das Mannheimer Meinungsforschungsinstitut CMR im Auftrag der *Rheinpfalz:* „Wer ist derzeit bundesweit der beste Sympathieträger für Rheinland-Pfalz?“ Eine absolute Mehrheit erreichte keiner der Genannten: Ministerpräsident Kurt Beck lag mit 34% vor Kardinal Karl Lehmann mit 12%. Dahinter folgte Mainz 05 mit 11%. Der 1. FCK landete mit 7% hinter Mario Adorf (10%) und Helmut Kohl (9%) auf dem 6. Platz, gefolgt von der Weinkönigin Katja Schweder (6%), den Mainzelmännchen (5%), DFB-Präsident Theo Zwanziger (2%) und Tatort-Kommissarin Ulrike Folkerts (1%). Hätte dieselbe Umfrage 1991 oder 1998 stattgefunden, der 1. FCK wäre ohne Zweifel an erster Stelle gelandet, mit weitaus mehr Prozentpunkten als Beck, während die Konkurrenz aus Mainz wohl kaum Erwähnung gefunden hätte.

„Wir waren schon öfter in einer ähnlichen Lage und haben es am Ende immer geschafft“. Diese Fehleinschätzung aus dem Präsidium im Frühjahr 1996, wenige Wochen vor dem Abstieg, als dem 1. FCK schon das Wasser bis zum Hals stand, ist bereits damals verbraucht und überstrapaziert gewesen. Zu sorglos glaubte man in Kaiserslautern, für alle Ewigkeit die Nr.1 und der einzige Bundesligist im Lande zu sein. Doch kaum waren die Mainzer aufgestiegen, hatten sie den vermeintlich so übermächtigen 1. FCK überholt und durch das sympathische und kompetente Auftreten ihres Trainers Jürgen Klopp und die kontinuierliche Arbeit von Präsident Harald Strutz und Manager Christian Heidel Sympathien von den uneinigen, ewig streitenden und dauerprozessierenden Lauterern abgezogen.

Die teilweise turbulenten Ereignisse rund um den Betzenberg forderten nun – neun Jahre nach dem Gewinn der letzten Deutschen Meisterschaft – eine Fortschreibung und ausführliche Ergänzung von „Der Berg, das Land und der Ball“ (1995) und „Die Roten Teufel sind wieder da“ (1998). Es stand an, zu skizzieren und zu analysieren, wie es geschehen konnte, dass es der 1. FCK nach dem Titelgewinn – wie schon 1991 – nicht schaffte, Kontinuität in seine Vereins- und Rekrutierungspolitik zu bringen und stattdessen mit permanenten skandalträchtigen Enthüllungen die Anerkennung nahezu zu verspielen, die ihm jahrelang nicht nur in der Pfalz und im eigenen

Bundesland, sondern bundesweit entgegengebracht worden war. Das Buch beschreibt und kommentiert die kurze Hochphase nach 1998, das Kommen und Gehen von Trainern, die dem 1. FCK nicht wirklich weiterhalfen, die wirtschaftlich gelungene Sanierung durch den Schweizer René C. Jäggi mit allerdings zweifelhaften sportlichen Entscheidungen und katastrophaler Wirkung, nämlich der Weichenstellung in Richtung Abstieg. Am Ende steht nicht nur der erneute Gang in die 2. Bundesliga, sondern auch der erfolglose Versuch, gleich im ersten Zweitligajahr wieder aufzusteigen. Es gibt darüber hinaus einen Ausblick auf die Zukunft und beleuchtet die hoffnungsvolle und erste Früchte tragende Jugendarbeit des 1. FCK im Sportpark Rote Teufel auf dem Fröhnerhof.

Der historische Teil wurde ergänzt um Fakten, die Markwart Herzog in seinem 2006 erschienenen Buch „Der Betze unterm Hakenkreuz – Der 1. FC Kaiserslautern im Nationalsozialismus“ präsentiert hat. Wieder aufgenommen – und nach dem Tod Fritz Walters ergänzt – wurde das Kapitel „Die Weltmeister“, während der Teil „Die neuen Rivalen“, der sich mit Mainz 05 und TuS Koblenz befasst, völlig neu geschrieben wurde. Das Kapitel „Die Fans“ ist neu bearbeitet und ergänzt worden durch ein Interview mit Johannes Stender vom „FCKFanclub gegen Rassismus“ in Speyer, der verantwortlich zeichnet für die Herausgabe des Fanzines „Weiß der Teufel“. Neu ist auch ein Doppelporträt der beiden stets umstrittenen, aber auf Grund ihrer Spielkunst bewunderten internationalen Stars Ciriaco Sforza und Youri Djorkaeff, die dem 1. FCK zu manchen Erfolgen verhalfen und die beide an der Fortsetzung ihrer Tätigkeit gegen ihren Willen gehindert wurden. Das Kapitel über die Spielstätten des 1. FCK ist überarbeitet und ergänzt worden, nicht zuletzt aufgrund des Ausbaus zum WM-Stadion. In diesem Zusammenhang wird auch die WM in Kaiserslautern – in anderen Publikationen ausführlich geschildert – kurz angerissen. Abgeschlossen wird das Buch durch das neu bearbeitete „ABC des 1. FCK“ und einen ergänzten Statistischen Anhang sowie einen kleinen Wegweiser, der Kaiserslautern kurz und bündig näher bringen soll. Die Ereignisse jenseits des Fußballs, die den Fußball ständig beeinflussten und dem Verein im Lauf der letzten neun Jahre nach und nach die Möglichkeiten nahmen, auf Dauer in der Bundesliga konkurrenzfähig bleiben zu können, wurden nicht in einem eigenen Kapitel behandelt, sondern dem jeweiligen Spieljahr zugeordnet.

Wie seine beiden Vorgänger ist auch dieses Buch kein Vereinsbuch und auch keine „offizielle“ Vereinsgeschichte. Mancher ehemalige und mancher amtierende Funktionär wird in einigen Dingen vielleicht anderer Meinung sein oder sich über das eine oder andere wundern oder ärgern.

Ein Buch dieser Art und dieses Umfangs kann nur entstehen, wenn viele Helfer und Informanten bereit sind, zu seinem Gelingen beizutragen. Bei ihnen allen möchte ich mich herzlich bedanken:
Anne Weinsheimer für jahrelange freundliche Auskünfte aus dem Herzen des 1. FCK
Gerd Rauland vom Stadtarchiv Kaiserslautern für Informationen und Hinweise

Anneliese Schneider für die Fotos aus dem Archiv ihres Mannes Richard Schneider
Dr. Markwart Herzog für die Überlassung historischer Fotos
Dem 1. FC Kaiserslautern für die Überlassung historischer Fotos
Liesel Bachem für diverse Fotos aus alten Oberliga- und frühen Bundesligazeiten
Werner Steiner, Gerhard Weber und Wilfried Jungmann vom Stammtisch des VfR Kaiserslautern auf dem Erbsenberg
Werner Laudemann für langjährige Begleitung zum Betzenberg
Stefan Kersthold für Gespräche über den 1. FCK und Mainz 05
Rolf Sperber für Gespräche und Informationen bei unseren Bahnfahrten zum 1. FCK
Johannes Stender für das unkompliziert gestaltete Interview bei mir zu Hause
Dirk Leibfried für die jahrelange Versorgung mit Pressemappen und Stadionzeitungen
Norbert Mohrbacher posthum für jahrelange freundliche Betreuung im Presseraum
Youri Djorkaeff und Ciriaco Sforza für die gewährten Interviews
Maria Brunn (†) und Karin Prins für aufschlussreiche Gespräche über Co Prins
Thomas Schopperth und Gottfried Bürckstümmer für die Ermutigung zum Schreiben
Bernd Beyer und Bernd Weidmann sowie allen anderen MitarbeiterInnen des Verlags DIE WERKSTATT für die kompetente und verständnisvolle Begleitung des Projektes
Meiner Frau Gudrun und meinen Töchtern Hannah und Maren

✦

Noch kommen die Zuschauer aus ganz Rheinland-Pfalz und den angrenzenden Regionen zu den Zweitligaspielen des 1. FCK ins Fritz-Walter-Stadion. Sie und all die Anhänger, die sich über die Spiele der Roten Teufel in Radio, Fernsehen und Printmedien informieren, wollen beileibe keine Friedhofsruhe im Verein, sondern eine demokratische und transparente Auseinandersetzung, wenn es um strittige Punkte geht. Wenn es dem 1. FCK und seiner neuen Führungsspitze gelingen sollte, den sportlichen Erfolg zurückzuholen und für ein positives Erscheinungsbild nach außen zu sorgen, muss dem Verein vor einer neuen Umfrage zum 70. Landesgeburtstag und vor der Zukunft nicht bange sein. Aber nur dann …

# Die frühen Jahre

## Wie in Kaiserslautern der Ball rollen lernte

### Fußball-Revolutionäre

Trotz seines eindeutigen Namens war der 1. FC Kaiserslautern nicht der erste Fußballverein in Kaiserslautern. Schon 1899 – noch vor der Gründung des ältesten 1. FCK-Vorgängervereins FC Kaiserslautern 1900 – gab es für kurze Zeit den Fußballclub Victoria 1899, der aber nicht mit den Vereinen verwechselt werden darf, die sich einige Jahre später unter dem gleichen Namen zusammenschlossen. Da der 1. FCK das Ergebnis mehrerer Zusammenschlüsse ist und seinen Namen einige Male änderte, soll im Folgenden nicht nur vom 1. FCK selbst die Rede sein, sondern auch von den anderen Clubs, die in Kaiserslautern den Fußball populär machten.[1]

Wie auch andernorts war im Kaiserslautern der Jahrhundertwende sportliche Betätigung vorwiegend die Domäne der Schulen und Seminare als Ausgleich zur geistigen Tätigkeit. Die Arbeiter in den 25 Steinbrüchen rund um die Stadt rackerten sich in ihrem 12-Stunden-Tag kontinuierlich zu Tode, wenn sie nicht zuvor schon am Alkoholmissbrauch oder an einer Staublunge starben. Sie hatten weder Zeit noch Kraft für zusätzliche körperliche Betätigung. Allen voran stolzierten auch in Kaiserslautern die Turner, die sich schon um die Mitte des 19. Jahrhunderts im Turnverein 1861 zusammengeschlossen hatten. Bereits 1843 hatte es im Hof der Gewerbeschule am Maxplatz den ersten Turnplatz in der Stadt gegeben. 1862, lange bevor an die Anfänge des Fußballs hier überhaupt zu denken war, fand ein großes überregionales Turnfest statt, an dem über zwanzig Gastvereine teilnahmen. Nacheinander entstanden außerdem der Schlittschuhclub, ein Radfahrverein und mehrere Athletikclubs. Doch dies waren alles Sportarten, die man allein oder in Gruppen betreiben konnte, die aber kein Publikum anzogen und kaum zum Mitmachen animierten.

Dafür wurden allmählich die Rasensportarten populär. Der Turn- und Schreiblehrer Georg Pöppl, seit 1881 an der Realschule in Kaiserslautern tätig, führte Mitte April 1894 mit Jugendlichen unter den Augen des städtischen Bezirksamtmanns Schmitt und etlicher Lehrerkollegen das aus England stammende (Fuß-)Ballspiel einer kleinen Öffentlichkeit vor. Die Haltung der Stadtverwaltung war ebenso reserviert wie die der Lehrer. Ein ehemaliger Schüler der Königlich Bayrischen Kreisrealschule erinnert sich: „Für zwei Lehrer war das Fußballspiel ein rotes Tuch. Der eine, mein Mathematikprofessor namens Tillmann …, der andere, mein Physikprofessor Roland, waren Todfeinde des Fußballspieles. Sie verstanden es, die Einführung des Fußballspieles in den Turnunterricht anfangs wenigstens zu verhindern, und verfolgten jeden Fußballverdächtigten mit Strafen und schlechten Zensuren. Die beiden verzerrten die Dinge so sehr, dass man uns Schülern sogar den Vorwurf einer Revolution gegen die Schule machte. Jeder einzelne Fußballspieler wurde von dem Mathematikprofessor eingehend verhört und noch heute klingen mir seine Worte im Ohr: ‚Das ist die reinste Verschwörung.'"[2]

**Lehrer bestrafen kickende Schüler**

Doch Georg Pöppl ließ sich nicht entmutigen. Selbstbewusst und seiner Sache sicher schrieb er Mitte Juni 1895 einen Brief an die Stadtverwaltung. „Die englischen Rasenspiele finden in allen größeren Städten Eingang und es wäre für die Pfalz und speziell für deren größte Stadt eine Errungenschaft, wenn obige Bestrebungen auch hier realisiert werden könnten." Nachdem am 13. Juli 1895 das erste öffentliche Fußballspiel von Schülern der Realschule auf dem Maxplatz stattgefunden hatte, ging Pöppl konsequent gleich noch einen Schritt weiter. Ohne Scheu ersuchte er die Stadtverwaltung um einen Platz in der Flur „Auf dem Seß" und erntete damit prompt den Widerspruch des Direktors der Ackerbauschule, der um seine kostbaren Versuchsfelder fürchtete. Aber der Arzt Dr. Theodor Orth, der zuständige Bürgermeister für das Gesundheitswesen, hatte ein offenes Ohr für die Fußballer. Schließlich beschloss die Stadtverwaltung dank seiner Fürsprache am 1.8.1895, den Platz Ecke Hilgardring/Friedenstraße gegenüber vom Bäckerstein als Sportplatz auszuweisen. Doch Pöppl war noch nicht am Ziel angelangt. Seiner Bitte, englisches Raygras zu säen, wurde ebenso entsprochen wie dem Wunsch, zwei Tore aufzustellen und zwei Fußbälle und eine Luftpumpe zu beschaffen. Die großzügige Verwaltung genehmigte gar noch eine Wasserleitung und bot makabrerweise die benachbarte Leichenhalle als Umkleidekabine an.

Alle diese Aktivitäten, die darauf abzielten, dem Fußballsport mehr Akzeptanz zu verleihen, führten dazu, dass sich in den folgenden Jahren die Ereignisse förmlich überschlugen und viele Vereine gegründet wurden, von denen aber eine ganze Reihe bereits nach kurzer Zeit nicht mehr existierten.

## Die ersten Spiele

Georg Pöppl erwies sich nicht nur als unermüdlicher Förderer des Fußballspiels, sondern fungierte beim ersten Match zweier außerschulischer Mannschaften in Kaiserslautern auch als Schiedsrichter. Die Begegnung fand im Mai 1900 auf dem schwer erkämpften Platz an der Friedenstraße statt. Es waren folgende Spieler beteiligt:

► Casparé, Reinhard, Weis, Kiefer, Kühn, E. Kiefer, Lankau, Kessler, Voegeli, Candidus, Hebach, J. Reinhard, Grässer, Fritz und Graf.

**Die Teilnehmer am ersten außerschulischen Fußballspiel in Kaiserslautern im Mai 1900, kurz vor der Gründung des FC Kaiserslautern 1900.**

Ende Mai 1900 vermissten auch die beiden Buchdrucker Adam Lösch aus Mannheim-Käfertal und Rudolf Eisele aus Stuttgart den ihnen aus ihrer Heimat so vertrauten Fußball. Lösch war in Mannheim beim Fußballclub Viktoria 1897 aktiv gewesen und suchte an seiner neuen Kaiserslauterer Arbeitsstätte, der Druckerei Emil Rohr, nach Gleichgesinnten. Er fand sie in den Kollegen Max Nebling und Philipp Sommerrock, und als er an die Gründung des Fußballclubs Kaiserslautern ging, waren außerdem noch versammelt:

▶ Louis und August Nebling, L. Dietrich, Max Leipesberger, H. Lankau, J. Graf, H. Brank, Georg Eisinger, H. Seering und J. Steckmann.

Diese Vereinsgründung war jedoch nur der Anfang, denn Georg Pöppl, der der Fußballgesellschaft vorstand, schlug bald vor, die beiden Clubs sollten sich vereinigen. Die Generalversammlung stimmte zu, und die Zahl der Mitglieder sprang auf 22. Der Verein bekam den Namen FC Kaiserslautern 1900. Der erste Vorgängerverein des 1. FCK war geboren. Erster Vorsitzender war Louis Lotz, und als Spielkleidung wählte der Club in Schwarz-Rot eine schwarz-rot geteilte Bluse mit dunkelblauer Hose.

Im März 1901 kam es zum ersten richtigen Wettspiel gegen den renommierten Mannheimer Fußball-Club Frankonia, das mit 2:3 verloren wurde. In Mannheim war zu jener Zeit, da in Kaiserslautern alles erst begann, bereits eine vielfältige Fußballkultur entstanden.

Bald geriet der FC Kaiserslautern 1900 unter Konkurrenzdruck. Der 1901 unter der Leitung von Fritz Herbach im „Gasthaus Burkei“ gegründete Fußballclub Palatia siegte im prestigeträchtigen Lokalkampf mit 2:1. Aber der FC 1900 ließ sich nicht unterkriegen und wagte im selben Jahr gar den Vergleich mit dem späteren Deutschen Meister und badischen Spitzenclub Karlsruher FV, dem man mit 0:29 unterlag.

Am 17. Juli 1902 gründete sich unter Karl Nagel der Fußballclub Bavaria 02, der fortan gemeinsam mit dem FC Kaiserslautern 1900 und dem FC Palatia an den Verbandsspielen im Gau Pfalz teilnahm. Die Mitglieder aller drei Vereine gehörten in ihrer Mehrzahl dem bürgerlichen Mittelstand an, etwa als Kaufmannsgehilfen oder als Beamte der Stadtverwaltung.

Der Süddeutsche Fußballverband, dem die pfälzischen Vereine damals angehörten, änderte in diesen Anfangsjahren des Fußballs von Jahr zu Jahr den Spielmodus und teilte die Gruppen immer wieder neu ein, da ständig neue Vereine gegründet wurden, die alle an den Ligaspielen teilnehmen wollten. Längst herrschte Spiel- und Sportplatznot, zumal sich 1906 noch der mehr dem Handwerker- und Arbeitermilieu entstammende Fußballverein Victoria gegründet hatte und sich aus dem Männerturnverein 1893 eine Fußballabteilung unter der Leitung von Eugen Denig, Christian Gödtel und Franz Liebrich abgespalten hatte. Daraus sollte Jahre später der VfR Kaiserslautern werden.

Der FC Kaiserslautern 1900 erkannte früh die Situation, pachtete ein Gelände „Am Waldschlößchen" im Süden der Stadt und richtete es zur Spielstätte her. Der FC Palatia spielte auf der Sportanlage „Eselsfürth" im Nordosten. Alle anderen drängten sich auf dem Ländel.

Im Zuge der immer weiter fortschreitenden Industrialisierung wuchs derweil die Industriearbeiterschaft im 1914 ca. 58.000 Einwohner zählenden Kaiserslautern von 1874 bis zum Beginn des 1. Weltkriegs von 2.800 auf 13.000 an. 1908 beschäftigten die Spinnereien 2.850 Arbeiter, die Nähmaschinenfabrik PFAFF 1.200. Erhebliche Krisen bahnten sich an, die Produkte verteuerten sich durch die Herabsetzung der Arbeitszeit. Der Fluktuation ihrer Beschäftigten setzte die Kammgarnspinnerei ein vorbildliches soziales Betreuungssystem zur Sicherung eines Arbeitskräftestamms entgegen.[3] Die Mentalität der hier lebenden Menschen hatte der ungenannte Eröffnungsredner der 1905 stattgefundenen IV. Pfälzischen Industrieausstellung in Kaiserslautern präzise (und heute noch gültig) auf den Punkt gebracht: „In der Pfalz hat die Industrie nicht eine Anhäufung materieller Schätze in den Händen einzelner bewirkt, sondern die Hebung des Lebensstandards der ganzen Bevölkerung, womit die damaligen ökonomischen Verhältnisse wohl kaum angemessen oder vollständig wiedergegeben erscheinen, wenn auch die gesellschaftlichen Gegensätze nicht so ausgeprägt empfunden worden sein mögen wie an der Saar oder an der Ruhr, was aber wohl eher mit der Mentalität der Pfälzer und der Lauterer zusammenhängen dürfte, denn der Pfälzische Volkscharakter zeige Solidaritätsgefühl, lasse sich nicht in bekämpfende Klassen aufspalten und wisse, dass Industrie, Handel, Gewerbe und Wirtschaft aufeinander angewiesen seien."[4]

Das Terrain des Fußballs sollte nicht ausschließlich bürgerlichen Kräften überlassen bleiben. Die Vereine schossen weiter wie die Pilze aus dem Boden: 1906 unter Georg Bossung der Fußballclub Barbarossa und 1909 der Fußballclub Bayern, dem vor allem ehemalige Mitglieder des Turnvereins angehörten. 1910 fusionierten der FC Barbarossa und der FV Victoria zur Spielvereinigung Kaiserslautern, der sich 1920 auch

**Die 1. Fußballmannschaft des FC Kaiserslautern 1900 vor ihrem Spiel gegen den FC Palatia, das 1906 2:2 endete.**

der FC Bayern anschloss. Ab dieser Zeit nannte sich der Verein „Verein für Rasenspiele". Der VfR, der proletarische Lokalrivale des späteren 1. FCK, aus dem Osten der Stadt war geboren. Während Spieler und Anhänger des 1. FCK und seiner Vorgängervereine ob ihrer bürgerlichen Herkunft und Attitüde als „Schnääker" tituliert wurden, war man beim Quartiersverein VfR stolz auf klar gezogene Grenzen zur Konkurrenz. „Die Krimmstraße war die Grenze, da begann unser Einzugsgebiet bis hin nach Neu-Mölschbach und zum Grübentälchen", wissen alte VfRler zu berichten und fügen kategorisch an: „Von der Krimm ging keiner zum FCK." Dabei hatte der große Fritz Walter, als er noch klein war, nur wenige Meter weiter über der Mannheimer Straße in der Scheffelstraße „Kanälchers" gespielt. „Der ging zum FCK, weil seine Mutter Berlinerin war, hochdeutsch sprach und den ‚feineren' FCK gegenüber dem Arbeiterclub VfR bevorzugte. Außerdem verlangte sie ein Paar Fußballschuhe für den Fritz, für die der VfR kein Geld hatte, die er aber beim 1. FCK bekam."

Hing also der Aufstieg des FC Bayern München mit Franz Beckenbauer an einer „depperten Watsch'n", die ihm bei den „Löwen" verpasst worden war, so scheinen es beim 1. FCK die Fußballschuhe gewesen zu sein, die Schicksal spielten.

Im Jahr 1906 trieb die Spiel- und Sportplatznot so manchen zum Griff zur Feder. Das Rektorat der Kreisrealschule wandte sich am 7. Mai an das Bürgermeisteramt und beklagte den schlechten Zustand des Platzes im Ländel. „Die frisch mit Sand bedeckten Stellen waren ja ziemlich in Ordnung, aber der zugefahrene Sand genügt nicht. Ich stelle daher an sehr verehrliches Bürgermeisteramt das ergebenste Ersuchen, es wolle veranlassen, dass der genannte Spielplatz durch weitere Zufuhr an Sand oder

▷ *weiter auf S. 18*

# Der proletarische Ortsrivale VfR Kaiserslautern

Der auf die Abspaltung einer Fußballabteilung vom Männerturnverein 1893 im Jahre 1906 zurückgehende VfR Kaiserslautern entstand 1920 aus einer Fusion der SpVgg. Kaiserslautern mit dem FC Bayern. Im gleichen Jahr erwarb der Verein die „Sportstätte Eselsfürth", die er aber 1924 verlassen musste, da sie zu einer Radrennbahn umgebaut wurde. Ein Jahr später hatte der VfR ein neues Zuhause auf der Wormser Höhe und wurde 1929 mit dem Aufstieg in die Bezirksliga für ein Jahr Kaiserslauterns ranghöchster Fußballverein. Am 15. November 1936 kündigte die Stadtverwaltung dem Verein das Pachtverhältnis. Der 2. Weltkrieg kündigte sich bereits an, denn das Gelände wurde für Heeresbauzwecke und Kasernen benötigt und musste bis Ende des Jahres geräumt werden. Im Benehmen mit dem Forstamt Kaiserslautern-Ost stellte die Stadt dem Verein im darauffolgenden Jahr ein neues Gelände in der Waldabteilung Erbsenberg, etwas unterhalb des Betzenbergs zur Verfügung. Am 14. August 1938 wurde das „Stadion Erbsenberg" mit einem Spiel gegen den Karlsruher FV eingeweiht. Im Sommer 1944 ging der VfR mit dem 1. FCK eine Kriegsspielgemeinschaft ein, die aber nur zweimal zu Spielen antreten konnte, da das Fußballspielen durch die häufigen Luftangriffe zu gefährlich wurde. Um die Jahreswende 1944/45 wurde das Stadion von Flugzeugen der Alliierten angegriffen und teilweise zerstört.

Nach dem 2. Weltkrieg spielte der VfR zunächst in der Kreisliga Hinterpfalz. In der Saison 1948/49 stieg Fritz Walter als Nachbarschaftshelfer vom benachbarten Betzenberg, trainierte den VfR so nebenbei mit und schaffte mit der gut besetzten Mannschaft den Aufstieg in die Oberliga Südwest. Kaiserslautern hatte nun zwei Oberligavereine und das „Stadion Erbsenberg" wurde auf ein Fassungsvermögen von 10.000 Zuschauern erweitert. 1951 verpflichtete der VfR den mehrfachen polnischen und deutschen Nationalspieler Ernst Willimowski, der der Elf zu großem Renommée verhalf. Dem Abstieg in der Saison 1957/58 folgte 1959 unter Spielertrainer Werner Baßler (Ex-FCK) der Wiederaufstieg. Der VfR wurde zur Fahrstuhlmannschaft. Nach dem erneuten Abstieg 1960 verließ Günther Kuntz, der Vater von Stefan Kuntz, den Verein und wechselte zu Borussia Neunkirchen.

Nachdem 1961 erneut der Aufstieg gelang, belegte der VfR in den beiden letzten Spielzeiten vor Einführung der Bundesliga die Plätze 14 und 13. Verbittert konstatiert Vorstand Otmar Steinbacher in der Festschrift des VfR zu seinem 60-jährigen Bestehen: „1963 – Die Bundesliga wird im Fußball ... eingeführt. Der deutsche Volkssport

**Mit dieser Mannschaft des Lokalrivalen VfR Kaiserslautern wurde Fritz Walter 1948/49 als Trainer Meister der Landesliga Hinterpfalz und stieg in die Oberliga Südwest auf. Parallel dazu spielte er in der sogenannten Zonenliga für den 1. FCK.**

Nr. 1 wird damit endgültig – und offiziell – zum großen Geschäft. An diesem ‚Geschäft' teilnehmen dürfen zunächst 16 deutsche Vereine. Alle übrigen Vereine sämtlicher Oberligen werden ohne Rücksicht auf Tradition und Verdienste von heute auf morgen zweitklassig. Der VfR geht in das kritischste Jahr seiner Vereinsgeschichte."

Als Abwehrspieler Dietmar Schwager 1964 zum 1. FCK wechselte, ging es mit dem VfR weiter bergab. 1965 folgte der Abstieg in die 1. Amateurliga Südwest. Danach war von einer Fusion zwischen dem 1. FCK und dem VfR die Rede. Der 1. FCK benötigte dringend Trainingsgelände, über das der VfR verfügte. Dem VfR mangelte es an der spielerischen Substanz, von der der 1. FCK mehr hatte. In einem vernünftigen Miteinander hätte dieses Tauschgeschäft zum Nutzen beider Vereine zustandekommen müssen, doch die außerordentliche Mitgliederversammlung, die über die Fusion abstimmen sollte, lehnte alle diese Bestrebungen aus Traditionsgründen mit Mehrheit ab. Dabei hätte der Name VfR erhalten werden können, und das Ziel des 1. FCK war neben der Nutzung des Geländes auf dem Erbsenberg die Etablierung des VfR in der zweithöchsten Spielklasse zur Herausbildung von Talenten für die Bundesliga. Umgekehrt hätten beim VfR die FCK-Spieler, die noch nicht so weit waren, Erfahrungen sammeln können.

1974/75 stieg der VfR in die 2. Amateurliga Westpfalz ab, aus der 1979 noch einmal der Aufstieg in die Verbandsliga Südwest gelang. Wie groß die Unterschiede zwischen den einst rivalisierenden Nachbarn inzwischen waren, zeigte das 12:0 des 1. FCK in einem Freundschaftsspiel am 30.7.1986 vor 2.000 Zuschauern auf dem Erbsenberg. 1986/87 stieg der VfR wieder in die Bezirksliga ab und erreichte drei Jahre später einen weiteren sportlichen Tiefpunkt. 1995 folgte der freie Fall in die B-Klasse Ost Kaiserslautern (heute Kreisliga Kaiserslautern). Seitdem pendelt der VfR zwischen der Kreisliga Kaiserslautern und der Bezirksklasse Nord Westpfalz, wo man auch 2007/08 wieder seinen Platz gefunden hat. ■

auf andere Weise besser hergerichtet werde. Regnault K. Rektor“ Der FC Bavaria 02 beklagte ebenso die Beschaffenheit des Platzes und die daraus resultierende Benachteiligung der Lauterer Vereine gegenüber ihren Konkurrenten aus anderen Städten. Außerdem hielt man es von Vorteil, „wenn der Platz durch starke Bretterumzäunung abgeschlossen würde, um die Spieler vor Übergriffen Außenstehender zu schützen.“ So kam es durchaus vor, „dass die Spieler bei Ausübung des Fußballsports auf dem städtischen Spielplatz den Belästigungen durch herumstehende Störenfriede in hohem Maße“ ausgesetzt waren. Erstmals im Lauterer Fußball taucht hier die Idee auf, „bei größeren Wettspielen vom Publikum ein entsprechendes Eintrittsgeld zu erheben.“ Das „Wohllöbliche Bürgermeisteramt“ beschloss schließlich nach einer Sitzung des Stadtrates, 200 Mark für die Herrichtung des Platzes aufzuwenden.[5]

## Der FV Kaiserslautern entsteht

Ein geordneter und nachvollziehbarer Spielbetrieb mit den anderen pfälzischen Mannschaften – es handelte sich zunächst um einen breit angelegten Städtevergleich Kaiserslautern gegen Ludwigshafen – ist erst ab der Saison 1907/08 erkennbar. Hinter Westkreis-Meister FC Pfalz Ludwigshafen 03 wurden die FCK-Vorgänger FC Palatia, der FC 1900 und der FC Bavaria 02 Zweiter, Dritter und Vierter. Im Jahr darauf gewann der FC 1900 ein Entscheidungsspiel um die Meisterschaft gegen den Vorjahresmeister mit 3:2 und nahm erstmals an einer Endrunde um die Süddeutsche Meisterschaft teil. Gegen die Übermacht von Phönix Karlsruhe, 1. FC Nürnberg und Hanau 93 hatten die Lauterer zwar keine Chance, aber sie trotzten dem späteren Deutschen Meister aus der badischen Residenz ein 2:3 ab. Das Spiel fand am 4. April 1909 statt, nur gut einen Monat, nachdem ein lang gehegter Wunsch des Vorsitzenden des FC Palatia nach einem Jahr des Nachdenkens endlich in Erfüllung gegangen war. Der FC 1900, der FC Bavaria 02 und der FC Palatia hatten sich am 1. März 1909 in der „Hauswirtschaft Orth“ zum FV 1900 Kaiserslautern zusammengeschlossen.

Das Spiel gegen Phönix Karlsruhe bestritt der FVK in Schwarz-Rot mit folgender Aufstellung:

► Burckhardt, Bossung, Mohler, A. Schmidt, Dickes, K. Nebling, Liebrich, Rogall, Seyler, Gräser, Bähr.

In der wiederum neu organisierten Meisterschaftsrunde spielte der FVK von Anfang an eine wichtige Rolle. 1909/10 reichte es hinter der FG 96 Mannheim, der Vorgängerin des VfR Mannheim zum zweiten Platz. Bis zur Saison 1913/14 blieb der FVK der einzige westpfälzische Verein in der obersten Spielklasse. Dominant waren jedoch die Mannschaften FG 96, Viktoria 97 und Phönix 02 aus Mannheim, gegen die auch das stattliche Aufgebot der Ludwigshafener Vereine kaum eine Chance hatte.

In der traditionslosen Chemiestadt mit ihrer industriellen Monokultur gab es zu jener Zeit vier Mannschaften, die sich interessanterweise auf den proletarischen Norden und den bürgerlichen Süden verteilten. Im Norden war 1903 die Fußball-Gesellschaft 03

**In dieser Formation gewann der FC Kaiserslautern 1900 die südwestdeutsche Meisterschaft 1909 (stehend, von links): M. Nebling, K. Müller, H. Liebrich, A. Nebling, Stutzenberger, A. Ehresmann, L. Mohler, G. Bossung, G. Hein; (sitzend:) A. Rogall, H. Seng, A. Seiler.**

entstanden, die in Gelb-Schwarz spielte und die im direkt nebenan im Hemshof beheimateten Sport-Club Germania 04, der an der Anilinstraße spielte, ihr Quartier-Pendant hatte. Im feinen Süden war ebenfalls 1903 der Fußballclub Pfalz 03 gegründet worden, den sie im Volksmund Stehkragenclub nannten und dem prompt die Gründung des „normalen“ Fußballclubs Phönix, einem der Vorgänger des heutigen SV Südwest folgte.

Auch in der Saison 1910/11 machte die FG 96 Mannheim das Rennen, doch im Jahr darauf blieb der durch die erfolgte Fusion zum VfR Mannheim erhoffte Erfolg aus. Phönix 02 Mannheim und der FVK standen punktgleich an der Tabellenspitze, und hätte damals das Torverhältnis entschieden, wären die Lauterer Meister gewesen. So aber kam es zu einem Entscheidungsspiel auf dem Platz des VfR Mannheim, das Phönix 02 vor 3.000 Zuschauern mit 2:0 gewann.

Die restlichen beiden Spielzeiten bis zum Ausbruch des 1. Weltkriegs landete der FVK jeweils im Mittelfeld der Tabelle. Nachdem die Lauterer durch die Fusion immer stärker wurden, wagten sie, auch internationale Gegner einzuladen. Nacheinander gaben die Volharding Olympia Combinatie Rotterdam'sche Cricket en Voetbal Vereeniging, die Old Boys Basel und die berühmten Queen's Park Rangers aus London Gastspiele in der Pfalz.

Während der FVK seine ersten über die Stadt hinausreichenden Erfolge feierte, hagelte es von Seiten der anderen Fußballvereine Eingaben an das Bürgermeisteramt wegen der Überlassung der Spielflächen. Der Fußballklub Revidia, der FC Bayern, der FC Barbarossa 08, der FC Viktoria 1906, die Kickers und die Fußball-Vereinigung 1910 – sie alle drängten auf Trainings- und Spielzeiten, um ihren Betrieb aufrecht erhalten zu können. Der Fußballclub Nordstern 1910 machte aus der Not eine Tugend und teilte dem Bürgermeisteramt am 20. September 1910 mit, sich mit dem Fußballclub Sportfreunde vereinigt zu haben und ab sofort den Namen Alemania zu tragen. Die untertänigst verfassten Anträge lasen sich meist so:

*Verehrlichtes Bürgermeisteramt*
*Hier*

*Betreff: Benützung des städtischen Spielplatzes an der Papiermühle*

*Ergebenst unterzeichneter Fußballclub ersucht hiermit das verehrlichte Bürgermeisteramt um Benützung des städtischen Spielplatzes an der Papiermühle vom 1. September 1910 ab, für das folgende Halbjahr und bittet um gfl. Bestätigung desselben.*

*Ergebenst Fussballclub Kickers*

*1. Vorsitzender Emil Ansler*

Während andere also um ihre Existenz bangten, reiften im FVK bereits neue Gedanken. Am 31. Juli erschien erstmals die „Halbmonatsschrift des Fußballvereins Kaiserslautern e.V.“ In ihrem Geleitwort führte die Vereinsführung aus, was sie mit der Zeitung beabsichtigte: „Um aber *alle* Mitglieder ständig auf dem Laufenden zu halten, entschloss sich die Vorstandschaft, eine alle 14 Tage erscheinende Vereinszeitung…herauszugeben… Ein zu Beginn der Ligaspiele erscheinendes Tabellenformular soll es jedem Mitglied ermöglichen, die sonntäglichen Ligaresultate selbst einzutragen, um so mit Buch führen zu können über den Stand des Vereins in den

**Der FV Kaiserslautern vor dem Spiel gegen den Marinesportclub Kiel am 25.8.1918, links mit Strohhut Präsident Candidus.**

Meisterschaftsspielen … Wenn die Mitglieder … sich zur Tragung des geringen Kostenbedarfs entschließen, dann werden sie und der FVK künftig eine Vereinszeitung haben, auf die sie stolz sein können. Kein anderer Verein hiesiger Stadt wird etwas Ähnliches bieten können …“[6]

Mit der Vereinszeitung wollte der FVK nicht nur mehr Mitglieder in die Informationsstruktur einbinden, sondern auch eine stärkere demokratische Beteiligung der Mitglieder zwischen den Vereinsversammlungen erreichen. Obendrein bot die Zeitung einen Service, der damals angesichts des marginalen Stellenwerts, den der Sport in der Presse einnahm, einmalig und dem „Fan“ eine große Hilfe war.

Doch in der darauf folgenden Saison suchte man nach dem Tabellenstand des FVK vergebens. Wegen des 1. Weltkriegs ruhte der Spielbetrieb. Für die Spielzeit 1915/16 wurden die regionalen Grenzen wieder einmal neu gezogen, so dass der FVK im Westkreis, Bezirk Pfalz, Staffel 3 endlich wieder einen (starken) Lokalrivalen hatte, den SV Phönix 1910. Da sich viele Spieler des FVK an der Front befanden, rekrutierte sich die Mannschaft hauptsächlich aus talentierten Jugendlichen. Mangelnde Routine im Meisterschaftsrennen konnte erst in der letzten vollen Kriegsspielzeit 1917/18 kompensiert werden, als der FVK mit vier Punkten Vorsprung vor dem SV Phönix 1910 Meister wurde. Doch im gesamtpfälzischen Endspiel siegte die FG 03 Ludwigshafen mit 4:0. Im Spieljahr 1918/19 nahmen der FVK wie auch der SV Phönix 1910 an der Verbandspokalrunde Pfalz-Neckargau teil. Bereits in der ersten Runde trafen beide aufeinander. Der FVK siegte mit 4:1 und musste sechs Tage nach der Waffenruhe bei Germania 04 Ludwigshafen antreten, wo er 1:2 unterlag.

Zu den politischen Verhältnissen dieser Zeit, die auf den Fußball großen Einfluss nahmen und ihn behinderten, schreibt der Mannheimer Chronist Dr. Gerhard Zeilinger: „Für den 5. Januar 1919 war die Begegnung FC Phönix Ludwigshafen gegen den VfR Mannheim vorgesehen. Die politischen Verhältnisse machten jedoch die Austragung dieses Spiels unmöglich. Der Artikel 5 des am 11. November 1918 abgeschlossenen Waffenstillstandsvertrages zwischen dem Deutschen Reich und den Alliierten übertrug die Verwaltungsaufsicht den Besatzungstruppen der Verbündeten und der Vereinigten Staaten von Amerika. Am 1. Dezember 1918 begann die Besetzung der Pfalz überwiegend durch französische Truppen. Am 27. Dezember 1918 wurden die Eisenbahn-, Post-, Telegraphen- und Telefonverbindungen mit dem rechtsrheinischen Gebiet eingestellt. Nach Einstellung der Schifffahrt war zu Beginn des Jahres 1919 die Pfalz vollkommen vom Deutschen Reich abgesperrt.“[7]

Der verlorene Krieg und die darauf folgende rigorose Abschottungspolitik der französischen Besatzungsbehörden brachten auch für Kaiserslautern und seine Industrie Stagnation bis weit in die zwanziger Jahre. Die Franzosen importierten, was ihnen möglich war, und sperrten den für die Pfalz bedeutenden Absatzmarkt Saar, was zu einer hohen Arbeitslosigkeit führte.

Bei der Neueinteilung des Verbandsgebiets Ende August 1919 in Heilbronn musste die West-Gruppe, die in einen Neckar-Kreis und in einen Rhein-Kreis unterteilt war, nochmals aufgesplittet werden, da die französischen Besatzer auch weiterhin keinen Spielbetrieb zwischen links- und rechtsrheinischen Mannschaften zuließen. Aus Kostengründen orientierte sich der FVK in der ersten Bezirksliga-Saison 1919/20 zum Bezirk Saar hin, da die meisten Anfahrten nach Saarbrücken, Neunkirchen und Pirmasens nicht allzu beschwerlich waren. Das hielt die Lauterer, die hinter Saar 05 Saarbrücken und Borussia Neunkirchen den dritten Platz belegten, aber nicht davon ab, mit dem FK Pirmasens und der SG Pirmasens in der folgenden Saison in den Bezirk Pfalz zu wechseln. Dafür gab es einen guten Grund, denn der proletarische Lokalrivale VfR Kaiserslautern hatte nur ein Jahr nach seiner Entstehung aus der Fusion zwischen der SpVgg. und dem FC Bayern die Meisterschaft der Kreisliga Hinterpfalz errungen und den Aufstieg geschafft.

## Zwischen den Kriegen – Auf und ab beim FVK

Hatte der VfR sein Erfolgserlebnis mit dem Aufstieg und dem Kauf der „Sportstätte Eselsfürth“, so begannen für den FVK die düstersten Zeiten seines kurzen Bestehens. Die Pachtkosten für die Spielanlage „Am Waldschlößchen“ waren zu hoch geworden, so dass der Verein sich nach einem neuen Domizil umsehen musste. Er fand es hinter dem Hauptbahnhof oberhalb eines Steinbruchs, und einer der Vorstände, Cornel Mildenberger, erstellte den Plan. So zogen die Mitglieder in ihrer freien Zeit mit Pickel und Spaten über die Malzstraße zum Betzenberg und schufen ihr neues „Stadion“.

Während die bereits etablierten Fußballclubs also selbst zur Tat schritten und über eigenes Gelände verfügten, feilschten die „Kleinen“ weiterhin um allzu knappe Vergabezeiten. Im Frühjahr 1921 sandten der FC Olympia 1911, der SV Phönix 1910 und der Sportclub 1920 höflichste Eingaben an das Bürgermeisteramt.[8]

Dem VfR, der im Hinspiel der Saison 1920/21 beim FVK noch mit 2:3 unterlegen war, gelang zwar im Rückspiel ein 4:0, doch wurde der Sieg annulliert und das Spiel für den FVK gewertet.[9] Der VfR wurde Neunter hinter dem FVK und landete auf einem Abstiegsplatz. Doch die sogenannte Liga-Inflation – die zehn Bezirke wurden in zwei Gruppen neu geordnet – rettete den VfR vorläufig vor der Kreisliga. Kaum ein Jahr verging ohne Änderung des Spielmodus. Als nach der Saison 1922/23 nur die jeweils vier Besten jeder Gruppe für die ab dann wieder eingleisige Bezirksliga qualifiziert waren, saßen der VfR als Fünfter und der FVK als Siebter im selben sinkenden Boot.

Acht Jahre dauerte das Martyrium des FVK, der zwei Mal als Meister der Kreisliga in der Aufstiegsrunde zur Bezirksliga scheiterte. Bereits 1923/24 gelang der Sprung in die Aufstiegsrunde. Doch der FVK, der gegen Darmstadt 98 und Germania 04 Ludwigshafen noch mithalten konnte, musste die Überlegenheit des Mannheimer Vorstadtklubs VfL Neckarau anerkennen, der erstklassig wurde. Der FVK unterlag im Entscheidungsspiel um den zweiten Aufsteiger Darmstadt mit 2:4. Im Jahr darauf reichte es hinter dem VfR Pirmasens nur zum zweiten Platz. Und 1925/26 bahnte

**Die Mannschaft des FV Kaiserslautern in den 1920er Jahren; im Torwartdress Albert Dusch, der spätere Bundesliga- und FIFA-Schiedsrichter.**

sich für die „Schnääker" schreckliches Unheil an. Der VfR Kaiserslautern schnappte dem FVK die Meisterschaft weg. Aber auch der VfR, der inzwischen von der Eselsfürth zur Wormser Höhe umgezogen war, scheiterte im Aufstiegskampf.

### Erziehung zum „deutschen Wesen"

Mitten in diese mageren Jahre fiel das 25-jährige Jubiläum des FVK. Ein großes Festprogramm im Juni 1925 mit Freundschaftsspielen gegen den FV Nürnberg und den VfR Kaiserslautern täuschte über die wahre Stimmung beim FVK hinweg. In der Vereins-Zeitschrift vom 28. Februar 1925, die mittlerweile regelmäßig erschien, sinnierte Ernst Deepenbrock über „Die Geselligkeit im Sportsleben" und schlug dabei Töne an, die bald offiziell üblich werden sollten. „Auch die Vereinszeitung leistet Erziehungsarbeit, indem sie einen bestimmten, eigentümlich ausgeprägten Sportsgeist und Gemeinschaftssinn vermittelt, anregt und pflegt ... Das Fest soll einen ausgeprägten Stil haben, der der Gesellschaft im Besonderen und dem deutschen Wesen im Allgemeinen angemessen ist ... Der Wert einer solchen geselligen Veranstaltung ... liegt in der Tatsache, dass die Geselligkeit die guten und edlen Kräfte der Menschen begeisternd anregt, das Empfinden und das Bewusstsein stärkt, der Gemeinschaft innerlich verpflichtet zu sein, ihr anzugehören ... Wer könnte leugnen, dass damit nicht nur ein wichtiges Stück Erziehungsarbeit zur Sportgemeinschaft, sondern darüber hinaus zur Volksgemeinschaft geleistet würde."[10]

Eine profane Klage über den langweiligen Verlauf der Kreisliga schloss sich an, sogenannte „Rohheiten" der Gegner wurden beklagt. Triumphierend ging es weiter: „Kurz nacheinander wurden zwei weitere Treffer (am 1.2.1925 gegen FC Olympia Kaiserslautern) herausgeholt und der Endsieg einwandfrei errungen."[11] Eindeutig fanden hier bereits sprachliche Elemente des herannahenden Faschismus Eingang in die Alltagssprache und in den Sport.

Angesichts der französischen Dauerbesatzung und inflationärer Tendenzen verstärkten sich die rückwärts gewandten Sehnsüchte zusehends. In der Ausgabe vom 31. März 1925 belehrte ein ungenannter Leitartikler unter dem zunächst unverdächtigen Titel „Die Nachkriegszeit und ihre Einwirkung auf den Fußballsport" seine Leser: „Der junge Mensch von 1914 war kein Sklave, aber er war geleitet und lernte gehorchen, um später befehlen zu können... Wenn ich mir heute so manches frühreife und vorlaute Bürschchen betrachte... Ist es denn möglich, mit derartigen Elementen in einem Sportverein... vorwärts zu kommen oder nicht unterzugehen?"[12] In der Zeit wirtschaftlichen Niedergangs sei „eine Menschengattung in die Vereine hereingekommen", prügelt der Autor auf „Neureiche" und „Inflationsgewinnler" ein, die die Gemeinschaft störten, wen immer er damit auch gemeint hat. „Bald sind auch diese Spezies Mensch aus unseren Reihen verschwunden... Es bedarf schwerer Arbeit unserer Verbands- und der einsichtsvollen Vereinsvorstände die durch diese ehemaligen Neureichen gesunkene Moral unserer Spieler und Passiven wieder zu heben... Jede vernünftige Vereinsleitung wird selbst vor Radikalmitteln nicht zurückschrecken dürfen, um diesen Geist des Mammons, der Fäulnis und des Verderbens aus ihren Reihen auf immerdar zu bannen und die Idee des großen Sportgedankens wieder zum Leben zu erwecken."[13]

Mit diesen und ähnlichen Begriffen aus dem Wörterbuch des Unmenschen wurden einige Jahre später das Ende des jüdischen Unternehmertums in Kaiserslautern forciert und 1940 die letzten jüdischen Bürgerinnen und Bürger aus der Stadt heraus nach Ludwigshafen gebracht, bevor sie in das Konzentrationslager Gurs in Südwestfrankreich transportiert wurden – Endstation Auschwitz. Schon 1928 war in Kaiserslautern erstmals ein jüdischer Friedhof geschändet worden. Damit soll aber keineswegs behauptet werden, dass der FVK, später der 1. FCK, ein dem Nationalsozialismus nahe stehender Verein gewesen sei. Wie bei vielen bürgerlichen Vereinen des Südens und Südwestens (Beispiele: Eintracht Frankfurt, Stuttgarter Kickers, VfR Mannheim, Bayern München) gab es auch hier eine Anzahl von Mitgliedern jüdischen Glaubens. In seinem Buch „Der Betze unterm Hakenkreuz" beklagt Markwart Herzog, es sei leider „nicht mehr möglich, den Anteil jüdischer Bürger an den FCK-Mitgliedern quantitativ zu ermitteln... Wenn man sich bei FCK-Veteranen nach ehemaligen jüdischen Kameraden erkundigt, werden häufig drei Namen genannt: Karl Maas, Dr. Albert Maas und Alexander Thury."[14]

Dessen ungeachtet hatte man aber nicht die Courage, sich dem vorauseilenden Gehorsam zu verschließen. Im April 1933 veröffentlichten 14 Clubs aus Süd und Südwest eine gemeinsame Resolution, die Stuttgarter Erklärung, in der sie ankündigten, „insbesondere in der Frage der Entfernung der Juden aus den Sportvereinen"[15] rasch vorzugehen. Mit dabei waren auch die pfälzischen Vereine FC Pirmasens, Phönix Ludwigshafen und der 1. FC Kaiserslautern. Herzog weist hier auf den „Widerspruch" hin, „dass der 1. FCK die Stuttgarter Erklärung unterzeichnet hat, obwohl der Club damals von Ludwig Müller geführt wurde, der alles andere als antisemitisch eingestellt war.[16] Für diejenigen jüdischen Bürger, die nach einer Vermutung des ehemaligen Präsidenten des Vereins, Norbert Thines, eine nicht unerhebliche Anzahl von Mitgliedern gestellt haben sollen, die „wichtige und öffentlichkeitswirksame Positionen im Verein"[17] inne gehabt haben sollen, bedeutete diese Haltung das Ende ihrer Tätigkeit und Mitgliedschaft im Verein. Die folgenden Beispiele helfen, dies zu veranschaulichen: Karl Maas war Amtsgerichtsrat und 1935 als Opfer rassistischer Säuberung aus dem Dienst entlassen worden. Über das KZ Buchenwald kam er in das KZ Theresienstadt, das am 10. Mai 1945 von der Sowjetarmee befreit wurde. Der Arzt Dr. Albert Maas, der die FCK-Fußballabteilung betreute, emigrierte 1936 nach New York, wo er sich jedoch bald darauf das Leben nahm. Alexander Thury, Maschinenschlosser und Feinmechanikermeister, hatte durch Heirat den jüdischen Glauben angenommen und war in seiner Zeit bei Honved Budapest ungarischer Nationalspieler geworden. Durch glückliche Umstände kam er ohne existenzielle Gefährdung durch die Zeit von 1933 bis 1945. Erich Weiler, der als Bub bei Fritz Walter ein und aus ging und der bis 1936 in der Jugend des 1. FCK spielte, verdankte sein Überleben seiner Mutter, die ihn 1936 – nach der Lektüre von Hitlers „Mein Kampf" – auf ein landwirtschaftliches Hachschara-Lehrgut der Chaluz-Bewegung in die Niederlanden schickte, wo er für die Einwanderung nach Palästina vorbereitet wurde. 1957 kehrte er mit Frau und Tochter nach Kaiserslautern zurück, wo er 1995 starb.[18]

**FVK gegen Phönix Ludwigshafen (2:1) am 12.6.1927, stehend von links: Julius Zangerle, Wolf, NN, Artur Jung, NN, NN, Otto Schwab; NN, Eugen Kramer sen., NN, NN, NN, Katzenbach, NN, Max Fritzinger, Alexander Thury, NN, Karl Benz; sitzend: Ludwig Mathes, NN, Emil Kasper, NN, Theis, NN, Fritz Spiegel.**

Ungeachtet der Menschen verachtenden und markigen Worte der Meinungsführer im Verein gefiel sich der FVK sportlich weiterhin im Mittelmaß. Auch in der Saison 1926/27 reichte es hinter dem VfR Pirmasens nur zum zweiten Platz. Im Jahr darauf klappte es endlich mit der Meisterschaft, aber in der Aufstiegsrunde scheiterte der FVK an Saar 05 Saarbrücken und an der SpVgg. Oberstein. Doch das größte anzunehmende Unglück stand dem FVK ein Jahr später ins Haus. Der VfR Kaiserslautern beendete die Kreisliga als Erster und stieg in die Bezirksliga Rhein-Saar auf. Erstmals gab es in Kaiserslautern einen Fußballverein, der eine Klasse höher spielte als der FVK. Aber die Spieler von der Wormser Höhe gaben nur ein kurzes Intermezzo und stiegen eine Spielzeit danach wieder ab.

In diesen Tagen, an denen die Lauterer Fußballer und ihre Anhänger die bittere Erfahrung machen mussten, sich mit den regionalen Größen aus Pirmasens, Saarbrücken und Neunkirchen nicht messen zu können, entstand die Idee von der Zusammenführung der zersplitterten Kräfte. Doch dieses Ansinnen stieß beim VfR auf wenig Resonanz. So kam es am 28. Mai 1929 zur Fusion zwischen dem FVK und dem SV Phönix 1910. Bereits im ersten Anlauf reichte es zur Meisterschaft. Punktgleich lag der FV/Phönix am Ende der Aufstiegsrunde mit dem VfB Dillingen auf Platz 1. Das Entscheidungsspiel gewannen die Saarländer mit 2:1. Doch schon im Jahr darauf revanchierten sich die Lauterer und gewannen als Dritter der Aufstiegsrunde das Entscheidungsspiel gegen den Tabellenletzten der Bezirksliga, den VfB Dillingen mit 2:1.

Der FV/Phönix Kaiserslautern spielte in folgender Aufstellung:

► Gebhardt, Jung, Scheidel, Kirchner, Berndt, Gödtel, Prinz, Konrad, Schaub, Zängry, Diehl.

Zur Halbzeit hatte der FV/Phönix mit 0:1 zurückgelegen, ehe Zängry eine Steilvorlage von Berndt zum Ausgleich nutzte und später nach einer Flanke von Diehl auch den Siegtreffer erzielte. „Noch klingt das unaufhörliche Jubelgeschrei der Lautringer Expedition einem in den Ohren. Man muss es der sympathischen, fairen Mannschaft gönnen, dass es ihr gelungen ist, endlich nach so langer, langer Unterbrechung die Erstklassigkeit ihrem mit so reicher Tradition gesegnetem Verein wiedergewonnen zu haben“, schrieb die *Südwestdeutsche Sportzeitung* am 27. Juni 1931 über das Spiel, das bei großer Hitze im Neunkirchener Ellenfeldstadion stattgefunden hatte.

**1931 heißt es dann „1. FC Kaiserslautern“**

Nach diesem lang ersehnten Erfolg beschloss die Jahreshauptversammlung noch im gleichen Jahr die Änderung des umständlichen und viel zu langen Namens in 1. FC Kaiserslautern. Wie der Religionswissenschaftler Dr. Markwart Herzog beim Studium diverser Vereinszeitungen des FVK aus der Zeit von 1927 bis 1931 herausfand, hatte es in Kaiserslautern außer dieser gelungenen Fusion auch zwei gescheiterte gegeben: Die von FVK und VfR sowie zwischen dem SV Phönix und den Reichsbahnsportfreunden.[19]

In der Pfalz und in Kaiserslautern herrschte große Freude, nicht nur über die Erfolge der Fußballer. Im Sommer 1930 waren die französischen Besatzer abgezo-

**Mannschaftsfoto des FVK um 1930, vorn von links: Hans Prinz (Sprengard), Rudi Sauer, Adolf Jung, Reinhold Diehl, Karl Berndt, Trainer Otto Schwab; hintere Reihe: Helmut Wolf, NN, Torwart Albert Dusch, Karl Gödtel.**

gen, was zu einer spürbaren wirtschaftlichen Liberalisierung geführt hatte. Trotzdem waren die Auswirkungen der Weltwirtschaftskrise auch in der Mitte der Pfalz zu spüren. Zum einen mehrten sich die Übergriffe auf angebliche Separatisten, denen man nun vorwarf, sie hätten zu eng mit den Besatzern zusammengearbeitet und die Pfalz an Frankreich „verkaufen" wollen. Zum anderen fanden die Nationalsozialisten gerade in dem lange französisch besetzten und fremdbestimmten Landstrich ein bereitetes Terrain. Bei der Reichstagswahl am 14. September 1930 wurde die NSDAP erstmals stärkste Partei. Mit 24,3 % der Stimmen lag sie vor der SPD mit 23,4 %, dem Zentrum mit 12,1 % und der KPD mit 16,0 %. Von diesem Erfolg beflügelt, kam Hitler am 23. November 1930 zum Gauparteitag nach Kaiserslautern und hielt auf dem Stiftsplatz eine Rede. Kontinuierlich steigerten die Nazis in der Folge ihren Stimmenanteil über jeweils 43,5 % bei den Landtagswahlen und den Reichstagswahlen 1932 bis zu der entscheidenden Reichstagswahl am 5. März 1933, die der NSDAP und der mit ihr verbündeten „Kampffront Schwarz-Weiß-Rot" mit 50,4 % die absolute Mehrheit brachte. Der Mittelstand und Teile der Arbeiterschaft hatten auch in Kaiserslautern zum Aufstieg und Sieg der Nazis beigetragen. Gauleiter war Josef Bürckel, der auch für die Deportation der pfälzischen Juden nach Gurs verantwortlich war und ebenso wie Hitler alsbald zum Ehrenbürger der Stadt ernannt wurde. Am 10. März 1933 wurden das Stadthaus und das Gewerkschaftshaus besetzt, im Juni 1933 die SPD verboten.

► Vereinsporträt

# Der Stadtteilclub ESC West Kaiserslautern

Der ESC West Kaiserslautern ist der Club des westlichen Stadtteils Bahnheim. Seiner Wurzeln gibt es mehrere und sein Einzugsgebiet ist die nähere Umgebung des Quartiers um die Reichswaldstraße und die Lothringer Dell. Die 1911 gegründete FG Kaiserslautern und der FC Weststern vereinigten sich 1921 zum SC 1911/12 Kaiserslautern, der wiederum mit dem SC 1920 zum Sportclub Kaiserslautern fusionierte.

1929 wurde der Reichsbahn-TSV gegründet, dem alsbald die Sportfreunde VfL Kaiserslautern beitraten, worauf sich der Verein Reichsbahnsportfreunde VfL nannte. Als die Besatzungsmacht 1945 die Behördensportvereine wegen nationalsozialistischer Unterwanderung verbot, rief Fritz Becker den Sportclub wieder ins Leben. Als das Verbot nach langen Verhandlungen wieder aufgehoben wurde, schlossen sich die Eisenbahnsportler neu zusammen. 1951 kam es dann zur Fusion von Sportclub und Eisenbahner TSV zum ESC West Kaiserslautern, der zeitweise in der 2. Amateurliga Hinterpfalz spielte und heute in der Kreisliga Kaiserslautern seinen Platz gefunden hat. Aus dem ESC West Kaiserslautern ging der FCK-Profi Uwe Fuchs hervor, und hier spielte in seiner Jugendzeit auch der Sportreporter Rudi Michel. ■

## Der 1. FC Kaiserslautern im Faschismus

In seiner ersten Bezirksliga-Saison überraschte der 1. FCK mit einem vierten Platz und erreichte 1932/33 als Tabellenzweiter hinter dem FK Pirmasens sogar die Endrunde um die Süddeutsche Meisterschaft. Dort landete er mit nur einem Sieg auf dem letzten Tabellenplatz.

Dies war die letzte Bezirksliga-Saison, denn die Nazis machten auch vor dem Fußball nicht halt. Nach der Machtergreifung schalteten sie die Sportverbände gleich. Das Land wurde in 16 Gaue unterteilt, analog dazu wurden 16 Gauligen gebildet, deren Meister für die Endrunde um die Deutsche Meisterschaft qualifiziert waren. Der 1. FCK spielte mit Mannschaften aus Südhessen, dem Saarland und der Pfalz im Gau 13 Südwest. Lokalrivale VfR und Nachbar MTSK (die spätere TSG) wie auch der Sportclub 1920 und die Reichsbahn (der spätere ESC West) spielten eine Klasse tiefer in der Bezirksklasse Mittelpfalz.

In den Jahren bis zum Beginn des 2. Weltkriegs hatte der 1. FCK nicht viel Freude an der Gauliga. Nach einem siebten Platz im ersten Jahr reichte es in der Saison 1934/35 nur zu Platz 10 – Abstieg in die Bezirksklasse. Die Nerven lagen in dieser Spielzeit auf dem Betzenberg so blank, dass es beim Spiel gegen Saar 05 Saarbrücken am 27. Januar 1935 zu Zuschauerausschreitungen kam, die dem Verein eine scharfe Verurteilung durch den Gaurechtswart und eine Menge Ärger einbrachten. Das Stadion wurde bis zum Erlass eines endgültigen Urteils für alle Spiele mit Ausnahme der Begegnungen der Jugendmannschaften gesperrt.

Im darauf folgenden Jahr gab es in der Bezirksklasse viele interessante Lokalderbies. Den verbissensten Kampf lieferten sich hier die Erzrivalen 1. FCK und VfR. Die *Pfälzische Presse* bemerkte am 6. Januar 1936, „so mancher anständige Sportanhän-

**Mannschaftsfoto des 1. FCK von 1932/33, von links: Betreuer Heinrich Held, Albert Conrad, Albert Hesch, Willi Kipp, Adolf Jung, Karl Berndt, Torwart Ernst Gebhardt, Georg Scheidel, Peter Zängry, Heinrich Schaub jun., Walter Weber, Walter Schneider (späterer FCK-Geschäftsführer), Trainer Otto Schwab.**

ger, der diesem Spiel als Zuschauer beigewohnt hat, wird nur mit Abscheu an diesen Kampf zurückdenken. Das Spiel war zweifellos ein Kampf, ... aber er wurde nicht ritterlich durchgeführt ... Zu allem Überfluss gefielen sich auch noch einige Fanatiker in besonders ausfallenden Redensarten, sodass die Spieler von außen auch noch verhetzt wurden ...“[20] Die *NSZ Rheinfront*, das Parteiblatt der NSDAP, setzte noch einen drauf: „Wenn sich heute noch feige Elemente in den Reihen des deutschen Fußballsports herumdrücken, die ebenso hinterhältig wie gewissenlos und leichtfertig mit der Gesundheit ihrer Gegner spielen, so hat diese *Sorte* von ‚Fußballern' im deutschen Sport einfach nichts mehr zu suchen ... Beschämend blieb es, dass die Mannschaft der Rasenspieler beim Gruß am Schluss des Treffens es nicht der Mühe wert fanden, in gerader geschlossener Front zum Gegner Aufstellung zu nehmen und so das ohnehin nicht erhebende Bild mit einer weiteren Unsportlichkeit abschloss.“[21] Das Spiel endete 3:0 für den 1. FCK, der sich auch die Meisterschaft sichern konnte, aber in der Aufstiegsrunde zur Gauliga scheiterte. Besonders demütigend war dabei das 0:5 auf dem Betzenberg gegen Rotweiß Frankfurt, bei dem auch FCK-Verteidiger Pirrung nach einem Foul vom Platz gestellt worden war. Umgezogen, kehrte der Bestrafte später im Anzug auf das Spielfeld zurück und schlug einen gegnerischen Spieler mit einem Faustschlag nieder. Wieder forderte die *NSZ Rheinfront* erzieherische Maßnahmen zur „Aufrechterhaltung von Zucht und Ordnung“. „Fußballspieler, die keine Sportsleute sind, sondern sich vollkommen unbeherrscht benehmen, haben in den Reihen des Reichsbundes keinen Platz mehr. Ein Verein hat von sich aus dafür zu sorgen, dass Menschen, die dem Sport nur schaden, aus seinen Reihen ausgeschlossen werden ...“[22]

Der 1. FCK verpasste sein Ziel, den Aufstieg, und das *Pfälzer Tageblatt* konstatierte, in Kaiserslautern, der ehemaligen Fußballhochburg, werde gegenwärtig (nur) ein mittelguter Fußball gespielt.

Der Sportplatz Betzenberg, hoch über der Stadt, wurde in diesen Tagen einer weiteren Nutzung zugeführt. Der 1. FCK erklärte sich bereit, das Gelände „zur Veranstaltung von öffentlichen Feierlichkeiten, namentlich Jugendfeiern, Sportfeiern, Schulfeiern, Sonnwendfeiern u.a. ... zur Verfügung zu stellen.“[23] Wie resignativ die Stimmung beim 1. FCK war, wurde wenig später bei einer außerordentlichen Hauptversammlung deutlich, als ein neuer Vorstand zu wählen war. Eindringlich wurde appelliert, Vergangenes abzuschließen und am Wiederaufbau mitzuwirken. Der neue Vorsitzende August Nebling bat, alles Kritisieren und Nörgeln zu unterlassen.

Im Jahr darauf war der 1. FCK wieder in der Gauliga, und die Ehrungen und Festveranstaltungen nahmen kein Ende. Der Ehrenvorsitzende Otto Candidus bedankte sich dafür bei der Stadtverwaltung und versicherte sie „der weiteren Mitarbeit im Sinne von Führer, Volk und Vaterland.“[24] Von heroischen Leistungen war die Rede, doch schon ein Jahr später mussten die Aufsteiger des Vorjahres, der 1. FCK und Opel Rüsselsheim, gemeinsam wieder in die Bezirksklasse zurück. Bis zuletzt keimte Hoffnung, die Gauliga zu erhalten, da der FV Saarbrücken am Saisonende noch drei (!)

Nachholspiele absolvieren musste. Wochenlang war die Zukunft des 1. FCK ungewiss, war unklar, in welcher Klasse es im nächsten Spieljahr weitergehen würde. Aber der FV Saarbrücken gewann alle drei Spiele, und dem 1. FCK blieb nichts anderes übrig, als sich auf das Gastspiel der weltberühmten englischen Amateurelf Corinthians London zu konzentrieren. Die *Pfälzische Presse* schwärmte: „Die englische Fußballbehörde ... gibt (daher) nur den besten englischen Mannschaften die Erlaubnis, auf dem Festland zu spielen."[25] Die Londoner gewannen mit 5:2 gegen eine Kaiserslauterer Stadtelf. Hätten sie gewusst, was mit dem Reinerlös dieses Spieles geschehen würde, sie wären wohl kaum angetreten. Die *Pfälzische Presse* weiter: „Das Treffen wurde vom Reichsbund für Leibesübungen nur deshalb abgeschlossen, um ... einer Reihe von Kaiserslauterer Turnern und Sportlern die Fahrt zum Deutschen Turn- und Sportfest in Breslau, jener gewaltigen Heer- und Leistungsschau ... zu ermöglichen."[26]

**Abstieg aus der Gauliga**

Nach der Enttäuschung über den neuerlichen Abstieg des 1. FCK war ein Rückschritt in der Spielstärke der Lauterer Mannschaften insgesamt zu bemerken. In ihrer Großmannssucht propagierten die Nazis prompt über ihre *NSZ Rheinfront* die Gründung einer „großen, verschworenen Kaiserslauterer Fußballfamilie". Neben dem 1. FCK und dem VfR sollten auch der Sportclub und der FV Olympia in diesen Kreis einbezogen werden. Mit markigen Worten wurden die gebrandmarkt, die von einem Zusammenschluss aus Gründen der unterschiedlichen Traditionen nichts wissen wollten. „Selbstverständlich wird es auch an geknickten Fanatikern nicht fehlen, die jetzt ihr lautes Wehgeschrei erheben, weil ihr ‚*Klübchen*' jetzt in einer großen leistungsfähigen Gemeinschaft aufgeht. Erbost und verärgert werden sie sich abwenden. Leichten Herzens wird man aber über diese verstaubten und eingerosteten Kleinigkeitskrämer hinweggehen können und mit dem gefundenen Stamm einsatzbereiter Kämpfer für die deutschen Leibesübungen wird der kommende Großverein die neue Gemeinschaft aufbauen."[27] In den vorbereitenden Besprechungen hatten sich die betroffenen Vereine übereinstimmend positiv zu diesen Plänen geäußert. Auch einen Namen für das künstliche Gebilde hatte man schon gefunden: Fußball-Sport-Verein Kaiserslautern. Wieder zog die *NSZ Rheinfront* über die Gegner des Kolosses her. „Wenn jeder seinen Teil dazu beiträgt und die ewigen Stänkerer rücksichtslos entfernt sind, dann werden unsere Fußballfreunde an dem neuen Verein ihre helle Freude haben."[28] Doch die Nazis setzten ihren hochtrabenden Plänen selbst ein Ende. Wegen angeblicher kommunistischer Neigungen verboten sie den Sportclub, dessen Aktive fast geschlossen zur TSG 1861 Kaiserslautern (vormals MTSK) überwechselten, der sich zuvor schon der komplette FV Olympia angeschlossen hatte. Die TSG aber war zu einem Zusammenschluss zu einem Großverein nicht zu bewegen.

Wahrscheinlich verhinderten auch die alten Animositäten zwischen dem 1. FCK und dem VfR die Verwirklichung der Nazi-Ziele. In der Generalversammlung des 1. FCK im Juli 1938 spielte all dies keine Rolle mehr. Der von der *NSZ Rheinfront* so bezeichnete „Vereinsführer Bürgermeister Pg. Albrecht" sprach im Gegenteil davon,

# Die TSG Kaiserslautern, der große Stadtverein

In der TSG Kaiserslautern, die 1861 als Turnverein gegründet wurde und die heute einer der mitgliederstärksten Vereine der Pfalz ist, spielt der Fußball erst seit 1922 eine Rolle. Der Pfalz VfB spielte auf dem Platz an der Reichswaldstraße. 1925 drohte der Verein unterzugehen, als die fast komplette Mannschaft zum FVK überwechselte. Doch nach schweren Jahren in der C-, B- und A-Klasse erreichte der Pfalz VfB 1930 die Kreisliga Hinterpfalz. 1933 fusionierte der Verein mit dem Männerturnverein 1894 zum Männer-Turn- und Sportverein 1894/1933 (MTSK), der sich dann mit dem TV 1861 Kaiserslautern zur TSG vereinigte. Von 1939/40 – 1943/44 wurde die TSG ununterbrochen Meister der Bezirksliga Mittelpfalz, verpasste aber stets den Aufstieg in die Gauliga. Nach dem 2. Weltkrieg verblieb die TSG im Amateurbereich, hielt sich lange in der 2. Amateurliga Hinterpfalz, bevor es zum Zusammentreffen mit dem VfR und dem ESC West in der Bezirksklasse Nord Westpfalz kam. Im Gegensatz zum VfR, der sein Reservoir hauptsächlich im Osten der Stadt hat oder zum ESC West, der ein Quartiersverein ist, ist die TSG wegen ihres breiten Sportangebots der Verein der ganzen Stadt – wie der 1. FCK, nur ausschließlich für den Amateursport. Dem Aufstieg in die Bezirksliga Westpfalz 1993 folgte 1996 der Aufstieg in die sechstklassige Landesliga West, wo sich die TSG seitdem wacker behauptet. ■

der 1. FCK solle in Zukunft das Sammelbecken der sportbegeisterten Jugend sein. In den darauf folgenden Jahren gab es auf Grund des Aufstrebens des 1. FCK mit dem aufgehenden Stern Fritz Walters auch keinen rationalen Grund mehr, den Verein mit anderen Vereinen zu einem Großverein zusammenzufassen. Ein Faktor ist der 1938 beginnende sportliche Siegeszug der „Walter-Elf". Das Hauptargument der NSDAP, dass die Zersplitterung des Fußballs in „Klübchen" das sportliche Fortkommen Kaiserslauterns behindere ..., konnte der 1. FCK von nun an leicht entkräften.[29]

## Fritz Walter taucht auf

Einer dieser sportbegeisterten Jugendlichen feierte in der Saison 1938/39 in der Bezirksklasse sein Debüt: Der gerade 18 Jahre junge Fritz Walter. Bereits in seinem ersten Spiel gegen den Zweibrücker Vorstadtverein SV Niederauerbach schoss er beim 8:1-Sieg vier Tore und begeisterte mit seinem überlegten Spiel. Am 20. März 1939 hatte der 1. FCK sein Ziel erreicht. Mit einem 3:0 gegen die SG 46 Neustadt war die Meisterschaft perfekt. Im anschließenden Aufstiegsspiel gegen die SG Burbach sicherte sich der 1. FCK erneut die Gauliga und die Erstklassigkeit, die bis 1996 nicht mehr verloren ging. Beim 4:0 gegen die Saarbrücker Vorstädter war Fritz Walter ein weiteres Mal mit drei Toren der Matchwinner.

Auch wenn der Rückblick manches verklärt, dürfte doch sicher sein, dass der 2002 verstorbene Fritz Walter schon als kickendes Kind seine Beobachter beeindruckt hatte.

**In der Schülerelf des 1. FC Kaiserslautern von 1932 standen mit Richard Schneider (5. von links), Fritz Walter (4. von rechts) und Werner Baßler (ganz rechts) drei Stützen der großen Mannschaft der 1950er Jahre.**

In einer Festschrift zum 50-jährigen Bestehen des 1. FCK heißt es: „Man wird sich an die Zeit erinnern können, in der ein kleiner, strubbeliger Stöpke einen Kinderball mit unnachahmlichem Geschick durch eine Gasse Lauterns von Kanalloch zu Kanalloch jonglierte. Schon damals war er unter der kleinsten Lauterer Fußballjugend ein Könner, der respektiert wurde. So wuchs ein schmächtiges Kerlchen heran, das in der Schüler- und Jugendmannschaft durch seinen Instinktfußball und seine Ballbehandlung den Blick der Fachleute auf sich lenkte."

Bei Walter ergänzten sich planvolles Verhalten und Intuition. Er bewies auf allen Positionen, die er besetzte, seine Klasse. Wer sich die heutigen Verkehrsverhältnisse in Kaiserslautern vor Augen hält und die Möglichkeiten der Kinder zum unorganisierten, freien Fußballspiel sieht, dem muss angst und bange werden um die Talente von morgen, die nur noch in den Ausbildungszentren der Vereine heranreifen können, weil auf der Straße zwar Platz für Autos, aber nicht für bolzende Kinder ist.

Englische Mannschaften mieden zu dieser Zeit Deutschland aus guten Gründen. So kam es am 25. Juni 1939 auf dem Betzenberg zu einem internationalen Freundschaftsspiel gegen Lazio Rom, den Lieblingsklub des italienischen Faschistenführers Benito Mussolini. Im Programmheft zum Spiel ließen sich Oberbürgermeister Richard Imbt und der FCK-Vorsitzende und Bürgermeister Carl Albrecht zu ihren Grußworten in Uniform ablichten. „Lazio ist der Name der Provinz, in welcher Rom als Hauptstadt des faschistischen Italiens liegt"[30], belehrte das Stadionprogramm die Zuschauer und wies die Römer mit dem Mittelstürmer der italienischen Weltmeisterelf von 1938, Silvio Piola, als „Fußballweltmeisterklasse" aus. Gegen „die Gäste aus dem befreundeten Italien"[31] war die 1:4-Niederlage ohne Scham und Schmerz zu ertragen. Fast fröhlich ging es im Spielbericht zu.

**1939/40: Meister der Gauliga**

Obwohl Neuling, wurde der 1. FCK im Spieljahr 1939/40 auf Anhieb Meister der Gauliga bei nur einer Niederlage. Beim 13:6 gegen Wormatia Worms und beim 10:1 gegen GfL Darmstadt bekamen die Zuschauer bereits einen Vorgeschmack auf das, was Fritz Walter und Werner Baßler in späteren Oberligazeiten darbieten würden. Der 1. FCK spielte in seiner Stammbesetzung mit:

► Ernst Gebhardt, Willi Hörhammer, Heinz Folz, Willi Müller, Heinrich Hergert, Heinrich Schaub, Jakob Marker, Georg Heimer, Werner Baßler, Fritz Walter, Walter Ininger.

Das Endspiel um die Bezirksmeisterschaft gegen Kickers Offenbach endete am 14. April 1940 in Kaiserslautern 1:1. Beim Rückspiel auf dem Bieberer Berg stand es zur Pause 2:1 für den 1. FCK. Als Jakob Marker zwei Minuten nach Wiederanpfiff das 3:1 erzielte, ging ein Ruck durch die Kickers-Elf, die innerhalb von zehn Minuten auf 4:3 davonzog. Am Ende stand es 6:3, aber den Lauterern wurde allseits attestiert, dass sie nicht schlechter gewesen waren als die Gewinner.

Zu dieser Zeit befanden sich bereits mehrere aktive und passive FCKler als Soldaten im Krieg. Der Verein fühlte sich verpflichtet, sie über die Geschehnisse zu Hause

**Die 1. Fußballmannschaft des 1. FC Kaiserslautern 1938/39. Diese Elf schaffte den Aufstieg in die Gauliga. Zweiter von links: Fritz Walter.**

auf dem Laufenden zu halten. „In unauslöschlicher Verbundenheit zum 1. FCK" rief „Kamerad Candidus" ihnen ein Heil Hitler! entgegen und schloss mit einem „Sieg Heil für den deutschen Sport sowie Heimat und Vaterland." Zur sportlichen Entwicklung bemerkte er Folgendes: „... Wir alle waren gespannt, ob wir in ‚großer Gesellschaft' wie einst früher bestehen ... Aber da kam der ‚große Krieg' und statt Kämpfe auf dem grünen Rasen Kämpfe gegen das ‚schamlose England' und das ‚erbfeindliche Frankreich', die zunächst ihren ‚Gefolgsmann Polen' gegen uns hetzten ... Hipp, hipp, ho der xx ist k.o. oder 1,2,3 mit xx ist vorbei oder 2x4 = 8 der ‚Betze' hat's gemacht. Ja ihr lieben Kameraden, das sind die Schlachtgesänge der Heimat ... Sie donnern zwar nicht wie eure schweren Bomber oder die Sirenen der ‚Stukas', aber sie klingen dem Verlierer auch auf Stunden noch in den Ohren ..."[32]

In der Saison 1940/41 gab es im Südwesten eine neue Einteilung. Die südhessischen Vereine wechselten in den Gau Hessen-Nassau und der Südwesten bildete zusammen mit dem Saarland den Gau Westmark. Der 1. FCK litt unter seiner Auswärtsschwäche und verlor beim späteren Meister, dem FV Saarbrücken mit 0:5. Dafür hielten sich die Lauterer im Tschammer-Pokal an Eintracht Kreuznach schadlos. Mit 20:0 wurden die Spieler von der Nahe nach Hause geschickt. Fritz Walter traf gleich elf Mal und wurde erstmals zum Länderspiel am 14. Juli 1940 in die Nationalmannschaft berufen. In der nächsten Pokalrunde kam dann das Aus gegen Fortuna Düsseldorf. Beim 2:3 schoss wiederum Fritz Walter beide Tore.

Nach dem Einmarsch der Nazitruppen in Frankreich wurde Elsass-Lothringen annektiert. Im August 1940 trat der 1. FCK „in alter Sportskameradschaft" beim FV

Metz an. Das hohe 9:1 der Pfälzer war dem Chronisten der *NSZ Rheinfront* sichtlich peinlich: „(Durch diese Tatsache) hat das kämpferische Moment um den Sieg etwas in den Hintergrund zu treten, um einer für den Augenblick dringlicheren Idee zum Durchbruch zu verhelfen.“[33] Der Metzer Oberbürgermeister Imbt führte aus, dieser Tag sei bedeutsam für das deutsche Metz, weil an ihm wieder deutscher Sport an diese Stadt herangeführt und damit wieder die Brücke geschlagen worden sei zu diesem 20 Jahre von Deutschland getrennten Land.

Durch Fritz Walters Aufstieg in die Nationalelf geriet Kaiserslautern auch in der überregionalen Presse in die Schlagzeilen. Der Düsseldorfer *Mittag* schrieb unter dem Titel „Es Walters Fritzke“: „Es ist heute die Lokalberühmtheit in dem kleinen, versteckten Pfalzstädtchen, das von Bergen und Wäldern umsäumt, sich einer fast verträumten Abgeschiedenheit erfreut“,[34] was die *Pfälzische Presse* zu einer empörten Replik veranlasste. Am 5. Dezember 1940 war Fritz Walter in die Kaiserslauterer 23er-Kaserne einberufen worden. Seine soldatische Karriere und sein Wirken bei der Fliegermannschaft „Rote Jäger“ sind bei Herzog ausführlich beschrieben.[35]

In der Saison 1941/42 wurden die lothringischen Mannschaften in die Gauliga integriert. Nun ging es gegen den FV Metz und die TSG Saargemünd. Erneut erzielte der 1. FCK, in dessen Reihen jetzt auch schon Werner Kohlmeyer, Ernst Liebrich und Ottmar Walter standen, Kantersiege gegen die Konkurrenten. 13:1 gegen TuRa Ludwigshafen, 9:1 gegen den VfR Frankenthal, gar 26:0 gegen den kriegsgeschwächten FK Pirmasens, der im März 1942 seine Teilnahme an der Runde zurückzog. Mit sechs Punkten Vorsprung auf den FV Metz wurde der 1. FCK Meister und nahm an der Endrunde um die Deutsche Meisterschaft teil.

**Kantersiege mit Kohlmeyer, Liebrich und den Walters**

Von diesen Ereignissen und Erfolgen wurden die Lauterer, die sich im Krieg befanden, per „Heimatbrief“ informiert. Im August 1941, vor der so erfolgreichen Saison, stimmte Peter Meyer, ein parteitreuer Schreiber und nacheinander Torhüter und Schriftführer beim FVK und von 1933 bis 1936 stellvertretender Vereinsführer des 1. FCK, der von Herzog porträtiert wird,[36] die fernen Anhänger auf die Entwicklung ein. „Zusammen mit den Kameraden aus Lothringen wird der saarpfälzische Sport ... den Neuaufbau des Sports innerhalb unserer südwestdeutschen Ecke aufnehmen. Wenn sich der Gauleiter selbst an die Spitze des westmärkischen Sports gestellt hat, so deshalb, weil die Kräfte zu einem planvollen Aufbau der deutschen politischen Leibesübungen zusammengeschlossen werden müssen ... Es untersteht keinem Zweifel, dass mit Gauleiter Bürckel und seinem Beauftragten Oberbürgermeister Schwitzgebel ... die Leibesübungen innerhalb unserer Westmark Brauchtum auch des letzten Volksgenossen werden.“[37]

Der 1. FCK sorgte weiter für torreiche Spiele. In einem Ausscheidungsspiel zur Deutschen Meisterschaft wurde der favorisierte badische Meister SV Waldhof mit 7:1 geschlagen, doch in der Vorrunde gab es beim 3:9 bei der damals besten deutschen Fußballmannschaft, dem FC Schalke 04, ein Debakel. In der Saison 1942/43 musste der 1. FCK auf seine Besten verzichten. Fritz und Ottmar Walter und Werner Kohlmeyer waren eingezogen worden, und das machte sich in den Spielen gegen die stärkeren Konkurrenten bemerkbar. Spiele, die im Vorjahr noch knapp gewonnen wurden, gingen jetzt knapp verloren. So landete der 1. FCK am Ende nur auf Platz 5, während Meister FV Saarbrücken das Endspiel um die Deutsche Fußballmeisterschaft gegen den Dresdner SC erreichte, das er mit 0:3 verlor. Im Tschammer-Pokal war für den 1. FCK nach einem 2:3 gegen Kickers Offenbach Schluss.

Im letzten „normalen" Spieljahr, sofern man bei den Kriegsspielen überhaupt von normal reden konnte, wurde der 1. FCK Letzter der Gauliga und entging dem Abstieg nur, weil erneut eine Änderung bei der Einteilung der Spielklassen vorgenommen wurde. Das Reisen war wegen der Bedrohung durch Bombenangriffe und Tiefflieger zu gefährlich geworden. Die Gauliga Westmark sollte deshalb in zwei Staffeln aufgeteilt werden. In der Staffel Ost hätten die pfälzischen Vereine spielen sollen, doch nahm diese Liga nach den vorliegenden Informationen nie den Betrieb auf. Der 1. FCK bildete zusammen mit dem VfR eine Kriegsspielgemeinschaft, die aber lediglich zu zwei Freundschaftsspielen antrat.

1944 lag Kaiserslautern nach schweren Luftangriffen auf Wohngebiete und industrielle Anlagen in Schutt und Asche. Auch der Betzenberg war empfindlich getroffen worden. Am 20. März 1945 landeten erste US-Fronttruppen in Kaiserslautern, am 8. Mai war der Faschismus besiegt. Am 6. Juli 1945 wurde in Kaiserslautern auf Anordnung der Amerikaner ein Bürgerrat gebildet, der aus elf bürgerlichen Mitgliedern und zehn Vertretern von SPD und KPD bestand. Seine schwierige Aufgabe: Säuberung und Entnazifizierung der Stadt und ihrer Institutionen.

## Anmerkungen

(1) Heinz Friedel „Als der Fußball erstmals rollte", in: „Kaiserslautern – Stadt und Land 4/78". Der frühere Leiter des Kaiserslauterer Stadtarchivs Heinz Friedel behauptete im Dezember 1978 in einem Schreiben an den 1. FCK, der Verein könne sein 80-jähriges Jubiläum bereits 1979 feiern, da der FC Kaiserslautern 1900 seinerzeit aus dem Zusammenschluss der 1899 gegründeten Vereine Fußballclub Kaiserslautern und Fußballgesellschaft Kaiserslautern entstanden sei. Der Fußballclub Victoria 1899 findet bei Friedel ebenso wenig Erwähnung wie der nach Erich Fuchs angeblich bereits 1896 entstandene Fußballclub Germania , der in allgemein zugänglichen Quellen nirgendwo erwähnt wird. Immerhin riefen Friedels Recherchen, die sich auf einen Brief des Fußballclubs Bavaria 1902 an das „Wohllöbliche Bürgermeisteramt" vom 10. Mai 1906 stützten, den damaligen Geschäftsführer des 1. FCK, Norbert Thines auf den Plan, der dem Stadtarchivar per Brief freundlich, aber bestimmt beschied, es gehe „sicher schlecht, nunmehr auf neuerer Erkenntnis ein neues Jubiläum zu feiern." Trotzdem war die Behauptung Friedels so interessant, dass der seinerzeitige Schatzmeister des 1. FCK, Günter Klingkowski zwölf Jahre später, 1991, nach dem Gewinn der Deutschen Meisterschaft Stadtarchivar Gerd Rauland um eine dezidierte „Stellungnahme zur Frage des Gründungsjahres des 1. FCK" bat. Darin rät Rauland dem 1. FCK,

seinen 100. Geburtstag für das Jahr 2000 zu planen, da keinerlei Belege für Friedels Behauptungen vorhanden sind. Außerdem stünden die Daten, auf die sich Friedel stütze, im Widerspruch zur Festschrift des Vorgängervereins FV Kaiserslautern von 1925. „Deren Verfasser hätte sich wohl kaum definitiv auf Ende Mai 1900 als Gründungsdatum festgelegt, wenn er dafür nicht hieb- und stichfeste Beweise ... zur Hand gehabt hätte."

(2) W. Kreilinger / „Bastion Betzenberg", Taunusstein 1991, S. 213 Peter Lenk

(3) Erhard Wiehn a.a.O., S. 683

(4) Heinz Friedel „Die Entwicklung der Kaiserslauterer Industrie", in: Christmann/Friedel: „Kaiserslautern – einst und jetzt", Otterbach-Kaiserslautern 1971, zit. nach Wiehn, a.a.O. S. 678

(5) Stadtarchiv „Akte A III 5313" Kaiserslautern

(6) Stadtarchiv „Halbmonatsschrift des FV Kaiserslautern" 1. Jg. Nr. 1, S. 1

(7) Dr. G.Zeilinger „Die Pionierzeit des Fußballspiels in Mannheim", Mannheim 1992, S. 197

(8) Stadtarchiv Originalschreiben der Vereine

(9) Markus Röder „Statistik des 1. FC 1900 Kaiserslautern e.V. von 1900-1994" Düsseldorf 1994, S. 28 f.

(10) Stadtarchiv „Vereinszeitschrift des FV Kaiserslautern" vom 28.2.1925 1. Jg. Nr. 2 S. 1

(11) Stadtarchiv „Vereinszeitschrift des FV Kaiserslautern" vom 28.2.1925 1. Jg. Nr. 2 S. 1

(12) Stadtarchiv „Vereinszeitschrift des FV Kaiserslautern" vom 31.3.1925 1. Jg. Nr. 3

(13) Stadtarchiv „Vereinszeitschrift des FV Kaiserslautern" vom 31.3.1925 1. Jg. Nr. 3

(14) Markwart Herzog „Der Betze unterm Hakenkreuz – Der 1. FC Kaiserslautern in der Zeit des Nationalsozialismus", Göttingen 2006 S. 32

(15) Nils Havemann „Fußball unterm Hakenkreuz" 4. Kapitel „Antisemitismus beim DFB und die Ausgrenzung der Juden aus dem Sport"; zitiert nach: Kicker (1933), Nr. 15 (11. April 1933), S. 565

(16) Markwart Herzog, a.a.O., S. 52

(17) Markwart Herzog „Vereins-Zeitung des Fußball-Vereins Kaiserslautern e.V." in: Kaiserslauterer Jahrbuch für Pfälzische Geschichte und Volkskunde, Bd. 1/2001, Kaiserslautern 2001, S. 439

(18) ders. „Der Betze unterm Hakenkreuz", S. 32 f.

(19) ebenda, S. 411 f.

(20) „Pfälzische Presse" vom 6.1.1936

(21) „NSZ Rheinfront" vom 6.1.1936

(22) „NSZ Rheinfront" vom 25.5.1936

(23) Stadtarchiv Originalvertrag Stadt Kaiserslautern – 1. FCK

(24) „Pfälzische Presse" vom 3.7.1937

(25) „Pfälzische Presse" vom 13.4.1938

(26) „Pfälzische Presse" vom 13.4.1938

(27) „NSZ Rheinfront" vom 14.5.1938

(28) „NSZ Rheinfront" vom 25.5.1938

(29) Markwart Herzog „Der Betze unterm Hakenkreuz", S. 91

(30) „NSZ Rheinfront" vom 27.6.1939

(31) „NSZ Rheinfront" vom 27.6.1939

(32) Stadtarchiv „2. Brief des 1. FC Kaiserslautern e.V. – Original"

(33) „NSZ Rheinfront" vom 12.8.1940

(34) „Pfälzische Presse" vom 28.10.1940

(35) Markwart Herzog „Der Betze unterm Hakenkreuz", S. 144 f

(36) ders. a.a.O., S. 241 f.

(37) Stadtarchiv „Heimatbrief Nr. 20 vom August 1941 – Original"

# Konkurrenzlos durch die 50er Jahre

## Wie Fritz Walter seinen Verein ganz nach oben brachte

### 1945–1950: Die Anfänge

Während in Kaiserslautern die Nazis von den Schaltstellen der kommunalen Macht vertrieben wurden, kämpfte der 24 Jahre alte Fritz Walter zweitausend Kilometer weiter östlich in einem Kriegsgefangenenlager in Marmara-Szigett ums Überleben. Nur durch Zufall entging er dem oft tödlich endenden Transport nach Sibirien und zeigte dem Wachpersonal seine Fußballkünste. Die waren davon so angetan, dass sie ihn in ihre Mannschaft baten. Schließlich gelang es ihm sogar, seinen Bruder Ludwig vor der Zwangsarbeit zu retten. Mit ihm zusammen durfte er bald die Reise nach Hause antreten. Unterwegs machten sie in Wien Halt, wo bereits wieder Fußball gespielt wurde. Prompt erhielt Fritz ein Angebot von Rapid, dort zu bleiben und für den renommierten Klub zu spielen. Doch Fritz lehnte ab, und die beiden Brüder zogen weiter Richtung Pfalz. Bernhard Gnegel beschreibt in seinem 1953 erschienenen Buch „Fritz Walter – Die Geschichte eines Sportsmanns" die Ankunft der beiden in Kaiserslautern: „An einem Oktobertag 1945 sahen Fritz und Ludwig endlich wieder die Heimatstadt vor sich liegen. Der erste Anblick trieb dem Fritz die Tränen in die Augen. Trostlos war der Anblick. War das noch die alte Stadt? Verbrannt und verwüstet, mit kalten Fabrikschornsteinen und hungernden Menschen … Wenige Tage später stand Fritz zum ersten Male wieder auf dem Betzenberg … Von Panzern und schweren Lastern, die hier geparkt hatten, aufgewühlt. Es gab keinen 1. FC Kaiserslautern mehr und nur eine Handvoll der alten Kameraden. Der Verein musste erst wieder auf die Beine gestellt werden, musste bei der fremden Besatzung mühsam um seine Anerkennung kämpfen und dann ganz klein wieder anfangen."

Hans-Dieter Baroth beschreibt in „Anpfiff in Ruinen", wie sehr die Vereine der Willkür der französischen Besatzungsmacht, die das Saarland, die Pfalz und Teile Südbadens und Südwürttembergs dirigierte, ausgesetzt waren. Die Franzosen gaben die

Spielflächen nur frei, wenn sie das wollten, so dass z.B. der 1. FCK, der erst im Winter 1945/46 den Betzenberg zurückerhielt, seine Spiele gegen Mannschaften aus dem Umkreis beim VfR auf dem Erbsenberg austragen musste. Immerhin gelang es dem damaligen Vorsitzenden Paul Karch, der den Franzosen politisch integer erschien, die Genehmigung des französischen Kommandanten dafür zu erhalten, den Verein, der faktisch gar nicht mehr existierte, 46 Jahre nach seiner ersten Gründung erneut zu gründen.

Nachdem der Betzenberg wieder in den Händen des 1. FCK war, machte sich Fritz Walter mit seinen Mitstreitern an die Arbeit. Gemeinsam richteten sie das Spielfeld wieder her. Im Dezember 1945 vereinbarten die ehemaligen Gauligisten aus dem Südwesten Punktspiele nach dem Beispiel der Oberliga Süd, die am 4. November 1945 mit ihren Spielen begonnen hatte. Am 20. Januar 1946 nahm dieser Vorläufer der „Zonenliga“ und der späteren Oberliga Südwest seinen Anfang. Dabei gerieten die Fahrten ins Umland recht abenteuerlich. „Diese Fahrten waren bei den gegebenen katastrophalen Verkehrsverhältnissen wahre Abenteuer, denn was musste eine Mannschaft im Jahre 1946 alles auf sich nehmen, um zu einem auswärtigen Gegner zu gelangen!“ (zit. n. Baroth).

Aus dieser Runde ging der 1. FC Saarbrücken mit 31:5 Punkten knapp vor dem 1. FCK mit 30:6 als Sieger und erster Südwestmeister hervor. In den Spielen um die Südwestdeutsche Meisterschaft gegen den Meister der Zone Süd, FC Rastatt, setzte sich der 1. FCS mit 5:0 und 4:4 durch. Doch mehr als der Titel eines Südwestdeutschen Meisters war in dieser improvisierten Spielzeit nicht drin. Über die eigene Besatzungszone hinaus gestatteten die Franzosen keinen Spielbetrieb. Dafür schufen sie im August 1946 das künstliche Land Rheinland-Pfalz und gaben so dem nördlichen Teil ihrer Einflusssphäre einen Namen. Nun nahm auch die zweigeteilte Zonenliga offiziell ihren Betrieb auf. In der Nordgruppe spielten die Vereine aus der Pfalz, dem Saarland, dem Rheinland und aus Rheinhessen. In der Südgruppe waren es die Vertreter aus Teilen Südbadens und Südwürttembergs sowie aus Hohenzollern. Aus der noch kleinen Runde mit Wormatia Worms, dem 1. FC Saarbrücken, Mainz 05, Phönix Ludwigshafen, Borussia Neunkirchen, TuS Neuendorf und dem FSV Trier-Kürenz ging der 1. FCK mit 23:5 Punkten und 75:15 Toren als Sieger hervor. In der Südgruppe setzte sich der VfL Konstanz gegen den SSV Reutlingen durch. Der 1. FCK entschied beide Endspiele mit 8:1 und 8:4 für sich.

In Kaiserslautern war inzwischen im September 1946 zum ersten Mal nach dem 2. Weltkrieg ein Gemeinderat demokratisch gewählt worden. Dabei erhielt die SPD 13, die CDU 11, die Liberalen 8 und die KPD 4 Sitze. Zum dritten Beigeordneten und Verantwortlichen für den Wiederaufbau wurde Oskar Brill (KPD) gewählt. Aber die Franzosen ließen sich durch die demokratische Läuterung der Pfälzer nicht von ihrer autoritären Linie abbringen. Das Spieljahr 1947/48 war das vorläufig letzte mit saarländischer Beteiligung. Wieder wurde der 1. FCK mit 48:4 Punkten und 151:18 Toren Meister der Nordgruppe, in der jetzt 14 Mannschaften spielten.

**Der 1. FC Kaiserslautern 1948, im Jahr seines ersten Endspiels um die Deutsche Meisterschaft.**

Nach der Suspension des auf dem 2. Platz liegenden 1. FC Saarbrücken durch die Franzosen, war TuS Neuendorf als Dritter – nach Siegen gegen den FV Offenburg und den FC Rastatt – neben den Lauterern zweiter südwestdeutscher Teilnehmer an der im K.-o.-System auf neutralen Plätzen ausgespielten Endrunde um die Deutsche Meisterschaft. Hier musste der 1. FCK in der Vorrunde in Worms gegen den Südzweiten 1860 München spielen. Vor 38.000 Zuschauern gewannen die Roten Teufel erst in der Schlussphase deutlich mit 5:1 und wiederholten dieses Ergebnis eine Woche später in Wuppertal im Halbfinale gegen TuS Neuendorf. Endspielgegner am 8. August 1948 in Köln war vor 75.000 Zuschauern der 1. FC Nürnberg, der in Mannheim mit 3:2 nach Verlängerung gegen den FC St. Pauli gewonnen hatte.

In seinem zehnten Endspiel um die Deutsche Meisterschaft gewann der 1. FC Nürnberg zum siebten Mal den Titel mit 2:1 nach Toren von Winterstein, Pöschl und Uebelein, dem in der 62. Minute ein Eigentor unterlaufen war. Matchwinner des „Club" war Torhüter Schaffer, der „die schwersten Bomben aus den Ecken holte", wie *Die Rheinpfalz* mit martialischen Worten berichtete. Die Lauterer Anstrengungen nützten nichts. Hinzu kam, dass der Schiedsrichter sie benachteiligte, als er derbe Fouls des Nürnbergers Kennemann an Baßler und Ottmar Walter nicht bestrafte.

Der 1. FC Kaiserslautern bestritt sein erstes Endspiel um die Deutsche Meisterschaft mit der folgenden Mannschaft:

► Hölz, Huppert, Kohlmeyer, E. Liebrich, W. Liebrich, Klee, Grewenig, F. Walter, O. Walter, Baßler und Christmann.

Damit war – bis auf Horst Eckel – der Kern jener Mannschaft gefunden, die in den kommenden Jahren für Furore sorgen sollte. Mit dem torgefährlichen Ottmar Walter, dem späteren „Weltstopper" Werner Liebrich und den konsequenten

Manndeckern Werner Kohlmeyer und Ernst Liebrich – allesamt gebürtige Kaiserslauterer – hatte sich ein Kreis von überdurchschnittlichen Spielern gebildet, der in Fritz Walter seinen genialen Mittelpunkt hatte. Ohne Fritz Walter wäre der sportliche Aufstieg des 1. FCK undenkbar gewesen. Er wirkte als Organisator, als Spieler und zeitweilig auch als Trainer beim 1. FCK. In dieser Funktion unterstützte ihn für einige Zeit Sepp Herberger, der den Lauterern auf Grund der Nähe seines Wohnortes Weinheim besonders wohlgesonnen war.

## Einzigartige Spielkultur unter Fritz Walters Regie

Mit dem gereiften Fritz Walter, der als Mittelfeldspieler auch noch Konkurrent seines torgefährlichen Bruders war und stets nahe an dessen Torquote herankam, entwickelte sich beim 1. FCK eine im Südwesten der 50er Jahre einzigartige Spielkultur. Solch ein geniales Zusammenspiel hatten die Menschen hier noch nicht gesehen: Mit einer starken Abwehr im Rücken, in der Werner Kohlmeyer und Werner Liebrich fast alles abräumten, führte Fritz Walter klug Regie, bereitete viele Tore vor, schoss nebenbei selbst welche und wurde als einer der ersten modernen Spielgestalter zum Vorbild späterer „Regisseure“ wie Netzer, Overath oder Beckenbauer. Fritz Walters Kunst, Fußball zu zelebrieren und seine Mitspieler zu Höchstleistungen mitzureißen, trieb die Menschen zwischen Koblenz und Ludwigshafen in Scharen in die fortan überfüllten Fußballstadien. Vom ersten Spiel an, das der 1. FCK nach Kriegsende austrug, streifte die Mannschaft ihr altes Negativ-Image als Fahrstuhlteam der Gauliga ab. Der 1. FC Kaiserslautern wurde vor allem dank Fritz Walter zu einem großen Verein in Deutschland, und der 8. August 1948 war nur der erste Höhepunkt seines Aufstiegs.

Freute sich die Pfalz über das Erreichen des Endspiels und die Leistung des 1. FCK, so verfielen die saarländischen Vereine in Depression. Im Mai 1948 hatte der französische Fußballverband FFF nach einer Tagung in Paris, an der auch Vertreter der saarländischen Regierung und des saarländischen Sports teilnahmen, bekannt gegeben, dass den saarländischen Clubs künftig nach Abschluss der Meisterschaftsrunde 1947/48 nur noch Freundschaftsspiele gegen französische und internationale Mannschaften erlaubt seien. Der Saarländische Fußballbund (SFB) wurde gegründet, der VfB Neunkirchen, der SV Saarbrücken und die SG Völklingen spielten in der Landesklasse Saar, während der spielstarke 1. FC Saarbrücken einen Sonderweg wählte und den Kräftevergleich mit renommierten europäischen Vereinsmannschaften suchte.

Ohne den saarländischen Konkurrenten hatte es der 1. FCK in der Saison 1948/49 leicht, Sieger der Nordgruppe der Oberliga zu werden. Auf dem Betzenberg waren zweistellige Ergebnisse fast die Regel: 14:0 gegen Eintracht Trier, 16:1 gegen die SpVgg. Weisenau, 12:0 gegen den ASV Oppau und 13:0 gegen die SG Gonsenheim. Wormatia Worms wurde mit 36:12 Punkten abgeschlagen Zweiter hinter dem 1. FCK mit 43:5. Dabei schossen die Lauterer fast doppelt so viele Tore (142:22) wie die Rheinhessen (75:24). Lediglich gegen den FK Pirmasens (0:2) und Phönix Ludwigshafen (0:1) zog der 1. FCK auswärts den Kürzeren. So nebenbei trainierte Fritz Walter den eine Klasse

**„Unser Fritz" beim Torschuss auf dem Betzenberg, 1949.**

tiefer in der Kreisliga Hinterpfalz spielenden Lokalrivalen VfR und führte ihn zu Meisterschaft und Aufstieg, was nicht bei allen FCKlern auf Verständnis und Freude stieß.

Der Sieger der Südgruppe hieß diesmal Fortuna Freiburg, doch gegen den 1. FCK hatten die Breisgauer beim 0:4 und 3:6 keine Chance. Erneut fand die Endrunde um die Deutsche Meisterschaft im K.-o.-System auf neutralen Plätzen statt. Der 1. FCK spielte in der ersten Runde in Bremen gegen den FC St. Pauli, der in der Qualifikation Bayern München ausgeschaltet hatte. Vor 35.000 Zuschauern brachte Ottmar Walter den 1. FCK in der 10. Minute in Führung, doch Woitas glich zwei Minuten vor der Halbzeit aus. Auch nach Verlängerung blieb es beim 1:1. Das Wiederholungsspiel in Düsseldorf gewann der 1. FCK mit 4:1 und zog ins Halbfinale gegen Borussia Dortmund ein. Vor 57.000 Zuschauern trennten sich beide 0:0, die Wiederholung in Köln gewann die Borussia mit 4:1. Im Spiel um den dritten Platz besiegten die „Roten Teufel" die Offenbacher Kickers vor 33.000 Zuschauern in Koblenz mit 2:1 nach Verlängerung. Meister wurde nicht Borussia Dortmund, sondern der rechtsrheinische Nachbar des 1. FCK, der VfR Mannheim, durch ein 3:2 vor 92.000 Zuschauern im Stuttgarter Neckarstadion. 540 Minuten hatten die Lauterer Spieler in der Endrunde auf dem Rasen gestanden, drei Verlängerungen und zwei Wiederholungsspiele hinter sich gebracht.

In der Saison 1949/50 wurden die beiden Gruppen der Oberliga Südwest auf je 16 Vereine erweitert. In Wormatia Worms hatte der 1. FCK eine ernstzunehmende Konkurrentin, die auf dem Betzenberg 2:1 gewann und nur aufgrund dummer Punktverluste bei schwächeren Mannschaften ihre Chance auf Platz 1 verspielte. Mit 51:9 Punkten und 104:21 Toren wurden die Wormser Zweiter hinter dem 1. FCK mit 54:6 Punkten und 157:24 Toren. Wieder gab es eine Menge von Kantersiegen, nicht nur auf dem Betzenberg. Beim VfR Kirn siegten die Lauterer mit 10:2, zu Hause gab es ein 12:3. Der ASV Landau fuhr mit 10:0 geschlagen nach Hause, der VfR Kaiserslautern verlor mit 9:1, der FV Engers 13:0 und der FSV Trier-Kürenz mit 18:0. Im letzten Jahr der zweigeteilten Oberliga Südwest besiegte der 1. FCK im Endspiel um die Südwestdeutsche Meisterschaft den SSV Reutlingen mit 6:1 nach Verlängerung. In der Endrunde um die Deutsche Meisterschaft war in Karlsruhe RW Essen der Gegner. Wieder benötigte der 1. FCK nach einem 2:2 nach Verlängerung ein Wiederholungsspiel, das er in Köln mit 3:2, ebenfalls nach Verlängerung, gewann. Das Viertelfinale war Endstation. 43.000 Zuschauer sahen in Nürnberg einen 5:2-Sieg des VfB Stuttgart, der danach durch ein 2:1 gegen die Offenbacher Kickers Deutscher Meister wurde.

1950 – der 1. FCK feierte sein 50-jähriges Jubiläum – wurde die Oberliga Südwest eingleisig, doch die saarländischen Mannschaften durften immer noch nicht mitspielen. Die Südgruppe wurde in die Oberliga Süd und in die darunter angesiedelte Spielklasse integriert.

## 1951–1957: Meisterschaften, Meisterschaften …

Zu Beginn der Saison 1950/51 kam mit dem 31 Jahre alten gebürtigen Kaiserslauterer Richard Schneider ein neuer Trainer auf den Betzenberg. In der Mannschaft, die er übernahm, traf er bereits die fünf Spieler an, die knapp vier Jahre später gemeinsam Weltmeister wurden. Schneider hatte mit Fritz Walter in der Jugend und in der Gauliga gespielt, bevor zwei Meniskusoperationen für das Ende seiner Fußballerkarriere sorgten. Richard Schneider wurde in einem Jahrzehnt Betzenberg trotz Karlheinz Feldkamp und Otto Rehhagel, allerdings unter anderen Bedingungen, zum erfolgreichsten Trainer des 1. FCK. Der Kaiserslauterer Stadtarchivar Gerd Rauland widmete Schneider am 28. April 1992, zehn Jahre nach seinem Tod einen verdienten Nach-

**Er ist der erfolgreichste Trainer des 1. FC Kaiserslautern: Richard Schneider wurde mit der Walter-Elf 1951 und 1953 Deutscher Meister und zwischen 1950 und 1961 siebenmal Südwestmeister.**

ruf in der *Rheinpfalz*. Nach seiner Zeit beim 1. FCK war Schneider noch bei Preußen Münster und beim SSV Reutlingen tätig, ehe er sieben Jahre vor seinem Tod wieder nach Kaiserslautern zurückkehrte. Auf dem Waldfriedhof ist sein Grab; auf dem Betzenberg erinnert wenig an den „Meistermacher".

In der Saison 1950/51 hielt der 1. FCK die Wormser wieder stärker auf Distanz. Sieben Punkte Vorsprung bei 46:6 Punkten und 95:16 Toren sicherten erneut die Meisterschaft. Ottmar Walter wurde mit 28 Treffern erfolgreichster Torschütze der Oberliga Südwest.

Wie die Stadtliga Berlin durfte auch der Südwesten nur seinen Meister in die Endrunde um die Deutsche Meisterschaft schicken, die erstmals in zwei Vierergruppen mit Hin- und Rückspiel sowie anschließendem Finale der beiden Gruppenersten ausgetragen wurde. Während es in der Gruppe II bis zum letzten Spieltag spannend blieb und Preußen Münster, der 1. FC Nürnberg und der Hamburger SV jeweils 6:4 Punkte hatten, war in der Gruppe I die Entscheidung über den Finalisten längst gefallen. Nach anfänglichen Problemen beim 2:2 gegen die SpVgg. Fürth gewann der 1. FCK vier Spiele in Folge: 4:2 beim FC St. Pauli, 1:0 gegen Schalke 04, 2:0 zu Hause gegen St. Pauli und 3:1 in Fürth. Das letzte Spiel bei Schalke 04 ging mit 2:3 verloren, aber der 1. FCK war Erster mit 9:3 Punkten. Mit jeweils sechs Toren hatten Werner Baßler und Horst Eckel großen Anteil an diesem Erfolg. Erst in den letzten drei Spielminuten entschied sich, wer Endspielgegner des 1. FCK werden sollte. Eine mysteriöse Torflut von Preußen Münster bei Tennis Borussia Berlin (8:2) verhinderte die Neuauflage des Endspiels von 1948.

In seinem zweiten Finale um die Deutsche Meisterschaft siegte der 1. FCK vor 100.000 Zuschauern im Berliner Olympiastadion mit 2:1 gegen Preußen Münster. Nach einer grausamen ersten Halbzeit ging Münster mit dem sogenannten „100.000-DM-Sturm" kurz nach der Pause durch Gerritzen in Führung. Innerhalb von 13 Minuten schafften Fritz und Ottmar Walter die Wende. Eine Flanke von Fritz verwandelte Ottmar in der 61. Minute zum Ausgleich. In der 74. Minute lenkte wieder Ottmar eine Ecke seines Bruders mit dem Kopf ins Tor. Tore fielen danach trotz Chancen auf beiden Seiten keine mehr. „Kaiserslauterns größter Tag", titelte *Die Freiheit* am 2.7. 1951. Die Meistermannschaft trat in folgender Aufstellung an:

► Adam, Rasch, Kohlmeyer, E. Liebrich, W. Liebrich, Jergens, Eckel, F. Walter, O. Walter, Baßler, Fuchs.

Ottmar Walter, der verletzt ins Spiel gegangen war und nicht wusste, ob er die 90 Minuten überhaupt durchhalten würde (es gab noch nicht die Möglichkeit, einen Spieler auszuwechseln), wurde zum Gewinner des Spiels, war aber danach physisch am Ende und kämpfte gegen heftigen Brechreiz an.

Am Montag ging es mit dem Zug nach Hause. Schon in Ludwigshafen, wo ein Zwischenstop notwendig war, säumten jubelnde Menschen den Weg. Als der Zug am Abend in Kaiserslautern einfuhr, waren die Bahnsteige und die Straßen um den Bahnhof voll von Menschen. Das kleine Kaiserslautern begrüßte seine Meister mit Salut

Die Mannschaft des 1. FC Kaiserslautern nach dem 2:1 im Endspiel 1951. Unterlegener

Gegner am 2. Juli im Berliner Olympiastadion war Preußen Münster.

**Nach seiner Rückkehr aus Berlin feierten die Pfalz und die Stadt Kaiserslautern den Deutschen Meister 1951, allen voran Fritz Walter.**

und Musik und chauffierte sie auf den Betzenberg, wo sich Zehntausende versammelt hatten, die mit der Mannschaft feierten.

Nach dem Kriegsende und den verheerenden Folgen der Bombardements für die pfälzischen Städte, nach all der Schafferei des Wiederaufbaus war dieser Titel des 1. FCK auch ein klein wenig der Titel aller Pfälzer, die sich ohnehin am Rand der Republik ein wenig missachtet vorkamen und vorkommen. Alle Blicke richteten sich plötzlich auf die, die vorher keiner so recht ernst nahm. Kaiserslautern, damals eine Stadt, die noch nicht einmal 100.000 Einwohner hatte, in einem Bundesland ohne richtige Großstädte, ohne Metropole!

Am darauf folgenden Sonntag veranstaltete die Stadt Kaiserslautern den Meistern zu Ehren einen Festakt in der Fruchthalle, an dem auch der Ministerpräsident von Rheinland-Pfalz, Peter Altmeier, teilnahm. Viel verdienen konnten die elf Meisterspieler mit ihrem Titel nicht. Die bei der Nähmaschinenfabrik Pfaff Beschäftigten wie Horst Eckel und Heinz Jergens hatten gar unbezahlten Urlaub für die Reise nach Berlin nehmen müssen, bekamen allerdings nach dem großen Erfolg von der Geschäftsleitung einen einwöchigen Urlaub in Italien spendiert. Doch mit Verträgen in Italien wurde es nichts. Zu heimatverbunden waren die Lauterer Spieler, als dass sie den gelegentlichen lukrativen Angeboten italienischer, französischer und spanischer Clubs gefolgt wären.

Es gab in diesen Tagen der Freude über den sportlichen Erfolg aber auch Neues aus Kaiserslautern, das bedrohlich wirkte und nachdenklich stimmte. Unter dem Datum 10.8.1951 bezieht sich das „Stadttagebuch“ auf einen Artikel in der Tageszeitung *Die*

*Freiheit*, die über „Kaiserslautern als Zentrum westlicher Verteidigung" berichtete. „Im Zuge dieser Vorbereitungen wurde unserer Stadt die für das Sicherheitsbedürfnis ihrer Bewohner bedenkliche Ehre zuteil, innerhalb der strategischen Planung für Europa an hervorragender Stelle genannt zu werden." Kaiserslautern rückte in den Blickpunkt der „Westpolitik" und wurde zum Hauptquartier des „Rhine Military Post", der in der Kaserne an der Straße nach Hochspeyer Quartier bezog. An allen Ecken und Enden der Stadt und in der ganzen Region machten sich die Amerikaner mit ihren militärischen Einrichtungen breit. Kaiserslautern verlor seinen vormals guten Ruf, wurde zu K-Town (Kee-Taun). Die Militärplaner hatten schlicht vergessen, für ihre GIs außerhalb der Dienstzeiten Möglichkeiten sinnvoller Freizeitbeschäftigung zu schaffen. So blühten Schwarzhandel und Prostitution. Immer öfter sah sich die Stadtverwaltung gezwungen, Aktionen gegen das „Dirnenunwesen" (Stadttagebuch), das sich nicht nur am Stadtrand, sondern auch in der Innenstadt breit machte, durchzuführen. Auch aus diesem Grund weilte der Agitator Gottes, Pater Leppich, in Kaiserslautern, um gegen das „satanische Gesicht des Materialismus" zu wettern. Angesichts der Existenz ganzer Heerscharen von Roten Teufeln war das schon damals ein hoffnungsloses Unterfangen. Die Kaiserslauterer gewöhnten sich schnell an die neuen Verhältnisse, an die bald 50.000 Amerikaner und Amerikanerinnen. Der Schwerpunkt der Prostitution verlagerte sich später zum Straßenstrich an die Pariser Straße, an den Stadtausgang in Richtung Vogelweh und Einsiedlerhof.

Der Deutsche Meister 1. FCK tat sich schwer in der neuen Saison 1951/52, als erstmals wieder der 1. FC Saarbrücken und Borussia Neunkirchen in der Oberliga mitspielen durften. Das Saarland war Mitglied der FIFA und traf später in der Qualifikation zur Weltmeisterschaft 1954 auf die deutsche Nationalmannschaft. Der 1. FCK startete schwach mit Punktverlusten in Kreuznach und Trier und stand nach der Vorrunde mit vier Punkten Rückstand auf Tabellenführer TuS Neuendorf auf Platz 4. Der 1. FC Saarbrücken, der einige Spiele im Rückstand war, hatte gar acht Punkte Vorsprung. So kam der 1. FCK auch durch die Wiedereingliederung der Saarländer um die Chance, seinen Meistertitel verteidigen zu können. Zwar siegte der 1. FCK am 24. Spieltag vor 25.000 Zuschauern mit 3:1 gegen den 1. FCS, doch mehr als Platz 3 hinter dem 1. FCS und Neuendorf war trotz des Torverhältnisses von 102:36 nicht mehr drin. Das Spiel gegen den 1. FCS verwandelte die weite Umgebung des Betzenbergs in einen riesigen Parkplatz mit Autos aus dem Saargebiet mit dem Kennzeichen OE. *Die Rheinpfalz* berichtete am 18.2.1952 von einem historischen Spiel mit grenzüberschreitendem Charakter:

*ÜBER DEN SCHLAGBAUM ZUM BETZENBERG*
*Willkommener Besuch von der Saar – Lauterns großer Fußballtag*

*Man muss es den Saarländern lassen, sie haben sich nicht lumpen lassen! Sie wussten, was sie ihrer Fußballmannschaft am Sonntag schuldig waren. In Scharen, die zu Tausenden gingen, kletterten sie über die pfälzischen Schlagbäume, im Personenwagen, in Sonder-*

*zügen, mit Omnibussen, in Lastwagen, per Anhalter sogar wagten es jene, die bei Schnee und Eis die günstigen Verbindungen verpassten. Aus dem hintersten Saarland kamen sie, von Merzig, Bous, Saarlautern, von den nahen Homburgern und den traditionellen „Saarbriggern", die tot oder lebendig ihre Kieselhumesbuwe begleiten müssen – ganz zu schweigen. Die Kontrollposten an den Passübergängen waren versechsfacht und konnten bei dem Andrang nur einen flüchtigen Blick in die Papiere werfen.*

*„Vorwärts! … meine Herrschaften, anschließen bitte!", das war die Parole am überbesetzten Eichelscheidter Übergang. Wagen an Wagen, kolonnenweise, rückten sie an und ab. An sich lachte dem Pfälzer und dem Saarländer das Herz im Leibe, als sie wieder mal in der Praxis sahen, wie grau doch alle Theorie ist, wenn der Sport seine festen Bande um Länder und Menschen schließt, dass dann die Schlagbäume eigentlich ganz von alleine aufgehen.*

*Eine prächtige Vorstimmung herrschte in der Barbarossastadt, als ihre Freunde und Bekannten aus dem Saargebiet links der Mühlbach die Pariser Straße hereinrollten. Alles, was irgendwie eine leise Zusammengehörigkeit an diesem Tag verspürte, packte die Gelegenheit zum Besuch in der Pfalz beherzt beim Schopfe. In wie vielen Lautringer Familien tauchte um die Mittagszeit das saarländische „Kattche" – weitläufig verwandt, versteht sich – auf, umgeben von einer Freundschaft, die an Herzlichkeit nichts zu wünschen übrig ließ.*

*Zwei vollgestopfte Sonderzüge bewältigten den Hauptverkehr, der sich vom Bahnhof gleich auf den Betzenberg ergoss, sodass die Lautringer meist schon von Saarländern begrüßt wurden, als sie ihre Plätze einnahmen.*

*Für die in der Pfalz lebenden Saarländer war es natürlich Ehrensache, ihren Landsleuten schreiend und zurufend Rückhalt zu bieten, obwohl manch einer von ihnen zwischen die zwei berühmten Stühle zu sitzen kam: schrie er für seine Landsleute vom Kieselhumes, inmitten seiner Pfälzer Freunde, dann hatten diese ihm unmissverständlich angeraten: awei kriehscht'se! Schrie er den Betzenbergern zu und die Saarländer erkannten ihn, dann hieß es: Verräter!*

*Wie dem auch gewesen sein mag, geschrien wurde so und so! Und nach dem Spiele gab es noch hitzige Köpfe beim Pfälzer Wein, den kein Saarländer ausließ, er half die Enttäuschung über den Ausgang des Treffens hinabzuspülen …*

Meister 1. FC Saarbrücken setzte sich in der Endrunde um die Deutsche Meisterschaft gegen den 1. FC Nürnberg, den Hamburger SV und Schalke 04 durch und spielte im Endspiel gegen den VfB Stuttgart. Im „Zweitstadion" der Lauterer, dem Ludwigshafener Südweststadion, unterlag der 1. FCS vor 80.000 Zuschauern mit 2:3.

In der Saison 1952/53 unterlag der 1. FCK nur zweimal. Beim 1. FC Saarbrücken gab es ein 1:2 und bei dessen Lokalrivalen Saar 05 ein 2:3. Mit 51:9 Punkten und 127:31 Toren beendete der 1. FCK die Spielzeit. Fritz Walter wurde mit 38 Treffern erfolgreichster Torschütze aller deutschen Oberligen. Aber in Kaiserslautern wuchsen die Sorgen. Die Dominanz des 1. FCK vor allem gegenüber weniger namhaften Gegnern lähmte das Interesse der Zuschauer. Lediglich gegen den 1. FCS (20.000), TuS Neuen-

**1953 wird der 1. FCK zum zweiten Mal Deutscher Meister durch ein 4:1 gegen den VfB Stuttgart, wieder im Berliner Olympiastadion.**

**In Kaiserslautern waren die Menschen aus dem Häuschen und benannten ihre Stadt um in Walterslautern.**

dorf (18.000) und den FK Pirmasens (9.000) drängten die Fans auf den Betzenberg, während sie gegen den FV Speyer (2.000), Saar 05 (1.000) und Hassia Bingen (3.000) zu Hause blieben, weil der 1. FCK ja doch klar gewinnen würde. Ein Phänomen zeigte sich: Die „Übermannschaft" der Liga hatte zu Hause keine Zuschauer, weil sie zu gut war. Gerade aus diesem Grund zogen die Anhänger der Auswärtsgegner in Scharen zu ihren Stadien. Zu Hause erreichte der 1. FCK einen Zuschauerschnitt von 5.857, während zu seinen Auswärtsspielen durchschnittlich 15.286 Fans kamen. Immerhin war die Endrunde um die Deutsche Meisterschaft nach dem Fauxpas vom vorigen Jahr erreicht. In Gruppe I dominierte der 1. FCK klar und wurde mit 11:1 Punkten Erster. Den einzigen Punktverlust gab es beim 2:2 gegen den 1. FC Köln. Im Finale gegen den VfB Stuttgart vor 80.000 Zuschauern in Berlin siegte der 1. FCK mit 4:1. Die Tore erzielten Fritz Walter, Wanger, Scheffler und Wenzel. „Die Roten Teufel spielten vollendet", titelte *Die Freiheit* am 22.6.1953. Unter den Zuschauern waren nur vier Tage nach dem niedergeschlagenen Volksaufstand im Ostteil der Stadt auch viele Fußballfans aus „Ostberlin und der Sowjetzone".

Seinen zweiten deutschen Meistertitel holte der 1. FCK in folgender Aufstellung:
► Hölz, E. Liebrich, Kohlmeyer, Eckel, W. Liebrich, Render, Scheffler, F. Walter, O. Walter, Wenzel, Wanger.

Erneut war der Empfang in Kaiserslautern überschwänglich. Aber eine Woche vor Beginn der Saison 1953/54 gab es auf dem Betzenberg im DFB-Pokal die erste Ernüchterung. Der Hamburger SV siegte gegen die komplette Meisterelf mit 3:2 und warf sie aus dem Wettbewerb. Auch der Start in die Saison geriet zum Flop. Ohne Fritz Walter verlor der 1. FCK beim VfR Frankenthal mit 2:4. Doch die anschließende Serie von 20:0 Punkten rückte die Verhältnisse im Südwesten wieder zurecht. Da der FK Pirmasens, der an 23 Spieltagen die Tabelle anführte, mit den Lauterern mithielt, gab es zwar in der absoluten Spitze mehr Spannung, aber darunter meist gähnende Langeweile, wenn es nicht gerade gegen den Abstieg ging. Die Dramaturgie des Spielplans führte am letzten Spieltag den FKP, der mit 51:7 Punkten einen Punkt vor dem 1. FCK lag, auf den Betzenberg. 30.000 Zuschauer sahen am 11.4.1954 schon in der dritten Spielminute das 1:0 für den 1. FCK durch Ottmar Walter. Danach bestimmte lange Zeit der FKP das Spiel, doch innerhalb von sieben Minuten sorgten Wenzel in der 76. und Scheffler in der 79. und 83. Minute für den viel zu hohen Sieg, der den Verlauf des Spiels nicht wiedergab. Die Pirmasenser standen nach ihrer so erfolgreich gespielten Saison mit leeren Händen da, denn nur der Erste war für die Endrunde um die Deutsche Meisterschaft qualifiziert. Bester Torschütze der Lauterer war diesmal Ottmar Walter mit 28 Toren geworden. Wegen der Weltmeisterschaft in der Schweiz fand die Endrunde nur auf Sparflamme statt. In zwei Dreiergruppen fiel die Entscheidung über die Finalisten auf neutralen Plätzen. Der 1. FCK gewann in Köln gegen Eintracht Frankfurt mit 1:0 und besiegte den 1. FC Köln in Stuttgart mit 4:3. Finalgegner am 23.5.1954 in Hamburg war Hannover 96, das sich gegen den Berliner SV 92 und den VfB Stuttgart durchgesetzt hatte.

Kaiserslauterns Torwart Hölz rettet vor dem anstürmenden Zielinski. Werner Liebrich muss zusehen.

Der 1. FCK spielte in der folgenden Aufstellung:

► Hölz, Baßler, Kohlmeyer, Eckel, W. Liebrich, Render, Scheffler, F. Walter, O. Walter, Wenzel, Wanger.

Schon nach 13 Minuten schoss Eckel das 1:0 für den 1. FCK. Kurz vor der Halbzeit ließ Ottmar Walter eine große Chance zum 2:0 aus. Fast im Gegenzug glich Tkotz für Hannover aus. Als Kohlmeyer zwei Minuten nach der Pause ein Eigentor passierte, war der 1. FCK mental am Boden. Innerhalb von sieben Minuten sorgten in der Schlussphase des Spiels Weweter (77.), Kruhl (81.) und Paetz (84.) für den sensationell hohen 5:1-Sieg von Hannover 96.

In der deutschen Sportpresse geriet Bundestrainer Sepp Herberger, der trotzdem an „seinen Lauterern" festhielt, unter Druck. Besonders in Norddeutschland wurde vehement gefordert, einige der Lauterer Spieler durch solche des neuen Deutschen Meisters zu ersetzen. Doch der gebürtige Kurpfälzer blieb stur – und der Erfolg sollte ihm Recht geben. Wenige Wochen später kehrten Horst Eckel, Werner Kohlmeyer, Werner Liebrich, Fritz und Ottmar Walter als Weltmeister nach Kaiserslautern zurück.

## Die Weltmeister

Das 3:2 von Bern löste, bei aller kritischen Betrachtung angesichts nationaler Ausschweifungen andernorts, in der Pfalz eine eher regionale Euphorie aus, jenseits nationalistischer Entgleisungen. Die Region, die wegen ihrer benachteiligten geografischen Lage mit damals zwei Ländergrenzen zu Frankreich und dem Saarland von ihrem Umland abgeschnitten war und wenig Hoffnung auf wirtschaftlich bessere Zeiten haben durfte, schwebte nun plötzlich quasi als Mittelpunkt der Bundesrepublik Deutschland über den Wolken zwischen Hunsrück, Rhein und Wasgau. Weniger das Gefühl, der ganzen Welt etwas gezeigt und bewiesen zu haben, herrschte vor, denn der Stolz darauf, dass Kaiserslautern und die Pfalz die halbe Mannschaft gestellt und es dem Rest des Landes gezeigt hatten. „Wann kommen sie?", war an allen Ecken und Enden in Kaiserslautern zu hören. Und die Namen Fritz, Ottes, Fahrer (Liebrich), Eckel und Kohli machten Tag und Nacht die Runde. Zuschriften an den „Fußball-Walter" in „Waltershausen" oder an den „Fußball-Weltmeister Deutschland mit Sitz in Kaiserslautern" fanden ohne Probleme ihre Adressaten.

Oberbürgermeister Müller bat die Bevölkerung, die Häuser zu beflaggen. Hierzu wurden kostenlos Schmuckplakate des Zweibrücker Grafikers Sepp Semar ausgegeben. Die Geschäfte schlossen um 18 Uhr, der Unterricht an den Schulen fiel ganz aus. Am 7. Juli 1954 um 19.30 Uhr trafen die Weltmeister ein. Vom Hauptbahnhof fuhr der Autokorso zur Fruchthalle, wo Fritz Walter mit seinem bekannten Understatement den jubelnden Menschen offenbarte: „Wenn Sie noch wissen wollen, warum wir Weltmeister geworden sind: Wir wollten unserem Chef zu seinem hundertsten Länderspiel eine Überraschung bereiten."

In der Oberliga-Saison 1954/55 setzten die Pfälzer Weltmeister ihre Erfolge fort. Nach neun Spieltagen hatte der 1. FCK 18:0 Punkte, was für viele Zuschauer ein Grund war, den Betzenberg wegen mangelnder Spannung zu meiden. Der Durchschnitt fiel auf 5.547 Zuschauer pro Spiel, während auswärts jeder Fußballfan die Weltmeister von Bern sehen wollte. Mit 50:10 Punkten wurde der 1. FCK erneut Südwestmeister vor Wormatia Worms und dem 1. FC Saarbrücken, die punktgleich waren. Die Wormser verfügten aber über den besseren Torquotienten und nahmen über die Qualifikation an der Endrunde zur Deutschen Meisterschaft teil. Der 1. FCK hatte die Saison zeitweise ohne einen Teil seiner Weltmeister bestritten, nur Kohlmeyer machte alle 30 Spiele mit. Eckel war zehn Mal dabei, Werner Liebrich absolvierte 25, Fritz Walter 21 und Ottmar Walter 18 Spiele. Bester Torschütze war Wenzel mit 23 Toren. Im DFB-Pokal kam der 1. FCK nach einem 5:2 bei Düren 99 und einem 7:0 gegen den 1. FC Köln bis in die Zwischenrunde, wo er gegen die Offenbacher Kickers mit 1:4 unterlag.

### Letztes Endspiel um die Deutsche Meisterschaft

Bis auf Ottmar Walter waren in der Endrunde alle Nationalspieler dabei. Doch erste Abnutzungserscheinungen machten sich bemerkbar. In den Heimspielen gegen den Hamburger SV und den SV Sodingen reichte es nur zu Unentschieden. Erst das abschließende 10:0 gegen Viktoria 89 Berlin sicherte den Gruppensieg. In Gruppe II war Wormatia Worms ohne Chance. RW Essen mit seinem Weltmeister Helmut Rahn erreichte schließlich das Endspiel am 26.6.1955 in Hannover gegen den 1. FCK. Durch ein irreguläres Kopfballtor von Penny Islacker verlor der 1. FCK fünf Minuten vor Schluss das Spiel mit 3:4. Alle Proteste nützten nichts. Der Spielausschuss des DFB verwarf die Lauterer Eingabe und lehnte ein Wiederholungsspiel ab. Dieses so unglücklich verlorene fünfte Endspiel um die Deutsche Meisterschaft war gleichzeitig das letzte des 1. FCK und eines Südwestvereins überhaupt.

In der Saison 1955/56 wurde der 1. FCK erst am 23. Spieltag von TuS Neuendorf gestoppt. Wieder kamen weniger Zuschauer als je zuvor, 5.413 pro Spiel, zum

**Der Autokorso mit den Weltmeistern auf dem Weg vom Hauptbahnhof zur Fruchthalle.**

Betzenberg. Mit 53:7 Punkten landete der 1. FCK erneut auf Platz 1 vor den Neuendorfern. Bester Torschütze war wiederholt Wenzel mit 23 Toren. In der Endrunde hatte es der 1. FCK mit Schalke 04, Hannover 96 und dem Karlsruher SC zu tun. Nach dem 1:3 in Gelsenkirchen siegte der 1. FCK in Hannover mit 2:1. Aber der KSC überraschte und gewann in Ludwigshafen mit 1:0. Als es auch gegen Schalke nur ein 4:4 gab, nützten auch das 1:0 beim KSC und das 5:3 gegen Hannover nichts mehr. Zwar waren Schalke, der KSC und der 1. FCK punktgleich, doch der 1. FCK hatte den schlechtesten Torquotienten. Der KSC zog ins Endspiel ein und unterlag Borussia Dortmund mit 2:4.

Nach den zwei verlorenen Endspielen 1954 und 1955 und dem enttäuschenden Verlauf der Endrunde 1956 sank der Zuschauerschnitt auf dem Betzenberg noch weiter auf 5.133 pro Spiel. Selbst gegen den 1. FC Saarbrücken, der am Ende der Saison 1956/57 immerhin Tabellenzweiter wurde, kamen mitten in der Saison nur 10.000. Auch der FK Pirmasens zog nicht mehr. 5.000 kamen, aber das lag auch an der schlechten Platzierung des FKP.

## Ausflug ins Estadio Camp Nou

Der in der Oberliga Südwest (noch) unterforderte 1. FCK erinnerte sich an das Beispiel des 1. FC Saarbrücken und suchte internationale Herausforderungen. Die Lauterer hatten das Pech, dass der Chefredakteur der französischen Sporttageszeitung *L'Equipe*, Gabriel Hanot, erst 1955/56 den Europapokal der Landesmeister initiierte. So blieb es RW Essen vorbehalten, als erster Deutscher Meister an diesem Wettbewerb teilzunehmen. Erst 1958 folgte der Messepokal, der später zum UEFA-Pokal wurde, jedoch war der 1. FCK hier nicht spielberechtigt, da Kaiserslautern keine

**Fritz Walters berühmtes Hackentor vor 120.000 Zuschauern 1956 in Leipzig. Die gestrichelte Linie wurde vom Fotografen H.-P. Beyer selbst eingezeichnet.**

Messestadt war. Am 19.3.1957, mitten in der Saison, trat der 1. FCK in einem Freundschaftsspiel im Estadio Camp Nou gegen den späteren Gewinner des Messepokals, die Stadtelf Barcelona an, die fast identisch war mit dem FC Barcelona. Vor 40.000 Zuschauern gewannen die Katalanen mit 3:2.

Schon im Oktober 1956 hatte der 1. FCK in Leipzig gegen die damals beste Mannschaft des ostdeutschen Fußballs, Wismut Karl-Marx-Stadt, mit 5:3 gewonnen. 120.000 Zuschauer im Zentralstadion erfreuten sich vor allem an Fritz Walters legendärem Hackentricktor nach einer Flanke seines Bruders Ottmar. Die *Pfälzische Volkszeitung* kommentierte am 8.10.1956: „Es ist gewiss keine geringe Anerkennung für die Walter-Elf, wenn man ihr bescheinigte, dass die Meisterelf Honved Budapest bei Einweihung des Leipziger Stadions nicht überzeugender das Fußballspielen demonstrierte wie die Roten Teufel aus der Pfalz."

Schließlich erreichte die Lauterer eine Einladung der „German-American Football Association" aus New York, der der 1. FCK im Mai 1957 zwischen Meisterschaft und Endrunde folgte.

Die Meisterschaft am Ende der Oberliga-Saison war vorläufig die letzte und leitete eine Phase der Einsicht in die Spielstärke der anderen Mannschaften, des langsamen Abschiednehmens von den Weltmeistern und der Notwendigkeit des Neuaufbaus ein.

In der Endrunde um die Deutsche Meisterschaft wurde der Hamburger SV in Gruppe I Erster. In der Gruppe II besiegte der 1. FCK zwar Hertha BSC Berlin in Wuppertal mit 14:1, unterlag aber gegen Borussia Dortmund in Hannover mit 2:3. In Augsburg gab es abschließend ein 1:4 gegen die Offenbacher Kickers. Deutscher Meister wurde Borussia Dortmund durch einen 4:1-Sieg gegen den Hamburger SV.

▷ *weiter auf S. 61*

## Abschiedsspiele und denkwürdige Begegnungen (I)

# Die Torflut vor dem Sektgenuss

Es geschah zu einer Zeit, als der Begriff Winterpause im deutschen Fußball noch nicht wirklich eingeführt war. An Silvester 1955 trafen im FC-Sportfeld in Saarbrücken in einem Pokalspiel der 1. FC Saarbrücken und der 1. FC Kaiserslautern aufeinander. Die beiden ewigen Rivalen der Oberliga Südwest lieferten sich vor 15.000 Zuschauern eine Partie, die keiner so schnell vergessen sollte. „Wer daheim geblieben ist, der wird sich geärgert haben", schrieb der *KICKER*. Denn schon zur Halbzeit waren sechs Tore gefallen, vier für die Lauterer, zwei für die Malstatter. Doch der für seine feine Technik in ganz Europa bekannte 1. FCS kam zurück und zog auf 6:4 davon, ehe dem 1. FCK weitere zwei Treffer zum 6:6-Ausgleich gelangen. In der Verlängerung traf jede Seite einmal – Losentscheid! Und da war der 1. FCK mit Kapitän Werner Kohlmeyer, der den verletzten Fritz Walter vertrat, im Glück. Die Saarbrücker legten Protest gegen diese Entscheidung ein, waren erfolgreich und bekamen ihr Wiederholungsspiel, das erneut in Saarbrücken stattfand, da der 1. FCK auf sein Heimrecht verzichtete. An einem kalten 1. Februar 1956 sahen 8.000 Zuschauer einen 4:3-Sieg des 1. FCS. In der *Saarbrücker Zeitung* erinnerte sich FCS-Spieler Herbert Binkert an die besonderen Umstände des Spiels: „Unter der Sporthose schnürten wir uns ein Hasenfell um den Unterleib". Erneut ohne Fritz Walter angetreten schied der 1. FCK aus, während der 1. FCS nicht nur zu Hause, sondern auch international Erfolge hatte – im neu erfundenen Europapokal der Landesmeister traf der 1. FCS auf den AC Mailand, siegte in San Siro mit 4:3 und unterlag zu Hause auf dem Kieselhumes mit 1:4. ■

## Abschiedsspiele und denkwürdige Begegnungen (II)

# Wie Fritz Walter gegen den Racing Club Paris Abschied nahm

In den ausgehenden 1950er Jahren des vorigen Jahrhunderts büßte der 1. FC Kaiserslautern seine bis dahin exklusive Spitzenstellung im südwestdeutschen Fußball ein und musste seinen ärgsten Konkurrenten FK Pirmasens, Borussia Neunkirchen und 1. FC Saarbrücken fortan die Spitzenplätze in der Oberliga überlassen. Zu allem Übel nahte im Sommer 1959 der Abschied Fritz Walters, der seine aktive Laufbahn mit fast 39 Jahren beendete. Am 21. Juni 1959 feierte der 1. FCK den scheidenden Ehrenspielführer der Nationalmannschaft mit einem internationalen Freundschaftsspiel gegen den Racing Club Paris.

In einem sehr empathisch verfassten Artikel, der in dieser Form heute nicht mehr denkbar wäre, berichtete *Die Rheinpfalz* über dieses Spiel und verabschiedete den besten Fußballer, der jemals das Trikot des 1. FCK getragen hat:

*1. FC Kaiserslautern – Racing Club Paris 4:2*
*Immer wieder Jubel um Fritz Walter*
*Bis zum letzten Augenblick vorbildlicher Einsatz – Großartiger Einsatz wie in alten Tagen – Sepp Herberger unter den zahlreichen Gästen*

*Ein ausverkauftes Stadion bildete für das Abschiedsspiel Fritz Walters im Stadion Betzenberg gestern einen würdigen Rahmen. Aus nah und fern – bis aus Hannover und Hamburg – waren die Anhänger des Nationalmannschafts-Ehrenspielführers gekommen, um dem großen Fußballer durch ihre Anwesenheit noch einmal Ehre zu erweisen. Unter den Gästen befand sich auch Bundestrainer Sepp Herberger. Vor Beginn des Spieles wurde Fritz Walter durch Blumengebinde des Präsidenten des 1. FCK, durch den Vorsitzenden des Südwest-Regionalverbandes, Herrn Weinand und den ersten Beigeordneten der Stadt Kaiserslautern, Dr. Zimpelmann, noch einmal kurz geehrt. Hunderte von Amateur-Fotografen hatten sich vor dem Kampfbeginn um das Spielfeld gelagert, alle mit der Absicht, einen letzten Schnappschuss des deutschen Fußballidols auf dem grünen Rasen zu erhalten. Der Sieg der Lauterer, der in einer großartigen Weise erspielt wurde, war für Fritz Walter das schönste Abschiedsgeschenk seiner Elf.*

*Zum ersten Male nach einer langen Pause hatte sich Ottmar Walter wieder zur Verfügung gestellt und so konnte der 1. FCK mit einem richtigen ‚Paradeangriff' den großen Kampf beginnen. Auch die Pariser hielten ihr Versprechen und erschienen mit ihrer stärksten Mannschaft, wobei herauszustellen ist, dass sie keineswegs gewillt waren, den*

**Nach dem Endspiel um die Deutsche Fußballmeisterschaft 1951: Sportjournalist Rudi Michel (mit Mikrophon) – mit Werner Liebrich, dem FCK-Vorsitzenden Werner Krabler und Fritz Walter.**

*Lauterer Sieg zu erleichtern. Der 1. FCK-Elf gebührt in ihrer Gesamtheit ein Lob für dieses großartige Spiel und wenn Fritz Walter in diesem Zusammenhang noch einmal besonders herausgestellt wird, so deshalb, weil er zum letzten Mal in alter Meisterschaft seine Anhänger begeisterte. Viele Dribblings, die für den Kenner immer wieder anmutig wirken und ebenso viele großartige Vorlagen würzten das Spiel so, dass die Zuschauer oft zu Beifall auf offener Szene angeregt wurden. Jedenfalls darf festgestellt werden, dass Fritz Walter auch in seinem letzten Spiel seinem Namen und seinem Ruf vollauf gerecht wurde.*

*Der Spielverlauf selbst begann sofort mit allen Variationen eines großen Kampfgeschehens und bereits in der 1. Spielminute hatten die Lauterer eine Tormöglichkeit. Ottmar Walter war allerdings auf die Fehlzündung der französischen Verteidigung nicht eingestellt. Die wunderbaren Spielzüge der französischen Gäste, die insbesondere der Rotschopf Senec inszenierte, stellten die Verteidigung des 1. FCK vor eine harte Bewährungsprobe.*

*Torhüter Hölz reagierte einige Male ganz großartig und gab dadurch seinen Vorderleuten den nötigen Mut und das wichtige Selbstvertrauen. Liebrich als Stopper hatte einige für ihn typische Szenen mit dem pechschwarzen Mittelstürmer des Racing, Topka, und bestand sie so fabelhaft, dass die Zuschauer begeistert mitgingen. Die Hauptlast in Abwehr und Aufbau trugen mit die Außenläufer Eckel und Bauer, die dann im Verlaufe des Spieles mit zu den wirkungsvollsten Säulen des Altmeisters zählten. Auch Verteidiger Schmidt und Mangold steigerten sich zusehends in eine Form, wie man sie lange nicht bei ihnen erlebte. Welche Freude aber bereiteten die vielen Vorstöße der roten Stürmer den Zuschauern, zumal auch noch Tore erzielt wurden, die in ihrer Anlage und Vollendung typisch für die Lauterer waren und an allerbeste Tage erinnerten.*

*Bereits in der 17. Minute war die Pariser Verteidigung zum ersten Male überwunden, als Ottmar nach Umspielen des Gästeabschlussmannes Varini das 1:0 erreichte. Zuvor hatte Fritz Walter mit einem Bombenschuss den Gästetorhüter zu einer ebensolchen Bombenparade gezwungen. Die Franzosen, die sich minutenlang leichte Feldüberlegenheit erzwangen, erreichten sieben Minuten vor der Halbzeit durch Topka nach Linksflanke den Ausgleich. Zwei Mordsschüsse strichen im ersten Durchgang über das Tor von Hölz und einer klatschte an das Torgebälk, aber der Lauterer Torhüter ließ sich auch in den schwierigen Szenen nicht aus der Ruhe bringen und war im Herauslaufen wie bei Direktschüssen reaktionsschnell und sicher. In der Halbzeit tauschten dann die FCK-ler Ottmar Walter, Scheffler und Mangold gegen Schönborn, Kraft und den Jugendnationalspieler Neumann aus, ohne dabei in ihrem Spiel an Qualität, Präzision und Rasse zu verlieren.*

*Bei einem blitzschnellen Vorstoß gelang Rechtsaußen Kraft eine genaue Flanke und Wenzels Kopfball lag unhaltbar im französischen Tor. Das 3:1 entstand nach einem Alleingang von Späth 20 Minuten vor Schluss und schien den Lauterer Sieg endgültig zu sichern, aber noch einmal bäumten sich die Franzosen auf und der ehrgeizige Verteidiger der Gäste, Lelong konnte im Nachschuss, nachdem zuvor Hölz blitzschnell reagiert hatte, das 3:2 erzwingen. Aber Schönborn war so nervenstark bei einer feinen Vorlage Fritz Walters, seinen abschließenden Schuss so zu plazieren, dass Varini im Racing-Tor nichts mehr zu halten übrig blieb.*

*Fast in den Schlussminuten wäre Fritz Walter nach einem meisterlichen Dribbling noch ein fünfter Treffer gelungen, aber sein Gewaltschuss pfiff halbhoch nur um Handesbreite am französischen Tor vorbei. Als der Schlusspfiff ertönte, strömten tausende von Menschen in die Spielfeldmitte, um noch einmal einen Blick auf Fritz Walter zu werfen, um ihm die Hand zu schütteln oder um noch ein kleines Erinnerungsbildchen in die bereit gehaltene Kamera zu zaubern.*

Mit dem Abschied Fritz Walters von der aktiven Fußballbühne ging in Kaiserslautern ein großes Kapitel Fußballgeschichte zu Ende, das ohne diesen Spieler nie geschrieben worden wäre. Der 1. FCK lief denn auch in den nachfolgenden drei Spielzeiten vergangenen Erfolgen hinterher und wurde erst 1963, als der Titel für die Qualifikation zur Bundesliga Pflicht war, wieder Meister der Oberliga Südwest. ■

## 1958–1962: Der Abschied von der Spitze

Allmählich kamen einige der Weltmeister in die Jahre; andere Leistungsträger wie Baßler, Scheffler und Wanger spielten nicht mehr für den 1. FCK. Die neu hinzugekommenen Spieler wie Miksa, Mangold und Bauer konnten noch nicht entscheidend dazu beitragen, die bis dahin gültige Ausnahmestellung des 1. FCK in der Oberliga Südwest zu behaupten.

**Nur noch 3.140 Zuschauer pro Spiel**

Die Saison 1957/58 begann mit einem 4:4 auf dem Betzenberg gegen Eintracht Kreuznach. Nach der Vorrunde lag der FK Pirmasens mit 27:3 Punkten sieben Punkte vor dem 1. FCK auf Platz 1. Die Auswärtspleiten häuften sich, der 1. FCK verlor dort, wo er noch wenige Jahre zuvor ein Wettschießen veranstaltet hatte – 0:5 bei TuRa Ludwigshafen, 0:1 beim FV Speyer, 1:2 in Kreuznach und 1:3 bei Saar 05 Saarbrücken. Die Liga war spannender geworden, doch auch dies war für die Lauterer Fußballanhänger kein Grund, zahlreicher auf den Betzenberg zu kommen. Jetzt waren die schlechten Leistungen der Mannschaft schuld. Nur noch 3.140 kamen, auch der souveräne Tabellenerste FKP zog nur 10.000 an. Am Ende wurde es noch knapp im Kampf um Platz 2. Borussia Neunkirchen strebte unaufhaltsam nach oben und holte aus seinen letzten neun Spielen 18:0 Punkte und 28:6 Tore. Das waren vier Tore zu wenig, denn der 1. FCK gewann sein letztes Spiel gegen den 1. FC Saarbrücken mit 6:2 und sicherte sich den zweiten Platz.

Die bevorstehende Weltmeisterschaft in Schweden, an der vom 1. FCK nur noch Horst Eckel und Fritz Walter teilnahmen, ließ erneut die Termine für die Endrunde um die Deutsche Meisterschaft knapp werden. Der 1. FCK musste in Frankfurt in die Qualifikation gegen den 1. FC Köln. Die Kölner führten bereits mit 3:1, als Wodarzik und Wenzel in den letzten zehn Minuten noch der Ausgleich gelang. Am Tag darauf wurde das Spiel wiederholt, Köln gewann mit 3:0. Der 1. FCK war erstmals seit 1952 nicht in der Endrunde vertreten – ein Zustand, an den man sich auf dem Betzenberg erst gewöhnen musste. Umso schmerzhafter aber war dieser Tiefschlag, weil Meister FKP in seiner Gruppe eine beachtliche Rolle spielte. Ein 2:2 gegen den 1. FC Nürnberg, ein 1:1 gegen den 1. FC Köln und das knappe 1:2 gegen den späteren Finalisten Hamburger SV konnten sich sehen lassen.

Der Abstieg von den Höhen des lange Jahre fast unbezwingbaren Betzenbergs hatte begonnen, der Glanz der Deutschen Meisterschaften und der älter gewordenen Weltmeister begann mehr und mehr zu verblassen. Nun ging es darum, den freien Fall zu verhindern.

Die Saison 1958/59 verdeutlichte diese Entwicklung. Der FKP verteidigte seinen Meistertitel und im jeweiligen Vierpunkteabstand folgten dahinter Borussia Neunkirchen und der 1. FCK. Von den Weltmeistern von 1954 waren zwar außer Werner Kohlmeyer noch alle am Ball, aber sie mussten Pausen einlegen und waren wegen Verletzungen nicht immer dabei. Fritz Walter fehlte bei acht Spielen, Bruder Ottmar bei

18, Eckel bei sechs. Allein Werner Liebrich hielt mit 27 Einsätzen fast die ganze Saison durch. Das entscheidende Spiel um den zweiten Platz verlor der 1. FCK zwei Spieltage vor Saisonende mit 2:4 bei Borussia Neunkirchen. Mit vier Punkten Vorsprung vor dem 1. FCK hatte die Borussia die Teilnahme an der Endrunde sicher.

**Abschied von Fritz Walter**

Nach dieser verkorksten Saison nahm Fritz Walter gleich mehrmals Abschied. Am 11. Mai 1959 kamen 25.000 Zuschauer ins Berliner Olympiastadion zum Spiel des 1. FCK gegen eine Kombination Berliner SV 92/Tennis Borussia Berlin. „Ich wollte mich von den Berlinern verabschieden und vom Olympiastadion, denn am 30. Juni ist endgültig Schluss. In Berlin sind wir schließlich zweimal Deutscher Meister geworden. So etwas vergisst man nicht“, begründete Fritz Walter gegenüber der *Pfälzischen Volkszeitung* seine Wahl des Spielortes. 5:1 gewannen die Lauterer, die auch das Abschiedsspiel auf dem Betzenberg gegen Racing Club Paris mit 4:2 für sich entschieden.

In der Endrunde um die Deutsche Meisterschaft scheiterte Borussia Neunkirchen bereits in der Qualifikation mit 3:6 an Werder Bremen. Meister FKP hielt mit und besiegte die Bremer mit 4:1 und den 1. FC Köln mit 4:0. Zwar spielte auch der FKP wegen seines zu kleinen Stadions an der Zweibrücker Straße, das nur 20.000 Zuschauer fasste, im Ludwigshafener Südweststadion, aber an die ganz großen Zeiten der Lauterer konnte „die Klub“ nicht anknüpfen.

Die Saison 1959/60 wurde für den 1. FCK noch bitterer. Nach der Vorrunde krebste er mit 14:16 Punkten im Mittelfeld herum und war ohne Tuchfühlung zu den führenden Mannschaften. Mit einem Aufgebot von 22 Spielern verfügte der 1. FCK nach dem Abgang von Fritz und Ottmar Walter über mehr Masse als Klasse, was nicht nur die ohnehin verwöhnten Zuschauer auf dem Betzenberg, sondern auch die in fremden Stadien sanktionierten. Nur noch 3.613 kamen in Kaiserslautern zu Spielen, auswärts zog der einstige Publikumsmagnet nur noch durchschnittlich 5.233 Zuschauer an. In der Rückrunde rappelte sich der 1. FCK zwar etwas auf, doch für Platz 2 reichte es nicht mehr. Der fünfte Platz hinter dem FKP, Borussia Neunkirchen, dem 1. FC Saarbrücken und Phönix Ludwigshafen war die schlechteste Platzierung des 1. FCK in der Oberliga Südwest.

In der Endrunde um die Deutsche Meisterschaft spielten der FKP und Borussia Neunkirchen nur eine marginale Rolle. Der FKP schloss mit 1:11 Punkten ab, Neunkirchen verdarb immerhin dem Karlsruher SC, gegen den er 3:1 Punkte holte, die Chance auf die Teilnahme am Endspiel. Deutscher Meister wurde der Hamburger SV durch ein 3:2 gegen den 1. FC Köln.

Zwar registrierten im 60. Jubiläumsjahr auch die Vereinsverantwortlichen des 1. FCK die Veränderungen der letzten Jahre, doch noch immer herrschten eher nostalgische Gefühle vor. Dem damaligen Oberbürgermeister Dr. Sommer gefiel es, sich in seinem Grußwort erneut mit der Vergangenheit zu befassen. „Die Roten Teufel unter unserem Fritz Walter sind eines der ruhmreichsten Kapitel der deutschen Fußballgeschichte …“ Eben dieser Fritz Walter schreckte im November 1960 die Lauterer

Öffentlichkeit. Der 1. FCK war erneut Mitte der Saison 1960/61 nur Mittelmaß und stand mit 16:14 Punkten auf Platz 6, fünf Punkte hinter den führenden Pirmasensern und Borussia Neunkirchen. Um den letzten verbliebenen Weltmeister und einzig erfahrenen Spieler Werner Liebrich war eine Reihe von jungen und unerfahrenen Spielern verpflichtet worden, die dem Druck, der auf ihnen lastete, nicht gewachsen waren. In Absprache mit dem Vorstand und im Einvernehmen mit Trainer Richard Schneider übernahm Fritz Walter die „diktatorische" Funktion, ohne Mitwirkung des Spielausschusses die Mannschaft alleine aufzustellen. Ziel Walters war es, „die Zugehörigkeit zur Oberliga zu erhalten". In dieser Notsituation stellte er – nicht zum letzten Mal – seine Erfahrung zur Verfügung, „denn der Ruf Kaiserslauterns als Fußballhochburg sei durch ihn und seine Kameraden zu mühevoll erworben, als dass er diesem Niedergang tatenlos zusehen könne" (*Die Rheinpfalz* vom 28.11.1960).

Die Intervention nützte. Dem 2:1 bei Phönix Ludwigshafen folgte ein 5:3 gegen dessen Lokalrivalen TuRa. Vor dem Spiel gegen die Sportfreunde Saarbrücken am 11.12.1960 wandte sich Fritz Walter über die *Pfälzische Volkszeitung* an die Fußballanhänger in und um Kaiserslautern. „Jetzt geht es um den sportlichen Ruf der Barbarossastadt. Wir wollen hier in Kaiserslautern nicht unmögliche Forderungen an Spieler und Sportanhänger stellen ... Sind wir doch ehrlich und gestehen unserer Mannschaft zu, dass sie willens ist, ihr Bestes zu geben." Doch die an bessere Zeiten gewöhnten Zuschauer ließen sich auch von Fritz Walter nicht umstimmen. Die Resonanz blieb gering, was auch darauf hindeutet, dass damals wie heute ein Großteil der FCK-Fans gar nicht in und um Kaiserslautern lebt(e). Unzufrieden und ungeduldig mit der neu formierten Mannschaft kamen im Schnitt nur noch 2.921 zu den Spielen. Unter Fritz Walters Betreuung holte der 1. FCK 24:10 Punkte und wurde noch Vierter hinter dem 1. FC Saarbrücken, Borussia Neunkirchen und dem FK Pirmasens. Die Probleme der Lauterer lagen vor allem im Angriff, denn 52 Tore waren fast die Hälfte weniger als früher. Beste Torschützen waren Feldmüller mit elf und Richter mit neun Toren, was die Malaise verdeutlicht.

**Im Endspiel um den DFB-Pokal**

Im DFB-Pokal hielt der 1. FCK mit. In der Vorrunde wurde der norddeutsche Oberligist Heider SV mit 2:0 geschlagen. Gegen Tasmania 1900 Berlin gelang ein 2:1 nach Verlängerung. Im Halbfinale siegte der 1. FCK bei Hamborn 07 ebenfalls mit 2:1. Endspielgegner war Werder Bremen. Beim 0:2 in Gelsenkirchen verpasste der 1. FCK, sich für den ein Jahr zuvor geschaffenen Europapokal der Pokalsieger zu qualifizieren, wo die Bremer bis ins Viertelfinale kamen und dort an Atletico Madrid scheiterten.

Während Borussia Neunkirchen in der Qualifikation zur Endrunde um die Deutsche Meisterschaft mit 0:5 an Eintracht Frankfurt scheiterte, machte der 1. FC Saarbrücken in Gruppe I durch 3:1 Punkte gegen den späteren Finalisten Borussia Dortmund auf sich aufmerksam, landete aber mit 4:8 Punkten auf dem letzten Platz.

1960 hatte der DFB-Bundestag einen Antrag des Saarländischen Fußballverbandes angenommen, Maßnahmen zur Verminderung der Vereine mit Vertragsspielermannschaften zu ergreifen. Dies zielte auf die mittelfristige Abschaffung der Oberligen als regional höchste Spielklassen und die Einführung einer Eliteliga analog der Verhältnisse in den meisten Ländern Europas. Dass der Südwesten in einer Liga, die aus 16 bis 18 Mannschaften bestehen würde, nicht mehr als zwei Vertreter zugebilligt bekäme, war in Kaiserslautern, Pirmasens, Saarbrücken und Neunkirchen jedem klar. Und ausgerechnet in dieser entscheidenden Phase befand sich der 1. FCK auf dem absteigenden Ast und sah die erfolgreichere Konkurrenz aus den Nachbarstädten triumphieren. Doch vorerst existierte die Bundesliga nur in den Köpfen einiger innovativer Funktionäre, die sich freilich sicher sein konnten, dass ihr Verein dabei sein würde. Eine Anzahl von Bremsern versuchte indes, den Sturz ihrer Vereine in die Zweitklassigkeit zu verhindern.

In der Saison 1961/62 erklomm erstmals Borussia Neunkirchen die Spitze in der Oberliga Südwest. Bei den Hüttenstädtern spielte ein junger Mann aus Kaiserslautern, der 1960 nach dem Abstieg des VfR Kaiserslautern in die Regionalliga nach Neunkirchen gekommen war: Günther Kuntz. Mit 15 Toren landete er zwar weit hinter seinem Vereinskollegen Rudi Dörrenbecher, der es auf 37 Treffer brachte, aber Kuntz trug damit erheblich zum Erfolg der Borussia bei. Der 1. FCK startete schlecht mit 1:3 Punkten, einem blamablen 1:5 in Neuendorf und einem 1:1 gegen Wiederaufsteiger VfR Kaiserslautern. Nach der Vorrunde aber lagen die Roten Teufel mit 21:9 Punkten nur knapp hinter dem FKP mit 25:5 und Neunkirchen mit 23:7 Punkten. Doch Neunkirchen spielte danach konstant, gab nur noch fünf Zähler ab, während der 1. FCK sich durch die Auswärtsniederlagen in Worms, Neunkirchen und Pirmasens um Platz 2 brachte. Nur noch 1.000 Zuschauer sahen am letzten Spieltag die 1:2-Schlappe gegen TuRa Ludwigshafen. Dritter oder Vierter, darauf kam es nicht mehr an.

Wegen der Weltmeisterschaft in Chile wurden die Gruppenspiele der Endrunde um die Deutsche Meisterschaft wieder in einer einfachen Runde ausgetragen. Neunkirchen unterlag dreimal knapp: 2:3 gegen Schalke und gegen den 1. FC Nürnberg, 0:1 gegen Tasmania 1900 Berlin. Auch der FKP landete mit 0:6 Punkten auf dem letzten Platz. 3:6 gegen den Hamburger SV, 1:8 gegen Eintracht Frankfurt und 0:10 gegen den späteren Meister 1. FC Köln war die trostlose Bilanz des Südwestzweiten.

Wenige Wochen vor der endgültigen Entscheidung über die Einführung der Bundesliga am 28.7.1962 in Dortmund war der Fußball in Südwestdeutschland an einem Punkt, der im Leistungsvergleich mit den Spitzenvereinen aus den anderen Oberligen tiefer kaum hätte sein können.

Mit 103:26 Stimmen wurde das Ende der Oberligen beschlossen. Die Bundesliga sollte nicht mehr als 16 Vereine umfassen und nach folgendem Verteiler zusammengestellt werden: jeweils fünf Vereine aus den Oberligen Süd und West, drei aus der Oberliga Nord, zwei aus dem Südwesten und einer aus der Stadtliga Berlin. Über die Auswahl durfte noch gerätselt werden. Auch im Südwesten wurde heiß spekuliert.

## 1963: Ziel Bundesliga

Als die Saison 1962/63 begann, die für die Qualifikation zur Bundesliga mit entscheidend sein würde, war auch der letzte Lauterer Weltmeister aus der Mannschaft des 1. FCK verschwunden. Beim Spiel der Inter-Toto-Runde gegen den FC Nancy war der 36 Jahre alte Werner Liebrich nach 754 Spielen für seinen Verein verabschiedet worden. Das Ziel, die Qualifikation für die Bundesliga, musste nun mit neuen, jüngeren Spielern anvisiert werden. Trainer Günter Brocker hatte eine junge Elf zusammen, die um die erfahrenen Neuzugänge Willy Reitgaßl und Erich Meier verstärkt worden war. Doch wieder hatte der 1. FCK einen katastrophalen Start und nach Niederlagen bei Saar 05 Saarbrücken und Wormatia Worms 4:4 Punke. Doch danach fing sich die Mannschaft angesichts des großen Ziels und lag nach der Vorrunde mit 22:8 Punkten punktgleich mit dem FK Pirmasens nur einen Punkt hinter dem 1. FC Saarbrücken.

Erst am 11. Januar 1963, sieben Monate vor Start der Bundesliga gab der DFB-Bundesligaausschuss die Namen der Vereine bekannt, die er bereits für die Bundesliga lizenziert hatte. Neben dem 1. FC Nürnberg, Eintracht Frankfurt, dem 1. FC Köln, Borussia Dortmund, Schalke 04, dem Hamburger SV, Werder Bremen und Hertha

**Den heißen Kampf um den zweiten freien Platz für den Südwesten in der Bundesliga entschied der 1. FCK für sich. Am 3.2.1963 schlugen die Lauterer den FK Pirmasens mit 5:2.**

**Diese Mannschaft wurde 1963 Südwestdeutscher Meister und qualifizierte sich damit sportlich für die neue Bundesliga.**

BSC Berlin gehörte überraschend auch der 1. FC Saarbrücken zu den Auserwählten. Der Ausschuss war der Meinung, allein der 1. FCS erfülle von den in Frage kommenden Südwestvereinen die technischen und wirtschaftlichen Voraussetzungen. Die Anträge von Wormatia Worms und Saar 05 Saarbrücken waren von vornherein abgelehnt worden. Im Südwesten blieb also ein freier Platz zu besetzen, um den der 1. FCK, der FKP und Borussia Neunkirchen streiten mussten.

### 16:0 gegen den SV Niederlahnstein

Den 1. FCK beflügelten diese Neuigkeiten. Anstatt neidisch nach Saarbrücken zu blicken, knüpfte der 1. FCK an alte Zeiten an. Vor 2.000 Zuschauern gelang am 21.1.1963 ein 16:0 gegen den SV Niederlahnstein. Winfried Richter, ein 22-jähriger Stürmer schoss vier Tore und wurde immer mehr zum neuen Torjäger der Lauterer. Als Tabellenführer 1. FC Saarbrücken zwei Wochen später bei Mainz 05 mit 1:2 verlor, setzte sich der 1. FCK an die Spitze und gab sie nicht mehr ab.

Doch die Voraussetzungen für die Bundesliga waren damit noch nicht erfüllt. Die Meisterschaft mit sechs Punkten Vorsprung vor den ausgebooteten Mannschaften aus Neunkirchen und Pirmasens genügte allein nicht. Zu den sportlichen Kriterien kamen andere hinzu. Neben der Gemeinnützigkeit, der ehrenamtlichen Leitung und der Unterhaltung von Amateur- und Jugendmannschaften musste eine Platzanlage mit Flutlicht für mindestens 35.000 Zuschauer vorhanden sein. Außerdem musste der Verein wirtschaftlich gesund und den erhöhten finanziellen Anforderungen der Zukunft gewachsen sein. Gerade darum gab es in Kaiserslautern engagierte und emotional geführte Diskussionen, da die Zuschauerzahlen der Oberligajahre nichts Gutes zu

**Das Betzenbergstadion 1959 mit 18.000 Zuschauern gefüllt. Für die Bundesliga musste das Stadion allerdings ausgebaut werden.**

verheißen schienen. In einem Schreiben an Ministerpräsident Peter Altmeier bat der 1. FCK um einen Zuschuss von 750.000 DM zum Bau einer „bundesligareifen Sportanlage". Die Gesamtkosten bezifferte der Verein auf das Doppelte, wovon dem 1. FCK 425.000 DM aus dem Verkauf des alten Vereinsheimes sowie ein städtischer Zuschuss in Höhe von 200.000 DM zur Verfügung standen. Mit Hilfe dieser finanziellen Zuwendungen und des Einsatzes der US Army und der US Air Force, die Gerät zur Verfügung stellten, gelang es dem 1. FCK, sein Stadion bundesligatauglich herzurichten.

Von der Bundesliga erhofften sich die Lauterer auch eine Lösung des leidigen Zuschauerproblems, da jedes Spiel nun mit den Gruppenspielen aus den Endrunden vergleichbar sei. In dem lokalen Veranstaltungsblatt *Wohin Heute* prophezeite man mit der Einführung der Bundesliga das Ende des Zuschauerschwunds im wegen der geringen Leistungsdichte besonders betroffenen Südwesten und Norden.

Sportlich ging die Saison mit zwei Paukenschlägen zu Ende. TuS Neuendorf wurde mit 8:2 geschlagen, und beim 9:1 beim Ludwigshafener SC war Winfried Richter fünfmal erfolgreich.

In der Endrunde um die Deutsche Meisterschaft war Borussia Neunkirchen erfolgreicher als der 1. FCK. Hätten die Borussen nach dem 3:0 gegen den HSV, dem 0:0 in Dortmund und dem 2:1 und 0:4 gegen 1860 München ihr Heimspiel gegen Dortmund nicht vergeigt (2:5), wären sie nach dem abschließenden 1:1 beim Hamburger SV Endspielgegner des 1. FC Köln gewesen. Der 1. FCK spielte im Ludwigshafener Südweststadion dreimal Unentschieden (1:1 gegen Hertha BSC Berlin und den 1. FC Köln, 2:2 gegen den 1. FC Nürnberg) und handelte sich auswärts drei deftige Niederlagen ein, die für die Bundesliga Schlimmes befürchten ließen (2:8 in Köln, 1:5 in Nürnberg, 0:3 in Berlin). Aber Borussia Neunkirchen nutzte sein Achtungserfolg in der Endrunde nichts, der 1. FCK begleitete den 1. FCS in die Bundesliga.

### Erfolgreichster Verein der Oberliga Südwest

Die Tabelle der Oberliga Südwest von 1945 – 1963 führt der 1. FC Kaiserslautern mit 784:212 Punkten an vor dem FK Pirmasens mit 641:327 und Wormatia Worms mit 590:406. Wormatia Worms war neben Mainz 05 der einzige Verein, der den 1. FCK durch alle Oberligajahre begleitete. Dem 1. FC Saarbrücken (573:263) und Borussia Neunkirchen (519:317) fehlten drei Jahre, als sie per französischem Dekret vom Spielbetrieb der Oberliga ausgeschlossen waren.

Insgesamt wurde der 1. FCK elfmal Meister der Oberliga Südwest, zweimal Zweiter, zweimal Dritter und zweimal Vierter sowie einmal Fünfter. Jeweils drei Meistertitel gingen an den 1. FC Saarbrücken und den FK Pirmasens, einmal stand Borussia Neunkirchen an der Spitze.

Das Kapitel „Oberliga Südwest“ war abgeschlossen. Trotz der Schwächen in den letzten Jahren wies die Gesamtbilanz den 1. FCK eindeutig als dominierenden Verein aus. Insofern war seine Qualifikation für die Bundesliga vollauf berechtigt. Doch dass der Verein zu jenem kleinen, erlauchten Gründerkreis gehören sollte, der in den kommenden 33 Jahren nie absteigen würde, daran hatten in der Pfalz wohl nur die kühnsten Optimisten geglaubt.

# Der vergessene Meistertrainer

## Richard Schneider holte mit dem 1. FCK zehn Titel

Als 1995 während der Entstehung des Buches „Der Berg, das Land und der Ball" unerwartet eine wichtige Fotoquelle versiegte, vermittelte der Kaiserslauterer Stadtarchivar Gerd Rauland einen Kontakt zu Anneliese Schneider, der Witwe des Lauterer Meistertrainers aus den 50er Jahren. Sie musste ihre Zustimmung geben zur Verwendung der von ihr dem Stadtarchiv geschenkten alten Fotos, die nun in einem Buch über den 1. FC Kaiserslautern veröffentlicht werden sollten. Doch auf den Verein war sie gar nicht gut zu sprechen. Nach dem Engagement in der Pfalz, bei dem Richard Schneider 1951 und 1953 mit der Walter-Elf Deutscher Meister und von 1950 bis 1957 ohne Unterbrechung Meister der Oberliga Südwest geworden war, folgte damals die Tätigkeit als Trainer bei Preußen Münster und beim SSV Reutlingen, wo er 1969 seine Karriere krankheitsbedingt beenden musste. 1975 kehrte Familie Schneider nach Kaiserslautern zurück, sieben Jahre später starb Richard Schneider, ohne dass die Lokalzeitung *Die Rheinpfalz* überhaupt Notiz davon nahm, von einem ehrenden Nachruf ganz zu schweigen.

**Richard Schneider (links) und wohlgelaunte Spieler.**

Diese Nichtachtung ihrem Mann gegenüber hatte Frau Schneider gekränkt, doch sie zeigte sich großzügig und stimmte der Veröffentlichung ausgewählter Fotos aus ihrem Fundus zu, im Gegenzug erhielt sie mehrere Belegexemplare und wurde zur Buchvorstellung eingeladen. Der gute Kontakt blieb erhalten. Auch im Nachfolgeband „Die Roten Teufel sind wieder da“ fanden ihre Fotos wieder Verwendung.

Gerd Rauland war es, der zehn Jahre nach Richard Schneiders Tod an den erfolgreichsten Trainer des 1. FCK – trotz Karl-Heinz Feldkamp und Otto Rehhagel – erinnerte. In einem Beitrag für *Die Rheinpfalz* verwies er auf den großen Anteil des Trainers an den Erfolgen der Walter-Elf. Schneider hatte an der Deutschen Sporthochschule in Köln bei Sepp Herberger zusammen mit dem späteren Bundestrainer Helmut Schön und Helmut Johannsen, mit Eintracht Braunschweig 1967 Deutscher Meister, studiert und seine Lizenz erworben. Im Juli 1950 erhielt er sein Diplom als staatlich geprüfter Fußballlehrer. Zuvor war er für den 1. FCK auch aktiv am Ball gewesen, hatte mit Fritz Walter in der Jugend zusammen gespielt und war Mitglied der ersten Mannschaft während ihrer Zeit in der damaligen Gauliga. Ein Meniskusschaden beendete seine Zeit als Spieler. Nach dem 2. Weltkrieg arbeitete Schneider zunächst als Orthopäde, eine Befähigung, die ihm auch als Trainer weiterhalf, da er selbst in der Lage war, Behandlungen bei verletzten Spielern durchzuführen. Das Lauterer Stadtmagazin *Pavillon* berichtete gar, er habe Prellungen mit Zahnpasta und Pferdefleisch der alteingesessenen Pferdemetzgerei Härting kuriert.

Seine Spieler konnten sich zu jeder Tages- und Nachtzeit auf ihren Trainer und väterlichen Freund verlassen. Bei allen Angelegenheiten des täglichen Lebens, ob Wohnungssuche oder anderen privaten Dingen, war Schneider stets ein kompetenter Helfer.

Dass heute auf dem Betzenberg nur noch die kürzer zurückliegenden Erfolge beleuchtet werden, wenn von den guten Zeiten des 1. FCK die Rede ist und ansonsten stets die fünf Lauterer Weltmeister im Mittelpunkt stehen, nicht aber der Vereinstrainer, der ihre Erfolge in der Nationalmannschaft mit befördert hat, ist beklagenswert, passt aber zur schnelllebigen Zeit und zur Oberflächlichkeit. Richard Schneider war keiner, der immer im Vordergrund stehen wollte. Dieser Platz gebührte seinen Spielern, seiner Mannschaft. ■

# Der Kampf um die Existenz

### Wie die „Klopper der Liga" sich ein ums andere Mal vor dem Abstieg retteten und die Ära der „harten Hunde" auf dem Betzenberg zu Ende ging

Die Stadt Kaiserslautern und der 1. FCK bereiteten sich sorgfältig auf die Bundesliga vor. Von allen Seiten kamen die Glückwünsche – Werner Liebrich und Fritz Walter gratulierten, aber auch der stellvertretende Fraktionsvorsitzende der CDU im Mainzer Landtag, Dr. Helmut Kohl, der den Ball für das erste Heimspiel in der neuen Spielklasse spendete. Selbst Fußballbanausen wie die Operettensängerin Ilka Behrend meldeten sich zu Wort. „Ich bin ein ausgesprochener Nichtfußballer und verstehe daher bezüglich der Chancen des 1. FCK in der Bundesliga so viel wie nichts, aber ich hoffe und wünsche, dass sich die FCK-Elf in der Bundesliga behaupten wird und halte die Daumen – toi, toi, toi!!!" In ihrer Wortwahl unterschied sich die Künstlerin kaum von den Kommentaren derer, die über mehr Sachverstand verfügten. Woher sollte man auch einschätzen können, wer warum wie stark sei, wer wen schlagen könnte oder auch nicht. Außer im DFB-Pokal und in den Endrunden um die Deutsche Meisterschaft gab es wenig Austausch zwischen den Mannschaften der fünf Oberligen. Nur im Westen war man sich sicher, dass die Südwestvereine bald verschwinden würden und die Liga fast zu einer reinen Westliga werden würde.

## Saison 1963/64: Mit dem 12. Platz zufrieden

FCK-Trainer Günter Brocker erinnerte sich anlässlich „30 Jahre Bundesliga" im *KICKERsportmagazin*: „Über die Eintrachtler wie Kreß, Höfer, Schämer oder die technisch hochbegabten Innenstürmer Huberts und Trimhold musste ich meine Jungs erstmal intensiv aufklären. Die meisten kannten meine Spieler gar nicht…" Das galt umgekehrt zwar auch, aber die Mannschaften des Südens wurden neben denen des Westens als die spielstärksten eingeschätzt und mussten sich demnach nicht um vermeintlich schwächere Gegner kümmern. Ohne Angst, dafür mit den neu verpflichteten Spielern Willi Wrenger, Harald Braner und Jakobus „Co" Prins fuhr der 1. FCK, begleitet von einigen hundert treuen Fans, nach Frankfurt. Auf Prins, der von Ajax Amsterdam in die Pfalz gewechselt war, hatte der 1. FCK in der Internationalen Totorunde 1962 ein Auge geworfen. Ajax hatte den 1. FCK auf dem Betzenberg mit 5:4 und in Amsterdam mit 6:0 geschlagen. Prins war neben Petar Radenkovic von 1860 München, Aykut Ünyazici von Eintracht Braunschweig und Willi Huberts von Eintracht Frankfurt einer der ersten Ausländer in der Bundesliga. Von skurrilen Finanzierungsformen, geheimnisumwitterten Handgeldern und anderen merkwürdigen Geschäften im Zusammenhang mit diesem ungewöhnlichen Transfer sprechen alte Fans von damals noch heute. Der „Superfußballer" (Willi Wrenger über Prins) war ein Paradiesvogel, ein Genius und Filou und ein Exzentriker, der schon einmal vor der alten Holztribüne die Hose runterließ und den alten Knotterern seinen Arsch zeigte, wenn sie ihm mit ihrer Meckerei zu sehr auf den Geist gingen.

Obwohl Torhüter Wolfgang Schnarr und Rechtsaußen Walter Gawletta erheblich verletzt wurden, reichte es für den 1. FCK in seinem ersten Bundesligaspiel im Frankfurter Waldstadion zu einem 1:1. Die Lauterer spielten mit folgender Mannschaft:

► Schnarr – Kiefaber, Mangold – Wrenger, Neumann, Pulter – Gawletta, Reitgaßl, Richter, Prins, Braner.

Eine Woche später folgte vor 34.000 Zuschauern auf dem Betzenberg die Ernüchterung. Schalke 04 verdarb dem 1. FCK beim 3:2-Auswärtssieg die Heimpremiere. Mit der Heimstärke des 1. FCK war es noch nicht so weit her. Weitere Niederlagen gab es im Verlauf der Saison zu Hause gegen den VfB Stuttgart (1:3), den 1. FC Saarbrücken (2:4) und Borussia Dortmund (0:1). In Dortmund kassierten die Lauterer in diesem ersten Bundesligajahr auch ihre bis heute höchste Niederlage: 3:9 auf Schneeboden. Doch nach der Hinrunde waren alle in der Pfalz zufrieden. 16:14 Punkte waren weit mehr, als die meisten erwartet hatten. Für viele war der 1. FCK von vornherein ein sicherer Absteiger gewesen. Doch in der Rückrunde kam das Zittern um den Klassenverbleib. Erst das 1:0 in Braunschweig und das 3:3 gegen den bereits feststehenden Deutschen Meister 1. FC Köln brachten den 1. FCK in Sicherheit. Mit 26:34 Punkten und 48:69 Toren wurde der 1. FCK Zwölfter. Südwestrivale 1. FC Saarbrücken stieg zusammen mit Preußen Münster ab. Bester Torschütze war Erich Meier mit elf Toren.

Im DFB-Pokal besiegte der 1. FCK in der 1. Hauptrunde den Wuppertaler SV mit 2:0 und schied in der 2. Runde durch ein 2:4 bei 1860 München aus.

## Saison 1964/65: Rettung am letzten Spieltag

Mit Helmut Kapitulski vom alten Oberligarivalen FK Pirmasens verpflichtete der 1. FCK für die neue Saison einen erfahrenen Spieler, der Akzente setzen und zudem Tore erzielen konnte. Mit neun Treffern war er der erfolgreichste Torschütze im zweitschwächsten Angriff der Liga. Der 1. FCK erwischte mit 9:3 Punkten einen optimalen Start. Aber schon zu Ende der Vorrunde grassierte die Krise auf dem Betzenberg. Am 21. Spieltag ging es mit dem 2:0 gegen Borussia Neunkirchen im Beisein des für die neue Saison bereits verpflichteten Trainers Gyula Lorant wieder etwas aufwärts. Ein Sieg im darauf folgenden Heimspiel gegen Borussia Dortmund hätte bei 21:23 Punkten Ruhe gebracht, doch die Gelb-Schwarzen siegten mit 3:1. Trainer Gün-

**Trainer Brocker mit seinen Neuzugängen 1964/65: Helmut Kapitulski, Wilfried Leydecker und Dietmar Schwager (von links).**

ter Brocker stieg daraufhin acht Spieltage früher als geplant den Betzenberg hinab. Sein designierter Nachfolger konnte ihn aber noch nicht beerben, da er noch in Köln über seiner Lizenz büffelte. Weltmeister Werner Liebrich sprang ein und war auch nicht erfolgreicher als Brocker. Am 8. Mai 1965 kamen 22.000 Zuschauer, um mit einem Sieg gegen den Karlsruher SC die Rettung des 1. FCK vor dem Abstieg zu feiern. Doch der KSC, selbst in Abstiegsgefahr, gewann 1:0. So musste das letzte Spiel bei Eintracht Frankfurt entscheiden. Durch die Tore von Wrenger und Prins gewann der 1. FCK überraschend mit 2:1 und wurde noch 13. Auf den Abstiegsplätzen 15 und 16 landeten der KSC und Schalke 04. Doch der Bundesligaskandal um Hertha BSC Berlin ersparte beiden den Abstieg. Hertha BSC wurde degradiert, Tasmania 1900 durfte nach dem freiwilligen Verzicht von Tennis Borussia und des Spandauer SV in die Bundesliga, die auf 18 Vereine aufgestockt wurde. In Kaiserslautern mutmaßten nicht wenige, dass hier eine Lex Schalke 04 geschaffen worden war und der 1. FCK als Tabellenletzter hätte absteigen müssen.

Ausschlaggebend für das schwache Abschneiden des 1. FCK war vor allem die (noch Jahre andauernde) Auswärtsschwäche mit zwei Siegen, zwei Unentschieden und elf Niederlagen. Aber auch auf dem Betzenberg waren die Lauterer noch keine Macht. Die Gäste mussten sich nicht allzu sehr fürchten und verließen fünf Mal als Sieger den Platz. Trotz der unerfreulichen sportlichen Situation gab es noch weit Betrüblicheres. Beim Spiel gegen den 1. FC Köln wurden zu viele Zuschauer auf die

Südtribüne gelassen. Bei einem Gedränge wurde ein Zuschauer an einer Absperrkette zu Tode gedrückt.

Ruhe kehrte beim 1. FCK durch den Klassenverbleib nicht ein. Torhüter Horst-Dieter Strich, ein früher Seelenverwandter von Uli Stein und Claus Reitmaier, hatte in 17 Spielen 35 Gegentore kassiert, Wolfgang Schnarr bei 13 Spielen nur 16. Zwischen den beiden Torhütern kam es immer wieder zu Auseinandersetzungen, die schließlich darin gipfelten, dass Strich forderte, der Verein solle Schnarr freigeben. Umgekehrt fand es Schnarr geradezu abwegig, außer ihm einen zweiten guten Torwart zu beschäftigen. Strich überzog und musste gehen, Schnarr blieb im Tor des 1. FCK. Der exzentrische Verlierer verabschiedete sich öffentlich per schwarz umrandeter Anzeige in der *Rheinpfalz*. Ein anderer Abschied war weniger auffällig. Co Prins ging zurück zu Ajax Amsterdam.

## Saison 1965/66: Vier Platzverweise gegen Bayern

**Er trainierte gleich zweimal den 1. FCK, von 1965 bis 1967 und von 1969 bis zum 23. Spieltag der Saison 1970/71: Gyula Lorant, der Jahre später in Griechenland auf der Trainerbank starb.**

Auch unter dem neuen Trainer Gyula Lorant hielt die Auswärtsschwäche des 1. FCK an. Außer vier Unentschieden und einem 4:1 beim späteren Absteiger Borussia Neunkirchen gab es teilweise deftige Schlappen: 1:4 in Bremen, Hamburg und Stuttgart, 0:6 in Frankfurt und 0:4 in Dortmund und Hannover.

Durch den Aufstieg von Bayern München und Borussia Mönchengladbach kam neuer Schwung in die Liga. Das Ende des Fußballs der 50er und 60er Jahre bahnte sich an, die Akzente verschoben sich zum Spielerischen, Kreativen. Aber beim 1. FCK wollte man von neuen Tendenzen, wie sie z.B. die Mönchengladbacher „Fohlen" aufzeigten, noch nichts wissen. Bei den Verpflichtungen neuer Spieler setzte sich die rustikale Linie durch. Uwe Klimaschefski kam von Hertha BSC, Dietmar Schwager vom alten Lokalrivalen VfR, und aus dem eigenen Nachwuchs bekam Herward Koppenhöfer eine Chance. Im Angriff wirbelte der Ex-Münsteraner Manfred Rummel neben Willy Reitgaßl und wurde mit mageren elf Treffern bester Torschütze des 1. FCK. Vom KSC kam Mittelfeldspieler Otto Geisert.

Tasmania 1900 Berlin war auf die Strapazen der Bundesliga nicht vorbereitet und wurde mit der bis heute gültigen Bundesliga-Minusbilanz von 8:60 Punkten Letzter. Zwei dieser Punkte hatten die Neuköllner dem 1. FCK zu verdanken. 0:0 auf dem Betzenberg, 1:1 im Olympiastadion: Sogar bei der schwächsten Bundesligamannschaft aller Zeiten gelang dem 1. FCK kein Auswärtssieg. Begleitet wurde Tasmania 1900 von Borussia Neunkirchen, die bereits mehrere Spieltage vor Schluss keine Chance mehr hatte, dem Abstieg zu entgehen und dem 1. FCK einen ruhigeren Endspurt als in den beiden Jahren zuvor bescherte. Mit 26:42 Punkten und 42:65 Toren landete der 1. FCK auf Platz 15. Auch unter Lorant fand die Mannschaft noch nicht zu ihrer späteren Heimstärke. Nur sieben Siegen standen sechs Unentschieden und vier Niederlagen gegenüber, davon zwei gegen die forschen Aufsteiger Bayern München (1:2) und Borussia Mönchengladbach (1:2).

Im DFB-Pokal schlug der 1. FCK im Viertelfinale Werder Bremen mit 3:1. Im Halbfinale beim Meidericher SV gab es eine 3:4-Niederlage. Das Endspiel gegen Bayern München war verpasst worden.

Es wäre ein spektakuläres Finale geworden, denn das vorherige Ligaspiel gegen die Bayern war zum „Karten-Spiel" geworden. Neben dem Münchener Mittelfeldspieler Dieter Koulmann flogen drei Lauterer vom Platz. Die „bösen Buben vom Betzenberg" waren geboren, die „Klopper der Liga" geisterten durch die Sportteile der Zeitungen. Jürgen Neumann hatte es erwischt, weil er Dieter Brenninger, der ihn zuvor bespuckt hatte, einen Kopfstoß verpasste. Gleiches tat auch Raubein Uwe Klimaschefski zumindest als Absicht kund und wurde für den berühmten strafbaren Versuch vom Platz gestellt. Von Willi Wrenger schließlich fühlte sich Schiedsrichter Herden bedroht. Der Lauterer hatte ihn am Arm festgehalten, um mit ihm über einen nichtgegebenen Elfmeter und dessen angebliche Berechtigung zu diskutieren. In Briefen an den DFB schilderten die drei Hitzköpfe ihre Sicht der Dinge und die *Pfälzische Volkszeitung* stellte trotzig klar: „FCK-Spieler sind keine Rabauken."

Bis zum Bundesliga-Abstieg 1996 hielt der 1. FCK den Rekord an Platzverweisen. Dabei geriet der 1. FCK vor allem durch Spiele wie jenes gegen Bayern München ins Gerede, denn insgesamt gehen nur 13 Platzverweise auf das Konto der Spieler aus der „Klopper-Ära": Klimaschefski und Wrenger (je 2) und Ankovic, Gawletta, Geisert, Kapitulski, Meier, Neumann, Prins, Schneider und Schwager (je 1).

# Weltmeister auf dem Betzenberg

In den 1950er Jahren gab es fünf Lauterer Weltmeister auf dem Betzenberg, danach gab es den einen oder anderen in einer Gastmannschaft zu bewundern. Bis Andreas Brehme 1993 zurückkam und 1999 der französische Weltmeister Youri Djorkaeff sein Gastspiel im Fritz-Walter-Stadion begann.

Doch am 6. August 1966 kamen ganz besondere Weltmeister nach Kaiserslautern. Der Europapokalsieger der Pokalsieger West Ham United, Endspielsieger gegen 1860 München, trat gegen den 1. FCK zu einem Freundschaftsspiel an. In den Reihen der Mannschaft aus dem Londoner East End standen mit Bobby Moore, Martin Peters und Geoff Hurst drei aktuelle englische Weltmeister, siegreich wenige Wochen zuvor im WM-Finale in Wembley mit einem 4:2 nach Verlängerung gegen Deutschland.

15.000 Zuschauer gaben den Gentlemen um Kapitän Moore die Ehre, umjubelten die Gäste im Stadion, in der Stadt und beim Empfang der Stadt Kaiserslautern. Oberbürgermeister Dr. Sommer wies auf die Parallele zwischen West Ham United und dem 1. FCK hin: „Wir wissen diese Leistung besonders zu würdigen, denn unser 1. FCK stellte ja 1954 sogar fünf Mitglieder der deutschen Weltmeistermannschaft."

Eine Begegnung des Kapitäns Bobby Moore mit dem Kapitän der Deutschen 1954, Fritz Walter, kam nicht zustande, Werner Liebrich stand mit den drei „Hammers" zusammen auf der Bühne des Pfalzgrafensaals der Barbarossaburg.

Die Verbindungen zwischen Kaiserslautern und West Ham sind nie abgerissen, im Gegenteil. Die Stadt Kaiserslautern unterhält eine Städtepartnerschaft mit Newham, einem Borough of London im East End, zu dem unter anderem die Stadtteile East Ham und West Ham gehören. ■

**Mit West Ham United waren im August 1966 drei amtierende Weltmeister zu Gast: Geoff Hurst, Bobby Moore und Martin Peters (2., 3. und 5. v. li., ganz li. Werner Liebrich).**

## Saison 1966/67: Ein guter 5. Platz

Die Saison 1966/67 begann mit einem Höhepunkt. 15.000 Zuschauer kamen am 6. August 1966 zur Saisonpremiere, um den Europapokalsieger der Pokalsieger West Ham United zu sehen. Werner Liebrich begrüßte und ehrte die frisch gebackenen Weltmeister Bobby Moore, Geoff Hurst und Martin Peters. Das Fußballspiel geriet darüber in den Hintergrund.

Der 1. FCK hatte seine Mannschaft für die neue Spielzeit ergänzt und verstärkt. Ein solider, aber unauffälliger Abwehrspieler namens Otto Rehhagel kam von Hertha BSC, im Mittelfeld zog der torgefährliche Andrija Ankovic seine Kreise, und im Sturm wirbelte der vom KSC verpflichtete Gerhard Kentschke. Erstmals geriet die Auswärtsbilanz nicht ganz so katastrophal wie in den Jahren zuvor: 12:22 Punkte, 17:28 Tore bei drei Siegen, sechs Unentschieden und acht Niederlagen konnten sich sehen lassen. Nur das 0:5 bei Bayern München erinnerte an den alten Auswärtstrott.

Auf dem Betzenberg entwickelte sich der 1. FCK zu einer Macht. Zehn Siegen und sechs Unentschieden stand nur eine Niederlage gegen den amtierenden Deutschen Meister 1860 München (0:3) gegenüber. Der komfortable Punktestand nach fünf Spieltagen (9:1) war allerdings am Ende der Vorrunde nur noch Makulatur. Mit 18:16 Punkten war der 1. FCK braves Mittelmaß. Abstiegsgefahr drohte jedoch nie. Im Gegenteil: Hätte es zu dieser Zeit bereits den UEFA-Cup gegeben, der 1. FCK wäre am Ende der Saison als Fünfter mit 38:30 Punkten mit nur fünf Punkten Rückstand auf den überraschenden Meister Eintracht Braunschweig international dabei gewesen. Die besten Torschützen waren Willy Reitgaßl mit neun und Gerhard Kentschke mit acht Treffern.

Im DFB-Pokal war in der 2. Hauptrunde Endstation. Nach dem 2:1 gegen Hannover 96 reichte es gegen die Offenbacher Kickers nur zu einem 0:0 nach Verlängerung. Das Wiederholungsspiel auf dem Bieberer Berg verlor der 1. FCK wieder nach 120 Minuten mit 0:1.

Trotz der guten Leistungen in der Bundesliga kam der 1. FCK aber an seinen Zuschauerschnitt der ersten beiden Jahre (22.133/24.200) nicht heran. Das Publikum war bereits wieder verwöhnt und kam zahlreich nur gegen die „Großen". Borussia Dortmund, den 1. FC Köln, 1860 München, Eintracht Frankfurt und Bayern München wollten jeweils über 30.000 sehen. Dagegen lockten der MSV Duisburg, der 1. FC Nürnberg und Schalke 04 nur knapp über 10.000 Zuschauer auf den Betzenberg.

Den Pfälzern saß das Geld nicht mehr so locker im Portemonnaie. Die Rezession mit ihren Folgen Arbeitslosigkeit und Kurzarbeit traf auch viele pfälzische Betriebe. Die Menschen mussten kürzer treten und suchten sich folglich die Spiele aus, die sie sehen wollten. Zudem fand der Fußball im Fernsehen noch selten statt, so dass von hier kaum ein stimulierender Effekt ausging, sich solch ein packendes Spiel, wie es gerade übertragen worden war, auch einmal live anzusehen. So fehlte gelegentlich die Stimmung, die die Mannschaft in späteren Jahren bei vollem Stadion nach vorne peitschte und zu besonderen Leistungen animierte.

Der ungarische Trainer Lorant hatte in seinem zweiten und vorerst letzten Jahr in Kaiserslautern den Berg bestellt für seinen Nachfolger Otto Knefler, der aber an den hohen Erwartungen des Umfelds angesichts der überaus guten Platzierung der Mannschaft nur scheitern konnte.

## Saison 1967/68: Das Jahr der Schlappen

Otto Knefler war ein ganz anderer Trainertyp als sein Vorgänger. Fast schien es, als sei seine Berufung ein Zeichen dafür, wie auch im Fußball die autoritären „harten Hunde“ durch sanftere Typen mit quasi-demokratischem Anspruch peu à peu ersetzt würden. In Kaiserslautern gab es zwar noch keine Universität, von der der Protest antiautoritärer Avantgardisten auf den Betzenberg hätte überschwappen können, aber Heidelberg, Mannheim und Saarbrücken waren nah und auch hier waren revolutionäre Organisationen wie der „Sozialistische Deutsche Studentenbund“ (SDS) aktiv. Doch Kneflers Stil hatte sich spätestens in der Rückrunde überlebt. Den entscheidenden Knacks, durch den das Selbstvertrauen schwand, hatte die Mannschaft am 10. Spieltag bekommen, als sie mit dem guten Punkteverhältnis von 12:6 nach Köln fuhr und mit 0:5 verlor. Nach dem 2:8 bei Borussia Mönchengladbach war es die zweite Schlappe, der sechs Spieltage vor Ende der Saison noch das blamable 0:7 beim MSV Duisburg folgte. Nach 2:12 Punkten in Serie nach dem Beginn der Rückrunde musste Knefler gehen. Egon Piechaczek, der frühere Assistent von Gyula Lorant übernahm. Er konnte zwar nichts gegen die Auswärtsmisere der Mannschaft tun, aber zumindest gelangen unter seiner Regie vier Siege und zwei Unentschieden auf dem Betzenberg. Ein Jahr später wäre der 1. FCK mit seinen bescheidenen 28:40 Punkten abgestiegen, aber diesmal waren der KSC (17:51) und Borussia Neunkirchen (19:49) mit weitem Abstand die Schlechtesten und rückten ab in die Regionalligen. Von den mageren 39 Toren des 1. FCK erzielten Gerd Roggensack, der den Verein nach nur einem Jahr wieder verließ, und Helmut Kapitulski, der nach vier Jahren Bundesliga genug hatte, jeweils zehn Treffer. Dem 1. FCK fehlte weiterhin ein echter Torjäger. Während auf dem Betzenberg gerade einmal sechs Spiele gewonnen worden waren und der Berg alles andere als uneinnehmbar war, näherte sich auch die Auswärtsbilanz mit 7:27 Punkten wieder der Katastrophenmarke. Die neu verpflichteten Spieler Hansing, Windhausen und Hasebrink waren noch nicht die Verstärkungen, für die man sie in Kaiserslautern gehalten hatte.

Mehr noch als das schlechte Abschneiden der Mannschaft bedrückte das Präsidium, dass die in der BRD grassierende „Fußballmüdigkeit“ auch den Betzenberg mehr und mehr befallen hatte. Dabei hatte man sich gerade von der Bundesliga einen lang anhaltenden Zuschauerboom versprochen. Der Zuschauerschnitt lag um sieben Prozent unter dem des Jahres 1966. Große Sprünge bei Spielereinkäufen konnte sich der 1. FCK deshalb nicht erlauben.

## Saison 1968/69: Jürgen „Atze" Friedrich kommt

Nach dem Weggang von Kapitulski und Ankovic benötigte das Mittelfeld des 1. FCK einen neuen Lenker. Jürgen Rumor kam vom 1. FC Köln, um die Abwehr zu verstärken, und als künftiger Spielgestalter wurde der 24 Jahre alte Jürgen „Atze" Friedrich von Eintracht Frankfurt verpflichtet.

Nach dem 0:2 bei Bayern München zum Auftakt gewann der 1. FCK seine nächsten drei Heimspiele gegen Werder Bremen (1:0), den 1. FC Köln (4:0) und die Offenbacher Kickers (2:1). Zudem gelang bei Borussia Dortmund ein überraschender 3:2-Sieg. Aber nach 18 Spieltagen war die Mittelmäßigkeit wieder erreicht, und von da an ging es bergab. Das 3:2 von Dortmund verlor seinen Wert durch das 1:2 gegen die Borussia in Kaiserslautern. Gegen Schalke 04 und Eintracht Frankfurt reichte es wenige Spieltage vor Schluss nur zu zwei Unentschieden. Hatte zuvor lediglich Bayern München 25.000 Zuschauer angezogen, so kamen am vorletzten Spieltag genauso viele zum letzten Heimspiel gegen Eintracht Braunschweig. Mit 28:36 Punkten war der 1. FCK ein hoch gehandelter Abstiegskandidat, denn schlicht unvorstellbar war die Annahme, die Entscheidung, wer Offenbach in die Regionalliga begleite, würde zwischen dem 1. FC Köln und Meister 1. FC Nürnberg fallen. Für Entwarnung auf dem Betzenberg sorgten Hasebrink, Friedrich, Windhausen und Kentschke: 4:0 gegen Braunschweig. Punktgleich mit Borussia Dortmund landete der 1. FCK auf Platz 15 mit 30:38 Punkten. Und der 1. FC Nürnberg musste tatsächlich absteigen.

Der 1. FCK hatte in dieser Saison drei torgefährliche Stürmer, die jedoch weit hinter dem Prädikat Torjäger zurückblieben: Hasebrink mit zwölf Toren, Windhausen mit elf und Kentschke mit zehn. Die sicherer gewordene Abwehr ließ nur zwei Gegentore mehr zu, als der eigene Sturm geschossen hatte. Aber auswärts lieferte der 1. FCK die Punkte weiter in schöner Regelmäßigkeit ab. 6:28 Punkte und zehn abgegebene Zähler zu Hause verdeutlichten, warum die Mannschaft abermals gegen den Abstieg kämpfen musste. Insgesamt war es eine verrückte Saison, in der den Tabellenzweiten Alemannia Aachen (38:30) und Absteiger Nürnberg (29:39) nur neun Punkte trennten.

Jürgen „Atze" Friedrich trug mit seinen Toren gegen Hertha BSC (1:0) und Eintracht Frankfurt (2:2) entscheidend zum Klassenverbleib bei. Insgesamt erzielte er sieben Treffer. Vor allem beim „Skandalspiel" gegen seinen alten Verein Eintracht Frankfurt, als Schiedsrichter Schulenburg den 1. FCK verpfiffen hatte, riss er nach einem 0:2-Rückstand seine Mitspieler mit und das Spiel noch herum. Beim Freundschaftsspiel gegen Dukla Prag trug Friedrich mit einem Hattrick zum 4:0 bei.

Trotz der spannenden Saison und dem abermals vermiedenen Abstieg befand sich der 1. FCK in finanziellen Nöten. Die Investitionen zum Ausbau des Stadions und der schlechte Zuschauerzuspruch führten zu einem Minus von 560.000 DM, was für die damalige Zeit eine Menge Geld war. Über alles wurde nachgedacht: Die Verbesserung des Service für die Zuschauer, die Änderung des Spielbetriebs der Bundesliga durch

**„Atze" Friedrich (Bildmitte) am 14.03.1970 im Spiel gegen Werder Bremen, rechts Horst-Dieter Höttges.**

die Schaffung regionaler Gruppen mit abschließendem Endspiel und sogar über die Rückgabe der Lizenz.

Im DFB-Pokal gewann der 1. FCK beim Freiburger FC mit 1:0, schlug zu Hause Eintracht Frankfurt (1:0) und Werder Bremen (3:0). Im Halbfinale erkämpfte Schalke 04 auf dem Betzenberg ein 1:1 nach Verlängerung. Das Wiederholungsspiel gewannen die Knappen mit 3:1. Der 1. FCK hatte erneut das Endspiel gegen Bayern München verpasst.

## Saison 1969/70: Lorant kommt zurück

Zur neuen Saison kehrte Trainer Gyula Lorant zum Betzenberg zurück. Die Spieler Windhausen, Hasebrink, Klimaschefski und Koppenhöfer hatten den 1. FCK verlassen. Neu gekommen waren Karl-Heinz Vogt, Klaus Ackermann, Fritz Fuchs, Josef Pirrung und Dieter Krafczyk. Aber der auf dem Papier stärker gewordenen Mannschaft gelang es auch nicht, die notorische Auswärtsangst zu überwinden. Ein einziger Auswärtssieg mit 1:0 bei Absteiger 1860 München sprang heraus und bei 8:26 Punkten musste eine gute Heimbilanz die Klasse sichern. Aber auch auf dem Betzenberg reichte es nur zu 24:10 Punkten. Allerdings mussten die wiederum nicht allzu zahlreichen FCK-Anhänger nicht erneut bis zum Schluss um ihre Mannschaft zittern. Alemannia Aachen stand frühzeitig als Absteiger fest, und auch 1860 München konnte dem 1. FCK nicht gefährlich werden.

Keiner der neuen Roten Teufel erwies sich als Torjäger. Ackermann und Vogt schossen je zwei (!) Tore. Bester Torschütze war Geisert mit neun Treffern. Im DFB-

**1970: Zu seinem 50. Geburtstag überreichte der damalige Ministerpräsident von Rheinland-Pfalz, Dr. Helmut Kohl, Fritz Walter das Bundesverdienstkreuz. Stiller Beobachter im Hintergrund ist Horst Eckel.**

Pokal war gleich in der 1. Hauptrunde Endstation. Der Wuppertaler SV brüskierte den 1. FCK mit 4:0.

Im März 1970 wählte der 1. FCK ein neues Präsidium. Willi Müller, Schuhfabrikant aus Waldfischbach folgte auf den Direktor der Kammgarnspinnerei Hans Adolff. Müllers Ziel war es, die Nachwuchsspieler des 1. FCK stärker zu integrieren und eine bodenständige Bundesligamannschaft zu etablieren.

## Saison 1970: Das Jahr des „Hexers"

Schnarr, Rumor und Geisert hatten ihre Karriere beim 1. FCK beendet bzw. den Verein verlassen. Als neue Torhüter verpflichteten die Lauterer den Jugoslawen Bratislav Dordevic und den Schalker Ersatzkeeper Josef Elting. Auch Schnarrs Vertreter Josef Stabel durfte bleiben. Für das Mittelfeld kam der jugoslawische Nationalspieler Idriz Hosic. Außerdem kickte mit Günther Reinders nach Kapitulskis Abgang wieder ein Spieler beim 1. FCK, der vom FK Pirmasens kam.

Bis zum zwölften Spieltag gewann der 1. FCK seine Heimspiele und verlor alle seine Auswärtsspiele. Aber bereits zu diesem Zeitpunkt hatte Karl-Heinz Vogt elf Treffer erzielt. Beim 4:0 gegen die Offenbacher Kickers hatte er sogar alle Tore geschossen. Fortan nannten ihn alle den „Hexer".

Nach drei Niederlagen in Folge in Frankfurt (2:3), gegen Mönchengladbach (0:1) und in Hamburg (0:1) wurde Gyula Lorant entlassen. Sein Nachfolger wurde Dietrich Weise, der verhindern konnte, dass der 1. FCK ins hintere Tabellendrittel abdriftete. Erstmals seit Jahren war die Zuschauerresonanz auf dem Betzenberg wieder gestiegen. Aber das Spieljahr, in dem der „Hexer" mit 25 Toren regierte, brachte auch einen Negativrekord, der bis heute gültig ist. Gegen den VfB Stuttgart sahen 8.000 Zuschauer am letzten Vorrundenspieltag eine 0:5-Niederlage. Trotzdem konnte sich die Heimbilanz von 27:7 Punkten sehen lassen. Auswärts durfte man die Zahlen umdrehen, was am Saisonende den achten Platz mit 34:34 Punkten brachte.

Im DFB-Pokal siegte der 1. FCK mit viel Mühe 1:0 bei Borussia Neunkirchen. In der 2. Hauptrunde gab es auf dem Betzenberg ein 1:1 nach Verlängerung gegen Bayern München. Das Wiederholungsspiel ging mit 0:5 verloren.

Vom Aufgebot des 1. FCK zu Beginn der Bundesliga 1963 war 1971 nur noch Winfried Richter dabei, der allerdings nur die ersten beiden Jahre gespielt hatte und erst 1969 wieder zum 1. FCK zurückgekehrt war. Kiefaber, Mangold, Pulter, Schneider, Neumann und Bauer aus der Oberligazeit waren verschwunden. Auch die später hinzugekommenen rustikalen Wrenger und Klimaschefski waren nicht mehr dabei. Technisch versiertere Spieler wie Friedrich, Hosic und Pirrung gehörten jetzt dazu, und in Grundzügen war bereits das Gerüst erkennbar, mit dem zunächst Dietrich Weise und später dessen Nachfolger Erich Ribbeck arbeitete.

Der Wechsel von Gyula Lorant zu Dietrich Weise bedeutete das Ende einer Ära. Zählten Lorant und Piechaczek zu den Trainern alter Schule, die vor allem Disziplin von den Spielern forderten und ihnen wenig Freiheiten ließen, so kam mit Weise ein „sanfter" Vertreter seiner Berufsgruppe, von dem Idriz Hosic in den höchsten Tönen schwärmte: „Ich habe viele Trainer in Jugoslawien kennen gelernt … Trainer Weise übertrifft sie alle an Intelligenz." Weise überzeugte, anstatt zu überreden, und erreichte in seiner ersten und erfolgreichen Lauterer Arbeitsperiode ein bis dahin für utopisch gehaltenes Ziel, den UEFA-Cup. Vor allem aber brachte er den 1. FCK auf einen guten Weg, das ihm von vorurteilsbesessenen Journalisten angeheftete Etikett der „Klopper der Liga" abzulegen.

Mit den Manipulationen, die Offenbachs Präsident Canellas im Sommer 1971 ans Tageslicht brachte und damit den Bundesligaskandal öffentlich werden ließ, hatte der 1. FCK nichts zu tun. Trotz des permanenten Existenzkampfes in den ersten Bundesligajahren arbeiteten die FCK-Präsidien solide und versuchten, mit ihren begrenzten finanziellen Mitteln das Optimale zu erreichen. Und sie hatten Erfolg, sie erhielten den Menschen in der Pfalz den Bundesligafußball. Der 1. FCK war trotz aller Prophezeiungen aus dem Westen und Norden der Republik nicht abgestiegen, während mit Preußen Münster, Fortuna Düsseldorf, RW Essen (zwei Mal) und Alemannia Aachen gleich vier Westvereine fünf der 15 Absteiger der ersten acht Bundesligajahre stellten.

# Der Ballzauberkünstler aus Amsterdam

## Der Holländer Co Prins war 1963 der erste Ausländer des 1. FC Kaiserslautern in der Bundesliga

Er war eines der ersten „Originale“ der Fußball-Bundesliga, ein exzentrischer Typ und manchmal ein Paradiesvogel. Jacobus, genannt Co, Prins glänzte nicht nur auf dem Fußballplatz als großartiger Techniker, sondern auch außerhalb mit allerlei Eskapaden. Als der 1. FC Kaiserslautern 1962 zwei Intertotorundenspiele gegen Ajax Amsterdam austrug (4:5 und 0:6), fiel den Pfälzer Beobachtern ein Spieler des Gegners besonders auf: Co Prins, ein 24-Jähriger, der alles am Ball konnte. Ein Jahr danach – die Lauterer hatten sich für die Bundesliga qualifiziert – erinnerten sie sich an Prins und verpflichteten ihn. „Wie das zustande gekommen ist, weiß ich nicht. Der verstorbene damalige Spielausschussvorsitzende Oskar Hankel wird es gewusst haben“, vermutet Schiedsrichterbetreuer Rudi Merk. Jedenfalls wurde gemunkelt, Prins' Ablösesumme sei in die Kostenrechnung für die Flutlichtmasten mit eingeflossen. Von solch skurrilen Finanzierungsformen und geheimnisvollen Handgeldern spricht man noch heute.

Zusammen mit Petar Radenkovic, dem legendären Torhüter der Münchner Löwen, dem Türken Aykut Ünyazici von Eintracht Braunschweig und Willy Huberts, dem österreichischen Mittelfeldregisseur der Frankfurter Eintracht war Co Prins einer der vier ersten ausländischen Spieler in der neuen Spielklasse. Und ein höchst umstrittener dazu, denn brillanten Auftritten mit genialen Spielzügen folgten Vorstellungen, in denen das schlampige Genie zum Vorschein kam. „Es wird nicht mehr lange dauern und ein paar tausend Zuschauer kommen extra, nur um diesen Gaukler zu sehen, er war mit Abstand der beste Spieler auf dem Platz“, schrieb das *ASZ-Sportblatt* nach dem 3:0 gegen Werder Bremen am 4. Spieltag der Saison 1963/64. Als der 1. FCK in der Rückrunde jeden Punkt brauchte, um sich in der Bundesliga zu halten, fiel Prins ausgerechnet im so wichtigen Spiel beim späteren Absteiger Preußen Münster (0:1) aus. Der Grund: Nach dem gewonnenen Spiel gegen 1860 München legte sich der lebensfrohe Bonvivant im Solarium unter die Höhensonne, weil er mit bräunerem Teint seiner Freundin Karin noch besser gefallen wollte. Sein Pech und das des 1. FCK: Prins schlief ein und verbrannte sich die Knie.

Freundin Karin Brunn, damals 20 Jahre alt und noch minderjährig, war auch der Grund für einen regelrechten Aufruhr in Kaiserslautern. Heimlich und gegen den Willen von Karins Eltern hatten sich die beiden verlobt. Doch Alex und Maria Brunn kämpften um ihre Tochter, die als Tänzerin im Pfalztheater auftrat. Per Anzeige in

**Co Prins (links) für Ajax Amsterdam im hautnahen Duell mit Werner Liebrich in der Intertoto-Runde 1962.**

der *Rheinpfalz* teilten sie der Öffentlichkeit mit, die Verlobung gelöst zu haben und erstatteten Anzeige gegen Prins, bei dem sich Karin widerrechtlich aufhielt. Geheiratet haben die beiden schließlich heimlich, und als Co 1965 Kaiserslautern wieder in Richtung Amsterdam verließ, hatte sich das elterliche Gewitter verzogen.

Woran sie sich störten? Dass Prins auf dem Betzenberg so viel verdiente, dass er sich die teuersten Schlitten leisten konnte und auf großem Fuß lebte, was in der kleinsten Bundesligastadt sofort Aufsehen erregte. Zuweilen fuhr er mit seinem Cadillac nach Mannheim, wo diverse Rotlichtviertel sein Ziel waren. „Der hat keine Mark gespart, alles hat er ausgegeben für Autos und Frauen“, fürchtete Mutter Brunn um Zukunft und Karriere ihrer Karin. Der „Super-Fußballer“ (Willi Wrenger) zündete auch schon mal verschwenderisch einen 10-DM-Schein an, um einer seiner „Flammen“ Feuer zu geben.

All dies sprach sich herum in Kaiserslautern, und spielte er dann wieder einmal schlecht, hagelte es prompt Pfiffe. Einmal, als sie ihn wieder gnadenlos geschmäht hatten und ihm kurz darauf applaudierten, weil ihm ein Kabinettstückchen geglückt war, entlarvte er die Scheinheiligen auf der Haupttribüne, die ihr Mäntelchen nach dem Wind drehten. Prins trabte zu der alten Holztribüne, zog seine Hose runter und zeigte ihnen seinen Allerwertesten.

1965 war dann Schluss für ihn in der Pfalz. Als Holländer hatte Prins es nur 18 Jahre nach Ende des 2. Weltkriegs schwer in Deutschland, denn so wie die Holländer gegenüber den Deutschen überaus kritisch waren, ging auch ein Großteil der Lauterer Zuschauer mit Prins um. Spielte er gut, war er der „Prins des 1. FC Kaiserslautern“ (*BILD*), lief es schlecht, war er ein „lustloser Hemmschuh“ (*ASZ-Sportblatt*).

Mit Frau Karin und Sohn Ronny ging es zurück zu Ajax, wo bereits der junge Johan Cruyff am Ball war, und danach führte Familie Prins ein Leben als Globetrotter. Pittsburgh Phantoms und New York Generals waren die Stationen in der US-Liga, es folgten MVV Maastricht, Vitesse Arnheim, Helmond Sport, FC Rita Berlaar, FC Turnhout, FC Boom und schließlich die Altherrenmannschaft des Antwerpener Vorstadtclubs FC Schilde, die Endstation für Co Prins.

Als Karin Prins am 26. September 1987, einem Samstag, um 17 Uhr von einem Spiel ihres zweiten Sohnes Andy nach Hause kam, wurde sie in ihrem Café „Prince Pub“ von zwei Männern empfangen. „Ihr Mann hat heute mit uns Fußball gespielt. Er hatte einen Unfall …“ Alles war normal gelaufen beim Altherrenspiel. Co Prins’ Ehrgeiz war grenzenlos, er schoss sogar ein Tor und rief auf seinem Weg zurück in die eigene Spielhälfte einem seiner Mitspieler zu: „Jetzt müssen wir Alten noch für die Jungen die Tore machen!“ Dann griff er sich plötzlich an die Brust. „Ich fühl mich nicht gut“, waren seine letzten Worte. Co Prins hatte einen Herzaderbruch erlitten, seine Kranzgefäße waren verkalkt. Als der Krankenwagen mit Blaulicht und Martinshorn die Klinik erreicht hatte, war Co Prins tot.

Beinahe hätte es 1991 nach dem Gewinn des dritten Meistertitels einen zweiten Prins auf dem Betzenberg gegeben. FCK-Trainer Karl-Heinz Feldkamp war an Ronny Prins dran, doch der hatte Angst vor dem Heimweh und blieb lieber in Antwerpen beim AC Beerschot.

# Der langsame Aufstieg zur Spitze

## Wie Dietrich Weise, Erich Ribbeck und Karl-Heinz Feldkamp dem 1. FC Kaiserslautern ein neues Image verpassten

### Saison 1971/72: UEFA-Cup und Pokalfinale

Premiere in der neuen Saison: Erstmals erreichte der 1. FC Kaiserslautern einen europäischen Pokalwettbewerb. Der alte Messepokal war 1971 in die Regie der UEFA übergegangen, und die Bundesliga durfte vier Mannschaften für den Wettbewerb melden.

Die roten Teufel begannen die Saison mit fast der gleichen Mannschaft wie im Vorjahr – kein Stammspieler hatte den Verein verlassen. Der prominenteste Neuzugang war Wolfgang Seel vom 1. FC Saarbrücken. Die gute Platzierung im Vorjahr und ein viel versprechender Saisonstart mit einem 1:0 gegen Borussia Mönchengladbach lockten wieder mehr Zuschauer auf den Betzenberg. Das Siegtor gegen den Angstgegner vom Niederrhein fiel auf kuriose Weise. Bitz' Schuss ging an den Pfosten und prallte von Torhüter Kleffs Rücken ins Tor. Nach zwei Unentschieden in den darauffolgenden Auswärtsspielen bei Werder Bremen (2:2) und bei Arminia Bielefeld (1:1) kamen 30.000 gegen den VfL Bochum, der mit 4:1 geschlagen wurde. Doch danach setzte es Niederlagen beim VfB Stuttgart (1:3) und gegen Bayern München (0:2). Über weite Strecken der Saison wechselten sich nun Heimsieg und Auswärtspleite ab. Deftige Schlappen waren keine mehr dabei, sieht man von dem 0:4 beim HSV ab. Die Abwehr mit Fritz Fuchs, Dietmar Schwager und Ernst Diehl hielt dicht, und Josef Elting etablierte sich zunächst als Stammtorhüter vor seinem Namensvetter Stabel. Dafür geriet der Motor des „Hexers" ins Stottern. Karl-Heinz Vogt schoss nur noch zehn Tore und musste Idriz Hosic (13) die interne Torjägerkrone überlassen.

Obwohl die Mannschaft aus den letzten acht Spielen nur 6:10 Punkte holte, qualifizierte sie sich als Tabellensiebter mit 35:33 Punkten für den UEFA-Cup. Der Abstand zwischen der Bundesligaspitze, die Bayern München (55:13) und Schalke 04 (52:16) bildeten, und den UEFA-Cup-Teilnehmern Borussia Mönchengladbach (43:25), 1. FC Köln (43:25), Eintracht Frankfurt (39:29) und 1. FCK (35:33) war schon gewaltig.

Doch der 1. FCK hatte auch die Chance, am Europapokal der Pokalsieger teilzunehmen. Zum zweiten Mal nach 1961 standen die Roten Teufel im DFB-Pokal-Finale. Der Weg dorthin war schwer, denn widersinniger Weise wurden die Pokalspiele nun mit Hin- und Rückspiel ausgetragen. Der 1. FCK setzte sich gegen den Wuppertaler SV mit 1:2 und 3:2 n.V. sowie 8:5 nach Elfmeterschießen durch, bezwang anschließend den VfB Stuttgart mit 3:4 und 3:1 und siegte gegen RW Oberhausen mit 1:3 und 5:0. Schließlich unterlag Werder Bremen zwei Mal mit 2:1. Doch im Finale hatte der 1. FCK gegen Schalke 04 keine Chance. Schon nach 32 Minuten stand es 2:0 durch Helmut Kremers und Scheer. Am Ende hieß es 5:0. Der 1. FCK trat mit folgender Mannschaft an:

► Elting, Reinders, Diehl, Schwager, Fuchs, Friedrich, Bitz, Hosic (Vogt), Pirrung, Seel, Ackermann.

Otto Rehhagel war in dieser Saison nur noch acht Mal zum Einsatz gekommen. Seine kompromisslose Spielweise, als bissiger Verteidiger den Zweikampf zu suchen, forderte ihren Tribut. Nach insgesamt 200 Bundesligaspielen beendete ein lädiertes Knie die Karriere des 34-Jährigen. Eher unspektakulär verabschiedete sich Rehhagel aus Kaiserslautern, um als Trainer beim 1. FC Saarbrücken zu arbeiten. Niemand konnte erahnen, dass er 24 Jahre später als „König Otto" zurückkehren und den 1. FCK zu seiner vierten Deutschen Meisterschaft führen würde.

## Saison 1972/73: UEFA-Cup-Premiere – Dietrich Weise geht

Die Saison 1972/73 war wieder eine „normale" 1. FCK-Saison. Mit 34:34 Punkten (26:8 zu Hause, 8:26 auswärts) wurde der neunte Tabellenplatz erreicht. Erstmals tauchte Klaus Toppmöller, der von Eintracht Trier zum 1. FCK gewechselt war, in den Spielberichten auf. Noch schoss er keine Tore, was sich aber bald ändern sollte.

Der Betzenberg garantierte wieder einmal für den Klassenverbleib, denn auswärts setzte es elf Niederlagen. Nur zwei Mal kehrten die Lauterer mit einem Sieg heim in die Pfalz. Beim MSV Duisburg (4:3) und bei Hannover 96 (3:2) kompensierte der 1. FCK die verlorenen Heimpunkte aus sechs Unentschieden und dem 0:1 gegen Eintracht Frankfurt. Wolfgang Seel mit elf und Idriz Hosic mit zehn Treffern waren die besten Angreifer. Sportlich in der Tabellenmitte, bereitete der erneut einsetzende Zuschauerschwund große Sorgen. Nur noch knapp über 12.000 kamen im Durchschnitt zu den Heimspielen. Ein Fehlbetrag in der Bilanz war die Folge.

Bei der Jahreshauptversammlung erregte aber ein anderes Thema die Gemüter. Trainer Dietrich Weise hatte ein Angebot von Eintracht Frankfurt angenommen und wurde bezichtigt, ein falsches Spiel mit dem 1. FCK getrieben zu haben. Weise selbst sah in seinem Handeln nichts Ehrenrühriges und wollte seinen Vertrag in Kaiserslautern bis zum Saisonende erfüllen. Doch vor dem letzten Spieltag wurde er wegen „vereinsschädigenden Verhaltens" entlassen. Gerd Schneider fuhr als Interimscoach mit der Mannschaft zum Spiel bei Hertha BSC Berlin. „Wir passen eben nicht zusammen“, kommentierte Weise seinen Abschied. Dabei war es ihm gelungen, die Mannschaft jenseits von Abstiegsängsten im vorderen Mittelfeld zu etablieren.

Auch im DFB-Pokal gelangen Erfolge gegen die SpVgg. Bayreuth (2:4 und 4:0) und gegen den VfB Stuttgart (1:2 und 2:0 n.V.). Erst im Viertelfinale setzte sich Borussia Mönchengladbach zweimal mit 2:1 gegen den 1. FCK durch und gewann auch den Pokal durch das legendäre Netzer-Tor in der Verlängerung mit 2:1 gegen den 1. FC Köln.

Gerd Schneider war 1972/73 Interims-Coach für ein Spiel. Schon vorher hatte er 240 Spiele für den 1. FCK bestritten.

Dafür feierte der 1. FCK eine gelungene Premiere im UEFA-Cup. Kaum einer hatte geglaubt, die Lauterer würden die 1. Runde überstehen, denn das favorisierte Stoke City hatte das Hinspiel mit 3:1 gewonnen. Doch vor 12.000 Zuschauern siegte der 1. FCK sensationell hoch mit 4:0. In der 2. Runde gelang bei der portugiesischen Werksmannschaft CUF Barreiro ein 3:1. Das 0:1 im Rückspiel änderte nichts am Erreichen der 3. Runde. Hier hieß der Gegner Ararat Yerevan aus der damaligen Sowjetrepublik Armenien. Im voll besetzten Stadion Rasdan unterlag der 1. FCK mit 0:2. Für das Rückspiel, zu dem viele Armenier aus der Diaspora, vor allem aus Frankreich angereist waren, hatten die Gäste versucht, dem 1. FCK Angst zu machen. „So gut wie unser armenischer Cognac ist, werden wir auch spielen“, tönten die Fußballer aus dem Transkaukasus. Als es nach 120 Minuten immer noch 2:0 für den 1. FCK stand, ging es ans Elfmeterschießen. Alle trafen, doch den letzten Elfmeter von Ararat hielt Torhüter Josef Stabel. Der 1. FCK stand im Viertelfinale. Hier hatten die Lauterer das Pech, dass sie ausgerechnet auf die damals überragende Borussia aus Mönchengladbach trafen. Dem 1:2 auf dem Betzenberg folgte ein schlimmes 1:7 auf dem Bökelberg.

## Saison 1973/74: Die Ära Ribbeck beginnt

Nachfolger Dietrich Weises als Trainer wurde Erich Ribbeck, der die Grundlagen schaffte für den Erfolg, den nach ihm Karl-Heinz Feldkamp mit dem 1. FCK hatte. Dass nicht schon unter Ribbeck der Vorstoß in die Spitze gelang, lag an dem Schicksalsschlag, der den 1. FCK mitten in seiner Saisonvorbereitung traf. Der Denker und Lenker des Lauterer Spiels, Jürgen „Atze“ Friedrich, brach sich im Freundschaftsspiel beim ASV Landau das Bein und kehrte wegen dieser schweren Verletzung nicht mehr in die Mannschaft zurück. Auch Idriz Hosic spielte nicht mehr für den 1. FCK, er war zum MSV Duisburg gewechselt. Der 1. FCK befand sich im Umbruch. Aus Schweden kam Roland Sandberg, von Borussia Mönchengladbach wurde Herbert Laumen verpflichtet. Zwischen den beiden Torhütern Stabel und Elting gab es einen fairen Konkurrenzkampf, keiner konnte sich entscheidend und endgültig gegen den anderen durchsetzen.

Der 1. FCK erwischte einen katastrophalen Saisonstart. Nach vier Spieltagen stand die Mannschaft mit 1:7 Punkten hinten. Doch allmählich klappte das Zusammenspiel der beiden Stürmer Klaus Toppmöller und Roland Sandberg, und auch Josef Pirrung und Herbert Laumen sorgten für Tore. Die kurze Hochzeit des „Hexers" Karl-Heinz Vogt war vorbei, er kam nur noch zwei Mal zum Einsatz. Am Ende der Vorrunde stand der 1. FCK mit 19:15 Punkten im vorderen Mittelfeld. Und unter dem neuen Trainer erzielte der 1. FCK seine bis dahin beste Auswärtsbilanz. Nur sechs Mal gingen die Roten Teufel als Verlierer vom Platz. Daneben gab es sechs Unentschieden und fünf Siege. Vor allem aber schossen die Stürmer auswärts 39 Tore, nur zwei weniger als zu Hause, wo allerdings fünf Niederlagen den erneuten Vorstoß in den UEFA-Cup verhinderten. Der begeisternde Fußball der Torjäger Sandberg (19 Tore) und Toppmöller (21 Tore) zog auch wieder mehr Zuschauer an. Fast 18.000 kamen im Durchschnitt. Mit 38:30 Punkten und 80:69 Toren landete der 1. FCK einen Punkt hinter dem 1. FC Köln auf dem sechsten Platz.

Das verrückteste Spiel, das der Betzenberg je sah, fand am 20. Oktober 1973 statt. Der 1. FCK spielte gegen Bayern München in folgender Aufstellung:

► Elting, Huber, Diehl, Schwager, Fuchs, Toppmöller, Bitz, Laumen, Pirrung, Sandberg, Ackermann.

Nach 36 Minuten führten die Bayern durch die Tore von Bernd Gersdorff (2) und Gerd Müller mit 3:0. Pirrung gelang zwar in der 43. Minute das 1:3, aber Müller erhöhte in der 57. Minute auf 4:1. Alles aus? Nur eine Minute später verkürzte Toppmöller auf 2:4. Drei Minuten danach erzielte Pirrung das Anschlusstor. Nach weiteren zwölf Minuten hieß es 4:4 durch den gleichen Spieler. Als sechs Minuten vor Schluss Ernst Diehl den 1. FCK mit 5:4 in Führung schoss, bebte der Berg. Bayern München war am Boden. Das 6:4 und 7:4 durch Laumen in der 87. und 89. Minute waren Anzeichen für die Resignation der Mannschaft, in der mit Maier, Beckenbauer, Schwarzenbeck, Hoeneß und Müller fünf kommende Weltmeister standen. Wie sehr das Erlebnis dieses außergewöhnlichen Spiels noch heute nachwirkt, beschreibt Michael Bauer in seinem „Fußballblues": „…dann war des Spiel aus un mir sin häämgeschob. E paar vun uns han die Bayere verschlaa. All war mer glicklich un zufriede. Die Punkte waren am Betzeberch geblibb, un de Paul un ich, mir waren ganz schää staawisch. Am Sunndaach war mers de ganze Daach schlecht. Ich bin nur äämol korz ufgestann un hammer Bild am Sunndaach kaaf. Do hat dringestann, 35.000 am Betzeberch waren begeischtert. Ääner devun war ich."

**Die Bundesligamannschaft des 1. FC Kaiserslautern für die Saison 1973/74. Stehend von links: Trainer Erich Ribbeck, Schwarz, Schwager, Friedrich, Reinders, Vogt, Fuchs, H. Toppmöller, Rademacher, Meier, Diehl, K. Toppmöller, Masseur R. Müller; kniend von links: Sandberg, Huber, Wilhelmi, Stabel, Elting, Ackermann, Pirrung, Blitz.**

Im DFB-Pokal ließ der 1. FCK kaum eine mögliche Verlängerung aus, sowohl beim 5:3 gegen RW Essen als auch beim 1:1 bei Arminia Bielefeld. Das Wiederholungsspiel gewann der 1. FCK mit 3:0. Im Viertelfinale gab es ein 2:2 bei den Offenbacher Kickers, die schließlich auf dem Betzenberg mit 3:2 nach Verlängerung siegten.

Im Präsidium des 1. FCK machte man sich Sorgen wegen der Einführung der 2. Bundesligen zum kommenden Spieljahr. Allgemein wurden erneute Zuschauereinbußen befürchtet, da aus dem Umland sieben Mannschaften in der Gruppe Süd spielten (1. FC Saarbrücken, Borussia Neunkirchen, FC Homburg, Röchling Völklingen, FK Pirmasens, Wormatia Worms und Mainz 05). Doch die Befürchtungen erwiesen sich schnell als unbegründet, wie die kommende Saison zeigte.

## Saison 1974/75: Ronnie Hellström kommt

Austragungsort der Fußball-Weltmeisterschaft 1974 war Kaiserslautern nicht geworden. Dafür verpflichteten die Lauterer auf Empfehlung von Roland Sandberg seinen schwedischen Nationalmannschaftskollegen Ronnie Hellström, der dann bei der WM der beste aller Torhüter war. Nach dem Turnier wäre Hellström für den 1. FCK unerschwinglich gewesen. In der Torhüter-Hierarchie gab es spätestens seit dem 2:4 der Schweden gegen Deutschland keine Zweifel mehr. Hellström war die Nummer 1, Stabel die Nummer 2. Neben Torhüter Elting hatten auch Reinders, Ackermann, Huber, Magnusson, Laumen und Vogt den Verein verlassen. Neu gekommen waren Hannes Riedl, Walter Frosch und Werner Melzer.

In Abstiegsgefahr geriet der 1. FCK nicht, aber er demonstrierte seinen Fans einen formidablen Rückfall in alte Zeiten. Der Saisonstart ging mit 2:8 Punkten völlig daneben. Am Ende standen 25:9 Heimpunkten 6:28 Auswärtspunkte gegenüber. Zwei dieser Auswärtszähler holte der 1. FCK ausgerechnet im Münchner Olympiastadion beim 5:2 gegen die Bayern. Nur eine Woche später verließen 37.000 Zuschauer schimpfend und verärgert den Betzenberg, nachdem der 1. FCK gegen die Offenbacher Kickers mit 1:2 verloren hatte. Prompt kamen zum nächsten Heimspiel gegen den VfB Stuttgart nur noch 7.000 und sahen das 6:0 mit drei Sandberg-Toren. Am Ende der Saison belegte der 1. FCK mit 31:37 Punkten und 56:55 Toren den 13. Platz. Die Torfabrik war ins Stottern geraten. Hinter Sandberg mit 22 Toren klaffte eine große Lücke. Toppmöller, Riedl und Pirrung erzielten jeweils nur sechs Treffer.

**Ronnie Hellström hielt das Tor der Roten Teufel mit kleinen Unterbrechungen von 1974 bis 1984 sauber.**

Im DFB-Pokal erreichte der 1. FCK nach einem 4:3 bei Schweinfurt 05 und dem 7:1 gegen den Spandauer SV die 3. Hauptrunde. Bei Fortuna Düsseldorf unterlagen die Roten Teufel mit 2:3 n.V.

## Saison 1975/76: Wieder im Pokalfinale

In dieser Spielzeit tauchte erstmals Hans-Peter Briegel im Kader des 1. FCK auf. Erich Ribbeck hatte den ehemaligen Leichtathleten des TV Rodenbach in einem Spiel auf dem Dorf gesehen und dafür gesorgt, dass das Kraftpaket vom SV Rodenbach zu den Amateuren des 1. FCK geholt wurde. Für seine prophetischen Worte „Auf ihn wartet eine beispiellose Karriere“ erntete Ribbeck zunächst nur Kopfschütteln und Hohn. Wenn Briegel bei den Profis eingewechselt wurde, gab es Pfiffe zuhauf. Als Linksaußen rannte er den Platz rauf und runter und erntete dafür Gelächter. Doch Ribbeck hielt an Briegel fest, auch als später einmal Eintracht Trier an dem Spieler Interesse zeigte. Neben Briegel waren Heinz Stickel und Klaus Scheer zum 1. FCK gekommen. Dietmar Schwager und Hermann Bitz waren nicht mehr im Kader.

Der Saisonstart war erneut nicht berauschend. 3:7 Punkte und eine anhaltende Auswärtsschwäche verhießen nichts Gutes. Erst eine Serie von 10:2 Punkten zum Ende der Vorrunde brachten den 1. FCK ins vordere Mittelfeld. Auch die beinahe obligatorische Heimniederlage gegen Borussia Mönchengladbach (0:3) bremste die Roten Teufel nicht in ihrem Höhenflug. Den Sprung ganz nach oben verdarben sie sich selbst, als sie vier Spieltage vor Schluss 37:23 Punkte hatten und alle restlichen Spiele verloren. Deutscher Meister wurde Borussia Mönchengladbach mit 45:23 Punkten. Der 1. FCK beendete die Saison als Siebter mit 37:31 Punkten. Das reichte für einen Platz im UEFA-Cup, denn Bayern München hatte gegen AS Saint-Étienne mit 1:0 den Europapokal der Landesmeister gewonnen und startete als Titelverteidiger zusammen mit der Borussia in diesem Wettbewerb.

Erfolgreichster Torschütze war Klaus Toppmöller, der in den letzten beiden Spielen pausierte, mit 22 Treffern vor Roland Sandberg mit 17.

Von allen Seiten war der 1. FCK in dieser Saison gelobt worden, weil sich zu dem kämpferischen Element mehr und mehr spielerische Fertigkeiten einstellten. Die „Klopper der Liga" gab es nicht mehr, sie waren out. Der Ruf der „bösen Buben vom Betzenberg" hatte sich zumindest teilweise verflüchtigt. Was die Anhänger des 1. FCK auch in Euphorie versetzte, war die Tatsache, dass mit Werner Melzer, Günter Kroth, Walter Frosch, Ernst Diehl, Peter Schwarz, Heinz Wilhelmi, Hannes Riedl, Josef Stabel und Josef Pirrung neun „echte" Pfälzer in der Mannschaft standen.

Die Euphorie hatte ihren Grund auch in den Erfolgen im DFB-Pokal. In den ersten drei Runden hatte es der 1. FCK mit leichten Gegnern zu tun. Gegen den VfR Mannheim gab es ein 2:0, beim Blumenthaler SV ein 5:1 und bei Westfalia Herne gelang ein 3:1. Danach hatte der 1. FCK Losglück. Durch ein 2:0 gegen Eintracht Braunschweig zog er ins Viertelfinale ein, wo Fortuna Düsseldorf mit 3:0 geschlagen wurde. Fast wäre der Halbfinalgegner aus dem Südwesten gekommen. Röchling Völklingen hatte bei Hertha BSC 1:1 n.V. gespielt. Aber die Berliner siegten an der Saar mit 2:1. Doch der 1. FCK schaffte auch diese Hürde und gewann mit 4:2. Endspielgegner in Frankfurt war der HSV, der sich mit 2:2 n.V. und 1:0 gegen Bayern München durchgesetzt hatte. Das Spiel vor 61.000 Zuschauern und unter fast subtropischen Bedingungen bestritt der 1. FCK in folgender Aufstellung:

► Hellström, Kroth, Melzer, Diehl, Frosch, Riedl, Stickel (Schwarz), Scheer, Meier, Pirrung (Wilhelmi), Sandberg.

Auf Klaus Toppmöller musste Erich Ribbeck wegen einer Verletzung verzichten. Die Entscheidung war bereits nach 45 Minuten gefallen. Peter Nogly in der 22. Minute und Ole Björnmose in der 37. hatten den HSV mit 2:0 in Führung gebracht. Mehr Tore fielen nicht in diesem Spiel, denn die Hitze ließ es nicht zu. Alle waren froh, als das Spiel endlich vorbei war.

Der HSV krönte seinen Pokalsieg ein Jahr später mit dem Gewinn des Europapokals der Pokalsieger durch ein 2:0 in Amsterdam gegen den RSC Anderlecht. Der 1. FCK hatte es auch in seinem dritten Pokalfinale nicht geschafft, den „Pott" nach Kaiserslautern zu holen. Anstatt im Europapokal der Pokalsieger spielte der 1. FCK in der neuen Saison um den UEFA-Cup.

## Saison 1976/77: Ein neuer Präsident

Mit dem Tanz auf drei Hochzeiten kam auch die Ernüchterung auf den Betzenberg zurück. Nach zwölf Spielen hatte der 1. FCK 8:16 Punkte. Drei Heimspiele (1:2 gegen Borussia Mönchengladbach, 0:2 gegen Hertha BSC Berlin und 0:1 gegen Fortuna Düsseldorf) wurden verloren, auswärts gelang nur ein einziges Unentschieden beim 1:1 in Karlsruhe. 12:22 Punkte zur Halbzeit der Runde hießen Alarm auf dem Betzenberg.

Zudem plagte den 1. FCK Ärger besonderer Art. Das Spiel gegen Fortuna Düsseldorf hatte Schiedsrichter Rudolf Frickel nach 76 Minuten beim Stand von 0:1 abgebrochen, weil er sich gefährdet fühlte. „Ich bin doch kein Bauernschiedsrichter, das lasse ich mir nicht gefallen", kommentierte er die Tatsache, dass drei Flachmänner von den Zuschauerrängen in seine Richtung geworfen worden waren. Alle Proteste nutzten nichts. Es blieb beim ersten Spielabbruch in der Bundesliga. Die Düsseldorfer stellten zudem dem Lauterer Publikum kein gutes Zeugnis aus, was den Schiedsrichter in seiner Argumentation unterstützte. „Die Zuschauer auf dem Betzenberg erwiesen sich wie bei unseren früheren Gastspielen … als unsachlich und undiszipliniert …", scherte Fortuna-Vizepräsident Hans Noack alle über einen Kamm. Das Spiel wurde mit 0:2 Punkten und 0:2 Toren gegen den 1. FCK gewertet. Um eine Platzsperre kam man herum, musste aber zusätzlich noch 8.000 DM Strafe zahlen.

Als es sportlich nicht mehr gut lief, fing es auch im Präsidium an zu rumoren. Schnell geriet Erich Ribbeck in die Schusslinie des Präsidenten. Als die Präsidiumsmitglieder Udo Sopp und Dr. Walter Greiner mit Interna an die Öffentlichkeit gingen und behaupteten, das Präsidium habe über die Ablösung Ribbecks, die Präsident Müller betreibe, beraten, war das Tischtuch zwischen den Präsidialen zerschnitten. „Entweder geht Trainer Ribbeck oder ich trete zurück", polterte Müller. Wie rau das Klima in diesen Dezembertagen 1976 auf dem Betzenberg war, verdeutlicht der Maulkorb, den Müller dem angezählten Trainer verpasste. „Sie sind nicht gefragt. Melden Sie sich erst einmal zurück. Ich habe Sie nicht gesehen!" herrschte Müller Ribbeck an. Der barsche Führungsstil des Schuhfabrikanten wurde zunehmend kritisiert.

Als am 7. März 1977 bei der Jahreshauptversammlung mit dem ehemaligen FCK-Spieler Jürgen „Atze" Friedrich ein Gegenkandidat zu Müller auftrat, waren die Mitglieder in zwei Lager gespalten. Verwaltungsrat und Gesamtvorstand standen fest zu Müller, während Vizepräsident Sopp Friedrich unterstützte. Der Herausforderer, gerade 32 Jahre alt, forderte eine zeitgemäße Führung des Vereins und ein modernes Management sowie eine verbesserte Öffentlichkeitsarbeit und eine klare Personalkonzeption für die Bundesligamannschaft, um Fehlinvestitionen künftig zu vermeiden. Nach seinen Chancen bei der Wahl befragt äußerte sich Friedrich in der *Rheinpfalz*. „Ich scheue mich nicht vor einer Niederlage – sonst würde ich ja wohl auch nicht kandidieren, zumal die Intrigen der letzten Tage doch recht gehässig waren." Der junge „Modernisierer" kippte den alten Konservativen durch dessen eigene Ungeschicklichkeit. Müller behauptete, Friedrich habe ihm bei einer Unterredung gesagt, er wolle eigentlich gar nicht kandidieren, man habe ihn dazu gedrängt. Er habe daraufhin Friedrichs Angebot, die Lizenzspielerabteilung zu übernehmen, angenommen. Erst vor der Versammlung sei Friedrich gekommen und habe erneut erklärt, es sei der Wille seiner Freunde, dass er kandidiere. Diese verleumderischen Äußerungen konterte Friedrich geschickt. „Ich habe bisher kein diskriminierendes Wort gegen Herrn Müller gesagt … Aber das meine ich mit Führungsstil." (*Die Rheinpfalz*) War die Stimmung im großen Saal der „Neuen Eintracht" zuvor noch pro Müller, so entstand jetzt heftige Unruhe. Friedrich erntete Beifall für seine Worte und „Atze, Atze"-Rufe hallten durch den Raum. Mit 357:349 Stimmen läutete die Versammlung die erste der drei Ären Friedrich beim 1. FCK ein. Der „Modernisierung" des 1. FC Kaiserslautern stand nun nichts mehr im Wege.

**Knapper Sieg für den Modernisierer**

In der Rückrunde erzielte der 1. FCK 17:17 Punkte und rettete sich zwei Spieltage vor Schluss endgültig vor dem Abstieg. Im Durchschnitt kamen etwas mehr als 20.000 Zuschauer auf den Betzenberg, wo erneut Klaus Toppmöller mit 19 Toren am besten getroffen hatte. Roland Sandberg litt an einer schweren Knieverletzung, die ihn am Ende der Saison zum Sportinvaliden machte. Hinter Toppmöller klaffte eine riesige Lücke. Josef Pirrung folgte mit acht Treffern. Im DFB-Pokal traf der 1. FCK in der 1. Runde wieder auf den VfR Mannheim und siegte mit 1:0. Dem 1:1 n.V. bei den Stuttgarter Kickers folgte ein 3:1 im Wiederholungsspiel. Mit dem gleichen Ergebnis unterlag der 1. FCK in der 3. Runde bei Bayer Uerdingen.

Im UEFA-Cup musste der 1. FCK in der 1. Runde nach Zypern zu Paralimni Famagusta. Dem 3:1 dort folgte ein 8:0 auf dem Betzenberg. In der 2. Runde wartete mit Feyenoord Rotterdam ein zu starker Gegner auf die Pfälzer. Nach dem 2:2 im Hinspiel verlor der 1. FCK in Rotterdam mit 0:5.

## Saison 1977/78: Ernüchterung zu Ribbecks Abschied

Die Saison war geprägt von der Ankündigung Erich Ribbecks, den Betzenberg nach fünf Jahren zu verlassen, um eine Trainertätigkeit beim DFB anzutreten. Beim 1. FCK schaute man sich frühzeitig nach einem passenden Nachfolger um, der den eingeschlagenen Weg fortsetzen sollte. Die Wahl fiel schließlich auf Karl-Heinz Feldkamp, der Arminia Bielefeld erfolgreich trainierte und zurück in die Bundesliga führte.

Das letzte Ribbeck-Jahr war gleichzeitig das erste Jahr ohne Roland Sandberg, für den sein Landsmann Benny Wendt verpflichtet wurde. Zur weiteren Belebung des spielerischen Elements kam Rainer Geye von Fortuna Düsseldorf, und Hans Günter Neues von RW Essen sollte die Abwehr verstärken. Die gute Heimbilanz mit 27:7 Punkten bewahrte den 1. FCK vor einem Rückfall in alte Zeiten, denn auswärts setzte es elf Niederlagen. Nur dreimal verließ der 1. FCK, in Frankfurt (3:1), Bochum (1:0) und St. Pauli (3:0), als Sieger fremde Stadien. Trotz der Heimpleite mit 0:4 gegen den VfB Stuttgart kamen die Lauterer nach der Vorrunde auf 21:13 Punkte. Doch in der

Rückrunde wurde durch schlechte Auswärtsleistungen und Heimniederlagen gegen Borussia Mönchengladbach (0:3) und den 1. FC Köln (0:2) der mögliche Platz im UEFA-Cup verspielt. Krönender Abschluss einer durchwachsenen Spielzeit war das 5:0 gegen Bayern München am letzten Spieltag vor 25.000 Zuschauern. Klaus Toppmöller gelangen dabei drei Treffer. Mit 21 Toren war er wiederum erfolgreichster Schütze. Benny Wendt traf nur zwei Mal und war noch kein adäquater Ersatz für Sandberg.

Im DFB-Pokal siegte der 1. FCK in der 1. Runde beim FSV Oggersheim mit 3:0. Wacker 04 Berlin wurde in der 2. Runde mit 4:1 geschlagen. In der 3. Runde unterlag der 1. FCK beim MSV Duisburg mit 1:2.

Im ersten Jahr unter dem neuen Präsidenten Friedrich ging es wirtschaftlich bergauf. Der Verein erwirtschaftete einen kleinen Gewinn und nahm im Zusammenwirken mit Stadt und Land bereits Kurs in Richtung Ausbau des Stadions. Die Vision vom Sportpark Betzenberg nahm Gestalt an.

## Saison 1978/79: Pokal-Aus im „Zweitstadion"

Das erste Jahr unter dem neuen Trainer Karl-Heinz Feldkamp begann für Kaiserslauterer Verhältnisse traumhaft. Zur weiteren Verstärkung des Mittelfelds war Hannes Bongartz von Schalke 04 gekommen. Den 1. FCK schmerzte aber, dass Abwehrspieler Ernst Diehl seine Karriere wegen einer Verletzung beenden musste.
Es war ein Start nach Maß. Vor 38.000 Zuschauern im Ludwigshafener „Exil" – der Betzenberg wurde noch umgebaut – wurde der VfB Stuttgart mit 5:1 deklassiert. Dem anschließenden 3:0 bei Hertha BSC Berlin folgte zwar wieder in Ludwigshafen ein 1:1 gegen den 1. FC Köln, aber mit zwei Unentschieden bei Darmstadt 98 (2:2) und Eintracht Braunschweig (0:0) blieb der 1. FCK weiter oben. Plötzlich gelangen Erfolge auch dort, wo der 1. FCK jahrelang den Prügelknaben gespielt hatte. Ein Beispiel war das 3:2 bei Borussia Dortmund. Erst am 15. Spieltag kassierten die Roten Teufel ihre erste Niederlage, die dafür gleich deftig ausfiel. Der Tabellenführer, der mit 23:5 auf den Bökelberg gekommen war, unterlag Borussia Mönchengladbach mit 1:5. Der guten Moral tat dies keinen Abbruch. Das 4:0 eine Woche später gegen Werder Bremen und das 2:2 beim VfL Bochum zeugten von einer intakten Mannschaft, die nach Abschluss der Vorrunde auf Platz 1 stand. In der Rückrunde blieben weitere Auswärtssiege aus. Mit jeweils 0:3 gab es beim VfB Stuttgart und beim HSV zwei deftige Rückschläge. Nach dem 1:3 beim MSV Duisburg schwanden bei vielen die Hoffnungen auf den großen Coup. Als es schließlich ums Ganze ging und nur noch vier Spieltage vor ihr lagen, versagten der Mannschaft, die im Kampf um die Meisterschaft gänzlich unerfahren war, die Nerven. 0:1 bei Bayern München, 1:3 gegen Borussia Mönchengladbach, 1:3 bei Werder Bremen und, vor nur noch 12.500 Zuschauern, 1:1 gegen den VfL Bochum: Das gab 1:7 Punkte. Der Traum von der Meisterschaft war vorbei. Mit 43:25 Punkten und 62:47 Toren wurde der 1. FCK Dritter und qualifizierte sich für den UEFA-Cup.

**Zum ersten Mal Herbstmeister**

Mit 17 Treffern war wieder Klaus Toppmöller, der allerdings wegen eines Platzverweises zum Saisonende gefehlt hatte, bester Torschütze.

Im DFB-Pokal schlug der 1. FCK Preußen Berlin mit 7:0 und gewann in der 2. Runde bei Eintracht Trier 1:0. In der 3. Runde war Südwest Ludwigshafen im Südweststadion Gastgeber der Lauterer. Bereits in der 1. Minute geriet der 1. FCK in seinem „Zweitstadion" in Rückstand. Noch in der ersten Halbzeit sah Hans-Peter Briegel die Rote Karte wegen eines Foulspiels. Nach dem Ausgleich durch Werner Melzer Mitte der zweiten Halbzeit glaubten die meisten der traditionell FCK-freundlichen Ludwigshafener Zuschauer an die Wende. Doch in der 78. Minute erzielte Willi Kiefer, später Profi beim SV Waldhof und bei Stade Reims, das 2:1 und feierte sein Tor mit einem Salto. Als es in der 90. Minute Elfmeter für den 1. FCK gab, glaubten alle an eine Verlängerung. Aber Torhüter Dieter Herrmann hielt. Der 1. FCK war an Südwest Ludwigshafen gescheitert.

## Saison 1979/80: Klaus Toppmöllers Abschied

**Klaus Toppmöller in Aktion. Er wird wohl der beste Torschütze des 1. FCK zu Bundesligazeiten bleiben.**

Der 1. FCK schlug in seiner Personalpolitik andere Wege ein und weigerte sich, horrende Summen für neue Spieler zu bezahlen. Aus diesem Grund scheiterten die Transfers von Peter Geyer von Borussia Dortmund (800.000 DM) und Horst Ehrmanntraut vom FC Homburg (400.000 DM). Präsident Friedrich sagte der Preistreiberei in der Bundesliga den Kampf an und setzte im Einvernehmen mit Trainer Karl-Heinz Feldkamp auf Amateure und Nachwuchsspieler. Michael Dusek, Axel Brummer, Wolfgang und Arno Wolf und Jörn Kaminke kamen. Außerdem stieß der DDR-Auswahlspieler Lutz Eigendorf zum 1. FCK. Ein Substanzverlust in der Mannschaft war nicht zu befürchten, denn keiner der Stammspieler hatte den Verein verlassen. Dennoch tat sich die Mannschaft, die an den Leistungen der vorangegangenen Saison gemessen wurde, schwer und beendete die Hinrunde mit 15:19 Punkten. Auswärts gelangen nur zwei Unentschieden beim MSV Duisburg (1:1) und beim VfL Bochum (0:0). So wogen die Punktverluste auf dem Betzenberg besonders schwer. In der Rückrunde bäumte sich die Mannschaft nach den beiden Schlappen bei Borussia Dortmund (2:6) und bei Eintracht Frankfurt (1:6) auf und holte 26:8 Punkte. An den möglichen Gewinn der Meisterschaft wie im Vorjahr dachte schon sehr früh keiner mehr, da Bayern München nach 34 Spieltagen weniger Verlustpunkte (50:18) hatte als der 1. FCK nach Ende der Hinrunde. Punkt- und torgleich mit dem VfB Stuttgart belegten die Roten Teufel den 3. Platz und qualifizierten sich erneut für den UEFA-Cup. Bester Torschütze war Rainer Geye mit 17 Treffern vor Benny Wendt mit 12 und Hans Günter Neues mit 10.

Klaus Toppmöller verletzte sich schwer am Knie und kam nur fünf Mal zum Einsatz. „Toppi", wie ihn seine Fans an guten Tagen riefen, verließ am Ende der Saison die Pfalz, um bei den Dallas Tornados in der US-Liga zum Karriere-Ende noch gutes Geld zu verdienen – und sich auf dem Kunstrasen dort sein ohnehin lädiertes Knie vollends zu ruinieren. Toppmöller ist bis heute der erfolgreichste Bundesligastürmer des 1. FCK: In 204 Spielen schoss er 108 Tore.

Im DFB-Pokal blamierte sich der 1. FCK bis auf die Knochen. Nach dem 2:0 gegen den MSV Duisburg verlor die Mannschaft beim Zweitligisten Darmstadt 98 mit 0:4. Im UEFA-Cup kamen die Lauterer gegen den FC Zürich mit 3:1 auf dem Letzigrund und mit 5:1 zu Hause weiter. Bei Sporting Lissabon gab es ein 1:1. Auf dem Betzenberg verloren die Portugiesen trotz Unterstützung durch ein paar hundert Landsleute mit 0:2. Auch die 3. Runde überstand der 1. FCK ohne Probleme gegen die ungarische Mannschaft Diosgyör Miskolc. Dem 2:0 auswärts folgte ein 6:1 zu Hause. Im Viertelfinale hatte der 1. FCK das Pech, dass ihm Bayern München als Gegner zugelost wurde. Zwar wurden die Bayern mit 1:0 nach Hause geschickt, aber im Olympiastadion verlor der 1. FCK mit 1:4. Die Bayern schieden eine Runde später gegen Eintracht Frankfurt aus, die unter Trainer Friedel Rausch dann gegen Borussia Mönchengladbach mit 2:3 und 1:0 den UEFA-Cup gewann.

## Saison 1980/81: Das vierte Pokalfinale

Als Ersatz für Klaus Toppmöller kamen Friedhelm Funkel und Erhard Hofeditz. Jürgen Groh war zum HSV gewechselt, mit dem er 1983 den Europapokal der Landesmeister gewann.

Der 1. FCK erwischte einen guten Start mit 14:4 Punkten. Vermeidbare Niederlagen bei Bayer Uerdingen (0:1) und gegen Arminia Bielefeld (1:3) verhinderten eine noch bessere Vorrundenbilanz als 22:12 Punkte. Der 1. FCK hatte zwar Rückstand auf Bayern München, war aber vorne mit dabei und bewies auf dem Betzenberg seine Stärke. Auswärts holten die Roten Teufel 16:18 Punkte und belegten am Saisonende mit 44:24 Punkten den 4. Platz. Bayern München gewann den Titel mit 53:15 Punkten. Bester Torschütze des 1. FCK war Friedhelm Funkel mit 13 Treffern vor Rainer Geye mit 11. Trotz der guten Leistungen schwankten die Zuschauerzahlen noch immer stark. Im Durchschnitt kamen 25.000 auf den Betzenberg. Der Dauerkartenboom ließ jedenfalls noch lange auf sich warten.

Im DFB-Pokal setzte sich der 1. FCK selbstbewusst über alle Angstgegner hinweg. Zuerst wurden der VfR Heilbronn mit 3:0 und die SG Egelsbach mit 3:1 besiegt. Dann kam Bayern München nach Kaiserslautern und verlor 2:1. In der 4. Runde gelang ein 4:0 gegen Alemannia Aachen, bevor im Viertelfinale Borussia Mönchengladbach auf dem Betzenberg aufkreuzte. Doch der 1. FCK vergaß mit einem Mal alle früheren Negativerlebnisse und siegte 3:1. Nur noch Eintracht Braunschweig stand im Weg. Das 3:2 gegen die Niedersachsen bedeutete den Einzug ins Finale gegen Eintracht Frankfurt im Stuttgarter Neckarstadion. Der 1. FCK spielte in folgender Aufstellung:

► Hellström, W. Wolf, Dusek, Melzer, Briegel, Neues, Geye, Funkel, Wendt, Bongartz, Hofeditz.

Innerhalb von zwei Minuten kurz vor der Pause entschieden Willi Neuberger und Ronald Borchers das Spiel zu Gunsten der Eintracht. Bum Kun Chas 3:0 in der 64. Minute war der endgültige K.o. Erst in der 90. Minute schoss Rainer Geye das 3:1. Der 1. FCK war in seinem vierten Pokalfinale zum vierten Mal gescheitert.

Im UEFA-Cup erwischte der 1. FCK mit dem RSC Anderlecht ein schweres Los. Nach dem 1:0 auf dem Betzenberg waren die Aussichten auf ein Weiterkommen gering. Doch mit einem 2:3 in Brüssel qualifizierte sich der 1. FCK für die 2. Runde. Aber irgendwie hatten die Lauterer in diesem Jahr die belgische Seuche. Der nächste Gegner hieß Standard Lüttich. Dem 1:2 auf dem Betzenberg folgte das gleiche Ergebnis im Stade Sclessin. Das Aus in der 2. Runde!

## Saison 1981/82: Abschied und Jahrhundertspiel

Kurz vor Beginn der Saison brach sich Ronnie Hellström bei einem Testspiel das Schultergelenk. Es folgten lange Monate der Rekonvaleszenz. Armin Reichel, Hellströms Ersatzmann seit Josef Stabels verletzungsbedingtem Ausscheiden, übernahm die Nummer 1. Neu in die Mannschaft kam der über eine Million teure Norbert Eilenfeldt von Arminia Bielefeld, dazu vom 1. FC Saarbrücken der gerade 20 Jahre alte Andreas Brehme. Dafür gehörten Wendt, Riedl, Meier und Pirrung dem Aufgebot nicht mehr an.

Auch auf höherer Ebene kündigten sich mehrere Abschiede an. Präsident Jürgen „Atze“ Friedrich hielt die Zeit für eine schöpferische Pause für gekommen, und Karl-Heinz Feldkamp entschied sich dafür, nach vier Jahren etwas Neues anzupacken.

Der 1. FCK startete durchwachsen in die neue Saison. Mit zwölf Siegen und fünf Unentschieden blieb er auf dem Betzenberg zwar ungeschlagen, doch auswärts traten immer wieder die alten Schwächen zu Tage. Nach der Hinrunde stand der 1. FCK mit 16:18 Punkten auf einem Mittelplatz, am Ende aber mit 42:26 auf Platz 4. In der Hinrunde hatte die Mannschaft die Chance auf die Meisterschaft verspielt. 20:2 Punkte aus den letzten elf Spielen reichten nicht, um Meister HSV, der 48:20 Punkte hatte, noch zu gefährden. Immerhin bescherte Karl-Heinz Feldkamp zum vierten Mal in vier Trainerjahren der Pfalz einen Platz im UEFA-Cup.

Bester Torschütze war mit 13 Treffern Hans-Peter Briegel, der sich in der Nationalmannschaft etabliert hatte, 1980 Europameister geworden war und weiter an seiner „beispiellosen Karriere“ (Ribbeck) bastelte.

Bereits im Spätsommer 1981 musste Friedrichs Nachfolger als Präsident gewählt werden. Als aussichtsreichster Kandidat präsentierte sich der seitherige Vizepräsident Udo Sopp, Kirchenrat der Protestantischen Landeskirche der Pfalz. Doch daneben tauchte auch ein bekannter ehemaliger Spieler des 1. FCK auf: Klaus Toppmöller, der aus den USA an die Mosel zurückgekehrt war. Doch als es ans Wählen ging, war Sopp ohne Gegenkandidat und wurde mit großer Mehrheit neuer Präsident des 1. FC Kaiserslautern. Der Abschied von Friedrich, der Kaiserslautern als Geschäftsmann freilich erhalten blieb, fiel der Versammlung nicht leicht. Mit Ovationen wurde der „Modernisierer“ des 1. FCK gefeiert und gebührend verabschiedet.

Bereits knapp drei Monate später traten die Unterschiede zwischen Friedrich und Sopp und der damit verbundene Klimawechsel im Verein und zwischen Verein und Öffentlichkeit deutlich zutage. Durch die mehrfache Ungleichbehandlung der Lokaljournalisten im Zusammenhang mit den Personalien Andreas Brehme und Karl-Heinz Feldkamp verdarb es sich Udo Sopp mit einem Teil der regionalen Presse. „Die Ära Friedrich hat ein abruptes Ende erfahren, der 1. FCK schlägt neuerdings wieder tief“, fühlte sich *Die Rheinpfalz* von den Methoden Sopps brüskiert.

Im November 1981 stand fest, dass Karl-Heinz Feldkamp den 1. FCK zum Saisonende verlassen würde. Wie Werder Bremen 1995, als Otto Rehhagels Wechsel zu Bayern München bekannt gegeben wurde, erfuhr auch der 1. FCK einen Motivationsschub, um dem Trainer einen würdigen Abgang zu bereiten.

Im UEFA-Cup steigerten sich die Roten Teufel zu ihrer bis dahin besten Leistung im internationalen Vergleich. In der 1. Runde wurde Akademik Sofia mit 1:0 und 2:1 bezwungen. Bei Spartak Moskau verlor der 1. FCK zwar mit 1:2, aber im Rückspiel unterlagen die Russen mit 0:4. In der 3. Runde ging es nach Belgien zum SC Lokeren. Dem 0:1 auswärts folgte ein klares 4:1 auf dem Betzenberg. Im Viertelfinale wurde der 1. FCK Real Madrid zugelost. Die ganze Pfalz freute sich auf den Auftritt der Spanier mit dem deutschen Nationalspieler Ulli Stielike. Doch zuvor ging es nach Chamartin ins ausverkaufte Estadio Bernabeu, wo Real bis zur 85. Minute mit 3:0 führte und sich schon sicher im Halbfinale wähnte. Ein verwandelter Foulelfmeter von Norbert Eilenfeldt brachte das 3:1. Dieses Ergebnis machte die Aufgabe des 1. FCK im Rückspiel nicht ganz aussichtslos. In Kaiserslautern setzte ein solcher Run auf Karten ein, dass man mindestens die doppelte Anzahl Zuschauer hätte haben können.

Der 1. FCK spielte mit folgender Aufstellung:

► Hellström, Melzer, Wolf, Briegel, Brehme, Geye, Bongartz, Dusek, Eilenfeldt (Brummer), Funkel (Eigendorf), Hofeditz.

Vor 34.500 Zuschauern erwischte der 1. FCK einen optimalen Start und hatte den Vorsprung Reals bereits nach 17 Minuten ausgeglichen und war faktisch eine Runde weiter. Beide Treffer hatte Friedhelm Funkel erzielt. Doch der 1. FCK zog sich nicht

Norbert Ellenfeld jubelt, Real Madrid ist geschlagen!

zurück, denn ein Tor der Spanier hätte wieder das Aus bedeutet. Nach einem Wiederholungsfoul sah Isidoro in der 32. Minute die Rote Karte. Als Cunningham acht Minuten später gegen Funkel nachtrat, hatte Real nur noch neun Spieler auf dem Platz. Wütend und entnervt kämpften die Favoriten gegen ihr Ausscheiden an. Doch das 3:0 durch Bongartz in der 50. und Eilenfeldts 4:0 in der 57. Minute brachten eine Vorentscheidung auf dem Betzenberg, der die wahrscheinlichen Sieger bereits überschwänglich feierte. Einmal mussten die Lauterer noch zittern, als Real einen Elfmeter zugesprochen bekam. Doch Ronnie Hellström wehrte den Strafstoß in der 60. Minute ab. Von da an war die Moral Reals endgültig gebrochen. In der 73. Minute erhöhte Rainer Geye sogar noch auf 5:0.

**5:0 gegen Real Madrid**

Die spanische Presse fiel am nächsten Tag hämisch über Real her. *ABC* sah „ein miserables Spiel (der Elf), von dem man nur Gallego, Stielike und Camacho ausnehmen kann ... Nach Europa zu reisen und sich lächerlich zu machen, ist unerträglich, zumal es um die Verteidigung des Namens Real Madrid geht.“ Zu den drei Platzverweisen – Pineda hatte in der 67. Minute ebenfalls Rot gesehen – bemerkte *Diario 16*: „Real

Madrid kann nicht einmal mehr verlieren." Und *El Pais* führte das skandalöse Debakel auf das „Deutschen-Syndrom" zurück. „Real Madrid wurde in Kaiserslautern gedemütigt...Der deutsche Fußball löst seit dem unglücklichen Ausscheiden 1980 mit 1:5 in Hamburg bei Real Komplexe aus. Und dazu scheint sogar noch die Stärke Stielikes beizutragen. Bei seinen Mannschaftskollegen stellt der deutsche Spieler einen Mythos dar." Ulli Stielike sieht dies mit zeitlichem Abstand ganz anders. „Wir sind ja nicht nur in Kaiserslautern untergegangen, sondern auch mit 1:5 in Hamburg. Das hat gar nichts mit dem 1. FCK zu tun, sondern mit den deutschen Mannschaften an und für sich... Wir sind in beiden Spielen untergegangen, weil wir als Mannschaft nicht funktioniert haben." An das Stadion Betzenberg, das er von einigen Gastspielen mit Borussia Mönchengladbach kannte, hat er besondere Erinnerungen. „Das war sicherlich Furcht erregend wegen der Enge des Stadions und auch auf Grund der Tatsache, dass das Publikum des 1. FCK sehr frenetisch ist, seine Mannschaft mit allem unterstützt."

Im Halbfinale traf der 1. FCK zuerst zu Hause auf IFK Göteborg. Hofeditz' Tor zum 1:0 blieb die einzige Ausbeute, die Schweden glichen durch Corneliusson aus und schufen sich eine gute Ausgangsposition für das Rückspiel im Ullevi-Stadion. Dort stand es nach 90 Minuten ebenfalls 1:1 – Verlängerung. Ein umstrittener Elfmeter nach einem Rempler von Dusek gegen den späteren Lauterer Torbjörn Nilsson bescherte IFK zehn Minuten vor Schluss den Sieg. Das Endspiel 1. FCK – HSV, der sich gegen Radnicki Nis mit 1:2 und 5:1 durchgesetzt hatte, war geplatzt. Einziger Trost: Auch der HSV zog dann gegen die Schweden mit 0:1 und 0:3 den Kürzeren.

Das Erreichen des UEFA-Cup-Finales hätte die Ära Feldkamp von 1978-1982 krönen können. Aber auch so konnte sich die Bilanz des erfolgreichen Trainers sehen lassen: Zwei 3. und zwei 4. Plätze in der Bundesliga, vier Qualifikationen für den UEFA-Cup sowie das Erreichen des Pokalfinales 1981. Was fehlte, war das berühmte Tüpfelchen auf dem „i": Ein Titel, mit dem der 1. FCK und die ganze Pfalz an den Ruhm der Meister von 1951 und 1953 und der Weltmeister von 1954 hätten anknüpfen können.

Karl-Heinz Feldkamp hatte fortgesetzt, was Erich Ribbeck begonnen hatte. Die Mannschaft war kontinuierlich ergänzt worden um technisch versierte und kampfbereite Spieler. Was Ribbeck unter anderen Bedingungen und über weite Strecken seines Engagements unter einem anderen Präsidium versagt blieb, schaffte Feldkamp unter veränderten Prämissen: Den 1. FCK als Spitzenmannschaft in der Bundesliga zu etablieren und ihn dauerhaft ins europäische Geschäft zu integrieren. Dazu stellte der 1. FCK mit Hans-Peter Briegel einen Spieler zur Nationalmannschaft ab, der sich dort einen unumstrittenen Stammplatz als „Walz aus der Pfalz" gesichert hatte. Der 1. FC Kaiserslautern war wieder in den positiven Schlagzeilen.

# Die mageren Jahre

## Wie der 1. FCK sich finanziell übernahm, Jürgen „Atze" Friedrich als Präsident zurückkehrte und Wolfram Wuttke den Aufstand probte

### Saison 1982/83: Klassemannschaft ohne Klassetrainer

Der neue Trainer Rudi Kröner, der von Hessen Kassel gekommen war, übernahm bei seinem Amtsantritt eine Klassemannschaft, die mit Thomas Allofs und Torbjörn Nilsson gezielt verstärkt worden war. Vor Torhüter Armin Reichel, der Hellström vertrat, stand eine zuverlässige Abwehr mit Wolfgang Wolf, Hans-Peter Briegel, Michael Dusek und Werner Melzer. Andreas Brehme, Hannes Bongartz, Rainer Geye, Norbert Eilenfeldt und Thomas Allofs drängten sich im Mittelfeld, derweil im Sturm der Schwede Nilsson und Dieter Kitzmann den Ton angaben.

Der 1. FCK startete schlecht und hatte 5:9 Punkte nach sieben Spieltagen. Gegen Hertha BSC Berlin (2:2) und Borussia Dortmund (0:2) patzte man zu Hause, und sofort sank die Zuschauerzahl um über 4.000. Die Mannschaft dümpelte im Mittelfeld der Tabelle herum, und das war weder interessant noch spannend. Das 3:1 gegen Fortuna Düsseldorf brachte die Wende. Bis zum Ende der Hinrunde holte der 1. FCK 15:5 Punkte und hatte plötzlich wieder Chancen auf einen UEFA-Cup-Platz. Beim 0:4 in Dortmund am 21. Spieltag riss die Serie, und als vier Spiele später bei Fortuna Düsseldorf mit 1:2 verloren wurde, musste Rudi Kröner gehen. Drei Tage zuvor war der 1. FCK auch im UEFA-Cup ausgeschieden, zudem hatte der FSV Frankfurt die Lauterer schon in der ersten Hauptrunde des DFB-Pokals mit 3:2 eliminiert. Obwohl mit 30:20 Punkten weiter gute Chancen bestanden, wieder am UEFA-Cup teilzunehmen, traute man dem Feldkamp-Nachfolger nicht mehr zu, die Mannschaft weiter motivieren zu können. Ernst Diehl, mit 314 Spielen für den 1. FCK ein erfahrener Mann der Bundesliga, übernahm das Training bis zum Saisonende. Dank Briegels Tor gelang sogar ein 1:0-Sieg bei Bayern München. Trotz der 2:3-Heimniederlage gegen den VfB Stuttgart am letzten Spieltag war der 1. FCK als Sechster für den UEFA-Cup qualifiziert, da der 1. FC Köln das Pokalfinale mit 1:0 gegen Fortuna Köln gewonnen hatte.

**Norbert Thines versucht, mit einem gepflegten Feuer den Nebel vor dem Spiel gegen SSC Neapel zu vertreiben.**

Neben der Heimbilanz von 28:6 Punkten bei nur zwei Unentschieden und zwei Niederlagen war der 1. FCK stolz auf elf Remis und einen Sieg auf fremden Plätzen. Beste Torschützen waren Norbert Eilenfeldt und Thomas Allofs mit je elf Treffern. Torbjörn Nilsson erzielte neun Tore und blieb hinter den hohen Erwartungen, die in ihn gesetzt worden waren, zurück.

Im UEFA-Cup schlug der 1. FCK in der ersten Runde Trabzonspor mit 3:0 und 3:0. Sensationell gewannen die Roten Teufel anschließend beim SSC Neapel mit 2:1. Durch das 2:0 zu Hause ging es in die 3. Runde gegen den FC Sevilla. Das 0:1 im Stadion Sanchez Pizjuan machte der 1. FCK mit einem 4:0 auf dem Betzenberg mehr als wett und traf im Viertelfinale auf Universitatea Craiova aus Rumänien. Unkonzentriertheiten führten nach dem 3:0 zu zwei Gegentoren, die dem 1. FCK zum Verhängnis wurden. In Craiova nutzte Negrila in der 82. Minute einen Fehler von Dusek zum 1:0. Damit waren die Rumänen und nicht der 1. FCK im Halbfinale.

## Saison 1983/84: Abschied von Ronnie Hellström

Nach den Millionentransfers von Eilenfeldt, Nilsson und Thomas Allofs konnte der 1. FCK 1983 keine großen Sprünge machen. Die Kassen waren leer. Als Trainer kam Dietrich Weise zurück auf den Betzenberg. Mit einer durch junge Spieler ergänzten Mannschaft wollte er, wie einst in den Jahren 1971 bis 1973, erfolgreich sein.

Mit dem SV Waldhof Mannheim hatte der 1. FCK in der Kurpfalz Konkurrenz bekommen, zumal die Mannheimer mangels bundesligatauglichem Stadion vom DFB eine Ausnahmegenehmigung erhielten, wonach sie im Ludwigshafener Südweststadion spielen durften. Darüber echauffierte sich der Präsident des 1. FCK, Udo Sopp, derart, dass ein unproduktiver Dauerstreit mit seinem Waldhöfer Kollegen Wilhelm Grüber jr. die Folge war. Der 1. FCK befürchtete Zuschauereinbußen und übersah das Prinzip der guten Nachbarschaft. Dass der Zuschauerschnitt des 1. FCK von 21.363 im Vorjahr auf 19.018 sank, lag weniger an der Attraktivität des SV Waldhof als daran, dass der 1. FCK schlecht in die Saison startete und sie genau so enttäuschend beendete. Zwar gelang am 11. Spieltag ein 2:0 gegen die Waldhöfer, aber Dietrich Weise hatte schon nach kurzer Zeit eingesehen, dass die Zeit seit seinem ersten Engagement in Kaiserslautern nicht stehen geblieben war. Ernst Diehl folgte ihm für einen Spieltag nach, bevor Manfred Krafft auf den Betzenberg emporkletterte. Auch ihm, einem wenig kreativen Typ seines Genres, gelang es nicht, die Mannschaft zu stabilisieren. Immerhin holte er bis zum Ende der Vorrunde 6:4 Punkte und vermied ein weiteres Abgleiten in der Tabelle.

Am Ende der Saison stand der 1. FCK mit 30:38 Punkten auf Platz 12, einen Platz schlechter als der SV Waldhof, der einen Punkt mehr hatte. Insbesondere auswärts war der 1. FCK wieder fast regelmäßig leer ausgegangen. Drei Siegen und einem Unentschieden standen 13 Niederlagen gegenüber. Aber auch auf dem Betzenberg fühlten sich die Gegner zunehmend wohl. Neun Siege, fünf Unentschieden und drei Niederlagen machten zusammen elf Verlustpunkte. Von einem UEFA-Cup-Platz war der 1. FCK weit entfernt. Dabei hatten Thomas Allofs mit 15 und Torbjörn Nilsson mit 13 Toren den Erwartungen entsprochen, aber das Torverhältnis von 68:69 sagte alles: In der Abwehr stimmte es nicht.

Ronnie Hellström mit Sohn Erland.

Auch im DFB-Pokal schaffte es der 1. FCK nur bis in die 2. Hauptrunde. Dem 2:1 n.V. beim MSV Duisburg folgte ein 4:5 n.V. beim Karlsruher SC.

Im UEFA-Cup kümmerte sich Udo Sopp zwar zuvorkommend und charmant um den Präsidenten des FC Watford, Elton John, aber das 3:1 aus dem Hinspiel reichte nicht um weiterzukommen. Die Londoner Vorstädter gewannen das Rückspiel klar mit 3:0.

Die Saison war verkorkst, der Pfeil zeigte für den 1. FCK nach unten. Das internationale Geschäft, an das man sich gewöhnt hatte, fiel für Jahre aus. Hinzu kam ein schwerwiegender personeller Einschnitt. Torhüter Ronnie Hellström verabschiedete sich nach zehn Jahren vom Betzenberg. Er blieb mit Abstand bis heute der beliebteste Ausländer, der bisher den Dress des 1. FCK trug. Die Zuneigung war gegenseitig. Das lang gezogene „Ronniiie" der Westkurve war Hellström lieber als die Dollars, die er bei Cosmos New York hätte verdienen können. Auch Pelé und Beckenbauer konnten ihn nicht locken. „Drei- bis vier Mal im Jahr bin ich in Kaiserslautern", lässt sich Hellström auch heute noch bei seinen alten Kollegen, manchmal zusammen mit Roland Sandberg, blicken.

Bei der Jahreshauptversammlung des 1. FCK geriet die Ablösesumme für Friedhelm Funkel, der zu Bayer Uerdingen gewechselt war, zum Anlass für Streitigkeiten. Das Präsidium hatte die 300.000 DM Ablöse ins Vorjahr datiert, um damit die schlechte Bilanz zu schönen, was der Verwaltungsrat rügte. Schließlich musste Udo Sopp klein beigeben und den Transfererlös in das neue Geschäftsjahr übertragen. Mit Otto Bauer hatte Sopp bei der Neuwahl des Präsidiums einen ernstzunehmenden Gegenkandidaten, der nur mit 240:273 Stimmen gegen den Kirchenrat unterlag. Der aber war der eigentliche Verlierer, denn er war nun angeschlagen und sollte bald in neue Schwierigkeiten geraten.

## 1984/85: Friedrichs Rückkehr

Um rote Zahlen zu vermeiden – sie waren zurückzuführen auf den Zuschauerrückgang und auf die Pleiten im DFB-Pokal und im UEFA-Cup –, verkaufte der 1. FCK nach Beginn des Dauerkartenverkaufs zum Ärger vieler Anhänger Hans-Peter Briegel an Hellas Verona.

2,24 Millionen DM brachte der überraschende Transfer dem 1. FCK ein, der bei der Rückkehr von Torbjörn Nilsson nach Schweden drauflegte. Zwei Jahre zuvor für 1,2 Millionen DM verpflichtet, brachte der Stürmer nur noch 198.000 DM in die Kasse. Zudem gelangten Details über Thomas Allofs' üppigen Vertrag an die Öffentlichkeit. 400.000 DM pro Jahr waren dem ehemaligen Düsseldorfer garantiert worden. Neben Briegel und Nilsson war auch Hannes Bongartz nicht mehr im Aufgebot. Als Nachfolger für Ronnie Hellström war der zweite Torhüter des 1. FC Köln hinter Harald Schumacher, Gerry Ehrmann, verpflichtet worden. Außerdem sollten Gerd Bold und Markus Schupp die Mannschaft verstärken. Was zunächst auch zu gelingen schien …

Als im November 1984 die Jahreshauptversammlung stattfand, stand der 1. FCK mit 15:9 Punkten auf dem 2. Tabellenplatz. Alle schlugen versöhnliche Töne an. *Die Rheinpfalz* überschrieb ihren Kommentar mit „Friede, Freude, Eierkuchen". Doch der Frieden währte nur kurz. Der „Krafftsche Kampffußball" (*KICKERsportmagazin*) ging an die Substanz. 3:13 Punkte in Folge brachten erneut Unruhe, und als am 24. Spieltag Borussia Mönchengladbach den 1. FCK mit 7:0 blamierte, kam es im Präsidium zum

Hans-Peter Briegel in einer seiner typischen Szenen. 1984 war es damit auf dem Betzenberg aus. Briegel wechselte zu Hellas Verona.

Der neue „alte" Präsident Jürgen „Atze" Friedrich (ganz rechts) mit seinen beiden Stellvertretern Otwin Dohn (ganz links) und Dieter Jurkschat (2. von rechts) und Geschäftsführer Norbert Thines.

finalen Knall. Zumal die finanzielle Lage angespannt war und der Zuschauerschnitt zu wünschen übrig ließ. Schließlich kamen alle Präsidiumsmitglieder ihrer Abwahl durch Rücktritt zuvor – mit Ausnahme von Präsident Sopp. In der prekären Lage bat der Verwaltungsrat Sopps Vorgänger Jürgen „Atze“ Friedrich, noch einmal Verantwortung für den Verein zu übernehmen. Mit Friedrich, der am 23. April 1985 zum zweiten Mal Präsident des 1. FCK wurde, kam auch Norbert Thines als Vizepräsident zurück auf den Betzenberg. Für Udo Sopp geriet der Abend seines Abgangs zum unverhofften Triumph. Er rechnete mit seinen Gegnern im Verwaltungsrat, dem Vorsitzenden Dr. Hans Jung und Oberbürgermeister Theo Vondano ab und erhielt überschwänglichen Beifall. Die Folge: Der Verwaltungsrat „überlebte“ die Sitzung nicht und wurde abgewählt. Der Weg zur Fortsetzung der Modernisierung des 1. FCK war frei. Doch zuvor war harte Arbeit gefragt. Bei einem Schuldenstand von 5,3 Millionen DM ohne Bautätigkeiten hatte Jürgen „Atze“ Friedrich eine schwierige Aufgabe vor sich.

Fußballerisch blieb auf dem Betzenberg alles beim Alten. Im DFB-Pokal schied der 1. FCK schon in der 1. Runde mit 0:5 bei Bayer Leverkusen aus. Die nötigen Punkte zum Klassenverbleib bzw. zur Vermeidung der Relegationsspiele holte die Mannschaft zu Hause mit eindrucksvollen Siegen: 5:2 gegen den VfL Bochum, 5:0 gegen Borussia Dortmund, 6:1 gegen Bayer Uerdingen und 6:0 gegen den 1. FC Köln. Wie im Vorjahr landete der 1. FCK im Mittelfeld der Tabelle – 11. Platz mit 33:35 Punkten und einem Zuschauerschnitt von 17.030. Der SV Waldhof platzierte sich erheblich besser und verpasste als 6. mit 37:31 Punkten (Zuschauerschnitt: 19.324) nur knapp einen UEFA-Cup-Platz. Bester Torschütze des 1. FCK war Thomas Allofs mit 19 Treffern, der so wenigstens das tat, wofür er nach Meinung vieler für viel zuviel Geld verpflichtet worden war.

## Saison 1985/86: Zittern auch unter Bongartz

Schon vor seiner erneuten Wahl zum Präsidenten hatte Jürgen „Atze“ Friedrich anklingen lassen, dass der ehemalige FCK-Profi Hannes Bongartz in Zukunft eine besondere Rolle beim 1. FCK spielen könnte. Zwar glaubten einige, der „Spargeltarzan“ käme als Manager wieder, doch Bongartz machte seinen Trainerschein und wurde Nachfolger von Manfred Krafft, dem es nicht gelungen war, die Mannschaft aus der Lethargie des Mittelmaßes herauszuführen.

Personell fast unverändert stand der 1. FCK nach elf Spieltagen mit 14:8 Punkten im vorderen Mittelfeld. Aber eine schwarze Serie von 6:24 Punkten ohne Sieg ließ die Roten Teufel zum klammheimlichen Kandidaten für das Relegationsspiel werden. Auch der kurz vor Ende der Vorrunde für 75.000 DM vom HSV ausgeliehene Mittelfeldspieler Wolfram Wuttke, dem Ernst Happel attestiert hatte, ihm sei „ins Hirn geschissen“, konnte sich bis dahin noch nicht entscheidend in die Mannschaft einbringen. Schließlich holte der 1. FCK in einem Kraftakt 7:1 Punkte aus den letzten vier Spielen, die sogar noch zum 11. Tabellenplatz mit 30:38 Punkten reichten. Der 16. – Borussia Dortmund – hatte allerdings nur zwei Zähler weniger. Das erneute Zit-

Thomas Allofs schaut Rainer Geye bei seinem engagierten Einsatz zu.

Abschied für sieben Jahre und eine Weltmeisterschaft: Andreas Brehme wechselte 1986 zu Bayern München und kam 1993 ablösefrei von Real Saragossa zum 1. FCK zurück.

tern auf dem Betzenberg war auf neun nicht gewonnene Heimspiele zurückzuführen. Außerdem gab es elf Auswärtsniederlagen, die bei der damaligen Leistungsdichte im Mittelfeld der Tabelle und der Schwäche der beiden Absteiger eine Mannschaft schnell in die Nähe des Relegationsplatzes bringen konnten. Wieder war Thomas Allofs mit 16 Treffern bester Torschütze. In der Zuschauerbilanz überflügelte der 1. FCK dank der Auftritte des Wolfram Wuttke und der Spannung im Abstiegskampf erstmals den SV Waldhof. 16.536 kamen im Schnitt, während nur noch 15.447 im Südweststadion zuschauten.

Im DFB-Pokal kam der 1. FCK durch Siege gegen Eintracht Frankfurt (3:1), den 1. FC Köln (4:1 n.V.) und beim SSV Ulm 46 (4:3 n.V.) bis ins Viertelfinale. Souverän mit 3:0 setzte sich hier Bayern München auf dem Betzenberg durch.

Am Ende der Saison gab es eine Zäsur. Rainer Geye beendete mit 36 Jahren seine erfolgreiche Karriere und Thomas Allofs wurde an den 1. FC Köln verkauft, wo auch sein Bruder Klaus spielte. Der inzwischen Stammspieler in der Nationalelf gewordene Andreas Brehme ging nicht zum HSV, wie zuvor vermutet, sondern für 1,7 Millionen DM zu Bayern München. Die Rollenverteilung für die neue Saison war klar. Wolfram Wuttke geriet zur Schaltstation und Machtfigur in Bongartz' neu formiertem Team.

## Saison 1986/87: Knapp am UEFA-Cup-Platz vorbei

„Zurück zum berühmt-berüchtigten Pfälzer Kampfgeist heißt es auf dem Betzenberg, wo sich so wenig aus- und berechnen lässt. Vielleicht macht gerade das die Roten Teufel in ihrem 24. Bundesligajahr für die Konkurrenz unberechenbar." Diese Prognose des *KICKERsportmagazin* erwies sich als richtig. Hannes Bongartz hatte fast ein Dutzend neue Spieler zu integrieren, darunter Harald Kohr (Eintracht Trier), Jürgen Groh (zurück vom HSV und Trabzonspor), Sergio Allievi (Wattenscheid 09), Frank Hartmann (Schalke 04) und Kay Friedmann (FC Homburg). Doch die wegen der prominenten Abgänge vermeintlich geschwächte Mannschaft fand schnell zusammen und begeisterte die Zuschauer, die wieder in Scharen auf den Betzenberg kamen. 27.396 waren es im Durchschnitt, während 60 Kilometer weiter der SV Waldhof nur noch 13.471 pro Spiel anzog. Auch leistungsmäßig kehrten sich die Verhältnisse um. Die Waldhöfer krebsten im unteren Mittelfeld herum, während der 1. FCK erstmals wieder Ambitionen auf einen Platz im internationalen Fußball hegen durfte.

Die Roten Teufel begeisterten vor allem durch ihre Spielweise. Als sie gegen den SV Waldhof nach einer knappen Stunde mit 1:2 zurücklagen, mobilisierten sie ihre Kräfte, kamen durch Dieter Trunk zum Ausgleich und in der 89. Minute durch Sergio Allievi zum verdient erkämpften 3:2. Fünf Wochen danach stellte Frank Hartmann beim 5:1 gegen seinen alten Verein Schalke 04 einen heute noch gültigen Rekord auf. Er schoss alle fünf Lauterer Tore! Rückschläge gab es auch, etwa das 1:3 gegen Werder Bremen am dritten Rückrundenspieltag. Oder die 2:3-Niederlage gegen Borussia Dortmund fünf Spieltage vor Saisonende.

Das vielleicht spektakulärste Spiel der Saison fand am 15. April 1987 im Ludwigshafener Südweststadion gegen den SV Waldhof statt. Gerry Ehrmann hielt in der 34. und in der 82. Minute je einen Foulelfmeter von Fritz Walter und Jörg Neun, konnte aber dennoch das 3:4 gegen den ungeliebten Rivalen nicht verhindern. Von der 61. bis zur 82. Minute hatte der 1. FCK mit 3:2 geführt, bis Fritz Walter das 3:3 erzielte und Gerry Ehrmann eine Minute vor Schluss mit einem Black-Out gegen Martin Trieb den vierten Elfmeter für die Waldhöfer verursachte. Im Mittelpunkt der Kritik stand der unbeherrschte Torhüter, der in der aufgeheizten Atmosphäre völlig ausgeflippt war.

Durch die gestiegene Akzeptanz des 1. FCK beim Publikum erwirtschaftete der Verein einen Gewinn von 1,7 Millionen DM und senkte seine Schulden auf 4,3 Millionen DM. Noch vor Ende der Saison begab sich Präsident Friedrich auf Tour und kam mit einem Werbevertrag über 4 Millionen DM von Cesar W. Lüthi aus Kreuzlingen zurück. Friedrich hatte erkannt, dass der Spielbetrieb in der Bundesliga auch für den 1. FCK künftig nicht mehr allein durch Zuschauereinnahmen abzudecken sein würde.

Die Saison hätte noch erfolgreicher enden können, wenn der bereits feststehende Meisterschaftszweite HSV am letzten Spieltag nicht mit 4:0 den Betzenberg gestürmt hätte. Bei einem Sieg wäre der 1. FCK erstmals seit 1983 wieder für den UEFA-Cup qualifiziert gewesen. Acht Jahre später behauptete der damalige HSV-Keeper Uli Stein, Kaiserslauterns Trainer Hannes Bongartz habe ihm vor dem Spiel 250.000 DM angeboten, wenn er „mal daneben greifen“ würde. Diese eher vagen Vorwürfe wurden im September 1995 Anlass für ein Ermittlungsverfahren des DFB-Anklägers Horst Hilpert gegen Bongartz (nicht aber gegen den 1. FCK), das schließlich im Sand verlief.

## Saison 1987/88: Ein überraschender Rücktritt

Neu verpflichtet wurden der Isländer Larus Gudmundsson (Bayer Uerdingen), Franco Foda (zurück vom 1. FC Saarbrücken über Arminia Bielefeld), Michael Nushöhr (VfB Stuttgart) und Michael Schulz (VfB Oldenburg). Nushöhr und Gudmundsson waren Fehleinkäufe, denn beide spielten nur jeweils sieben Mal. Foda und Schulz fügten sich problemlos in die Mannschaft ein. Das Gleiche verlangte man auch von Wolfram Wuttke, der zwar eine große Saison 1986/87 gespielt, aber oft zu wenig mannschaftsdienlich agiert hatte. „Wuttke muss das Arbeiten lernen“, forderte das *KICKERsportmagazin* vor der neuen Saison, wolle er seinen zwei Länderspieleinsätzen gegen Spanien und Israel weitere folgen lassen.

Der Start in die neue Spielzeit verlief enttäuschend. Zwei Unentschieden zu Hause gegen Eintracht Frankfurt (2:2) und Werder Bremen (0:0) sowie Niederlagen beim 1. FC Köln (1:2) und bei Schalke 04 (0:5) katapultierten den 1. FCK erst mal nach unten. Nach sieben Auswärtsspielen ohne Punktgewinn ging die Reise 30 Kilometer westwärts zum FC Homburg. Die jeweilige Führung der Saarpfälzer durch Thomas Stickroth und Tom Dooley hatten Allievi und Roos ausgeglichen. In der 88. Minute entschied sich Trainer Bongartz' Zukunft. Uwe Freiler traf für den FCH zum 3:2.

**Wolfram Wuttke bei einem seiner unnachahmlichen Antritte.**

Nur zwei Wochen zuvor hatte Wolfram Wuttke einen Eklat provoziert, als er beim Spiel gegen Blau-Weiß 90 Berlin mit seiner Auswechslung nicht einverstanden war, die Kapitänsbinde herunterriss und vor die Ersatzbank warf. Schon hier war die Autorität des Trainers unterwandert worden, doch der Verein hatte noch keinen Anlass zum Handeln gesehen.

Bongartz' Nachfolger wurde der ehemalige Torhüter des 1. FCK, Josef Stabel. Das darauf folgende Heimspiel gegen den 1. FC Nürnberg ging mit 1:2 verloren, in Mönchengladbach gab es ein unglückliches 0:1. Der 1. FCK war Tabellenletzter und kämpfte fortan um seine Existenz. Als zu Beginn der Rückrunde 7:1 Punkte in Serie gelangen, gab es wieder Hoffnung, doch eine erneute Reihe von acht sieglosen Spielen machten trübe Aussichten auf den Klassenverbleib vor dem Gastspiel des Deutschen Meisters Bayern München. Zudem musste der 1. FCK in diesem Spiel auf Ehrmann, Roos, Hartmann, Schulz und Allievi verzichten. Eine Niederlage wäre bei dann drei Punkten Rückstand auf den 15., den Karlsruher SC, wahrscheinlich schon der Abstieg gewesen. Doch Frank Lelle und zweimal Harald Kohr zerstörten beim 3:1 Bayerns letzte Hoffnungen auf eine erfolgreiche Titelverteidigung und schafften Anschluss an den KSC. Nur drei Tage später gewann der 1. FCK beim SV Waldhof mit 2:0. Am 6. Mai 1988, einem Freitagabend, kam der FC Homburg auf den fast ausverkauften Betzenberg und verlor nach großer Gegenwehr mit 0:1. Noch war der 1. FCK nicht vor dem Abstieg gerettet. Drei Mannschaften, der KSC, der 1. FCK und der SV Waldhof kamen noch für die Relegationsspiele in Betracht. Nur ein Sieg im letzten Spiel gegen Borussia Mönchengladbach bedeutete zweifelsfrei den Klassenverbleib. Aber die auf dem Betzenberg über all die Jahre so erfolgreichen Gladbacher führten zur Halbzeit mit 2:1. Roos, Friedmann, Allievi und Wuttke schafften die Wende. Der 1. FCK siegte mit 5:2 und blieb in der Bundesliga. Bester Torschütze der Roten Teufel war Harald Kohr mit 16 Treffern.

Mitten in die Freude über das Erreichte platzte dann die Nachricht vom Rücktritt des Präsidenten. Jürgen „Atze" Friedrich war das Ehrenamt, in dem er sich zunehmend alleingelassen fühlte, leid. Er hatte keinen Spaß mehr daran. Aber sein Schritt stieß fast überall, vor allem wegen des Zeitpunkts, auf Kopfschütteln. Er selbst bekannte später: „Die Art des Rücktritts war sicherlich nicht gerade die intelligenteste. Man hätte das ein bisschen anders machen können.“ Am 6. Juni 1988 wurde Norbert Thines zu seinem Nachfolger gewählt. Rainer Geye, der seit 1987 dem Verwaltungsrat angehörte, wurde Vizepräsident, Günter Klingkowski Schatzmeister.

## Saison 1988/89: Wuttke contra Stabel

Trainer Josef Stabel gab als Ziel für die neue Saison einen Mittelfeldplatz aus. Nach dem großen Zittern bis zum letzten Spieltag und der Trennung von Moser, Wolf, Gudmundsson, Dusek und Nushöhr sollte die Mannschaft stabiler werden und sich langsam wieder nach oben tasten. Vom Absteiger FC Homburg kam Tom Dooley, von Darmstadt 98 Libero Karl-Heinz Emig.

Zum Ende der Vorrunde hatte Josef Stabel sein Ziel erreicht. Der 1. FCK stand mit 17:17 Punkten in der Mitte der Tabelle. Glanzstück der Vorrunde war dabei der 4:0-Sieg beim SV Waldhof. In seiner beruhigenden Mittelmäßigkeit, die aber auch motivationshemmend wirkte, verharrte der 1. FCK bis zum Saisonende. Auch Bruno Labbadia, der zu Beginn der Rückrunde vom HSV gekommen war, konnte die Distanz zur Spitzengruppe (noch) nicht überwinden helfen. Trainer Stabel, der bereits nach fünf Spieltagen und 3:7 Punkten in die Kritik geraten war, geriet während der Saison mehrmals mit Wolfram Wuttke aneinander, der sich über alle anderen erhob und dabei auch den Trainer nicht ausnahm: „Von einem Ersatztorwart lasse ich mir doch nichts sagen, was will der mir denn beibringen?“ Anstatt Wuttke schnellstens aus dem Kader zu werfen, entschied man sich beim 1. FCK für einen Trainerwechsel am Saisonende. 33:35 Punkte und ein niemals gefährdeter Klassenverbleib waren zu wenig für Stabel, um sich im Amt zu halten. Mit dem 9. Tabellenplatz verabschiedete er sich zum FC Homburg.

Bester Torschütze des 1. FCK war Harald Kohr mit 13 Treffern, der den Verein verließ und zum VfB Stuttgart wechselte, wo er allerdings wegen einer Verletzung nicht zum Zuge kam. Daraufhin entbrannte ein Streit zwischen dem 1. FCK und dem VfB wegen der Ablösesumme. Der junge Mario Basler, der im letzten Saisonspiel bei Bayer

**Josef Stabel jubelte nicht lange. Nach eineinhalb Jahren musste er Gerd Roggensack Platz machen.**

Leverkusen (1:0) erstmals zum Einsatz gekommen war, wurde an RW Essen abgegeben, Michael Schulz für 2,1 Millionen DM zu Borussia Dortmund transferiert. Musste Schulz verkauft werden, um die nicht eingegangene Ablösesumme für Kohr zu kompensieren, handelte es sich im Fall Basler eher um eine vorausschauende disziplinarische Maßnahme. Basler nahm schon damals den Mund reichlich voll. Er war zwar ein viel versprechendes Talent, trug aber auch Unruhe in die Mannschaft. Mit Wolfram Wuttke war dieser Part beim 1. FCK jedoch bereits besetzt.

Im DFB-Pokal setzte sich der 1. FCK gegen den FC St. Pauli mit 2:1 durch und besiegte die Offenbacher Kickers mit 5:0. Beim 3:2 beim SV Wehen taten sich die Lauterer schwer und schieden danach im Viertelfinale beim VfB Stuttgart mit 0:4 aus.

## Saison 1989/90 (I): Vorwärts in den Abgrund

Unter dem neuen Trainer Gerd Roggensack, der von Arminia Bielefeld gekommen war und der in den 60er Jahren beim 1. FCK gespielt hatte, schwebte der 1. FCK nach drei Spieltagen im siebten Himmel. Lobeshymnen ergossen sich über den neuen Coach mit dem smarten Lächeln. Mit Stefan Kuntz hatte der 1. FCK einen Spieler verpflichtet, der als Linksaußen nicht nur Tore erzielen konnte, sondern sich auch mit der Region identifizierte. Der bei Borussia Neunkirchen groß gewordene Polizeibeamte fand über den VfL Bochum und Bayer Uerdingen den Weg zurück in seine nähere Heimat. Außerdem kamen Reinhard Stumpf (Offenbacher Kickers), Uwe Scherr (FC Augsburg) und Marco Haber aus der eigenen Jugend neu in die Mannschaft.

5:1 Punkte hatte der 1. FCK gegen Borussia Mönchengladbach (2:1), beim FC Homburg (2:2) und gegen den Karlsruher SC (5:1) geholt. Doch gleich folgte die kalte Dusche. Nach dem 1:4 beim 1. FC Köln, dem schlimmen 2:3 gegen den SV Waldhof und dem 0:3 beim HSV fand sich der 1. FCK auf dem Boden der Tatsachen wieder und in der Mittelmäßigkeit, der man entkommen wollte. Der Trainer war kein Wundermann, seine Mannschaft keine Spitzenelf, sondern, wie man am Ende der Hinrunde sah, ein Abstiegskandidat. Mit 13:21 Punkten stand der 1. FCK auf dem vorletzten Platz vor Borussia Mönchengladbach mit 11:23. Im ersten Spiel der Rückrunde musste der 1. FCK zum Bökelberg, unterlag dort mit 1:3 und trug nun die Rote Laterne des Tabellenschlusslichts. Das 3:1 gegen den FC Homburg und das 0:0 beim KSC brachten etwas Entspannung, aber der erste große Knall hatte sich schon vor dem Spiel in Karlsruhe ereignet. Wolfram Wuttke war wegen seiner ständigen Eskapaden suspendiert worden und sollte sich einen neuen Verein suchen, den er in Espanyol Barcelona bald fand. Um die Mannschaft zu verstärken, kamen Demir Hotic (VfB Stuttgart) und Bjarne Goldbaek (Schalke 04). Jewgeni Shakov (Dnjepr Dnjepropetrovsk) war bereits zuvor in die Kategorie Noteinkäufe einzureihen.

Nach dem 1:2 beim 1. FC Köln hatten Mannschaft und Trainer neun Wochen Zeit, auszuspannen und sich auf die restlichen Spiele der Rückrunde vorzubereiten. Der nächste Spieltag war der Fastnachtssamstag. Und an dem sollte sich so einiges ändern.

# Teuflische Jahre

## Wie Karl-Heinz Feldkamp eine Region vor dem Nichts rettete und Friedel Rausch seine Idylle in der Schweiz verließ

### Saison 1989/90 (II): Pokalsieg statt Abstieg

Am 24. Februar 1990 tobte in der ganzen Kurpfalz der Karneval. In Mannheim liefen die letzten logistischen Vorbereitungen für den großen Fastnachtsumzug der Schwesterstädte Mannheim und Ludwigshafen. Am Tag darauf sollten 400.000 Pfälzer und Badener in die Quadratestadt kommen. Doch noch ein anderes Ereignis zog viele über den Rhein. Der 1. FC Kaiserslautern gastierte im ersten Spiel nach der Winterpause beim SV Waldhof, der wieder in das Stadion am Alsenweg nach Mannheim zurückgekehrt war. Der SVW stand mit 21:21 Punkten im Mittelfeld, während der 1. FCK mit 16:26 einen Abstiegsplatz einnahm. Noch zwei Tage vor dem Spiel wähnte Trainer Roggensack seine Mannschaft „in guter Verfassung“. Das kleine Stadion platzte aus allen Nähten, und im Minutentakt stürzte der SV Waldhof die ungeliebten Lauterer in den Abgrund der Tabelle. Freiler (16.), Franck (21. und 33.) und Müller (30.) besorgten schon bis zur Pause den Endstand von 4:0. Ein bemitleidenswerter Trainer nahm in der Pressekonferenz mutterseelenallein auf dem Podium Platz, wohl ahnend, was ihn noch am gleichen Abend erwarten würde. Derweil stand Stefan Kuntz, der in der 63. Minute ausgewechselt worden war, in den Katakomben und versprach, von nun an werde die Mannschaft alles geben, um den Verein vor dem Abstieg zu bewahren. „Ich lebe und sterbe für diesen Verein“, gab Kuntz ein beeindruckendes Zeichen der Identifikation mit dem 1. FCK.

Mit Trainer Roggensack hatte es am Abend ein schnelles Ende. Über Funktelefon hatten die mitgereisten Funktionäre des 1. FCK mit Rainer Geye Kontakt aufgenommen, der in München auf einer Sportartikelmesse weilte. Der bemühte sich um eine Verbindung zu Karl-Heinz Feldkamp in Ägypten und hatte Glück. Feldkamp ließ sich überzeugen, das angenehme und unbeschwertere Leben am Nil aufzugeben und zu versuchen, den 1. FCK vor dem Abstieg zu retten. „Alles vorbei für Fritz Walters Enkel?“ hatte die *taz* getitelt und das Schreckgespenst des Abstiegs konkret werden lassen. „Ein Abstieg der Lauterer, womöglich noch zusammen mit dem Nachbarn Homburg, ließe in der ohnehin strukturschwachen (ab)rüstungsgeplagten Westpfalz ein traditionsreiches Identifikationsobjekt ins Nichts entschwinden und die wenigen noch schwach brennenden Lichter ausgehen."

Nach dem nächsten Spiel gegen den HSV war man fast versucht, das Fragezeichen der *taz*-Überschrift zu tilgen. Wenn auch Feldkamp nichts mehr bewirken könnte, wer denn dann? Doch die Fans ließen klugerweise den Coach bei ihrer Kritik außen vor und drangsalierten Vizepräsident Rainer Geye mit dem Slogan „Wir sind das Volk – Geye raus!" Mit 1:3 hatte der 1. FCK gegen einen schwachen HSV verloren. 16:30 Punkte bedeuteten den letzten Platz. Fünf Spieltage später hatte der 1. FCK 25:31 Punkte und schwebte immer noch in Abstiegsgefahr. Doch ohne den 9:1-Zwischenspurt wäre eine Rettung aller Wahrscheinlichkeit nach nicht mehr möglich gewesen. Dem 1:1 bei Eintracht Frankfurt folgte ein glückliches 2:1 gegen den VfL Bochum, das Lelle und Kuntz erst in der 75. bzw. 85. Minute sicherten. Durch ein Tor von Hotic sprang beim VfB Stuttgart ein 1:0 heraus, ehe der 1. FCK den Vorteil hatte, zwei Heimspiele nacheinander zu haben. Wieder erzielte Kuntz neun Minuten vor Schluss das 2:1-Siegtor gegen Bayer Uerdingen. Und wieder Kuntz traf auch beim 1:0 gegen Fortuna Düsseldorf.

Danach gab es eine einkalkulierte 0:3-Niederlage bei Bayern München, die der Moral der Mannschaft nicht schadete. Feldkamp war es gelungen, seinen Spielern Selbstbewusstsein und Zuversicht zu vermitteln. Der nächste Gegner auf dem Betzenberg, Bayer Leverkusen, hatte noch große Ziele, aber auch hier trafen Kuntz in der 14. und Labbadia in der 67. Minute zum verdienten 2:0. Nach dem 2:0-Sieg beim FC St. Pauli war der Klassenverbleib so gut wie geschafft, denn der FC Homburg hatte sich bereits aufgegeben, und dem SV Waldhof war ausgerechnet nach dem 4:0 gegen den 1. FCK nach und nach die Puste ausgegangen. Das 0:4 beim KSC und das 0:6 beim 1. FC Köln gab den Mannheimern den Rest, zumal der 1. FCK beim 2:2 gegen Werder Bremen und beim 2:2 bei Borussia Dortmund weiter fleißig Punkte sammelte. Dass das letzte Spiel gegen den 1. FC Nürnberg mit 0:2 verloren ging, war ohne Bedeutung und verhinderte lediglich, dass der 1. FCK fast sensationell noch Tabellenachter geworden wäre. So landeten die Roten Teufel mit zwei Punkten Vorsprung auf Relegationsteilnehmer VfL Bochum auf dem zwölften Platz, während der SV Waldhof nach 3:21 Punkten in Folge absteigen musste. Waldhof-Trainer Günter Sebert hatte Wahrsagerqualitäten bewiesen. „Wir haben heute den ersten Absteiger gesehen", waren seine Worte nach dem 4:0 gegen den 1. FCK. Nur in der Mannschaft hatte er sich geirrt.

Bester Torschütze des 1. FCK war mit Abstand Stefan Kuntz mit 15 Treffern. Seine Aussprache mit Trainer Karl-Heinz Feldkamp, mit dem er sich in gemeinsamen Uerdinger Zeiten überworfen hatte, hatte sich ausgezahlt. Kuntz war der verlängerte Arm des Trainers auf dem Platz. Der Zuschauerschnitt sprang in den entscheidenden Wochen auf 25.428. Von Konkurrenz durch den SV Waldhof war keine Rede mehr, der kickte vor gerade mal 12.161 pro Spiel.

## Berlin, Berlin, wir fahren nach Berlin

Im DFB-Pokal überstand der 1. FCK die ersten beiden Runden bei Bayer Leverkusen (1:0) und Mainz 05 (3:1) nur mit Mühe. Ging das Bundesliga-Heimspiel gegen den 1. FC Köln verloren, so revanchierten sich die Lauterer im Pokal und zogen durch ein 2:1 ins Viertelfinale gegen Fortuna Düsseldorf ein. Nach dem 3:1 auf dem Betzenberg war im Halbfinale der Amateur-Oberligist Offenbacher Kickers der Gegner. Durch ein Tor von Tom Dooley gewann der 1. FCK glücklich mit 1:0 und fuhr als krasser Außenseiter zum Finale gegen Werder Bremen nach Berlin.

Doch der 1. FCK überraschte Werder und führte nach einer halben Stunde durch Tore von Labbadia (2) und Kuntz mit 3:0. Nach der Pause ließen in der Hitze die Kräfte nach, während Werder die letzten Reserven mobilisierte. Neubarths 1:3 in der 54. Minute ließ nichts Gutes für die Pfälzer ahnen. Als Manfred Burgsmüller in der 72. Minute das Anschlusstor erzielte, zitterte die ganze Pfalz um den 1. FCK. Zu Recht, denn die Bremer waren mehrmals nahe am Ausgleich dran, während der 1. FCK den Schlusspfiff herbeisehnte. Dann war es endlich soweit. In seinem fünften Pokalfinale hatte der 1. FC Kaiserslautern den „Pott" gewonnen. Ohne Hektik und voller Stolz feierte man nun erst den Pokalsieg und wenig später das 90-jährige Bestehen des 1. FCK.

Als es nach der Sommerpause im Super-Cup in Karlsruhe gegen Meister Bayern München ging, waren mit dem WM-Libero der damaligen CSFR, Miroslav Kadlec, Rainer Ernst und Guido Hoffmann die Neuzugänge bereits mit dabei. Das unbedeutende Spiel verlor der 1. FCK mit 1:4.

## Saison 1990/91: Die Demontage von Bayern München

Nach dem knapp vermiedenen Abstieg und dem überraschenden Pokalgewinn war der 1. FCK schwer einzuschätzen. Zum einen glaubte und hoffte man, in der neuen Saison mit dem Abstieg nichts mehr zu tun zu haben, zum anderen warnte vor allem Trainer Karl-Heinz Feldkamp vor zu hohen Erwartungen. „30 oder 31 Punkte sind machbar. Wer uns hochputschen will, muss uns andere Möglichkeiten bieten", ließ er über das *KICKERsportmagazin* verbreiten. Die ersten Spiele waren so schwer, dass im schlimmsten Fall gar mit 0:6 Punkten gerechnet werden musste. Überraschend gewann der 1. FCK beim HSV aber mit 3:1 und siegte nach dem fast traditionellen 1:1 gegen Eintracht Frankfurt auch bei Borussia Dortmund mit 2:0. Im anschließenden Heimspiel gegen Hertha BSC Berlin erklomm der 1. FCK nach dem glücklichen 4:3 an einem Freitagabend im August die Tabellenspitze. „Wir sind Tabellenführer", entfuhr es Südwestfunk-Moderatorin Judith Kauffmann in einem Moment ausgelassener Freude direkt nach dem Schlusspfiff. Aber die Ernüchterung folgte eine Woche später. Der 1. FCK unterlag bei Bayern München mit 0:4. Doch drei Siege in Folge gegen den 1. FC Nürnberg (3:1), bei Bayer Uerdingen (7:3) und gegen Bayer Leverkusen (2:1) stärkten die Moral der Mannschaft, die nun 13:3 Punkte hatte. Beim FC St. Pauli fiel das unglückliche 0:1 erst in der 90. Minute. Nach dem 2:0 gegen den VfB Stuttgart bahnte sich auch beim KSC eine Pleite à la Bayern an. Die Karlsruher führten schnell mit 3:0 und gewannen schließlich mit 4:2. Das Wort Meisterschaft führte nun, da die altbekannte Auswärtsschwäche wieder auftrat, keiner mehr auf dem Betzenberg im Munde. Um möglichst weit oben mitzuspielen, hätte es auch zweier Heimsiege gegen Wattenscheid 09 und Fortuna Düsseldorf bedurft. Doch gegen die Bongartz-Elf gab es nur mit viel Mühe ein 1:1. Am Ende waren die Lauterer sogar froh über den einen Punkt und dass das Spiel nicht abgebrochen worden war. Beim Stand von 0:1 war Schiedsrichter Dr. Umbach vor dem Block 6 plötzlich zusammengebrochen. Ein Feuerzeug hatte ihn unglücklich getroffen, doch Dr. Umbach erholte sich erstaunlich schnell von dem Zwischenfall und leitete das Spiel weiter. Danach wurden vor den Fan-Blöcken die grünen Fangnetze aus Sicherheitsgründen wieder installiert, die erst zu Beginn der Saison entfernt worden waren. „Gegen Dummheit hilft kein Netz", schrieb die *taz* in Voraussicht und ahnte schon fliegende Weißwürste, Bierdeckel und anderes mehr voraus. Nach dem 1:1 gegen den Aufsteiger aus Wattenscheid und dem 0:0 gegen Düsseldorf siegte der 1. FCK beim VfL Bochum mit 2:0 und freute sich auf das Gastspiel von Werder Bremen. Ein echtes Spitzenspiel, denn Werder führte mit einem Punkt Vorsprung vor dem 1. FCK die Tabelle an. Jedes Ergebnis war denkbar, doch für den 1. FCK ging es darum, nach erlittenen Enttäuschungen in der Meisterschaft weiter mitzuhalten.

**Stefan Kuntz und Bruno Labbadia präsentieren den Fans in der Lauterer City den Pokal.**

Im DFB-Pokal hatte es der Cup-Verteidiger in der 1. Runde mit den Amateuren von Südwest Ludwigshafen zu tun, die mit 7:1 besiegt wurden. Danach kam der 1. FC Köln auf den Betzenberg. Dessen Trainer Erich Rutemöller hatte die Stimmung mit unsachlichen Bemerkungen angeheizt. „Auf dem Betzenberg erwartet uns die Hölle, ich fürchte um das Leben von Bodo Illgner!" Über den Betzenberg war zwar schon zuvor manches Unpassende und Unzutreffende gesagt worden, meist von Leuten, die sich diese Atmosphäre im eigenen Stadion wünschen würden, aber derart unverfroren und dreist hatte sich noch keiner geäußert. Am Ende hatte der 1. FC Köln zum Entset-

zen des 1. FCK und seiner Anhänger in einem hochklassigen Spiel mit 2:1 gewonnen, und Rutemöller nahm – Illgner war noch am Leben – seine maßlosen Übertreibungen mit scheinbarem Bedauern zurück. Der Titelverteidiger war ausgeschieden.

Auch im Europapokal der Pokalsieger hatte der 1. FCK kein Glück. Bereits in der 1. Runde trafen die Lauterer auf den Cupsieger des Vorjahres und damaligen Tabellenführer der Serie A, Sampdoria Genua. Das 1:0 im Hinspiel reichte nicht. Zwar spielten die Genueser zum Schluss nur noch mit acht Feldspielern – Bonetti und Lanna sahen Rot –, doch mehr als das Kopfballtor von Stefan Kuntz in der 75. Minute sprang nicht heraus. Sampdoria-Trainer Vujadin Boskov, der schon mit Real Madrid acht Jahre zuvor in Kaiserslautern verloren und damals drei Spieler vom Platz gestellt bekommen hatte, verweigerte den Auftritt in der Pressekonferenz und diktierte der *Gazzetta*

**Bruno Labbadia in einem seiner letzten Spiele für den 1. FCK auf dem Betzenberg.**

*dello Sport*: „Jedes Mal, wenn ich Kaiserslautern sehe, gibt es Fausthiebe und Rippenstöße. Es ist nicht würdig, das Land der Weltmeister zu vertreten." Beim Rückspiel in Genua glich der Rasen im Stadion Luigi Ferraris eher einem See als einem Fußballplatz. Das Spiel fand trotzdem statt und endete 2:0 für Sampdoria, das im Viertelfinale gegen Legia Warschau ausschied.

Der durch Erkrankungen und Verletzungen stark geschwächte 1. FCK – Stefan Kuntz war ständiger Gast im REHA-Zentrum und Bruno Labbadia wurde einen hartnäckigen Virus nicht los – begann stark gegen Werder Bremen und ging durch Guido Hoffmann früh in Führung. 1:0 stand es auch noch nach 90 Minuten. Der 1. FCK war neuer Tabellenführer und hätte drei Wochen später auch als Tabellenerster in die Winterpause gehen können. Durch das 2:2 bei Borussia Mönchengladbach war der erste Platz wieder weg, und das letzte Spiel der Vorrunde gegen den 1. FC Köln fiel wegen starker Schneefälle gleich mehrmals aus. Der 1. FCK überwinterte mit 22:10 Punkten. Ihr Trainingslager schlugen die Roten Teufel in der Bretagne auf, wo das Klima dem in der pfälzischen Heimat am ähnlichsten war, weniger nass, etwas wärmer, aber nicht so heiß wie im Süden Spaniens oder in Lateinamerika.

Gegen den auch noch ambitionierten HSV lief im ersten Spiel nach der langen Winterpause nicht viel zusammen. 80 Minuten mussten die Zuschauer warten, bis Stefan Kuntz das 1:0 gelang. HSV-Torhüter Richard Golz hatte einen Abstoß leichtsinnig verhauen und Labbadia direkt vor die Füße gespielt. Der konnte zwar völlig verdutzt nichts damit anfangen, aber Kuntz war im dritten Versuch erfolgreich. Eintracht Frankfurt, ebenfalls noch mit Chancen auf den Titel, ging eine Woche später mit dem überragenden Andreas Möller wie die Feuerwehr zu Werke. In einem interessanten Spiel voller Esprit führte die Eintracht zur Pause durch drei Möller-Tore mit 3:2. Der 1. FCK hielt gut mit, kassierte aber durch Uwe Bein in der 51. Minute das 2:4. Als Kadlec 17 Minuten vor Schluss auf 3:4 verkürzte, war alles wieder offen. Doch trotz vieler Chancen reichte es nicht mehr zum Ausgleich.

Jedes Spiel war nun plötzlich entscheidend, denn an der Spitze ging es weiterhin sehr eng zu. Der nächste Gegner war Borussia Dortmund, die durch Sergej Gorlukowitsch in Führung ging. Zwar glich Stumpf noch vor der Pause aus, doch Michael Rummenigge schockte die Lauterer nach einer Stunde mit dem 1:2. Kurz zuvor hatte Ernst einen Foulelfmeter verschossen. Aber der 1. FCK gab sich trotzdem nicht auf und kam in der 80. Minute durch Winkler zum glücklichen 2:2 gegen die beste Auswärtself der Bundesliga. Durch Tore von Hotic und Kuntz gewann der 1. FCK anschließend 2:0 bei Hertha BSC Berlin.

Der 19. und der 23. März wurden zu entscheidenden Tagen für den 1. FCK. Zunächst wurde am 19.3. das Spiel gegen den 1. FC Köln nachgeholt. Mit dem 2:2 nach 0:2-Führung der Kölner waren am Ende beide zufrieden. Herbstmeister war nun inoffiziell und nachträglich endgültig Werder Bremen, aber schon vier Tage später bot sich dem 1. FCK gegen Bayern München die Chance, im direkten Aufeinandertreffen den aktuellen Tabellenführer zu stürzen und selbst die Spitze zu übernehmen.

**Stefan Kuntz schießt den 1. FCK an die Tabellenspitze**

Den Krimi vor 38.500 Zuschauern hätte kein Dramaturg besser inszenieren können. Schon nach vier Minuten ging Bayern durch Wohlfarth mit 1:0 in Führung und spielte derart souverän auf, dass weitere Tore nur eine Frage der Zeit schienen. Doch nach 60 Minuten gelang Hotic der Ausgleich und fünf Minuten später sah Bender Rot. Danach geriet Bayern unter Dauerdruck und spürte die Unterstützung der Zuschauer für den 1. FCK. Stefan Kuntz war es, der den 1. FCK in der 85. Minute an die Tabellenspitze schoss. „Wir sind es ja schon gewohnt, mit zehn Mann zu spielen, aber heute haben wir mit zehn gegen zwölf gespielt", schob Bayern-Trainer Jupp Heynckes die Verantwortung für die Niederlage Schiedsrichter Assenmacher zu, der Stefan Kuntz in der ersten Halbzeit nach einer angeblichen Tätlichkeit nur Gelb gezeigt hatte. Das brachte den Bayern-Coach derart auf die Palme und in Rage, dass er sich mit einem übereifrigen Platzordner anlegte und diesem in den Hintern trat. „Roter Heynckes randaliert in Rage", schrieb die *taz* und in der *FAZ* spuckten „die Großmeister des deutschen Fußballs … Gift und Galle". Bösartig behauptete Stefan Effenberg in seiner Wut und Enttäuschung, die Lauterer könnten „doch nur Ecken schießen und einwerfen". Die *Süddeutsche Zeitung* verstieg sich, das Ende der Alleinherrschaft der Münchner Bayern vor Augen, unter dem Titel „Sägen und Bolzen" zu einem besonders perfiden Kommentar: „Jede Liga hat den Tabellenführer, den sie verdient. Und die Bundesliga muss sich langsam damit anfreunden, dass das auf den ersten Blick einfach gestrickte Ecken- und Flankenflickwerk aus Kaiserslautern zum Saisonende ein ausreichendes Punktepolster für den Meisterbrief ergibt."

Die Lauterer ignorierten das ebenso wie das ewige Gerede von der Provinz, von Wein und Wäldern und dass Bundeskanzler Kohl und Umweltminister Töpfer zu ihren Fans zählten. Sie überstanden die rheinland-pfälzischen Osterferien mit einem überzeugenden und, wie das *KICKERsportmagazin* schrieb, „spielerisch tadellosen" 4:1 beim 1. FC Nürnberg und dem 2:0 zu Hause gegen Bayer Uerdingen. Es folgte das schwere Auswärtsspiel bei Bayer Leverkusen, wo Ernst schon nach zehn Minuten ein Eigentor unterlief. Als Schreier nach einer knappen Stunde auf 2:0 erhöhte, war das Spiel für viele gelaufen. Doch mit einem unglaublichen Tor, erzielt nach zwei Umfallern aus unmöglicher Position, brachte Labbadia den 1. FCK auf 1:2 heran. Als alle auf den Schlusspfiff gefasst waren, nahm sich Schupp ein Herz und traf mit einem trockenen Schuss aus 35 Metern – 2:2. Mit zehn Mann, Libero Kadlec hatte bereits nach 24 Minuten die Rote Karte gesehen, hatte der 1. FCK unendlich viel für seine Moral getan. Nur noch neun Spiele waren zu absolvieren, und so geriet jede Partie zum entscheidenden Match. Gegen den FC St. Pauli rannte der 1. FCK unaufhörlich in Richtung Hamburger Tor, doch davor stand eine schier undurchdringliche Mauer. Als man sich schon mit dem 0:0 abgefunden hatte, verlängerte Stumpf in der 83. Minute einen Eckball zu Labbadia, der doch noch das 1:0 erzielte. Die *FAZ* sprach vom „Pfälzer Traumpaar", doch Labbadia lag mit Vizepräsident Rainer Geye wegen seiner Vertragsmodalitäten im Clinch. Das anschließende 2:2 beim VfB Stuttgart entlockte Karl Allgöwer eine plausible Erklärung des anhaltenden Erfolgs des 1. FCK. „Das ist eine Sache der Psyche. Wenn du solche Erfolge hast, denkst du nicht an eine Niederlage. Der FCK hat hier in Stuttgart noch nie so gut gespielt wie heute." Der Vorsprung auf Werder Bremen betrug jetzt drei, auf Bayern München schon vier Punkte. Im Heimspiel gegen den

**Trainer Kalli Feldkamp hatte in dieser Saison ein glückliches Händchen.**

KSC bekamen die Zuschauer auf dem Betzenberg einen Vorgeschmack auf die Dramatik der allerletzten Spiele. Durch Tore von Scholl und Schütterle führte der KSC bereits nach 25 Minuten mit 2:0 und hätte gar auf 3:0 oder 4:0 erhöhen können. Doch Scherr gelang nach einer halben Stunde das Anschlusstor und Hotic schoss in der 68. Minute den Ausgleich. Als etliche Zuschauer, zufrieden mit dem einen Punkt, bereits das Stadion verlassen hatten, schreckte sie ein kollektiver Freudenschrei auf. Schiedsrichter Dardenne hatte lange nachspielen lassen und Kuntz war in der 94. Minute das 3:2 gelungen, was KSC-Trainer Winfried Schäfer in Wut versetzte. Doch die beiden torlosen Unentschieden in Wattenscheid und in Düsseldorf ließen Bayern München, das zudem die bessere Tordifferenz hatte, auf zwei Punkte herankommen. Auch gegen den VfL Bochum geriet der 1. FCK erst einmal in Rückstand und irgendwie beschlich so manchen die Ahnung, die erste Heimniederlage der Saison sei nicht mehr fern. Doch Kuntz (2), Goldbaek und Scherr sorgten noch für das klare 4:1.

Nun galt alle Konzentration dem Spiel bei Werder Bremen, das keine Chance mehr auf die Meisterschaft hatte. Bayern München gastierte gleichzeitig bei Wattenscheid 09, wo außer dem früheren Lauterer Trainer Hannes Bongartz noch mehrere ehemalige Spieler des 1. FCK im Aufgebot waren. Das 0:1 durch Klaus Allofs in der 16. Minute machte Hoffmann zehn Minuten später wieder wett. Schupp gelang nach 63 Minuten das 2:1. Zu diesem Zeitpunkt führte auch Wattenscheid mit 2:1, doch Wohlfarth schoss in der 87. Minute den Ausgleich. Eine Minute vor Schluss aber jubelten Lauterer und Wattenscheider gemeinsam, denn Fink hatte das 3:2 gegen die Bayern erzielt. Der 1. FCK war fast am Ziel, und Stefan Effenberg sprach: „Wir waren heute zu dumm, Meister zu werden!“ Zumal der 1. FCK in den letzten Spielen auf seinen verletzten Libero Miroslav Kadlec verzichten musste, dessen Part Stefan Kuntz übernommen hatte. Doch Verletzungen hatte der 1. FCK schon in der Vorrunde ohne Murren und Meckern hingenommen und weggesteckt.

Trainer Karl-Heinz Feldkamp beklagte sich auch nicht, als Stefan Kuntz beim letzten Heimspiel gegen Borussia Mönchengladbach wegen einer Gelbsperre fehlte. Kadlec war ohnehin nicht dabei und wurde durch Rainer Ernst ersetzt. 38.500 Zuschauer im ausverkauften Fritz-Walter-Stadion waren voller Vorfreude auf die Meisterschaftsfeier, die nach dem Spiel geplant war. In der ganzen Stadt und darüber hinaus herrschte Volksfeststimmung. Was sollte jetzt noch schief gehen? Bundesligachronisten warnten. Immerhin wies die Borussia die beste Bilanz aller Mannschaften in Kaiserslautern auf. „Bleiben Sie nach dem Spiel auf Ihren Plätzen. Die Mannschaft wird eine Ehrenrunde laufen. Danach öffnen wir die Fluchttore und feiern gemeinsam mit unseren Spielern!“ Nichts war's aber mit Stadionsprecher Udo Scholz' optimistischer Ankündigung. Kastenmaier zum Ersten: In der 9. Minute zog der Ex-Münchner von rechts ab, und Ehrmann kullerte der Ball durch die Hände ins Netz. Kastenmaier zum Zweiten: In der 20. Minute donnerte er einen Freistoß unhaltbar zum 0:2 ins Tor. Gegen Köln und gegen den KSC hatte der 1. FCK das Spiel noch umbiegen können, aber gegen Mönchengladbach wirkten alle wie paralysiert, auch das Publikum. Nichts lief, und Bayern München führte beim 1. FC Nürnberg mit 1:0. Dabei blieb es bis zum Schluss, während es in Kaiserslautern noch einmal dramatisch wurde. Zunächst machte Wynhoff scheinbar alles klar – 0:3. Doch danach wachte der 1. FCK viel zu spät auf. Kranz verkürzte per Foulelfmeter – wie sonst – auf 1:3 und Labbadia gelang in der Schlussminute gar noch das 2:3. Selbst das 3:3 hatte der 1. FCK noch auf dem Fuß, doch Kamps' Hand rettete zur Ecke und der Borussia den Sieg.

Bayern München hatte nur noch zwei Punkte Rückstand und empfing am letzten Spieltag Bayer Uerdingen, während der 1. FCK zum 1. FC Köln musste, der noch eine Chance auf eine Teilnahme am UEFA-Cup hatte. Auf Uerdingen durften sich die Lauterer nicht verlassen, denn die waren schon abgestiegen. So ließ sich Karl-Heinz Feldkamp etwas ganz Besonderes einfallen, um beim großen „Finale“ im Müngersdorfer Stadion den Gegner zu überraschen. Hotic und Labbadia fehlten. Der 1. FCK spielte mit folgender Aufstellung:

► Ehrmann – Kuntz – Lutz, Friedmann – Schupp, Scherr, Dooley, Haber, Kranz – Winkler (Ernst), Hoffmann (Labbadia).

Außer 40.000 Fans, die den 1. FCK nach Köln begleitet hatten, fieberten auch ca. 3.000 zu Hause Gebliebene auf dem St. Martinsplatz in Kaiserslautern mit und freuten sich bereits in der 4. Minute über Habers 1:0. Zur Halbzeit stand es sensationell 4:1, aber noch überwog die Skepsis. Als Greiner eine Minute nach der Pause das 2:4 erzielte, setzte noch einmal für eine halbe Stunde das große Bangen ein. Erst in der 78. Minute machte Haber alles klar. Das 5:2 war die Meisterschaft, und Schupp setzte in der Schlussminute noch einen drauf – 6:2. Der Deutsche Meister 1991 hieß 1. FC Kaiserslautern.

## Saison 1991/92: Der verpasste Sprung in die europäische Spitze

Dem Gewinn seiner dritten Deutschen Meisterschaft fügte der 1. FCK vor Beginn der neuen Saison den Sieg im Supercup hinzu. Die Mannschaft hatte ein völlig neues Gesicht erhalten. Labbadia war für 1,8 Mio. DM zu Bayern München gewechselt, Schupp für 500.000 DM zu Wattenscheid 09, Friedmann für 800.000 DM zum 1. FC Nürnberg und der glücklose Ernst ging für 600.000 DM zu Girondins Bordeaux. Für sie kamen Marcel Witeczek für 2 Mio. DM und Wolfgang Funkel für 800.000 DM von Bayer Uerdingen, Oliver Schäfer für 430.000 DM vom SC Freiburg und Thomas Vogel für 900.000 DM von RW Erfurt. Der Transfer von Vogel erwies sich hinterher als teurer Flop, und auch Witeczek wurde nie so populär wie vor ihm Labbadia. Durch die Integration der Oberliga Nordost, der ehemaligen DDR-Oberliga, in den westdeutschen Profifußball fand der Supercup mit Halbfinale und Finale statt. Der 1. FCK schlug den Meister der Oberliga Nordost, Hansa Rostock, mit 2:1 und gewann das Endspiel gegen Werder Bremen mit 3:1.

Vor dem Deutschen Meister, der nun beweisen musste, dass er kein Zufallsmeister war und auch im internationalen Fußball bestehen konnte, lag eine Saison mit 38

**Köln-Müngersdorf, 15.6.1991, 17.30 Uhr: Der 1. FC Kaiserslautern ist Deutscher Meister, 40.000 Fans aus der Pfalz feiern auf den Rängen und auf dem Rasen, und Stefan Kuntz hält stolz die Meisterschale hoch.**

Bundesligaspielen, da zu den Aufsteigern MSV Duisburg und Stuttgarter Kickers die Ostvereine Hansa Rostock und Dynamo Dresden hinzukamen. Schon das erste Spiel führte den 1. FCK nach Sachsen, wo er durch ein Tor von Dooley mit viel Mühe 1:0 siegte. Im anschließenden Heimspiel gegen den VfL Bochum mussten die Lauterer froh sein, dass sie nach dem 1:1 durch Türr nicht noch beide Punkte verloren. Beim 1. FC Köln reichte es gerade noch zu einem 1:1, und danach überraschten die Stuttgarter Kickers auf dem Betzenberg und verloren nur knapp mit 3:4. Beim 0:0 gegen den HSV drei Tage später zeigte sich das Lauterer Dilemma in der Saison nach dem Gewinn der Meisterschaft sehr deutlich. Der 1. FCK rang mehr mit der Last des Titels als mit seinem jeweiligen Gegner. Feldkamp hatte das Tempo aus dem Spiel genommen und das ungestüme Anrennen mit dem Risiko, gefährliche Konter zu bekommen, durch eine rationellere Spielart ersetzt. Vielen Zuschauern gefiel dies überhaupt nicht, doch noch lag der 1. FCK mit 7:3 Punkten mit an der Spitze.

Aber die nächsten vier Auswärtsspiele brachten 0:8 Punkte. Besonders das 1:4 beim VfB Stuttgart und das 0:1 bei Wattenscheid 09 zeigten, dass der 1. FCK in den alten Trott zurückgefallen war: Zu Hause hui, auswärts pfui! Immerhin gab der überraschend hohe 4:0-Sieg gegen Borussia Dortmund die nötige Power, in der 1. Runde des Europapokals der Landesmeister den bulgarischen Vertreter FC Etar Tarnovo zu bezwingen. Ohne Kadlec, Stumpf, Scherr, Kuntz, Roos, Goldbaek, Lelle, Hoffmann und Vogel siegte der 1. FCK auf dem Betzenberg durch zwei Tore von Wolfgang Funkel mit 2:0. Das Rückspiel endete 1:1. Vor der 2. Runde gegen den FC Barcelona, der sich gegen den Meister der Oberliga Nordost, Hansa Rostock durchgesetzt hatte, überzeugte der 1. FCK durch das 2:1 gegen Bayer Leverkusen und das 1:1 beim MSV Duisburg. Mit 16:12 Punkten hatten die Lauterer zumindest Anschluss an die führenden Teams gefunden. Zwischen den beiden Treffen mit den Katalanen gewann der 1. FCK gegen den KSC mit 3:0 und bei Werder Bremen mit 2:0. Zu diesen Erfolgen sollte nun auch noch die Qualifikation für die neue „Champions League" dazukommen.

„Die Hölle, das sind die anderen" – mit diesem Zitat von Jean Paul Sartre leitete Matti Lieske in der *taz* seinen Stimmungsbericht vom Hinspiel im Stadion Nou Camp ein. Karl-Heinz Feldkamp wagte es, dem Philosophen vehement zu widersprechen. „Das Nou Camp wird das Inferno für uns, aber unser Stadion wird das Inferno für den FC Barcelona!" Vor 65.000 Zuschauern begann der FC Barcelona überhastet und nervös, während der 1. FCK durchdachte Angriffe startete. Der Baske Aitor Beguiristain traf kurz vor der Pause in der 42. und kurz danach in der 52. Minute das Tor, und ab da fühlte sich der FC Barcelona seiner Sache sicher. Auf der Gegenseite vergab Guido Hoffmann drei gute Chancen, und so blieb es beim 2:0. Die Dramaturgie der Lauterer für das Rückspiel war klar, Barcelona sollte kein Tor schießen und der 1. FCK ein schnelles 1:0 vorlegen. Dann würde das Publikum die Mannschaft in die Endrunde der Champions League schreien. Dem 1. FCK winkte für diesen Fall eine garantierte Mindesteinnahme von zehn Mio. DM, die dem Verein auf Jahre hinaus so viel Handlungsspielraum gegeben hätte, um dauerhaft in der Spitze mitzuspielen. Die Endrunde wurde in zwei Vierergruppen ausgespielt, deren jeweiliger Sieger ins Finale kam. Die beiden Mannschaften spielten mit folgenden Aufstellungen:

► 1. FCK: Ehrmann – Funkel – Schäfer, Haber – Scherr, Goldbaek, Hotic, Hoffmann, Lelle (Kranz) – Witeczek, Kuntz.

► FCB: Zubizarreta – Koeman – Nando, Cristobal – Eusebio, Guardiola (Nadal), Bakero, Beguiristain (Serna), Witschge – Stoitschkov, Laudrup.

Der 1. FCK dominierte von Anfang an und hatte eine Chance nach der anderen. In der 35. Minute erzielte Demir Hotic endlich das 1:0. Vier Minuten nach der Pause gelang dem Bosnier das 2:0. Nun zeigten die Barceloner im goldgelben Outfit ihre technischen Fertigkeiten und eröffneten dem 1. FCK die Gelegenheit zu Kontern. Wie in der 76. Minute, als Bjarne Goldbaek über rechts kam und im richtigen Moment abzog – 3:0! Wenige Minuten später rettete Zubizarreta seine Mannschaft vor dem endgültigen K.o., als er einen Schuss von Goldbaek mit einem Reflex zur Ecke lenkte. Auf den Tribünen träumten sie bereits von Benfica Lissabon, Dynamo Kiew und Sparta Prag, als Koeman zum Freistoß kam. Der gerade eingewechselte Kranz war in der 89. Minute einen Moment unaufmerksam, und Bakero stellte den Verlauf des Spiels auf den Kopf – 3:1.

Im Stadion wurde es still, der fassungslose Karl-Heinz Feldkamp schlug die Hände vor sein Gesicht, und aus den Gesichtern der Fans wich die Farbe. Wenige Minuten nach dem Abpfiff füllte sich der Bahnsteig fünf des Hauptbahnhofs Kaiserslautern mit Menschen, die ausschauten, als seien sie nach harter Arbeit unter Tage aus dem Stol-

**Uwe Scherr und Marcel Witeczek beim Europapokalspiel 1. FCK gegen FC Barcelona.**

len gekommen. Fast hatte man den FC Barcelona so weit gehabt wie 1982 Real Madrid. Glücklicher als der FC Barcelona an diesem Abend im November konnte man ein Spiel nicht umbiegen. Aber der 1. FCK hatte an diesem Abend trotz des traurigen Ausgangs bewiesen, dass er kein Zufallsmeister war. Als der FC Barcelona sechs Monate später durch ein 1:0 n.V. gegen Sampdoria Genua Europapokalsieger wurde, waren viele Lauterer in Gedanken im Londoner Wembley-Stadion. Die verpasste Champions-League-Gruppe war nicht so stark besetzt gewesen, dass nicht auch der 1. FCK eine Chance gehabt hätte, das Endspiel zu erreichen.

Das erste „normale" Spiel nach dem unglücklichen Aus fand nur drei Tage später gegen Hansa Rostock statt. Der 1. FCK wirkte noch verunsichert, aber Hansa konnte seine Chancen zu Beginn des Spiels nicht nutzen. Mit einem Kraftakt zeigten die Lauterer, dass das Leben in der Bundesliga für sie auch nach Barcelona weiterging. Doch dem 3:0 gegen Rostock folgte das 0:1 bei Fortuna Düsseldorf und ein 1:1 gegen Schalke 04. Trotzdem lag der 1. FCK mit 23:15 Punkten hinter Eintracht Frankfurt mit 23:15 und Borussia Dortmund sowie dem VfB Stuttgart mit je 24:14 aussichtsreich auf dem vierten Platz. Auch der Start in die Rückrunde gelang mit 9:3 Punkten aus den ersten sechs Spielen. Doch dann wurden die Roten Teufel vom 1. FC Nürnberg mit 3:2 entzaubert. Das 4:0 über Bayern München gab zwar wieder etwas Hoffnung, obwohl Vogel durch ein brutales Foul von Jan Wouters für lange Zeit ausfiel. Aber das nächste Spiel bei Borussia Dortmund verlor der 1. FCK mit 1:3. Gegen den VfB Stuttgart stand der 1. FCK am Scheideweg. Nur mit einem Sieg war der Anschluss an das führende Trio Dortmund, Frankfurt und Stuttgart zu halten. Aber vor 38.000 enttäuschten Zuschauern endete das Spiel 0:0, und dabei hatte der 1. FCK auch noch Glück, weil Matthias Sammer in der 89. Minute nur die Latte traf. Der spätere Meister spielte meisterlich, während der 1. FCK schon erste Zeichen von Resignation im Kampf um die Verteidigung seines Titels erkennen ließ.

Nach dem Spiel suchten alle Reporteraugen Karl-Heinz Feldkamp – vergeblich! Erstmals hatte es Pfiffe gegen ihn gegeben. An seiner Stelle stand Co-Trainer Rainer Hollmann in der Pressekonferenz und ließ sich erst nach hartnäckigem Fragen entlocken, wohin sich der Meistermacher verkrochen hatte. Rückenschmerzen, oft psychosomatischer Natur, plagten ihn derart schlimm, dass er schon zwei Stunden nach dem Abpfiff des Spiels mit Ehefrau Helma nach Spanien fliegen wollte. Erstmals seit der 1. FCK Deutscher Meister geworden war, konfrontierten die Fans die Roten Teufel mit „Aufhören! Aufhören!"-Rufen. Dem anschließenden 0:1 in Mönchengladbach, das die allerletzten Hoffnungen zunichte machte, folgte auf dem Betzenberg das 3:2 gegen Wattenscheid 09. Beim 0:3 eine Woche später bei Bayer Leverkusen wehrte sich der 1. FCK fast nicht mehr gegen die Niederlage. „Ausgebrannte Teufel", schrieb die *taz*, denn keine einzige Torchance hatte sich der Meister erarbeitet.

Auch im DFB-Pokal war nach den mühevollen Siegen beim MSV Duisburg (2:0 n.V.), beim FC Homburg (0:0 n.V. und 3:1 n. 11-m-Schießen) und beim SC Bamberg (1:0) im Viertelfinale Schluss. Bei Werder Bremen unterlag der 1. FCK mit 0:2.

## Wo ist die Seele des Pfälzer Fußballs?

Nach dem 1:2 beim KSC und dem 2:2 gegen Werder Bremen war die Krise nicht mehr schön zu reden. Ursachenforscher fanden heraus, der 1. FCK habe durch die Transfers zu Beginn der Saison die Mannschaft eines wichtigen Teils ihrer pfälzischen Identität beraubt. Immerhin waren Friedmann, Labbadia und Schupp gegangen, die allesamt aus der Region stammten. Ersetzt wurden sie durch Spieler, denen solche Bindungen fremd waren. Noch im Pokalendspiel zwei Jahre vorher hatten sechs Pfälzer, zwei (Rhein)-Hessen und ein Saarländer in der Mannschaft gestanden. Beim 1. FCK 1992 kickten aber nur noch vier Spieler aus der näheren Umgebung. „Nicht, dass die 38.500 auf dem Betzenberg etwas gegen Zugereiste hätten", meinte die *taz*, „nein, aber die Pfälzer im roten Dress tragen mit ihm die Seele des Pfälzer Fußballs spazieren." Vorbei schien die Zeit, da die Journalisten der Lokal- und Regionalpresse ihre Interviews in Mundart hätten führen können. Ein „Multi-Kulti-Team" hatte die pfälzische Identität in eine Krise gestürzt.

Das 1:0 bei Hansa Rostock und das 2:0 gegen Fortuna Düsseldorf erhielten die Chance auf den UEFA-Cup-Platz, der schließlich auch trotz des 0:2 im letzten Spiel bei Schalke 04 erreicht wurde. Mit 44:32 Punkten beendete der 1. FCK punktgleich mit dem Vierten, dem 1. FC Köln die Saison als Fünfter, acht Punkte hinter Meister

VfB Stuttgart und dem Zweiten Borussia Dortmund, die ebenfalls punktgleich waren. Beste Torschützen des 1. FCK waren Kuntz mit elf und Hotic mit zehn Treffern. Sofort nach dem Schlusspfiff im Gelsenkirchener Parkstadion drehte sich das Transferkarussell weiter. Uwe Scherr hatte bereits das neue Trikot übergestreift, das ihm sein neuer Präsident Günter Eichberg gereicht hatte. Außer ihm verließen Markus Kranz und Reinhard Stumpf den Verein.

Auf dem Betzenberg waren alle auf ein drittes volles Jahr mit Trainer Karl-Heinz Feldkamp eingestellt, als der bekannt gab, er werde den 1. FCK verlassen. „Vielleicht hat der glänzende Rhetoriker… gemerkt, dass dieser 1. FCK als Mannschaft ausgepowert ist. Psychisch und physisch“, analysierte *Die Rheinpfalz* und berief sich auf einen nicht genannten Verantwortlichen eines anderen Bundesligaclubs: „Ein Trainer wie Feldkamp quetscht ein Team leistungsmäßig total aus. Nach zwei Jahren musst du entweder die Mannschaft oder den Trainer wechseln.“ Feldkamp selbst legte die Messlatte hoch: „Ich möchte beim 1. FCK ein Maß setzen, das nicht zu überbieten ist. Jedem Nachfolger sollen die Schuhe, die ich hinterlasse, zu groß sein… ich werde mich erholen“, waren seine Abschiedsworte, denen er eine Drohung folgen ließ, die er aber – zumindest als Trainer – nicht wahr werden ließ: „Doch dann muss Kaiserslautern damit rechnen, dass ich wieder in die Bundesliga gehe.“

## Saison 1992/93: Absturz mit Zobel

Das Präsidium des 1. FCK reagierte sofort auf Feldkamps Ausstieg und stellte wenige Tage danach seinen Nachfolger vor: Rainer Zobel. Der mit den Stuttgarter Kickers nach einem Jahr wieder aus der Bundesliga Abgestiegene, der einer ganz anderen Trainergeneration als sein Vorgänger angehörte, war der Auserwählte. Schon als Zobel präsentiert wurde, verglichen ihn einige Journalisten mit dem zwei Jahre vorher gescheiterten „Softie“ Gerd Roggensack. Während der Saison gab Zobel so manches Rätsel auf, etwa als er dem 1. FCK und seinen Zuschauern die „offensive Kontrolle“ schmackhaft machen wollte. Seine Bemerkungen, die einen zu Anfang noch schmunzeln ließen, verfehlten immer mehr ihre Wirkung, weil immer weniger Leute sie verstanden. Viele schüttelten nur noch den Kopf und wandten sich ab.

Dabei startete der 1. FCK nicht schlecht. Durch ein Kopfballtor des Schweden Jan Eriksson, der nach der EM 1992 nach Kaiserslautern gekommen war, gewann der 1. FCK sein erstes Spiel gegen den 1. FC Köln mit 1:0. Das 0:1 bei Bayern München eine Woche später stand ebenso auf der Rechnung wie die Niederlage in gleicher Höhe bei Borussia Dortmund. Dazwischen gelang gegen Wattenscheid ein klares 4:1. Nach diesen vier Spielen war die Mannschaft aber so verunsichert, dass sie zu Hause gegen Borussia Mönchengladbach nur 0:0 spielte und anschließend beim 1. FC Saarbrücken mit 0:2 verlor. Mit 5:7 Punkten stand der 1. FCK auf dem 12. Platz.

Schon bei diesem Spiel wurde klar, dass es in der Mannschaft nicht stimmte. Nach internen Neidkampagnen und Intrigen war Stefan Kuntz nicht wieder zum Kapitän gewählt worden. Wolfgang Funkel konnte die Rolle, die der Torjäger vorher perfekt gespielt hatte, nicht wirkungsvoll ausfüllen. Demir Hotic hatte Sorgen mit Rainer Zobel, ebenso Tom Dooley, der von seinem Trainer permanent mit „Na, du US-Nationalspieler!" angemacht wurde. Die Ordnung in der Mannschaft war abhanden gekommen, keiner fühlte sich mehr verantwortlich für das Ganze, was den 1. FCK in der Meistersaison so stark gemacht hatte.

Nur eine Woche später schied der 1. FCK im DFB-Pokal mit 0:1 bei Bayer Leverkusen aus. Schon in der 1. Runde hatten die Roten Teufel Mühe, den BSV Brandenburg mit 2:0 zu schlagen.

Auch der erste Auftritt im UEFA-Cup beruhigte kaum die aufgebrachten Gemüter. Zwar verlor Fram Reykjavik zu Hause mit 0:3 und auf dem Betzenberg mit 0:4. Doch anstatt den Zuschauern ein schönes Spiel mit gelungenen Kombinationen und vielen Torszenen zu zeigen, spielte der 1. FCK eine lustlose Partie pflichtgemäß zu Ende. Diese Tendenz setzte sich auch in der Bundesliga fort. Die 9:11-Punkte, weit entfernt von der Spitze und den UEFA-Cup-Plätzen waren kein gutes Omen für das UEFA-Cup-Spiel der zweiten Runde gegen Sheffield Wednesday. Die „Owls" aus der Geburtsstadt Joe Cockers zeigten keinen Respekt vor dem 1. FCK, bei dem der verletzte Stefan Kuntz fehlte. Kuntz kam fast symbolisch für den Zustand der Mannschaft auf Krücken ins Stadion gehumpelt. Schon nach fünf Minuten köpfte Hirst auf Zuspiel von Waddle das 1:0 für die Engländer. Im direkten Gegenzug meinte es der Schiedsrichter gut mit dem 1. FCK, als Marcel Witeczek am Strafraum fiel. Den Elfmeter verwandelte Wolfgang Funkel zum 1:1. „The penalty was outside the penalty-box", haderte Wednesday-Manager Trevor Francis mit dem Referee, denn das Tor ermutigte den 1. FCK, noch mehr zu wagen. Als Hirst zwei Minuten vor der Pause Marco Haber in die Wade trat und dafür vom Platz gestellt wurde, nutzte der 1. FCK die Situation aus. Kurz nach der Halbzeit, in der 51. und 53. Minute entschieden Marcus Marin und Marcel Witeczek das Spiel. Trotz des 1:3 war Trevor Francis zuversichtlich, beim Rückspiel („See you at Hillsborough") alles klar machen zu können.

**The penalty was outside the penalty-box**

Für den 1. FCK ging es am folgenden Samstag gegen den KSC darum, seinen Punktestand endlich auszugleichen. Aber Torhüter Gerry Ehrmann verletzte sich, und das Chaos war perfekt. Mit 1:3 lag der 1. FCK zurück und schaffte es trotz aller Anstrengungen nicht mehr, auszugleichen. Das 2:3 war ein Warnschuss, denn nun drohte der freie Fall nach unten. Doch in den nächsten vier Spielen riss sich der 1. FCK aus der Krise. Beim VfL Bochum gab es ein 3:1, Schalke 04 verlor mit 3:0 und bei Bayer Uerdingen gelang ein 5:0-Sieg. Mit 15:13 Punkten war jetzt sogar der Anschluss nach oben wieder möglich. Dazwischen stand die Reise nach Sheffield an. Ein 2:0 hätte den Engländern gereicht, um weiterzukommen. Nach 27 Minuten lagen alle Chancen bei Wednesday, das durch Wilson mit 1:0 führte. Auch ohne den kopfballstarken Wolfgang Funkel stand die Abwehr des 1. FCK mit Kadlec, Ritter und Dooley sicher vor Torhüter Michael Serr. Marcel Witeczek glich dann in der 63. Minute aus, aber Sheridan brachte

Wednesday durch einen Freistoß erneut in Führung. Eine Verlängerung schien möglich. Aber der eingewechselte Michael Zeyer schoss in einem seiner besten Spiele im Dress des 1. FCK 14 Minuten vor Schluss das 2:2. Der 1. FCK war in der dritten Runde.

Nach 6:0 Punkten in Folge in der Meisterschaft machte sich der 1. FCK auf zu seinem nächsten UEFA-Cup-Gegner Ajax Amsterdam. Ajax' Bilanz gegen deutsche Mannschaften im Europapokal las sich alles andere als gut für den 1. FCK. In bis dahin elf direkten Vergleichen mit Teams aus der Bundesliga und der DDR-Oberliga konnte sich nur Bayern München 1980/81 im Europapokal der Landesmeister mit 5:1 und 1:2 behaupten. Keiner deutschen Mannschaft war in Amsterdam ein Unentschieden oder gar ein Sieg geglückt. Auch der 1. FCK hatte seine Erfahrungen mit Ajax gemacht. 1962 unterlagen die Roten Teufel den Holländern in der Inter-Toto-Runde mit 4:5 und 0:6. 1965 im Ablösespiel für Co Prins setzte sich Ajax knapp mit 2:1 durch.

Im Ajax-Team 1992 standen mit Dennis Bergkamp, Marciano Vink und Wim Jonk drei Spieler, die wenige Monate später den Verein verließen und nach Italien wechselten. Schon nach 35 Sekunden führte Ajax durch ein Tor von Edgar Davids mit 1:0. Sieben Minuten vor Schluss erhöhte Wim Jonk auf 2:0, mit dem der 1. FCK noch gut davon gekommen war. In völliger Verkennung der Realität zeigte sich Rainer Zobel nach dem Spiel nicht unzufrieden: „In Kaiserslautern wird Ajax ein Hexenkes-

**Auch Jan Erikssons engagierter Einsatz änderte nichts daran, dass Ajax Amsterdam verdient ins Viertelfinale gegen AJ Auxerre einzog.**

sel erwarten. Mit unserem Kampfgeist drehen wir das Ding noch um", machte Rainer Zobel sich und seiner technisch unterlegenen Mannschaft Mut.

Leider verließ ihn seine Courage am Abend des 8. Dezember 1992 und wich angesichts der vielen verletzten FCK-Spieler einer Hasenfuß-Strategie. Louis van Gaal wunderte sich nach dem Spiel, dass Zobel Marcel Witeczek auf Ajax-Stürmer Marc Overmars angesetzt, ihn so mit Defensivaufgaben betraut und ihm die Wirkung nach vorne genommen hatte. Dort waren Vogel und Marin Ausfälle, und im Mittelfeld erwischte Goldbaek einen schwarzen Tag. Schon zur Halbzeit war das Spiel entschieden. Bergkamp hatte sich in der 42. Minute mit Hilfe eines Schlags ins Gesicht von Thomas Ritter durchgesetzt und den Ball zu Overmars weitergegeben. Dessen Flanke verwandelte Rob Alflen zum 0:1. Dabei blieb es bis zum Schlusspfiff. Der 1. FCK hatte keine Anstalten gemacht, sich gegen die Niederlage und das Aus im UEFA-Cup zu wehren. Vier Tore gegen Ajax in 45 Minuten zu erzielen war zwar kaum möglich, aber sie versuchten es nicht einmal, und Zobel sah ratlos zu. So gerieten das Spiel zur Nebensache und die Auseinandersetzungen der beiden Fan-Gruppen zur Hauptsache. Beide Seiten standen sich in ihren dumpfen Parolen in nichts nach. Die Ajax-Fans, viele ausgestattet mit Fahnen mit dem jüdischen Stern, bespuckten vor ihrem Block stehende Polizisten und beschimpften die Zuschauer als „Nazis". Die Fans auf der Westtribüne skandierten jedes Mal, wenn ein schwarzer Ajax-Spieler sich ihrer Seite des Spielfelds näherte: „Haut den Neger tot!" Es gab aber auch Fans des 1. FCK, die dem entgegensteuerten, aber mit ihren „Nazis raus!"-Rufen akustisch leider nicht weit über ihren Block hinauskamen. Louis van Gaal äußerte sich nach dem Spiel zu den Sprechchören auf beiden Seiten: „Das ist nicht so gut, aber es sind vielleicht 1.000 Menschen von 27.000. Es ist gut, dass die Mehrheit das nicht tut." Die Mehrheit hatte das beschämende Treiben in beiden Fan-Blöcken geduldet. Sie hatte geschwiegen in einer Zeit, als in Deutschland die Übergriffe auf Ausländer und die Brandanschläge auf ihre Häuser und Wohnungen zunahmen. „Als Anna Frank und ihre Familie am 4. August 1944 aus dem Amsterdamer Hinterhuis in ein deutsches Konzentrationslager verschleppt wurde, gab es in Deutschland auch eine schweigende Mehrheit", mahnte die *taz*, während Harald Stenger, heute Mediendirektor beim DFB, die Vorkommnisse in der *Frankfurter Rundschau* kommentierte:

*„... Gewiss sind bei internationalen Fußballvergleichen von jeher gelegentlich unterschwellig antideutsche, an die NS-Zeit erinnernde Rufe zu hören gewesen, aber sie waren noch nie so deutlich und geballt wie bei dem Spiel in Kaiserslautern. In einer Zeit, in der hierzulande Ausländerhass und brutale Gewalt gegen Fremde zu berechtigter Sorge veranlassen, können Reaktionen wie die auf dem Betzenberg kaum erstaunen. Es bleibt die Frage, wie sie zu bewerten sind. Es wäre ein Fehler, die ‚Stimmungsmache' der Mehrheit der in die Pfalz gereisten Amsterdamer Anhänger nicht als politisch motivierte Antwort auf den Rechtsruck in diesem Lande einzustufen ...*

*Der Bundesliga-Alltag bietet viele Beispiele, wo durch Hetztiraden der Gegner getroffen werden soll. Ob gesungen oder skandiert. Nun wurde auf internationaler Ebene eine neue Dimension erreicht. Gesellschaftliche Missstände lieferten den Aufhänger dafür. Wieder einmal hat sich gezeigt, dass der Sport keine ‚Insel der Glückseligkeit' ist.*"

Das Ausscheiden aus dem UEFA-Cup war nicht die einzige Pleite dieser Tage. Anstatt in den zwei Heimspielen gegen den HSV und Eintracht Frankfurt aus 15 Pluspunkten 19 zu machen, um wieder an die Spitze anzuschließen, vergab Rainer Zobel gegen den HSV durch falsches Auswechseln einen wichtigen Zähler. Die Hamburger lagen bereits 0:2 zurück und kamen noch zum Ausgleich. Gegen Eintracht Frankfurt erfuhr die verunsicherte Mannschaft ihre Grenzen und unterlag verdient mit 0:2. Aber auf der Pfälzer Achterbahn ging es nun wieder nach oben: 3:1 bei Dynamo Dresden, 3:0 beim 1. FC Köln. Danach war Winterpause, und wieder verleiteten 20:16 Punkte manchen, an höhere Ziele wie die Qualifikation für den UEFA-Cup zu denken.

Das erste Spiel im neuen Jahr fand ausgerechnet gegen Bayern München statt, wo mit Schupp und Labbadia zwei Spieler aus der Meistermannschaft des 1. FCK 1991 dabei waren. Schon nach neun Minuten köpfte Wohlfarth das 0:1. Die Bayern erteilten dem 1. FCK eine Lektion. Schupp erhöhte nach 57 Minuten auf 0:2. Auch Kuntz' Anschlusstor in der 73. Minute und Wohlfarths Platzverweis schockte die Bayern nicht. Matthäus' Hackentrick kurz vor Schluss nahm Jorginho auf und schoss das 1:3. Es war der erste Sieg der Bayern auf dem Betzenberg seit dem 2. November 1985! Und es war die dritte Heimniederlage des 1. FCK unter Rainer Zobel, dessen Bilanz in Kaiserslautern mit 12:8 Punkten mehr als durchwachsen war. „Ist der Betzenberg zu hoch für Sie?" fragte das *KICKERsportmagazin* den hilflosen Trainer.

Der freie Fall ins Mittelfeld jenseits aller Hoffnungen auf einen UEFA-Cup-Platz war perfekt, als der 1. FCK keines seiner nächsten sieben Spiele gewann: 0:1 bei Wattenscheid 09, 0:0 gegen Borussia Dortmund, 1:1 gegen den spieltechnisch besseren 1. FC Saarbrücken, 0:1 bei Werder Bremen. Zwei torlose Unentschieden zu Hause gegen den VfB Stuttgart und beim 1. FC Nürnberg folgten. Beim Spiel gegen die Schwaben präsentierte der 1. FCK wenigstens einen Lichtblick. Ciriaco Sforza, für die darauf folgende Saison für 2,4 Mio. DM von Grasshopper Zürich verpflichtet, stellte sich in Kaiserslautern vor.

Immer mehr in die Kritik geriet Rainer Zobel, der sich ein ums andere Mal als Großmeister der Beschwichtigungsversuche erwies und selbst grausame Darbietungen seiner Mannschaft schönzureden wusste. Auch in seiner direkten Umgebung geriet er immer mehr in die Isolation. Der Mann der lockeren Sprüche („Früher als Spieler bei den Bayern habe ich drei Päckchen am Tag geraucht, heute ist es nur noch eines!") wurde einsam in der Pfalz, wo man Sprüche nur solange akzeptiert, wie es mit dem Erfolg stimmt. Die Angst ging zudem um auf dem Betzenberg, wo der UEFA-Cup-Platz eingeplant war und jetzt sogar noch der Klassenverbleib in Gefahr geraten konnte. Seit dem 13. November 1992 war der 1. FCK zu Hause ohne Sieg – eine unglaubliche Bilanz! Zudem rebellierten immer mehr Spieler gegen den unbeliebten Trainer. Marcus Marin sagte auf einem Treffen Ludwigshafener Fan-Clubs: „Wir sind eine Intrigentruppe!" Und Demir Hotic bezeichnete Zobel als „Lachnummer, link und hinterfotzig".

**Rebellion gegen den Trainer**

Mit dem 4:0 gegen Bayer Leverkusen vermied die Mannschaft ein weiteres Abrutschen in der Tabelle und bewahrte den ungeliebten Trainer zunächst vor der möglichen Entlassung. Nach dem 1:1 beim KSC und dem 3:1 gegen den VfL Bochum hatte der 1. FCK 30:28 Punkte und war nach hinten gesichert. Prompt verloren die Roten Teufel ihr nächstes Spiel bei Schalke 04 mit 0:4. Dem 2:1 gegen Bayer Uerdingen folgte ein 2:2 beim HSV und eine 0:3-Niederlage bei Eintracht Frankfurt. Als das letzte Spiel gegen Dynamo Dresden mit 2:0 gewonnen war, ahnte noch niemand, dass es wenige Tage später wichtige Neuigkeiten auf dem Betzenberg geben würde. Mit 35:33 Punkten landeten die Lauterer auf dem achten Platz und verpassten den internationalen Wettbewerb um Längen. Ausgerechnet der regionale Rivale KSC hatte sich als Sechster für den UEFA-Cup qualifiziert, was Fans und Verantwortliche des 1. FCK besonders wurmte. Bester Torschütze der Lauterer war Marcel Witeczek mit mageren zehn Treffern vor dem lange verletzten Kuntz und Marin mit jeweils sechs Toren.

Bereits am Montag nach dem Spiel gegen Dresden zog der 1. FCK die Notbremse und entband Rainer Zobel von seiner Aufgabe als Trainer. Mit ihm musste auch Co-Trainer Dietmar Demuth gehen. „Wir haben uns die Entscheidung reiflich überlegt und sind zu dem Schluss gekommen, dass für Zobel und Demuth der Druck in der neuen Saison zu hoch gewesen wäre“, begründete Vizepräsident Rainer Geye die vorzeitige Trennung.

## Saison 1993/94: Der neue Feldkamp heißt Friedel Rausch

Zwei Wochen nach der Trennung von Rainer Zobel hatte der 1. FCK einen neuen Trainer gefunden. Der umworbene Wunschkandidat Klaus Augenthaler, Co-Trainer von Bayern München hatte abgesagt. Überraschend kam dann der Name Friedel Rausch ins Gespräch, der den damaligen Schweizer B-Nationalligisten FC Basel trainierte und gerade knapp am Aufstieg vorbeigeschrammt war. Rausch, der für den Meidericher SV in der Oberliga West und für Schalke 04 in der Bundesliga gespielt hatte, war nach seiner Laufbahn als Spieler Jugendtrainer, Co-Trainer unter Max Merkel und schließlich Cheftrainer bei den Gelsenkirchenern gewesen. 1979 war er zur Frankfurter Eintracht gewechselt, mit der er 1980 UEFA-Cup-Sieger wurde. „Noch alles beim Alten hier“, waren Rauschs erste Worte, als er das Betzenberg-Restaurant betrat. Angebote aus der Bundesliga habe er immer wieder gehabt, „aber mein Traumverein ist nicht darunter gewesen.“ Rausch unterzeichnete für ein Jahr, weil er sich nicht langfristig binden wollte und bekannte sich zu den Zielen des 1. FCK, der in der neuen Saison einen UEFA-Cup-Platz erreichen wollte. „Ich habe mir zum Ziel gesetzt, wie der Raymond Goethals mit 72 Jahren den Europacup (der Landesmeister, d. A.) zu gewinnen, vielleicht schaffe ich's ja“, verkündete der optimistische Trainer, der voller Tatendrang war und Aufbruchstimmung auf dem Betzenberg verbreitete.

Mit Rainer Zobel verabschiedeten sich auch sechs Spieler vom 1. FCK: Marcel Witeczek (für sechs Mio. DM zu Bayern München), Frank Lelle (zum FC Homburg), Tom Dooley (zum US-Team nach Mission Viejo), Guido Hoffmann (zum SV Wehen/Hessen), Demir Hotic (zu Fenerbahce Istanbul) und Bernhard Winkler (zu 1860 München). Von Borussia Dortmund kam Michael Lusch, von den Stuttgarter Kickers Claus Reitmaier, der Gerry Ehrmann im Tor Konkurrenz machen sollte. Aus der eigenen Jugend rückte Thomas Hengen in den Kader.

So jubelt Trainer Friedel Rausch, wenn der 1. FCK 4:0 gegen Bayern München gewinnt.

Andreas Brehme, der bei Real Saragossa Probleme mit Trainer Victor Fernandez hatte, kam ablösefrei zum 1. FCK, den er 1986 verlassen hatte, zurück. Zusammen mit Ciriaco Sforza sorgte er für einen Boom beim Ansturm auf die Dauerkarten.

Der Start in die Saison 1993/94 gelang. Nach dem spielerisch überzeugenden 2:0 beim 1. FC Köln kamen über 35.000 Zuschauer zum ersten Heimspiel unter Rausch und mit Sforza, aber noch ohne den verletzten Brehme und sahen einen 4:2-Sieg des 1. FCK gegen Borussia Mönchengladbach. Als Tabellenführer fuhr der 1. FCK mit 4:0 Punkten zum Gipfeltreffen nach Frankfurt. Über 10.000 Fans aus der Pfalz kamen ins Waldstadion und sahen, wie Anthony Yeboahs Tor in der 16. Minute das Spiel zu Gunsten der Eintracht entschied. Die bessere Mannschaft hatte verloren und die lokaler Lobhudeleien unverdächtige *FAZ* bemerkte, der 1. FCK habe „alles mitgebracht, um in Frankfurt zu gewinnen. Kaiserslautern hatte mehr von der Partie, spielte den gepflegteren Fußball mit endlos-fließenden Kombinationen und einem überragenden Ciriaco Sforza im Mittelfeld." Nur eine Woche später kam der Deutsche Meister Werder Bremen auf den Betzenberg. Wenige Tage nach dem überzeugenden, aber Kraft raubenden 6:2 n.V. im DFB-Pokal beim VfB Stuttgart begann der 1. FCK stürmisch, doch Stefan Kuntz scheiterte am Pfosten. Dort landete auch Wolfgang Funkels Elfmeter, den Oliver Reck an Kuntz verschuldet hatte. Das 1:0 für Werder kurz vor der Pause fiel völlig überraschend. Uli Borowka überraschte Gerry Ehrmann mit einem gefühlvollen Heber, den ihm keiner zugetraut hätte. Nach Erikssons Ausgleich in der 72. Minute patzte Ehrmann, als er einen Schuss von Rufer nur abklatschte und Herzog zum 1:2 abstaubte. Auch das dritte Bremer Tor entstand aus einem Fehler Ehrmanns. Das 2:3 durch Kadlec' Freistoß in der 88. Minute war nur noch Ergebniskosmetik. Aus der Tabellenführung mit 4:0 Punkten war ein Mittelfeldplatz mit 4:4 geworden, obwohl die Mannschaft gut gespielt, aber kein Glück gehabt hatte. Friedel Rausch war es „fast schon peinlich, wenn mir schon wieder nach einer Niederlage für eine gute Leistung gratuliert wird."

Gegen Schalke 04 gab endlich Andreas Brehme seinen Einstand auf dem Betzenberg. Schon als er sich warm lief, wurde er mit „Andy, Andy!"-Rufen gefeiert. Brehme brachte Ruhe in das hektische Spiel, das ohne ihn vielleicht verloren worden wäre. Alle waren mit dem 0:0 zufrieden. Harte Arbeit lag hinter den Roten Teufeln, als sie mit einem 3:2-Sieg vom SC Freiburg zurückkamen. Dabei hatte der 1. FCK Glück, dass Schiedsrichter Dardenne den Freiburgern ein reguläres Tor aberkannte, als es 1:1 stand. Kein Glück brachte Prinz Saud Almanyan aus den Vereinigten Arabischen Emiraten Bayer Leverkusen. Er war extra zum Spiel der Leverkusener nach Kaiserslautern angereist. „Ich habe mich bei jedem Torjubel bei dem Prinzen entschuldigt, so wie sich das für einen Normalbürger gehört", flachste Präsident Norbert Thines nach dem 3:2 bei einem Pils.

Eintracht Frankfurt lag zwar einsam an der Spitze der Tabelle, aber ein klein wenig Anschluss konnte der 1. FCK durch diesen wichtigen Sieg halten. Doch im nächsten Auswärtsspiel bei Dynamo Dresden unterlag der 1. FCK mit 1:3. Der VfB Stuttgart musste eine Woche später dafür büßen. Stefan Kuntz erzielte drei Tore gegen Eike Immel, der insgesamt fünf Mal den Ball aus dem Netz holen musste. Die Saison blieb durchwachsen, und nach dem 0:4 bei Bayern München drohte Trainer Friedel Rausch mit Konsequenzen. „Die Münchener haben uns klar die Grenzen aufgezeigt … Zur Spitzenmannschaft fehlt uns eben noch einiges", bedauerte Rausch die Schlappe gegenüber dem *KICKERsportmagazin*. Erst haarsträubende Fehler der Wattenscheider in der Schlussphase sicherten im nächsten Heimspiel ein vermeintlich klares, aber tatsächlich glückliches 4:1 in einem schwachen Spiel.

Beim folgenden Auswärtsspiel bei Borussia Dortmund hatten sich beide Mannschaften schon mit einem 1:1 abgefunden, als dem ehemaligen Lauterer Michael Schulz drei Minuten vor Schluss durch die Beine einiger Dortmunder und Lauterer Spieler das 2:1 glückte. Nach dem 3:0 gegen den HSV hatte der 1. FCK ansehnliche 21:13 Punkte, zumal Eintracht Frankfurt eine Krise nahm und durch zwei Heimniederlagen nacheinander die Bundesliga wieder spannend machte. Sowohl der 1. FCK als auch die Eintracht hätten bei einem Sieg im letzten Spiel vor der Winterpause Tabellenführer werden können. Aber „in friedlicher Eintracht" trennten sich die beiden 1:1 und überließen Bayer Leverkusen die zweifelhafte Ehre, als Tabellenerster zu überwintern. Für einen Spieler erfüllte sich mit dem Schlusspfiff ein Traum: Stefan Kuntz durfte die USA-Reise der Nationalmannschaft mitmachen und kam dort sogar zu seinen ersten Einsätzen in Länderspielen. Derweil machten sich Friedel Rausch und Rainer Geye auf nach Prag, um Pavel Kuka für 1,5 Mio. DM vom finanziell ins Schlittern geratenen tschechischen Erstligisten Slavia Prag zu verpflichten.

Im DFB-Pokal hatte der 1. FCK nach einem mühevollen 3:1 n.V. bei Eintracht Haiger auch Borussia Mönchengladbach auswärts mit 3:2 besiegt. Das Viertelfinalspiel in

**Stefan Kuntz: Mit 31 Jahren wurde er Nationalspieler.**

Bremen war im November von Werder abgesagt worden. Unglücklich war, dass der 1. FCK Anfang Februar innerhalb von vier Tagen zwei Mal bei Werder Bremen spielen musste, erst im Pokal, dann in der Meisterschaft. Das Pokalspiel wurde zum Krimi. Sforza schoss das 0:1, Rufer glich aus und Bode gelang in der Verlängerung das 2:1. Alles schien verloren, zumal der 1. FCK Gerry Ehrmann durch eine Rote Karte verloren hatte. Aber Axel Roos glückte doch noch das 2:2: Elfmeterschießen! Andreas Brehme verschoss und Thorsten Legat tat es ihm nach. Den entscheidenden Fehlschuss tat Thomas Ritter, der zu schwach schoss und an Reck scheiterte. „Beide Mannschaften waren gut, aber wir waren am Ende die Deppen!“, war Friedel Rausch nach dem Spiel völlig frustriert. Sehnsüchtig wartete er auf die Spielerlaubnis für Pavel Kuka, der auch im Bundesligaspiel an gleicher Stelle noch nicht eingesetzt werden durfte. Anders als im Pokalspiel enttäuschte der 1. FCK am Samstag darauf und verlor verdient mit 0:2.

Zum ungünstigsten Zeitpunkt geriet nun beim 1. FCK der Fußball etwas in den Hintergrund und ein unnötiger Disput in die Schlagzeilen. Schon beim Neujahrsempfang hatte sich Stefan Kuntz erstaunt gezeigt, dass Rainer Geye noch nicht wegen der Verlängerung seines Vertrags auf ihn zugekommen sei. Aus einer Boulevardzeitung entnahmen die Fans schließlich die vermeintlichen Gründe für dieses Verhalten. Kuntz reagierte stocksauer und warf Geye „unterste Schublade“ vor: „Ich lasse mir meinen Namen nicht kaputtmachen.“ Geye hatte gefordert, Kuntz solle „erst mal wieder Leistung bringen." Außerdem hatte das Blatt Zahlen veröffentlicht, die nach Kuntz' Angaben so nicht stimmten und den Neid auf ihn schüren sollten. Norbert Thines vermittelte schließlich, und der Streit fand ein Ende. Kuntz verlängerte seinen Vertrag zu gleichen Bezügen für weitere zwei Jahre. Das „Wintertheater auf dem Betzenberg" *(ADN)* schadete der Mannschaft nicht. Das Auswärtsspiel beim 1. FC Nürnberg gewann der 1. FCK mit 2:0, und gegen den starken KSC gab es ein 0:0. Doch in Schalke fiel der 1. FCK wieder in alte Verhaltensweisen zurück und ergab sich in die 0:2-Niederlage.

Zum nächsten Spiel gegen den SC Freiburg war alles auf dem Betzenberg neu. Pavel Kuka gab endlich sein Debüt, und das Dach der alten Nordtribüne war verschwunden. Die Mannschaften zogen sich in Containern um, die Kabinen waren genau so weg wie der Pressetreff und die VIP-Räume. Der Weg aufs Spielfeld führte durch eine Baustelle. Fußball anno März 1994 fand in Kaiserslautern im Ambiente der frühen 60er Jahre statt, als an gleicher Stelle noch die alte Holztribüne stand. Zeitgleich mit dem Dach war auch der langjährige Stadionsprecher Udo Scholz nicht mehr da, der über finanzielle Unregelmäßigkeiten gestolpert war und dem der 1. FCK eine goldene Brücke gebaut hatte, um sich in beiderseitigem Einvernehmen zu trennen. Ersetzt wurde Scholz durch Horst Schömbs, einen Bankkaufmann, der als Stadionsprecher von Mainz 05 entsprechende Vorerfahrungen im Umgang mit den Fans hatte.

Der SC Freiburg hielt gut mit, griff aber, als es nach Wagners 1:0 mit dem Ausgleich nicht klappte, zu unfairen Mitteln. Fouls an Sforza und Kuka pfiff Schiedsrichter Führer nicht und musste beim Gang zu seinem Container von der Polizei geschützt werden. Leider verletzte sich Stefan Kuntz schon nach 23 Minuten, und so konnte die Premiere des neuen Stürmer-Duos Kuntz und Kuka nicht stattfinden. Der Prager war dennoch zufrieden: „Wir haben gewinnen", versuchte er sich erstmals in Deutsch und dachte bereits an das nächste Spiel bei Bayer Leverkusen. Dort war der 1. FCK die bessere Mannschaft, vergab aber zu viele Chancen und verlor mit 2:3. Der UEFA-Cup-Platz war gefährdet und an höhere Ziele wie die Meisterschaft dachte nun ernsthaft keiner mehr. Erst recht nicht, als gegen Dynamo Dresden nur ein 0:0 heraussprang. Doch beim VfB Stuttgart riss sich die Mannschaft aus ihrer Lethargie und spielte 1:1. Auch gegen den VfB Leipzig drohte ein 0:0, doch Sforza erlöste die Fans zwei Minuten vor Schluss auf Vorarbeit von Lusch mit dem 1:0. Dieser Sieg war der Auftakt zu einer unglaublichen Serie. Eine Woche danach erlitt der inzwischen aus der Spitzengruppe ausgeschiedene MSV Duisburg auf dem eigenen Platz eine 1:7-Schlappe. Nach seinem ersten Treffer in Leverkusen schoss Kuka drei Tore gegen die „Zebras". Am darauf folgenden Donnerstag kam Tabellenführer Bayern München auf den Betzenberg. Nach diesem denkwürdigen Spiel lag der 1. FCK nur noch zwei Punkte und zwei Tore hinter den Bayern. Nie zuvor hatte Franz Beckenbauer als Trainer oder als Teamchef, sei es mit Olympique Marseille oder mit der deutschen Nationalmannschaft, so hoch verloren. 4:0 gewann der 1. FCK durch Tore von Wagner, Sforza und Kuka (2). Sprachlos verzog sich der „Kaiser" und stellte sich nicht einmal den Fragen der Presse.

**Der zweifache Torschütze Pavel Kuka narrt Lothar Matthäus.**

Zwar gewann Bayern sein nächstes Heimspiel gegen den 1. FC Nürnberg mit 2:1, doch ein Regelverstoß machte es notwendig, dass dieses Spiel neu angesetzt wurde. Der 1. FCK hatte am Abend zuvor bei Wattenscheid 09 mit 2:0 gewonnen. Vor dem Spiel gegen Borussia Dortmund war der 1. FCK nach Pluspunkten gleich auf mit Bayern München, das ein Spiel im Rückstand war. Die Lauterer hatten nun einen psychologischen Vorteil, denn sie hatten einen unheimlichen Lauf, während die Bayern durch das 0:4 und durch die Auseinandersetzungen um das falsche Tor gegen den 1. FCN verunsichert waren. Auch die Dortmunder konnten den 1. FCK nicht stoppen und verloren mit 0:2. 70 Kilometer weiter südöstlich im Karlsruher Wildparkstadion gab sich zur gleichen Zeit der KSC mit einem 1:1 gegen die Bayern zufrieden und verlor einen wichtigen Punkt im Kampf um einen UEFA-Cup-Platz. Bayern München hatte jetzt 40:24 Punkte, der 1. FCK war Tabellenführer mit 41:25. Doch das Wiederholungsspiel gegen den 1. FCN gewannen die Münchner nach einer schwachen ersten Halbzeit noch klar mit 5:0, womit sie nicht nur einen Punkt vor dem 1. FCK lagen, sondern auch die bessere Tordifferenz besaßen.

Trotzdem fuhren 20.000 Fans des 1. FCK am 7. Mai zum letzten Spiel nach Hamburg. Bayern München hatte es zur gleichen Zeit mit Schalke 04 zu tun, das den Abstieg bereits vermieden hatte. Die Schalker spielten in der ersten Halbzeit gut mit und vergaben drei klare Torchancen. Nach der Pause schossen die Bayern zwei Tore und entschieden die Meisterschaft für sich. Aber der 1. FCK hing sich beim HSV noch voll rein und machte in der letzten Minute aus dem 1:1 noch ein 3:1 durch die Tore von Kuntz und Wagner. Durch sein Tor in der 90. Minute wurde Stefan Kuntz gemeinsam mit Anthony Yeboah bester Torschütze der Saison mit jeweils 18 Treffern. Um einen Punkt und ein paar Tore hatte der 1. FCK die Meisterschaft verfehlt, nach 12:0 Punkten aus den letzten sechs Spielen. Der Endspurt war zu spät gekommen und die Frage tat sich auf: Was wäre gewesen, wenn Pavel Kuka, der in seinen zehn Spielen acht Tore erzielt hatte, früher für den 1. FCK hätte spielen können? Aber in der Pfalz freuten sich die Fans über diesen zweiten Platz mehr als die Münchner über die Meisterschaft. Am Sonntag versammelten sich 25.000 Fans vor dem Rathaus von Kaiserslautern und feierten ihre Mannschaft. „Ich möchte mit Kaiserslautern Meister werden, vielleicht dann im nächsten Jahr", motivierte Friedel Rausch sich und die Anhänger für die neue Saison.

Doch dazwischen lag für die einen Urlaub, für die anderen die Weltmeisterschaft in den USA und für einige die Suche nach einem neuen Verein. Der zum Reservespieler degradierte, aber auch lange Zeit verletzte Schwede Jan Eriksson tendierte zu einem Wechsel nach England und freute sich außer über sein Baby auf die WM. Die Verletzung, die erneut aufbrach, verhinderte seine Teilnahme, das Thema England war vorläufig erledigt. Miroslav Kadlec und Pavel Kuka schauten traurig drein. Hauchdünn nur hatte das Team der Tschechen und der Slowaken die Teilnahme an der WM verpasst. Ciriaco Sforza sah sich bereits bei Lazio Rom, doch die Vereine konnten sich nicht über die Ablösesumme einigen. So fuhr der Schweizer erst einmal zu seiner Nationalmannschaft, die sich erstmals seit 1966 wieder für ein WM-Endturnier qualifiziert hatte. Für Stefan Kuntz hielt das Bangen um sein WM-Ticket immer noch an. Doch am Tag danach wusste er, dass er mit Andreas Brehme und Martin Wagner zum Aufgebot für die WM gehörte. Drei Lauterer bei einer Weltmeisterschaft hatte es lange nicht mehr gegeben. Alle kamen zum Einsatz, mit wechselndem Erfolg, aber nie gemeinsam.

Trotz eines Jahres ohne die Einnahmen aus dem UEFA-Cup und ohne große Spiele gegen internationale Gegner hatten die Fans in der Pfalz ein begeisterndes Fußballjahr 1993/94 auf dem Betzenberg erlebt, das zweitbeste des 1. FCK überhaupt. An das erfolglose Zobel-Intermezzo verschwendete keiner mehr einen Gedanken.

## Saison 1994/95: Abschied von Kuntz und Sforza

Der Etat des 1. FCK für die neue Saison betrug 22 Mio. DM und war der bis dahin höchste der Vereinsgeschichte. Der unzufriedene Torhüter Claus Reitmaier wechselte für 1,6 Mio. DM zum KSC; Marcus Marin ging für 950.000 DM zum FC Sion in die Schweiz. Thorsten Lieberknecht wurde an den SV Waldhof Mannheim ausgeliehen, und für Jan Eriksson wurde nach dem geplatzten Wechsel zum FC Everton ein neuer Verein gesucht. Später lieh AIK Stockholm den Schweden aus und gab ihn an Servette Genf weiter. Als Mann hinter Gerry Ehrmann kam Andreas Reinke für 950.000 DM vom FC St. Pauli. Außer den beiden Jugendspielern Cem Karaca und Thomas Riedl wurden Dirk Flock von den Stuttgarter Kickers und Matthias Hamann von Eintracht Trier verpflichtet. Die drei Top-Einkäufe kamen aus dem Osten: Dirk Anders kam für 1,6 Mio. DM vom Absteiger VfB Leipzig, während Peter Nowak und Olaf Marschall Geld in die leere Kasse von Dynamo Dresden brachten. Marschall war der bis dahin teuerste Transfer des 1. FCK überhaupt und kostete 2,97 Mio. DM.

Ohne Glanz, aber erfolgreich nahm der 1. FCK die erste Hürde im DFB-Pokal bei der SG Egelsbach. Nach dem 2:0 hofften die Lauterer nach drei Jahren ohne Pokalheimspiel auf ein günstiges Los. Das brachte zwar tatsächlich ein Heimspiel, aber dafür hieß der Gegner Borussia Dortmund. Vorher wurde aber mit dem 1:0 gegen die Glasgow Rangers die neue Nordtribüne, die natürlich längst noch nicht fertig war, offiziell eingeweiht. Auch die Premiere in der Bundesliga gelang mit dem 1:0 bei Bayer Leverkusen. Gegen Eintracht Frankfurt hatte der 1. FCK Glück, als Schiedsrichter Osmers in der 82. Minute Elfmeter pfiff. Stefan Kuntz glich die Führung der Frankfurter durch Yeboah aus. Bei Borussia Dortmund gab es eine Woche später eine 1:2-Niederlage. Mit 3:3 Punkten stand der 1. FCK nun im Mittelfeld der Tabelle und wusste noch gar nicht so recht, wo er eigentlich im Vergleich mit den anderen stand.

**Das folgenschwere Handspiel von Ciriaco Sforza im Spiel gegen den VfB Stuttgart.**

Als nächster Gegner kam der gut gestartete VfB Stuttgart auf den Betzenberg. Der VfB spielte und ließ den Ball geschickt laufen, der 1. FCK machte die Tore. Durch Sforza und Kadlec führten die Lauterer nach 35 Minuten mit 2:0. Nachdem Strunz die Stuttgarter noch vor der Pause auf 2:1 herangebracht hatte, schoss Sforza in der 75. Minute ein Tor, das zwar wichtig für den 1. FCK war, das aber der Schweizer hinterher verfluchte. Er nahm den Ball mit der Hand mit, was nur der Schiedsrichter nicht sah, und wurde in den folgenden Wochen und Monaten als Betrüger und Schlitzohr gebrandmarkt und gar vor den DFB gezerrt, wo er aber ohne Strafe davonkam. Gleich nach dem Schlusspfiff (3:2) hatte Sforza den Fehler begangen, sein Tun als profihaft zu verkaufen. Mit etwas Abstand zum Geschehen kam die Reue.

Wenig später gastierte der 1. FCK bei IA Akranes, seinem ersten UEFA-Cup-Gegner. Das 4:0 ließ den Isländern für das Rückspiel in Kaiserslautern keine Chance. Von nun an waren englische Wochen auf dem Betzenberg angesagt. Borussia Dortmund kam zum Pokalspiel und beschwerte sich nach 120 Minuten, die gelb-schwarzen Spieler seien „Freiwild" gewesen und der Schiedsrichter habe mehrere brutale Fouls gegen Andreas Möller nur mit Gelben Karten bestraft. Dabei hatte ausgerechnet Möller Hektik ins Spiel gebracht, als er Ciriaco Sforza seinen Ellenbogen in dessen Rippen stieß, worauf Sforza den Rest der regulären Spielzeit im Städtischen Klinikum verbringen musste. Fortan wälzten sich im Minutentakt hüben und drüben Spieler mit schmerzverzerrten Gesichtern auf dem Rasen. Zehn Gelbe und eine Gelb-Rote Karte zeugten von einem ultimativen Pokalfight ohne Wenn und Aber. Tore fielen auch noch. In der 38. Minute profitierte Chapuisat von einer Unaufmerksamkeit Brehmes und schoss nach einer Flanke von Povlsen das 0:1. Drei Minuten nach der Pause glich Dirk Anders aus, verletzte sich aber bei seinem Schuss so schwer, dass er vom Platz getragen werden musste. Als Povlsen in der 57. Minute das 1:2 gelang, sahen die Dortmunder lange Zeit wie der sichere Sieger aus. Doch dann unterlief Bodo Schmidt zwei Minuten vor Schluss ein Handspiel, und Andreas Brehme verwandelte den Elfmeter zum 2:2 – Verlängerung! Die Borussia ging durch Sammer erneut in Führung. Doch Thomas Franck war in der 80. Minute vom Platz gestellt worden, und in der Folge taten sich unter dem Dauerdruck der Lauterer immer mehr Löcher in der BVB-Abwehr auf. Nur zwei Minuten nach dem 2:3 knallte Miroslav Kadlec den Ball zum 3:3 ins Netz. „Elfmeterschießen, auch das noch!", schoss es durch die Köpfe der 30.000. Doch in der 102. Minute hielt Olaf Marschall, der verletzt weiterspielte, weil keine Auswechslung mehr möglich war, seinen Fuß an eine Flanke von Brehme – 4:3! Den schönsten Spielzug krönte Pavel Kuka nach präziser Hereingabe von Marco Haber mit dem entscheidenden 5:3. Eine Minute vor Schluss folgte das 6:3 durch Martin Wagner, das aber dem Verlauf des Spiels nicht mehr entsprach. Am Rande des Rasens hatten sich während des Spiels, angeheizt von akrobatischen Sprungübungen des BVB-Co-Trainers Michael Henke, dessen Chef Ottmar Hitzfeld und Lauterns Trainer Friedel Rausch gegenseitig mit verbalen und nonverbalen Nettigkeiten bedacht. Am Ende

**Pokalfight gegen Dortmund – 6:3 nach 120 Minuten**

fanden beide das alles gar nicht so schlimm, weil sie das schon aus ihrer gemeinsamen Zeit in der Schweizer Nationalliga A gewohnt seien. Rausch bezeichnete Hitzfeld später als „Wolf im Schafspelz" und hielt ein Plädoyer für seinen Fußball: „Die Härte ist nun mal Bestandteil unseres schönen Männersports."

Motivationsprobleme gab es gegen IA Akranes im Rückspiel des UEFA-Cups keine. Das Spiel stand eher unter dem Motto „Just for fun" und geriet zur fröhlichen Winkestunde für Fans, Spieler und Trainer. Mit dem 4:1 waren alle zufrieden, aber die Fans trauerten um ihre Westtribüne, die zum Teil mit Klappsitzen ausgestattet und ziemlich leer war. Die Stehplätze waren entsprechend reduziert worden, so dass ein Teil der Fans in die Osttribüne ausweichen musste. Der 1. FCK ohne seine Westtribüne – für schwerere Spiele im UEFA-Cup musste Schlimmes befürchtet werden!

Aber in Baden und der Pfalz fieberten zunächst alle dem Derby KSC – 1. FCK entgegen. Der KSC brauchte dringend einen Sieg, um mit seiner teuren Mannschaft um Thomas Häßler vorne dranzubleiben. Der 1. FCK wollte nicht verlieren, um selbst Anschluss zur Spitze zu halten. Claus Reitmaier im Tor des KSC schaute zur Halbzeit wie ein saurer Joghurt drein. Sforza, Kuka und Marschall hatten den 1. FCK mit 3:0 in Führung geschossen. Hätte Sforza direkt nach dem Wiederanpfiff das 4:0 erzielt, wäre der KSC als Verlierer vom Platz gegangen. So aber bauten die Lauterer die Karlsruher auf, als Wolfgang Funkel gegen Carl nachtrat und die Rote Karte sah. Dem 1. FCK fehlte ab da ein stabiles Element seiner starken Abwehr und der KSC wurde zusehends offensiver. Zwischen der 74. und der 79. Minute glichen Bonan und Knup (2) zum 3:3 aus. Nach Spielende war Friedel Rausch froh, dass seine Mannschaft nicht noch verloren hatte. Karlsruhe war der Anfang einer ganzen Reihe von Spielen, in denen der 1. FCK einen Vorsprung in den letzten 20 Minuten nicht verteidigen konnte. Auch gegen Bayern München sah der 1. FCK lange wie der Sieger aus, doch das 1:0 durch Kuka in der 9. Minute glich Zickler auf Zuspiel von Matthäus in der 77. Minute aus. Beinahe hätte Bayern das Spiel gar noch gewonnen. Innerhalb von fünf Tagen hatte der 1. FCK leichtsinnig zwei Punkte verschenkt, die ihm zum Sprung an die Tabellenspitze fehlten. Mit 11:5 Punkten reisten die Roten Teufel zu Dynamo Dresden und verloren mit 0:1. Kein Lauterer Spieler erreichte seine normale Form und alle rannten ohne Konzept und Ordnung dem frühen Tor von Ekström hinterher.

In der zweiten Runde des UEFA-Cups hieß der Gegner des 1. FCK Odense BK aus Dänemark. Der 1. FCK unterschätzte die forschen Dänen, bei denen auch Michael Schjönberg am Ball war und geriet in einem schwachen Spiel nach 72 Minuten in Rückstand. Sforza gelang drei Minuten später wenigstens noch der Ausgleich, aber den Zuschauern schwante bei diesem ungünstigen Ergebnis nichts Gutes. Auch das nächste Bundesligaspiel gegen Werder Bremen brachte dem 1. FCK keinen Sieg, obwohl er überlegen war. Das 1:0 durch Kuka glich Bestschastnich in der 73. Minute aus. Beim VfL Bochum gelang rechtzeitig vor dem UEFA-Cup-Rückspiel in Odense ein 2:0-Sieg. In Dänemark musste der 1. FCK auf jeden Fall ein Tor schießen, um weiterzukommen bzw. eine Verlängerung zu erreichen. Aber obwohl Friedel Rausch

Martin Wagner und Stefan Kuntz, beide Rekonvaleszenten, einwechselte, glückte den Roten Teufeln kein Treffer. Auch Odense BK blieb ohne Torerfolg, kam aber dank des auswärts erzielten Tores eine Runde weiter und schaltete dort Real Madrid aus, bevor der spätere UEFA-Cup-Sieger AC Parma Endstation war. Der 1. FCK rehabilitierte sich ein wenig im darauf folgenden Heimspiel gegen den SC Freiburg. Ein fragwürdiger Elfmeter, verursacht von Todt an Sforza, brachte dem 1. FCK durch Brehme den glücklichen 3:2-Sieg.

Im DFB-Pokal schloss der 1. FCK an das Spiel gegen Borussia Dortmund an. Zweitligist Fortuna Köln ging zwar bereits nach zehn Minuten in Führung und kam auch zwischenzeitlich zum 2:2, aber nach 76 Minuten stand es 5:2 und viele Zuschauer verließen, um den Stau zu umgehen, das Stadion. Sie verpassten drei weitere Tore, denn der 1. FCK gewann mit 7:3 und bekam im Viertelfinale wiederum zu Hause den FC St. Pauli zugelost. Vorher mussten die Lauterer mit dem 0:4 bei Borussia Mönchengladbach ihre erste Schlappe in dieser Saison einstecken. Mit 22:12 Punkten zur Winterpause war der Sprung an die Tabellenspitze nur noch ein utopischer Traum.

Gegen Herbstmeister Borussia Dortmund ging es um die letzte Chance, noch einmal selbst in das Rennen um die Meisterschaft eingreifen zu können. Mehr noch als der Fußball stand die Frage im Vordergrund, wie sich die beiden Trainer nach den Vorkommnissen beim Pokalspiel verhalten würden. Aber Hitzfeld und Rausch nahmen dem Spiel den Charakter eines von gewissen Medien prophezeiten Ersatzkriegs und gaben sich die Hand. Auch Norbert Thines intervenierte erfolgreich bei den Fans, die lediglich Andreas Möller trotz Stefan Kuntz' Fürbitte weiterhin schmähten. Borussia Dortmund enttäuschte 90 Minuten lang und verlor durch Stefan Kuntz' Tor in der 45. Minute mit 0:1. Der 1. FCK leitete die Phase der Rückrunde ein, in der Borussia Dortmund zu wanken begann und der Vorsprung Punkt um Punkt zusammenschmolz. „Pokal ohne Pauli" war einige Tage später die deprimierende Bilanz für mehr als 5.000 St.-Pauli-Fans, die der Westtribüne manche Lektion in phantasievoller und intelligenter Fanunterstützung gaben. Trotz der 2:4-Niederlage feierten sich die Fans noch lange nach Spielende selbst für ihr zahlreiches Erscheinen. Dass ihre Mannschaft das Halbfinale und damit letztlich auch das Endspiel in Berlin verpasst hatte, hakten sie derb ab: „Wir scheißen auf Berlin!"

Nach diesem Sieg verließ die Roten Teufel das Losglück. Der 1. FCK bekam den schwersten der drei verbliebenen Halbfinalisten zugelost und musste zu Borussia Mönchengladbach. Bis dahin ging es aber in der Bundesliga weiter um den Anschluss an die führenden Dortmunder und Bremer. Aus seinen nächsten fünf Spielen holte der 1. FCK 6:4 Punkte und blieb dabei ungeschlagen, verlor aber Boden im Kampf um die Meisterschaft. 2:2 beim VfB Stuttgart, 1:1 gegen Bayer Uerdingen, 1:0 bei Schalke 04, 0:0 gegen den KSC und 1:1 bei Bayern München – mindestens gegen Uerdingen und bei Bayern handelte es sich um unnötige Punktverluste. Danach war Dramatik pur angesagt, das eigentliche Endspiel um den DFB-Pokal, das eine ungeschickte Losfee zu früh gezogen hatte. Zwei gleich starke Mannschaften boten ein Spiel der etwas anderen Art mit offensivem Fußball und vielen Chancen, von denen der 1. FCK sogar ein paar mehr hatte. Doch keiner traf ins Tor, und so entschied Heiko Herrlich in der 101. Minute das Spiel zugunsten Borussias. Der 1. FCK war in der Folge so geschockt, dass er nichts mehr zusetzen konnte und das Endspiel knapp verpasste.

**Zuschauer pöbeln: „Sforza raus"**

Nachdem bereits beim Spiel gegen den KSC – es war das erste Heimspiel, nachdem Sforzas Wechsel zu Bayern München bekannt geworden war – erste Pfiffe gegen ihn zu hören waren, steigerten sich die Missfallensäußerungen gegen den Schweizer Nationalspieler gegen Dynamo Dresden ins Unerträgliche. Als ihm einige Pässe misslangen, kam nicht nur von der Westtribüne ein kollektives „Sforza raus!". In der Pressekonferenz distanzierte sich Friedel Rausch deutlich von den Schreihälsen: „Wenn das so weitergeht, kann ich den Ciri zu Hause nicht mehr aufstellen. Der Junge ist moralisch am Ende." Als daraufhin Pfiffe von der Wandelhalle der Nordtribüne nach oben schallten, platzte Rausch der Kragen. „Ich lasse nicht zu, dass mein Spieler systematisch fertig gemacht wird und wenn das nicht aufhört, werde ich über das Ende meiner Tätigkeit als Trainer beim 1. FCK zum Ende der Saison nachdenken!" Das saß. Fragen beantwortete er keine mehr und entschwand schneller als je zuvor. Das Präsidium berief eilig eine Krisensitzung ein, an der auch der Trainer teilnahm. Eine halbe Stunde später verkündete Norbert Thines das Dementi. „Unser Trainer ist in einer seelisch nicht guten Verfassung. Er hat aber gesagt, dass er seinen Vertrag beim 1. FCK erfüllen wird." Die Osterfeiertage in der Pfalz waren gerettet.

Ein Sieg eine Woche später bei Werder Bremen hätte den 1. FCK bis auf einen Punkt an Borussia Dortmund herangebracht, das bei Bayern München mit 1:2 verloren hatte. Nach einer grandiosen ersten Halbzeit verspielten die Lauterer durch Leichtsinnsfehler ihre 2:0-Führung gegen die völlig überraschten Bremer und mussten am Ende froh über das 2:2 sein. Auch nach dem 3:1 gegen den VfL Bochum war für den 1. FCK die Meisterschaft noch greifbar. Borussia Dortmund führte mit 41:15 Punkten vor Werder Bremen mit 40:16 und dem 1. FCK mit 39:17. Aber in den folgenden drei Spielen brachten sich die Lauterer selbst um ihre letzte Chance, Meister zu werden, zumal Borussia Dortmund bei Werder Bremen verlor und Bremen in Schalke den Kürzeren zog. Schon nach fünf Minuten lag der 1. FCK beim SC Freiburg mit 0:1 zurück. Kuka gelang in der 34. Minute der Ausgleich. In der zweiten Halbzeit war das Spiel lange offen. Dann traf Marco Haber nur den Pfosten und weckte mit seinem Gewaltschuss das ganze Dreisamstadion auf. Cardosos Pass in der 68. Minute berechnete Flock falsch und Heinrich kam frei zum Schuss – 2:1! Das 3:1 durch Kohl und das 4:1 wieder durch Heinrich brachten dem SCF den „ersten Sieg gegen Angstgegner Kaiserslautern", frohlockte die *Badische Zeitung*.

Gegen Borussia Mönchengladbach schien die Luft dann schon raus. Das 2:2 war ein gerechtes Ergebnis in einem Spiel zwischen zwei Mannschaften, die die Meisterschaft abgehakt hatten, aber noch um den Platz im UEFA-Cup spielten. Nach dem Spiel wähnte man sich atmosphärisch bereits am Ende der Saison angelangt. Doch das

Ziel des 1. FCK geriet selbst verschuldet noch einmal in große Gefahr, als die Mannschaft nach einer 2:1-Führung beim MSV Duisburg überheblich wurde und prompt in den letzten 14 Minuten noch zwei Tore kassierte. Für Ciriaco Sforza, der nach dem Hin und Her um seinen Wechsel in ein Leistungsloch gefallen war, begann seine schlimmste Zeit in Kaiserslautern. Die Fans, die sich beim Spiel gegen den VfL Bochum auf Geheiß des Trainers allzu schnell mit ihm versöhnt hatten und gegen Borussia Mönchengladbach ein mit Handkuss garniertes Traumtor serviert bekamen, nahmen Sforza Passagen einer Reportage in der *Schweizer Illustrierten* übel. Darin hatte der Schweizer nicht, wie behauptet wurde, die Pfälzer pauschal als dumm bezeichnet, sich aber stellenweise ungeschickt und undiplomatisch geäußert, was nicht ohne Folgen blieb. „Sforza, jetzt reicht's!", war ein Flugblatt überschrieben, das mehrtausendfach vor dem Spiel gegen den HSV auf der Westtribüne verteilt wurde. Wegen der mäßigen Leistungen, vor allem aber um ihn vor den aufgebrachten Fans zu schützen, setzte Friedel Rausch Sforza auf die Bank und hielt daran auch beim Spiel gegen 1860 München fest. Das 4:1 gegen den HSV und das 3:1 bei den „Löwen" sicherten dem 1. FCK endgültig den Platz im UEFA-Cup.

**Sforza auf der Bank**

Aber gleichzeitig geisterte ein Gerücht über den Betzenberg, das sich bald bestätigen sollte. Stefan Kuntz wechselte zum türkischen Meister Besiktas Istanbul! Christoph Daum, der damalige Trainer der Türken, der bereits den ehemaligen Torhüter von Bayern München, Raimund Aumann in seinen Reihen hatte, sollte den Kontakt geknüpft haben. „Mit Kuntz geht ein Stück Pfalz verloren", bedauerte Nicht-Pfälzer Rausch und spielte auf den hohen Imagewert seines Stürmers an, der sich über den Fußball hinaus auch auf dem gesellschaftlichen Parkett zu bewegen wusste. Doch ein unzufriedener Stefan Kuntz, der in dem Angebot aus der Türkei auch die Möglichkeit sah, noch einmal etwas ganz anderes und Neues zu machen, hätte dem 1. FCK in der neuen Saison nicht viel genützt. Zum anderen konnten weder Kuntz noch der 1. FCK das Angebot von Besiktas ablehnen, denn eine Ablösesumme von 3 Mio. DM hätte der 1. FCK nach Ablauf des Vertrags nie mehr bekommen, und Kuntz hätte damals nirgendwo anders einen Zweijahresvertrag mit Option für ein drittes Jahr für 3 Mio. DM jährlich erhalten. Für den 1. FCK blieb eine Menge Geld für den damals fast 33-Jährigen, aber auch die Ungewissheit, wer Kuntz in der Saison 1995/96 ersetzen sollte.

So machte sich vor dem letzten Spiel gegen den 1. FC Köln Schwermut bei vielen Zuschauern bemerkbar. Der Wechsel von Michael Lusch war nichts anderes als ein normaler Wechsel eines Spielers, der nach zwei Jahren in der Pfalz wieder zurück in den Westen wollte. Bei Marco Haber sagten viele: „Schade, dass er geht, jetzt, wo er wieder zu sich selbst gefunden hat!" Ciriaco Sforzas Veränderung zu Bayern München und deren Begleitumstände verdarben dem genialen Spielgestalter den verdienten rauschenden Abschied. Immerhin bekam er mehr Beifall als Pfiffe, doch keiner hätte damals geglaubt, dass er jemals als Spieler des 1. FCK zurückkehren würde. Aber Stefan Kuntz rückte alle in den Hintergrund. Transparente, Blumen, Geschenke, Schulterklopfen, Ratschläge ... Mit ihm gaben die Fans des 1. FCK im doppelten Sinne ein

**Wie geht's weiter ohne Kuntz und Sforza – fragt man sich nicht nur auf der Westtribüne.**

Stück dieses 1. FCK auf: Ihn loslassen und resigniert die Entscheidung der Familie Kuntz akzeptieren, aber auch verziert wie ein liebevoll geschnürtes Paket für einen lieben Menschen, ihn mit den besten Wünschen nach Istanbul entlassen. Zum Abschluss seiner aktiven Zeit beim 1. FCK gelangen der Nr. 11 zwei Tore. Das dritte steuerte sein bester Freund in der Mannschaft, Marco Haber, bei.

„Ganz nach oben in den Himmel zu kommen, haben wir nicht geschafft!" bilanzierte Trainer Friedel Rausch die Saison, die der 1. FCK mit 46:22 Punkten und 58:41 Toren als Tabellenvierter hinter Meister Borussia Dortmund, Werder Bremen und dem SC Freiburg beendete. Ärger empfand er nur über das verpasste Pokalfinale und freute sich schon eine halbe Stunde nach Spielschluss auf die neue Saison. Das Lachen sollte ihm bald vergehen. Und nicht nur ihm: Der Verein stand vor den dramatischsten Jahren seiner fast hundertjährigen Geschichte.

# Zwischen Hölle und Himmel

## Wie Friedel Rausch sich selbst täuschte, Eckhard Krautzun trotz des Pokalsiegs gehen musste und mit Otto Rehhagel alles gut wurde

### Saison 1995/96: Abstieg vom höchsten Berg der Pfalz

Die neue Saison begann mit einem Ereignis, das die Lauterer eher als amüsierte Beobachter zur Kenntnis nahmen: Otto Rehhagel wechselte zur neuen Saison von Werder Bremen zu Bayern München. Am Betzenberg war ein Trainerwechsel kein Thema. Friedel Rausch peilte große Ziele an, aber unter ungünstigen Vorzeichen.

Wie schon nach dem Gewinn der Deutschen Meisterschaft 1991, als Schupp, Labbadia und Friedmann den 1. FCK verlassen hatten, verabschiedeten sich auch im Sommer 1995 mit Stefan Kuntz und Marco Haber zwei Spieler aus der Region, die für eine enge Beziehung zwischen Spielern und Zuschauern standen. Von den 29, die nun zum Aufgebot gehörten, kamen nur noch fünf aus der Pfalz: Axel Roos, Thomas Hengen, Thomas Riedl, Roger Lutz und Christoph Dengel. Eine Leitfigur wie Kuntz war nicht unter ihnen.

Dabei hatte der 1. FCK seine besten Zeiten immer dann, wenn (mindestens) ein Spieler aus dem Lauterer Umfeld die Mannschaft mitriss und das Publikum begeisterte. Nach Fritz Walter in den 50er Jahren fiel der 1. FCK erst einmal in ein Loch und hatte Mühe, sich einen Platz in der Bundesliga zu erkämpfen. Ende der 60er und Anfang der 70er Jahre inspirierte Jürgen „Atze" Friedrich den 1. FCK spielerisch. Und bis Mitte der 80er Jahre, als er zu Hellas Verona wechselte, fesselte Hans-Peter Briegel die Pfälzer an den Betzenberg. Dann – 1989 – kam zwei Jahre vor der Meisterschaft Stefan Kuntz …

Der 1. FCK ging mit einem Etat von 28,2 Mio. DM in die neue Saison, für die er in Masse statt Klasse investiert hatte. Uwe Wegmann (VfL Bochum), Bernd Hollerbach (FC St. Pauli), Claus-Dieter Wollitz (VfL Wolfsburg), Frank Greiner (1. FC Köln) und Mario Kern (Dynamo Dresden) sollten die entstandenen Lücken füllen. Dazu gesellten sich der australische Torhüter Mark Schwarzer, ebenfalls aus Dresden sowie Harry Koch vom bayrischen Amateur-Oberligisten TSV Vestenbergsgreuth.

### Schwächen schon vor dem Start

Schon die ersten Spiele vor dem Start in die Saison ließen nichts Gutes erahnen. Andreas Brehme sah bereits jetzt sein Ziel, den UEFA-Pokal zu gewinnen, in Gefahr: „Vielen von uns fehlt Erfahrung. Deshalb müssen wir noch einen Internationalen holen."

Erst einmal flog aber ein Internationaler vom Platz. Beim 1:1 im ersten Spiel bei Borussia Dortmund sah Pavel Kuka die Gelb-Rote Karte. Und bei der Heimpremiere gegen Borussia Mönchengladbach setzte es eine 1:3-Niederlage. In der 1. DFB-Pokalrunde entgingen die Roten Teufel mit viel Glück zwei Minuten vor Ende der Verlängerung einem Elfmeterschießen, aber das 4:3 bei Fortuna Köln half lediglich, die Probleme weiter zu verschleiern.

Nach dem 2:1 beim FC St. Pauli glaubte man auf dem Betzenberg an die Wende zum Guten. Und danach sah es auch beim nächsten Heimspiel aus, bis Fredi Bobic sechs Minuten vor Spielende den Stuttgarter 1:1-Ausgleich erzielte. Wieder war deutlich geworden, dass im Mittelfeld ein Lenker wie der abgewanderte Ciriaco Sforza fehlte, doch es kam kein neuer Stratege, sondern mit dem deutschstämmigen Tschechen Horst Siegl, ausgeliehen für 500.000 DM bis Saisonende von Sparta Prag, ein Stürmer. Doch sein Debüt missglückte. Ohne Brehme, Kuka, Wagner und Marschall unterlag der 1. FCK bei Eintracht Frankfurt mit 1:3. Während *Bild* „Lautern im Abstiegskampf" sah, zeigte sich Trainer Rausch trotzig angesichts der erfolglosen Suche nach einem neuen Regisseur: „Wir lassen uns nicht ausbeuten, sieben Millionen zahlen wir nicht."

In der 1. Runde des UEFA-Pokals gab es im Hinspiel bei Slovan Bratislava eine 1:2-Niederlage, die den Lauterern für das Rückspiel alle Möglichkeiten ließ.

Drei Tage später schoss Markus Babbel beim Gastspiel der Bayern den 1. FCK drei Minuten vor Schluss mit seinem Treffer zum 3:2-Sieg in den Abgrund der Tabelle. Nur noch einen Punkt getrennt vom ersten Abstiegsplatz, erlebten die Lauterer den schlechtesten Saisonstart auf eigenem Platz in der Bundesliga. Die Verantwortlichen, allen voran Präsident Norbert Thines, blickten jedoch weiterhin durch ihre rosarote Brille: „Das war die Wende, jetzt geht's aufwärts." Doch davon konnte auch nach dem vermeintlich klaren, aber nicht überzeugenden 3:0 gegen Wattenscheid 09 im DFB-Pokal keine Rede sein.

Nach dem 1:1 bei Werder Bremen und dem 3:0 im UEFA-Cup-Rückspiel gegen Slovan Bratislava keimte wieder Hoffnung auf bessere Zeiten, doch mit dem 1:1 gegen den 1. FC Köln folgte prompt der nächste Rückschlag. Dank Harry Kochs goldenem Tor im Pokalspiel gegen Schalke 04 mogelten sich die Pfälzer ins Viertelfinale und führten auch im Punktspiel in Gelsenkirchen bis sieben Minuten vor Spielende mit 1:0, ehe Mulder ausglich.

In der 2. Runde des UEFA-Pokals erfuhr der 1. FCK eindrucksvoll seine internationalen Grenzen. Betis Sevilla stürmte den Betzenberg und siegte mit 3:1. Nun sah auch Manager Reiner Geye Handlungsbedarf und machte sich auf nach Argentinien und Brasilien – auf der Suche nach einem Ersatz für Sforza. Gegen Fortuna Düsseldorf gelang am 10. Spieltag der erste Heimsieg, der sich als trügerischer Erfolg heraus-

**Der Ausgleich von Harry Koch half dem 1. FCK nicht weiter: Betis Sevilla stürmte den „Betze" mit 3:1.**

stellte. Nach dem 0:1 beim HSV und dem deprimierenden 0:1 bei Betis Sevilla, das Aus im internationalen Wettbewerb, wäre es an der Zeit gewesen, sich den Ernst der Lage bewusst zu machen. Der nächste Schock folgte gegen den Karlsruher SC, der bis zur 86. Minute 1:2 zurücklag und dann durch Adrian Knup ausglich.

Auch im DFB-Pokal-Viertelfinale beim Zweitligisten FC Homburg sah der 1. FCK schlecht aus, verspielte eine 2:0-Führung, verlor Hollerbach durch eine Rote Karte und siegte durch ein Glückstor von Horst Siegl in der Verlängerung mit 3:2.

Nun hoffte man auf dem Betzenberg auf das Restprogramm der Hinrunde. Doch auch beim KFC Uerdingen (1:1) und beim 0:0 gegen 1860 München verpasste der 1. FCK den Sprung ins Mittelfeld der Tabelle. Gegen das Schlusslicht SC Freiburg folgte der Super-GAU: Steffen Korell, wenige Kilometer von Kaiserslautern entfernt beim SC Bottenbach groß geworden und vom 1. FCK schlicht übersehen und deshalb von Homburg in den Breisgau gewechselt, schoss vier Minuten vor Schluss den 2:1-Siegtreffer für seine Mannschaft – Grund für eine Krisensitzung von Thines, Geye und Rausch am nächsten Vormittag, bei dem sie sich weiter die Treue schworen anstatt Konsequenzen zu ziehen und sich auf eine Trennung von dem glücklosen Trainer zu einigen. Nach dem desolaten 0:3 bei Hansa Rostock meldeten sich die „Großen" vergangener Tage zu Wort. „Wenn der 1. FCK absteigen sollte, dann geht hier eine Ära zu Ende", orakelte Fritz Walter, und Jürgen „Atze" Friedrich warnte vor „Aktionismus".

**Führte den 1. FCK in seinem ersten und besten Spiel zum 1:0-Sieg gegen Bayer Leverkusen: Arilson.**

Unter diese Rubrik fiel die Verpflichtung von Arilson Gilberto da Costa, den Reiner Geye als Messias auserkoren hatte und der pünktlich zum letzten Spiel der Hinrunde gegen Bayer Leverkusen auf dem Betzenberg eintraf. 4,2 Mio. DM hatte der 1. FCK für ihn an den Weltpokalfinalisten Gremio Porto Alegre gezahlt, und ebenso wie der frierende Brasilianer gab auch der Ex-Leipziger Jürgen Rische sein Debüt. Dafür mussten Hollerbach (zum HSV), Ritter (zum KSC) und Hamann (zu 1860) gehen; Anders wurde an den MSV Duisburg ausgeliehen. Rische war es auch, der das 1:0-Siegtor erzielte und den 1. FCK auf dem trügerischen 14. Platz, nur einen Punkt vor dem 16., überwintern ließ.

Nach dem 1:1 zum Rückrundenstart gegen Borussia Dortmund verabschiedete sich Arilson für vier Wochen in seine Heimat. Der brasilianische Nationaltrainer Mario Zagallo hatte ihn angefordert, für die Seleçao stand sowohl der Gold-Cup in den USA als auch die Olympia-Qualifikation an. Zudem gab es nun auch einen Konflikt um die Besetzung der Rolle des Liberos beim 1. FCK. Andreas Brehme hatte die Gunst des Trainers erlangt, und der missmutige Miroslav Kadlec, die Idealbesetzung auf dieser Position, musste ins Mittelfeld ausweichen.

Nach dem Spielausfall in Mönchengladbach vergaben die Roten Teufel gegen den Tabellennachbarn FC St. Pauli beim 0:0 wieder zwei Punkte. Der Betzenberg hatte endgültig seinen Schrecken verloren, war „nur noch amüsantes Disneyland" (*RNZ*). Am 27. Februar feierte Trainer Rausch, der weniger an seinen Spielern, als am Zustand des Rasens herumkritisierte, seinen 56. Geburtstag, oder besser: Er musste warten, bis das DFB-Pokal-Halbfinale gegen Bayer Leverkusen vorüber war. Denn schon wurden Karl-Heinz Feldkamp und Hans-Peter Briegel im Doppelpack als seine Nachfolger gehandelt. Doch auch ohne Arilson hatte der 1. FCK an diesem Abend Glück und erreichte durch den 1:0-Sieg das Finale in Berlin. Der Brasilianer hatte ein paar tausend Kilometer entfernt für Schlagzeilen gesorgt und seinem neuen Verein einen Bärendienst erwiesen. Frustriert über seine Rolle als Reservist war er aus dem brasilianischen Mannschaftsquartier geflüchtet und hatte Zagallo erzürnt zurückgelassen. Als Konsequenz sperrte die FIFA Arilson weltweit bis zum 6. März.

Vor dem Spiel beim VfB Stuttgart, das wieder einmal die entscheidende Wende bringen sollte, zeigte sich Präsident Thines als guter Mensch vom Betzenberg und verlängerte den Vertrag mit Trainer Rausch. Doch anstatt bergauf ging es weiter bergab. Dem 0:2 im Gottlieb-Daimler-Stadion folgte ein 1:1 gegen Eintracht Frankfurt und das 0:2 bei Bayern München. „Wie oft haben wir schon schlimmer drin gehangen und uns noch gerettet!" kommentierte Thines die prekäre Situation.

Vor dem Heimspiel gegen Werder Bremen bezog der 1. FCK ein Trainingslager im nahen Bad Dürkheim und absolvierte seine Übungseinheiten im Ludwigshafener Südweststadion. Wie naiv die Präsidialen mit der ernsten Situation umgingen, demonstrierte Vizepräsident Günter Klingkowski. Auf die Frage, wie viel Punkte der 1. FCK denn nach seiner Ansicht benötige, um nicht abzusteigen, schüttelte er den Kopf: „Es gibt ja diese Dreipunkteregel. Da weiß man das noch nicht so genau." Mittelfeldspieler Hengen, von Rausch abgeschoben, gab in *Bild* einen Einblick in die Psyche der Mannschaft: „Sie besteht nur aus Grüppchen. Der Trainer redet ausschließlich mit seinen Stars, baut uns andere nicht auf."

Mit dem 0:0 gegen Werder wurde der Abstand des Vorletzten zu den davor Platzierten noch größer. Es hatte sich „ausgerauscht" *(taz)*. Der Trainer war nicht mehr zu halten, egal, wie erfolgreich er in den beiden Jahren zuvor gewesen war. Andreas Brehme hatte einen weiteren Übeltäter ausgemacht: „Unser Trainer hat Charakter gezeigt ..., wenn Manager Geye Charakter hätte, würde auch er gehen." Doch Geye ging nicht von selbst, sondern musste am Morgen danach vom Präsidium beurlaubt werden, weil er für Fans und Mannschaft nicht mehr tragbar war.

Vor dem Spiel bei dem um drei Punkte besser postierten 1. FC Köln musste ein neuer Trainer gefunden werden. Feldkamp winkte ab, Funkel hatte einen Vertrag, und Neururer sollte es nicht sein. Übrig blieben Stepanovic und Krautzun. Es war, wie sich hinterher herausstellte, die Wahl zwischen Pest und Cholera, denn beide stiegen letztlich als Nothelfer mit ihren Klubs ab. Die Wahl fiel auf Eckard Krautzun, der in der Saison 1966/67 drei Bundesligaspiele für den 1. FCK bestritten hatte und nun merklich stolz war, den 1. FCK retten zu dürfen. Elf Spiele blieben ihm dazu, davon sieben auswärts. Bezogen auf den nächsten Gegner Köln: „Ich habe noch nie mein erstes Spiel mit einer Mannschaft verloren." Seine Serie hielt. Weiter mit Brehme als Libero und Kadlec im Mittelfeld siegte der 1. FCK mit 1:0 durch ein frühes Tor von Martin Wagner. Da St. Pauli und Düsseldorf unentschieden spielten und Frankfurt verlor, war mit zwei Punkten Rückstand auf diese Teams wieder Land in Sicht.

Im nächsten Heimspiel gegen Schalke 04 stellte sich Torhüter Jens Lehmann den Bestrebungen der Lauterer, mit einem Sieg einen Schritt nach oben zu tun, entgegen. Er hielt alles, darunter einen Handelfmeter von Brehme, und am Ende musste der

1. FCK gar über das 0:0 froh sein. Im Spiel bei Fortuna Düsseldorf wurde Brehme endgültig zur tragischen Figur. Anstatt sich mit einem Sieg vor die Gastgeber zu schieben, stand der 1. FCK nach dem 1:2 fünf Punkte dahinter auf einem Abstiegsplatz. Dabei führten die Roten Teufel 70 Minuten lang 1:0, ehe Werner einen Foulelfmeter verwandelte und Brehme ein Eigentor unterlief. Der sportliche Offenbarungseid folgte gegen den HSV. In diesem richtungsweisenden Spiel machten sich die Lauterer geradezu lächerlich. Wie ihr Trainer, der vor dem Spiel im Stil eines biederen Turnlehrers der 1950er Jahre in einem knallroten Jogginganzug mit seinen Spielern herumhampelte, als handle es sich um Frühsport beim Landschulheimaufenthalt. Dass Schiedsrichter Steinborn Rische ein Tor aberkannte und ein Handspiel von Kovacevic nicht ahndete, war nicht spielentscheidend. Erst drei Minuten vor Schluss verkürzte ausgerechnet Hengen auf 1:2. Diese Niederlage besiegelte den Abstieg des 1. FCK, weil nun die Angst, auswärts zu verlieren und noch mehr Abstand nach oben zu haben, noch größer geworden war. Entsprechend war auch die Spielweise der Pfälzer: Ein abwartender Angsthasenfußball, bei dem Torchancen auf dem Prinzip des Zufalls beruhten.

„Lautern und die Punkte, einen gewonnen, zwei verloren", brachte die *RNZ* die Misere nach dem 1:1 im Nachholspiel bei Borussia Mönchengladbach auf den Punkt. Erstmals kritisierte Präsident Thines die Taktik des Trainers, der behauptet hatte, man dürfe gegen die toll konternden Borussen nicht ins offene Messer rennen. Beim KSC setzte sich das Angsthasenspiel fort. Nur zwei Chancen und kein Tor, dabei hatten die Badener mit angezogener Handbremse gespielt. Das 0:0 half nicht weiter. „Paarlauf im Wildpark", schrieb die *RNZ*.

Das anschließende 3:0 gegen den KFC Uerdingen brachte den 1. FCK keinen Schritt voran, da auch Köln und Frankfurt gewannen. Da das Spiel bei 1860 München verlegt worden war, mussten die Lauterer anschließend mit ansehen, wie sowohl die Kölner als auch Fortuna Düsseldorf drei Punkte holten, und der Abstand zu ihnen auf sieben bzw. fünf Punkte anwuchs. Der 1. FCK war Vorletzter mit 30 Punkten, davor lagen Frankfurt (31), Leverkusen (34), Düsseldorf (35), Bremen (36) sowie Köln und St. Pauli (je 37). Auch beim SC Freiburg gab es für die Pfälzer nur ein 0:0. „Eine Katastrophe – wir hätten das Risiko suchen, um alles oder nichts spielen und in Kauf nehmen müssen, auch zu verlieren", distanzierte sich Präsident Thines vom Trainer.

Als auch im Nachholspiel bei 1860 nur ein 1:1 heraussprang, wurde das letzte Heimspiel gegen Hansa Rostock zur letzten Chance, dem Abstieg zu entgehen. Und nach dem überzeugenden 2:0 – Leverkusen und Köln hatten gleichzeitig verloren – hatte der 1. FCK (35 Punkte) im letzten Spiel bei Bayer Leverkusen (37) doch noch die Möglichkeit, (nur) durch einen Sieg den Abstieg zu vermeiden. Der 1. FC Köln (37) musste nach Rostock.

Oft hatte der 1. FCK gegen den Abstieg gespielt und sich mehrmals erst am letzten Spieltag gerettet, doch am 18. Mai 1996 war alles noch viel schicksalhafter als zuvor. Katastrophenszenarien für den Fall des Abstiegs machten in Presse, Funk und Fern-

**Der 1:0-Sieg im Pokal gegen Leverkusen klebte dem 1. FCK Tomaten auf die Augen: Der Pokalfinalist schätzte die Situation in der Bundesliga nicht realistisch ein.**

sehen, nicht nur in der Pfalz, die Runde. *Die Rheinpfalz* fragte im Stil eines Kaufmanns: „Was kostet es die Region, wenn der 1. FC Kaiserslautern heute absteigt?“ Dirk Habermann von der Pferdemetzgerei Härting kündigte an, bei einem Rückgang seines Umsatzes auf dem Betzenberg eine Verkäuferin weniger zu beschäftigen. Der *Südwestfunk* verglich in *Sport unter der Lupe* den möglichen Abstieg mit dem Abzug der Amerikaner aus der Pfalz. Und der 1. FCK selbst rechnete mit einem Sinken des Zuschauerdurchschnitts auf 25.000.

In der Pfalz herrschte Fritz-Walter-Wetter, es goss aus Kübeln. Erst als das Spiel in Leverkusen begonnen hatte, hörte der Regen auf. Im Fritz-Walter-Stadion fieberten 15.000 Fans auf den Anzeigetafeln mit ihren Roten Teufeln. Pavel Kukas 1:0 nach 58 Minuten wurde wie eine Erlösung gefeiert, bald machte die erste Welle die Runde. Was folgte, war das blanke Entsetzen. Die Leverkusener spielten nach einer verletzungsbedingten Unterbrechung den Ball nicht zum Gegner zurück, Paulo Sergio lief auf und davon und zog ab. Andreas Reinke konnte den Ball lediglich Markus Münch in den Lauf fausten, und dessen Sonntagsschuss besiegelte neun Minuten vor dem Abpfiff den Abstieg des 1. FCK.

Während Thomas Hengen hemmungslos weinend auf dem Rasen des Ulrich-Haberland-Stadions saß, verließ auf dem Betzenberg ein Großteil der Zuschauer den Ort des Grauens mit steinernen Mienen und verheulten Gesichtern. „Irgendwann ist jeder mal dran“, sinnierte ein Anhänger von der Südtribüne vor sich hin und glaubte kurz nach dem Abstieg an den sofortigen Wiederaufstieg. Doch um dieses Ziel zu erreichen, musste erst einmal aufgeräumt und abgerechnet werden, um den Kurs des 1. FCK zu korrigieren und umzusteuern. Betriebsunfall nannten viele diesen völlig überflüssigen, aber geradezu selbst provozierten Abstieg.

Ludger Schulze sprach in der *Süddeutschen Zeitung* aus, was auf regionaler Ebene viel zu spät thematisiert worden war, weil man zu lange hoffte, alles werde doch noch gut werden:

*„Das Mitgefühl ist der ganzen Region gewiss, zumal die Schlaftablettenkicker vom Bayer-Werk nicht der Pillenknick ereilte. Den Fußballbeamten mit ihrer Aspirinmentalität – Ausnahme der hoch geschätzte Rudi Völler – hätten wir die ewige Nullrunde gegönnt. Stattdessen müssen wir den Lauterern den Trauermarsch blasen. Das Notenblatt dazu haben sie freilich selbst aufgelegt: Warum nur haben sie ihre Besten, Stefan Kuntz und Ciriaco Sforza, in die große, weite Welt gejagt und durch zweifelhafte Könner aus dem Niemandsland der Zweiten Liga ersetzt? Selber schuld. Und weshalb hat ihrem Manager Geye niemand den Einkaufszettel aus der Hand genommen …? Viel zu spät haben sie sich von dem trinkfesten Funktionär getrennt, der sich in kritischen Situationen gerne in seinem Zimmerchen verbarrikadierte und einen Sportsender anguckte, der bevorzugt Lastwagenrennen überträgt. Und zu guter Letzt offerierten sie ihren Angestellten in kurzen Hosen eine Nichtabstiegsprämie, was Vorbildcharakter haben sollte im Tarifkampf: Wer künftig darauf verzichtet, seinen Betrieb in die Pleite zu treiben, erhält Sonderbonus. So sorry, liebe Lauterer, selber schuld.“*

Klar war, dass das alte Präsidium nun würde abtreten müssen, denn schließlich hatten sportliche und kaufmännische Fehlentscheidungen den Niedergang des 1. FCK verursacht. Zu lange hatten sie gezaudert, auf ein Wunder gehofft und auf den falschen Trainer gesetzt.

Eine Revolution an Haupt und Gliedern bahnte sich an. Jürgen „Atze“ Friedrich und Karl-Heinz Feldkamp zeigten Flagge und wollten (wieder) Verantwortung in einem neu strukturierten Verein übernehmen und präsentierten mit dem ehemaligen Uhren-Manager Wolfgang Fritz und Dr. Robert Wieschemann, Anwalt und Konkursverwalter, weitere Mitstreiter im „Team Professionelle Zukunft“. Doch freiwillig räumen wollte Norbert Thines seinen Präsidentenstuhl nicht und sprach davon, es gebe „schlimmere Dinge als einen Abstieg wie Not, Tod und Krankheit“. In seiner Güte stellte er gar Eckart Krautzun in Aussicht, über das DFB-Pokalfinale gegen den KSC hinaus, Trainer des 1. FCK bleiben zu dürfen. Doch die Opposition meldete sich nun heftiger zu Wort. Friedrich warf in der *Rheinpfalz* dem Präsidium vor, „sich von Woche zu Woche weiter geheuchelt zu haben.“ Der Abstieg „hätte mit entsprechender Ehrlichkeit“ vermieden werden können.

**Am Ende war der 1. FCK am Boden und nach 33 Jahren aus der Bundesliga abgestiegen: Physiotherapeut Jürgen Weber versucht, Thomas Hengen zu trösten.**

58 Jahre war es her, dass der 1. FCK letztmals zweitklassig geworden war. Die Gründe für den Abstieg 1996 lagen eindeutig in der Passivität des Präsidiums und im Stillhalten des Verwaltungsrates, der es versäumt hatte, Alarm zu schlagen und Entscheidungen vom Präsidium einzufordern. Geye hatte falsch eingekauft, Rausch und sein Co-Trainer Good hatten sich nicht energisch genug gegen die Schwächung der Mannschaft gewehrt. Warnsignale besorgter Spieler wurden mit Drohungen und Strafen gekontert. Schon in der Hinrunde, nach dem 0:0 gegen 1860 und dem 1:2 gegen den SC Freiburg, hätten Rausch und Good entlassen werden müssen. Der Abstieg war beileibe kein Betriebsunfall, sondern lange vorhersehbar, hausgemacht, fahrlässig und überflüssig.

Für die Fans des 1. FCK begann nun eine Woche, in der sich Trauer und Wut über den Abstieg und die Hoffnung auf einen Sieg im Pokalfinale am 25. Mai in Berlin vermischten. Zwar wünschte man sich einen Sieg gegen den KSC, aber man sah zugleich, dass dies die Position von Präsidium und Trainer stärken würde. Aber die meisten wollten auch nichts mehr als eine radikale Wachablösung.

Als Absteiger kam der 1. FCK nach Berlin, und die KSC-Anhänger ließen denn auch in der City ihrem Spott freien Lauf. Für Hengen war es sein letztes Spiel für den 1. FCK und das ausgerechnet gegen seinen neuen Verein. Auch Claus-Dieter Wollitz nahm seinen Abschied von den Roten Teufeln, derweil Arilson längst nach Porto

**Fußball paradox: Pokalsieg nach Abstieg**

Alegre ausgeliehen worden war. Die Lauterer waren Außenseiter, gingen aber durch einen Freistoß von Wagner in der 42. Minute in Führung, die bis zum Abpfiff Bestand hatte. Der Absteiger war für den Europapokal der Pokalsieger qualifiziert.

Trainer Krautzun mied den Pokal wie der Teufel das Weihwasser. „Es ist der Triumph der Spieler, nicht der des Trainers", beschwichtigte er und wünschte sich die Solidarität der Fans auch in der 2. Liga: „Hoffentlich seid ihr nächstes Jahr alle wieder da, und wir können den Wiederaufstieg feiern."

Hinter den Kulissen brodelte es weiter. Das Präsidium versuchte, das „Team Professionelle Zukunft" in eine „Kommission Wiederaufstieg" einzubinden, doch die Opposition wollte einen richtigen Neuanfang. Das Präsidium sollte künftig repräsentieren, der Aufsichtsrat die wegweisenden Entscheidungen treffen. Feldkamp und Friedrich sollten für die sportlichen Belange zuständig sein, Fritz für Merchandising und Marketing, Peter-Werner Landry das Controlling übernehmen und Wieschemann für Recht und Finanzen zuständig sein.

Ungeachtet dessen schuf das Präsidium Tatsachen. Hans-Peter Briegel wurde zum Sportlichen Leiter bestellt, nachdem der Verwaltungsrat die vorherige Ernennung von Ignaz Good widerrufen hatte. Ernst Diehl sollte Co-Trainer Krautzuns werden. Präsident Thines zeigte sich zufrieden: „Das ist alles andere als eine Entmachtung des Präsidiums, sondern eine Unterstützung des Präsidiums bei unserem Ziel Wiederaufstieg", sagte er der *Rheinpfalz.* Dem Verein standen turbulente Wochen bevor.

## Saison 1996/97: Das lange Jahr bis zum Aufstieg

Ohne Einfluss nehmen zu können, musste die Opposition mit anschauen, wie das alte Präsidium die Weichen für die neue Saison stellte. Krautzun bekam seinen „Wunschspieler" Thomas Franck von Borussia Dortmund, der wegen seiner Waldhof-Vergangenheit nicht gerade ein Liebling der FCK-Fans war. Der Brasilianer Ratinho vom FC Aarau, Bernd Santl (TSV Vestenbergsgreuth), Matthias Keller (1. FC Schweinfurt 05) und Andreas Bross (TSF Ditzingen) waren die anderen Neuen. Die zweitligaunerfahrenen Neulinge vertrauten auf das Know-how ihres zweitligaerprobten Trainers.

Bei der außerordentlichen Mitgliederversammlung des 1. FCK am 9. Juli trat das Präsidium nach einer kontroversen Aussprache überraschend zurück. Ausgerechnet Reiner Geye war seinem ihn stets schützenden Präsidenten in den Rücken gefallen, als er die Vertragsverlängerung mit Trainer Rausch als einen Alleingang Thines' bezeichnet hatte. Damit war der Weg für das „Team Professionelle Zukunft" in den neuen Aufsichtsrat frei. Der neue Präsident, künftig nur noch mit repräsentativer Funktion, sollte später gewählt werden; der Kaufmännische Leiter Wilfried de Buhr und der Sportliche Leiter Hans-Peter Briegel sollten weiter im Amt bleiben.

Der bemerkenswerteste Satz des Abends stammte von Karl-Heinz Feldkamp. Es war „ein Wink mit dem Zaunpfahl" *(Die Rheinpfalz):* „Wir müssen versuchen, 1997/98

„Bei uns darfst du wieder Otto sein!“

mit einem erstklassigen Trainer und einem guten Team in die 1. Bundesliga zu gehen.“ Zehn Tage später war der erstklassige Trainer gefunden. 83 Tage nach dem Ende seiner Tätigkeit beim FC Bayern München unterschrieb Otto Rehhagel einen Einjahresvertrag mit Option in Kaiserslautern. Der Coup gelang dank der freundschaftlichen Beziehungen zwischen Aufsichtsrat Friedrich und dem Trainer, die von 1968 bis 1972 zusammen beim 1. FCK gespielt hatten. „Bei uns darfst du wieder Otto sein“, hatte Friedrich seinem Freund den Job schmackhaft gemacht, garniert mit einem königlichen Salär. Rehhagel nahm an und verdrängte Krautzun, mit dem er einst 1966 als Spieler beim 1. FCK angeheuert hatte. „Wir wollten eine sportliche Führung, die absolute Sicherheit ausstrahlt. Bei Krautzun verspürten wir eine permanente Unsicherheit“, äußerte sich Friedrich gegenüber dem *KICKERsportmagazin.* Nach dem Willen des Aufsichtsrates sollte Rehhagel im sportlichen Bereich das absolute Sagen haben, Briegel als Koordinator zwischen Aufsichtsrat, Trainer und Mannschaft wirken – was immer dies beinhalten sollte.

Am 21. Juli übernahm Rehhagel seine neue Mannschaft, die Andreas Brehme als neuen Kapitän wählte, der von Krautzun zu Gunsten Olaf Marschalls abgesetzt worden war. Ausgestattet mit dem Anspruch, den sofortigen Wiederaufstieg zu schaffen, schwächte Rehhagel die hohen Erwartungen gleich etwas ab: „Ich hatte keinen Einfluss auf die Personalpolitik, und Brehme, Kadlec und Herr Kuka müssen sich erst einmal auf das Wechselspiel Europacup und 2. Liga einstellen.“

Nach dem Endspiel um den Supercup gegen Borussia Dortmund, das mit 1:1 n.V. und 3:4 nach Elfmeterschießen verloren ging – das erste Heimspiel gegen die SpVgg. Unterhaching war deshalb verlegt worden –, musste der 1. FCK beim Aufsteiger Stuttgarter Kickers antreten. Uwe Wegmann sorgte mit seinen beiden Toren kurz vor und kurz nach der Halbzeitpause für einen glanzlosen 2:0-Sieg.

**Otto Rehhagel im Juni 1996.**

Im DFB-Pokal blamierte sich der Pokalverteidiger gleich in der 1. Runde beim Süd-Regionalligisten SpVgg. Greuther Fürth, dem ein Tor von Lotter zum 1:0-Sieg reichte. Gegen den FC Carl Zeiss Jena gelang mit 2:0 der erste Heimsieg, und nach dem 1:0-Erfolg beim KFC Uerdingen stand der 1. FCK mit neun Punkten und 5:0 Toren mit weißer Weste da – wer sollte diese Lauterer stoppen? Zumal Rehhagel noch einmal auf dem Transfermarkt zugegriffen und den dänischen Nationalspieler Michael Schjönberg zur Stärkung der Abwehr verpflichtet hatte. Der Neue sorgte gleich für Schlagzeilen, als er gegen den Südwestrivalen FSV Mainz 05 20 Minuten vor Schluss das 1:0 erzielte. Die spielerisch besseren Gäste glichen aber noch aus, und erstmals gab es lange Gesichter beim 1. FCK. Das 1:1 war nicht nur ein Ausrutscher, sondern der Beginn einer Serie von sieben unansehnlichen Spielen. Wovon das Hinspiel im Europapokal der Pokalsieger gegen Roter Stern Belgrad vielleicht noch das beste war, weil es immerhin einen 1:0-Sieg gab. Nach dem Embargo gegen Jugoslawien war es das erste Mal seit 1992, dass sich Roter Stern wieder auf europäischer Ebene messen durfte.

Danach kehrte wieder der Alltag ein. 0:0 beim VfL Wolfsburg, 0:0 gegen Hertha BSC Berlin – Ratlosigkeit machte sich breit bei den Fans, und Otto Rehhagel sah sich erstmals mit Pfiffen angesichts des Gekickes seiner Mannschaft konfrontiert. Alles falsch machten die Pfälzer beim Rückspiel in Belgrad vor über 100.000 Zuschauern. Zur Pause war sich Hans-Peter Briegel noch sicher, am nächsten Morgen zur Auslosung der 2. Runde nach Genf zu fliegen, doch 80 Minuten später war das Debakel perfekt. Dem 1:0 durch Dejan Stankovic, der frisch eingewechselt worden war, folgte der Untergang einer überforderten Mannschaft, die sich nach dem 2:0 in ihr Schicksal ergab und auch noch das 3:0 und das 4:0 kassierte. Vor allem die jungen Spieler gerieten in die Kritik ihres Trainers: „In Deutschland haben alle jungen Spieler glänzende Laktatwerte, nur am Ball können sie nichts." Der 1. FCK war nun seit 331 Minuten ohne Torerfolg.

Ausgerechnet Jürgen Rische, der Ex-Leipziger, rettete den 1. FCK im Spiel bei seinem alten Verein vor einem erneuten Reinfall. Die 2:1-Führung des VfB glich er in der 75. Minute aus. Die Fans auf dem Betzenberg waren unzufrieden, und dieser Zustand steigerte sich noch nach dem indiskutablen 0:0 im Nachholspiel gegen Unterhaching. „Zehn Mal nach Meppen, wir fahren zehn Mal nach Meppen!", sang fast die gesamte Westtribüne, während Rehhagel sich nach dem Spiel vor seine Mannschaft stellte: „Sie hat alles gegeben, der Gegner hat mit einer 10:0-Deckung gespielt. Ich verstehe die Zuschauer, wenn sie verärgert sind, wir sind alle enttäuscht. Ich habe von Anfang an gewarnt, die 2. Liga zu unterschätzen." Doch das wollten die Fans in der Wandelhalle der Nordtribüne nicht hören und pfiffen den Trainer aus. Der ging erstmals in die Offensive: „Ich bin gekommen, um dem 1. FCK zu helfen. Wenn ich aber merke, dass die Leute hier Stimmung machen und die Dinge ins Gegenteil verkehren und so tun, als wenn wir drei Spiele verloren hätten, dann tut es mir leid."

Gegen den FC Gütersloh platzte dann nach drei sieglosen Heimspielen der Knoten – dank der jungen Spieler. Marco Reich erzielte das 1:0, und Thomas Riedl bereitete Olaf Marschalls 2:0 vor. Der Aufwärtstrend hielt auch beim 4:1 bei RW Essen an, wo Rehhagel mit den drei Stürmern Marschall, Kuka und Rische antrat. Nach einem eher schwachen Unentschieden gegen Fortuna Köln konnten die Roten Teufel beim 6:2-Sieg nach 0:2-Rückstand gegen den VfB Oldenburg ihre Fans endlich wieder einmal begeistern. Der Sieg löste eine Euphorie aus, die auch noch beim 2:0-Erfolg beim VfB Lübeck zu spüren war.

Inzwischen hatte der 1. FCK einen neuen Präsidenten: Hubert Keßler gesellte sich zu den vom Aufsichtsrat bestellten Vizepräsidenten Axel Ulmer und Berthold Bandner.

Der Torschütze des 1:0 für den 1. FCK im Hinspiel gegen Roter Stern: Uwe Wegmann.

Der Siegeszug der Lauterer hielt auch beim 4:1 gegen den FSV Zwickau an. Allmählich war nun zu spüren, dass die Hoffnung, den Aufstieg im ersten Anlauf zu schaffen, der sicheren Gewissheit gewichen war. Da kam das nächste Spiel, das für die Fans wichtigste der Hinrunde, beim SV Waldhof („Nie mehr SV Waldhof, nie mehr, nie mehr!") gerade recht. Vor allem wurde der 1. FCK schmerzhaft daran erinnert, dass er abgestiegen war und nun, welche Schande, bei dem Verein antreten musste, dem man nie mehr hatte begegnen wollen. Und noch verschämter traten die Lauterer am Abend die Heimreise an. Der im unteren Tabellendrittel herum krebsende SVW war dank eines Patzers von Gerry Ehrmann in Führung gegangen und hatte schließlich mit 2:0 gewonnen.

Büßen musste dies die Frankfurter Eintracht, die – entgegen langjähriger Gepflogenheiten, sich auf ein 1:1 zu einigen – mit 5:0 deklassiert wurde. Im letzten Hinrundenspiel – die so genannte Herbstmeisterschaft hatte der 1. FCK bereits sicher – ging es zum SV Meppen. Die 1:2-Niederlage im Emslandstadion tat, anders als die Pleite in Mannheim, keinem Fan der Roten Teufel weh. Fortan wünschten sich viele von ihnen den SV Meppen als Mitaufsteiger.

Auf der außersportlichen Ebene gab es den Abschied des letzten Machers aus der Ära Thines: Die fristlose Kündigung erhielt Wilfried de Buhr, dem der Aufsichtsrat vorwarf, sich persönlich zu Lasten des Vereins bereichert zu haben. Überzeugt davon, nichts Ehrenrühriges getan zu haben, lehnte der Kaufmännische Leiter eine gütliche Einigung ab und zog vor Gericht, wo er schließlich rehabilitiert wurde.

**Ausgerechnet der von den Fans ungeliebte SV Waldhof brachte dem 1. FCK die erste Niederlage in der 2. Bundesliga bei. Hier kommt Pavel Kuka gegen Dennis Mackert zu spät.**

Otto Rehhagel beschäftigte sich derweil bereits mit der Planung für die Zeit nach dem Aufstieg. Er beschwor den Verein, für diesen Fall bis an seine Schmerzgrenze gehen zu müssen. Im Winterurlaub hatte er Ciriaco Sforza getroffen, und schon machten sich erste Gerüchte rund um den Betzenberg breit. Kein Gerücht war jedoch die Rückkehr des Neuseeländers Wynton Rufer in den deutschen Fußball. Rehhagel hatte so lange gebohrt, bis der „Kiwi", mit dem er bereits bei Werder Bremen Anfang der 1990er Jahre Erfolge feierte, nicht mehr Nein sagen konnte. Rufer sollte eine psychologische Brücke bilden zwischen Mannschaft und Trainer.

In die Rückrunde startete der 1. FCK mit einem 0:0 in Unterhaching. Ein mulmiges Gefühl hatte Trainer und Mannschaft beschlichen, als sie am Münchner Olympipark vorbeifuhren und statt im Olympiastadion im kleinen Sportpark vor den Toren der Stadt spielen mussten. Die glanzlosen Pflichterfolge setzten sich fort mit dem 2:0 gegen die Stuttgarter Kickers und dem 2:2 in Jena. Die Spieler begannen bereits zu rechnen: „Zu Hause keinen Punkt abgeben und auswärts nicht verlieren, sondern gelegentlich gewinnen – dann ist der Wiederaufstieg nicht zu verfehlen", gab Martin Wagner die Route vor. Und die Mannschaft hielt sich daran. Nach dem 3:1-Sieg gegen den KFC Uerdingen gelang auch in Mainz ein 0:0, bevor der VfL Wolfsburg mit 4:0 nach Hause geschickt wurde. Immer überzeugender spielte der Brasilianer Ratinho beim 1. FCK auf. Spätestens, als er gegen Wolfsburg eine Flanke schlug, die sich zum direkten Torschuss entwickelte, gab es minutenlange Sprechchöre: „Ratinho, -ooh-

0-0“. Rehhagel war dies ein Dorn im Auge, und beim 0:2 bei Hertha BSC Berlin saß Ratinho prompt auf der Bank. Nach dieser Niederlage musste der 1. FCK die Tabellenführung an die Berliner abgeben, die sich nun wochenlang ein Wechselspiel mit den Pfälzern lieferten.

Gegen den VfB Leipzig siegte der 1. FCK mit 4:1, spielte in den Augen Rehhagels eine Halbzeit erstklassig, eine Halbzeit zweitklassig. Von dem Anspruch der Bundesligatauglichkeit waren die Roten Teufel auch beim 1:1 in Gütersloh weit entfernt und gerieten beim darauf folgenden Heimspiel gegen RW Essen gar in die reale Gefahr, erstmals in der 2. Liga auf eigenem Terrain zu verlieren. Bis zur 82. Minute führten die Gäste mit 2:0, ehe Margref ein Eigentor unterlief und Kuka (84.) und Rufer (89.) den schmeichelhaften 3:2-Sieg sicherstellten. Mit dem 2:0 gegen Fortuna Köln bewegte sich der 1. FCK geradewegs in Richtung Aufstieg. Und es tat sich schon einiges an Planungen für die neue Spielzeit. Der bulgarische Nationalspieler Marian Hristov von Levski/ Spartak Sofia sollte ebenso kommen wie Andreas Buck vom VfB Stuttgart und der damals noch fast völlig unbekannte U 21-Nationalspieler Michael Ballack vom Chemnitzer FC. Rund 13 Mio. DM sollten investiert werden, um den 1. FCK bundesligatauglich zu machen.

Nach dem 1:0 beim VfB Oldenburg feierten die Lauterer am Pfingstsonntag 1997 nach dem 7:0-Sieg gegen den VfB Lübeck ihren Wiederaufstieg – neun Punkte Vorsprung vor Hertha BSC Berlin und gar 13 vor Wolfsburg konnten nicht mehr eingeholt werden. Der 1. FCK hatte sein Ziel, den sofortigen Wiederaufstieg, geschafft und Maßstäbe gesetzt, denn nie zuvor hatte es einen Absteiger gegeben, der einen solchen Boom auslöste wie der 1. FCK. Die Mitgliederzahl stieg auf über 7.500, die Zuschauerzahl betrug am Saisonende 610.000. Die Fans hatten all jene Lügen gestraft, die nach dem Abstieg ein Katastrophenszenario gezeichnet hatten.

Katastrophal für den SV Waldhof wirkte sich der Kater des 1. FCK nach dem vielen Feiern im nächsten Spiel beim FSV Zwickau aus. Die Sachsen gewannen mit 2:1, und es war diese vierte Niederlage der Lauterer, die dem SVW, der gegen RW Essen nur 3:3 gespielt hatte, das Genick brechen half. Nach dem desaströsen 5:0-Sieg des 1. FCK über den ungeliebten Derbygegner aus Mannheim gab es für diesen nur noch eine vage Hoffnung auf den Klassenverbleib – Balsam auf die Seelen vieler Fans des 1. FCK.

Nach dem 0:0 im letzten Auswärtsspiel bei Eintracht Frankfurt, bei dem Wynton Rufer bereits nicht mehr dabei war, weil er wieder nach Neuseeland zurückgekehrt war, ging es auf dem Betzenberg auf die Zielgerade. Doch ganz so harmonisch sollte die Saison in der 2. Liga denn doch nicht enden. Obwohl er dem Aufsichtsrat angehörte, hatte sich Karl-Heinz Feldkamp nur selten bei den Spielen in Kaiserslautern aufgehalten. Der erreichte Aufstieg entlockte ihm nur wenig Lob, dafür aber viel Kritik. „Ich traue der Mannschaft, die den Aufstieg geschafft hat, nicht zu, im nächsten Jahr die Klasse zu halten“, forderte er Nachbesserungen und kündigte gleichzeitig an, nicht erneut für den Aufsichtsrat zu kandidieren. Feldkamps Aufschrei („Dass wir so souverän aufgestiegen sind, zeigt nur die Schwäche der 2. Liga“) verstärkte beim 1. FCK

Auf den Tag genau ein Jahr nach dem Abstieg: Nach dem 7:0 gegen den VfB Lübeck ist der 1. FCK wieder Bundesligist.

die Bemühungen um seinen einstigen Spielmacher Ciriaco Sforza, der die Mannschaft aus dem zentralen Mittelfeld würde führen können.

Nach der Aufstiegsfeier an Pfingsten sollte am 12. Juni vor und nach dem Spiel gegen den SV Meppen alles auf einmal gefeiert werden: Aufstieg, Meisterschaft, Mannschaft und Trainer. Doch schon während fast der gesamten Spielzeit hatte es atmosphärische Störungen gegeben, die sich schließlich – zum ungünstigsten Zeitpunkt – vor dem Spiel gegen Meppen in einem Unwetter entluden, das spät am Abend in freier Natur seine Fortsetzung fand und den Fans das wunderschöne Feuerwerk verdarb.

Am Morgen des 12. Juni war die Bombe hochgegangen und hatte die Anhänger des 1. FCK bei ihrer Zeitungslektüre zum Frühstück erschreckt. In einem Gespräch mit der *Rheinpfalz* attackierte Manager Briegel Trainer Rehhagel. Briegel gab an, er

fürchte um die Entwicklung des Vereins, und äußerte seine Angst davor, der 1. FCK könne zum „FC Rehhagel" werden. Der Zeitpunkt des Vorpreschens überraschte, vor allem aber die Schärfe des Tons. Hintergrund waren die über die ganze Saison spürbaren Verstimmungen auf Grund unklarer Kompetenzverteilungen zwischen Trainer und Manager. Rehhagel ließ sich nicht im geringsten in seinen sportlichen Bereich hineinreden. Er wollte wirken wie einst in Bremen, ganz so, wie es ihm Jürgen „Atze" Friedrich versprochen hatte. Da fragte sich Briegel, was denn für ihn als Sportlichen Leiter noch an Aufgaben übrig bliebe, und beklagte die mangelnde Kommunikation zwischen Rehhagel und ihm.

Die Mannschaft ließ sich von den Querelen nichts anmerken. Im ausverkauften Stadion siegte der 1. FCK in einem Spiel, das der Kategorie „just for fun" nahe kam,

**Nach dem 7:6 gegen Meppen: Spieler und Trainer vor der Nordtribüne.**

mit 7:6. Als sich die Spieler vor der Nordtribüne gruppierten, stand Otto Rehhagel am äußersten linken Ende, Briegels Platz war am anderen Ende. Die Fans wussten nicht so recht, auf welche Seite sie sich in dem Streit zwischen den beiden schlagen sollten. Aber als Stadionsprecher Horst Schömbs nach den Spielern auch dem Trainer für seine Arbeit dankte, waren vereinzelt auch Pfiffe von der Westtribüne zu vernehmen.

In der Pressekonferenz reagierte Rehhagel scharf auf die Vorwürfe Briegels und ließ keinen Zweifel daran, dass dessen Tage – ob gleich oder später – auf dem Betzenberg gezählt seien. Vor laufenden Kameras und begleitet von Unmutsäußerungen rückte Rehhagel die Dinge aus seiner Sicht zurecht: „Den Herrn Briegel hat der Teufel geritten, aber nicht der rote. Er hat eine Attacke gefahren, wie ich sie in 25 Jahren meiner Tätigkeit nicht erlebt habe. Ich lasse mir nicht von Herrn Briegel an den Karren fahren. Man muss fair miteinander umgehen. Das war hier nicht der Fall. Herr Briegel ist noch ein Lehrling in diesem Bereich. Wenn er einmal eine Meisterschaft erreicht hat, dann darf er mich kritisieren."

Wenige Tage später stand Briegel vor dem Rücktritt, doch hätte dies eine Kettenreaktion auslösen können. Für diesen Fall hatte auch der Aufsichtsratsvorsitzende Friedrich, an dessen Tätigkeit wiederum Rehhagel sein Bleiben geknüpft hatte, seinen Rücktritt angekündigt. Also rang sich Briegel zu einer Entschuldigung gegenüber dem Trainer durch, der inzwischen aber schon im Urlaub weilte und der aus seinem Urlaubsort signalisierte, die Entschuldigung anzunehmen. Jedoch war in den Verlautbarungen der beiden bereits wieder so viel Zündstoff enthalten, dass das Haltbarkeitsdatum des zwischen ihnen geschlossenen Friedens nicht allzu hoch war.

Die Auseinandersetzung war mehr erstickt, als dass der Brand gelöscht gewesen wäre. Fans und Mitglieder waren weiter in zwei Lager gespalten, zwischen Briegel-Bewunderern und denjenigen, die volles Vertrauen in den erfahrenen Trainer Rehhagel hatten. Nicht wenige erwarteten, nach einem Fehlstart in die 1. Bundesliga ginge der ganze Streit von vorne los.

▷ *weiter auf S. 170*

## ► Porträt

# Andreas Reinke war der Beste

## Als „Zamora" zurück auf den Betzenberg

Am Ende der Saison 1999/2000 beim 1. FC Kaiserslautern demontiert und abgeschoben, kehrte Andreas Reinke zu Beginn der Saison 2003/04 als Stammtorhüter von Werder Bremen an die Stätte seiner größten Erfolge zurück in sein Tor auf dem Betzenberg: Andreas Reinke, der beste Torhüter, den der 1. FC Kaiserslautern in der Bundesliga hatte – Zweitligajahre inklusive. Die Bremer hatten ihn ablösefrei vom spanischen Erstliga-Aufsteiger Real Murcia verpflichtet.

**Andreas Reinke**

Reinke, dessen Klasse und Wert von den FCK-Fans und von seinen Trainern nie angemessen geschätzt wurden, war am Ende der Saison 1999/2000 auf dem Betzenberg abserviert worden, weil sich Trainer Otto Rehhagel auf Georg Koch als neue Nummer Eins festgelegt hatte. Da dahinter noch Gospodarek und Weidenfeller standen, war für Reinke kein Platz mehr, trotz Pokalsieg 1996, Aufstieg 1997, Meisterschaft 1998 und hervorragender Leistungen in der Champions League 1998/1999. Reinke war stets für Fehler hart kritisiert, aber für gute Leistungen (zu) selten gelobt worden. Dabei hatte er im Fachblatt *KICKERsportmagazin* über die Jahre gerechnet überwiegend gute bis sehr gute Bewertungen erhalten.

Als sich ein Wechsel zum damals vom französischen Ex-Nationalspieler Alain Giresse trainierten FC Toulouse zerschlagen hatte, heuerte Reinke bei Iraklis Saloniki an und kehrte als UEFA-Cup-Gegner der Lauterer auf den Betzenberg zurück. Der ganz große Wurf wollte dem kleinen Rivalen von PAOK Saloniki aber auch mit Reinke nicht gelingen. Nach einem Jahr hieß es Abschied nehmen vom Norden Griechenlands.

Reinke war sich danach nicht zu schade, zum damaligen spanischen Zweitligisten Real Murcia zu wechseln. 13 Jahre war es her, da Murcia zuletzt der Primera Division angehört hatte, doch dann kam Reinke. Nach einem ersten Jahr der Akklimatisierung avancierte der „Portero d'Alemania" in seiner zweiten Spielzeit zum Rekordbrecher und Wundertorhüter. In ganz Europa fand man keinen seinesgleichen, und wer in den täglich erscheinenden Sportblättern *MARCA*, *AS*, *SPORT* und *EL MUNDO DEPORTIVO* auf den Seiten der Segunda A nachschaute, konnte oft Geschichten über Reinke und seine neuesten Heldentaten lesen. Am Ende der glorreichen Saison war Murcia Meister und stieg auf. Reinke erhielt als bester Torhüter der Segunda A eine hohe Auszeichnung, den „Zamora 2a Division", benannt nach dem besten Torhüter, den Spaniens Fußball je hervorgebracht hat. Mit nur 19 Gegentreffern in 39 Spielen hatte sich Reinke eine Quote erarbeitet wie noch kein Torhüter zuvor im spanischen Profifußball.

Doch bei allem Stolz auf das Geleistete, zögerte Reinke nicht, vor allem mit Rücksicht auf seine in Norddeutschland lebenden Kinder, wieder in die Bundesliga zurückzukommen, woran er selbst kaum noch geglaubt hatte. Mit seinem alten Kleinbus fuhr er nonstop die Strecke von Murcia bis an die Weser. Das Engagement bei Werder Bremen entschädigte ihn für andere entgangene Freuden und Weihen – oder auch manche Leiden. „Klar, im Bernabeu gegen Real Madrid oder gegen Barca im Nou Camp, das hätte mich schon gereizt, aber dem gegenüber stand ein Zweijahresvertrag mit Option bei Werder, und da war meine Entscheidung klar", witterte er seine Chance auf den Stammplatz im Tor im Konkurrenzkampf mit dem damaligen Keeper Pascal Borel. Reinke war schnell akzeptiert und wurde sogar als Nachfolger von Frank Verlaat in den Mannschaftsrat gewählt.

In Murcia war die Trauer groß und der postwendende Abstieg die Folge, während Bremen sich über einen Aktivposten freuen durfte, der erheblichen Anteil am Gewinn der Deutschen Meisterschaft und des DFB-Pokals 2004 hatte. Als 2005 der junge Tim Wiese vom 1. FC Kaiserslautern verpflichtet wurde, deutete sich bereits das Ende von Reinkes Zeit bei Werder Bremen an. Eine schwere Kopfverletzung, in einem Auswärtsspiel beim VfB Stuttgart erlitten, warf ihn entscheidend zurück und gab dem ehrgeizigen Konkurrenten ausreichend Gelegenheit, sich als die kommende Nummer Eins zu empfehlen. In der Saison 2006/07 war es dann soweit. Außer in Notsituationen wie Verletzungen oder Sperren kam stets Wiese zum Einsatz, und als Reinke gegen Ende der Saison das UEFA-Cup-Rückspiel gegen Espanyol Barcelona wegen eines Platzverweises für Wiese bestreiten musste, erwischte er einen ebenso schlechten Tag wie wenige Tage zuvor im Bundesligaspiel bei Arminia Bielefeld. Wiese hatte endgültig gewonnen. Den angebotenen Job im Nachwuchsbereich von Werder schlug Reinke, der sich fit genug fühlt, noch ein, zwei Jahre zu spielen, aus.

Den Stammplatz im Tor konnte man Andreas Reinke nehmen, die Erfolge nicht. Nicht viele Torhüter schaffen es, in ihrer Karriere mit mehreren Vereinen Meisterschaften und Pokalsiege zu erringen und sich in der Champions League mit den Besten Europas und der Welt zu messen. Andreas Reinke hat es geschafft. ■

**Die Torhüter des 1. FC Kaiserslautern von 1963 – 2007**

| Name | von-bis | Saison | Kate-gorie | Spiele | S-U-N | Gegen-tore | Quote |
|---|---|---|---|---|---|---|---|
| Horst-Dieter Strich | 1963-1965 | 2 | C | 35 | 15 - 2-18 | 75 | 2,142 |
| Wolfgang Schnarr | 1963-1970 | 7 | A | 182 | 53 - 56 - 73 | 300 | 1,648 |
| Josef Stabel | 1967-1980 | 13 | B | 73 | 25-20-28 | 129 | 1,767 |
| Bratislav Dordevic | 1970-1971 | 1 | C | 5 | 2 - 0 - 3 | 14 | 2,800 |
| Josef Elting | 1970-1974 | 4 | B | 88 | 42 - 15 - 31 | 142 | 1,613 |
| Werner Michelbach | 1972-1973 | 1 | C | 1 | 0 - 1 - 0 | 0 | 0,000 |
| Ronnie Hellström | 1974-1984 | 10 | A | 266 | 117 - 53 - 96 | 424 | 1,593 |
| Armin Reichel | 1980-1985 | 5 | B | 63 | 27 - 22 - 14 | 98 | 1,555 |
| Thomas Henrichs | 1982-1983 | 1 | C | 2 | 1 - 1 - 0 | 0 | 0,000 |
| Roland Grüner | 1983-1985 | 2 | C | 9 | 2 - 2 - 5 | 19 | 2,111 |
| Gerry Ehrmann | 1984-1997 | 13 | A | 301 | 125 - 74 - 102 | 416 | 1,382 |
| Thomas Graf | 1985-1987 | 2 | C | 5 | 0 - 3 - 2 | 9 | 1,800 |
| Michael Serr | 1986-1993 | 7 | B | 54 | 16 - 18 - 20 | 67 | 1,240 |
| Claus Reitmaier | 1993-1994 | 1 | C | 7 | 3 - 3 - 1 | 4 | 0,571 |
| Andreas Reinke | 1994-2000 | 6 | A | 161 | 73 - 54 - 34 | 187 | 1,161 |
| Mark Schwarzer | 1995-1996 | 1 | C | 4 | 0 - 2 - 2 | 6 | 1,500 |
| Lajos Szücs | 1997-1999 | 2 | C | 3 | 0 - 2 - 1 | 4 | 1,333 |
| Uwe Gospodarek | 1999-2001 | 2 | C | 7 | 3 - 1 - 3 | 13 | 1,857 |
| Georg Koch | 1999-2003 | 4 | B | 85 | 36 - 14 - 35 | 127 | 1,494 |
| Roman Weidenfeller | 2000-2002 | 2 | C | 5 | 4 - 0 - 1 | 11 | 2,200 |
| Tim Wiese | 2002-2005 | 3 | B | 65 | 22 - 14 - 29 | 98 | 1,508 |
| Thomas Ernst | 2003-2006 | 3 | C | 30 | 10 - 6 -14 | 49 | 1,633 |
| Florian Fromlowitz | 2005-2007 | 2 | C | 11 | 2 - 4 - 5 | 21 | 1,909 |
| Jürgen Macho | 2005-2007 | 2 | B | 54 | 19 - 18 - 17 | 76 | 1,407 |

C = unter 50 Einsätze; B = bis 100 Einsätze; A = über 100 Einsätze
S-U-N = Zahl der Siege / Unentschieden / Niederlagen
Die Quote gibt die durchschnittliche Zahl der Gegentreffer pro Spiel wieder.

**Die Rangfolge:**

01 Andreas Reinke A 1,161
02 Gerry Ehrmann A 1,382
03 Ronnie Hellström A 1,593
04 Wolfgang Schnarr A 1,648
05 Michael Serr B 1,240
06 Jürgen Macho B 1,407
07 Georg Koch B 1,494
08 Tim Wiese B 1,508
09 Armin Reichel B 1,555
10 Josef Elting B 1,613
11 Josef Stabel B 1,767
12 Thomas Henrichs C 0,000
13 Werner Michelbach C 0,000
14 Claus Reitmaier C 0,571
15 Lajos Szücs C 1,333
16 Mark Schwarzer C 1,500
17 Thomas Ernst C 1,633
18 Thomas Graf C 1,800
19 Uwe Gospodarek C 1,857
20 Florian Fromlowitz C 1,909
21 Roland Grüner C 2,111
22 Horst-Dieter Strich C 2,142
23 Roman Weidenfeller C 2,200
24 Bratislav Dordevic C 2,800

## Saison 1997/98: Aufsteiger als Deutscher Meister

„Unser Ziel kann nur der Klassenerhalt sein", ließ Otto Rehhagel zum Trainingsauftakt verlauten, und Martin Wagner, einer der Meinungsführer in der Mannschaft, mahnte, künftig alle Streitigkeiten zu vergessen und als Einheit aufzutreten.

Zu den bereits bekannten Spielerverpflichtungen kamen Spekulationen über eine Rückkehr von Ciriaco Sforza, der aber noch bei Inter Mailand unter Vertrag stand. Am 14. Juli 1997 hatte die Ungewissheit ein Ende: Sforza unterschrieb einen Vierjahresvertrag zu einem Gehalt, das auf jährlich 2 bis 2,5 Mio. DM geschätzt wurde. Inter erhielt als Ablöse ca. 6,5 Mio. DM. „In der Ottokratie bricht Sforzamania aus", schrieb *Die Rheinpfalz*. Die Fans erwarteten viel von dem Spieler, den Rehhagel in seiner Münchner Zeit als „Quarterback" in die von ihm ungeliebte Defensivrolle gedrängt hatte. Beim 1. FCK sollte Sforza eine andere Rolle spielen, das Spiel lesen, die Mannschaft führen, das Spiel je nach Lage langsamer oder schneller machen und verlängerter Arm des Trainers auf dem Spielfeld sein. Sforzas Rückkehr auf dem Betzenberg war ein historischer Moment in der Geschichte des 1. FCK. Bis zum Saisonstart bei Bayern München drehte sich alles um den Schweizer.

Doch ausgerechnet vor diesem Spiel hatte Rehhagel in einem Interview mit dem *ZEITmagazin* seinen Kritiker Briegel ins Visier genommen: „Der Herr Briegel, obwohl er Jahre im Ausland verbracht hat, ist noch kein Mann von Welt. Er weiß noch nicht, wie man sich in einer Führungsetage verhält." Briegel schwieg dazu, während Kapitän Andreas Brehme sein Unverständnis äußerte. So fuhren die Pfälzer mit einem mulmigen Gefühl nach München.

Außer Sforza liefen beim 1. FCK nur Spieler aus der vorigen Saison auf. Hristov kam während des Spiels für Harry Koch, Buck litt unter einer Darmgrippe, Torhüter Petr Kouba hatte sich am Knie verletzt, und der junge Ballack war dem Trainer „noch zu grün" für einen Einsatz gegen Bayern München. Als Ballack in der Woche vor dem Spiel um ein Statement zum Auftakt bei den Bayern gebeten worden war, hatte Rehhagel interveniert: „Der kann doch gar nichts über die sagen, der kennt die doch nur aus dem Fernseher!" Ballack hätte im Olympiastadion gar nicht erst auf der Bank sitzen sollen, doch Brehme, nicht erste Wahl, ersparte dem Youngster den Frust und nahm freiwillig auf der Tribüne Platz.

Es wurde das Spiel Sforzas. Obwohl längst noch nicht in Bestform, genügte allein seine Anwesenheit als Schaltstation und Ballverteiler, um den vermeintlich übermächtigen Gegner ständig zu beschäftigen. Als der 1. FCK die Bayern-Offensive nach der Pause überstanden hatte, geschah das Unglaubliche. Einen Freistoß Sforzas wuchtete Schjönberg mit der Stirn ins Netz – 0:1. Als der Schlusspfiff ertönte, rannte Rehhagel, wie von der Tarantel gestochen, eine Wasserflasche in der Hand, als sei es der Europapokal, in die Lauterer Fankurve und ließ sich und die Mannschaft feiern. Er wusste, er hatte an diesem Samstag Nachmittag nicht nur ein Fußballspiel gewonnen. Als erfolgreicher Trainer, der mit dem Aufsteiger 1. FC Kai-

**Die Sensation des ersten Spieltages: Michael Schjönberg köpft das 1:0 für den FCK bei Bayern München.**

serslautern beim Deutschen Meister Bayern München mit 1:0 gesiegt hatte, war er unangreifbar geworden.

Gegen den Mitaufsteiger Hertha BSC Berlin gelang – ohne Sforza, der zu einem Länderspiel der Schweiz abgestellt werden musste – durch ein Tor von Olaf Marschall ebenfalls ein 1:0-Sieg – der 1. FCK war Tabellenführer. Am Rande dieses Spiels hatten sich Rehhagel und Briegel miteinander ausgesprochen und verkündet, künftig nur noch intern ihre Meinungen auszutauschen.

Nach dem 0:0 beim 1. FC Köln war der 1. FCK punktgleich mit dem Karlsruher SC Zweiter der Tabelle. Danach stand erst einmal ein kurioses Spiel der 1. DFB-Pokalrunde an: Der 1. FCK musste auswärts bei seinen eigenen Amateuren antreten, was allgemeinen Unmut bei den Betroffenen auslöste. Der Regionalligist durfte in Rot spielen, aber dafür „verweigerte“ Rehhagel seinem Kollegen Stefan Majewski die üblichen Leihgaben Ballack, Riedl und Ertl. Am Ende hatten die Profis mit 5:0 gewonnen und waren eine Runde weiter.

Auch im ersten großen Heimspiel gegen UEFA-Pokalsieger Schalke 04 blieb der 1. FCK ohne Gegentor. Vor dem sicheren Torhüter Andreas Reinke stand der souveräne Libero Miroslav Kadlec, und für die drei Tore sorgten Marschall (2) und Sforza. „Auf dem Betze sprießt jetzt die Spielkultur“, kommentierte die *RNZ*, und das französische Fachmagazin *France Football* schrieb: „Kaiserslautern, der geniale Aufsteiger“ und führte Rehhagel und Sforza als Garanten des Erfolgs auf.

Alle warteten auf den Einbruch des 1. FCK. Doch auch im Bochumer Ruhrstadion setzten sich die Pfälzer, dieses Mal mit 3:1, durch. Die *taz* hielt die Laudatio auf die Roten Teufel: „Ihre Mannschaft … spielte nach allen Regeln der Kunst gut. Was sie zu bieten hat: Kreuzsolide Defensive, der mit hohen Bällen kaum beizukommen ist, zumeist frühes Pressing schon in der gegnerischen Hälfte, flinke Konter über den quietschfidelen Brasilianer Ratinho, gestochen scharfe Pässe von Sforza sowie Wucht und Eleganz durch die Angreifer Marschall und Kuka."

Die öffentlichen Belobigungen nach 13 Punkten aus fünf Spielen beflügelten den 1. FCK auch gegen den um Punkte schlechter platzierten VfB Stuttgart. Zur Halbzeit führten die spielerisch besseren Schwaben mit 2:1, aber nach dem Spiel herrschte in ihrer Kabine Katzenjammer. Der 4:3-Sieg der Lauterer trug den Stempel eines Spielers: Olaf Marschall, der drei Treffer erzielte, und den sein Kollege Martin Wagner Bundestrainer Berti Vogts für die Nationalmannschaft empfahl.

Vom Glanz des KSC, nach drei Spielen noch Tabellenführer, war nicht mehr viel übrig geblieben. Zwei Niederlagen in Folge und ein Remis hatten die Badener ins Mittelfeld der Tabelle geführt. Nach dem 2:4 gegen die Lauterer zeigte der Pfeil für die Blauen weiter nach unten. Ungeachtet der Erfolge seiner Mannschaft sprach Otto Rehhagel weiter davon, dies alles seien Punkte gegen den Abstieg. Wieder war es Martin Wagner, der nach vorn preschte und große Worte gebrauchte: „Diese Mannschaft ist das Werk des Trainers."

Der hatte eine Woche vorher den letzten der Fehleinkäufe vom Sommer 1995 aussortiert: Frank Greiner ging zum VfL Wolfsburg. Nach Wollitz, Wegmann, Kern und Hollerbach war Greiner das letzte Glied in der Kette, die durch jüngere Spieler und durch Spieler ersetzt wurde, die in die neue Mannschaft passten und vom Publikum akzeptiert wurden. Und die harmonierten, weil sie, wie Rehhagel das wünschte, keine Einzelkämpfer waren, sondern für die Mannschaft spielten. Mit diesem Rezept hatte der Trainer Erfolg und ließ ganze Heerscharen von Kritikern verstummen. Wie gelähmt schwebten die zwischen Freude über die Erfolge und Gram. „So werden wir den nicht los", war ein oft gehörter Satz.

Rehhagel hatte seine Mannschaft hinter sich, weil er sich nie in Auseinandersetzungen, die im Verein tobten, hatte hineinziehen lassen. Stattdessen betete er monoton sein Treuebekenntnis zu seinen „Freunden Präsident Keßler und Jürgen Friedrich" herunter. Und letzterer fügte einen weiteren Baustein hinzu, weil es ihm zunächst gelungen war, Freund Rehhagel zu halten und gleichzeitig Manager Briegel nicht zu vertreiben. Das Bekenntnis zu beiden Fußballfachleuten setzte im Team neue Kräfte frei, da nun keiner mehr gezwungen war, Partei zu ergreifen. Der Konflikt war beendet, ohne dass er hatte gelöst werden müssen. Als Briegel später zurücktrat, löste dies zwar Bedauern, aber keine Proteste mehr aus.

Die Zuschauer auf dem Betzenberg vertrauten nun fast blind auf Rehhagels Taktik. Und der verließ sich auf seine Spieler, die sich durch nichts, was von außen an sie herangetragen wurde, aus der Ruhe bringen ließen und richtig guten Fußball spielten.

Anders als im Meisterjahr 1990/91, als man über den Kampf zum Spiel gekommen war, dominierte nun eindeutig das spielerische Element. Viele Fans hielten deshalb schon jetzt alles für möglich – und dies hatte fast etwas Beängstigendes.

Sein Pokalspiel der 2. Runde gewann der 1. FCK fast ohne Gegenwehr beim Altrivalen 1. FC Saarbrücken mit 4:0 und sah dem Gastspiel von Rehhagels Ex-Verein Werder Bremen entgegen. „Bulimisches Kaiserslautern", klassifizierte *France Football* die Roten Teufel als gefräßige Fußball-Ungeheuer. Doch gegen Werder war das große Fressen erst einmal zu Ende. „Wir können nicht alle 34 Spiele gewinnen, aber natürlich hätte ich heute gerne gewonnen", ließ sich Rehhagel kein Wort dazu entlocken, ob ihn das 1:3 gegen Werder weniger schmerze als gegen einen anderen Gegner. „Angst um den 1. FCK", meldete sich Ratinho nach dem Spiel selbstbewusst zu Wort, „muss man nun nicht haben, dann werden wir halt bei 1860 gewinnen." Die entscheidenden Tore für die Bremer waren in den letzten fünf Minuten gefallen.

Tatsächlich rehabilitierten sich die Lauterer in München, schlugen die „Löwen", die früh mit 1:0 in Führung gegangen waren, durch Tore von Marschall (2) und Sforza mit 3:1 und festigten ihren ersten Platz. Erstmals tauchten bei der Wahl der *European Sports Magazines* auch Lauterer Spieler auf. Der Schweizer *Sport* nominierte Ratinho, *Foot Magazine* aus Belgien Martin Wagner. Und eine Woche später feierte Olaf Marschall seinen zweiten Länderspieleinsatz. Er kam gegen Albanien beim Stand von 1:1 und schoss vier Minuten vor Schluss das 3:2-Siegtor.

**Everson Rodrigues „Ratinho".**

Mit dem nächsten Gegner Arminia Bielefeld kam Stefan Kuntz erstmals als Spieler auf den Betzenberg zurück, seit er 1995 zu Besiktas Istanbul gewechselt war. Und er war es auch, der das Anschlusstor zum 2:1 erzielte. Der 1. FCK gewann mit 3:1, und so fiel es den Fans nicht schwer, Kuntz anständig zu behandeln angesichts seiner Verdienste um seinen alten Verein.

Dann stand die Jahreshauptversammlung des 1. FCK an, und danach trat Hans-Peter Briegel zurück. „Es gab für mich nur noch die Möglichkeit aufzuhören, weil es nichts mehr zu tun gab für einen Sportlichen Leiter", erklärte Briegel dem *KICKERsportmagazin.* Erneut wurde deutlich, dass Trainer und Manager nicht zueinander passten. Briegel versäumte aber nicht, einen Pfeil in Richtung Vereinsspitze abzuschießen: „Der Erfolg verdeckt hier vieles. Mit den guten Zeiten kann es schnell wieder vorbei sein.“

Die Mannschaft ließ sich von diesen Vorgängen nicht von ihrer Linie abbringen und erreichte durch Jürgen Risches Tor vier Minuten vor Spielende noch ein 1:1 bei Bayer Leverkusen. Gegen den MSV Duisburg wurde Torhüter Reinke zum Spieler des Tages. Nach Marschalls 1:0 in der 21. Minute hatte der 1. FCK zwar noch Chancen, aber die dominierende Mannschaft war der MSV. Doch das eigene Unvermögen und Reinke standen den Westdeutschen im Weg.

War Reinke eben noch allseits gelobt worden, so geriet der Keeper im Pokalspiel gegen Bayern München zum Sündenbock. Dabei hatte ein Fehlpass von Oliver Schäfer zum 0:1 geführt. Nach Sforzas Ausgleich neutralisierten sich beide Mannschaften weitgehend und hatten sich bereits auf eine Verlängerung eingestellt. In der 75. Minute geschah das Malheur: Scholl jagte dem Ball hinterher, Reinke stürmte aus seinem Tor, trat übermotiviert über den Ball, eilte zurück Richtung Tor, war aber gegen Janckers Glücksschuss chancenlos. Der deshalb von seinem Trainer Gescholtene („Ein Torwart darf gegen die Bayern halt keinen Fehler machen“) bekannte: „Ich hab daneben gehauen, so’n Schitt! Das Tor geht auf meine Kappe, ich bin jetzt der Dumme!“ Ob die sibirischen Temperaturen an diesem Abend in der Westpfalz etwas damit zu tun hatten? „Nee, nee“, erwiderte der Unglückliche, „es war kein Eis auf dem Schuh, und auch der Ball war nicht gefroren.“

Der 1. FCK ging aber trotzdem weiterhin seinen Weg. Nach 30 Minuten lag man zwar im Westfalenstadion gegen den BVB mit 0:2 zurück, doch Marschall gelangen vor

**Da staunt der Ex-Lauterer Stefan Kuntz: Michael Ballack kann am und mit dem Ball einfach alles.**

Einer der schwierigsten Gegenspieler des Axel Roos: Rostocks Oliver Neuville, beim 3:4 seiner Mannschaft auf dem Betzenberg am Ball.

der Pause und 14 Minuten vor Schluss noch zwei Tore zum 2:2. Schon gegen den VfB Stuttgart hatten die Lauterer Zuschauer sieben Tore, ein dramatisches Spiel und einen 4:3-Sieg gesehen, doch was der 1. FCK und Hansa Rostock am Abend des 7. November 1997 boten, war noch eine Klasse besser. Sforza erzielte das 1:0, doch nach 18 Minuten stand es nach Toren von Barbarez und Dowe 1:2. Rische vor und Schjönberg nach dem Pausenpfiff brachten den 1. FCK mit 3:2 nach vorne, doch in der 67. Minute glich Neuville zum 3:3 aus. Sieben Minuten vor Schluss sorgte Rische mit dem 4:3 für die Entscheidung, allerdings hatte der Schiedsrichter nach einem Foul von Kadlec den Rostockern einen Elfmeter verweigert. „Das war unser bisher stärkster Gegner", staunte Ratinho, und Axel Roos ergänzte: „Die waren spielerisch stärker als wir!"

Am Tag danach schlug Bayern München Arminia Bielefeld mit 1:0 und gewann auch das vorgezogene Spiel bei Borussia Dortmund mit 2:0. So hatte der 1. FCK vor dem Spiel bei Borussia Mönchengladbach nur noch einen Punkt Vorsprung vor dem Tabellenzweiten. Der 1. FCK gewann auf dem Bökelberg mit 3:1, musste aber im darauf folgenden Spiel beim VfL Wolfsburg die erste Auswärtsniederlage hinnehmen. Ohne Marschall, Schjönberg und Ratinho boten die Roten Teufel eine mäßige Leistung, angefangen bei Torhüter Reinke, der in der 25. Minute Wolfsburgs Spies zum 1:0 einlud. Wagner glich zwar per Freistoß zum 1:1 aus, doch neun Minuten vor Schluss kam der VfL durch einen umstrittenen Foulelfmeter zum 2:1. Noch schlechter war wenig später die Nachricht, dass Marschall seiner Mannschaft wegen eines Innenbandrisses am Knie mehrere Wochen fehlen würde.

Als letzter Gegner in der Hinrunde kam der seit drei Spielen sieglose Hamburger SV in die Pfalz. Der Spielfilm dieser Begegnung, in der Salihamidzic nach einer knappen Stunde das 0:1 erzielte, war eine Aneinanderreihung von Unzulänglichkeiten. Sforza versuchte, das Spiel zu dirigieren, doch mit Marschall fehlte die gewohnte Anspielstation, und vorne standen sich Rische und Kuka gegenseitig auf den Füßen. Erst eine Viertelstunde vor Schluss glich Ratinho aus, und nachdem der HSV durch Schopps Platzverweis dezimiert war, gelang Marian Hristov in seinem ersten Heimspiel für den 1. FCK Sekunden vor Schluss das 2:1 durch einen wuchtigen Kopfball. Der Herbstmeister hieß 1. FC Kaiserslautern.

Zeit zum Verschnaufen und Genießen war aber keine. Nur sechs Tage später kam zum Auftakt der Rückrunde Bayern München. Vier Punkte Vorsprung hatten die Lauterer vor dem Gipfeltreffen. Der Traum von der Champions League machte in der Pfalz bereits die Runde… Und nach dem 2:0-Sieg durch ein Eigentor von Hamann und Hristovs Treffer in der 85. Minute setzten die ersten „Hochrechnungen" ein, wurden Statistiken bemüht und Umfragen gestartet. In einer Befragung des SWF-Fernsehmagazins „*PS-Politik Südwest*" äußerten sich 51 % der Rheinland-Pfälzer überzeugt davon, dass der 1. FCK Deutscher Meister würde. Und *France Football* schrieb: „Kaiserslautern schlägt alle Rekorde, König Otto und seine Roten Teufel können jetzt an der Tabellenspitze überwintern." Doch Rehhagel wehrte die Komplimente ab: „Die Meisterschaft entscheidet sich im Frühjahr und nicht im Winter. Aber es gibt nichts Schöneres, als die Tabellenspitze gegen einen direkten Rivalen zu verteidigen."

Nach all den sportlichen Erfolgen stand aber ein Fragezeichen über dem Betzenberg. Würde Rehhagel in der Pfalz bleiben, oder wolle er, wie die *RNZ* schrieb, „kurz vor der Pensionierung sich und allen Zweiflern doch noch den Beweis nachliefern, dass er nicht nur als Deichgraf in Bremen oder Jäger aus der Pfalz Fußballgeschichte schreiben kann?" Kaiserslautern ohne Rehhagel, das war ein schrecklicher Gedanke für Präsident Keßler, der gemeinsam mit Jürgen „Atze" Friedrich fest zum Trainer gestanden hatte. Nun wollten sie gemeinsam versuchen, ihn zu halten und gezielt in die Zukunft des Vereins und der Mannschaft zu investieren. Nach dem 3:2 gegen den 1. FC Köln im letzten Spiel vor der Winterpause – zuvor hatte der 1. FCK bei Hertha BSC Berlin mit 0:2 verloren – gab Keßler noch im Stadion vor dem Mikrofon bekannt, dass es dem Verein gelungen sei, Otto Rehhagel dazu zu bewegen, seinen Vertrag bis zum 30.6.2000 zu verlängern. „Otto und der FCK!", schallte es daraufhin von der Westtribüne, und plötzlich war der Trainer, der noch beim Wiederaufstieg die Lager so sehr gespalten hatte, der „beste Mann". Der Name Briegel war für die Fans nur noch Schall und Rauch, was kümmerten sie ihre Parolen von gestern.

Bevor er seine Unterschrift leistete, hatte Rehhagel von der Vereinsführung eine „gewisse Risikobereitschaft" gefordert, um die großen Ziele, die der Trainer nun anstrebte, zu verwirklichen. Im Nachhinein gesehen lag spätestens hier der Beginn des Größenwahns beim 1. FC Kaiserslautern, ausgelöst durch die Aussicht auf einen phänomenalen Erfolg, die Meisterschaft für einen Aufsteiger. Jahrzehnte alte Männerfreundschaften wurden beschworen und gaben – wie im Fall Friedrich/ Rehhagel/ Keßler – den Ausschlag dafür, dass der Verein, kaum dass er sportlich rehabilitiert

**Stellten die Weichen für die Zukunft: Präsident Hubert Keßler und Otto Rehhagel bei der Vertragsverlängerung im Dezember 1997.**

war, auf einen Weg geraten sollte, der seiner tatsächlichen Größe und wirtschaftlichen Potenz nicht mehr entsprechen sollte. Doch für solche Argumente hatte zu jenem Zeitpunkt in Kaiserslautern kaum einer ein offenes Ohr. Die Skeptiker wurden als Miesmacher in die Ecke gestellt, die den Erfolgreichen den Erfolg nicht gönnten. Otto Rehhagel wollte Meister werden, vor den Bayern, und er wollte Uli Hoeneß zeigen, dass er, Rehhagel, einen Weltverein nicht nur trainieren, sondern auch abhängen kann – mit einem Klub aus der Provinz, wenigstens für eine Saison, vielleicht auch länger.

„Wenn der 1. FCK eines der beiden ersten Spiele – in Schalke und gegen Bochum – gewinnt, müsste es zu schaffen sein." So äußerte sich Karl-Heinz Feldkamp vor dem Start ins Jahr 1998. Nach dem frühen Führungstreffer durch Hristov sah es lange nach einem Sieg des 1. FCK im Parkstadion aus, denn die Schalker kamen den geschickt spielenden Lauterern nicht bei. Bis Marco van Hoogdalem jenes viel diskutierte 1:1 erzielte, das in Kaiserslautern und weit darüber hinaus eine überflüssige Debatte um die Fähigkeiten von Torhüter Reinke auslöste. „Pannen-Torwart Reinke – Kann Otto mit so einem Meister werden?" fragte *Bild.* Otto Rehhagel bemühte sich zwar, seinem Torwart den Rücken zu stärken, ließ sich aber vor laufenden Kameras zu der paradoxen Forderung hinreißen, Reinke müsse auch mal einen „Unhaltbaren" halten.

Nach dem 3:0 der Bayern gegen den HSV war der Vorsprung des 1. FCK auf zwei Punkte geschrumpft. Doch die Pfälzer behielten die Nerven und schickten den VfL Bochum mit 3:0 geschlagen nach Hause, während Bayern gegen Hansa Rostock mit 2:0 siegte. Der 23. Spieltag schien für die „Machtübernahme" der Bayern wie geschaffen. Der 1. FCK musste zum VfB Stuttgart, Bayern zu Hertha BSC Berlin. Die Lauterer und die Schwaben lieferten sich ein packendes Spiel, das erst in der letzten Viertelstunde durch ein Tor von Hristov entschieden wurde. Da stand es in Berlin bereits 2:0. Der 1. FCK hatte die Tabellenführung nicht abgegeben, sondern ausgebaut auf fünf Punkte vor Bayern München. Den Sieg gesichert hatte Reinke, der in den letzten zehn Minuten mehrmals den Ausgleich verhinderte. Die Fans sangen „Deutscher Meister wird

**Hopp, da war Buck an Murat Yakin vorbei, und gleich hieß es 1:0 für den 1. FCK beim VfB Stuttgart durch Marian Hristov.**

nur der FCK!", während Sforza warnte: „Wenn wir jetzt anfangen zu träumen, kriegen wir eins auf den Deckel!" Rehhagel stellte nüchtern fest, nun werde die Meisterschaft zwischen dem 1. FCK und Bayern ausgespielt, während Präsident Keßler redselig verkündete: „Wir wollen den Titel. Das wollen wir schon lange." Das erzürnte wiederum den Spieler Martin Wagner: „Dann soll der Präsident gegen den KSC spielen!"

Wagner wusste zu gut, welch unangenehmer Gegner die Karlsruher waren, stets darauf aus, im badisch-pfälzischen Derby etwas aus Kaiserslautern mitzunehmen. Der KSC war durch seine Ergebnisse auf dem Betzenberg in den Spielzeiten zuvor – 2:3, 0:0, 0:0, 2:2 – zum Angstgegner des 1. FCK geworden. Zurück aus der J-League machte Guido Buchwald, der Weltmeister von 1990, sein erstes Spiel für den KSC und wurde für seine Mannschaft zum Volltreffer. Fast wäre ihm gar das Siegtor geglückt, doch auch so war er der beste Spieler auf dem Platz. Der KSC erkämpfte sich ein 0:0 und raubte dem 1. FCK zwei Punkte, doch im Münchner Olympiastadion düpierte der 1. FC Köln die Bayern und gewann mit 2:0. Der Vorsprung der Roten Teufel betrug nun sechs Punkte.

Beim 1:1 bei Werder Bremen hatte der 1. FCK Glück, dass der Schiedsrichter auf eine Schwalbe von Marco Reich hereinfiel und einen Elfmeter pfiff, den Schjönberg verwandelte. Auf der Gegenseite hatte er freilich zwei elfmeterreife Fouls an Andreas Herzog nicht geahndet. Weil Bayern München bei Schalke 04 mit 0:1 verlor, hatten die Pfälzer jetzt sieben Punkte Vorsprung. Bayern-Kapitän Thomas Helmer hakte die Meisterschaft via *SAT 1* frühzeitig und voreilig ab, und Bayern-Trainer Giovanni Trapattoni hielt seine spektakuläre Strunz-Rede: „Ich habe fertig!“

In Kaiserslautern nahm man den Ausbruch Trapattonis mit Schadenfreude auf und bereitete sich auf das Gastspiel von 1860 München vor. Es war das erste von zwei aufeinander folgenden Heimspielen, da das Auswärtsspiel bei Arminia Bielefeld dem Castor-Transport zum Opfer fiel und auf den 29. April verlegt wurde. Durch ein Zaubertor von Ratinho besiegte der 1. FCK die „Löwen“ mit 1:0. Trotz des gleichzeitigen 0:0 der Bayern gegen den VfL Bochum herrschte Otto Rehhagel allzu forsche Frager an („Ist denn heute etwas entschieden worden?“) und lobte die starken Sechziger.

**Regisseur mit Übersicht: Ciriaco Sforza, hier beim Heimspiel gegen den VfB Stuttgart (4:3).**

Für Bayer Leverkusen ging es auf dem Betzenberg darum, Anschluss an die Bayern zu halten und um die Chance der Qualifikation für die Champions League zu kämpfen. Nicht nur, dass Buck und Ratinho verletzt fehlten – ein weiteres Unglück kam hinzu. Torwart Reinke hatte sich beim Aufwärmen einen Muskelfaserriss in der Wade zugezogen und fiel aus. Für ihn ging der neue zweite Torhüter Lajos Szücs, ein Ungar, der in der Winterpause verpflichtet worden war, zwischen die Pfosten und geriet gleich zur tragischen Figur. Er scheiterte an seiner mangelnden Spielpraxis und an seiner Sprachlosigkeit – wie beim 0:1 durch Stefan Beinlich, der von einem Missverständnis zwischen Szücs und Kadlec profitierte. Am Ende siegten die Gäste mit 3:0 und bedrohten nun als Dritte mit 49 Punkten die Bayern, die sich vom KSC 1:1 getrennt hatten und 52 Punkte aufwiesen. Der 1. FCK hatte immer noch fünf Zähler Vorsprung, doch die Unbekümmertheit war weg, jetzt, da es langsam auf die Zielgerade zuging. Dass beim MSV Duisburg nur ein 1:1 herauskam, hatte Torwart Szücs zu verantworten, der außerordentlich nervös agierte und in der 90. Minute fast noch ein zweites Tor kassiert hätte. Bayern siegte in Bremen mit 3:0. Auch gegen Borussia Dortmund blieb der 1. FCK zu Hause sieglos – 1:1. Wenigstens nicht verloren, dachten viele, doch es war nicht zu leugnen: Der 1. FCK befand sich inmitten einer kleinen Krise, zweifelte an sich selbst und musste zudem zusehen, wie Bayern München zwei Tage später seinen Lokalrivalen 1860 eindrucksvoll mit 3:1 besiegte und den Abstand zum 1. FCK auf einen Punkt verkürzte.

Drei Spieltage vor Saisonende mussten die Lauterer bei Hansa Rostock antreten, ein Terrain, das ihnen nicht sonderlich lag. Bayern München wurde als Gast von Arminia Bielefeld schon vor dem Spiel als sicherer Sieger gehandelt. Hansa ging zwei Mal in Führung, und zwei Mal glichen die Roten Teufel aus. Die *taz* sah den 1. FCK „als genuine Spitzenmannschaft ..., welche sich auch durch ein Gegentor ‚zum psychologisch ungünstigsten Zeitpunkt' (Rehhagel) nicht umwerfen ließ. Mit risikoreichem Angriffsfußball erkämpfte sich der 1. FC Kaiserslautern ein verdientes 2:2 ... und drehte den Münchner Bayern eine lange Nase." Denn die patzten in Bielefeld und kamen trotz zweimaliger Führung zum 2:1 und 3:2 nur zu einem 4:4, das Lothar Matthäus erst eine Minute vor Schluss sicherte. Alles blieb also beim Alten.

Dann kam Borussia Mönchengladbach auf den Betzenberg, die Mannschaft mit der besten Bilanz aller Bundesligisten in Kaiserslautern. Und hatten nicht die Gladbacher schon 1991 dem 1. FCK die vorzeitige Meisterfete verdorben? Ihr Trainer Friedel Rausch, von Lauterns Kaufmännischem Leiter Gerhard Herzog als „Abstiegstrainer" tituliert, hatte zudem noch eine Rechnung mit Lautern offen. Zur Pause führten die Gäste nach Toren von Hausweiler und Pettersson mit 2:0. Olaf Marschall war es, der das Anschlusstor erzielte und nach einer Stunde zum 2:2 abstaubte. Alle hatten sich mit dem Unentschieden abgefunden, als in der 93. Minute Marco Reich von links flankte, Marschall hoch stieg und per Kopf das 3:2-Siegtor markierte. „Olaf Marschall, Fußballgott!", skandierte die Westtribüne und forderte von Berti Vogts: „Olaf für Deutschland!" Bayern München besiegte einen Tag später zu Hause Bayer Leverkusen mit 2:1.

Durch einen Sieg im Nachholspiel bei Arminia Bielefeld wollte der 1. FCK seine Position ausbauen. Nach dem Führungstor durch Marschall ließen sich die Roten Teufel etwas zurückfallen und kassierten durch einen Kopfball von Ali Daei den Ausgleich. In der 2. Halbzeit wogte das Spiel hin und her. Die gegen den Abstieg kämpfende Arminia drängte ebenso auf den Siegtreffer wie der Meisterschaftsanwärter aus der Pfalz. Und erneut war es Daei, der wiederum per Kopf für seine Mannschaft traf. Otto Rehhagel reagierte, brachte nacheinander Rische, Ballack und Kuka für Reich, Koch und Roos, um den Druck noch zu erhöhen. Nach einer Flanke von Hristov setzte Rische zu einem Fallrückzieher an, und der Ball landete hinter Torhüter Miletic zum 2:2 im Netz.

Nach diesem Spiel begannen die Spekulationen. Würde sich der MSV Duisburg noch voll gegen Bayern München reinhängen, wo die Meidericher doch, egal wie das Pokalfinale zwischen den beiden am 16. Mai ausgehen sollte, schon für den Europapokal der Pokalsieger qualifiziert sind? Und würde der 1. FCK noch zwei Siege brauchen, um die Bayern bis zum letzten Spieltag abwehren zu müssen?

Anders als 1991 bereiteten die Lauterer dieses Mal keine große Meisterfeier vor. „Wir Pfälzer sind in der Lage, auch spontan zu feiern!", gab Gerhard Herzog als Devise aus. Der 2. Mai 1998 nahte heran ...

Mit dem VfL Wolfsburg kam auch ein alter Kämpfer des 1. FCK zurück in die Pfalz: Dessen Trainer Wolfgang Wolf hatte von 1976 bis 1988 295 Mal für die Laute-

**„Olaf Marschall – Fußballgott!“, skandierten die Fans, als der dynamische Stürmer beim Heimspiel gegen Borussia Mönchengladbach fast im Alleingang den 3:2-Sieg herausschoss.**

rer in der Bundesliga gespielt. An einen Ausrutscher der Bayern in Duisburg glaubte kaum jemand im Fritz-Walter-Stadion, und so konzentrierten sich alle auf das letzte Heimspiel des 1. FCK. Nach anfänglichen Chancen der Wolfsburger platzte nach 24 Minuten der Knoten beim Tabellenführer: Sforza zirkelte den Ball vor Uwe Zimmermanns Tor, Marschall war zur Stelle, und es hieß 1:0. Danach schwand der Druck wieder, und von der Westtribüne hörte man „Duisburg, Duisburg“-Rufe. Das halbe Stadion hatte das Ohr am Radio, denn nach diesem 1:0 war der 1. FCK schon ein ganz klein wenig Deutscher Meister.

In der 2. Halbzeit machten die Roten Teufel alles klar. Wagner (52.), Marschall (55.) und Rische (88.) erhöhten auf 4:0, doch die bange Frage ging gen Westen: „Wie steht's in Duisburg?“ Dort entschärfte MSV-Torwart Gill in letzter Minute einen gefährlichen Freistoß von Mario Basler; es blieb beim 0:0, und dann war das Spiel aus.

Wenig später kam die Bestätigung von Stadionsprecher Horst Schömbs: „Der 1. FCK ist Deutscher Meister 1998!“ Nun stürmten die Fans den Rasen und freuten sich um die Wette. Die Spieler zauberten ihre schwarzen Meister-T-Shirts aus einem Karton, Otto Rehhagel schwang eine rot-weiße Fahne und bejubelte sein „unglaubliches Märchen“. Nein, Tränen gab es keine an diesem Abend, nur welche der Freude, wie die von Michael Schjönberg, der seinem Trainer in die Arme fiel, und die von

**Die Fans der Roten Teufel im siebten Himmel.**

Ratinho, der später erzählte, sein Herz habe sich „vor lauter Begeisterung in vier, fünf Teile zerlegt."

Für Wolfgang Wolf war es „die schönste Niederlage, die ich als Trainer im Profibereich miterleben durfte". Meistertrainer Rehhagel holte etwas weiter aus: „Wir haben eine gute Personalpolitik gemacht … Die Menschen können glücklich sein. Der 1. FCK ist die Hauptstadt der Fußballwelt …" Der Mann, den sie bei Bayern München zum Teufel gejagt hatten, hatte nun eben diese Bayern nicht nur zwei Mal geschlagen, sondern tief gedemütigt, indem er ihnen die Meisterschaft wegschnappte. „Eine klammheimliche Freude" könne er nicht verhehlen, gab Rehhagel zu. Ein Spieler der Bayern sah das Ganze eher pragmatisch: „Da ich aus der Pfalz komme, freue ich mich, dass der 1. FCK Meister ist. Ich habe immer gesagt, wenn wir schon nicht Meister werden, muss es Kaiserslautern packen." Originalton Mario Basler.

Das 1:1 am letzten Spieltag beim HSV hatte nur noch statistischen Wert, der 1. FCK war nun offiziell mit 68 Punkten und zwei Zählern vor Bayern München Meister. Schon vor dem Spiel übergab DFB-Präsident Egidius Braun die Meisterschale an Kapitän Ciriaco Sforza, der sie spontan an Andreas Brehme weiterreichte. Noch am Abend flog die Mannschaft nach Kaiserslautern zurück und ließ sich bei der „Night of the Champions" in der Fruchthalle feiern. Am nächsten Morgen ging es per Autokorso durch die Stadt und hin zum Rathaus. 100.000 Menschen tummelten sich in der Stadt bis zum Abend, doch dann mussten zumindest Trainer und Spieler wieder an ihre Pflichten denken, zehn Gegner warteten bis zur Sommerpause in Freundschaft auf den neuen Deutschen Meister. Erst die Fußballweltmeisterschaft brachte den (meisten) Spielern Urlaub, doch schon Anfang Juli begann die Vorbereitung auf die neue Saison und das Abenteuer Champions League.

2. Mai 1998: Durch einen klaren Sieg über den Mitaufsteiger VfL Wolfsburg wird der 1. FC Kaiserlautern Deutscher Meister. Auch Hristov (oberes Bild) hatte wieder geglänzt. Marschall, Koch und Riedl feiern im Meister-Shirt (unten).

**Der Betze feiert die Meisterschaft 1998.**

FRITZ-WALTER STADION
OPEL
CWL GRUPPE
Panasonic
STINNES
REIFENDIENST
FEROTU
67307 Göllheim
KARLSBERG UR-PILS
Westtribüne
KARLSBERG
SFORZA
10
POLIZEI

Der Trainer umarmt Ratinho, der vor Freude weinte und später gestand, sein Herz habe sich „vor lauter Begeisterung in vier, fünf Teile zerlegt" (oben).
Am letzten Spieltag der Saison überreicht DFB-Präsident Egidius Braun die Meisterschale an Ciriaco Sforza (unten).

# Bakero, Münch, Makiadi ...

## Drei Namen, die man in Kaiserslautern nicht gerne hört

Das letzte, was von Markus Münch, Ex-Spieler unter anderem bei Bayern München und Bayer Leverkusen, zu hören war, passte gut zu der Rolle, die der gebürtige Kurpfälzer im Mai 1996 spielte. Münch kündigte an, sich beim SV Waldhof um die Position des Präsidenten zu bewerben, um frischen Wind in den bis in die Viertklassigkeit abgestürzten ehemaligen Bundesligisten hineinzublasen. Die Akzeptanz vieler Fans der Mannheimer wäre ihm wohl sicher gewesen, denn Münch hatte im Mai 1996 im Endspiel gegen den Abstieg aus der Bundesliga in der Schlussphase das 1:1 für Leverkusen erzielt und den 1. FCK in die 2. Bundesliga geschickt. Die Szenen aus dem Ulrich-Haberland-Stadion, heute BayArena, hat jeder Fan des 1. FCK noch vor Augen. Durch Kukas Tor schienen die Roten Teufel gerettet, doch dann passierte es. Andreas Reinke wehrte einen scharfen Schuss so ab, dass er bei dem von links heranstürmenden Münch landete, der sich diese Chance nicht entgehen ließ. Danach lagen sie auf dem Rasen, die Lauterer, Thomas Hengen weinte bitterlich, Andreas Brehme wurde von Rudi Völler, damals noch für Leverkusen im Einsatz, getröstet, auf der Tribüne saß ein fassungsloser Präsident Norbert Thines, der danach vom „Team Professionelle Zukunft" um Jürgen „Atze" Friedrich und Dr. Robert Wieschemann aus dem Amt gedrängt wurde. Aus dem Amt drängen wollte Markus Münch auf dem Waldhof den Amtsinhaber Dr. Hans Joachim Bremme, kündigte der in Heidelberg lebende Ex-Profi jedenfalls an, doch dann war irgendwann nichts mehr von ihm zu hören, geschweige denn zu sehen.

Im Fall des kongolesisch-deutschen Fußballers Cedrick Makiadi verhält sich das ganz anders. Er ist immer noch im grün-weißen Dress des VfL Wolfsburg zu sehen, dem er am 13. Mai 2006 mit seinen zwei Toren in einem Abstiegsendspiel wie anno 1996 in Leverkusen zum Klassenverbleib verhalf. Der 1. FCK musste in der VW-Arena gewinnen, dem VfL genügte ein Remis, und die Lauterer waren schon halb am Ziel, als sie mit einer 1:0-Führung in die 2. Halbzeit gingen. Doch dann wurde Makiadi eingewechselt, schoss das 1:1 und legte für Diego Klimowicz zum 2:1 auf, ein Doppelschlag, von dem sich die Roten Teufel nicht mehr vollständig erholten, nur noch zum Ausgleich kamen und damit abgestiegen waren. Der Nationalspieler der Demokratischen Republik Kongo war über Post SV Lübeck, den Eichholzer SV und den VfB Lübeck nach Wolfsburg gekommen und hier zum Helden geworden. Für den 1. FCK wurde der Name Makiadi zehn Jahre nach Markus Münch zu einem weiteren Alptraum. Der Afrikaner rettete den VfL vor dem folgenschweren Gang nach unten und verurteilte die Lauterer zu ihrem zweiten Abgang in die 2. Bundesliga.

Um weitaus Höheres ging es am 6. November 1991 auf dem Betzenberg. Der 1. FCK hatte in der 2. Runde des Europapokals der Landesmeister sein Auswärtsspiel beim FC Barcelona mit 0:2 verloren. Nur wenige Chancen, die Gruppenphase der Champions League zu erreichen, wurden den Lauterern eingeräumt. Doch Demir Hotic' Tore in der 35. und 49. Minute bedeuteten Gleichstand, und in der 76. Minute traf Bjarne Goldbaek gar zum 3:0. Barcelona war raus, der 1. FCK unter den acht besten Mannschaften des Kontinents. Es waren nur noch Sekunden zu spielen, als der kleingewachsene José Mari Bakero eine Unachtsamkeit zwischen Uwe Scherr und Markus Kranz nutzte und über den zu weit vor seinem Tor postierten Gerry Ehrmann hinweg zum 3:1 einköpfte. Kurz danach war das Spiel aus, der 1. FCK ausgeschieden. Der 1963 in Goizueta, Navarra, geborene Baske war 1988 von Real Sociedad San Sebastian zum FC Barcelona gewechselt und setzte sich mit diesem Tor ein Denkmal für alle Zeiten, denn sein Verein gewann am Ende auch durch ein 1:0 gegen Sampdoria Genua die Champions League. Zusammen mit Txiki Beguiristain, Julio Salinas und Andoni Goikoetxea bildete Bakero im Nou Camp das Rückgrat des „Dream Teams“ von Trainer Johan Cruyff. Weitere Stationen als Spieler waren Vera Cruz in Mexico sowie Norwich City. Nach seiner aktiven Zeit arbeitete er bei Barca als Assistent der Trainer Llorenc Serra Ferrer und Louis van Gaal und beriet die Generalitat von Katalonien in sportlichen Angelegenheiten. Engagements beim FC Malaga B und in San Sebastian schlossen sich an. In Kaiserslautern besitzt der Name Bakero noch heute einen unangenehmen Klang. Schließlich verhinderte er den Zugriff des 1. FCK auf die internationalen Fleischtöpfe und seine Promotion zu einer europäischen Spitzenmannschaft, die mit dem Geld aus den Einnahmen der sechs Gruppenspiele in der Champions League weiter hätte verstärkt werden können. Wenige Sekunden mangelnder Konzentration hatten Bakero sein Tor in letzter Sekunde ermöglicht. ■

# Das Ende des Höhenflugs

## Wie Otto Rehhagel vom Berg herabstieg, der Schweizer René C. Jäggi das Kommando übernahm und der 1. FCK zum zweiten Mal die Bundesliga verlassen musste

### Saison 1998/99: Absturz am letzten Spieltag

„Wir müssen uns nicht verstecken und können selbstbewusst in die Saison gehen", schaute der für den sportlichen Bereich verantwortliche Aufsichtsrat Jürgen „Atze" Friedrich im Saison-Magazin des 1. FCK optimistisch in die Zukunft. Innerhalb von zwei Jahren hatte Friedrich zusammen mit seinen Mitstreitern in Vorstand und Aufsichtsrat die Depression nach dem Abstieg 1996 in eine euphorische Aufbruchstimmung verwandelt. Doch er schickte auch die Allerweltsweisheit voraus, man müsse wieder bei Null anfangen. Zu sehr hatte Friedrich die schleichende Abwärtsentwicklung nach der Meisterschaft 1991 vor Augen, als nach einem Jahr erst Trainer Karl-Heinz Feldkamp von der Fahne gegangen war und die Mannschaft unter dessen Nachfolger Rainer Zobel immer mehr an Substanz verloren hatte. Erst Friedel Rausch hatte diese Entwicklung stoppen können, war aber in seinem dritten Jahr auf dem Betzenberg an der abstrusen Transferpolitik des damaligen Präsidiums gescheitert – am Ende stand nur fünf Jahre nach dem Titel der Abstieg.

Der Abgang eines Spielers schmerzte Fans und Mannschaft gleichermaßen: Der tschechische Nationalspieler Miroslav Kadlec, der den 1. FCK zu zwei Meisterschaften und einem Pokalsieg geführt hatte, ging nach acht Jahren aus familiären Gründen zurück in seine Heimat und spielte fortan für Petra Drnovice in der tschechischen Gambrinus-Liga. Alle Versuche, den Ausnahmespieler in der Pfalz zu halten, waren fehlgeschlagen. Einen anderen Tschechen wollte Trainer Otto Rehhagel nicht mehr haben. Pavel Kuka, einer der Publikumslieblinge, war in Ungnade gefallen und verabschiedete sich schließlich schweren Herzens zum 1. FC Nürnberg. Andreas Brehme, der in der Meistersaison nicht mehr regelmäßig zum Einsatz gekommen war, been-

Mit Miroslav Kadlec ging eine ganz wichtige Stütze der Mannschaft.

dete seine Karriere als Spieler, und der unglückliche Torhüter Petr Kouba verließ den Verein, ohne jemals ein Pflichtspiel für den 1. FCK bestritten zu haben.

Bei der Suche nach einem Nachfolger für Kadlec wurde Rehhagel in Ägypten fündig. Auf Anraten seines ehemaligen Spielers bei Werder Bremen, Hany Ramzy, wurde Ibrahim Samir von Al-Ahly Kairo verpflichtet. Kurz vor Saisonbeginn kam auch Ramzy aus Bremen zu den Roten Teufeln. Torhüter Uwe Gospodarek kam vom VfL Bochum, um Andreas Reinke Konkurrenz zu machen. Sein Namensvetter Rösler wechselte von Manchester City in die Pfalz. Aus dem Amateurkader schaffte Junior de Jesus den Sprung zu den Profis.

Sorgenfalten bereitete den Fans aber nicht nur der Weggang von Kadlec, sondern auch der Ausfall Ciriaco Sforzas, des Chefdenkers der Mannschaft. Der Schweizer hatte sich in der Sommerpause einer Schienbeinoperation unterzogen und stand zunächst nicht zur Verfügung. Auch bei seinem verspäteten Ablösespiel in Mainz gegen Inter Mailand, das 0:0 endete, konnte er nicht dabei sein. Und als ob der Probleme nicht schon genügend gewesen wären, verletzte sich Torhüter Gospodarek im Spiel so schwer an der Schulter, dass er über Monate ausfiel und zusehen musste, wie Andreas Reinke seine Position festigen konnte, anstatt das Tor für ihn räumen zu müssen. „Der Kader ist nicht gerade üppig besetzt“, warnte das *KICKERsportmagazin* und wies auf die Dreifachbelastung durch Meisterschaft, Pokal und Champions League hin. Der verletzte Sforza zeigte sich derweil kämpferisch und forderte den Verein auf, alles zu tun, um eine erfolgreiche Champions League zu spielen und in der Bundesliga wieder oben mitmischen zu können.

Doch in der Vorbereitung gab es bereits manche Ernüchterung, als man der bulgarischen Nationalmannschaft mit 0:4 unterlag und nach einem 2:3 gegen den VfB Stuttgart im Halbfinale aus dem Ligapokal ausschied. Auch der erste Auftritt im DFB-Pokal bei Fortuna Köln war eine holprige Angelegenheit. Erst durch zwei späte Tore von Olaf Marschall siegte der 1. FCK mit 3:1 und bestand die Generalprobe für den Bundesliga-Auftakt. In ihrem Bundesliga-Test stellte die *taz* fest: „Das Triumvirat Keßler (Präsident), Friedrich (Aufsichtsrat) und Rehhagel bestimmt die Politik auf dem „Betze“, und keiner muckt mehr auf… Wo Rehhagel ist, ist nur Rehhagel…“ Dass damit auf dem Höhepunkt des Triumphes mit Aufstieg und Meisterschaft bereits der Grundstein für den schleichenden Niedergang des Vereins gelegt war, wagten nur wenige hinter vorgehaltener Hand zu prophezeien. Zu groß war die Machtfülle des Trainers, den seine beiden Freunde Keßler und Friedrich nach Belieben schalten und walten ließen.

Rechtzeitig zum Saisonbeginn bei 1860 München war Ciriaco Sforza wieder dabei. Dem 1. FCK gelang ein Auftakt nach Maß, und ausgerechnet der Ägypter Samir erzielte in seinem ersten Bundesligaspiel den Siegtreffer zum 2:1. Zum ersten Heimspiel gegen Tabellenführer Borussia Mönchengladbach war die neue Südtribüne fertig geworden, die nach dem Abriss der alten in der Spielpause zwischen Mai und August neu errichtet worden war. Zu deren Mitfinanzierung hatte der Verein Fünf-Jahres-Dauerkarten verkauft. Nach dem 2:1 gegen die Mannschaft des ehemaligen FCK-Trainers Friedel Rausch waren die Gäste entthront und die Lauterer punktgleich mit dem neuen Primus Bayern München. Die Ernüchterung folgte eineinhalb Wochen später, als der 1. FCK beim VfB Stuttgart mit 0:4 unterlag und seine unter Trainer Rehhagel höchste Niederlage erlitt. Nur drei Tage danach lagen die Roten Teufel gegen Hertha BSC Berlin nach 53 Minuten mit 1:3 zurück, und es begann zu rumoren auf dem Betzenberg. Doch es folgte eine dieser für dieses Stadion so typischen Aufholjagden: Zwischen der 68. und der 82. Minute drehten die Lauterer das Spiel und siegten mit 4:3.

Vier Tage später hielt die Champions League Einzug ins Fritz-Walter-Stadion. Der 1. FCK hatte bei der Auslosung Glück gehabt: Keiner der ganz großen Clubs war in der Gruppe F vertreten, und gegen Benfica Lissabon, PSV Eindhoven und HJK Helsinki schien ein Vordringen ins Viertelfinale möglich. Vor allem der Ruhm des ehemaligen Europapokalsiegers Benfica war längst verblasst, wie ein Blick auf die Aufstellung der Mannschaft von Trainer Graeme Souness zeigte, der sich harsche Kritik von der portugiesischen Sportzeitung *Publico* gefallen lassen musste: „Es reicht nicht aus,… auf die englische Art anzugreifen, man muss auch verteidigen können.“ Nur sein 40 Jahre alter Torhüter Michel Preud’homme bewahrte Benfica vor einer deftigen Niederlage. Martin Wagners Tor nach 41 Minuten blieb für die Lauterer das einzige – eine magere Ausbeute, die für die folgenden Spiele nichts Gutes erahnen ließ. Schlecht fühlten sich an diesem Abend vor allem die Fans des 1. FCK, die durch die Reglementierungen der UEFA nicht alle stehen durften und sich schließlich gespalten auf der West- und auf der Osttribüne wiederfanden. Die gewohnte Stimmung kam so nicht auf.

Ausgerechnet Pavel Kuka ärgerte seine alten Mitspieler drei Tage später mit seinem Führungstor für den 1. FC Nürnberg, das Olaf Marschall erst kurz vor Schluss ausglich. Doch der Verlust dieser zwei Punkte war erst der Auftakt einer kleinen schwarzen Serie von sechs Spielen ohne Sieg. Im DFB-Pokal stand es gegen den VfL Bochum nach 120 Minuten 1:1. Als Thomas Riedl mit dem sechsten Elfmeter an Thomas Ernst scheiterte, war der Weg in die nächste Runde für den Außenseiter frei. Sebastian Schindzielorz verwandelte zum 5:4. Groß war die Freude bei VfL-Trainer Klaus Toppmöller, der an seiner alten Wirkungsstätte triumphiert hatte. Der Spielplan führte beide Mannschaften am nächsten Spieltag auch in der Liga zusammen, und an jenem 26. September 1998 begann das Denkmal Otto Rehhagel bereits leicht zu bröckeln. Der 1. FCK führte mit 1:0, als sich Michael Schjönberg bei einem Zusammenprall mit Torhüter Ernst Schien- und Wadenbein brach. Für ihn brachte der Trainer den Nigerianer Pascal Ojigwe, wodurch sich die Zahl der Nicht-EU-Ausländer – Ramzy, Samir und Ratinho standen bereits auf dem Rasen – auf vier erhöhte – nach den Regeln also einer zu viel. Zwar versuchte Rehhagel zwei Minuten nach seinem Missgeschick eine Korrektur, als er Ramzy auswechselte, doch die Punkte konnte er damit nicht mehr retten. Zwar gelang Marschall sogar das 2:0, doch bei den Lauterer Spielern ließ angesichts der Bedeutungslosigkeit des Spiels die Konzentration nach, und Bochum siegte noch mit 3:2. Der fassungslose, weil bis dahin vermeintlich unfehlbare Otto Rehhagel sprach von einem „schwarzen Tag" und hatte eine Vorahnung: „Jetzt beginnt die Arbeit in einer schwierigen Phase."

Bei ihrem Torhüter Andreas Reinke durften sich die Roten Teufel bedanken, dass sie ihr erstes Auswärtsspiel in der Champions League bei HJK Helsinki nicht klar verloren. Ohne Biss und Durchsetzungsvermögen sahen sie sich den Angriffen der Finnen ausgesetzt, die als Außenseiter der Gruppe mehr als nur ein 0:0 verdient gehabt hätten. „Es war kein gutes Spiel von uns, aber wir haben einen Punkt", resümierte Ciriaco Sforza, der aber zugleich bekannte: „Wir sind in einem Tief." Nach zwei Unentschieden bei Bayer Leverkusen und gegen den VfL Wolfsburg stand die Partie beim PSV Eindhoven an, bei der Michael Ballack sein Debüt in der Champions League feiern durfte und erheblich dazu beitrug, dass der 1. FCK überraschend mit 2:1 gewann. Riedls 0:1 hatte Chochlow ausgeglichen, und beim Schiedsrichterassistenten Pierre Renaudin durften sich die Lauterer bedanken, dass er Risches Kopfball in der 81. Minute über der Torlinie gesehen hatte. Erst war der Franzose zielsicher in Richtung Mittellinie gestartet, hatte aber plötzlich halt gemacht und Lauterns Axel Roos, des Französischen mächtig, auf den Plan gerufen, der ihn daran erinnerte, dass er auf Tor erkannt hatte. „Ein Justizirrtum", giftete PSV-Coach Bobby Robson hinterher, „der Weihnachtsmann hat Lautern den Sieg geschenkt."

Harmlos präsentierte sich der 1. FCK wenige Tage später, als Bayern München ab der 55. Minute beim Stand von 4:0 einen Gang zurückschaltete und die Pfälzer vor einer Blamage bewahrte. Nur zwölf Punkte aus neun Spielen waren eines Deutschen Meisters unwürdig, der sich im Niemandsland des Mittelfeldes befand – ohne Anschluss nach oben mit 13 Punkten Abstand auf Bayern München, aber auch ohne akute Gefahr, auf einen Abstiegsplatz abzurutschen. Sechs Spieltage später stand der 1. FCK auf dem dritten Platz, der Rückstand auf den Tabellenführer war nach sechs Siegen in Folge auf vier Zähler geschrumpft. Dabei sah es gegen Hansa Rostock eher düster aus, denn Ewald Lienens Mannschaft führte bis zur 50. Minute mit 2:0, ehe Marschall, Ballack und Rösler das Spiel noch drehten. Es folgten 1:0-Siege beim SC Freiburg, gegen den Hamburger SV, bei Werder Bremen und gegen Borussia Dort-

Die Champions League in Kaiserslautern. Zuerst kamen Benfica Lissabon und Star-Schiedsrichter Collina. Andreas Reinke im Disput mit Brian Deane.

Champions League: 1. FCK - PSV Eindhoven. Lauterns Marian Hristov setzt sich gleich gegen mehrere Eindhovener durch.

mund. Überragender Garant für diese Erfolgsserie war der zum Libero umfunktionierte Ciriaco Sforza, der die Abwehr dirigierte und mit viel Übersicht das Spiel von hinten heraus gestaltete. Hinzu kam, dass die Torgefahr beim 1. FCK von verschiedenen Spielern wie Hristov, Rösler und Marschall ausging und nicht auf einen Akteur beschränkt war. Außerdem zeigte die Formkurve von Ballack steil aufwärts, und der von den Amateuren rekrutierte Jesus Junior gewann vor allem gegen den HSV an Sympathien bei den Fans, die ihn mit „Ey, ey, ey, wir haben einen Jesus" frenetisch feierten. „Alle sind froh, dass die Heilige Dreifaltigkeit auf dem Betzenberg nun komplett ist: Gott Otto, Sforza, sein Spiritus rector und Jesus, der Sohn des Allmächtigen", witzelte die *taz*. Gegen Schalke 04 schlugen die Lauterer dann erbarmungslos zu und deklassierten die auf einem Abstiegsplatz stehenden Gäste mit 4:1.

Auch in der Champions League blieb der überraschende Tabellenführer auf der Erfolgsspur, wenn auch mit viel Mühe und nach einem wahrhaftigen Geduldsspiel gegen den PSV Eindhoven, der auf Revanche für die unglückliche Heimspielniederlage gegen den 1. FCK sann. Dass das Spiel überhaupt – und mit 20 Minuten Verspätung – angepfiffen wurde, lag daran, dass in letzter Sekunde in der Nordwestecke des Stadions, beim Übergang von der West- auf die Nordtribüne, eine Massenpanik vermieden werden konnte. Schuld war die aus Sicherheitsgründen angeordnete Umleitung der Fanbusse, was eine immense Wanderungsbewegung über den sehr engen Zugang zur Nordtribüne zur Folge hatte. Doch dieser Schreck blieb nicht der einzige, denn nach 18 Minuten brachte Ruud van Nistelrooy den PSV in Führung, und diese hielt bis zur 68. Minute, obwohl Torhüter Patrick Lodewijks schon nach 26 Minuten Opfer eines umstrittenen Platzverweises wurde, als ihm Handspiel außerhalb des Strafraumes unterstellt wurde. Dann ging Andreas Buck – Jesus Junior kam und legte für Jürgen Rische auf, der den Ausgleich erzielte. Der ebenfalls eingewechselte Marco Reich sorgte in der 77. Minute für das 2:1, und Marian Hristov gelang in der Schlussminute noch das 3:1. Wie schon nach dem Heimspiel im Philips-Stadion haderte PSV-Coach Robson mit dem Schiedsrichter: „He's English, I don't believe it!", zog er seine Entscheidung gegen Lodewijks in Zweifel. In allen Gruppen war das Rennen noch fast völlig offen, denn nur die Ersten sowie die beiden besten Zweiten kamen ins Viertelfinale – allein der 1. FCK war mit zehn Punkten bereits so gut wie qualifiziert. Die 1:2-Niederlage bei Benfica Lissabon war nur ein Schönheitsfehler, denn durch das 3:1 des PSV bei HJK Helsinki konnten die Finnen die Roten Teufel nun auch bei einem Sieg im Fritz-Walter-Stadion nicht mehr überholen und gegen Benfica hatte man den Direktvergleich für sich entschieden. Der 1. FCK hatte das Viertelfinale der Champions League erreicht.

**Im Viertelfinale der Champions League**

Auf der administrativen Ebene leitete der Verein derweil eine revolutionäre Entwicklung ein. Die Mitgliederversammlung stimmte einer Satzungsänderung zu und ersetzte den bis dahin ehrenamtlichen durch einen künftig hauptamtlichen Vorstand. In den Aufsichtsrat, der nun den Vorstand bestimmen musste, wurden Jürgen „Atze"

Friedrich, Dr. Robert Wieschemann, Hubert Keßler, Wolfgang Fritz und Annemarie Becker gewählt. Neuer Vorstandsvorsitzender wurde Friedrich, für den Arnold Neu in den Aufsichtsrat nachrückte. Geschäftsführer Gerhard Herzog wurde zum weiteren Vorstandsmitglied ernannt. Das neue Führungsmodell sollte die Übernahme des Vereins durch einen fremden Investor verhindern und die Arbeit des Vorstandes professionalisieren. Dies stieß vor allem bei den Fans auf Kritik, die den Verfall demokratischer Traditionen befürchteten und die zukünftige Machtfülle in den Händen der Vorstände anprangerten, die nun Entscheidungen an der Basis vorbei treffen konnten.

Der stolzen Siegesserie in der Bundesliga setzte ausgerechnet der gegen den Abstieg kämpfende MSV Duisburg ein Ende. Nach Röslers 0:1 drehten die „Zebras" das Spiel und siegten mit 3:1. Nach dem bedeutungslosen 5:2-Sieg gegen HJK Helsinki wurde Eintracht Frankfurt mit 2:1 besiegt und mit einem 1:1 gegen 1860 München verabschiedete sich der 1. FCK mit 34 Punkten, zehn Zähler hinter Bayern München, als Tabellendritter hinter Bayer Leverkusen in die Winterpause.

In einem Interview mit der *Rheinpfalz* gestand Otto Rehhagel Auseinandersetzungen mit seinem Kapitän Ciriaco Sforza ein, setzte Torhüter Andreas Reinke mit dem anvisierten Comeback von Uwe Gospodarek unter Druck und kritisierte Michael Ballack „mit seinem langatmigen Spiel, wenn er läuft wie ein ‚Mini-Beckenbauer'". Ballack war ihm zu eigensinnig, mit seiner autonomen Art und eigenwilligen und kreativen Spielweise zu unberechenbar und nicht genügend eingebettet in das Kollektiv Rote Teufel. Im Gegenzug beklagte sich der von Anfang an von Rehhagel klein gehaltene Spieler, der bereits bei seinen ersten Auftritten für den 1. FCK sein enormes technisches Potenzial offenbarte, über mangelnden Rückhalt seitens des Trainers. Dabei gab es andere Baustellen, die zu überwinden waren, wie die misslungene Ersetzung des abgewanderten Kadlec, dessen Nachfolger Samir allenfalls ein Mitläufer war. Unverständlicherweise griff der 1. FCK auf dem Transfermarkt nicht mehr zu, obwohl mit Wagner, Schjönberg und Ratinho in der Hinrunde wichtige Spieler durch Verletzungen ausgefallen waren. Es durfte zum einen nichts Schlimmes passieren, und zum anderen setzte Rehhagel in der Rückrunde auf Libero Sforza und die jungen Ballack, Riedl und den zum Nationalspieler aufgestiegenen Reich, denen er jedoch gerade in guten Phasen immer wieder Ruhepausen verordnete, die den Spielern wenig plausibel waren. Auf die Frage nach den ausgebliebenen Verstärkungen flachste Rehhagel nach einem Testspiel gegen Partizan Belgrad: „Wir wollten Ronaldo verpflichten, aber Herr Herzog hat keinen Sponsor dafür auftreiben können."

Den Brasilianer hätte der 1. FCK angesichts des herannahenden Viertelfinales der Champions League gegen Bayern München gut gebrauchen können. Vor der Auslosung hatte man gebangt: Nur nicht Bayern. Ein Bundesligaduell wollte man nicht auf dem Betzenberg, lieber Olympiakos Piräus oder Dynamo Kiew, die Gegner auf Augenhöhe mit den Lauterern. Und lieber auch Juventus Turin, Manchester United, Inter Mailand oder Real Madrid. Immerhin konnte der 1. FCK zuerst im Olympiastadion antreten und sich eine gute Ausgangsposition für das Rückspiel erarbeiten.

Doch vorher ging es in der Bundesliga weiter, und nach dem 23. Spieltag stand der 1. FCK mit 45 Punkten und 14 Zählern Rückstand auf dem 2. Platz und spielte erneut um einen Platz in der Champions League. 2:0 in Mönchengladbach und gegen Nürnberg, zweimal 1:1 gegen Stuttgart und in Berlin sowie ein 2:1-Sieg beim VfL Bochum hatten die Roten Teufel wieder nach oben gebracht. Und das war Balsam für die geschundenen pfälzischen Seelen, die wieder einmal mit anschauen mussten, wie clever und abgezockt der ewige Lieblingsfeind Bayern München im richtigen Moment zur Stelle war und sich durchzusetzen wusste. Dabei sah der 1. FCK im Hinspiel erst einmal gut aus und hatte durch Rösler, der aus kurzer Distanz über das Tor schoss und Wagner, der nur die Latte traf, erstklassige Chancen, um das so wichtige Auswärtstor zu erzielen. Nur eine Minute nach einer weiteren Großchance durch Rische kam Bayern dann in der 31. Minute durch Elber zum 1:0, und nur vier Minuten danach erhöhte Effenberg auf 2:0. Zu allem Übel sah Ramzy Gelb-Rot. Für das Rückspiel hielten sich die Lauterer an einem Déja-vu fest, ihrem 5:0 gegen Real Madrid nach der 1:3-Hinspiel-Niederlage im UEFA-Cup 1982. Doch Lauterns Träume wurden schnell zerstört. Janos Hrutka hatte Bayerns Carsten Jancker in der 9. Minute im Strafraum gehalten. Der Schweizer Schiedsrichter Urs Meier zeigte dem Ungarn die Rote Karte und pfiff Elfmeter, den Effenberg zum 0:1 verwandelte. Damit war das Spiel entschieden, denn dezimiert hatte der 1. FCK keine Chance gegen den übermächtigen Gegner, der alle seine Stärken ausspielte. Jancker sorgte noch vor der Pause für das 0:2 und das 0:3. Mario Basler blieb es nach einer knappen Stunde vorbehalten, seinen Ex-Klub mit dem 0:4 zu demütigen. Danach stellten die Bayern die Torfabrikation großzügig ein. „Diese Bayern sind großartig!“, lobte die französische Sportzeitung *L'Équipe* die

**17.3.1999. Champion League, Achtelfinale, Rückspiel gegen den FC Bayern, 0:4. Carsten Jancker, Jahre später ein Lauterer, erzielte zwei Tore.**

Siegerelf, die ihrem Gegner in allen Belangen überlegen war. Der 1. FCK präsentierte sich mit einer schwachen Abwehr, die nach dem Platzverweis nur noch ein Torso war und ließ sich von ihrem Gegner vorführen wie in einem Trainingsspiel. Und im Mittelfeld konnten die hoch gelobten Ballack und Reich nach dem frühen Rückstand keine Akzente setzen. Rehhagel sprach hinterher von „Schadensbegrenzung", die man betrieben habe, „damit die Moral nicht darunter leidet, denn wir müssen noch die Bundesliga spielen."

Am 24. Spieltag am Ostersamstag hatte der 1. FCK in einem Abendspiel Bayer Leverkusen zu Gast, Tabellendritter mit drei Punkten Rückstand auf die Roten Teufel. Mit einem Sieg hätte man sich bereits etwas absetzen können, doch Ulf Kirsten schockte die 41.500 Zuschauer mit seinem 0:1 in der 42. Minute, das auch der Endstand war. Nun war Christoph Daums Mannschaft Zweiter, und Rehhagel hatte einen weiteren Rückschlag erlitten. Er sollte nur der Anfang einer schwarzen Serie der Lauterer mit fünf Niederlagen sein, unterbrochen lediglich vom 2:1-Sieg gegen Tabellenführer Bayern München, der einsam seine Kreise zog und nach 19 Spielen ohne Niederlage erstmals wieder als Verlierer vom Platz ging. Für den 1. FCK war es ein Sieg zur Wiederherstellung der Ehre nach dem Desaster in der Champions League. Doch die Unzufriedenheit auf dem Betzenberg hielt an: 1:2 in Wolfsburg und in Rostock, 0:2 gegen Freiburg und in Hamburg – der 1. FCK fand sich fünf Spieltage vor Saisonende auf dem 5. Platz wieder, punktgleich mit Wolfsburg und einen Punkt hinter Berlin sowie einen Punkt vor Dortmund. Zwar gewannen die Lauterer drei ihrer letzten fünf Spiele, doch die beiden entscheidenden verloren sie. Nach dem 4:0 gegen Werder Bremen unterlagen sie in Dortmund mit 0:1, kämpften sich durch das 2:0 bei Schalke 04 und den 3:0-Sieg im letzten Heimspiel gegen den MSV Duisburg wieder auf Platz vier vor. Voller Hoffnung, diesen für die Qualifikation berechtigenden Rang zu wahren, fuhr die Mannschaft, begleitet von mehreren tausend Fans, zum Saisonfinale ins Frankfurter Waldstadion. Der 1. FCK hatte 57 Punkte, Wolfsburg 55 und Dortmund 54, und von allen dreien hatte der BVB die beste Tordifferenz. Nachdem Wolfsburg in Duisburg mit 1:6 untergegangen war, hätte dem 1. FCK ein Unentschieden gegen die Eintracht gereicht. Nach Schjönbergs verwandeltem Elfmeter in der 68. Minute, der Yangs 1:0 ausgeglichen hatte, waren die Lauterer schon an ihrem Ziel, während die Gastgeber zu diesem Zeitpunkt abgestiegen waren. Doch unendlicher Schlendrian machte sich in den Reihen der Roten Teufel breit, denen im Spielaufbau und im Flügelspiel wenig gelang und die wohl glaubten, der Gegner habe sich bereits in sein Schicksal ergeben. Doch aufgeputscht von der Kunde der Zwischenergebnisse der Abstiegskonkurrenten steigerte sich die Eintracht in einen Spielrausch und überrollte den entthronten Deutschen Meister und schaffte sensationell in vorletzter Minute noch den Klassenverbleib. Zwischen der 70. und der 89. Minute musste Lauterns Torhüter Reinke bei Sobotziks Kopfball und den Schüssen von Gebhardt, Schneider und Fjörtoft vier Mal hinter sich greifen. Das Waldstadion wurde zum Tollhaus – hier der fast sichere Absteiger, der im letzten Moment seinen Kopf aus der Schlinge gezogen hatte, dort der blamierte Champions-League-Aspirant, der seine letzte Chance, europäisch wieder ganz oben dabei zu sein, leichtfertig und arrogant verspielte. „Heute sind wir erst mal restlos bedient", schüttelte der fassungslose Otto Rehhagel den Kopf und gestand, dass er sich „noch nie so beherrschen musste. Es war ein kompletter Tiefschlag, bei uns brachen alle Dämme, das darf einfach nicht passieren. Ich muss die Contenance bewahren."

### Nur im UEFA-Cup

Durch den Sturz auf Platz fünf – Dortmund hatte in Mönchengladbach gewonnen – hatte der 1. FCK Millionen verspielt, die er in der Champions League hätte verdienen können und – was mindestens genau so schwer wog – viele Sympathien im ganzen Land eingebüßt. Beim 1. FC Nürnberg, der gegen Freiburg mit 1:2 verloren hatte und wegen dem letzten Frankfurter Treffer abgestiegen war, war man stocksauer über das indiskutable Auftreten der Lauterer. „Wir haben nie mit der Champions League kalkuliert, aber für uns ging es heute um richtig viel", kommentierte Jürgen „Atze" Friedrich das unglaubliche Versagen der Roten Teufel, denn nun wurde es komplizierter, die finanziellen Mittel bereitzustellen, um die Schwachstellen in der Mannschaft auszubessern und Spieler zu verpflichten, die den 1. FCK in der nächsten Saison verstärken sollten. So blieb ihm nichts anderes übrig, als den von Otto Rehhagel unterbewerteten und permanent herabgewürdigten Michael Ballack, der bereits einen Vorvertrag ab 2000 mit Bayer Leverkusen abgeschlossen hatte, für die Ablösesumme von 8 Mio. DM schon ein Jahr früher ziehen zu lassen und der Mannschaft einen Spieler zu entziehen, der großes Potenzial besaß, das er beim 1. FCK noch gar nicht hatte umsetzen dürfen. Es gab aber auch positive Stimmen in der Pfalz. Kapitän Sforza war „sehr zufrieden mit der Saison, im vergangenen Jahr waren wir Meister, und nun haben wir uns wieder für einen internationalen Wettbewerb qualifiziert." Und dieses Ziel hatte man beim 1. FCK vor der Saison auch ausgegeben. Dass diese Spielzeit bereits der Anfang eines erst schleichenden und dann rapide schneller werdenden Abstiegs aus den oberen Tabellenregionen in die Abgründe der permanenten Angst um den Klassenverbleib war, wollte in Kaiserslautern noch kaum jemand wahrnehmen. Am allerwenigsten Otto Rehhagel.

## Saison 1999/2000: Ein Weltmeister auf dem Betzenberg

Noch vor dem Verkauf von Michael Ballack nach Leverkusen elf Tage nach Trainingsauftakt machte in der Sommerpause die Nachricht, Ciriaco Sforza werde von Borussia Dortmund umworben, die Runde auf dem Betzenberg. Unruhe machte sich breit, denn nach den Abgängen von Riedl, Rösler und Ojigwe waren überwiegend ablösefreie Spieler in die Pfalz gewechselt: Der Luxemburger Nationalspieler Jeff Strasser kam vom FC Metz, Thomas Sobotzik von Eintracht Frankfurt, Igli Tare von Fortuna Düsseldorf und Slobodan Komljenovic vom MSV Duisburg. Einzig für Jörgen Pettersson mussten 4 Mio. DM an Borussia Mönchengladbach überwiesen werden. Dritter Torwart wurde der aus der eigenen Jugend hervorgegangene Roman Weidenfeller. Große Sprünge wurden dem 1. FCK mit dieser Personalausstattung nicht zugetraut, und dementsprechend gab Otto Rehhagel bei der Saisoneröffnung das Ziel aus, man wolle wie in der vergangenen Saison einen Platz in einem internationalen Wettbewerb erreichen: „Wenn der 1. FCK in den nächsten 20 Jahren immer in der Bundesliga spielen kann, ist das ein Welterfolg." Immerhin deutete der Vorstandvorsitzende Friedrich an, man werde die Ballack-Millionen in die Mannschaft investieren, wenn die richtigen Spieler zu haben seien. Beim ersten Training hatte er freilich noch behauptet, Ballack werde bleiben.

Irgendwie passten 32.000 verkaufte Dauerkarten und der Rekordumsatz aus dem Champions-League-Jahr nicht zur Zurückhaltung in der Transferpolitik und Personalplanung. Schließlich lag keine normale Saison vor dem Verein, für den im Juni 2000 die Feier seines 100-jährigen Jubiläums anstand. Die ersten Planungen, die Eröffnung einer „Hall of Fame" sowie ein Open-Air-Konzert mit Eros Ramazzotti waren bereits in vollem Gange. Allein die sportliche Seite war die große Unbekannte und man wollte mit weiteren Jubelaktivitäten abwarten, bis man absehen konnte, wo der 1. FCK am Ende der Spielzeit stehen würde. „Das Schönste wäre", ließ der Vorstandsvorsitzende Friedrich einen Einblick in sein Seelenleben zu, „hundert zu werden und Deutscher Meister." Doch angesichts der Anstrengungen der finanziellen Schwergewichte Bayern München, Bayer Leverkusen, Hertha BSC Berlin und Borussia Dortmund nahm man dieses Wunschdenken selbst nicht so ganz ernst.

Einen ersten Dämpfer gab es im Liga-Pokal gegen Bayer Leverkusen, wo der 1. FCK mit seiner Wunschformation mit 1:3 unterlag und das Halbfinale verpasste. Den letzten internationalen Test vor dem Start in die Bundesligasaison absolvierten die Roten Teufel gegen den AC Florenz, bei dem Giovanni Trapattoni auf der Trainerbank saß. Bereits Tage zuvor meldete die französische *L'Équipe*, der 1. FCK stehe in Verhandlungen mit dem französischen Weltmeister Youri Djorkaeff von Inter Mailand. Noch nach dem Spiel gegen die Fiorentina dementierten Rehhagel und Friedrich jegliche Kontakte, doch zwei Tage später meldete Djorkaeffs Manager Vollzug, und der 1. FCK bestätigte den Transfer. Neun Tage vor Saisonbeginn war der Coup perfekt: Der 31-jährige armenischstämmige Franzose unterschrieb einen Dreijahresvertrag, und der 1. FCK hatte einen leibhaftigen amtierenden Weltmeister in seinen Reihen.

Beim ersten Spiel gegen Borussia Dortmund saß Djorkaeff zunächst auf der Ersatzbank und wurde erst nach 68 Minuten eingewechselt, gerade nachdem Marschall den 1:0-Siegtreffer für die Lauterer erzielt hatte. „Otto, lass den Youri rein!", skandierten die Fans, die in der Woche zuvor die Fanshops leergekauft hatten: Djorkaeffs Trikot mit der Nr. 14 war erst einmal restlos ausverkauft, der 1. FCK hatte einen großen Star geangelt, der Kapitän Sforza nicht nur auf dem Rasen ersetzt hatte, sondern der im Begriff war, in der Gunst des Publikums an ihm vorbeizuziehen. Lange Zeit französische Garnisonsstadt, war man in Kaiserslautern nicht nachtragend wegen der Umwidmung des Stadions nach dem 2. Weltkrieg in einen

Abstellplatz für Militärlastwagen durch die französischen Besatzer. Youri war angekommen und wurde von den Fans angenommen.

Doch nach vier Spieltagen fand sich der 1. FCK nach Niederlagen in Rostock, gegen Bielefeld und in Bremen mit nur drei Punkten auf dem 15. Platz wieder. Besonders das 0:5 bei Werder ließ auf dem Betzenberg die Alarmglocken klingen, zumal dieses Debakel Ausdruck einer äußerst instabilen Situation im Verein war. Nach dem 0:2 gegen Bielefeld hatte sich Sforza in der *Welt am Sonntag* zu Wort gemeldet und Trainer Rehhagel scharf kritisiert. Sforza, der bereits vor Saisonbeginn vergeblich gefordert hatte, die Mannschaft zu verstärken, mahnte „offene Gespräche zwischen erwachsenen Leuten" an, kritisierte die mangelhafte Kommunikation zwischen dem Trainer und ihm und hielt Rehhagel das positive Beispiel Ottmar Hitzfeld vor Augen, der viele Gespräche mit seinen Stützen auf dem Rasen führe. Der schwer getroffene Trainer reagierte auf die von ihm gewohnte Weise, verwies in einem Interview in der R*heinpfalz* darauf, Sforza sei sauer über seinen geplatzten Wechsel zu Borussia Dortmund und überdies „ein totaler Egoist." Er halte sich für einen großen Regisseur, dabei sei seine beste Position die des Liberos. Für das Spiel in Bremen blieb Sforza, der erst einen Tag zuvor aus der Schweiz nach Kaiserslautern zurückgekommen war, suspendiert und musste auf dem Betzenberg trainieren. Auch nach dem 0:5-Debakel bei Werder blieb Rehhagel stur, obwohl Sforza inzwischen von einigen FCK-Größen wie Hans-Peter Briegel und Andreas Brehme unterstützt wurde, die beide ihre eigenen Erfahrungen mit Rehhagel gemacht hatten. „Sforza hat mich … diffamiert, ich habe mich noch nie so in einem Menschen getäuscht", klagte der gebeutelte Trainer, der nun Gefahr lief, zwischen seinem Kapitän, den Erwartungen der Fans und den Vorgaben des Vorstandes zerrieben zu werden. Die alte Freundschaft zwischen Friedrich und Rehhagel war wohl verantwortlich dafür, dass sich der Trainer zwei Tage nach dem Spiel in Bremen mit Sforza („Was ich spiele, entscheidet der Trainer") an einen Tisch setzte und hinterher bekannte, alles sei ausgeräumt worden. Es war ein Gesichtsverlust für Rehhagel, denn fortan spielte Sforza wieder, obwohl der Trainer das Gegenteil prophezeit hatte. Der Mannschaftskapitän dagegen hatte an Autorität gewonnen und stand schon drei Tage später beim 3:0 im UEFA-Cup gegen den FC Kilmarnock und danach beim 2:0 gegen den Hamburger SV wieder auf dem Platz und führte aus dem Mittelfeld heraus Regie.

Doch in den folgenden drei Monaten fuhren die Roten Teufel Achterbahn und schafften es nicht, konstante Leistungen zu bringen und die unteren Tabellenregionen zu verlassen. Dem 1:3 in Leverkusen folgte der 4:2-Arbeitssieg gegen die SpVgg. Unterhaching, dem 2:2 beim MSV Duisburg das ernüchternde 0:2 gegen Bayern München und der Sturz auf den 13. Platz, nur zwei Punkte von einem Abstiegsrang entfernt. Danach gab es ein unerwartetes Hoch mit vier Siegen und einem Unentschieden, jeweils 1:0 in Stuttgart, Berlin und Frankfurt, 2:1 gegen Schalke und 2:2 gegen Wolfsburg.

Viel Selbstvertrauen tankten die Lauterer in der 2. Runde des UEFA-Cups. Bei Tottenham Hotspur verlor man durch einen zweifelhaften Elfmeter mit 0:1, bot aber

**4.11.1999, UEFA-Cup, 1. FCK - Tottenham Hotspur, 2:0. In den letzten Spielminuten entschied der 1. FCK, vor allem dank Djorkaeff, das Spiel für sich.**

– allen voran Sforza und Hristov – eine beeindruckende Leistung. Ganz im Gegensatz zu Trainer Rehhagel, der in der Pressekonferenz im White-Room der Spurs aus der Rolle fiel und sich über „blöde Fragen“ mokierte und den englischen Journalisten diktieren wollte, wann sie sich zu Wort zu melden hätten. Im Rückspiel sollte es für die Nord-Londoner noch schlimmer kommen. Es lief die 90. Minute, es stand 0:0 auf dem Betzenberg, und die Reporter von der Insel hatten bereits ihre Notebooks geschlossen. Da trieb Youri Djorkaeff, voller Wut über das drohende Aus, seine Mitspieler an und blies zur Attacke. „Wir müssen jetzt unbedingt ein Tor schießen, habe ich gedacht, und dann bin ich gelaufen und gelaufen, bis ich Andreas Buck habe rechts allein kommen sehen“, dozierte der Franzose hinterher im Stil eines weisen Fußball-Professors. Wie die französischen Rugbyspieler gegen die neuseeländischen All Blacks wenige Tage zuvor, bahnte er sich seinen Weg durch das Abwehrdickicht von Tottenham. Dass Buck zwei Minuten nach seinem 1:0 bei Djorkaeffs Doublette dank einer verunglückten Aktion des Verteidigers Steve Carr erneut traf, raubte den Zuschauern die Freude auf eine dramatische Verlängerung und erfreute den Weltmeister auf besondere Art: „Die Engländer sind Snobs, ich kann es nicht leiden, gegen sie zu verlieren“. Dank seiner Geniestreiche hatte der 1. FCK die 3. Runde erreicht.

Doch war nicht zu übersehen, dass das Gefüge der Meistermannschaft durcheinandergeraten war, die alten Hierarchien bröckelten und einstige Leistungsträger schwächelten. Dass von den Neuen nur Djorkaeff und Strasser Verstärkungen waren, sprach nicht für Otto Rehhagels einstige Gabe, die richtigen Spieler zur rechten Zeit auszudeuten. So verloren die Roten Teufel die letzten drei Spiele der Hinrunde beim Aufsteiger SSV Ulm (1:3), gegen den SC Freiburg (0:2) und bei 1860 München (1:2) und fanden sich mit 23 Punkten im Mittelfeld der Tabelle wieder. Auch der prominente Neuzugang aus dem November, ein gewisser Mario Basler, der den 1. FCK nach einem einzigen Bundesligaspiel in der Saison 1988/89 hatte verlassen müssen, konnte nicht dazu beitragen, den Abwärtstrend zu stoppen. Basler war bei Bayern-Trainer Ottmar Hitzfeld wegen seiner Regensburger Pizzeria-Affäre in Ungnade gefallen und freigestellt worden. Da griff Otto Rehhagel, der Basler in Bremen groß gemacht hatte, zu und holte den verlorenen Sohn heim zu sich in die Pfalz. Kaiserslautern „hat nicht nur das lauteste Fußballstadion“, alberte die *taz*, „sondern auch eine der höchsten Kneipendichten in Deutschland.“ Überhaupt setzte Rehhagel auf Wechsel und Veränderung und bescherte dem durch seine schwere Verletzung gebeutelten Torhüter Uwe Gospodarek sein erstes Spiel für den 1. FCK. Andreas Reinke, der um einen neuen Vertrag feilschte, musste auf die Ersatzbank, doch für beide Schlussmänner kam es noch schlimmer. Von Arminia Bielefeld wurde Georg Koch verpflichtet, und sowohl Reinke, der sich im Januar 2000 zu allem Unglück noch verletzte, als auch Gospodarek war klar, dass Koch nicht gekommen war, um auf der Bank Platz zu nehmen. Die Konflikte waren bei drei so unterschiedlichen Torhütertypen programmiert: Reinke war enttäuscht, Gospodarek verärgert und Koch voller Ehrgeiz, so schnell wie möglich für seinen neuen Verein spielen zu dürfen.

**Mario Basler nimmt Maß.**

Mit Basler und Koch hatten die Lauterer die Mannschaft ganz nach dem Willen von Kapitän Sforza nach und nach verstärkt, aber auch zwei Akteure an Land gezogen, die nicht gerade als zurückhaltend in der Mannschaft und in der Öffentlichkeit galten. In den unruhigen Jahren, die schon angebrochen waren, spielten beide nicht immer eine integrierende Rolle, sondern spalteten durchaus die Meinungen rund um den Betzenberg. Dass beide den gleichen Spielerberater hatten und beim 1. FCK bald fast nur noch Spieler am Ball waren, die von dort vermittelt worden waren, war für viele Beobachter mehr als nur ein Zufall.

Vor allem aber konnten beide den Absturz im UEFA-Cup gegen den RC Lens nicht vermeiden – Basler, weil er für den 1. FCK wegen seiner internationalen Einsätze für Bayern München noch nicht spielberechtigt war; Koch, weil er noch nicht da war. Dabei hatte es für die Roten Teufel im Stade Félix-Bollaert so gut angefangen. Sikora hatte ins eigene Tor getroffen, Wagner nach 37 Minuten auf 0:2 erhöht. Die Franzosen benötigten Schjönbergs Eigentor sieben Minuten vor Schluss, um den Anschluss und Hoffnung für das Rückspiel zu wahren. Der dominante Spieler in Lens war Youri Djorkaeff, dem seine Landsleute von der *L'Équipe* Bestnoten gaben. Doch auf dem Betzenberg dominierten die Gelb-Roten, und die besten Fans der französischen Ligue 1 frohlockten. Zur Pause stand es 1:2, zwei Mal hatte Joseph Desire Job zugeschlagen, und er tat es nach 53 Minuten erneut. Danach resignierte der 1. FCK, der nun zwei Tore gebraucht hätte, um eine Runde weiter zu kommen. Nyarkos 1:4 vollendete das Debakel, und sein Kollege Sikora brachte Lauterns Dilemma auf den Punkt: „Kaiserslautern ist keine besondere Mannschaft, wenn man schnell den Ball spielt, haben sie ihre Probleme. Sie haben uns als Lachnummer verspottet, aber dann sind wir explodiert."

Auch im DFB-Pokal war der 1. FCK gescheitert. Durch zwei Tore von Martin Wagner sicherten sich die Lauterer ein 2:2 nach Verlängerung. Im Elfmeterschießen kam das Aus, Werder siegte mit 4:3.

Die Berg- und Talfahrt zwischen August und Dezember warf Fragen auf. Warum verkörperte der 1. FCK nur noch Mittelmaß, zeigte keine Konstanz? Gab es ein Problem mit dem Trainer? Standen sich die Stars Sforza, Djorkaeff und Basler gegenseitig im Weg und blockierten einander? Kapitän Sforza gestand gegenüber dem *KICKERsportmagazin* ein, es habe Probleme bei der Hackordnung gegeben. Und sah sich in seiner Einschätzung, die zu dem zwischenzeitlichen Zerwürfnis mit Otto Rehhagel geführt hatte, bestätigt. Der Überflieger der Roten Teufel war zweifelsohne Youri Djorkaeff, der das Spiel bereichert, kluge Vorlagen gegeben und selbst sechs Tore erzielt hatte. Nun war es an dem Trainer, das Gefüge in der Mannschaft neu zu ordnen.

Die Rückrunde begann furios. Ohne den verletzten Basler und den erkrankten Sforza siegte der 1. FCK mit 1:0 bei Borussia Dortmund. Es folgte ein 2:2 gegen Rostock und ein 2:1-Erfolg in Bielefeld. Sein vielleicht bestes Spiel im Trikot der Lauterer machte Djorkaeff im darauffolgenden Duell mit dem Tabellenvierten Werder Bremen. Zur Pause führte Werder mit 2:1, doch dann kam der Auftritt des Weltmeisters, der per Foulelfmeter ausglich und nach Zuspiel von Hristov mit einem genialen Schuss in den Winkel das 3:2 erzielte. „Tick, tick, tick: Tor" – so erklärte Djorkaeff den Ablauf bei dieser Aktion, mit der er den 1. FCK erstmals in Führung brachte, die Strasser auf 4:2 ausbaute, ehe Andreas Herzog zum Endresultat von 4:3 verkürzte. Nun standen die Roten Teufel auf dem 4. Platz, von dem sie ihren Gegner verdrängt hatten und der zur Qualifikation für die Champions League berechtigte.

Aber zwei Spieltage später war die Welt auf dem Betzenberg wieder grau geworden. Dem 1:2 beim HSV folgte eine 1:3-Heimpleite gegen Bayer Leverkusen. „Entscheidend (dafür) war die Anlage des Spiels, über die Christoph Daums Mannschaft verfügt und die den Lauterern ... gänzlich abging", kommentierte die *taz* den neuerlichen Absturz des 1. FCK. Die knappen Siege in Unterhaching (2:1) und gegen Duisburg (3:2) sowie das überraschende 2:2 bei Bayern München ließen die Fans erneut hoffen. Rehhagel hatte erneut den Torhüter gewechselt: Nach Reinke und Gospodarek stand nun Georg Koch zwischen den Pfosten, dirigierte seine Vorderleute lautstark und verdiente sich Bestnoten. Doch es brodelte auf dem Betzenberg und in der Mannschaft. Da gab es zwei unzufriedene Torhüter, die kaum eine Chance sahen, an Georg Koch vorbeizukommen. Und etliche Spieler waren schlicht nicht einverstanden mit den Wechselspielchen des Trainers: Axel Roos, der ebenso Abwanderungsgelüste offenbarte wie Andreas Buck, von dem gänzlich frustrierten Marco Reich ganz zu schweigen, dem Rehhagel keinerlei Begründung für seine Versetzung auf die Ersatzbank nannte.

Acht Spieltage vor Saisonende war der Sprung in die Champions League möglich, aber auch der Sturz auf einen Platz im UI-Cup, für den der 1. FCK erstmals präventiv gemeldet hatte. Die Mannschaft zeigte sich fortan vor allem zu Hause verunsichert und verlor sowohl gegen Stuttgart wie gegen Berlin jeweils mit 1:2. Der 2:1-Sieg in Schalke und das 1:0 gegen Frankfurt wurden durch die 2:3-Niederlage in Wolfsburg erneut relativiert. „Spiele des 1. FCK werden durch fähige Individualisten entschieden", schrieb die Heidelberger *Rhein-Neckar-Zeitung*, aber eben diese Individualisten waren müde geworden oder verletzt wie Djorkaeff, der in Schalke einen Muskelfaserriss erlitten hatte und bis zum Saisonende ausfiel. Dem 6:2 gegen Absteiger Ulm folgte ein 1:2 beim SC Freiburg, wodurch der 4. Platz unerreichbar geworden war. Den belegte 1860 München mit drei Punkten Vorsprung und deutlich besserer Tordifferenz und sicherte sich die Teilnahme an der Qualifikation zur Champions League am letzten Spieltag mit einem 1:1 auf dem Betzenberg.

Der 1. FCK hatte erneut den UEFA-Cup erreicht, aber das große und lukrative Ziel knapp verpasst, und die aufgebrachten Anhänger ließen ihrem Unmut freien Lauf. Zuerst solidarisierten sie sich mit dem letztmals aufgebotenen Torhüter Andreas Reinke („Unsere Nr.1 ist und bleibt Andreas"), dann ließen sie in der Wandelhalle der Nordtribüne vor dem Statement Rehhagels ein Pfeifkonzert folgen, das es dem Trainer im darüber gelegenen Presseraum unmöglich machte, das Wort zu ergreifen. Die Fans wünschten den Meistertrainer erstmals buchstäblich „zum Teufel". Anstatt das Spiel zu analysieren und Bedauern zu äußern über die erneut verpasste Cham-

**Gegen Werder Bremen (schon damals mit Torsten Frings, 22) gelang ein 4:3-Heimsieg.**

pions-League-Qualifikation, erging er sich in der ihm eigenen Selbstlobhudelei: „Seit ich hierher gekommen bin, haben wir jedes Jahr Erfolg gehabt und einen internationalen Wettbewerb erreicht... Als ich hier angetreten bin, war der Verein arm und fast tot. Was heute ist, haben meine Freunde und ich gemeinsam erreicht!" Wieder einmal duldete Rehhagel keinerlei kritische Anmerkungen, zeigte sich nicht souverän gegenüber den verständlicherweise enttäuschten Fans und war beleidigt, weil seine Verdienste so schnell in Vergessenheit geraten waren. Doch auch der Trainer musste sich in jeder Spielzeit der Herausforderung neu stellen und aufs Neue nachweisen, dass er weiterhin der richtige Mann am richtigen Platz war. Doch im Umgang mit seinen Spielern hatte Rehhagel wenig Weitsicht bewiesen und war von einem Fettnapf in den nächsten getreten. Der Beispiele gab es viele, Sforza war nur der Anfang, und zurück blieben am Ende der Saison eine ganze Menge enttäuschter und desillusionierter Spieler. Andreas Reinke musste den Verein verlassen und wechselte nach Griechenland zu Iraklis Saloniki, Pascal Ojigwe ging nach Leverkusen, der Ungar Hrutka nach Frankfurt und mit Wagner verabschiedete sich ein langjähriger Führungsspieler zum VfL Wolfsburg. Der schmerzhafteste Verlust war der Weggang von Ciriaco Sforza, der zum zweiten Mal aus der Pfalz zu Bayern München wechselte und dem 1. FCK zwölf Mio. DM Ablöse einbrachte.

## Ciriaco Sforza geht, Miroslav Klose kommt

Fast noch unbemerkt vom Großteil des Publikums hatte beim Heimspiel gegen Frankfurt am 15. April 2000 ein junger Mann von 21 Jahren sein Debüt im Profiteam des 1. FCK gegeben: Miroslav Klose. Hervorgegangen aus der SG Blaubach-Diedelkopf und über den FC Homburg zu den Amateuren des 1. FCK gekommen. Zu Jahresbeginn hatte er, beraten von seinem Vater Josef, der einst bei AJ Auxerre gespielt hatte, ein erstes Vertragsangebot des 1. FCK abgelehnt und einen Tag nach einem Spiel mit den Amateuren gegen den 1. FC Saarbrücken einen Kontrakt bis 2003 unterschrieben. Dem 1. FCK war zwischenzeitlich wohl bewusst geworden, dass er im Begriff war, nach Michael Ballack ein weiteres Juwel laufen zu lassen. In der 76. Minute wurde er gegen die Eintracht eingewechselt, nach dem Spiel stand er scheu in einer Ecke in der Mixed Zone und gab kleinlaut kurze Antworten auf die Fragen der wenigen Journalisten, die ihm ihre Aufmerksamkeit schenkten. Sein Vorname war ihm bei seiner Premiere zugute gekommen: „Miro, Miro!" skandierten die Fans, wie einst bei Miroslav Kadlec, einer der Symbolfiguren der 1990er Jahre. So begann die Karriere des Miroslav Klose bei den Profis des 1. FCK, wo er fortan nicht nur als Torjäger und charakterliches Vorbild Furore machen sollte. Nach der WM 2002 in Japan und Südkorea kannten ihn alle Fußballfans auf der Welt, und für den 1. FCK wurde er wenig später zur wandelnden Lebensversicherung in einer Situation, die den Verein fast seine Existenz gekostet hätte.

## Saison 2000/01: Das Ende der Ära Rehhagel

In diesem Sommer feierte nicht nur der 1. FCK sein 100-jähriges Bestehen, auch Youri Djorkaeff hatte fern der Pfalz in Rotterdam jeden Grund zur Freude. Nach dem Gewinn der Weltmeisterschaft mit der „Équipe Tricolore" 1998 gegen Brasilien hatten sich die Franzosen auch den Titel des Europameisters 2000 durch einen 2:1-Sieg per „Golden Goal" gegen Italien gesichert. Gerüchte machten auf dem Betzenberg die Runde, Djorkaeff werde gar nicht erst nach Kaiserslautern zurückkehren und den 1. FCK vorzeitig verlassen. „Warum lässt der Klub ohne Not Identifikationsfiguren (Wagner, Reinke) ziehen, warum geht mit Sforza die absolute Führungskraft, warum will mit Djorkaeff noch ein Star weg?" warnte das *KICKERsportmagazin* den 1. FCK vor einem unkontrollierten personellen Umbruch und vor dem „Spiel mit dem Feuer". Mit Olaf Marschall lief der gefeierte Angreifer vergangener Jahre schon seit einer Spielzeit seiner Form hinterher, und als Verstärkung für den Sturm hatte man gerade einmal den Tschechen Vratislav Lokvenc von Sparta Prag für 6,3 Mio. DM verpflichtet. Ihm zur Seite standen Pettersson, der junge Klose und der Albaner Tare, über dessen Bundesligatauglichkeit die Fans trefflich diskutierten. Mit Lokvenc war der Verteidiger Petr Gabriel ebenfalls von Sparta gekommen, dazu als nächster Libero-Kandidat nach Kadlec der Schweizer Murat Yakin von Fenerbahce Istanbul und für das defensive Mittelfeld der Grieche Dimitrios Grammozis vom HSV. Wer das Aufgebot der Roten Teufel im vierten Jahr unter Trainer Otto Rehhagel betrachtete, den beschlich berechtigter Zweifel an der Fähigkeit dieser Mannschaft, in der Bundesligaspitze mitzuspielen.

Im Gegensatz dazu gaben sich Spieler, Trainer und der Vorstandsvorsitzende zuversichtlich und gewannen dem Verlust Sforzas gar eine positive Note ab – nach dem Motto „der Störenfried ist weg". Noch wartete man auf die Rückkehr Djorkaeffs aus

**Bei den Fans hatte Otto Rehhagel keine Zukunft mehr.**

seinem verlängerten Urlaub und stellte gar bei Bedarf eine Nachbesserung im Kader mit einem offensiven Kreativspieler in Aussicht. Doch das sollte die Zeit richten.

Im Ligapokal-Halbfinale setzte sich der 1. FCK in Ludwigshafen mit 2:0 gegen 1860 München durch und erprobte dabei erfolgreich die neue Dreier-Abwehrkette mit Schjönberg, Ramzy und Yakin, der sein vielleicht bestes Spiel für die Pfälzer machte. Doch im Finale in Augsburg gegen Bayern München gab es mit einer 1:4-Niederlage den ersten Warnschuss der gerade begonnenen Saison. Während beim Gegner Neuzugang Sforza spielerisch brillierte, wackelte die Abwehr des 1. FCK, der vor allem mit hohen Bällen auf seine groß gewachsenen Stürmer vergeblich sein Glück versuchte. Zum Saisonstart gegen den VfL Bochum war zwar Youri Djorkaeff wieder da, doch der Aufsteiger geriet bei seinem überraschenden 1:0-Sieg kaum einmal ernsthaft in Gefahr. Es war ein erster schwerer Schlag für die Roten Teufel, die sich uneins über ihre Ziele waren. Während Rehhagel vom Erreichen eines internationalen Wettbewerbs sprach, fabulierten Djorkaeff und Basler über die Champions League. Doch davon war nach der folgenden 0:4-Pleite in Wolfsburg keine Rede mehr. Vielmehr geriet der Trainer erstmals seit Beginn seiner Lauterer Mission massiv unter Druck. „Otto raus!“, forderte eine Anzahl Fans, die bei der Abfahrt aus Wolfsburg den Mannschaftsbus blockierten. „Ist Rehhagel noch der Richtige?“, fragte das *KICKERsportmagazin*, und 60 % der fast 6.000 Antwortenden sagten Nein. Auch auf dem Trainingsplatz und in der Kabine ging es hoch her. Spieler gifteten sich an und machten sich gegenseitig für die desolate Situation verantwortlich. Tatsache war, dass nach dem Weggang des Kapitäns eine Lücke in der Hierarchie entstanden war, die nun Torhüter Georg Koch auszufüllen gedachte, indem er Kommentare abgab, die nicht gerade auf einen guten Zusammenhalt in der Mannschaft schließen ließen. Derweil genoss Basler zwar alle Freiheiten auf dem Platz, tauchte aber unter und blieb weit unter seinem Leistungsvermögen. Was ihn jedoch nicht davon abhielt, seine Mitspieler zu kritisieren, wo er doch besser bei sich selbst angefangen hätte. Dem Trainer glitten so nach und nach die Zügel aus der Hand. Nach dem disziplinarischen Konflikt mit Sforza im Vorjahr stand nun die sportliche Autorität Rehhagels auf dem Prüfstand. Auch das 1:0 gegen den VfB Stuttgart bot keinen Grund, Entwarnung zu geben. „Geht er heute?“, fragten sich viele Beobachter vor dem Spiel, auf das sich die Mannschaft fünf Tage lang in einem Bad Kreuznacher Nobelhotel vorbereitet hatten. Hans-Peter Briegel, von Rehhagel davongejagt, benannte auf der Tribüne die Defizite: Die Abwehr auch mit dem von AJ Auxerre verpflichteten Tomasz Klos nicht fehlerfrei, kaum Gefahr von den Außenbahnen, die Angreifer meist farblos. Ein Blick auf die Aufstellung der Roten Teufel genügte, um den Grund für den seit dem Titelgewinn 1998 schleichenden Niedergang herauszufinden. Mit Harry Koch stand nur noch ein Spieler der Meistermannschaft in der Anfangsformation.

Mit dem 0:0 bei der SpVgg. Unterhaching gingen die Diskussionen um den Trainer weiter. Weder das Weiterkommen im DFB-Pokal durch ein 4:0 bei Kickers Offenbach noch das Erreichen der 2. Runde im UEFA-Cup nach 3:1-Auswärtssieg und 0:1-Heimpleite gegen Bohemians Dublin konnten die Gemüter beruhigen. Beim Heimspiel gegen den 1. FC Köln prangte ein großes schwarzes Transparent vor der Westtribüne mit der Aufschrift: „Denkt an unsere Zukunft! Mit Otto haben wir keine!" Erst in den letzten vier Minuten erzielten Ramzy und Komljenovic die Tore zum 3:1-Sieg und verhinderten weitere „Otto raus"-Rufe des Publikums. „Wir sind immer noch ein Patient!", kommentierte Torhüter Koch den zweiten Saisonsieg, der teuer erkauft war. Youri Djorkaeff musste zur Halbzeit mit einer Risswunde an der Wade ausgewechselt werden und komplettierte die lange Verletztenliste: Ratinho, Basler, Buck, Marschall, Gabriel, Yakin, Schjönberg, Roos. Und so saß in Rostock nach den Auswechslungen Ersatzkeeper Roman Weidenfeller allein auf der Bank. „Warum lieben immer mehr FCK-Fans den Erfolgstrainer Otto R. immer weniger?", fragte die *Rhein-Neckar-Zeitung* und mutmaßte: „Nach dem 0:1 in Rostock rettet ihn vermutlich der Terminkalender, denn am Samstag kommt Energie Cottbus, was … den Sturz des Trainers wieder einmal verhindern wird." Welch großer Irrtum! In Abwesenheit des erneut verletzten Djorkaeff, der sich zum Arzt seines Vertrauens nach Lyon begeben hatte, geschah nach dem 1:1 gegen die Lausitzer das Unfassbare. Schon nach dem Abpfiff äußerte der Aufsichtsratsvorsitzende Dr. Robert Wieschemann, er könne es nachvollziehen, wenn der Trainer die Brocken hinwerfen würde. Die Demission war nun unausweichlich, ungeachtet der Treuebekenntnisse des Rehhagel-Freundes Jürgen „Atze" Friedrich, der „bis zur letzten Patrone" um seinen alten Mitspieler hatte kämpfen wollen. „Heute Abend gehen wir ins Bett und morgen ist ein neuer Tag", verabschiedete sich Rehhagel mit Ehefrau aus der Pressekonferenz, und der neue Tag brachte eine elfzeilige Pressemitteilung des 1. FCK, in der der Rücktritt des Trainers verkündet wurde. Der Autoritätsverlust Rehhagels nach dem Konflikt mit Sforza war zu stark gewesen, hatte die gesamte Mannschaft erfasst, die sich auch nach dem Weggang des Schweizers nicht mehr zu einer Einheit zusammenraufen konnte. Zu viele Einzelkämpfer pflegten das große Wort, doch viel dahinter war nicht – die Leistungen ließen zu wünschen übrig, und so stand der 1. FCK mit nur acht Punkten aus sieben Spielen kurz vor dem Abgrund. *Die Rheinpfalz* verkündete „das Ende der Ottokratie" und nannte den Zurückgetretenen einen „König ohne Volk". Das französische Magazin *France Football* sah weiteres Unheil auf die Roten Teufel zukommen: Welche Rolle würde nun Djorkaeff zufallen, der seine Liaison mit dem 1. FCK in erster Linie an der Person Rehhagels festgemacht hatte?

Bis zur Verpflichtung eines Nachfolgers leitete Co-Trainer Reinhard Stumpf das Training. Das Karussell drehte sich, die Gerüchte schlugen Purzelbaum: Toppmöller und Stielike wurden als potenzielle Kandidaten genannt, doch der erste sagte ab und der zweite war gar nicht erst kontaktiert worden. Die Wahl fiel schließlich auf Andreas Brehme als Team-Manager, Stumpf wurde zum Trainer befördert. Mit dieser Wahl gelang es Friedrich, sowohl die internen Kritiker als auch die aufgebrachten Fans zu befrieden, handelte es sich doch bei dem Weltmeister von 1990 um einen der ihren, der gleich zwei Mal beim 1. FCK als Spieler Akzente gesetzt hatte. Und Stumpf war 1990 Pokalsieger und 1991 Meister mit den Roten Teufeln geworden und hatte als eisenharter Abwehrrecke stets Kopf und Kragen riskiert. Friedrich hatte alles unternommen, um bei der bevorstehenden Jahreshauptversammlung einen Aufstand der Basis zu verhindern. Die war nun erst einmal befriedet.

Brehme verkündete als erste Maßnahme die Abschaffung der Privatfliegerei zu den Auswärtsspielen und ordnete die Fahrt mit dem Bus zu 1860 München an. Der 4:0-Sieg war ein grandioser Einstand und der Beginn einer kleinen Serie mit fünf Siegen in Folge. Nach dem 11. Spieltag und dem 3:2 gegen Schalke 04 stand der 1. FCK mit 20 Punkten auf dem 3. Platz und schaute nach dem 3:1-Sieg im UEFA-Cup bei Iraklis Saloniki dem Rückspiel gegen die Griechen entspannt entgegen. Innerhalb von fünf Wochen war der Abstiegskandidat zum Mitfavoriten um die Meisterschaft geworden.

Nach dem Sieg gegen Schalke trat nicht Andreas Brehme, der unpässlich war, sondern sein Co-Trainer und offizieller Cheftrainer Reinhard Stumpf vor die Mikrofone. Solche Glücksmomente hatte es für den Mann aus dem hessischen Lieblos unter Otto Rehhagel nie gegeben. Wenn der die Presse ignorierte, musste auch sein Co-Trainer stumm bleiben. 1997 war Stumpf als Praktikant nach Kaiserslautern gekommen, um von Rehhagel zu lernen und durfte dank des großen Meisters Gnade, der eigentlich niemanden in seiner unmittelbaren Umgebung duldete, bleiben. Demütigungen waren ihm aber nicht erspart geblieben, so als Rehhagel den Schalker Assistenztrainer Hubert Neu zu seinem Co-Trainer machte und Stumpf degradierte. Doch Stumpf war wieder zurückgekommen, nachdem die Mannschaft interveniert hatte und Neu daraufhin eine andere Aufgabe zuteil geworden war. Vergessen hatte Stumpf Rehhagel diese Aktion nicht, und nach dessen Abgang und seinem eigenen Aufstieg an der Seite Andreas Brehmes fühlte Stumpf seine Zeit gekommen – auch, um Rehhagel noch einen mitzugeben. Der Meistermacher habe „manchmal nicht gesehen, wer gerade geschossen hatte." Dann habe er ihm Bericht darüber erstatten müssen. Der Abgang Rehhagels musste auf Stumpf wie eine Befreiung gewirkt haben, auch wenn er hinter Brehme nun wieder nur im zweiten Glied stand. Aber der Erfolg, den sie auf Anhieb zusammen hatten, beflügelte ihn.

Doch die Ernüchterung kam schnell. Gegen Saloniki führte der 1. FCK lange mit 2:0, doch dann drehte die Mannschaft, in deren Tor der Ex-Lauterer Andreas Reinke stand, gegen Ende auf und kam noch zu einem 3:2-Sieg, der den 1. FCK glücklich eine Runde weiterkommen ließ. Und der Fahrstuhl ging weiter nach unten: 1:3 in Frankfurt, 0:2 gegen Freiburg, 0:1 bei den Glasgow Rangers in der 3. Runde des UEFA-Cups, 2:4 in Leverkusen. Und plötzlich war der Abstand zu den Abstiegsplätzen wieder geringer als zur Spitze. Gegen Freiburg hatte der Portugiese Jose Dominguez, zuvor Reservist bei Tottenham Hotspur, sein Debüt gegeben, und viele im Stadion fragten sich bei seinem ersten Auftritt, wozu Brehme und Stumpf den kleinen Mann verpflichtet hatten, der wie ein Wirbelwind, aber extrem eigensinnig durch die Reihen schwirrte und dabei wenig effektiv war. Auf den ersten Blick taugte der Neue eher zur Unterhaltung als für den Fußballplatz. Überhaupt: Mit seinen Neuverpflichtungen hatte der 1. FCK

Das 4:0 bei 1860 München war ein gelungener Einstand für den Trainer-Novizen Andreas Brehme.

wieder einmal daneben gegriffen: Gabriel war verletzt, Grammozis nur ein Mitläufer, Klos allenfalls eine Ergänzung und Yakin ein großes Missverständnis als potenzieller Nachfolger von Kadlec. Hany Ramzy hatte dem Schweizer längst den Platz als Abwehrorganisator streitig gemacht.

Auch die Übernahme durch Brehme und Stumpf bescherte den Fans des 1. FCK bis zum Saisonende ständige Wechselbäder. Grassierte nun die Angst, die beiden Neuen hätten ihr Pulver bereits verschossen, überraschte die Mannschaft gegen den technisch besseren Tabellennachbarn HSV mit einem nüchternen 2:0-Sieg. Garant des Erfolges war der zweifache Torschütze Miroslav Klose, der immer wichtiger für das Angriffsspiel der Lauterer wurde. Er war es auch, der den 1. FCK im UEFA-Cup-Rückspiel der 3. Runde gegen die Glasgow Rangers schon nach acht Minuten in Führung brachte. Erst drängte er seinen Gegenspieler Scott Wilson ab und narrte ihn, dann hob er den Ball über Torhüter Stefan Klos ins Tor. Gegen die von Ramzy gut organisierte Abwehr und das Mittelfeld der Lauterer, in dem Djorkaeff, Buck und Hristov brillierten, hatten die Schotten keine Chance und schieden nach Toren von Buck und Lokvenc aus dem Wettbewerb aus.

Vor dem Spiel gegen Bayern München verdichteten sich die Gerüchte, Djorkaeff wolle den 1. FCK in der Winterpause verlassen. Der Wechsel von Rehhagel zum Duo Brehme/ Stumpf war für den Franzosen gewöhnungsbedürftig. Nun gab nicht mehr der väterliche Typ, der sich gerne im Schatten des Weltmeisters sonnte, den Ton an. Nein, jetzt hatte es Djorkaeff mit einem zu tun, der das Gleiche wie er erreicht hatte, 1990 Weltmeister mit Deutschland geworden war. „Unsere Beziehung ist sehr gut. Aber er ist ganz anders als Rehhagel, der für alle fast so wie ein Vater war. Brehme gehört zu der Generation der Spieler-Trainer, die große Turniere gewonnen haben, wie auch Völler und Sammer", erklärte Djorkaeff die von ihm wahrgenommene Veränderung an der Schaltstelle des 1. FCK. Immer noch war er verärgert über das Verpassen der Champions-League-Qualifikation in der Saison zuvor, wofür er vor allem der medizinischen Abteilung der Lauterer die Schuld zuschob, die ihn angeblich nicht rechtzeitig genug fit bekommen hatte. „Vier Spiele musste ich aussetzen, wir spielten ein Mal Unentschieden und verloren drei Mal, ein Punkt mehr hätte uns gereicht", lamentierte er in einem Gespräch mit *France Football.* Und nun hieß es, Djorkaeff wolle seine Karriere beim Champions-League-Teilnehmer Olympique Lyon fortsetzen, wenige Kilometer vom Heimatort der Djorkaeffs, Décines, entfernt. Letztlich zerschlug sich der Wechsel aber. Der in Kaiserslautern immer Unzufriedenere, dessen persönliches Ziel die WM 2002 war und der sich deshalb auch international präsentieren musste, wollte nun alles daran setzen, in dieser Saison die Champions-League-Qualifikation zu schaffen.

Das 0:0 gegen Bayern bedeutete für diese Hoffnungen aber erst einmal einen Rückschlag. Nur einer hatte großen Grund zur Freude. Der immer stärker auftrumpfende Miroslav Klose hatte längst andere Vereine aufmerksam gemacht, und so bot ihm der 1. FCK nach nur wenigen Spielen und ein paar Toren eine Gehaltsaufbesserung an. Da damit aber eine Vertragsverlängerung verbunden gewesen wäre, ließ der Spieler die ihm gegenüber einst so knauserigen Vorstände auf Anraten seines Beraters zappeln. Seine Auftritte bei den beiden letzten Spielen des Jahres 2000 in Berlin und Bochum gaben ihm Recht. Zusammen mit Djorkaeff war Klose der Garant dafür, dass der 1. FCK das Kalenderjahr mit zwei Siegen abschloss und – mit 30 Punkten auf Platz fünf – Tuchfühlung zu Tabellenführer Schalke 04 hatte. Die Spieler badeten in Euphorie, trauten sich alles zu.

Doch gleichzeitig bahnte sich ein handfester Konflikt zwischen Andreas Brehme und Youri Djorkaeff an. Dem *KICKERsportmagazin* sagte der Team-Manager, er erwarte „mehr von Youri. Doch er hatte keine Vorbereitung, war zudem verletzt." Und fügte an, als Profi könne man nur Leistung bringen, wenn die körperliche Fitness stimmt. Die habe Djorkaeff gefehlt. Als noch größeren Affront aber erlebte der Franzose die Beschneidung seiner Sonderrechte, was seine Kontakte nach Frankreich und die dadurch manchmal verspätete Rückkehr in die Pfalz betraf. Damit war der Kampf zwischen den beiden Weltmeistern eröffnet, der – unfreiwillig – von einem unbeteiligten Anhänger noch weiter geschürt wurde. Durch den Zaun am Trainingsgelände rief der just in dem Moment „Hallo Weltmeister", als Brehme den Platz betrat. Als dieser sich umdrehte, schüttelte der Fan den Kopf und wies auf Djorkaeff, den aktuellen Weltmeister. Mit säuerlicher Miene drehte der Team-Manager ab.

Es war nicht der einzige Reibungspunkt in der Interaktion zwischen Spielern und Trainern. Marco Reich geriet wegen seines mangelnden Durchsetzungsvermögens in Brehmes kritisches Visier, und beim Training gerieten Axel Roos und Torwarttrainer Gerry Ehrmann aneinander. Mitten hinein in diese durch ihre starken Leistungsschwankungen verunsicherte Mannschaft kam ein neuer Spieler, von dem sich der 1. FCK Wunderdinge erhoffte. Er wurde angekündigt als kreativer Mittelfeldspieler, mit Zinedine Zidane verglichen und sollte Sforza ersetzen, Tore vorbereiten, sprich: den Roten Teufeln zu Konstanz verhelfen und ihnen Stabilität geben. Sein Debüt bei starkem Schneefall beim 4:0-Sieg gegen seinen Ex-Verein NK Osijek war gelungen, er selbst hatte ein Tor erzielt. „Nenad Bjelica, der Alleskönner", feierte ihn die *Rhein-Neckar-Zeitung*, sein ehemaliger Trainer Stanko sprach vom „Tandem Bjelica-Djorkaeff" und das *KICKERsportmagazin* sah Bjelica als „Brehmes Trumpfkarte". Doch den großen Wurf hatte der 1. FCK damit nicht getan, gegen den VfL Wolfsburg spielte der Neue solide, aber unauffällig – ganz im Gegensatz zu Jörgen Pettersson, der per Schwalbe einen Elfmeter schinden wollte und dazu später eine persönliche öffentliche Erklärung abgab: „Ich ärgere mich sehr darüber, dass ich … versucht habe, durch eine Schwalbe einen Elfmeter herauszuholen. Dies war ein großer Fehler. Entschuldigen möchte ich mich hierfür beim Schiedsrichtergespann und den Fans. Ich habe jedoch kein Verständnis für das Einsteigen von (Torhüter Claus) Reitmaier, der mich nach der Aktion am Oberschenkel schwer verletzt hat …" Es war die einzig wirklich aufregende Aktion in diesem Spiel, das 0:0 endete und den 1. FCK auf den Boden der Tatsachen zurückholte. Schlimmer noch kam es eine Woche später: Das 1:6 beim Tabellenvorletzten VfB Stuttgart war der Offenbarungseid einer Mannschaft, die aus mehreren guten Einzelspielern bestand, in der aber jeder für sich seine individualistische Rolle beanspruchte und dem Vorwärtskommen des Teams im Weg stand. Der spätere Absteiger SpVgg. Unterhaching musste für die hohe Schlappe büßen: Der 1. FCK gewann die Generalprobe für das Achtelfinalspiel im UEFA-Cup bei Slavia Prag mit

**Georg Koch – ein lautstarker Torhüter.**

4:0. Doch im Strahov-Stadion knüpften die Lauterer an ihre Stuttgarter Leistung an. Lediglich Torhüter Georg Koch ragte heraus und war letztlich dafür verantwortlich, dass es dank des Unvermögens der Slavia-Angreifer nach 90 Minuten 0:0 stand. Nach dem 1:0-Sieg beim 1. FC Köln stieg das Rückspiel, bei dem Slavia weiterhin auf den Ex-Lauterer Pavel Kuka verzichten musste, der wegen eines Einsatzes im UEFA-Cup für den VfB Stuttgart für seine neue, alte Mannschaft gesperrt war. In den 93 Minuten auf dem Betzenberg hatten die Gäste alle Möglichkeiten, das so entscheidende Auswärtstor zu erzielen. Doch es war ein Stelldichein der Unentschlossenen, Ungeschickten und Unglücklichen, die kollektiv erneut an Koch scheiterten. Nachdem Zelenka in der 58. Minute eine gute Chance ausgelassen hatte, landete der Ball kurz darauf bei Vratislav Lokvenc, der ihn volley zum 1:0 ins Netz knallte. Dass ausgerechnet er, der zu Beginn der Saison vom Erzrivalen Sparta Prag zum 1. FCK gewechselt war, das Aus für Slavia besiegelte, war für die Unterlegenen doppelt bitter.

Doch nach vier Spielen nacheinander ohne Gegentor folgte an einem kalten Sonntagabend die Ernüchterung. Salou brachte Hansa Rostock bereits nach zwei Minuten in Führung, und dabei blieb es bis zum Ende. Nach dem 2:0-Sieg bei Energie Cottbus stand das Hinspiel im Viertelfinale des UEFA-Cups gegen PSV Eindhoven an. Wenn der 1. FCK zuletzt zu null gespielt hatte, war meist Georg Koch der Held. Dieses Mal aber musste der Stammtorhüter mit für ihn ungewohnten Gefühlsschwankungen leben, denn im Tor stand – erst zum zweiten Mal in einem Pflichtspiel – der 20-jährige Roman Weidenfeller. Und dass Erik Gerets, der Trainer des PSV, anschließend so „sehr enttäuscht“ war, lag zuallererst und beinahe nur an dem Torhüter, der all die Jahre, seit er im Sommer 1996 aus dem Westerwald in die Pfalz gekommen war, mit Ehrmann, Reinke und nun Koch stets starke Kollegen vor sich hatte, die sich selten eine Blöße gaben und ihm keine Einsatzmöglichkeit boten. Weidenfeller hielt alles, was auf sein Tor kam, nachdem die Zuordnung in der Abwehr des 1. FCK miserabel war und im Spiel nach vorne erneut große Defizite sichtbar wurden. Djorkaeff war verletzt, Bjelica gesperrt, wo sollten da Impulse vom Mittelfeld ausgehen? Es brauchte schließlich einen Elfmeter, den Harry Koch in der 31. Minute zum 1:0-Sieg verwandelte. Daneben gab es lediglich eine Torchance für die Gastgeber.

Der 1. FCK wandelte auf einem Glückspfad, auch in den nachfolgenden Wochen des März 2001, und verkannte dabei, dass nicht wenige seiner errungenen Siege denkbar knapp, mit viel Dusel zustande gekommen und manchmal gar kaum verdient waren. Immerhin machte Bjelica beim 3:2 gegen 1860 München sein bestes Spiel im Trikot des 1. FCK, schoss das 2:0 selbst und bereitete den Siegtreffer mit vor. Die Lauterer spielten nun wieder um die Meisterschaft mit, und um die Gründe hierfür zu erforschen ging die *Financial Times Deutschland* auf Spurensuche: „Inzwischen haben Team-Manager, Trainer und Spieler viel Zeit miteinander verbracht, sie sind vertraut geworden … Die Mannschaft ist ‚gleicher‘ geworden.“ Und führte an, Spieler wie Ramzy und Djorkaeff, denen Rehhagel stets Extrawürste gebraten habe, hätten sich den neuen Umständen anpassen müssen. Zudem sei Djorkaeffs Wert für die Mannschaft durch den Kauf von

Bjelica relativiert worden. Djorkaeff fehlte seit zwei Wochen verletzt, und es lief tatsächlich anders, aber nicht schlechter ohne ihn. Doch hatte der 1. FCK nicht gerade die Ideen und Fertigkeiten eines gesunden und unbelasteteten Djorkaeff nötig, um die von Michael Schjönberg umrissenen Ziele Meisterschaft und Gewinn des UEFA-Cups zu erreichen?

Beim Rückspiel in Eindhoven ging es noch ohne den Franzosen. „Zuschauertumulte, gebrochene Polizistenknochen, Sicherheitsverwahrung der Gäste und ein Trainer als mobiler Abfangjäger: Kaiserslautern siegt 1:0 … und steht nun im UEFA-Cup-Halbfinale", hieß es in einem Beitrag der *taz*, der sich wie ein Polizeibericht las. Autos waren demoliert, Polizisten mit Steinen beworfen worden und hatten Knochenfrakturen erlitten. Was war passiert? Bruggink vergab einen Elfmeter, Lautern verwandelte einen Elfer, der angeblich, so PSV-Torhüter Waterreus, „absolut unberechtigt" war. Mario Basler, der seit Tagen in der niederländischen Presse als Feindbild („Ein 24-karätiges Enfant terrible" – *Dagblaad De Limburger*) aufgebaut worden war, ging aus seiner Ausputzerposition den weiten Weg nach vorne und traf im Dauerregen von Feuerzeugen, Orangen und Schokoriegeln zum 0:1. Den Rest hätte sich der Provokateur sparen können, denn seine Gesten in Richtung der PSV-Fans heizten die negative Stimmung gegen die Deutschen weiter an. Das Fass zum Überlaufen brachte der Platzverweis zwei Minuten später gegen PSV-Kapitän van Bommel. Die PSV-Hooligans waren nun nicht mehr zu halten und rasten Richtung Sicherheitstor, um auf das Spielfeld zu gelangen. Von dort flüchteten derweil Schiedsrichter und Spieler in die Kabinen. Nur Erik Gerets behielt die Nerven und trat den außer Rand und Band Geratenen mit ausgebreiteten Armen mutig entgegen und konnte sie zum Rückzug bewegen. Nach einer Viertelstunde konnte das Spiel zu Ende geführt werden, und der 1. FCK hatte das Spiel und PSV-Trainer Gerets an Respekt gewonnen.

Den verschaffte sich der 1. FCK anschließend auch in der Bundesliga. Durch den 2:1-Sieg bei Werder Bremen rückte man auf Platz drei vor und galt von nun an als ernsthafter Meisterschaftsanwärter. Doch mit dem Spiel gegen Borussia Dortmund am 1. April begann eine schwarze Serie, wie sie nach den Erfolgen der Vorwochen niemand auf dem Betzenberg für möglich gehalten hätte. In den zehn ausstehenden Spielen ging der 1. FCK acht Mal als Verlierer vom Platz und verspielte die Meisterschaft, die Qualifikation zur Champions League, einen UEFA-Cup-Platz und – wie schon 1982 gegen IFK Göteborg – den Einzug ins UEFA-Cup-Finale 2001, das man gegen den FC Liverpool im Dortmunder Westfalenstadion hätte bestreiten können. Dabei gerieten die Niederlagen nicht knapp, sondern fielen deftig aus und zeigten auf, dass die Mannschaft an ihrem Limit gespielt und nichts mehr zuzusetzen hatte: Im Fritz-Walter-Stadion siegte der BVB mit 4:1, Leverkusen und Hertha BSC begnügten sich mit einem 1:0. Nur gegen Absteiger Frankfurt gelang ein 4:2-Sieg. Herb waren die Schlappen in Schalke (1:5) und in Freiburg (2:5). Doch die größte Blamage leisteten sich die Roten Teufel bei ihrem Auftritt im UEFA-Cup-Halbfinale in den beiden Begegnungen gegen CD Alavès aus der baskischen Hauptstadt Vitoria. „Rote

**Youri Djorkaeff (hier mit Sammy Kuffour von Bayern München) verstand sich nicht mit Trainer Brehme.**

Teufel fürchten den baskischen Terror", ahnte die *Rhein-Neckar-Zeitung* bereits vor dem Hinspiel im Estadio Mendizorroza Schlimmes. „Bravo der Mannschaft in Weiß und Blau, die wieder aufsteht und erinnert an die Glorie. Vitoria applaudiert dir und begleitet dich bei deinem Kampf, um den großen Triumph zu erreichen". Die 16.000 baskischen Zuschauer hatten allen Grund, ihre Hymne aus vollen Kehlen zu singen. Doch warum hatte Team-Manager Brehme sich nicht ausgiebig informiert über das Geheimnis dieses kleinen Vereins, vor dem sich auch die Etablierten des spanischen Fußballs wie Real Madrid und der FC Barcelona fürchteten? „Welche Fliege hat die Spieler dieser Mannschaft nur gestochen, dass die großen Kaliber der Liga sich fürchten, bei ihr anzutreten?", hatte die Madrider Sportgazette *Marca* gefragt und gleichzeitig Unverständnis und Bewunderung für die Mannschaft, in der Johan Cruyffs Sohn Jordi mitwirkte, geäußert.

Obwohl Youri Djorkaeff seinen Zehenbruch auskuriert hatte, nahmen ihn Brehme und Stumpf nicht mit nach Vitoria, dabei hätte der 1. FCK einen Lenker im Mittelfeld an der Seite von Marian Hristov und Ratinho gut gebrauchen können. Zur Pause stand es durch zwei von Contra verwandelte Elfmeter und ein Tor von Jordi Cruyff 3:0 für den Club, der erstmals in seiner Geschichte an einem europäischen Wettbewerb teilnahm. Wieder per Elfmeter erhöhte Alonso auf 4:0, Harry Koch verkürzte ebenfalls durch einen Elfmeter auf 4:1, ehe Magno acht Minuten vor Schluss den 5:1-Endstand besorgte. „Wir haben … Angsthasenfußball gespielt. Aber wer Angst hat, kann hier nicht gewinnen“, resümierte Mario Basler und tarierte die Chancen seiner Mannschaft auf ein Weiterkommen auf 1:99. „Eine Demontage und erbärmliche Vorstellung war das“, schäumte der Vorstandsvorsitzende Friedrich vor Wut, und die renommierte spanische Tageszeitung *El Pais* fragte hämisch: „Waren das Deutsche oder eine Mannschaft von den Fidschi-Inseln?“

Weil vor allem Djorkaeff das Spiel gegen Eintracht Frankfurt nach der Pause noch umgebogen hatte, setzten die Fans und auch Andreas Brehme im Rückspiel vor allem auf ein Wunder und auf einen glanzvollen Abend des Franzosen. Der machte nach sieben Minuten den Anfang mit dem 1:0, und von den Rängen schallte es „nur noch drei“, denn mit 4:0 hätte der 1. FCK das Spiel gewinnen müssen, um ins Endspiel einzuziehen. Doch Alonsos Ausgleich nach 23 Minuten war bereits das Ende aller Wunschträume. Vucko in der 64. und 86. sowie Ganan in der 88. Minute machten das Debakel für die Lauterer perfekt. „Zur Krone fehlt Klasse“, schrieb das *KICKERsportmagazin* und stellte fest, der 1. FCK habe „einen beträchtlichen Teil des guten Rufes verspielt“, den er sich in diesem UEFA-Cup erarbeitet hatte. Weil Torhüter Georg Koch seine Abwehr nicht organisiert bekam, Hany Ramzy allzu leichtsinnig agierte und in Mittelfeld und Angriff Fehler um Fehler produziert wurde, verzweifelte vor allem Djorkaeff, der vor dem Spiel fest an Lauterns Chance geglaubt hatte und nach der erneuten Demontage stinksauer war. Er kündigte an, nach Saisonende ein Gespräch mit Team-Manager Brehme über seine Zukunft beim 1. FCK führen zu wollen. „Nur wegen eines Vertrags bleibe ich nicht… Wenn ich zu oft auf der Bank sitze, bin ich frustriert und kann das nicht akzeptieren. Man hat mich… geholt, um mit mir etwas zu erreichen“, blickte Djorkaeff enttäuscht auf die Scherbenhaufen einer so gut verlaufenen und so schlecht beendeten Saison. Seine Ankündigung verstand Brehme, der sich durch diese Äußerungen angegriffen fühlte, aber nicht als Versuch, gemeinsam für eine bessere Zukunft zu streiten, sondern als Affront. Es war der Beginn der Demontage des Weltmeisters Youri Djorkaeff in Kaiserslautern.

„Die Krise in Lautern“ stand über einer Sonderseite im *KICKERsportmagazin*, auf der die wunden Punkte schonungslos benannt wurden. Beim 1. FCK tobte ein Kampf zwischen den Spielerberatern Roger Wittmann, der Basler und Georg Koch vertrat, auf der einen und Dr. Michael Becker, der Buck, Klose und Marschall zu seinen Klienten zählte, auf der anderen Seite. Immer wieder gab es in der Mannschaft Versuche, Mitspieler auf die ROGON-Seite Wittmanns, im Übrigen der Schwager Baslers, zu ziehen. Fatalerweise maß der Vorstand diesem Treiben nicht die destabilisierende Wirkung auf das Team insgesamt bei. Hinzu kam, dass der 1. FCK sich nach der Alleinherrschaft Rehhagels in einer Umbruchphase befand, aber angesichts der mannigfaltigen Aufgaben keine Zeit hatte, sich langsam an die neuen Verhältnisse zu gewöhnen. Erfolg war gefragt. Blieb er aus, so wie zuletzt, meldeten sich die Kritiker allerorten lautstark zu Wort und stellten alles Geleistete in Frage. Vor allem die Arbeitsaufteilung zwischen Brehme und Stumpf stieß immer mehr auf Kritik, weil es Spieler gab, die mit dem Stil Stumpfs nicht zurechtkamen und sich unterdrückt und gedemütigt fühlten.

Da Brehme sich hier nicht einmischte, hatte er bei den Spielern an Autorität eingebüßt. Nach dem Saisonfinale gegen Hertha BSC, bei dem der 1. FCK seine letzte theoretische Chance, doch noch erneut in den UEFA-Cup zu gelangen, verspielte, leistete Brehme den Offenbarungseid, der eigentlich seine und Stumpfs Entlassung zur Folge hätte haben müssen. Der Team-Manager beklagte, seine Spieler seien „wie in einem Freundschaftsspiel“ aufgetreten und gab ein Bekenntnis seiner Ohnmacht und seiner mangelnden Akzeptanz preis: „Man kann draußen schreien, wie man will.“ Dieser Auftritt Brehmes war selbst ein Hilfeschrei und ein Zeichen dafür, dass weder er noch Stumpf die Mannschaft wirklich erreichten.

Konterkariert wurden diese sportlichen Alarmzeichen durch die Bekanntgabe der wirtschaftlichen Daten des Vereins, der gesund schien und mit 120 Mio. DM zu den vier umsatzstärksten Vereinen der Bundesliga zählte. Die Wirtschaftskraft des 1. FCK schien ungebrochen, und eine Verlängerung des Mandats Friedrichs stand außer Frage. Der starke Mann des 1. FCK, nach dem Weggang Rehhagels quasi der fußballerische Alleinherrscher auf dem Betzenberg, wies jeglichen Einwand gegen eine Weiterbeschäftigung Brehmes und Stumpfs als unnötige Panikmache zurück und schlug alle Warnungen aus dem Umfeld des Vereins vor allzu großer Selbstzufriedenheit in den Wind.

## Saison 2001/02: Eine Siegesserie und ein unrühmliches Saisonende

Zu Beginn der neuen Spielzeit beherrschte ein Thema die Schlagzeilen rund um den Betzenberg: Wie geht es weiter bei den Roten Teufeln – mit oder ohne Youri Djorkaeff? Kurz vor dem Trainingslager des 1. FCK im hessischen Friedewald hatte der Franzose bekundet, er wolle nicht mehr unter Brehme spielen: „Wir müssen uns trennen, entweder im Frieden oder im Krieg.“ Er ließ nicht nur zwei Termine, zum Trainingsbeginn vor Ort zu sein, platzen, sondern erschien auch nicht zu einem anberaumten Krisengespräch mit Friedrich, Brehme und Stumpf. Die Folge: Djorkaeff wurde zu einer Geldstrafe in Höhe von 30.000 DM verdonnert. Als das Gespräch dann stattfand, beharrten Friedrich und Wieschemann auf der Erfüllung des Vertrags, weil der 1. FCK den Spieler brauche und bewogen auch Brehme, der vor dem Friedensgipfel Djorkaeff noch zum Gehen aufgefordert hatte („Ich hoffe, er zeigt Charakter und geht“), zu einer Kehrtwendung. Doch die vermeintliche Aussöhnung war schon kurz danach Makulatur, als Djorkaeffs Bruder und Manager Denis verkündete, man nehme Brehme dessen Kehrtwendung nicht ab. Dessen Position war indes auch vom Aufsichtsratsvorsitzenden Wieschemann geschwächt worden, der davon gesprochen hatte, auch Brehme und Stumpf seien lediglich Angestellte des Vereins. Unbeeindruckt von den Qualen des beschädigten Trainer-Duos trainierte Djorkaeff nun wieder auf dem Betzenberg, was unterschiedliche Reaktionen seiner Mitspieler zur Folge hatte.

Ungeachtet dieser Querelen hatte in der Mannschaft ein lebhaftes Stühlerücken stattgefunden. Das Experiment mit Murat Yakin war erfolglos beendet worden, Marco

**Der Kader für die neue Saison am 30.6.2001. Nicht dabei: Hany Ramzy und Youri Djorkaeff.**

Reich wurde für sechs Millionen DM an den 1. FC Köln verkauft, und Axel Roos und Michael Schjönberg hatten ihre Karriere beendet. Dafür kehrten zwei Pfälzer zurück zum 1. FCK: Thomas Riedl kam für 1,2 Mio. DM von 1860 München, Thomas Hengen für 4,5 Mio. DM vom VfL Wolfsburg. Der Ludwigshafener Stefan Malz beendete sein Gastspiel bei Arsenal London und wurde für 1,8 Mio. DM ein Roter Teufel. Am meisten versprach man sich aber von dem slowenischen Nationalspieler Aleksander Knavs vom FC Tirol Innsbruck für die Stabilisierung der Abwehr sowie von dem Brasilianer Lincoln, der für 7,5 Mio. DM von Atletico Mineiro Belo Horizonte gekommen war. Schon bei der Generalprobe zum Bundesligastart gegen den französischen Erstligisten AJ Auxerre deutete Lincoln seine Klasse an. Beim 3:0 gegen die Burgunder fehlte Djorkaeff ebenso wie auch in den nachfolgenden Wochen. Nach dem Spiel wurde AJA-Trainer Guy Roux – eher scherzhaft – gefragt, ob er kein Interesse daran habe, seinen Landsmann zu verpflichten und mitzunehmen. „Ja, aber wir haben kein Geld dafür", lautete seine ehrliche Antwort. So deutete sich an, dass es vorerst nichts werden würde mit einem Transfer oder einem Leihgeschäft, um den zum Spaltpilz gewordenen Welt- und Europameister schnell loszuwerden. „Die bösen Geister, die Ciriaco Sforza schon beschwörte, werden in den kommenden Wochen und Monaten bedrohlich über Andreas Brehme schweben, in Gestalt des Youri Djorkaeff", prophezeite die *Rhein-Neckar-Zeitung*.

Doch nach sechs Spieltagen der neuen Saison hatte der 1. FCK – ohne Djorkaeff – sechs Siege auf seinem Konto und stand mit 18 Punkten an der Tabellenspitze, vier Zähler vor Leverkusen, fünf vor Bayern München und sechs vor Borussia Dortmund. Dem eindrucksvollen 4:0 bei 1860 München waren vier knappe Siege gegen Mönchengladbach, Köln und Bremen sowie beim HSV gefolgt. Das 2:0 beim 1. FC Nürnberg war ein Arbeitssieg, und so rangierte eine Mannschaft ganz oben, bei der man sich die Frage stellte, wie sie dort oben hingelangt war und wie lange diese unglaubliche Geschichte denn noch weitergehen würde. Hatte er bis dahin kein einziges Mal auch nur zum Aufgebot gezählt, durfte Djorkaeff fünf Tage vor dem Spiel gegen Hertha BSC Berlin beim Verbandsligisten TuS Hohenecken erstmals wieder in einem Testspiel mitwirken. Beim 7:0-Sieg erzielte er drei Tore, worauf ihm Brehme „ansteigende Tendenz" attestierte und ihn gegen die Berliner in der 70. Minute beim Stand von 2:0 einwechselte. Zwar quittierte der Franzose jede Menge Pfiffe des Publikums, doch am Ende hatte der 1. FCK mit einem 4:1-Sieg seine Tabellenführung gefestigt und den Startrekord von Bayern München aus der Saison 1995/96 eingestellt. 21 Punkte und Platz eins ließen Mario Basler in die Zukunft blicken: „Wenn wir so weiterspielen, können wir am Ende an die Meisterschaft denken!" Für seinen Kollegen Djorkaeff war es „ein großes Glücksgefühl, wieder zu spielen" und er bekannte froh zu sein, „dass wegen mir die Siegesserie nicht gerissen ist." Doch gab er auch zu verstehen, dass er sich mit Kurzeinsätzen nicht zufrieden geben und mit Kaiserslautern Deutscher Meister werden wollte.

Aber in den folgenden Wochen war der 1. FCK nur noch zu Hause erfolgreich und kassierte vier Auswärtsniederlagen in Folge. Nach dem 0:2 in Wolfsburg und dem 3:1 gegen Rostock war schon nach der 1:4-Schlappe bei Bayern München die Tabellenführung weg. Nun thronte der Gegner auf Platz eins, der unaufhaltsame Abstieg der Lauterer vom Gipfel hatte begonnen. Zwar konnte mit einem 0:0 gegen Schalke 04 noch Anschluss gehalten werden, doch Djorkaeff verletzte sich schwer bei einem Foul von Jiri Nemec. Es sollte das letzte Bundesligaspiel für den Franzosen sein – nach seiner langen Verletzungspause gab es zwar beim Winter-Trainingslager in Maspalomas einen Comeback-Versuch, doch letztlich trennten sich zu Beginn der Rückrunde die Wege von Verein und Spieler.

Die restlichen Hinrundenspiele zeigten, dass der 1. FCK von seinem kurzfristig erträumten Ziel Meisterschaft meilenweit entfernt und höchstens noch ein Kandidat für den UEFA-Cup war. Dieser Abstieg in den Ansprüchen hatte auch etwas zu tun mit dem zu Anfang der Spielzeit geäußerten Understatement, als man vom Maximalziel ablenkte und sich mit dem Wunsch auf das Erreichen eines internationalen Wettbewerbs selbst beschränkte. Wer nach sieben Spieltagen mit optimaler Punktausbeute an der Spitze steht, muss das Ziel Meisterschaft ausgeben, doch beim 1. FCK taten das nur eine Handvoll Spieler, während Brehme und Stumpf sowie die Offiziellen tiefstapelten. Die Strafe folgte prompt. Die Mannschaft, die zuvor sicherlich auch über ihre Verhältnisse gespielt und viel Glück gehabt hatte, spürte, dass das letzte Stückchen Vertrauen in sie nicht vorhanden war. Dies wirkte demotivierend, und insbesondere in fremden Stadien gab es nach dem 1:0-Sieg in Köln Anfang Februar 2002 keine Erfolgserlebnisse mehr.

Nach dem 1:2 in Leverkusen verpflichtete der 1. FCK den nigerianischen Nationalspieler Taribo West, der zuvor beim englischen Premier League-Club Derby County gespielt hatte. Der Mann, der in der Nachwuchsschmiede von AJ Auxerre zur Weltklasse gereift war, sollte der Abwehr noch mehr Stabilität verleihen, doch der große Name täuschte darüber hinweg, dass West nach seinen Gastspielen bei Inter und AC Mailand letztlich nur noch ein Schatten früherer Tage war. Immerhin identifizierte er sich mit seinem neuen Verein und zeigte dies mit schwarz-rot eingefärbten Rastazöpfchen. Bei seinem Debüt gegen den FC St. Pauli, der mit 1:5 auf dem Betzenberg unterging, hatte West nicht allzu viele Mühe mit seinen Gegenspielern und konnte am Abend nach dem Spiel beruhigt nach Mailand zurückjetten, wo er in seiner Privatkirchengemeinde „Shelter of the Storm“ am Sonntag Morgen einen Gottesdienst abhielt. Dem Kantersieg gegen den Kiez-Club folgte ein 0:3 in Dortmund. Durch einen 4:1-Sieg bei Blau-Weiß Brühl war der 1. FCK in die 2. Runde des DFB-Pokals gelangt, wo vier Tage später das Gastspiel beim früheren Derbygegner SV Waldhof Mannheim auf dem Programm stand. Der Zweitligist hielt lange Zeit mit und freute sich bereits auf die Verlängerung, als dem 1. FCK fast mit dem Schlusspfiff durch Olaf Marschall das 3:2-Siegtor glückte. Die durch diesen Sieg wieder gestiegene Moral brachte einen kurzzeitigen Aufschwung mit dem 3:0 gegen den SC Freiburg und dem 2:0 bei Energie Cottbus. Auch das 2:2 gegen den VfB Stuttgart änderte nichts daran, dass sich der 1. FCK wieder an die Spitze herangeschlichen hatte und mit 35 Punkten auf Platz 3 stand, zwei Zähler vor Bayern München und nur drei bzw. vier hinter Dortmund und Leverkusen. Nur vier Tage später begann die Rückrunde mit dem Heimspiel gegen 1860 München, das die Gäste nur dank eines vom Schiedsrichter geschenkten Foulelfmeters drehen konnten. Vom Ausgleich durch Häßler nach 70 Minuten und einem verweigerten Elfmeter nach Foulspiel an Miroslav Klose erholte sich der 1. FCK nicht mehr und fing sich noch zwei weitere Treffer zum 1:3-Endstand ein.

**Taribo West.**

Vor der kurzen Winterpause, in der Andreas Buck den Verein verließ, war festzustellen, dass die Neuzugänge Lincoln und Malz die Mannschaft verstärkten, Hengen in der Abwehr meist solide Arbeit leistete. Dagegen fiel Knavs durch eine Achillessehnenoperation länger aus, und die anderen Neuen wie West, der Malteser Mifsud und der Serbe Ognjenovic aus der B-Elf von Real Madrid waren lediglich Ergänzungen. Für 50.000 € tat man dann noch einen Glücksgriff. Es kam ein junger Torwart von Fortuna Köln, der den unzufriedenen und wechselwilligen Roman Weidenfeller ersetzen sollte: Tim Wiese.

Der Start ins neue Jahr war zunächst verheißungsvoll, doch die beiden Auftaktsiege – 2:0 in Mönchengladbach, 1:0 in Köln – sollten die letzten in fremden Stadien für diese Saison bleiben. Immerhin war der 1. FCK nach den vermeidbaren Punktverlusten beim 2:2 gegen den HSV wieder Dritter und schnupperte weiter an der Champions League. Eine andere Option, international spielen zu können, hatte man allerdings unglücklich vergeben. Nach dem 3:2-Sieg im Achtelfinale des DFB-Pokals bei Mainz 05 endete das Viertelfinalspiel gegen Bayern München 0:0 nach Verlängerung. Im Elfmeterschießen versagte der eingewechselte Bjelica und verschoss, Bayern siegte mit 5:3.

Mit dem 0:1 bei Werder Bremen begannen die Roten Teufel langsam – weil sie meist ihre Heimspiele gewannen –, aber beharrlich, aus den Höhen der Tabelle in Richtung Mittelfeld abzusteigen. Nach dem 1:5 in Berlin war man Vierter, zwei Spieltage später nach dem 1:2 in Rostock nur noch Fünfter. Der Knackpunkt waren die nicht gewonnenen Heimspiele gegen Bayer Leverkusen (2:4) und Bayern München (0:0). Es waren jene fünf Punkte, die am Ende der Saison zur Qualifikation für den UEFA-Cup fehlten. „Wie im letzten Jahr, ist das Frühjahr für den 1. FCK der Beginn des Abstiegs von der Leiter und den Höhen des unerreichbaren Erfolges", stellte die *Financial Times Deutschland* fest. Von der Champions League hatte man spätestens nach dem 0:3 in Schalke, das den Sturz auf Platz 6 bedeutete, Abschied nehmen müssen. Doch es kam noch schlimmer. Taribo West hatte sich vor dem Spiel beim FC St. Pauli krank gemeldet, war aber nach Mailand gereist und hatte dort in seiner Kirchengemeinde ein Kirchenfest gefeiert. Der Nigerianer hatte sich selbst ins Abseits gestellt, wurde suspendiert und konnte am Ende der Saison gehen. Drei Spieltage vor Saisonende stürzten die Roten Teufel nach dem 1:3 beim SC Freiburg auf den siebten Platz ab, den sie auch am Ende der Spielzeit inne hatten. Das bedeutete die Qualifikation für den Einstieg in die 3. Runde des UI-Cups. Doch außer der sportlichen Malaise gab es auch auf der Chefebene der Lauterer Turbulenzen. Auf die Frage, wie er die Situation nach Freiburg finde, hatte der Aufsichtsratsvorsitzende Wieschemann bemerkt, er finde sie zum Kotzen, was Andreas Brehme veranlasste, in der routinemäßigen Pressekonferenz vor dem nächsten Spiel eine Breitseite gegen Wieschemann abzufeuern. „Den … nehm ich nicht für voll. Es interessiert mich nicht, was solche Menschen von sich geben. Das langweilt mich", wurde der Team-Manager von der *Rheinpfalz* zitiert. Schließlich war der Vorstandvorsitzende eingeschritten und hatte beide an einen Tisch geholt und Brehme dazu gebracht, sich auch in seinem eigenen Interesse zu entschuldigen. Wieschemann nahm an, und Brehme durfte bleiben, denn unter normalen Umständen hätte er – wie im Arbeitsleben üblich – seinen Hut nehmen müssen

**Alle Saisonziele verpasst**

**Gegen den VfB Stuttgart gewinnt der 1. FCK mit 4:3. Mario Basler (Mitte) und Harry Koch kämpfen mit allen Mitteln.**

per fristloser Kündigung. Dass er genau dies mit seinem Angriff auf Wieschemann beabsichtigt habe, vermuteten indes sogar einzelne Spieler

Sein Saisonziel hatte der 1. FCK damit verfehlt und doch irgendwie erreicht. Denn mit jedem Rückschlag und jedem Schritt runter in der Tabelle waren die erreichbaren Ziele relativiert und die Erwartungen an die Mannschaft heruntergeschraubt worden. Erst sollte es international sein, dann war man Erster und träumte von der Meisterschaft, danach sollte es zumindest ein Champions-League-Platz sein, dann einer für die Qualifikation, schließlich blieb noch der UEFA-Cup – und am Ende war es dann der Hintereingang zum UEFA-Cup, die umbenannte frühere Intertotorunde, in der der 1. FCK in früheren Jahren Dauergast gewesen war. Zuzuschreiben hatten sich das alle zusammen: Vorstand, Team-Manager, Trainer und Mannschaft. Deshalb waren sich nach dem 3:4 im letzten Spiel beim VfB Stuttgart auch alle einig: Weiter so! hieß die Devise. Für den Vorstandsvorsitzenden Friedrich gab es „keinen Grund, die beiden Trainer auszuwechseln". Und die beiden haderten mit dem Fußballgott, der „zurzeit kein Pfälzer" (Stumpf, zit.n. *Die Rheinpfalz*) sei.

Die Roten Teufel standen am Ende einer Saison, die nicht nur sportlich auf dem Rasen etliche Turbulenzen mit sich gebracht hatte. Einer der negativen Höhepunkte war am Fastnachtsdienstag 2002 der niveaulose Abschied von Youri Djorkaeff. Es war 16 Uhr, als Jürgen „Atze" Friedrich offiziell den Abschied Djorkaeffs bekannt gab. Vor den Kameras sah es aus, als trenne man sich als gute Freunde, unter Gentlemen. Doch in den zwei Stunden zuvor war die Situation eskaliert, denn der 1. FCK wollte ihn nicht gehen lassen. Dabei war sich der Spieler mit den Bolton Wanderers bereits seit dem vergangenen Freitag einig gewesen. Doch angeblich war in Kaiserslautern kein Fax angekommen, das sich aber schließlich unter einem Stapel Papier fand. All das passte zu dem Umstand, dass man Djorkaeff total separiert hatte; ausgebootet aus der Mannschaft, hatte er seit zehn Tagen allein trainieren müssen. Schließlich drohte Djorkaeff, am Vortag des Länderspiels Deutschland gegen Israel im Fritz-Walter-Stadion bei guter Medienpräsenz eine eigene Pressekonferenz abzuhalten, zur Not vor dem Stadion. Daraufhin kam die Kehrtwende, und Friedrich, Pressesprecher Michael Novak, Assistent Jürgen Bühler und Djorkaeff traten vor die Mikrofone. Als dem Franzosen eine Frage zu Brehme gestellt wurde, antwortete er: „Ich möchte von dieser Person nicht sprechen, weil es ihr zu viel Wichtigkeit gibt.“ Friedrichs Blick ging bei diesem Satz gen Boden. Dann war das Stelldichein vorbei, und Djorkaeff eilte mit seinem Bruder nach Frankfurt und nahm das letzte Flugzeug nach Manchester. Wenige Tage später stand er im Aufgebot der Bolton Wanderers gegen den FC Southampton, und dass er noch Fußball spielen konnte, bewies er einen Monat später beim 2:1-Sieg bei Charlton Athletic, als er beide Tore für seine neue Mannschaft erzielte. Der Name Youri Djorkaeff sollte aber unabhängig davon in anderem Zusammenhang in den folgenden Jahren in Kaiserslautern weiterhin eine Rolle spielen.

Doch die Querelen um den französischen Nationalspieler sorgten nicht allein für negative Schlagzeilen. Im Februar 2002 war der ägyptische Abwehrspieler Hany Ramzy vom Amtsgericht Kaiserslautern wegen sexueller Nötigung einer 26 Jahre alten Norwegerin zu einer achtmonatigen Haftstrafe auf Bewährung verurteilt worden. Ramzy hatte die Frau im August 2001 in einer Lauterer Kneipe gegen ihren Widerstand geküsst und ihr an die Brust gefasst. Da Ramzy geständig war, hatte er der Frau eine öffentliche Verhandlung erspart. Als sich der Vorfall und die Verurteilung des Profis im kleinen Kaiserslautern verbreitete, zog der 1. FCK die Reißleine und schloss seinen Spieler vom Spiel- und Trainingsbetrieb aus. Die verwerfliche Tat Ramzys, aber auch die Reaktion des Vereins riefen bei den Fans geteilte Meinungen hervor. Schließlich nahm der Fall einen überraschenden Ausgang: Die Geschädigte ließ über ihren Anwalt mitteilen, Ramzy sei „durch das Urteil gestraft genug. Ich wünsche, dass der 1. FCK von Sanktionen absieht.“ Das tat der Verein dann auch, verdonnerte Ramzy aber zusätzlich zu einer Geldstrafe zugunsten einer sozialen Einrichtung. Der Verein hatte aber jenseits des Goodwills noch ein anderes Interesse daran, den Vertrag mit dem Ägypter aufrechtzuerhalten: Bei einer fristlosen Kündigung hätten sie sämtliche Transferrechte an dem Spieler, der noch bis 2004 Vertrag besaß, verloren.

Verloren hatte der 1. FCK in dieser Saison endgültig den Anschluss an die ganz Großen in der Bundesliga, die Jahr für Jahr an die gleichen Gelder gelangten und sich über internationale Erfolge den Zugang zu diesen Töpfen dauerhaft sicherten. Von nun an begannen – auch wenn es auf dem Betzenberg noch keiner so recht glauben wollte – die mageren Jahre des ersten Jahrzehnts im neuen Jahrtausend.

## 2002/2003: Rettung knapp vor dem Untergang

Einem Spieler des 1. FCK bescherte die Zeit bis zum Start der neuen Spielzeit die Erfüllung eines Traums. Miroslav Klose, der erst etwas mehr als ein Jahr Profi war, hatte schnell Aufnahme in Rudi Völlers Nationalmannschaft gefunden und gehörte zum Aufgebot für die Weltmeisterschaft in Japan und Südkorea. Gleich in seinem ersten WM-Spiel gegen Saudi-Arabien traf er drei Mal und führte der Welt seine Freudensalti vor. Am Ende des Turniers hatte er fünf Tore auf seinem Konto, nur Ronaldo hatte ihn mit acht Treffern übertroffen. Getrübt wurde die Freude in der Pfalz über den neuen Helden durch den Tod Fritz Walters am 17.6.2002, der Trauer in der Mannschaft hervorrief. Doch sie schlängelte sich mit Glück und Geschick durch Achtelfinale, Viertelfinale und Halbfinale bis ins Endspiel gegen Brasilien, das sie unglücklich mit 0:2 verlor. Für Klose war es trotzdem der Höhepunkt seiner noch jungen Karriere, verknüpft allerdings mit vielen Hoffnungen und Erwartungen für die neue Bundesligasaison – eine Hypothek für den jungen und sensiblen Spieler. Sogar eine Hymne wurde ihm gewidmet:

*„Hymne an Miroslav Klose, weißes Hemd und schwarze Hose*

1 *Bei AJ Auxerre in blauer Hose spielte einst Herr Josef Klose*
*Als der Aufstieg war errungen, wurde die Marseillaise gesungen*
*Dann zogen die Kloses aber weiter, nach zwei Stationen ging es heiter*
*Wieder zurück ins schlesische Polen, nach Haus ins heimatliche Oppeln*
*Wo bald ward Miroslav geboren und Lech Walesa zum Volksheld erkoren*

2 *Doch Polen stand das Wasser bis zum Hals, da zogen Kloses in die Pfalz*
*Wurden heimisch bei Kusel in Blaubach, wo Miroslav sich übte auf dem Dach*
*Doch der junge Zimmermann griff bald mit dem Ball an*
*Wechselte zum FC Homburg/ Saar, bevor ihn entdeckte der FCK*
*Wo es im zweiten Anlauf mit dem Vertrag klappte und Otto Rehhagel verhinderte, dass ihn ein anderer wegschnappte*

3 *Einst schoss er Tore für die Teufel, bewies auch Rudi Völler ohne Zweifel*
*Seine große Stürmerklasse, nun winkt Lautern große Kasse*
*Miroslav Klose: Fußballgott und Superstar, sagt trotzig: Aber ich bleib da*
*Schieß weiter Tore für den FCK, bis mich ruft der FC Barcelona*

Noch ahnte in Kaiserslautern niemand, dass der Verein in gar nicht allzu ferner Zukunft mit dem Einverständnis Kloses diesen verpfänden müsste, um seine Existenz zu retten. Überhaupt ahnte man rund um den Betzenberg noch nichts von den gewaltigen Eruptionen, die im Lauf dieser Saison nicht nur den Verein und die Stadt, sondern auch das Land und die gesamte Fußballlandschaft in Deutschland erschüttern würden.

**Miroslav Klose.**

Zu Beginn des Trainingslagers in Seefeld erklärte Thomas Hengen seinen Rücktritt als Mannschaftskapitän und nannte als Grund hierfür mangelnde Rückendeckung durch das Trainergespann. Als der 1. FCK ein Testspiel gegen Fenerbahce Istanbul mit 2:6 verlor, machte Jürgen „Atze" Friedrich Reinhard Stumpf für das schlechte Arbeitsklima und die ungute Stimmung in der Mannschaft verantwortlich. Als auch der Mannschaftsarzt Stumpf angriff und ihn bezichtigte, verletzte Spieler zum Training genötigt zu haben, wurde Stumpf von der Bank verbannt und nahm beim UI-Cup-Hinspiel gegen FK Teplice auf der Pressetribüne Platz.

Ohne Miroslav Klose, der noch seinen WM-Urlaub genießen und regenerieren durfte, musste der 1. FCK seine beiden UI-Cup-Spiele der 3. Runde bestreiten. Nur Torhüter Georg Koch und Schiedsrichter John Underhill aus England, der zwei Tore der Tschechen annullierte, hatten es die Lauterer zu verdanken, dass sie mit einem 2:1-Vorsprung zum Rückspiel antreten durften. Doch das Spiel war angesichts der Vorgänge um Stumpf in den Hintergrund gerückt, und die Jahrespressekonferenz in Wartenberg gab den Verantwortlichen Gelegenheit, Licht ins Dunkel um den Cheftrainer zu bringen. „Beim Umgang miteinander und in der Stimmungslage hat es mehr als geklemmt", brachte Friedrich die atmosphärischen Störungen auf den Punkt und bemerkte, den Spielern müsse Kreativität, Engagement und Spaß vorgelebt und vermittelt werden, und „das geht Stumpf etwas ab". Deshalb habe man sich einvernehmlich getrennt. Team-Manager Brehme, der nun allein verantwortlich war, stellte sich vor seinen geschassten Mitarbeiter und attestierte ihm eine „gute Zusammenarbeit". Deutlich wurde, dass der Riss bezüglich der Einschätzung der Arbeit des Trainergespanns quer durch Vorstand und Aufsichtsrat ging und Brehme selbst („Wenn ich Fragen habe, rufe ich den Reinhard an") lediglich eine Gnadenfrist zugestanden wurde. Während der Aufsichtsratsvorsitzende Wieschemann Brehme am liebsten gleich mit entlassen hätte, verknüpfte Friedrich das Schicksal des Team-Managers mit dem seinen: Brehme weg hieß demzufolge auch Friedrich weg. Doch eine Trainerentlassung konnte sich der 1. FCK eigentlich nicht leisten, denn die Kirch-Pleite und der damit verbundene Ausfall eingeplanter finanzieller Mittel machte es notwendig, einen strikten Sparkurs zu fahren.

Bei der Verpflichtung neuer Spieler hatte der Verein nicht viel Bewegungsspielraum gehabt. Brehme hatte endlich seinen Wunschspieler Hervè Nzelo-Lembi bekommen, der für 2,5 Mio. € vom FC Brügge gekommen war. Für eine Million war zudem

Christian Timm vom 1. FC Köln auf den Betzenberg gewechselt. Ablösefrei kamen Selim Teber vom SV Waldhof Mannheim und Markus Anfang vom FC Tirol Innsbruck. Die Liste der Abgänge war länger: Djorkaeff, Marschall, Weidenfeller, Buck, Pettersson und Strasser, der gerne geblieben wäre und zum 1. FCK passte, den man aber nicht mehr haben wollte. „Zurzeit können wir uns fast gar nichts leisten, wir können froh sein, wenn wir einigermaßen über die Runden kommen", sprach Wieschemann Klartext und prophezeite „größere Schwierigkeiten, wenn wir nicht die 3. Runde des UEFA-Cup erreichen."

Diese Zielsetzung mutete angesichts des knappen Vorsprungs aus dem Hinspiel gegen Teplice fast wie Größenwahn an, und die Quittung folgte prompt. Sang- und klanglos ging der 1. FCK mit 0:4 in Tschechien unter und setzte sich harter Kritik und beißendem Spott aus. Dass etwas passieren musste, lag nun auf der Hand, wie schnell es passieren würde, kam dann für viele überraschend. Doch es traf zunächst nicht Brehme, sondern Stadionsprecher Horst Schömbs, der nach anhaltenden Fan-Protesten acht Tage später wieder zurückgeholt wurde.

Anfang August 2002 trat eine Oppositionsgruppe unter dem Namen „Unser FCK" auf den Plan, angeführt von dem Lauterer Rechtsanwalt Dr. Andreas Kirsch, der vehement die Ablösung Friedrichs forderte und darüber hinaus eine vollständige Wachablösung der gesamten Vereinsspitze anstrebte. Wenige Tage später starteten die Roten Teufel beim VfB Stuttgart in die neue Saison und überraschten mit einem 1:1, und der für den verletzten Georg Koch im Tor spielende Tim Wiese avancierte in seinem ersten Bundesligaspiel zum Retter des Auswärtspunktes. Am Tag danach erklomm ein Spieler zum dritten Mal in seiner Karriere den Betzenberg: Ciriaco Sforza, bei Bayern München auf dem Abstellgleis, kam ablösefrei und sollte eine gespaltene Mannschaft einen und zum Erfolg führen und so die Fans von den unerfreulichen Ereignissen der zurückliegenden Wochen ablenken. Sforza hatte die Wahl zwischen Wolfsburg und der Pfalz, und er entschied sich für die Rückkehr an den Ort seines größten Triumphes, der Deutschen Meisterschaft 1998. „Nur auf dem Betzenberg hat sich der von sich selbst beschwipste Fußballspieler jene Anerkennung geholt und jene Erfolge gefeiert, die er von sich selbst erwartet", erklärte die *Rhein-Neckar-Zeitung* die Wahl des Schweizers, von dessen Können nun Wohl und Wehe der Verantwortlichen auf der Trainerbank sowie in Vorstand und Aufsichtsrat abhängig war. Doch das neuerliche Debüt Sforzas als Abwehrchef gegen Schalke 04 ging mit 1:3 daneben, und nach dem Spiel versprach der von Brehme wegen seines Offensivdrangs kritisierte Spieler eine Trotzreaktion beim nächsten Spiel und setzte sich und der Mannschaft hohe Ziele: „Wir haben das Potenzial, um unter den ersten Fünf zu spielen."

17 Stunden später nahm Aufsichtsratschef Wieschemann Platz auf einem Sessel im Hotel Kempinski am Münchner Flughafen, wo ihn Rudolph Brückner zum DSF-Stammtisch live begrüßte. Was zunächst wie ein harmloser Plausch begann, endete in einem Fiasko und einer handfesten Blamage für Wieschemann und den 1. FCK. In ungewohnter Runde schien der Anwalt völlig überfordert, begab sich aufs Glatteis

und plauderte aus, Jürgen „Atze“ Friedrich werde statt 2003 schon im Herbst 2002 durch einen neuen Vorstandsvorsitzenden abgelöst. „Wir haben einen neuen Mann für die Vorstandsebene gefunden“, orakelte Wieschemann und stammelte hinterher: „Wir haben ein Defizit an Durchblick – alle“. An den Fernsehschirmen wollte man es nicht glauben, was da gerade geäußert worden war, doch es war weder der 1. April noch handelte es sich um eine Comedy-Show. Vier Tage später kam Licht ins Dunkel von Wieschemanns Andeutungen. Die Homepage des FC Basel verkündete, sein noch amtierender Präsident René C. Jäggi solle den 1. FCK als neuer Vorstandsvorsitzender aus seiner Dauerkrise führen. Wiederum einen Tag später bestätigte Jäggi, Kontakt zum 1. FCK zu haben und sich diese Aufgabe zuzutrauen. Es war der Tag, an dem Wieschemann als Aufsichtsratsvorsitzender zurücktrat, jedoch ankündigte, weiterhin Mitglied des Kontrollgremiums bis zur Generalversammlung bleiben zu wollen – ein Rücktritt auf Raten. Kommissarischer Nachfolger wurde Hubert Keßler, der ehemalige Präsident des Vereins.

Außer Wiese erreichte kein Spieler des 1. FCK bei Borussia Mönchengladbach Normalform, durch die 0:3-Niederlage stürzte man am dritten Spieltag auf einen Abstiegsplatz. Am Tag danach gab der Verein nach einer Sitzung des Aufsichtsrats, bei der Jäggi mit am Tisch saß, die sofortige Trennung von Team-Manager Brehme sowie das Ausscheiden Friedrichs („Hier herrscht eine vergiftete Atmosphäre, in der ich meine Arbeit nicht weiterführen möchte“) als Vorstandsvorsitzendem bekannt. In einer Pressekonferenz, an der Friedrich, Wieschemann, Keßler, das Vorstandsmitglied Herzog und Pressesprecher Novak teilnahmen, hielt Keßler ein Plädoyer für den designierten neuen Mann an der Vereinsspitze: „Jäggi ist der richtige Mann für uns, der Vertragsabschluss steht … bevor.“ Doch ehe der neue Mann auf den Betzenberg stieg, stand für die Kicker des 1. FCK der Gang ans Millerntor zur ersten Runde im DFB-Pokal gegen den Verbandsligisten USC Paloma Hamburg an. Unter Interimstrainer Karl-Heinz Emig gelang ein müheloser 5:0-Erfolg.

Da die Unruhe beim 1. FCK auch ein schlechtes Licht auf die WM-Stadt Kaiserslautern und somit auf die Kommune und das Land Rheinland-Pfalz warf, sah sich Vereinsmitglied und Dauerbesucher Kurt Beck, Ministerpräsident des Landes, dazu berufen, einen Krisengipfel in Mainz einzuberufen und die Vereinsvertreter sowie die Oppositionsgruppe „Unser FCK“ an seinen Tisch zu bitten. Ergebnis: Man einigte sich auf die Neuwahl des Aufsichtsrates am 15.10.2002 sowie auf Jäggi als Wunschkandidaten für den Vorstandsvorsitzenden. Jäggi nahm an der Sitzung nicht teil, sondern weilte in Monaco, wo die Champions-League-Gruppen mit seinem FC Basel ausgelost wurden und kommentierte das Geschehen in der Pfalz: „Mich reizt der Klub, aber ich bin ungern der Messias. Doch die Probleme sind lösbar, wenn eine starke Hand die Führung übernimmt“. Der für seine Fähigkeiten, marode und in Schwierigkeiten geratene Unternehmen zu sanieren, bekannte Wirtschaftsfachmann, der u.a. bei der Schuhfabrik Romika in Trier Hunderte Arbeitsplätze gerettet hatte, schien also gerade deshalb der richtige Mann für den 1. FCK in seiner kritischen Lage zu sein.

**René C. Jäggi (links) und Vorstandsmitglied Gerhard Herzog.**

Am Abend des 3. September 2002 einigten sich der Aufsichtsrat des 1. FCK und Jäggi über dessen Bedingungen für seinen Amtsantritt, doch damit war der Tag für Jäggi noch nicht gelaufen. Er eilte zu einem geheimen Ort, um sich mit seinem Wunschtrainer für den 1. FCK zu treffen. Nachdem Christian Gross, bei Tottenham Hotspur gescheitert, aber beim FC Basel ein Denkmal, tabu war, fiel Jäggis Wahl auf Erik Gerets. Zwei Tage später leitete der Belgier, der bei den Fans des 1. FCK einen Stein im Brett hatte, seit er sich beim UEFA-Cup-Spiel des PSV Eindhoven gegen den 1. FCK den aufgebrachten holländischen Fans entgegengestellt hatte, bereits das Training der Roten Teufel. Fünf Spiele bis zum vorgesehenen Tag der Jahreshauptversammlung am 15. Oktober 2002 lagen vor Gerets und seiner Mannschaft, und das Publikum auf dem Betzenberg erwartete von dem dritten ausländischen Trainer des 1. FCK nach Lorant und Piechaczek neue taktische und spielerische Impulse, Internationalität und die Fähigkeit, den Spielern Selbstvertrauen zu vermitteln.

„Ich kann nicht versprechen, wann wir da unten raus kommen, ich kann nur versprechen, dass wir es tun", dämpfte Gerets vor seiner Premiere mit dem 1. FCK gegen Arminia Bielefeld allzu große Erwartungen. Zu Recht, denn nach dem 1:1 traten die Lauterer auf der Stelle, und ihr neuer Trainer hatte Sorgenfalten auf der Stirn, die in den Wochen danach nicht verschwinden sollten. Nach Niederlagen beim HSV und in Nürnberg sowie dem 0:0 gegen 1860 München stand der Tabellenletzte 1. FCK vor dem Gastspiel des Vorletzten, Energie Cottbus, mit dem Rücken zur Wand. Der als Hoffnungsträger geholte Sforza hatte sich derweil selbst eine Auszeit gewählt und sich aus der Schusslinie genommen. Nach dem Friedrich-Rücktritt war bekannt geworden, dass sein Vertrag eine Anschlussbeschäftigung als Sportdirektor beim 1. FCK vorsah bzw. ersatzweise eine Abfindung von 1 Mio. €. Jäggi dachte indes gar nicht daran, diesen Posten überhaupt zu besetzen und verkündete, er erledige das gemeinsam mit dem Trainer.

In der Bilanzpressekonferenz in der Woche vor dem Spiel gegen die Lausitzer erklärte Jäggi den 1. FCK zum „Sanierungsfall". Um die drohende Zahlungsunfähigkeit abzuwenden, blieb kein anderer Weg, als die Transferrechte an Miroslav Klose für fünf Millionen Euro an Toto-Lotto Rheinland-Pfalz zu veräußern. Damit musste der Spieler, der sich auf Grund seiner Identifikation mit dem 1. FCK einverstanden zeigte, 2004 für diese Summe zu einem anderen Verein wechseln. Erwin Göbel, der Finanzchef des Vereins, bezifferte das erwartete Geschäftsergebnis für die laufende Saison auf 9,4 Mio. € Verlust. Damit war klar, dass es keinen Spielraum für weitere Spielerverpflichtungen geben würde. Zudem benötigte der Verein die Kreditzusage eines Konsortiums, um das Bauprojekt Osttribüne im Hinblick auf die WM 2006 zu schultern. Da die Banken Sicherheiten verlangten, musste der 1. FCK wieder einmal seinen obersten Fan Kurt Beck anzapfen: Sicherheiten vom Land waren gefragt. Den Umsatzrückgang von 63 Mio. € auf 47 Mio. € binnen zweier Spielzeiten führte Göbel auf die Kirch-Krise, die zu einem Ausfall von 10 Mio. € geführt hatte, zurück sowie darauf, dass der Verein auf Spielern sitzen blieb, die man allzu gerne transferiert hätte, die aber noch einen Vertrag hatten. Jäggi gab schließlich die Parole aus: Sparen, Kosten senken, stabilisieren. Allen war klar: Die Lage war so prekär, dass nicht nur der WM-Standort Kaiserslautern gefährdet war, sondern sogar die Existenz des Vereins.

Vor dem Hintergrund dieser schlechten Nachrichten wirkten die drei gigantischen Arbeitskräne über der Osttribüne des Fritz-Walter-Stadions mit ihrer Notbeleuchtung wie Galgen und symbolisierten den kollektiven Gefühlszustand. „Ich bin froh, dass die rote Laterne erst mal weg ist", war Trainer Gerets nach dem 4:0-Sieg gegen den neuen Tabellenletzten Cottbus erleichtert. Doch am Abend des 23. November 2002 war der 1. FCK just dort wieder angelangt, drei Spieltage vor Ende der Hinrunde stand man nach dem 0:2 gegen Bayern München mit nur sieben Punkten auf dem 18. Platz, acht Punkte entfernt von einem Nichtabstiegsplatz. In sechs Partien hatte der 1. FCK nur einen Zähler ergattert, beim 2:2 in Rostock. Da hatte der Verein nicht viel davon, dass die Spieler in einer Solidaritätsaktion auf 1,5 Mio. € an Prämien und Gehältern verzichtet hatten. Wer nicht gewann, strich auch keine Prämien ein, und so musste der Verein lediglich nichts ausgeben, konnte aber gleichzeitig nichts einsparen. Nicht nur sportlich reihte sich Misserfolg an Misserfolg – 0:1 in Leverkusen, 0:2 gegen Bochum, 0:1 gegen Hannover, 3:5 in Bremen –, auch auf der Vorstandsebene knisterte es weiter. Der Aufsichtsrat berief Vorstand Gerhard Herzog ab, der in einem Interview mit der Kaiserslauterer Lokalausgabe der *Rheinpfalz* behauptet hatte, der 1. FCK habe nie am Abgrund gestanden und lediglich einen Liquiditätsengpass gehabt.

Bei der Jahreshauptversammlung am 5. November 2002 verweigerten die Mitglieder dem seitherigen Vorstand und dem Aufsichtsrat die Entlastung und sprachen sich für einen Neuanfang mit René C. Jäggi als Vorstandsvorsitzendem aus. Dem neuen Aufsichtsrat gehörte auch Hans-Peter Briegel an, den Vorsitz führte Dr. Walter Ruda, ein Fachhochschul-Professor aus Zweibrücken. Jäggi erteilte die Versammlung eine pikante Aufgabe: Der Schweizer sollte die Geschäftsvorgänge beim 1. FCK der letzten fünf Jahre untersuchen lassen. Mit der düsteren Stimmung rund um den Betzenberg verdüsterte sich auch das Befinden des Trainers. Nach der Niederlage gegen Hannover 96 konnte man erstmals Anzeichen von Resignation bei Gerets ausmachen. „Was wir in den letzten Wochen aufgebaut haben, haben wir heute wieder weggeschmissen", klagte er und stellte fest: „Zum ersten Mal, seit ich hier bin, hatte die Mannschaft keine Seele." Ständig wurden Spieler und Trainer mit neuen Konflikten konfrontiert. Briegel forderte gegen Jäggis Meinung die Einstellung eines Sportdirektors und wollte Karl-Heinz Feldkamp hierfür gewinnen. Auch Gerets, über dessen Ablösung im Aufsichtsrat gesprochen worden war, winkte ab und stellte den Verein vor die Alternative: Sportdirektor oder ich. Als die Wirtschaftsberater von PriceWaterhouseCoopers Steuernachzahlungen in Millionenhöhe in Aussicht stellten, zog Jäggi die Reißleine und fror einen Teil der Spielergehälter ein. Längst ging es nicht mehr nur um Ausfälle von Fernsehgeldern und entgangene Einnahmen aus dem UEFA-Cup, sondern um Machenschaften wie verdeckte Zahlungen, mit denen – wie in den Fällen Djorkaeff und West vorgeworfen – das Finanzamt umgangen werden sollte. Jäggi hatte vorsorglich die Finanzbehörden informiert, um sich nicht dem Vorwurf der Konkursverschleppung schuldig zu machen. Für den Fall von Nachzahlungen kündigte er rechtliche Schritte zur Haftbarmachung der ehemaligen Vereinsverantwortlichen an.

**Cheftrainer Erik Gerets.**

Die Mannschaft bäumte sich auf und ging vor der Winterpause dreimal als Sieger vom Platz. Wolfsburg und Berlin wurden zu Hause geschlagen, in Dortmund verlor man mit 1:3. Auftrieb bekamen die Roten Teufel durch ihre Erfolge im Pokal. Nach dem 1:0 in Cottbus gelang im Achtelfinale ausgerechnet gegen den SC Freiburg ein 2:0-Sieg und der Einzug ins Viertelfinale. Ruhe kehrte aber keine ein in der Mannschaft, denn mit Reinhard Stumpf als Co-Trainer kam der Mann zurück auf den Trainingsplatz, der wegen seiner Praktiken des Umgangs mit diversen Spielern zu Saisonbeginn ins Abseits geraten und anschließend als Spielbeobachter Gerets' unterwegs gewesen war. Derweil veröffentlichte der Trainer eine Streichliste der Spieler, mit denen er in der Rückrunde nicht mehr plante: Gabriel, Ratinho, Malz, Bjelica, Klos und Adzic. Gleichzeitig tätigte der finanziell marode Verein einen Transfer: Der kamerunische

Außenverteidiger Bill Tchato kam für 1,4 Mio. € vom SC Montpellier-Hérault, um die Mannschaft beim Kampf gegen den Abstieg zu verstärken.

Doch gegen den VfB Stuttgart verloren die Roten Teufel mit 1:2 und waren nach dem 2:2 in Schalke wieder Tabellenletzter. Schlimmer noch: Zu den bereits bestehenden Verbindlichkeiten kamen 12,9 Mio. € Steuern hinzu, die der 1. FCK nachzahlen musste, wovon 8,3 Mio. sofort fällig waren. (Später reduzierte sich die Forderung auf 8,95 Mio. €.) Dadurch hatten sich die Aussichten für ein Sanierungskonzept verschlechtert. Nicht nur der Verein, auch die WM in Kaiserslautern war in Gefahr – schon scharrten die nicht zum Zug gekommenen Städte Bremen, Düsseldorf und Mönchengladbach mit den Füßen. Zwei Alternativen zeigten die Wirtschaftsberater beim Krisengipfel mit Teilnehmern aus Verein, Stadt, Land und der Gläubigerbanken auf: Gründung einer Objektgesellschaft zwecks Verkauf des Stadions oder die Anmeldung von Insolvenz. In weiteren Beratungen wurde der Gang zum Insolvenzrichter abgewendet und die Gründung einer Betreibergesellschaft für das Stadion beschlossen, die den Verein von ca. 20 Mio. € an weiteren Umbaukosten befreite. In die Bresche sprangen das Land und die Stadt. Fortan sollte der 1. FCK Mieter des Stadions sein und jährlich 3,5 Mio. € Miete bezahlen. Unabhängig von diesen Vorgängen ermittelte die Staatsanwaltschaft Zweibrücken auf Grund von Anzeigen von Privatpersonen wegen des Verdachts der Steuerhinterziehung, der Beihilfe hierzu sowie der Untreue gegen Friedrich und Herzog und durchsuchte ihre Wohn- und Geschäftsräume.

Der Punktgewinn in Schalke hatte die Mannschaft beflügelt. Was folgte, war ein unglaublicher Leistungsanstieg der Roten Teufel, bei denen ein überragender Tim Wiese im Tor stand, der Georg Koch nur noch im Verletzungsfall eine Chance ließ. Sforza übernahm seinen Wunschpart im Mittelfeld, und vorne sorgte Klose für die entscheidenden Tore. Im Pokal kam man beim VfL Bochum nach einem 3:3 nach Verlängerung im Elfmeterschießen weiter und bezwang zu Hause im Halbfinale Werder Bremen mit 3:0 – das Endspiel in Berlin gegen Bayern München war erreicht. Doch auch in der Bundesliga ging es voran. Mit dem 2:0 gegen Borussia Mönchengladbach läuteten die Lauterer eine Serie von neun Spielen ohne Niederlage ein. Wiese blieb bis zum Saisonende zu Hause ohne Gegentor: 2:0 gegen den HSV, 5:0 gegen Nürnberg, jeweils 1:0 gegen Leverkusen, Rostock und Bremen, 0:0 im vorletzten Spiel gegen Dortmund, das den 1. FCK endgültig vor dem Abstieg rettete. Neben Wiese war der quasi wiederauferstandene Sforza als Spielgestalter Garant dieser Erfolgsgeschichte. Beim Spiel gegen Mönchengladbach, als er in der Schlussphase eingewechselt wurde, noch ausgepfiffen, verabschiedeten ihn die Zuschauer nach seiner Gala-Vorstellung gegen den HSV mit Ovationen. „Ich habe Sforza noch nie so stark gesehen, er war der beste Mann auf dem Platz“, freute sich der Trainer. Seine Mannschaft hatte endlich Konturen, spielte Fußball und durfte die Ernte ihrer gemeinsamen Arbeit einfahren. Nach dem Sieg gegen Rostock stand der 1. FCK mit 35 Punkten auf dem 9. Platz, fünf Zähler vor dem ersten Abstiegsrang. Da schockte auch nicht die schlechte Nachricht der Deutschen Fußball-Liga (DFL), die den Verein wegen Unregelmäßigkeiten in den Lizenzunterlagen zu einem Drei-Punkte-Abzug in der kommenden Saison sowie zu einer Geldstrafe verdonnert hatte. Grund für die Bestrafung: Wesentliche Verträge im Zusammenhang mit den Persönlichkeitsrechten einiger Spieler waren vorenthalten worden.

Die erste Niederlage seit Ende Januar erlitt der 1. FCK erst wieder Ende April beim 1:2 bei Hannover 96, das eine letzte kleine Durststrecke einleitete und die Fans noch einmal bangen ließ, denn man hatte nur noch zwei Heim- aber drei Auswärtsspiele zu bestreiten. Gegen Werder Bremen zitterten sich die Roten Teufel dank Torhüter Wiese und eines von Klose verwandelten Handelfmeters zu einem 1:0-Sieg. Nach dem 0:1 bei Bayern München und dem 2:2 in Wolfsburg benötigte der 1. FCK im Heimspiel gegen Borussia Dortmund einen Punkt, um den Klassenverbleib ganz sicher zu haben. Mit einem Sieg hätten die Gäste den VfB Stuttgart im Kampf um einen sicheren Champions-League-Platz entscheidend distanzieren können, doch Wiese sicherte seiner Mannschaft mit großartigen Paraden das 0:0. Die 0:2-Niederlage in Berlin ließ die Lauterer dann vom 12. auf den 14. Platz stürzen, doch das zum Ende der Hinrunde kaum für möglich gehaltene Ziel hatte Erik Gerets mit seiner Mannschaft geschafft: Der 1. FCK musste nicht aus der Bundesliga absteigen.

Für drei Spieler schlug die Abschiedsstunde auf dem Betzenberg: Georg und Harry Koch sowie Mario Basler erhielten keine neuen Verträge. Der 1995 im Abstiegsjahr von der SpVgg. Vestenbergsgreuth gekommene Harry Koch war gleich in seiner ersten Spielzeit zu einer Kultfigur geworden, nun deutete man ihm an, dass er nicht mehr gebraucht werde. Sein letztes Spiel war das Pokalfinale gegen Bayern München, bei dem der Ex-Lauterer Michael Ballack bereits nach zehn Minuten mit seinen beiden Toren zum 2:0 für klare Verhältnisse gesorgt hatte. Ohne den verletzten Sforza spielte der 1. FCK ohne Mumm und Selbstvertrauen, unterlag in einem einseitigen Endspiel mit 1:4 und war trotzdem für den UEFA-Cup qualifiziert, da der Gegner in der Champions League antrat.

Eine paradoxe Spielzeit hatte ihren Abschluss gefunden, mit einem Happy End in der Liga und einer zweifelhaften Qualifikation für einen europäischen Wettbewerb, in dem die Roten Teufel eigentlich nichts zu suchen hatten. Für die Mannschaft stand nun eine Zäsur an. Die Liste der Abgänge war lang und teilweise prominent: Basler ging nach Katar, Harry Koch zu Eintracht Trier, Georg Koch zu Energie Cottbus, Selim Teber wurde an Austria Salzburg ausgeliehen, Petr Gabriel wechselte zu Arminia Bielefeld und Ratinho zu Shenyang Ginde nach China. Für neue Spieler war nur wenig Geld vorhanden, doch nun war es an Jäggi und Gerets, ihre eigene Wahl zu treffen, um ein weiteres Zitterjahr zu vermeiden. Die Grundlagen für eine weitere Spielzeit in der Bundesliga hatten sie beide geschaffen, Gerets im sportlichen Bereich, Jäggi im Zusammenspiel mit Banken, Behörden und der Politik.

## Saison 2003/04: Gerets geht, Jara kommt

Bei seinen Neuverpflichtungen griff Gerets auf seine Erfahrungen in der niederländischen Ehrendivision zurück und erinnerte sich an den finnischen Nationalspieler Mika Nurmela vom SC Heerenveen und an Stijn Vreven vom FC Utrecht. Beide kamen ablösefrei und sollten das Mittelfeld und die Abwehr verstärken. Für die beiden neuen Angreifer an der Seite Kloses musste der 1. FCK tief in die Tasche greifen: Der Pole Kamil Kosowski von Wisla Krakow kostete 1,5 Mio. €, der Türke Halil Altintop von Wattenscheid 09, den der Ex-FCKler Hannes Bongartz dort gefördert hatte, kam für 500.000 € auf den Betzenberg. Neue Nummer 2 im Tor wurde Thomas Ernst, der auch schon beim VfB Stuttgart diese Position inne hatte, bei gelegentlichen Einsätzen aber stets zuverlässig war.

Einen ruhigen Start in die neue Saison stellte man sich allerdings anders vor, denn erneut tat sich eine Baustelle auf, die einen prominenten Vertreter des Vereins, das Aufsichtsratsmitglied Hans-Peter Briegel, betraf. Der 1. FCK forderte über einen Rechtsanwalt Schadensanspruch aus der Zeit seiner Tätigkeit als Sportlicher Leiter in der Ära Rehhagel. Es handelte sich um Zahlungen an die Spieler Sforza, Schjönberg und Hristov bzw. an ihre Berater, die an der Steuer vorbei getätigt worden waren. Der Aufsichtsratsvorsitzende Ruda verlangte gar Briegels Rücktritt von seiner Funktion, was dieser jedoch zurückwies. Später sollte der ehemalige Nationalspieler nicht nur seinen Platz im Aufsichtsrat räumen, er trat sogar aus dem Verein aus. Gegen Friedrich, Wieschemann und Herzog, gegen die die Staatsanwaltschaft Zweibrücken weiter ermittelte, reichte der 1. FCK beim Landgericht Kaiserslautern Klage ein, die sich auf die Bestrafung des Vereins durch die DFL mit dem Abzug von drei Punkten sowie eine Geldbuße in Höhe von 125.000 € bezog. Das Provinztheater Betzenberg war wieder eröffnet, die nächsten Akte der Tragödie konnten folgen.

### Achillessehnen-Operation bei Sforza

Die sportliche Vorbereitung auf die neue Spielzeit war überschattet von einer Hiobsbotschaft: Ciriaco Sforza musste sich einer Achillessehnen-Operation unterziehen und fiel auf unbestimmte Zeit aus. Trotzdem war Trainer Gerets davon überzeugt, mit seiner Mannschaft „in der ersten Tabellenhälfte zu stehen". Durch die Trennung von teuren Spielern hatte der 1. FCK die Spielergehälter um 15 % reduzieren können und glaubte sich mit seinen Neuzugängen auf gutem Weg. Doch Testspiele wie gegen den vorderpfälzischen Verbandsligisten ASV Fußgönheim, das man mit 12:1 gewann, waren kein Gradmesser für den Bundesliga-Auftakt gegen 1860 München. Im 18-köpfigen Aufgebot für das Spiel standen 13 Ausländer aus 13 verschiedenen Ländern, die sich zum Teil untereinander und auch mit ihren deutschen Mitspielern nicht verständigen konnten. Von Anfang an bestand keine Bindung in einem Kollektiv, das von seinem Trainer grenzenlos überschätzt wurde und gleich kalt erwischt wurde. „Die Mannschaft ist zu gut für die unteren Tabellenregionen", wollte Gerets auch nach dem 0:1 gegen die „Löwen" nicht sehen, dass er elf Einzelspieler aufgeboten hatte, die alles andere als eine Einheit bildeten. Zum Unvermögen – Tchato sah die Rote Karte, Klose schoss einen Elfmeter an den Pfosten – kam das Pech: Knavs erlitt einen Mittelhandbruch, und Ramzy verletzte sich am Knie so schwer, dass er anschließend nie mehr zu alter Stärke zurückfinden sollte. In einer Notaktion wurde der ehemalige Nationalspieler Steffen Freund von Tottenham Hotspur verpflichtet – eine fragwürdige Aktion angesichts des Alters des Spielers und der von ihm zuletzt in England gezeigten Leistungen. Der 1. FCK gefiel sich einmal mehr bei der Rekrutierung eines Spielers, dessen Leistungszenit weit überschritten schien.

Wie nervös die Mannschaft agierte, zeigte die zweite Rote Karte im zweiten Spiel, dieses Mal für Torhüter Wiese beim 2:1-Sieg beim 1. FC Köln. Nach vier Spieltagen stand der 1. FCK – Folge des Punkteabzugs – nach dem 0:1 gegen Bremen und dem 0:2 in Stuttgart mit null Punkten auf dem letzten Tabellenplatz. Erik Gerets, der stets einen leichten Hauch einer Dauerdepression verbreitete, musste schon nach vier Spieltagen erkennen, dass es mit den von ihm versprochenen „schönen Zeiten" so schnell nichts werden würde, im Gegenteil: Der 1. FCK hatte mit der von ihm umformierten Mannschaft einen klassischen Fehlstart hingelegt und kämpfte von Saisonbeginn an erneut um den Klassenverbleib. „Wunder passieren nicht jedes Jahr", sah auch der Trainer die auf Dauer zermürbende Wirkung des permanenten Klassenkampfes. Vor allem war aber nach der zweiten Heimniederlage zu erkennen, dass es von Seiten Jäggis erstmals ernsthafte Absetzbewegungen von Gerets gab, dessen Umstellung im System von einer Viererauf eine Dreierkette er nicht nachvollziehen konnte. Im *KICKERsportmagazin* gestand Gerets ein, „keiner (von den Neuen) hat uns bisher weitergebracht." Hoffnungen basierten nun auf dem kamerunischen Nationalspieler Lucien Mettomo, der für 700.000 € zur Stabilisierung der Abwehr von der Ersatzbank von Manchester City gekommen war – finanziert aus privaten Mitteln, laut Jäggi „ein embryonaler Vorgriff auf die (kommende) Kapitalgesellschaft".

In der erschreckend schwachen Liga hangelte sich der 1. FCK dank eines 3:1 in Frankfurt und mit drei Heimsiegen gegen Hannover (1:0), den HSV (4:0) und Berlin (4:2) ins untere Mittelfeld, lief jedoch stets Gefahr, bei zwei Misserfolgen nacheinander wieder im Tabellenkeller zu landen. Schmerzlich und für die finanziellen Erwartungen des Vereins desaströs war das Ausscheiden aus beiden Pokalwettbewerben. Der Regionalligist Eintracht Braunschweig deklassierte die Roten Teufel mit 4:1, zwei Tore dazu steuerte der Ex-Lauterer Jürgen Rische bei. Schlimmer noch war der K.o. in der 1. Runde des UEFA-Cups gegen FK Teplice. Nach dem 1:2 auf dem Betzenberg sah man einen ratlosen Gerets, der nur Fragen („Wie ist das um Gottes Willen möglich?"), aber keine Antworten darauf hatte. Nach der völlig missratenen 1. Halbzeit befragt, offenbarte der Trainer seine Hilflosigkeit und bekannte: „So schnell finde ich eine Erklärung nicht, das war nicht die erste Enttäuschung und nicht die letzte". Das machte wenig Hoffnung auf eine Wende im Rückspiel, das die Tschechen mit 1:0 für sich entschieden. Nun galt in der Pfalz alle Konzentration dem erneuten Nicht-Abstieg. Aber insbesondere eine ganze Serie deftiger Auswärtspleiten nährte immer wieder Zweifel an der Bundesligatauglichkeit dieser Mannschaft, die ihre Fans durch ein stetiges Auf und Ab in gruselige Wechselbäder der Gefühle schickte. 0:4 in Bochum und in Rostock, jeweils 1:4 bei Bayern München und in Wolfsburg, dazu drei Punkte Abzug – man ahnte Schlimmes nach dem 0:2 gegen Schalke 04 am vorletzten Spieltag der Hinrunde. Doch der 1. FCK behauptete mit 14 Punkten den 15. Platz knapp vor Berlin, Frankfurt und Köln.

Trotzdem ging es spätestens seit Braunschweig und Teplice um die Zukunft des Trainers, der bei den Fans nach wie vor eine hohe Akzeptanz besaß, der aber in Interviews und bei Statements zusehends den Eindruck eines kontinuierlich resignierenden Mannes vermittelte, der die besten Vorsätze hatte, damit aber bei seinen mental überforderten Spielern nicht durchdrang. Zudem hatte Gerets den Zuschauern und seinem Vorstandsvorsitzenden Jäggi eine Wende zum Besseren versprochen, die aber nicht eingetreten war. Die Personalpolitik von Jäggi und Gerets war fehlgeschlagen, die Neuzugänge Vreven, Nurmela und Kosowski waren höchstens Mitläufer, Mettomo eine große Enttäuschung, Tchato ständig rotgefährdet, Freund ein Störfaktor, der für Unruhe bei den alteingesessenen Konkurrenten in der Mannschaft sorgte. Welche Zukunft hatte dieser 1. FCK? war eine Frage, die ganze Leserbriefspalten in der *Rheinpfalz* Samstag für Samstag füllte. Eine Antwort darauf hatte vorerst niemand parat. In derselben Zeitung wurden die notwendigen Schritte für die kommenden Monate und Jahre vorgezeichnet: „Nur das kann die realistische Zielsetzung für die nächsten Jahre sein: Bundesliga bieten als ein feines Stück Freizeitqualität in der Pfalz, verbunden mit sportlicher Leistungskraft, die nicht überschätzt werden darf... Der 1. FCK muss wieder zurück zu den Wurzeln. Zum Beispiel zu einem Scouting-System, das in Europa, bei den Schweden Hellström und Sandberg und den Tschechen Kadlec und Kuka beginnt, sich über die 2. Liga, die Regionalligen und Oberligen fortsetzt...Zu einem Cheftrainer, der Talenten nicht nur in einer personellen Notlage eine Chance geben wird. Zu Nachwuchstrainern, deren Blick auch über den Zaun des eigenen Talentschuppens Fröhnerhof hinausgeht. Zu Profis, die sich mit dem Klub identifizieren und diesen nicht nur als Durchgangsstation in ihrem Berufsleben betrachten."

Gefragt war auch ein Zurück zu Vereinsverantwortlichen, die die Altlasten der jüngeren Vergangenheit Stück für Stück beiseite räumen und wieder für normale Verhältnisse sorgen sollten – ohne ständige Querelen, Streitigkeiten und unangenehme Nachrichten, die nicht nur die Fans in Atem hielten, sondern auch Trainer und Spieler in ihrer Motivation negativ beeinflussten. Dazu passten die Meldungen aus den Anfangstagen des Weihnachtsmonats Dezember nun aber gar nicht. Am Morgen des 3.12.2003 wurde Jürgen „Atze" Friedrich wegen Fluchtgefahr verhaftet, dem Haftrichter vorgeführt und nach 90 Minuten Anhörung wieder auf freien Fuß gesetzt, nachdem er seinen Reisepass abgegeben hatte und eine Kaution hinterlegt worden war. Hintergrund der Aktion waren Ankündigungen Friedrichs, ins Ausland zu gehen, nachdem er in Kaiserslautern einem wahren Spießrutenlauf ausgesetzt war. Die Demütigungen des ehemaligen Vorstandsvorsitzenden, zweimaligen Präsidenten und früheren Spielers des 1. FCK fanden kein Ende: Am 8.12.2003, drei Tage vor der Jahreshaupt-

**Der 1. FCK wünscht ein frohes Fest.**

versammlung, wurde er gemeinsam mit Wieschemann und Herzog aus dem Verein ausgeschlossen, weil sie nach Meinung der neuen Verantwortlichen den Verein an den Rand der Insolvenz gebracht hatten. Während Herzog in den Dienst als Beamter zum Land Rheinland-Pfalz zurückkehren konnte und Wieschemann weniger öffentliche Beachtung geschenkt wurde, geriet Friedrich in eine Situation, wo man ihn öffentlich an den Pranger stellte und in Kaiserslautern quasi zur persona non grata deklassierte. Selbst ein Besuch im Kino geriet für den bis dahin angesehenen Geschäftsmann, der mit seiner Ehefrau zwei Konfektionsläden betrieb, zur ungemütlichen Angelegenheit. Alle Verdienste, die Friedrich über Jahrzehnte bei seinen Tätigkeiten für den 1. FCK erworben hatte, waren von heute auf morgen vergessen.

Zwei Tage vor der Versammlung meldete sich Aufsichtsrat Hans-Peter Briegel zu Wort, der seinen sofortigen Rücktritt aus dem Gremium bekannt gab – aus Enttäuschung über Kollegen aus dem Aufsichtsrat, die nicht zu ihrer Meinung standen, und über Indiskretionen, denn bestimmte Informationen wie Überlegungen zur Ablösung Gerets' durch Karl-Heinz Feldkamp im November 2002 waren zu Jäggi durchgedrungen und hatten das Klima zwischen dem Schweizer und der „Walz aus der Pfalz" nachhaltig vergiftet. Überdies unterstellte Briegel, der inzwischen die Nationalmannschaft Albaniens trainierte, Jäggi, keine Ahnung vom Fußball zu haben. „Gezielt hat man Sitzungen so terminiert, dass ich auf Grund meiner Tätigkeit gar nicht daran habe teilnehmen können", fühlte sich Briegel regelrecht gemobbt. Da Briegel nicht anwesend war, hatte Jäggi am Abend des 11.12.2003 leichtes Spiel. Er zählte die Sünden und Versäumnisse der vorherigen Aufsichtsräte und Vorstandsmitglieder auf und präsentierte als deren Hinterlassenschaft einen Minusbetrag von 17,5 Mio. €. für das abgelaufene Geschäftsjahr.

In der Winterpause verpflichtete der 1. FCK zur weiteren Verstärkung seiner schwachen Abwehr Timo Wenzel vom VfB Stuttgart und stattete ihn mit einem Vertrag bis 2006 aus. Wie bei Tchato, Freund und Mettomo verschätzten sich die Verantwortlichen beim 1. FCK, indem sie das vermeintliche Potenzial des Spielers erheblich überbewerteten. „Sportliche Aspekte" führte man derweil als Begründung für die überraschende Ausmusterung der Spieler Hengen, Freund und Anfang an. Der Verein lieferte keine nähere Begründung und postulierte seine Maßnahme als Warnschuss an alle anderen Spieler, endlich ihr Leistungspotenzial abzurufen und die vorgegebenen Saisonziele zu realisieren. Eine unverständliche Entscheidung war gleichzeitig die Installierung des ehemaligen FCK-Profis Olaf Marschall als Vorstandsassistent. Wie befürchtet, konnte Marschall zeit seiner Tätigkeit in der Administration keine Impulse setzen und wirkte neben Jäggi wie pure Staffage.

Der Abschied von Freund war zuallererst auch ein Zeichen dafür, dass Erik Gerets nur noch eine Chance beim 1. FCK haben würde: Wenn es ihm gelänge, die Mannschaft von einem Abstiegsplatz fernzuhalten – eine Mission, die schon am ersten Spieltag der Rückrunde fehlschlug. Nach dem 1:2 bei 1860 München rutschten die Roten Teufel durch den gleichzeitigen Sieg des 1. FC Köln gegen Mönchengladbach auf den 16. Platz ab. Gerets musste gehen, und mit ihm ging zum zweiten Mal Co-Trainer Reinhard Stumpf, der abermals von Teilen der Mannschaft für sein Verhalten den Spielern gegenüber kritisiert worden war. Vor allem aber stand der 1. FCK wieder auf einem Abstiegsplatz, keiner der von Gerets neu geholten Spieler war eine Verstärkung, und von der Verwirklichung seiner Ziele war der Verein meilenweit entfernt. Für den Belgier kam der Österreicher Kurt Jara, der beim HSV nach dem 0:4 auf dem Betzenberg im Oktober 2003 entlassen worden war, auf den Betzenberg und musste einen kühlen Empfang durch die Fans über sich ergehen lassen. So sehr Gerets mit seinen Entscheidungen daneben gelegen hatte, genoss er doch immer den Respekt der Anhänger, denen Jäggi, dem die Bindung früherer Führungsfiguren wie Norbert Thines zum Publikum abging, nicht vermitteln konnte, wieso er Gerets ausgerechnet zu diesem Zeitpunkt entlassen hatte.

Der Leidtragende war Jara, dessen Amtsantritt im ersten Heimspiel der Rückrunde gegen den 1. FC Köln die Fans relativ gleichgültig begleiteten. Sie schienen ihn von Anfang an – nicht zu Unrecht – für einen langweiligen und eher weinerlichen Trainer zu halten, nicht gerade passend für den Job in Kaiserslautern. „Man muss Erfolg haben, dann wird man auch von den Fans geliebt", kommentierte Jara die Reaktionen auf sein Kommen und die Begrüßung („Hier kommt Kurt!") via Lautsprecher. Doch der redselige Jara, der von Anfang an auch mal einen Witz machen und über etwas lachen konnte, war für viele ungeachtet dessen, was vielleicht kommen würde, ein Lichtblick im Vergleich zu dem stets niedergeschlagen bis depressiv wirkenden Gerets. Auch wenn der Österreicher kein Visionär war, vermittelte er in seinen ersten Wochen Optimismus und eine gewisse Aufbruchstimmung. Seine ersten sechs Spiele mit dem 1. FCK endeten allesamt 1:0, vier Mal für die Roten Teufel, gegen Köln, Stuttgart und

Frankfurt sowie in Hannover, zwei Mal – in Bremen und in Freiburg – siegte der Gegner. Mit 27 Punkten war der 1. FCK auf den 12. Platz vorgerückt, hatte aber weiterhin lediglich drei Zähler Vorsprung auf einen Abstiegsplatz. Nicht dabei war in all diesen Partien Ciriaco Sforza, der bis zum Saisonende weiterhin verletzungsbedingt nicht zur Verfügung stand. Nicht geändert hatte sich die Neigung zu Disziplinlosigkeiten im Kader der Lauterer: Erneut gab es Gelb-Rot gegen Dominguez sowie eine Rote Karte gegen Knavs im Spiel bei Hannover 96, der gegen Bochum (2:2) und in Hamburg (2:3) fehlte. Nach dem 0:2 gegen Bayern München und dem 0:6-Desaster in Leverkusen befand sich Jara auf den Spuren von Gerets. Nur durch die bessere Tordifferenz gegenüber Hertha BSC Berlin stand der 1. FCK sechs Spieltage vor Saisonende mit 28 Punkten auf dem 15. Platz – der Abstieg war wieder in Reichweite.

**Der neue Cheftrainer Kurt Jara.**

Zu Sforzas Ausfall kam hinzu, dass Jara seit dem Spiel gegen Köln auf den Brasilianer Lincoln, einen weiteren Kreativspieler, verzichten musste, der an einer Adduktorenverletzung litt. Schlimmer noch: Lincoln bekundete sein Unwohlsein in Kaiserslautern und klagte über Heimweh und Einsamkeit, so dass man vor dem Spiel gegen Bochum überein gekommen war, seinen Vertrag bis zum Ende der Spielzeit ruhen zu lassen und ihm einen Heimaturlaub zu ermöglichen. Leverkusen war jedenfalls für die Fans des 1. FCK so ernüchternd, dass sie nicht einmal den Bus mit den Spielern und dem Trainer blockierten, als dieser das Gelände der Bay-Arena verließ. „Außer Wiese könnt ihr alle gehen“, hatten sie von den Rängen gesungen, wohlwissend, dass dies ohnehin geschehen würde, zumindest, was die besseren Spieler betraf. „Klose geht nach Bremen, Kapitän Knavs verhandelt mit Bochum, Lokvenc mit halb Europa, und was dann außer dem treuen Wiese als Rest noch bleibt, dürfte im Falle des Abstiegs kaum in der Lage sein, wie sieben Jahre zuvor den Wiederaufstieg sofort durchzuziehen“, orakelte die *Rhein-Neckar-Zeitung*.

In der Woche nach Leverkusen flatterten die „Blauen Briefe“ in die Geschäftsstellen einiger Bundesligaclubs, und der 1. FCK war einer dieser Empfänger. Für den Fall des Abstiegs drohte nach den Worten Jäggis die Lizenzverweigerung und der Abstieg in die Regionalliga. Ohnehin bereits geschwächt durch den laufenden Drei-Punkte-Abzug durfte der 1. FCK im Hinblick auf die kommende Saison wegen eines prognostizierten Verlustes von 8,2 Mio. € den elf Spielern, deren Verträge ausliefen nur Angebote unterbreiten, die um ein Drittel unter dem laufenden Salär lagen. Auf jeden Fall waren die Gehälter in der bisherigen Dimension trotz bestehender (Alt-)Verträge so nicht weiter finanzierbar.

In der Woche vor dem Spiel gegen Hansa Rostock demonstrierten – mitten in den Osterferien – Hunderte von Zuschauern durch ihre Anwesenheit beim Training, dass sie die Spieler wieder aufrichten und moralisch stärken wollten. Alle sollten wissen, dass die ganze Pfalz hinter ihnen steht. Trotzdem bekam der Schatzmeister des Vereins die Quittung präsentiert: Nur 34.884 Zuschauer wollten die im Mittelfeld der Tabelle stehenden Norddeutschen sehen. Der 1. FCK zeigte Nerven im Abstiegskampf und gab eine 2:0-Führung in der 2. Halbzeit aus der Hand, ehe Lokvenc in der 74. Minute das erlösende 3:2 glückte. Durch ihre Heimniederlage gegen den HSV und das 0:1 im Lokalderby bei Bayern München galten auch die Münchner „Löwen" als akut abstiegsgefährdet. Hinzu gesellt hatte sich der 1. FCK, der beim 0:3 in Berlin „mal wieder in sich zusammenfiel", wie das *KICKERsportmagazin* schrieb. Doch die Ausgangsposition der Lauterer, die immer noch einen Punkt vor den Abstiegsrängen standen, war komfortabel, denn es blieben drei Heimspiele und die Reise zu Schalke 04.

Wie schon gegen Rostock führten die Roten Teufel auch gegen Borussia Mönchengladbach bereits mit 2:0 und mussten den Anschluss sowie in der Nachspielzeit sogar noch den Ausgleich hinnehmen. In dieser heiklen Situation kam ausgerechnet der VfL Wolfsburg, für den es nach oben um nichts mehr ging und der nach unten bereits gesichert war, mit Trainer Erik Gerets auf den Betzenberg. Lokvenc' 1:0 nach der Pause drehten Klimowicz und Petrov binnen zwei Minuten und versetzten den Betzenberg in Schockzustand. Dass es am Ende 3:2 für den 1. FCK stand, war den Torschützen Lokvenc und Bjelica zu verdanken, die unermüdlich auf die schnelle Wende hingearbeitet hatten. Nach dem 1:4 bei Schalke 04 musste gegen Borussia Dortmund im letzten Saisonspiel mindestens ein Unentschieden her, um Eintracht Frankfurt und 1860 München ungeachtet ihrer Resultate in Hamburg und Mönchengladbach in die 2. Bundesliga zu schicken. Lokvenc' 1:0 nach sechs Minuten war wie eine Erlösung für die 47.315 Zuschauer im ausverkauften Fritz-Walter-Stadion, die lediglich nach dem späten Ausgleich durch Jan Koller in der 71. Minute noch einmal bangten. Doch nur eine Niederlage der Lauterer hätte 1860 vor dem Abstieg retten können, allerdings nur bei einem Sieg der „Löwen", die stattdessen mit 1:3 unterlagen.

Der 15. Platz des 1. FCK war nach der stetigen Abwärtsbewegung der vergangenen Spielzeiten und dem 14. Rang in der vorhergehenden Saison der vorübergehende Tiefpunkt: Es war die schlechteste Platzierung seit dem Abstiegsjahr 1996. Trainer Jara musste denn auch bis zur Ausstrahlung des *Aktuellen Sportstudios* bangen, überhaupt Trainer des 1. FCK bleiben zu dürfen. Erst dann bekannte sich Jäggi zu ihm und nahm gleichzeitig Abstand von seinem eigenen, für den Fall der Rettung angekündigten Weggang. Es war keine überschäumende Freude, die zwischen den beiden Männern aus den Alpenländern aufkam, so wie es vor Jahresfrist zwischen Jäggi und Gerets geschehen war. Jara stand mehr auf Distanz, auch gegenüber den Fans, zu denen er erstmals seit seinem Kommen hingegangen war, vor die Westtribüne, um sich bei ihnen zu bedanken und mit ihnen den Klassenverbleib zu feiern. Die Fans feierten aber auch Abschied von drei Spielern, deren Verlust eine deutliche Schwächung der Mannschaft mit sich bringen sollte: Klose ging zu Werder Bremen, Lokvenc und Knavs wechselten zum UEFA-Cup-Teilnehmer VfL Bochum.

Vier Tage nach Saisonende erhob die Staatsanwaltschaft Zweibrücken Anklage gegen Wieschemann, Friedrich und Herzog wegen des Verdachts der Untreue und der Steuerhinterziehung in jeweils mehreren Fällen. 5,1 Mio. € sollten sie an Steuern hinterzogen haben, im Zusammenhang mit der Verpflichtung von acht Spielern, darunter Djorkaeff, West, Lincoln und Bjelica wurden verdeckte Gehaltszahlungen angenommen. Erstmals tauchten ernsthafte Zweifel auf, ob Jäggis Handeln – die frühe Offenlegung der Verhältnisse gegenüber dem Finanzamt und der DFL und die damit verbundene Steuernachzahlung sowie der Punkteabzug und der Verkauf des vereinseigenen Stadions an eine städtische Betreibergesellschaft – nicht voreilig gewesen war. Der Schweizer verteidigte sein Vorgehen, weil er für seine Tätigkeit als Sanierer Planungssicherheit benötigt habe. Die war aber nicht nur für den wirtschaftlichen Bereich vonnöten. Auch in der sportlichen Planung musste der 1. FCK nach dieser Zittersaison dringend die richtigen Entscheidungen treffen, um für die kommende Spielzeit dem Zustand permanenter Abstiegsangst zu entgehen.

## Saison 2004/05: Als Mainz 05 an den Roten Teufeln vorbeizog

Es war keine normale Saison, die sich nach dem Ende des Sommerurlaubs auf dem Betzenberg ankündigte. Erstmals seit Bestehen der Bundesliga hatte der 1. FCK Konkurrenz aus dem eigenen Bundesland Rheinland-Pfalz bekommen: Im dritten Anlauf hatten es die zwei Mal auf dramatische Art und Weise am jeweils letzten Spieltag gescheiterten 05er aus Mainz gepackt und waren nach 1963 erstmals wieder erstklassig. Zuvor hatte sich der 1. FCK im Radius von 100 Kilometern zeitweilig mit dem KSC, dem SV Waldhof, dem FC Homburg, Borussia Neunkirchen und dem 1. FC Saarbrücken auseinanderzusetzen. Doch der Aufstieg der Mannschaft von Trainer Jürgen Klopp hatte eine ganz andere Bedeutung, musste man doch künftig die Aufmerksamkeit der Politik und der gesamten am Fußball interessierten Öffentlichkeit im selben Bundesland ausgerechnet mit einer Mannschaft aus der Landeshauptstadt teilen, die nun ihrerseits – wie zuvor Jahrzehnte lang der 1. FCK – Ansprüche an die Landesregierung stellen würde.

Bei den Roten Teufeln sah man in eine ungewisse Zukunft, war doch die Stunde der Trennung von Miroslav Klose, dem seitherigen Hoffnungsträger, heimisch in der Westpfalz, nur einen Steinwurf vom Betzenberg, gekommen. Werder Bremen verpflichtete ihn und sollte in den kommenden Jahren seine Freude an ihm haben. Doch es blieb nicht bei diesem einen schmerzlichen Abschied. Jäggis Budget ließ die Beschäftigung hochbezahlter Profis wie Knavs und Lokvenc nicht mehr zu; beide wechselten in der Hoffnung auf bessere Zeiten ablösefrei zum VfL Bochum und sollten bitter enttäuscht werden. Lincoln, der sich in Kaiserslautern nicht wohlfühlte und zur Behandlung einige Zeit in Brasilien geweilt hatte, ließ man ebenfalls ohne Ablöse nach Schalke ziehen, und Marian Hristov wurde für 1 Mio. € an den VfL Wolfsburg abgegeben. Auch der Kroate Bjelica (zu Admira Wacker Mödling) und der Portugiese Dominguez (zu Al-Ahly Doha) verschwanden von Lauterns Gehaltsliste, ebenso wie Hengen, Reuter und Boskovic. Mit dem Abgang Hristovs war – den verletzten Sforza ausgenommen – fast unbemerkt und schleichend eine Ära zu Ende gegangen.

Der vorletzte aus der Meistermannschaft hatte dem 1. FCK den Rücken gekehrt. Der bereits begonnene Rückfall ins Mittelmaß setzte sich fort, mit der Tendenz in Richtung untere Tabellenregion, sprich dem permanenten Kampf gegen den Abstieg. Sforza fiel noch bis November 2004 aus, und was Jäggi, Marschall und Jara im Sommerschlussverkauf von den Ersatzbänken im In- und Ausland zusammengeramscht hatten, gab wenig Hoffnung auf bessere Zeiten, auch wenn die Verantwortlichen des Vereins darüber ganz anders dachten. Alle Spieler kamen ablösefrei auf den Betzenberg: Der hoffnungsvolle Mittelfeldmann Marco Engelhardt vom Karlsruher SC, der Stürmer Ioannis Amanatidis von Eintracht Frankfurt und das Nachwuchstalent Jurgen Gjasula vom SC Freiburg. Für den Angriff versprach man sich Wunderdinge von Carsten Jancker, der von Udinese Calcio zurück in die Bundesliga kam, eine Verpflichtung, die nicht bei allen Fans des 1. FCK auf Gegenliebe stieß. Ingo Hertzsch, Christian Nerlinger und Jochen Seitz waren erfahrene Bundesligaspieler, denen jedoch an keiner vorherigen Wirkungsstätte so richtig der Durchbruch gelungen war. Auf Mihael Mikic und Ferydoon Zandi basierten Hoffnungen, dass sie sich schnell in ihrem neuen Umfeld zurechtfinden würden.

Bei der Jahrespressekonferenz wenige Tage vor Beginn der Saison erklärten Trainer Jara und sein Kapitän Timo Wenzel unisono das Erreichen von 40 Punkten zum Ziel. Alles Weitere ließen sie offen, warnten vor zu großer Euphorie und versprachen, erfolgreicheren Fußball als zuletzt zu bieten. „Ich bin jetzt sechs Monate da und habe meine Ziele erreicht“, zeigte sich Jara selbstzufrieden, während Jäggi auf die kostenneutralen Transfers hinwies: „Bei Erfolg wären wir hochgradig effizient, bei Misserfolg …“ Umrahmt von der Ausstellung „Am Ball der Zeit“ im Historischen Museum der Pfalz zu Speyer machte sich eine ungewohnt harmonische Stimmung breit, die bei einem der Teilnehmer die Frage aufwarf, ob sich der Verein denn aufgelöst habe, weil es so ruhig sei. Doch mit der Ruhe sollte es ganz schnell vorbei sein.

Zwar feierte der umstrittene Jancker beim 15:0-Pokalsieg beim Nordost-Oberligisten FC Schönberg 95 einen gelungenen Einstand und schoss sechs Tore, doch der Start in die Bundesliga war ernüchternd. Gegen den 1. FC Nürnberg gab es eine 1:3-Niederlage und all das Harmonie-Gerede aus den Wochen zuvor war mit einem Mal Maku-

**Der umstrittene Carsten Jancker stürmte jetzt für den 1. FCK.**

latur. Nichts hatte gestimmt in der neu formierten Mannschaft, die auf dem Rasen des Fritz-Walter-Stadions wie ein Fremdkörper wirkte. Noch nie da gewesen, nicht vertraut mit der Atmosphäre und noch dazu in bordeaux-roten Trikots und Hosen. Die Roten Teufel schienen mutiert zu einer herzlosen, uncouragierten Gruppe von Einzelspielern, die den Eindruck vermittelten, als seien sie als Auslaufmodelle an ihrer letzten aktiven Wirkungsstätte angekommen – keiner der eingesetzten fünf Neuen erreichte Normalform. Bereits nach dem ersten Spieltag zeigte sich, dass der 1. FCK erneut gegen den Abstieg spielen würde. „Angst vor der Kulisse", mutmaßte Jara, sei der Grund für den Hasenfuß-Fußball seiner Mannschaft gewesen, eine Erklärung, die den viel beschworenen Mythos Betzenberg ad absurdum führte. Am dritten Spieltag fand sich der 1. FCK nach dem 1:2 in Schalke und dem 2:3 gegen den VfB Stuttgart auf dem letzten Tabellenplatz wieder. Eine völlig verunsicherte Abwehr hatte die zwischenzeitliche 2:1-Führung aus der Hand gegeben. Jara zeigte sich trotzdem sicher, „mit dieser Mannschaft den Klassenverbleib zu schaffen", sah sich aber konfrontiert mit einem ungläubigen Auditorium und fügte beleidigt an: „Schreibt's nur ruhig, der Jara, der muss weg!" Es sollte nicht die erste beleidigte Reaktion des dünnhäutigen Österreichers gewesen sein, der sich fortan immer mimosenhafter gebärdete.

Die Hoffnungen des Trainers und der Fans ruhten auf dem Debüt von Engelhardt, der wegen eines Vergehens aus der vorigen Saison noch gesperrt war und auf dem Comeback von Amanatidis, der noch verletzt war. Außerdem baute man auf den Wiedereinsatz von Sforza, der zuletzt im Mai 2003 ein Bundesligaspiel bestritten hatte und seine Rückkehr vorbereitete. Durch den überraschenden 3:2-Erfolg in Rostock und das 2:1 gegen den HSV verschafften sich die Roten Teufel aber erst einmal Luft und zogen ihren Trainer aus der Schusslinie seiner Kritiker. Doch wer auf dauerhafte Besserung und eine Wende gehofft hatte, sah sich jäh getäuscht durch die Ergebnisse der folgenden sechs Spiele ohne Sieg.

Nach dem 1:2 in Wolfsburg kam gegen Schalke 04 in der zweiten Runde des DFB-Pokals unglücklich das Aus durch ein 3:4 im Elfmeterschießen, nachdem es nach 120 Minuten 4:4 gestanden hatte. Der während des gesamten Spiels von den FCK-Fans geschmähte und ausgepfiffene Lincoln rächte sich mit seinem Treffer zum 2:2 und mit dem entscheidenden Elfmeter zum 3:4. Entnervt von dem Negativerlebnis und den Pfiffen des Publikums drohte Jara nach dem Spiel erstmals mit seinem Rücktritt und bekräftigte seine Kritik an den Unmutsäußerungen auch noch einen Tag später. Zurückgepfiffen von Jäggi gestand Jara ein, eine falsche Formulierung gewählt zu haben und erklärte, ein Rücktritt wäre „unverantwortlich gegenüber Verein, Mannschaft und Fans." Wenige Tage später nach dem 0:2 gegen Hertha BSC schallten die „Jara raus"-Rufe durch das Stadion, und der angeschlagene Trainer zeigte Verständnis dafür, „dass der Kopf des Trainers gefordert wird", und gestand ein, es sei das schlechteste Spiel gewesen, „seit ich in Kaiserslautern bin." Die Zuschauer auf dem Betzenberg waren wegen der schlechten Vorstellung ihrer Mannschaft übergelaufen und sangen höhnisch „oh, wie ist das schön, so was hat man lange nicht geseh'n, so schön, so schön."

Über dem Betzenberg braute sich ein unheilvolles Tief zusammen. Zum Unvermögen gesellte sich im Auswärtsspiel in Mönchengladbach dann die Inkompetenz des Schiedsrichters, der ein klares Handspiel von Oliver Neuville beim 1:0 für die Gastgeber nicht gesehen hatte. Der gleiche Spieler traf später regelgerecht zum 2:0-Endstand. Nach dem 0:0 gegen Leverkusen und dem 1:3 in Hannover war der 1. FCK mit sieben Punkten aus zehn Spielen Tabellenletzter – Zeit für ein Ultimatum Jäggis an den Trainer, der immer mehr die Nerven verlor und den für ein Comeback bereiten Sforza unverständlicherweise zur Amateurmannschaft abordnete. Jara fürchtete um seinen Job und war verärgert über Sforza, der hinter vorgehaltener Hand wegen des mit ihm von der alten Vereinsführung ausgehandelten Anschlussvertrages als Sportmanager auch schon mal als Nachfolger Jaras ins Gespräch gebracht worden war. Nicht nur, aber auch darunter litt die Autorität des Trainers, der nicht nur beim Thema Sforza gereizt reagierte und wusste, dass er würde gehen müssen, wenn gegen Arminia Bielefeld nicht gewonnen würde. Die Ostwestfalen sahen auf Grund des 0:1 durch Buckley nach 79 Minuten wie der Sieger aus, doch ausgerechnet Selim Teber, von Bielefelds Trainer Uwe Rapolder zu seiner Zeit beim SV Waldhof entdeckt und gefördert, rettete Jara mit seinen Toren in der 80. und in der 90. Minute seinen Stuhl. Beim 1. FCK freute man sich nur verhalten über den schmeichelhaften Sieg, denn zu blutleer waren die Darbietungen des seelenlosen Kollektivs, das sich Rote Teufel nannte. „Seit Wochen versichern sich Trainer und Spieler gegenseitig

**Am 5.12.2004 gab es seit ewigen Zeiten wieder das Derby 1. FCK - FSV Mainz 05.**

ihrer Wertschätzung, und nach Niederlagen verfallen sie stets in einen kollektiven Jammerton", beschrieb die *taz* die Lage beim 1. FCK.

Bis zur Winterpause verlor die Mannschaft nur noch ein Mal mit 1:3 bei Bayern München und stand nach zweimal 1:1 in Bochum und in Bremen sowie den Heimsiegen gegen Dortmund (1:0), Freiburg (3:0) und gegen Mainz 05 (2:0) mit 21 Punkten und sieben Zählern Vorsprung auf einen Abstiegsplatz auf dem 13. Rang. Einer der Gründe für den Aufschwung war die Rückkehr Sforzas beim Spiel in München, die noch verbesserungswürdig ausfiel, doch danach verdiente sich der Schweizer Bestnoten und avancierte zum Chef auf dem Platz, dem „Trainer mit der Nummer zehn", wie ihn das eingestellte Fußball-Magazin *Hattrick* einst adelte. Es war „das Ende der Leiden", wie *Die Rheinpfalz* schrieb, denn endlich durften die geplagten Fans aufatmen, weil da einer auf dem Platz stand, der das Spiel lesen, es je nach Erfordernis schnell oder langsamer machen konnte, der Ideen hatte und der gut mit Engelhardt harmonierte. „Leitwolf" nannte ihn *Die Rheinpfalz*, „Capo" die *Süddeutsche Zeitung*. Nach dem Sieg gegen Freiburg sah sogar Jara das Positive an seinem vermeintlichen Nebenbuhler, musste sich aber viel größere Sorgen machen, weil nun bis zum Saisonende Torhüter Tim Wiese ausfiel. Der hatte einen Zusammenprall mit Ellery Cairo vermeiden wollen und sich von ihm weggedreht, war dabei aber gefallen und hatte sich das Knie verdreht – Kreuzbandriss. Fortan hütete Thomas Ernst das Tor der Roten Teufel, die auch das Prestigespiel gegen Mainz klarer für sich entschieden, als es das Ergebnis aussagte. Gefeiert wurde aber nicht der Trainer, sondern der Spieler, der seine Kollegen vor der Begegnung scharf kritisiert hatte („Der FCK ist eine Ich-AG“) und dem es damit gelungen war, seine Mitspieler zu einer imponierenden Gesamtleistung zu motivieren. Zu weit in ihrer Einschätzung ging freilich die Zeitung *Pfälzischer Merkur*, die von der „Geburt einer Mannschaft“ schwärmte. Dass dieser 1. FCK eben keine Mannschaft war, zeigte sich deutlich gerade an der Ausnahmestellung Sforzas, der quasi im Alleingang das Regiment an sich gezogen und für einen Befreiungsschlag gesorgt hatte. Im Verhältnis Jara/Sforza konnte jedoch lediglich von einem Waffenstillstand die Rede sein, denn nach wie vor war dem Trainer ein Dorn im Auge, dass sein einziger Führungsspieler immer wieder das Wort ergriff und die Öffentlichkeit suchte und mahnte, dass der 1. FCK andere Ziele haben müsse als nur den Klassenverbleib zu sichern.

Die kleine Erfolgsserie der Mannschaft war für einen Spieler, der neben Sforza zeigen konnte, was er spielerisch drauf hat, das Sprungbrett zur Nationalmannschaft: Marco Engelhardt, der von Bundestrainer Jürgen Klinsmann eine Einladung zur Asien-Tour der DFB-Auswahl erhalten hatte. Auch auf der administrativen und wirtschaftlichen Ebene konnten die Verantwortlichen erst einmal durchatmen, verlief doch die Jahreshauptversammlung unter dem Eindruck wiedergewonnenen Selbstvertrauens bedeutend ruhiger und unspektakulärer als dies bei anhaltenden sportlichen Turbulenzen der Fall gewesen wäre. Nur 32 von 604 anwesenden Vereinsmitgliedern stimmten gegen den Antrag Jäggis auf eine Satzungsänderung, die den Weg für eine Ausgliederung der Lizenzspielerabteilung in eine Aktiengesellschaft freimachte. Jäggi wollte angesichts der Bilanz, die ein Eigenkapital von lediglich 600.000 € auswies, dem Verein frisches Kapital in einer Größenordnung von fünf bis zehn Millionen € zuführen. Allein, was fehlte, war der dazugehörige Investor, denn ein Roman Abramovitsch in der Pfalz war nirgends in Sicht, vor allem auch auf Grund der chaotischen Zustände, die noch nicht allzu lange zurücklagen. Zudem gab es immer noch Stimmen im und um den Verein, die die aktuelle Vereinspolitik kritisch beäugten und die Notwendigkeit mancher Aktionen des Vorstandes und des Aufsichtsrates anzweifelten. Jäggi hatte weiterhin die Sanierung des Vereins im Blick und kündigte eine weitere Reduzierung des Volumens der Spielergehälter von 17 Mio. auf 14 Mio. € an, was einer Halbierung des Aufkommens gegenüber der Vorsaison gleichkam. Grund hierfür war das Auslaufen der im Sanierungskonzept festgeschriebenen Absicherung durch Stadt und Land, die bis zum 30.6.2005 befristet war.

Besorgte Stimmen äußerten schon hier, dass der Verein am Ende wieder gesünder erscheinen könnte, die Mannschaft durch solche Maßnahmen jedoch zwangsläufig geschwächt werde, was ihre Konkurrenzfähigkeit auf Dauer beeinträchtigen würde. Diese Situation spiegelte den Schwachpunkt der gesamten Ära Jäggi wider, in der der Verein zwar vor dem Schlimmsten bewahrt wurde, die sportliche Leistungsfähigkeit jedoch zumindest stagnierte. Die Zielformulierungen Jäggis drehten sich stets um Zahlen und fast nie um sportliche Eckpunkte, weder mittel- noch langfristig, von Visionen ganz zu schweigen. Dass ein ehrgeiziger Spieler wie Sforza seine Schwierigkeiten hiermit hatte, lag auf der Hand. Weitere Konflikte waren so zwangsläufig. Schon während der Winterpause legte Jara nach. In der *Rheinpfalz* mahnte er Sforza, sich auf den Fußball zu konzentrieren und Leistung zu zeigen: „Hat er sportlich ein Problem, soll er zu mir kommen, hat er eins mit dem Verein, muss er zu Jäggi gehen. Ansonsten aber soll er sich aus der Vereinspolitik raushalten und gut Fußball spielen." Ansonsten drehte sich beim 1. FCK wieder einmal das Personalkarussell. Stefan Malz löste wegen unüberbrückbarer Differenzen mit Jara seinen Vertrag auf und war fortan Spielertrainer des Ludwigshafener Landesligisten FC Arminia Rheingönheim, den er in die Verbandsliga führte. Thomas Dreschers Vertrag wurde aufgelöst, der Spieler wechselte zu Wacker Burghausen. Christian Timm wurde an die SpVgg. Greuther Fürth abgegeben, wo er zum Leistungsträger avancierte. Neu kamen Torhüter Jürgen Macho von Rapid Wien und Außenverteidiger Stefan Blank von Alemannia Aachen.

Zwar gab es in der Vorbereitung auf die Rückrunde deftige Niederlagen in Genk und Kerkrade, doch in der Bundesliga setzten die Roten Teufel ihre kleine Serie ohne Niederlage fort. Mit einem 3:1 in Nürnberg gelang die Revanche für den verkorksten Saisonstart, und eine Woche danach verdarb die Mannschaft um den souverän dirigierenden Sforza den Schalkern beim 2:0-Sieg den Sprung an die Tabellenspitze. Garant des Sieges war auch Torhüter Thomas Ernst, der Wiese seit dessen Verletzung vertrat und den Platz für den neuen Schlussmann Macho bis Saisonende blockieren sollte. Nach dem 1:1 beim VfB Stuttgart und dem 2:1 gegen Hansa Rostock hatte der 1. FCK 15 Punkte Vorsprung auf einen Abstiegsplatz. „Am Betzenberg schielen sie nach unten und nach oben", schrieb die *Rhein-Neckar-Zeitung* und erinnerte an die Martyrien der

**Am 21.5.2005 stürmt Miro Klose wieder auf dem Betzenberg – allerdings für Werder.**

vergangenen Spielzeiten: „Noch trauen sie dem Frieden nicht. Wer sich drei Jahre lang mit den Schmuddelkindern der Liga herumbalgen musste, wer nur das Spannungsfeld des unteren Tabellenfeldes kennt, der fremdelt in der Ruhezone." Als Tabellenneunter gab es sogar bereits Tuchfühlung mit den UEFA-Cup-Plätzen und sogar darüber hinaus. Und das war vollkommen nach dem Geschmack Sforzas, der der *Rheinpfalz* sein Credo für die Restsaison in den Schreibblock diktierte: „Ich will niemand verrückt machen. Aber wenn wir vier Punkte hinter einem Platz stehen, mit dem man sich für etwas Großes qualifizieren kann, dann dürfen wir uns nicht überschätzen, aber auch nicht unterschätzen." Die Sehnsucht des Schweizers nach glanzvollen Europapokal-Abenden war groß, und er war bereit, dafür alles zu geben.

Was danach kam, waren drei Spiele ohne Sieg, dem 1:2 beim HSV folgte ein 0:0 gegen Wolfsburg und ein 1:1 in Berlin. Nach dem 1:0 gegen Mönchengladbach schien das von Trainer Jara neu formulierte Ziel UI-Cup realistisch, denn dazu reichten Platz sieben oder acht aus, und die Roten Teufel waren Neunter. „Ich würde sehr gerne hier bleiben", hatte Jara noch vor dem Spiel in Berlin der *Rheinpfalz* gesagt, doch dieses Vorhaben war schon einen Monat später nach den beiden 0:2-Niederlagen in Leverkusen und gegen Hannover Makulatur. Nach dieser Heimpleite ließ sich Jara zu einer Reaktion herab, die ihn schließlich nicht mehr tragbar sein ließ auf dem Trainerstuhl von Jäggis Gnaden. „Schmal die Lippen, weiß die Nase, rot der Kopf – offensichtlich tobte in Kurt Jaras Brust mal wieder der Kampf zwischen Herz und Verstand: Nicht zur Kenntnis nehmen oder Dampf ablassen?", hatte die *Rhein-Neckar-Zeitung* den empfindlichen Österreicher genauestens im Visier. Und Jara tappte erneut in den Fettnapf, behauptete, die „Jara raus"-Rufe von der Nordtribüne nicht gehört zu haben, um gleichzeitig einzugestehen, er könne den Unmut der Zuschauer verstehen. Augen- und Ohrenzeuge des Jara-Auftritts, bei dem sich der Trainer um Kopf und Kragen redete, war der Vorstandsvorsitzende Jäggi, der verärgert den Raum verließ und wohl keinen Gedanken mehr an eine Fortsetzung der Tätigkeit Jaras verschwendete.

Der aber redete sich in Rage. „Ich dämpfe und dämpfe, doch speziell ein Spieler schürt immer wieder die Euphorie", klagte er in Richtung Sforza und zeigte deutlich auf, dass es zwischen seiner Selbstzufriedenheit mit fußballerischem Mittelmaß und den ehrgeizigen Plänen Sforzas keinerlei Kompromisse gab. Kaum hatte Jara das Ziel UI-Cup ausgegeben, konterte der Führungsspieler, die Qualifikation für den UEFA-Cup sei machbar. Vier Tage nachdem Jara den 1. FCK mit seinen Äußerungen in eine neue Krise gestürzt hatte, zog der Verein die Reißleine. „Der ungeliebte Jara schmollt und geht. Weil die Fans ihren österreichischen Trainer nicht angemessen verehren, verlässt der den 1. FCK vorzeitig", schrieb die *taz* und brachte das ewige Missverhältnis zwischen dem Empfinden der Fans und der Empfindlichkeit Jaras auf den Punkt. Die Empathie der Fans, auf die Trainer in Kaiserslautern seit eh und je angewiesen sind, hatte sich nie eingestellt zwischen der Westtribüne und dem mimosenhaften Jara. Die „sensationellen Fans", die er noch bei seinem Amtsantritt ausgemacht hatte, waren nie seine Freunde geworden, und darunter hatte er

**Torhüter Thomas Ernst (Mitte) wird als beliebtester Spieler der Saison 2004/05 geehrt. Rechts Torwartlegende Ronnie Hellström.**

die ganze Zeit gelitten, darunter dass er nicht geliebt oder zumindest gemocht oder wenigstens für seine Arbeit geschätzt worden war.

Für die folgenden sieben Spiele übernahm der seitherige Amateurtrainer und frühere Spieler des 1. FCK und des HSV, Hans-Werner Moser das Training, Olaf Marschall tauschte seinen Bürostuhl mit dem Trainingsanzug und fungierte als sein Assistent. Und wie das bei den ersten Spielen neuer Leute so ist, siegten die Roten Teufel gleich danach auswärts in Bielefeld mit 2:0 – ein Sieg, der neue Euphorie entfachte, bei Trainern, Spielern und Fans, die aber genauso schnell, wie sie sich eingestellt hatte, auch wieder verflog. Nach dem 1:2 gegen Bochum trat der 1. FCK wieder auf der Stelle, und all der Anfangsschwung war bereits wieder dahin. „Schade, dass wir gleich wieder einen Dämpfer bekommen haben", ärgerte sich Moser über sein verpatztes Heimdebüt als Coach und ahnte wohl bereits, dass es so nichts werden würde mit der erhofften Dauerstelle als Profi-Trainer bei seinem Traumverein. Dazu trug auch ein folgenreicher Zwist mit den Spielern Selim Teber und Dimitrios Grammozis bei, deren Verhalten im Training Moser monierte und sie deshalb für das Spiel in Dortmund nicht nominiert hatte. Worauf beide Spieler ihm den Handschlag verweigert hatten und daraufhin suspendiert wurden. Erneut herrschte Unruhe beim 1. FCK, der prompt mit 2:4 in Dortmund und auf blamable Weise mit 0:4 zu Hause gegen Bayern München verlor. Danach ging nichts mehr in Richtung UI-Cup, das bescheidene Saisonziel Jaras war schon drei Spieltage vor Saisonende verfehlt worden. Nach dem überraschenden 2:1-Sieg in Freiburg folgte die ernüchternde 2:3-Niederlage bei Mainz 05, das die Saison als Aufsteiger auf dem 11. Platz beendete, einen Rang vor dem 1. FCK, der damit nicht einmal die inoffizielle Rheinland-Pfalz-Meisterschaft im direkten Vergleich für sich entscheiden konnte.

„Vom Meister-Manager zum Angeklagten", überschrieb der *Pfälzische Merkur* Ende Mai 2005, kurz nachdem der 1. FCK die Saison sportlich auf Platz 12 abgeschlossen hatte, ein Porträt Jürgen „Atze" Friedrichs kurz nach Prozessbeginn vor der Zweiten Strafkammer des Landgerichts Kaiserslautern, wo ihm, Herzog und Wieschemann Steuerhinterziehung vorgeworfen wurde. Dem Verfahren war bereits wenige Wochen zuvor eine Verurteilung Friedrichs und Herzogs zu insgesamt 521.239 € durch die Dritte Zivilkammer desselben Gerichts vorausgegangen. Und die Schadensersatzklage über Regresszahlungen in Höhe von 2,25 Mio. € war lediglich bis zum Abschluss des Strafverfahrens ausgesetzt. Beim 1. FCK liebte man die Rundumschläge, die auch vor verdienten ehemaligen Spielern nicht halt machten. Zwar wurde das Verfahren gegen Hans-Peter Briegel wegen Steuerhinterziehung eingestellt, doch immerhin musste er eine Geldbuße von 25.000 € zahlen und sah sich – zusammen mit dem ehemaligen Vizepräsidenten Axel Ulmer – mit einer Klage des Vereins über 544.817 € konfrontiert, die einen Steuerschaden kompensieren sollten, der beim Transfer Sforzas 1997 entstanden war und für den man Briegel verantwortlich machte. Bei all diesen juristischen Vorgängen ging manchem Beobachter der Durchblick – wie Wieschemann ja so treffend im DSF zugegeben hatte – verloren. Immerhin gab es während des Strafprozesses auch Überraschungen, die die Behauptungen der neuen Führung des 1. FCK zumindest in Frage stellten. So dementierte die „Clubber-Marketing AG" aus der Schweiz jegliche Gerüchte bezüglich einer Geldwäsche bei der Zahlung von Geldern anlässlich des Transfers von Youri Djorkaeff. In Italien und England hatte man jedenfalls die Zahlungen seiner Vereine Inter Mailand bzw. Bolton Wanderers an „Clubber" ohne Probleme akzeptiert. Daraus folgerten die Schweizer, der jetzige Vorstand der Lauterer habe mit der Anerkennung der Steuerschuld dem 1. FCK Schaden in Millionenhöhe zugefügt.

## Saison 2005/06: Jäggis Abgang, Lauterns Abstieg

Dafür, dass aus dem Interimstrainer Hans-Werner Moser nicht der neue Cheftrainer wurde, hatten die Spieler des 1. FCK mit ihren herzlosen Auftritten und fünf Niederlagen bei nur zwei Siegen zum Abschluss der alten Spielzeit gesorgt. Enttäuscht zog sich der ehemalige Abwehrspieler der Roten Teufel wieder zu den Amateuren zurück. Bei der Wahl des neuen Trainers folgte Jäggi den Empfehlungen seines Freundes Ottmar Hitzfeld, der zwar selbst überhaupt kein Interesse am 1. FCK hatte, aber seinem ewigen Assistenten Michael Henke – ebenso ohne Beschäftigung wie er – endlich den Ritterschlag gönnen wollte. Henke sollte den 1. FCK wieder in obere Tabellenregionen führen und den Nachweis liefern, dass er nicht nur als Co-Trainer arbeiten kann. Dabei unterliefen dem Novizen jedoch entscheidende Fehler, als er – anders als sein Vorgänger Jara – Disziplin und Ordnung überstrapazierte, quasi das Gegenteil der langen Leine des Österreichers, aber genau so wenig effizient, wenn die Erfolge ausbleiben. So kam Henke gemeinsam mit seinem Wunsch-Co-Trainer Manfred Rauscher, einem beurlaubten Beamten des bayrischen Landeskriminalamtes und dem Konditionstrainer Zvanko Komes, Freund der Gymnastikbälle, Deuserbänder und Koordinationsleitern nach Kaiserslautern.

Dass der 1. FCK immer mehr in einen fast leeren Geldbeutel schaute, wurde an den Zugängen sichtbar. Der ausgeliehene Torsten Reuter kam vom 1. FC Saarbrücken zurück, dazu rückten aus der nun als 1. FCK II auftretenden Amateurmannschaft Fabian Schönheim, Sebastian Reinert, Daniel Halfar, Florian Fromlowitz, Daniel Damm, Matthias Henn, Steffen Bohl und Marco Ziemer zu den Profis auf. Von Fortuna Düsseldorf kam Axel Bellinghausen, und an bekannten Spielern sollten Ervin Skela von Arminia Bielefeld und Marcelo Pletsch von Borussia Mönchengladbach die Roten Teufel verstärken. Der einzig teure Transfer wurde mit dem Ivorer Boubacar Sanogo abgewickelt, der für 500.000 € vom Al Ain Club aus den Vereinigten Arabischen Emiraten auf den Betzenberg kam und den Abgang von Amanatidis zu Eintracht Frankfurt kompensieren sollte. Torhüter Tim Wiese hatte den 1. FCK – wie im Jahr zuvor Klose – in Richtung Werder Bremen verlassen.

„Der Klassenkampf" überschrieb die sozialistischer Ausrichtungen gänzlich unverdächtige *Rheinpfalz* in weiser Voraussicht der Dinge, die da kommen sollten, einen Kommentar und erklärte die „40-Punkte-Marke" zur „Überlebensformel". Von Anfang an, schon in der Vorbereitung auf die neue Saison, kamen allerorten Zweifel auf, ob der Kader des 1. FCK genügend Qualität besäße, erneut den Klassenverbleib zu schaffen. Vor allem rankten sich die Zweifel um Henke, der ja erstmals seit 15 Jahren die volle Verantwortung für eine Mannschaft trug und dessen Eignung für diese Aufgabe Gegenstand zum Teil höhnischer Berichterstattung war. So hatte der inzwischen verstorbene Max Merkel in *Bild* Henke alle Fähigkeiten abgesprochen und der Mannschaft attestiert, sie sei nicht bundesligatauglich. Die Ergebnisse diverser Testspiele ließen denn auch nichts Gutes erahnen, als der 1. FCK große Probleme hatte, gegen unterklassige Mannschaften zu bestehen.

Doch der befürchtete Crash gleich im ersten Spiel in Schalke blieb aus. Die Gastgeber berannten nach dem 0:1 durch Halil Altintop pausenlos das Tor von Jürgen Macho und kamen erst in den letzten elf Minuten zu einem 2:1-Sieg. Beim Heimdebüt Henkes gegen den MSV Duisburg gab es zwar acht Tore und einen 5:3-Erfolg des 1. FCK zu sehen, doch gaben die Innenverteidiger Pletsch und Mettomo eine grausame Kostprobe ihrer Unzuverlässigkeit. „So wird Michael Henke nicht alt in der Pfalz", sah die *Rhein-Neckar-Zeitung* schon zu diesem frühen Zeitpunkt das Ende des Trainer-Neulings voraus, der sich nach dem Spiel vor die Westtribüne begeben und vor den Fans die Trommel geschlagen hatte. Seht her, ich bin einer von euch, sollte das heißen, doch der Zeitpunkt für eine derartige Verbrüderung mit den treuesten Anhängern war viel zu früh und unpassend, denn Henke war vielen von ihnen noch als nicht gerade emotionsloser Assistent Hitzfelds aus Gastspielen des BVB und der Bayern auf dem Betzenberg in Erinnerung.

Nach dem 3:2-Sieg in Köln war der 1. FCK Fünfter, und so bot sich gegen Werder Bremen die Möglichkeit, mit einem Sieg noch weiter nach oben zu kommen und alle Skeptiker Lügen zu strafen. Aber der große Sprung in Richtung Tabellenspitze blieb nicht nur aus, der Spieltag endete für die Lauterer mit einem Debakel. Wäre Altintop nicht in der 84. Minute das 1:4 geglückt, der 1. FCK hätte seine höchste Heimniederlage in der Bundesliga bezogen. Souverän hatten Micoud, Frings und Klose schon zur Pause für die Entscheidung gesorgt, am Ende stand es 5:1 für die Mannschaft der Ex-Lauterer Reinke und Klose, die längst Stützen ihres neuen Teams waren. Henke unterschätzte die Wirkung dieser Schlappe auf seine Spieler, die nach dem Sieg in Köln geglaubt hatten, wieder unbesorgt um die vorderen Plätze mitspielen zu können. Die Demütigung durch Werder hatte ihnen auf brutale Weise ihre Grenzen aufgezeigt, mehr noch: Werder hatte einen Klassenunterschied aufgezeigt zwischen einer in sich gefestigten Spitzenmannschaft und einem 1. FCK, der im Lauf der Jahre nach Gewinn der Meisterschaft 1998 Stück für Stück geschwächt worden war. In Sforza und dem immer mehr in die Rolle Kloses als Torjäger schlüpfenden Altintop besaßen die Roten Teufel nur noch zwei Spieler, die aus dem allgemeinen Mittelmaß herausragten. Dagegen waren die Leistungsschwankungen von Engelhardt und Skela im Mittelfeld enorm und führten immer wieder zu Missfallensbekundungen der Zuschauer, die mit deren zuweilen allzu lässigen Spielweise ihre Probleme hatten.

Noch wagte aber niemand an das Allerschlimmste, den totalen Absturz zu glauben. Henke versprühte weiterhin Optimismus, und die Fans betrachteten die hohe Niederlage als Ausrutscher, der schnellstens wieder korrigiert werden würde. Doch die Siege gegen Duisburg und in Köln sollten die einzigen in der Bundesliga für den Trainer bleiben. Vier Spiele in Folge blieb der 1. FCK gar ohne Tor – dem 0:0 in Bielefeld folgte das demütigende 0:2 gegen den bis dahin punktlosen Tabellenletzten Mainz 05. Zu allem Unglück sah Sforza kurz vor der Pause die Rote Karte und fehlte bei den Spielen in Stuttgart (0:1) und gegen den HSV (0:3), bei dem die Roten Teufel einen spielerischen Offenbarungseid ablegten. Wieder hatte ein Lauterer eine Rote Karte kassiert, diesmal war es Blank, der seine Mannschaft beim Stand von 0:2 schwächte und ihr jede Chance auf eine Wende nahm. „Tristesse in Kaiserslautern" machte das *KICKERsportmagazin* aus und stellte fest, die neuen Spieler hätten den 1. FCK nicht weitergebracht. Alle Hoffnungen ruhten fortan auf Sanogo, der nach überstandener Verletzung gegen Borussia Dortmund, ebenso wie Sforza, wieder dabei war. Nun war die Reihe am Trainer, der sich erstmals von Seiten Jäggis unter Druck gesetzt sah. „Henke muss sich etwas einfallen lassen", hatte der Schweizer gefordert und ein Ultimatum angedeutet. Als die Fans nach ihrem Zehn-Minuten-Boykott auf die Westtribüne zurückkamen, führte Dortmund bereits mit 1:0. Der Pausenstand von 1:3 ließ für die Lauterer nichts Gutes erahnen, doch allen voran zeigten Altintop und Sanogo Moral. Zwei Tore des Türken sicherten immerhin einen Punkt in einem Spiel mit einer Fülle von Fehlleistungen auf beiden Seiten. Doch bereits zu diesem Zeitpunkt stand fest, dass Altintop den 1. FCK zum Saisonende verlassen würde. Die Tristesse hatte den Betzenberg im Griff. Bedenklich waren aber nicht nur die mangelhaften Leistungen auf dem Rasen, sondern auch das Verhalten der Zuschauer, die Mannschaftskapitän Marco Engelhardt bei seiner Auswechslung nach 74 Minuten ausgepfiffen und geschmäht hatten. Es war der Anfang vom Ende des Spielers beim 1. FCK,

5:3 gegen MSV Duisburg – da reichte die Anzeigentafel nicht aus (rechts). Dennoch wird auf dem Betzenberg mehr gekämpft als gespielt (oben).

der in der Pfalz keine Zukunft mehr hatte, stets besonders kritisch beäugt wurde und auch selbst Fehler machte, die sein Privatleben auf unangenehme Weise in die Schlagzeilen der Boulevardpresse brachten.

**Sforza muss gehen**

Am Dienstag nach dem 3:3 gegen den BVB war der 1. FCK nicht mehr nur sportlich in den Schlagzeilen. „Kaiserslautern feuert Sforza", meldeten die Nachrichtenagenturen. Was war passiert? Sforza hatte vor dem Spiel gegen den BVB im Trainingshotel Gelterswoog den Vorstandsvorsitzenden Jäggi aufgesucht und Kritik am Trainerstab geübt sowie auf allgemeine Missstände in der Mannschaft hingewiesen. Am Montag nach dem Spiel erneuerte Sforza im Beisein von Jäggi, Henke und Sportmanager Marschall seine

Kritik. Daraufhin entschloss sich Jäggi, vor die Wahl zwischen Henke und Sforza gestellt, die Autorität des Trainers zu stärken und suspendierte seinen Landsmann. Der sah nichts Unrechtes in seinem Handeln, hatte der Verein doch vor der Saison darum gebeten, Kritik intern vorzubringen und nicht vorab an die Öffentlichkeit zu gehen. Nun war Sforza genau für diese Vorgehensweise bestraft worden, doch war offensichtlich, dass seine Kritik über Henke hinausging und auch die Personalentscheidungen Jäggis betraf. Laut *KICKERsportmagazin* hatte Sforza geäußert: „Wenn die Mannschaft in gute Hände kommt, geht es in zwei Wochen wieder nach oben!" Der Spieler bot sich damit an, die Mannschaft, von der er selbst ein Teil war, zu führen und aus dem Tabellenkeller herauszumanövrieren. Doch das Akzeptieren dieser Lösung wäre für Jäggi das Eingeständnis seiner Fehlentscheidung in Sachen Trainerwahl gewesen und hätte ihn bis zum Saisonende an Sforza gekettet. Also wählte man die schlechteste Lösung und stellte seinen fähigsten Spieler frei.

Nach der 1:4-Niederlage in Mönchengladbach tat sich der 1. FCK auch in der 2. Runde des DFB-Pokals, die er durch ein 3:0 bei Eintracht Trier erreicht hatte, bei RW Erfurt schwer und siegte mit 4:2. Das Berichtenswerte an dem Spiel war jedoch nicht dieses Ergebnis, sondern eine Entgleisung Henkes, der Spieler des Gegners in seiner Erregung während einer Spielszene mit den Worten „Wichser" und „Scheiß-Ossis" beschimpft hatte. Zwar räumte der Trainer noch in der Pressekonferenz sein Fehlverhalten ein und entschuldigte sich dafür, doch in den Tagen danach waren die Zeitungen voll damit und das Image des 1. FCK weiter beschädigt. Nur anhaltende Erfolgserlebnisse bis zur Winterpause konnten Henke jetzt noch seinen Job retten. Nun probierte es der Trainer mit einem Wechsel im Tor – Thomas Ernst kam für Jürgen Macho. Nur ein Tor von Berkant Göktan in letzter Minute gegen Bayer Leverkusen rettete dem 1. FCK, der aber trotzdem auf einen Abstiegsplatz abrutschte, einen Punkt. „Meine Mannschaft ist noch nicht so gefestigt und muss noch zusammenrücken", führte Henke als Entschuldigung an. Immerhin war es bereits der 11. Spieltag. Eine gute Leistung in der Abwehr hatte Fabian Schönheim aus dem eigenen Nachwuchs der Lauterer geboten, Mettomo musste für ihn auf die Ersatzbank. Es war der Anfang der sukzessiven Integration junger Spieler aus dem 1. FCK II in den Profibereich. Beim 0:3 in Berlin boten die Roten Teufel ein erschreckendes Bild. Die Abwehr versagte kollektiv, und im Angriff warteten Sanogo und Altintop vergebens darauf, angespielt zu werden.

So geriet das nächste Heimspiel gegen den 1. FC Nürnberg zum „Endspiel" für den Trainer, das die Mannschaft durch zwei Gegentore in der Schlussphase mit 1:3 verlor. Nun holte Jäggi zum Rundumschlag aus, entließ nach dem Absturz der Mannschaft auf den letzten Tabellenplatz Henke und seinen Co-Trainer Rauscher und kündigte seinen eigenen Rücktritt an. Henke hatte in der Pressekonferenz noch das Spiel analysiert, obwohl er bereits beim Verlassen der Kabine nach dem Spiel erfahren hatte, dass er entlassen ist. Jäggi sprach von einem „tragischen Tag mit gigantischen Auswirkungen" und beklagte eine „gnadenlose Hetz- und Treibjagd", womit er unter anderen den Ex-Spieler Mario Basler meinte, der in einer Fernsehsendung und in der regionalen Presse sowohl ihn als auch den Trainer schonungslos angegriffen hatte. Den Aufsichtsrat mahnte er, sehr vorsichtig zu sein, „wem Sie die Geschicke dieses Vereins anvertrauen." Der Aufsichtsrat akzeptierte den Rücktritt Jäggis, bat ihn jedoch vorerst bis zu einer neuen Lösung im Amt zu bleiben. „Klub saniert, Mannschaft tot", diagnostizierte die *Financial Times Deutschland* und stellte fest: „Nichts ist mehr, wie es war beim 1. FCK. Chaos überall... Die pfälzische Seele konnte Henke nie erwärmen, und nie war klar, für welchen Fußball der Trainer eigentlich steht." Die Ankündigung seines Rücktritts war Jäggis Eingeständnis, mit seinen sportlichen Entscheidungen, zuletzt mit der Wahl Henkes, daneben gelegen zu haben. Vielleicht hatte Jäggi den 1. FCK vor dem Aus gerettet, indem er unpopuläre und schmerzhafte Prozesse einleitete und durchzog. Aber im sportlichen Bereich war es ihm nicht gelungen, Kontinuität in einen Verein hineinzutragen, der nach dem Abgang Rehhagels und dem Scheitern Brehmes im Begriff war, sich aus den zuvor genossenen höheren Sphären der vorderen Tabellenplätze und der europäischen Cup-Teilnahmen für lange Zeit zu verabschieden.

**Endlich mal Cheftrainer – Michael Henke. Aber nicht für lange.**

Zwei Tage nach dem Absturz ans Tabellenende hatten der 1. FCK und die Pfalz endlich ihren Wunschtrainer, den sie nach den Verpflichtungen des Belgiers Gerets und des Österreichers Jara so herbeigesehnt hatten. Ein Urgestein sollte es sein, aus der Region stammend, die Sprache des Landes sprechend und gleichzeitig Wunderdinge vollbringend. Der erst am 31.10.2005 ausgerechnet beim 1. FC Nürnberg entlassene und dort durch Hans Meyer ersetzte Wolfgang Wolf aus Tiefenthal bei Grünstadt in der Vorderpfalz bestieg den Trainerstuhl auf dem Betzenberg. „Ich bin wieder zu Hause", atmete der Neue erleichtert auf und freute sich auf eine spannende Arbeit in unruhiger Umgebung, die er sogleich mahnte, nur das eine Ziel vor Augen zu haben, den 1. FCK vor dem Abstieg zu retten. Doch Wolf war keiner jener Fußballlehrer mit Visionen, sondern eher ein Arbeiter, der während seiner Spielerkarriere eher für das Prinzip Blut, Schweiß und Tränen gestanden hatte. Als Trainer hatte er bei den Stuttgarter Kickers gewirkt, in Wolfsburg die hohen Erwartungen, die Mannschaft in europäische Höhen zu führen, nicht erfüllt und es in Nürnberg nicht vermocht, die von ihm verpflichteten Neuzugänge so zu integrieren, wie dies nach ihm Hans Meyer gelingen sollte. „Wolles Tränen lügen nicht", drückte *Die Rheinpfalz* kräftig auf die Tränendrüse und beschwor das Bild des Abwehrrecken in schweren Zeiten und das Klischee

**Torhüter Jürgen Macho verdrängte Vorgänger Ernst.**

eines Menschen „mit großem Herz und viel Emotion". Etwas weniger Emotion wäre vielleicht günstiger gewesen bei einer seiner ersten und wohl folgenschwersten Entscheidungen. Der suspendierte Sforza hatte seine Rückkehr in die Mannschaft angeboten, um dabei zu helfen, aus dem Tabellenkeller nach oben zu klettern. Doch Wolf schlug die Offerte aus und erklärte die Akte Sforza für geschlossen. Fortan fehlte der Mannschaft weiterhin ein Denker und Lenker im Mittelfeld, der stattdessen viel Gehalt dafür bezog, dass er auf der Tribüne dem zuweilen grausamen Treiben auf dem Rasen zuschauen durfte.

Auch für einen anderen verdienten Spieler hatte der Amtsantritt Wolfs Folgen. Der am Knie verletzte Torhüter Ernst musste erneut seinem Konkurrenten Macho weichen und sollte nicht mehr ins Tor des 1. FCK zurückkehren. Die Ankündigung Wolfs, der Mannschaft ein anderes Gesicht zu geben, führte beim folgenden Auswärtsspiel bei Hannover 96 zu der radikalen Maßnahme, mit einer Dreierabwehrkette und einem frei agierenden Libero Ervin Skela aufzutreten. „Was habt ihr denn für eine Aufstellung?", kommentierte der Co-Trainer der Niedersachsen, Michael Schjönberg die seltsame Formation der Roten Teufel. Teuflisch war nicht deren Auftritt bei Wolfs Debüt, sondern die 1:5-Schlappe, die sie mit in den Südwesten nahmen. „Flop statt Coup: Kaiserslauterns Trainer Wolf feiert ein verheerendes Debüt", schrieb die *Süddeutsche Zeitung* und fuhr fort: „Es (das Team) war nur ein verlorener, chaotischer Haufen in hellblauen Trikots. Die Trikotfarbe hatte den Vorteil, dass man diesen Haufen nicht sofort als 1. FCK identifizierte, dessen Profis in der Fußballwelt einmal als Rote Teufel gefürchtet waren." Risse im Dach der neuen Osttribüne waren die Ursache für die Absage des nächsten Heimspiels gegen Eintracht Frankfurt, so dass man in Kaiserslautern zur Untätigkeit verurteilt war und zusehen musste, wie die Konkurrenten im Kampf gegen den Abstieg spielten.

Nach dem 1:2 bei Bayern München konnte das Nachholspiel gegen Frankfurt dann schon am 14. Dezember ausgetragen werden, doch wer sich vom Flutlicht auf dem Betzenberg einen Schub für die Lauterer versprach, wurde enttäuscht. Zwischen der 50. und 58. Minute entschieden Weissenberger und Copado die Partie zugunsten der

Hessen. Als Seitz fünf Minuten vor Schluss auf 1:2 verkürzte, hatten viele Zuschauer das Stadion bereits verlassen. Der 1. FCK hatte es verpasst, einen Sieg einzufahren und den letzten Tabellenplatz an den MSV Duisburg abzugeben. Doch der Druck, der auf der Mannschaft lastete, war enorm hoch und konnte auch nicht durch die Tatsache verringert werden, dass der zurückgetretene Vorstandsvorsitzende Jäggi durch die Verlegung der Mitgliederversammlung mindestens bis Anfang Februar 2006 im Amt blieb. Waren es gegen die Eintracht noch fast 34.000 Zuschauer, die ins Fritz-Walter-Stadion kamen, reduzierte sich deren Anzahl drei Tage später zum Abschluss der Hinrunde gegen den VfL Wolfsburg auf wenig mehr als 23.000 – die Quittung der treuen Fans für desolate Auftritte zu Hause und auswärts. Viele Anhänger hatten bereits jetzt alle Hoffnung aufgegeben. Der Trainerwechsel schien absolut nichts bewirkt zu haben, denn das unansehnliche Treiben ging so weiter, als sei Henke nie entlassen worden und Wolf noch gar nicht angekommen. Eine Woche vor Heiligabend bescherten die so arg gescholtenen Roten Teufel auf beste Christkindart ihre Fans mit einem hart erkämpften und glücklichen Sieg gegen die Mannschaft aus der VW-Stadt. Doch wieder stand das Spiel auf der Kippe, denn Altintops 1:0 aus der 45. Minute drehten Klimowicz und Hanke binnen sieben Minuten in ein 1:2 um. Doch der Türke im roten Trikot bewies Moral und Format und sorgte mit zwei weiteren Toren für den ersten Sieg des 1. FCK nach 13 sieglosen Spielen. Wichtiger noch: Mit zwölf Punkten ging man zwar als Letzter ins Neue Jahr, doch die davor platzierten Duisburger und Kölner hatten dieselbe Punktzahl, und davor lag Nürnberg mit gerade einmal zwei Zählern mehr. Noch war Kaiserslautern nicht hoffnungslos verloren.

**Drei Tore von Altintop**

In Situationen wie dieser tut es Mannschaften, die ihren Zielen meilenweit hinterherhinken, gut, wenn sie in einem anderen Wettbewerb ein Erfolgserlebnis aufweisen können. Für den 1. FCK war das Jahr noch keineswegs zu Ende, denn vier Tage vor Weihnachten kam es im Achtelfinale des DFB-Pokals zum Aufeinandertreffen mit Mainz 05. „Kein Pfiff und weg ist die Million“, beschrieb die *Süddeutsche Zeitung* treffend das Fazit des ausgeglichenen Spiels, in dem der 1. FCK durch Engelhardt in Führung ging und da Silva für die Rheinhessen ausglich. Dies war auch der Spielstand nach 120 Minuten – Elfmeterschießen. Die ersten beiden Elfer verwandelten Blank und Hertzsch, während Babatz und Demirtas für die Mainzer vergaben. Dann landete Zandis Strafstoß von der Latte hinter der Linie, doch der Schiedsrichter verweigerte dem Tor die Anerkennung, worauf bei den Spielern des 1. FCK die Angst um sich griff, als da Silva auf 1:2 verkürzte. Als auch Altintop an Torhüter Dimo Wache scheiterte und Gerber zum 2:2 ausglich, war der Vorteil für die Lauterer endgültig dahin. Am Ende hieß es durch Engelhardt bzw. Zidan 3:3, und das Roulette vom Elfmeterpunkt ging weiter. Am Ende waren die Mainzer die Glücklichen, denn Daniel Halfar scheiterte an Wache, während Petr Ruman das 3:4 markierte und seine Mannschaft ins Viertelfinale brachte. „Eine Riesensauerei“, schimpfte Wolf angesichts des nicht gegebenen Tores von Zandi und fabulierte über die vermeintliche Fairness des Gegners, in solchen Situationen Größe beweisen zu können. Offensichtlich hatte er dabei Arsenals Trainer Arsène Wenger vor Augen, der sich einmal in einer ähnlichen Situation gentleman-like verhalten und auf ein irreguläres Tor verzichtet hatte und das Risiko eines Wiederholungsspiels einging. Der Mainzer Trainer Jürgen Klopp dachte nicht im Entferntesten an eine solche Geste, verwahrte sich gegen Wolfs Äußerungen und verwies auf die Tatsachenentscheidung des Schiedsrichters. So blieb Wolf nur eine Mini-Neujahrsansprache mit den Worten: „Ich bin mir zu 100 % sicher, dass wir mit einem Quäntchen Glück die Möglichkeit haben werden, die Klasse zu halten. Steht uns weiter bei!"

Dieser Hilferuf ging auch an die Vereinsverantwortlichen. Die Mannschaft sollte verstärkt werden, dazu schaute man sich im Ausland um und wurde schnell fündig. Der Franzose Mathieu Béda kam von Standard Lüttich, der Slowake Balasz Borbely von Artmedia Bratislava und der Norweger Jon Inge Hoiland vom Malmö FF – alles Spieler, die in ihren vorherigen Vereinen keine Leistungsträger waren und bei denen man darauf hoffte, dass sie einen Aufwärtstrend entwickeln würden. Für neun Spieler kam derweil das vorzeitige Aus. Wolf teilte ihnen mit, dass sie fortan nicht mehr berücksichtigt würden und den Verein spätestens am Ende der Saison verlassen müssten: Sforza, ohnehin suspendiert, dazu Nerlinger, der seine Karriere verletzungsbedingt beendet hatte, sowie Mettomo, Riedl, Zandi, Göktan, Seitz, Wenzel und Lehmann.

Die ersten drei Spiele der Rückrunde gaben wenig Hoffnung auf Besserung. Nach dem 0:2 gegen Schalke 04, bei dem der 1. FCK jegliche Erstligatauglichkeit vermissen ließ, lag man auch beim direkten Konkurrenten gegen den drohenden Abstieg, dem MSV Duisburg elf Minuten vor Spielende mit 0:2 zurück. Doch dann kam der Auftritt des eingewechselten Daniel Halfar, der mit zwei Kabinettstückchen für das 2:2 und einen glücklichen Punktgewinn sorgte. Ebenfalls einer der Youngsters, Fabian Schönheim rettete seiner Mannschaft drei Tage später im Heimspiel gegen den 1. FC Köln durch sein Ausgleichstor in der 76. Minute ein 2:2 und einen weiteren Punkt im Kellerduell. Trotzdem hatte der 1. FCK zwei Punkte verloren und stand vor dem Spiel bei Werder Bremen weiter mit dem Rücken zur Wand.

Hoffnung gab derweil die Nennung eines Namens in der Mitgliederversammlung, die größtenteils den alten Aufsichtsrat bestätigt und einer internen Opposition eine Abfuhr erteilt hatte. Dabei hatte die Information des immer noch amtierenden Vorstandsvorsitzenden Rene C. Jäggi über die Nichtzulassung der Berufungen der zu Schadenersatz an den Verein verurteilten Ex-Vorstände durch das Oberlandesgericht Zweibrücken eine maßgebliche Rolle gespielt. Klar wurde aber auch, dass der seitherige Aufsichtsratsvorsitzende Professor Dr. Walter Ruda, der nur mit einem mageren Ergebnis wiedergewählt wurde, den Vorsitz abgeben würde an den Unternehmer Dieter Buchholz, der mit 688 die meisten Stimmen erhalten hatte. Ruda war es, der die Mitglieder glauben ließ, der 1. FCK stehe in ernsthaften Verhandlungen mit Stefan Kuntz, dem Ex-Spieler, der auf dem Betzenberg Kultstatus besitzt und der mit TuS Koblenz als Manager vor dem Aufstieg in die 2. Bundesliga stand. Möglicherweise ließen sich die Anwesenden durch diese letztlich irritierende Information bei ihrer Wahlentscheidung für die bisher Verantwortlichen beeinflussen. Allerdings ging Kuntz als Sportdirektor nicht zum 1. FCK, sondern übernahm diese Funktion bei seinem allerersten Bundesligaverein VfL Bochum, der den Wiederaufstieg in die Bundesliga anstrebte.

**Boubacar Sanogo stürmte nur eine Saison auf dem Betzenberg.**

Boubacar Sanogo war es, der den Roten Teufeln im schier aussichtslosen Vergleich im Weserstadion mit seinem Tor zum 0:1 und der Vorarbeit zu Skelas 0:2 neue Zuversicht gab. Allerdings profitierten die Lauterer von einer Fehlentscheidung des Schiedsrichters, der Werder ein reguläres Tor von Patrick Owomoyela aberkannte. Erstmals seit dem 0:0 in Bielefeld am fünften Spieltag war die Abwehr des 1. FCK ohne Gegentor geblieben, und nun stand das Rückspiel gegen die Arminia an. Und erneut bewies Sanogo seine Qualität, sorgte mit seinem Kopfball nach neun Minuten für die frühe Führung und nach 88 Minuten für die Entscheidung, als Torhüter Hain ein slapstickreifer Fehler unterlaufen war. Das Ergebnis stellte den Spielverlauf auf den Kopf, denn in den 79 Minuten zwischen den beiden Toren für den 1. FCK dominierten die Bielefelder das Spiel. Auf Platz 16 mit 20 Punkten und punktgleich mit Mainz 05 auf Platz 15 reisten die Pfälzer ins benachbarte Rheinhessen, wo nun die Angst grassierte vor einer Blamage gegen die vermeintlich wieder erstarkten Lauterer, die aber eher eine Glücksserie zu haben schienen. Auch beim 2:0-Sieg am Bruchweg war Sanogo mit einem Doppelschlag in der 24. und 26. Minute der Sieggarant für seine Mannschaft, die ihren Abstiegsrang verlassen konnte und ihn dem Nachbarn aus der Landeshauptstadt überließ. Der bei allen drei 2:0-Siegen sichere Rückhalt Jürgen Macho verletzte sich allerdings eine Minute vor der Halbzeit bei einem Zusammenprall mit Michael Thurk schwer und fiel mit einem Unterarmbruch für den Rest der Saison aus. Seinen Platz nahm fortan der 19 Jahre alte Florian Fromlowitz ein.

Den entscheidenden Sprung aus der Abstiegszone in Richtung Mittelfeld verpassten die Roten Teufel im darauffolgenden Heimspiel gegen den VfB Stuttgart. Mit Fromlowitz und Schönheim sowie den später eingewechselten Reinert und Halfar standen vier der neuen jungen Hoffnungsträger im Team des 1. FCK, die bei den Fans viel Kredit besaßen, weil sie um jeden Ball kämpften und durch ihren Einsatz zeigten, dass sie alles für ihren Verein gaben. Vor allem Schönheim gewann fast alle seine

Zweikämpfe und war neben dem frühen Torschützen Halil Altintop und Torhüter Fromlowitz Lauterns bester Spieler. Vielleicht dachten manche in der Mannschaft an eine automatische Fortsetzung der Siegesserie und vergaßen dabei, mit dem 2:0 das Spiel vorzeitig zu entscheiden. Chancen hatte der 1. FCK mehr als genug, und als man sich mit dem 1:0 bereits arrangiert hatte und mit den Köpfen schon in der Kabine war, schlug Mario Gomez in der Nachspielzeit zu – 1:1. Anstatt mit 27 Punkten auf Platz 12 mit sechs Zählern Abstand zu Platz 16 belegte der 1. FCK nun den 15. Platz, lediglich drei Punkte vor Mainz 05. Und es folgten die beiden Auswärtsspiele beim HSV und in Dortmund, die die Roten Teufel wieder ins Hintertreffen brachten und sie den Rest der Saison den Nichtabstiegsplätzen hinterherlaufen ließen. Absolut harmlos, war der 1. FCK mit dem 0:3 in Hamburg noch gut bedient, und auch beim BVB täuschte das knappe Ergebnis von 1:2 über den tatsächlichen Spielverlauf hinweg. Außer Torhüter Fromlowitz befand sich kein Lauterer in Normalform, und so war nach drei Siegen in Folge eine schwarze Serie mit nur einem Punkt aus drei Spielen die Folge. Vier Heimspiele und vier Auswärtsspiele blieben Wolfgang Wolf und seiner Mannschaft noch, um den zweiten Abstieg des 1. FCK in die 2. Bundesliga nach 1996 zu verhindern.

Auch auf der administrativen Ebene gab es weiterhin eine offene Großbaustelle. Noch immer hatte der 1. FCK keinen Sportdirektor und außerdem musste ein Nachfolger des im Sommer 2006 ausscheidenden Vorstandsvorsitzenden Jäggi gefunden werden. Der Aufsichtsrat entschied sich für eine hausinterne Lösung und berief das seitherige Vorstandsmitglied Erwin Göbel zum designierten Jäggi-Erben. Diplom-Kaufmann Göbel war 1997 als Leiter für das Controlling und Rechnungswesen von der Nähmaschinenfirma PFAFF zum 1. FCK gekommen und im Herbst 2002 als Nachfolger des entlassenen Gerhard Herzog in den Vorstand aufgerückt. In Sachen Sportdirektor geisterte der Name Marc Wilmots, ehemaliger Schalker, dem man den Beinamen „Kampfschwein" gegeben hatte, um den Betzenberg – eine Personalie, die Jäggi vor seinem Abschied noch klarmachen wollte, damit die neue Saison rechtzeitig geplant werden könnte. Doch der Belgier sagte dem 1. FCK letztlich ab, der damit nach dem Flop mit Kuntz schon zum zweiten Mal in Sachen Sportdirektor Lehrgeld bezahlt hatte.

Das blieb den Roten Teufeln im Sonntagsspiel gegen Borussia Mönchengladbach dank Halil Altintop erspart, der mit seinen beiden Toren in der 32. und 33. Minute die Grundlage für den 3:0-Sieg schuf. Doch in den drei darauf folgenden Spielen wurde deutlich, dass es dem 1. FCK an Substanz fehlte. Angesichts zahlreicher talentierter junger Spieler mangelte es an erfahrenen und engagierten Akteuren, die nicht nur des Geldes wegen hier Fußball spielten, sondern mit dem 1. FCK etwas erreichen wollten und nicht schon ihre Zukunft nach der Pfalz planten. Der Name Sforza fiel in dieser schwierigen und immer nervenaufreibenderen Phase immer wieder hinter vorgehaltener Hand, doch der Wunsch so mancher Fans nach einem Spieler, der Struktur und Sicherheit hätte geben können, blieb unerfüllt. Ein sehr gut bezahlter suspendierter Spieler saß weiterhin draußen auf der Tribüne und musste zuschauen, wie sich sein 1. FCK, für den er gerne gespielt hätte, immer mehr dem Absturz näherte.

Leverkusen markierte den Anfang vom Ende. „Bayer furios gegen einen desaströsen Gegner, der von allen guten Geistern verlassen schien und alles vermissen ließ, was man im Abstiegskampf braucht", stellte das *KICKERsportmagazin* den Lauterern ein nüchternes Zeugnis aus: Sitzen geblieben. Beim 1:5 in der BayArena war es wiederum lediglich Fromlowitz, der Normalform erreichte und seine Mannschaft vor einer noch höheren Niederlage bewahrte. Gleiches galt auch bei der 0:2-Schlappe zu Hause gegen Hertha BSC. Nun begannen auch die zuvor unbekümmerten jungen Spieler in ihren Leistungen zu schwanken, fielen gemeinsam mit der gesamten Mannschaft ab und ergaben sich vermeintlich ohne Widerstand in ihr Schicksal. Besonders bitter war das, weil die Konkurrenz aus Frankfurt, Mainz und Wolfsburg ebenfalls nicht erfolgreich war und der 1. FCK die Chance vergeben hatte, mit einem Sieg den Abstiegsplatz zu verlassen. „Wir werden den Teufel tun, uns schon aufzugeben", machte Wolfgang Wolf der Mannschaft und sich selbst Mut vor den letzten fünf Spielen. Immer stärker wurde allen bewusst, dass die Entscheidung um den Klassenverbleib der Roten Teufel möglicherweise am letzten Spieltag in Wolfsburg fallen könnte.

Ausgerechnet im Auswärtsspiel beim 1. FC Nürnberg erwischte Torhüter Fromlowitz einen schwarzen Tag und sah bei zwei Gegentoren, die nach Fehlern von Axel Bellinghausen zustande kamen, nicht gut aus. Dabei hatte der 1. FCK nach 48 Minuten durch zwei Tore von Halil Altintop mit 2:1 geführt und nach dem Ausgleich durch Paulus drei Minuten vor Schluss auch noch das 2:3 durch Vittek hinnehmen müssen. Die bessere Mannschaft hatte verloren und auf unbeholfene und unprofessionelle Art und Weise einen möglichen Sieg oder zumindest einen Punktgewinn aus der Hand gegeben. Nun wurde es immer enger und die nervliche Belastung stieg noch einmal immens an, da die Möglichkeiten, sich noch vor dem Abstieg retten zu können, immer weniger wurden. Wolf vertraute auf seine Anfangself von Nürnberg und ließ sie auch gegen Hannover 96 auflaufen. Nur bei einem Sieg konnte der 1. FCK an seinen vor ihm stehenden Konkurrenten dranbleiben. Da Frankfurt und Wolfsburg ihre Auswärtsspiele gewannen und Mainz 05 Bayern München ein Unentschieden abtrotzte, traten die Roten Teufel auch nach dem glücklichen 1:0-Sieg gegen Hannover auf der Stelle und hatten als 16. der Tabelle einen Punkt Rückstand auf die Mainzer, drei auf Wolfsburg und gar vier auf Frankfurt, den nächsten Auswärtsgegner. „Mir ist ein Stein vom Herzen gefallen, als der Schiedsrichter abgepfiffen hat", war Wolfgang Wolf erleichtert, dass der Treffer von Daniel Halfar gereicht hatte, um drei wichtige Punkte einzufahren. Der Trainer setzte voll und ganz auf seine jungen Spieler. „Sie rufen alles ab, was der Körper hergibt", war Wolf voll des Lobes.

Im Waldstadion liefen wieder Fromlowitz, Schönheim, Bellinghausen, Reinert und Halfar auf, Steffen Bohl und Marcel Ziemer wurden später noch eingewechselt. Und tatsächlich war es Reinert, der den 1. FCK in Führung brachte, doch zu viele Chancen, das Spiel frühzeitig zu entscheiden, wurden vergeben, so dass die Frankfurter nach der Pause die Begegnung drehten und bis zur 82. Minute mit 2:1 führten. Dem zehn Minuten zuvor für Halfar gekommenen Ziemer gelang das verdiente 2:2, doch der 1. FCK hatte durch den Mainzer Sieg in Wolfsburg seine Position im Abstiegskampf nicht verbessern können. Nun drohte ein Abstiegsendspiel in Wolfsburg, wie 1996 in Leverkusen, als nur ein Sieg den 1. FCK hätte retten können. Doch zuvor stand das Gastspiel von Bayern München an, das noch einen Punkt brauchte, um alle theoretischen Zweifel am neuerlichen Gewinn der Deutschen Meisterschaft auszuräumen. Nach Altintops frühem 1:0 versäumte es der 1. FCK nachzulegen, um drei Punkte zu sichern und sich vor dem VfL Wolfsburg zu positionieren. Nach Ottls Ausgleich in der 68. Minute wurden die Lauterer aus Angst vor einer drohenden Niederlage immer nervöser und waren hauptsächlich darauf bedacht, das Unentschieden zu halten und den einen Punkt zu sichern. Stadionsprecher Horst Schömbs beruhigte die Bayern mit der Durchsage, dass der HSV in Berlin zurückliegt, was gleichbedeutend damit war, dass Bayern München nun die Meisterschaft in keinem Fall mehr zu nehmen war. Sichtlich schaltete der alte und neue Deutsche Meister einen Gang zurück. Eintracht Frankfurt hatte sich mit einem Unentschieden in Dortmund den Klassenverbleib gesichert, Wolfsburg war beim VfB Stuttgart mit 1:2 unterlegen und lag vor dem letzten Spieltag, an dem der 1. FCK, der mit 32 Punkten auf Platz 16 stand, in der VW-Arena gastierte, mit 33 Punkten einen Platz davor auf einem Nichtabstiegsplatz. Für die Lauterer zählte am 13. Mai 2006 bei ihrem Angstgegner, wo sie noch nie gewonnen und lediglich zu Zweitligazeiten ein Unentschieden erreicht hatten, nur ein Sieg. Wolfsburg genügte bereits ein Remis, um in der Bundesliga zu bleiben. Nach dem 1:1 gegen Bayern München verabschiedete der 1. FCK die scheidenden Spieler Thomas Ernst, Thomas Riedl und Ferydoon Zandi. Ciriaco Sforza hatte – wie auch der über seine Ausbootung enttäuschte Timo Wenzel – darauf verzichtet, an diesem Zeremoniell teilzunehmen. Mehr Grund zum Feiern hatten die Bayern, die wie schon in der Saison zuvor auf dem Betzenberg den Meistertitel klarmachten. Die bangen Blicke der Lauterer Fans richteten sich derweil schon gen Wolfsburg. Zum Feiern gab es in der Pfalz noch keinen Anlass. Eine ganze Woche voller Alpträume lag vor so manchem Anhänger, der es nicht erwarten konnte, endlich erlöst zu werden nach einer Saison des permanenten Leidens und Bangens, die nun endgültig – so oder so – zu Ende gehen würde.

Nun hatte der 1. FCK sein Endspiel, allerdings wie 1996 im Stadion des Gegners, der ebenfalls den Abstieg vermeiden wollte und zweifellos die Mehrzahl der Zuschauer hinter sich wusste. Und der seltene Fall war eingetreten: Die VW-Arena war mit 30.000 Zuschauern ausverkauft. Doch ist das Wolfsburger Publikum nicht gerade als besonders enthusiastisch bekannt, so dass die Lauterer auf lautstarke Anfeuerung durch ihren kleineren Anhang bauen konnten. Die positive Stimmung zahlte sich für die Roten Teufel zunächst aus. Nach 20 Minuten traf Altintop in seinem letzten Spiel für den 1. FCK zum 0:1. Jetzt war es erst einmal geschafft, Lautern drin, Wolfsburg draußen. Doch Wolfsburgs Markus Münch – jener Leverkusener Spieler, der den 1. FCK 1996 in die 2. Bundesliga geschossen hatte – hieß Cedric Makiadi, und der erzielte in der 66. Minute das 1:1 und bereitete drei Minuten danach das 2:1 durch Diego Klimowicz vor. Der 1. FCK war nun am Boden zerstört, musste zwei Tore erzielen, um den Klassenverbleib zu schaffen, was rund 20 Minuten vor Schluss einer Sisyphusarbeit gleichkam. Der eingewechselte Ziemer nährte vier Minuten vor Spielende noch einmal eine zarte Hoffnung, als ihm per Kopfball das 2:2 gelang. Die Nerven lagen blank, der Schiedsrichter schickte Trainer Wolf an seiner alten Wirkungsstätte eine Minute vor Schluss auf die Tribüne, weil er sich an der Seitenlinie nicht mehr hatte beherrschen können. Der 1. FCK lief in seinem letzten Saisonspiel den vielen vergebenen Chancen aus den 33 Spielen zuvor hinterher und war mit dem Schlusspfiff abgestiegen.

**René C. Jäggi verlässt Kaiserslautern. Sportlich gescheitert, wirtschaftlich von Nöten geplagt ist der 1. FCK. Aber das Fritz-Walter-Stadion ist WM-Spielort.**

Die Ära Jäggi, in der der 1. FCK so nah am existenziellen Abgrund war wie nie zuvor in seiner 106-jährigen Geschichte, ging mit dem sportlichen „worst case" zu Ende, dem zweiten Abstieg aus der Bundesliga. Nach Platz 14, 15 und 12 in den zurückliegenden drei Spielzeiten unter dem Regiment des Schweizer Sanierers blieb dieses Mal nur Rang 16 – Abrücken in die 2. Bundesliga. Wirtschaftlich hangelte sich der 1. FCK Saison für Saison mit geringerem Etat an der Abstiegszone entlang, nun war er abgestürzt und wie 1996 war es auch dieses Mal kein Betriebsunfall. Zwangsläufig hatte es irgendwann so enden müssen. Immer weniger Substanz hatte einen so enormen Qualitätsverlust zur Folge, dass auch ein frühzeitiger Trainerwechsel nicht die erhoffte Wende brachte. Sportlich geschwächt und von permanenten Geldnöten geplagt, durch gerichtliche Auseinandersetzungen mit der alten Vereinsführung ständig in den Schlagzeilen – so präsentierte sich der 1. FCK zwischen 2002 und 2006. Das Glück war so manches Mal auf der Seite der Lauterer gewesen, doch im Mai 2006 war es einfach aufgebraucht. In der VW-Arena von Wolfsburg gingen für die Roten Teufel die Lichter in der Bundesliga aus, und nicht wenige befürchteten, der Abschied aus dem Oberhaus könnte ein Abschied für längere Zeit sein. Acht Spielzeiten nach dem sensationellen Titelgewinn unter Trainer Otto Rehhagel war der 1. FCK wieder ganz unten angelangt, wie 1996.

Und wie 1996, als Jürgen „Atze" Friedrich und Dr. Robert Wieschemann die Ablösung des alten Vorstandes und des alten Aufsichtsrates erfolgreich betrieben hatten, standen auch jetzt auf fast allen Vereinsebenen Veränderungen an. René C. Jäggi schied als Vorstandsvorsitzender endgültig aus, der eher bodenständige Erwin Göbel folgte ihm nach. Arndt Jaworski, zuvor für den Vermarkter „Sport five" für den 1. FCK zuständig, wurde neues Vorstandsmitglied. Zwar blieb Wolfgang Wolf Trainer, doch die Suche nach einem Sportdirektor war nach den Flops mit Kuntz und Wilmots abgeblasen worden, so dass Personalentscheidungen und sportliche Verantwortung allein in der Hand des Trainers lagen – sofern finanziell machbar.

Zunächst stand – anders als 1996, als der Stamm der abgestiegenen Mannschaft geblieben war – auf dem Betzenberg ein Stühlerücken in einem bis dahin nicht gekannten Ausmaß an. Insgesamt 21 Spieler verließen den Verein, lediglich Torhüter Macho und die jungen Spieler Fromlowitz, Schönheim, Bohl, Reinert, Halfar, Bellinghausen und Ziemer blieben, dazu fanden Henn, Sippel und Gaebler Aufnahme in den künftigen Kader. Die Liste der Abgänge mit ihren neuen Wirkungsstätten las sich wie eine Tour d'Europe mit kleinen Abstechern in die weite Welt: Blank (MSV Duisburg), Engelhardt (1. FC Nürnberg), Gjasula (FC St. Gallen), Altintop (Schalke 04), Hertzsch, Wenzel (beide FC Augsburg), Hoiland (Malmö FF), Jancker (Shanghai Shenhua), Lembi (Metalurg Donezk), Mikic (NK Rijeka), Pletsch (Panionos Athen), Reuter (1. FC Saarbrücken), Riedl (SV Superfund Pasching), Zandi (TuS Koblenz), Göktan (1860 München II), Kosowski (AC Chievo Verona), Mettomo (FC Luzern), Skela (Ascoli Calcio). Der verdiente Torhüter Thomas Ernst beendete seine Karriere, Boubacar Sanogo wurde für 3,8 Mio. € an den HSV verkauft und lautlos verabschiedete sich Ciriaco Sforza zum FC Luzern und trat dort seine erste Trainerstelle an. Inwieweit der ehemalige Schweizer Nationalspieler dazu hätte beitragen können, den 1. FCK vor dem Abstieg zu retten, bleibt für immer eine hypothetische Frage. Tatsache bleibt aber auch, dass das sture Festhalten von Jäggi und Wolf an der Suspendierung des erfahrenen Spielers, der quasi als einziger Spieler der Roten Teufel anno 2006 in der Lage gewesen wäre, die orientierungslose Mannschaft wieder auf Kurs zu bringen und sie zu führen, den 1. FCK um seine Restchance brachte, den Klassenverbleib zu sichern.

Nun aber ging es nicht mehr um den Klassenverbleib, sondern um die Suche nach preiswerten, möglichst ablösefreien Spielern, mit denen – gemeinsam mit dem verbliebenen Rest – möglichst umgehend der Wiederaufstieg gelingen sollte. Doch anders als 1996 würde 2006/07 eine völlig neuformierte Mannschaft ins Rennen gehen, die erst einmal zusammenwachsen müsste. Zudem war die 2. Bundesliga in den zurückliegenden zehn Jahren bedeutend spielstärker geworden, viele alte Bekannte aus der Saison 1996/97 wie der SV Meppen, VfB Lübeck, FSV Zwickau oder der FC Gütersloh waren böse abgestürzt und gar nicht mehr dabei. Die Konkurrenz 2006/07 würde enorm sein: Außer mit dem 1. FCK rechnete man mit den beiden Mit-Absteigern MSV Duisburg und 1. FC Köln als Aufstiegsaspiranten, dazu mit den Ex-Bundesligisten SC Freiburg, 1860 München und Hansa Rostock sowie mit einer Überraschungsmannschaft, wie es sie in der 2. Bundesliga in fast jeder Saison gab.

# Ciriaco Sforza und Youri Djorkaeff

## Zwei Ausnahme-Fußballer in Kaiserslautern

Der Schweizer Nationalspieler und der französische Welt- und Europameister weckten in vielen älteren Fans auf dem Betzenberg die Erinnerung an die Zeiten eines Fritz Walter.

Das inzwischen nicht mehr existierende Fußballmagazin *Hattrick* sah in ihm den „Trainer mit der Nummer zehn", doch als er vor dem Bundesligaspiel gegen den VfB Stuttgart am Gründonnerstag Abend 1993 im Presseraum der alten Nordtribüne als erster Neuzugang für die Saison 1993/94 präsentiert wurde, kannte Ciriaco Sforza fast keiner unter den anwesenden Journalisten. Da stand ein junger und gut aussehender Spieler, der dem Mittelfeldspiel des 1. FCK neue Impulse verleihen und die Mannschaft, die sich nach Karl-Heinz Feldkamps abruptem Abgang nach unten orientierte, wieder aufrichten sollte. Der damals aktuelle Trainer Rainer Zobel freute sich auf Sforza, doch zur Zusammenarbeit kam es nicht mehr, da sein Gastspiel wegen Erfolglosigkeit frühzeitig nach nur einer Spielzeit beendet wurde.

Mit Sforza kam ein zweiter Schweizer, zudem ein echter Eidgenosse. Denn vor ihm war schon Friedel Rausch gekommen, bis dahin als Trainer beim FC Basel und zuvor beim FC Luzern tätig. Der war ein Kind der Bundesliga, damals als Spieler beim Meidericher SV und bei Schalke 04 und als erfolgreicher Coach von Eintracht Frankfurt. Rausch wusste sofort, was er an Sforza hatte. Der erste Auftritt des italienischstämmigen Nationalspielers bei seiner Bundesliga-Premiere im Spiel des 1. FCK beim 1. FC Köln geriet zur Gala, und bei seinem Heimdebüt gegen Borussia Mönchengladbach schnalzten die Zuschauer im Fritz-Walter-Stadion anerkennend mit der Zunge. So einen hatten sie sich gewünscht – jung, ideenreich, technisch brillant, einen, der das Spiel lesen konnte, der es verstand, das Spiel mal langsamer, mal schneller zu machen, dazu ausgestattet mit einem guten Torschuss. Rausch ließ Sforza an der langen Leine, wusste, dass dieser seinen Kopf hatte, eigensinnig war und oft gegen den Strom schwamm, aber immer mit dem Willen zum Erfolg, den er stets als sein Ziel definierte. „Ich will etwas gewinnen mit dem 1. FCK", war zu jener Zeit und auch bei seinen zwei späteren Engagements bei den Roten Teufeln – unterbrochen von seiner Zeit bei Bayern München und Inter Mailand – Leitspruch und selbstformulierter Anspruch des Ciriaco Sforza.

Gleich in seiner ersten Saison führte er die Lauterer, die gegen Ende jener Spielzeit einen schier unglaublichen Lauf hatten, fast noch zum Gewinn der Deutschen Meisterschaft. Unvergessen ist vor allem das 4:0 an einem Donnerstag Abend gegen Bayern München, dem der 1. FCK derart auf die Pelle rückte, dass an der Isar die Angst umging, die Pfälzer könnten ihnen wie schon 1991 die Meisterschale wegschnappen. Am Ende reichte es mit einem Punkt Rückstand nur zu Platz zwei für den 1. FCK, der aber nach seiner Rückkehr von seinem letzten Auswärtsspiel am Rathaus von Zehntausenden Fans gefeiert wurde, als wäre er Meister geworden.

Da hatte Sforza schon längst andere Pläne, man sprach von einem Angebot von Lazio Rom, und jeder in der Pfalz wusste, dass es Sforzas größter Wunsch war, einmal bei einem italienischen Verein in der Serie A spielen zu dürfen. Schon geisterten die Namen von Spielern umher, die den Schweizer ersetzen sollten, wie etwa Maurizio Gaudino, der damals bei Eintracht Frankfurt unter Vertrag stand. Doch Sforzas Wechsel zerschlug sich, und nach der Fußballweltmeisterschaft in den USA, bei der die Schweizer „Nati" in einer Gruppe mit Rumänien, Kolumbien und den Gastgebern das Achtelfinale gegen Spanien (0:3) erreichten, kehrte er nach Kaiserslautern zurück und nahm einen zweiten Anlauf, um hier zu Meisterehren zu kommen. Am Ende war es der vierte Platz, und es war auch das vorläufige Ende der Beziehung Sforza – 1. FCK. Von Enkenbach-Alsenborn hieß es Abschied nehmen, das neue Domizil wurde in Oberhaching vor den Toren Münchens aufgeschlagen, wohin ihn die Bayern mit ihrem neuen Trainer Otto Rehhagel gelockt hatten. Auf seines Vaters Fortunatos Rat hatte der Sohn nicht gehört, der ihm prophezeit hatte, wie schwierig er es bei dem deutschen Rekordmeister haben würde und ihm zu bedenken gab, welche Rolle und welche Freiheiten er in Kaiserslautern weiter hätte haben können.

Mit Bayern München wurde Sforza UEFA-Cup-Sieger, doch nach nur einer Spielzeit zog er weiter zu Inter Mailand, wo er ein Star unter vielen war und nach nur einer Saison zurückkam zum 1. FCK, der nach dem Verlust von Sforza und Kuntz 1996 abgestiegen war. Mit Trainer Otto Rehhagel war der sofortige Wiederaufstieg gelungen, und um in der Bundesliga wieder eine gute Rolle spielen zu können und nicht gegen den Abstieg kämpfen zu müssen, musste eine Mischung aus kreativen und kampfstarken Spielern gefunden werden. Sforza kam, dirigierte und wurde 1998 Deutscher Meister, zeigte den Bayern, was in ihm steckte: Ein Organisator, wenn man ihn ließ, ein Inspirator, wenn er seine Freiheiten hatte, eine Führungspersönlichkeit, wenn man sich mit ihm arrangierte. Doch nach der Meisterschaft hörten sie in Kaiserslautern nicht auf ihn, ignorierten Sforzas Forderungen nach gezielter Verstärkung der Mannschaft für die bevorstehende schwere Saison mit Bundesliga, Champions League und DFB-Pokal. Statt zu klotzen kleckerte man sich eine Mannschaft zusammen, mit der man den Titel nur schwerlich verteidigen konnte und hielt an Spielern fest, die den internationalen Anforderungen nicht (mehr) gewachsen waren.

Das Scheitern in der Champions League an Bayern München und das Verspielen der erneuten Qualifikation für diesen Wettbewerb am letzten Spieltag der darauf folgenden Saison waren Tiefschläge für Sforza, der stets das Optimale anstrebte und sich über die leichtfertig vergebene Chance, in Europas Höhen vorzustoßen, ärgerte. Als es

Ciriaco Sforza

in der Saison danach – inzwischen hatte der 1. FCK mit Youri Djorkaeff erneut einen Spieler von Inter Mailand verpflichtet – nicht lief, legte sich Sforza, der in der Sommerpause mit einem Wechsel zu Borussia Dortmund geliebäugelt hatte, mit Trainer Otto Rehhagel an, der ihn zunächst nicht mehr berücksichtigte, dann aber nach Intervention des Vorstands klein beigab und zum Verlierer der Auseinandersetzung mit dem Schweizer wurde. Am Ende der Saison verließ Sforza den 1. FCK und wechselte ein zweites Mal zu Bayern München, wo er bis 2002 blieb, aber nur wenig Akzeptanz hatte und zu Beginn der Spielzeit 2002/03 erneut auf den Betzenberg zurückkehrte.

Doch die guten Zeiten unter Rausch und Rehhagel waren unwiederbringlich vorbei, der 1. FCK stand am Beginn einer stetigen Abwärtsentwicklung, die der in die Fußballerjahre gekommene und langsamer gewordene Schweizer allein nicht aufhalten konnte. Hinzu kamen schwere Verletzungen, medizinische Eingriffe und die damit verbundenen langen Pausen. 18 Monate musste er tatenlos zuschauen, ehe er im Dezember 2004 sein von vielen nicht mehr für möglich gehaltenes Comeback im Spiel gegen Bayern München feierte.

Ein Liebling der Massen auf dem Betzenberg war Sforza nie, dazu waren die Pfälzer zu sehr beleidigt, als er sie 1995 vor seinem ersten Wechsel nach München als provinziell bezeichnet hatte. Erst als den Fans in der Saison 1997/98 klar geworden war, dass vor allem Sforza der Garant für den Gewinn der Meisterschaft gewesen war, stieg seine Akzeptanz merklich an. Doch als in seiner dritten Lauterer Phase zwischen 2002 und 2006 bekannt wurde, dass er zu seinem Vertrag als Spieler einen Anschlussvertrag als Sportmanager besaß, schlug die Stimmung um. Nicht nur der Vorstand, der dies unterzeichnet hatte, geriet in die Kritik, auch der Spieler hatte sich unbeliebt gemacht und sich nach Meinung vieler Fans und Leserbriefschreiber als „Abzocker“ geoutet. Als der 1. FCK wie aus heiterem Himmel im Oktober 2005 die Suspendierung Sforzas durch den Vorstandsvorsitzenden Jäggi verkündete, weil der Spieler Trainer Henke intern scharf – und wie sich hinterher herausstellte, zu Recht – kritisiert und grundlegende Veränderungen angemahnt hatte, wussten viele nicht, wie sie mit dieser Entscheidung umgehen sollten. Diejenigen, für die Sforza ein Querulant, Störenfried oder Stinkstiefel war, wie ihn Karl-Heinz Rummenigge einst charakterisiert hatte, fanden die Intervention der Verantwortlichen gut. Die Fußballverständigen, die um die Defizite des 1. FCK wussten, aber befürchteten genau das, was später eintraf: Dass der Verlust dieses potenziellen Führungsspielers nicht kompensiert werden könnte und die Mannschaft aus der Bundesliga absteigen würde. So bestritt Sforza am 15. Oktober 2005 beim 3:3 gegen Borussia Dortmund sein letztes Spiel für die Roten Teufel, saß fortan auf der Tribüne, verschmäht auch vom neuen Trainer Wolfgang Wolf, der Größe bewiesen hätte, wäre er auf Sforzas Angebot, sich zur Verfügung zu stellen, eingegangen. Ein Ciriaco Sforza in Normalform hätte als Scharnier zwischen all den jungen Spielern Fromlowitz, Schönheim, Reinert und Halfar wirken und ihnen Sicherheit und Halt geben können. Der Abstieg wäre eventuell zu vermeiden gewesen. So musste einer der besten Spieler, die je das Trikot des 1. FCK getragen haben, von der Tribüne und am Fernseher mit ansehen, wie der Verein, bei dem er drei Mal angeheuert hatte und der ihm ans Herz gewachsen war, in sein Verderben lief und aus der Bundesliga abstieg.

Eine gebührende und angemessene Verabschiedung fand nicht statt, der Abschied aus Kaiserslautern war von einer gewissen Tragik, die irgendwie dem Adieu von Zinedine Zidane im WM-Finale 2006 ähnelte. Zwei große Spieler, hier der Weltstar Zidane bei der WM, dort der Regisseur Sforza auf der Provinzbühne Kaiserslautern, hatten sich um ihren verdienten Abschied gebracht. Anstatt umjubelte Helden waren sie beide zu tragischen Figuren geworden – der eine durch eine Unbeherrschtheit, der andere durch seine Ehrlichkeit und Aufrichtigkeit gegenüber seinem Arbeitgeber, der gegen unbequeme Wahrheiten immun war.

Als der 1. FCK gegen Ende der Saison 2006/07 einen Nachfolger für den entlassenen Trainer Wolf suchte, tauchte auch Sforza – inzwischen im Besitz der A-Lizenz und Seminarist an der Deutschen Sporthochschule in Köln zur Erlangung der Trainerlizenz für die Bundesliga – auf der langen Liste der Kandidaten auf. Das *KICKERsportmagazin* hielt Sforza lange Zeit für den aussichtsreichsten Kandidaten und wähnte den Vertrag schon in trockenen Tüchern. Doch der Schweizer, inzwischen erfolgreicher

Trainer beim FC Luzern, zog es schließlich vor, erst einmal in der Schweiz zu bleiben und Erfahrung zu sammeln. Zu frisch sind die Erinnerungen an die aktiven Zeiten auf dem Betzenberg, zu präsent noch die Altlasten, die Teile der Fans, die ihn nicht wollten, ausgruben, um den ausgewiesenen Fußballfachmann zu verhindern. Sforza wäre sicher ein innovativer Trainer gewesen, doch vielleicht scheute man die Zusammenarbeit mit einem Mann, der bei keinem seiner drei Gastspiele beim 1. FCK pflegeleicht und sprachlos, umhüllt von Sprachhülsen und stereotypen Äußerungen, war.

✦

Es war Anfang August 1999, als der 1. FCK den von Giovanni Trapattoni trainierten AC Florenz zu einem Vorbereitungsspiel empfing und dabei offenbarte, dass ihm zum erneuten Angriff auf einen der vorderen Tabellenplätze noch ein zusätzliches kreatives Element fehlte. Zwei Tage später war der Deal des 1. FCK mit Inter Mailand perfekt: Der französische Weltmeister von 1998, Youri Djorkaeff, unterschrieb einen Dreijahresvertrag und löste einen Run auf sein Trikot mit der Nummer 14 aus. Beim Stadionfest wurde er den Fans vorgestellt, erhielt stehende Ovationen und musste pausenlos Autogramme schreiben – ein gebührender Empfang für den Mann aus dem Nachbarland, der gleich sein Ziel ausgab: „Wir wollen uns mindestens für die Champions League qualifizieren." Der 1. FCK hatte einen Führungsspieler gefunden, der in seinem Ehrgeiz zu Ciriaco Sforza passte und bei dem man sich fragte, was ihn, den Mann von Welt, der schon in Monaco, Paris und Mailand gespielt hatte, in die pfälzische Provinz geführt hatte. „Ich spiele lieber in einer kleinen Stadt mit großen Ambitionen als umgekehrt. Das Stadion auf dem Hügel, darunter dieses Dorf: Wie ein Symbol eines Fußballs, der über allem steht", lautete seine Liebeserklärung an Kaiserslautern, die sich leider zweieinhalb Jahre später ins Gegenteil verkehrte. Doch am Anfang, als Otto Rehhagel noch Trainer beim 1. FCK war, fühlte sich der armenischstämmige Franzose sichtlich wohl am Rand des Pfälzer Waldes, den er zu ausgiebigen Spaziergängen mit Familie und Hund nutzte.

Doch abseits des Fußballplatzes gab es noch andere wichtige Aktivitäten für ihn. Stets kümmerte er sich um das Gedenken an die 1,5 Millionen armenischen Opfer des türkischen Genozids von 1915, den die Türkei nach wie vor leugnet(e). Aus diesem Grund musste Djorkaeff auch zu Hause bleiben, als Frankreich ein Länderspiel in der Türkei austrug. Zu sehr hatte sich der Spieler engagiert, bei einem Besuch in Armenien den damaligen, eineinhalb Monate später ermordeten Ministerpräsidenten Vasgen Sarkissian getroffen und das Land erkundet, aus dem seine Großeltern väterlicherseits ohne Papiere und unter Einsatz ihres Lebens hatten fliehen müssen. Mit ihren Enkeln sprachen sie nie über diese schrecklichen Ereignisse, doch Youri bohrte so lange, bis er von ihnen und von seinem Vater, der ebenfalls französischer Nationalspieler war, die Wahrheit erfuhr. Und fortan für die Erinnerung an den Genozid kämpfte und stolz darauf war, dass die französische Nationalversammlung – im Gegensatz zu anderen nationalen Parlamenten von EU-Ländern – eine entsprechende Erklärung verabschiedete.

An Abschied dachte in der Saison 1999/2000 noch keiner, da Djorkaeff ja gerade erst gekommen war und sich zu akklimatisieren begann. Dies fiel ihm leicht, denn Rehhagel respektierte seine Ausnahmestellung als Weltmeister, verzieh ihm ein paar schwächere Spiele, weil sie in der Minderzahl waren und stets starke Auftritte folgten. Das *KICKERsportmagazin* stufte Djorkaeff in seiner Zeit unter Rehhagel in die „Internationale Klasse" ein, berief ihn in die Elf der Hin- wie der Rückrunde und ernannte ihn fünf Mal zum „Spieler des Spiels". Zwölf Tore und sechs Assists standen bei einem Notendurchschnitt von 2,96 zu Buche. Sein vielleicht bestes Bundesligaspiel für den 1. FCK war im Frühjahr 2000 das 4:3 gegen Werder Bremen. Eine packende Partie mit Offensivfußball auf beiden Seiten und einem Torschützen und Vorbereiter à la Bonheur. Der damalige Aufsichtsratsvorsitzende Wieschemann stürzte nach dem Spiel in den Presseraum und stellte Djorkaeff auf eine Stufe mit Fritz Walter. Auch im UEFA-Pokal hatte der Franzose eine Kostprobe seiner Willenskraft und seiner Suggestivfähigkeiten gegeben. Als es gegen Tottenham Hotspur kurz vor Spielende noch 0:0 stand und der 1. FCK draußen gewesen wäre, spornte er alle noch einmal an und schaffte zusammen mit Andreas Buck die Wende zum Guten. Hinterher erklärte er, er habe dieses Spiel einfach nicht verlieren wollen: „The English are all snobs, that's it!"

Als die Ära Rehhagel im Herbst 2000 plötzlich zu Ende war, fragte nicht nur das französische Fußballmagazin *France Football*, wie es nun mit Djorkaeff, der eine enge Verbindung zu seinem Trainer gepflegt hatte, weitergehen würde. Der neue Coach strich zunächst einmal alle Privilegien, von denen auch Djorkaeff profitiert hatte. Alle Spieler, unabhängig von ihrer Erfahrung, ihren bisherigen Erfolgen und ihrer Reputation, mussten sich unterordnen. Und ein besonders kritisches Auge warfen Team-Manager Andreas Brehme und Trainer Reinhard Stumpf auf den Franzosen. Als dem ein junger Anhänger beim Training „Hey, Weltmeister!" zurief, drehte sich Brehme, der Weltmeister von 1990, um und musste sich anhören, wie der Junge den Kopf schüttelte und meinte, „Nein, der andere". Der Trainerwechsel und die veränderte Atmosphäre, die verminderte Akzeptanz und das fehlende Vertrauen – all das zusammen führte dazu, dass die Leistungskurve Djorkaeffs sich im Lauf der Saison nach unten bewegte. Das *KICKERsportmagazin* sah ihn nur noch „Im weiteren Kreis", ernannte ihn ein einziges Mal zum „Spieler des Spiels" und erfasste einen Notendurchschnitt von 3,29, der sich in der darauf folgenden Saison bei nur noch vier Einsätzen auf 4,00 verschlechterte. Nur zwei Tore und vier Vorlagen standen auf Djorkaeffs Konto, der völlig frustriert war über seine Behandlung durch das Gespann Brehme/Stumpf, das ihn, obwohl er hätte spielen können, im UEFA-Cup-Halbfinale bei CD Alavès nicht berücksichtigt hatte. Das Resultat war eine 1:5-Niederlage bei den Basken und das Verpassen des Endspiels gegen den FC Liverpool im Dortmunder Westfalenstadion.

Für eine Aktion war den Lauterern der französische Weltmeister aber noch gut genug. Als es um die Bewerbung der Stadt Kaiserslautern als Austragungsort der

**Youri Djorkaeff**

Fußballweltmeisterschaft 2006 ging, posierten in vorderer Reihe die 54er Weltmeister Horst Eckel, Fritz Walter und Ottmar Walter, dahinter Andreas Brehme und – Youri Djorkaeff.

Doch das Tischtuch zwischen Brehme und Djorkaeff war zerschnitten, daran änderte auch diese Aufnahme nichts. Zu sehr nutzte Brehme Trainingsrückstände und Konditionsschwächen des Franzosen, um ihm öffentlich zu bescheinigen, er sei nicht fit. Der wehrte sich dann und warf Brehme und Stumpf vor, ihn demütigen zu wollen. Schließlich war Djorkaeff nicht nur der beiden, sondern des gesamten Vereins, ja der Stadt und der Deutschen insgesamt überdrüssig und wollte nur noch weg. Vier Spiele als Ein- bzw. Auswechselspieler absolvierte er noch in der Saison 2001/02, sein letztes Heimspiel auf dem Betzenberg waren 78 Minuten beim 0:0 gegen Schalke 04. Sein allerletztes Spiel war die 0:2-Niederlage beim VfL Wolfsburg, wo er zur 2. Halbzeit eingewechselt wurde. „Fremdkörper will heim“ hatte die *taz* den Auftritt des Weltmeisters, der seit 2000 auch Europameister war, kommentiert. Kurzzeitig hatte das inzwischen die französische Ligue 1 beherrschende Olympique Lyon, nur wenige Kilometer vom Domizil der Großfamilie Djorkaeff in Décines entfernt, Interesse an einer Verpflichtung gezeigt, dann aber zurückgezogen.

Am Fastnachtsdienstag 2002 lösten der 1. FCK und Djorkaeff den noch bis zum Saisonende gültigen Vertrag vorzeitig auf. Der Spieler hatte dem Verein damit gedroht, im Vorfeld des Länderspiels Deutschland gegen Israel am darauf folgenden Abend eine Pressekonferenz, wenn notwendig auch vor dem Stadion abzuhalten. Was war passiert? Djorkaeff war sich längst mit dem englischen Premier-League-Club Bolton Wanderers einig, doch der 1. FCK wollte ihn nicht gehen lassen. Dabei hatte er die zurückliegenden zehn Tage alleine trainieren müssen. Schließlich trat der Vorstandsvorsitzende Jürgen „Atze" Friedrich mit Djorkaeff vor die Presse. Eine Frage, die Brehme betraf, wies der Franzose zurück: „Ich möchte von dieser Person nicht sprechen, weil es ihr zu viel Wichtigkeit gibt." Dann war das Gastspiel des Youri Djorkaeff auf dem Betzenberg endgültig beendet, und seine Hauptgegner meldeten sich zu Wort. „Ich bin zufrieden, dass er endlich gegangen ist. Jetzt wissen wir, dass unsere Trainingseinheiten wieder pünktlich beginnen werden", rief ihm Mario Basler hinterher, und Georg Koch kartete nach: „Der große Egoist ist gegangen. Er war ein großer Angeber und Wichtigtuer."

Als die WM 2006 vor der Tür stand, stellte *France Football* die Städte und ihre Stadien vor. Zu Kaiserslautern war Folgendes zu lesen: „Nichts, was man hier tun kann und nichts Großartiges zu sehen. Am Rande des Pfälzer Waldes und ungefähr 50 Kilometer entfernt von der französischen Grenze liegt Kaiserslautern, eine der unattraktivsten Städte in Deutschland. Wegen der fast totalen Zerstörung im 2. Weltkrieg hat die Stadt weder ein historisches Zentrum noch touristische Sehenswürdigkeiten. Die mit 100.000 Einwohnern kleinste Stadt der WM hat Youri Djorkaeff traumatisiert: ‚Dort erlebte ich einen Alptraum. Ich blieb krank zu Hause und hatte keinerlei Lust, nach draußen zu gehen.'"

Draußen, das war für Youri Djorkaeff anschließend die Premier League und die Bolton Wanderers sowie danach die Blackburn Rovers. Entente Sannois-Saint-Gratien, ein französischer Club der dritten Liga National, brachte sich danach ins Gespräch, doch Djorkaeff entschied sich für das lukrativere Angebot von Red Bull New York in der US-amerikanischen Major League Soccer. Auf Deutschland ist er weiterhin nicht gut zu sprechen. Als er während der WM 2006 bei einem Spiel als Zuschauer auftauchte, geriet er kurz ins Visier der Polizei, da er einer Vorladung zu einem Prozess in Kaiserslautern nicht nachgekommen war. Es ging um Fahrerflucht. Gegen eine Kaution konnte er wieder ausreisen, doch diese Aktion hat seine Aversionen gegen Deutschland noch weiter verstärkt, die sich zuvor vor allem aus Erlebnissen mit diversen Journalisten speisten, die seine Äußerungen in französischen Medien, zum Teil abenteuerlich übersetzt, dazu benutzten, ihn in Deutschland in ein falsches Licht zu rücken. Trotz des unschönen Abgangs aus Kaiserslautern und des unwürdigen Nachkartens ist aber unbestritten, dass Youri Djorkaeff zu den besten Spielern zählte, die jemals das Trikot des 1. FCK getragen haben. ■

# Gasse frei für Kurt Beck

## Eine detaillierte Antwort auf eine Kleine Anfrage im Mainzer Landtag

**„Ohne Kurt Beck wird bei uns kein Spiel angepfiffen."**
*Der ehemalige Profi des 1. FCK, Ratinho, in einer Anzeige der SPD von 2001.*

Seine enge Verbundenheit mit dem 1. FCK hat dem Südpfälzer Kurt Beck, Ministerpräsident von Rheinland-Pfalz und inzwischen auch Bundesvorsitzender der SPD, in dem von ihm regierten Bundesland nicht nur Freunde beschert.

Dies belegt die Drucksache 13/6998 vom 17.4.2001 des Landtages Rheinland-Pfalz. Inhalt: Eine Kleine Anfrage des Landtagsabgeordneten Dr. Walter Altherr (CDU) und die darauf erfolgte Antwort des Vertreters der Staatskanzlei, Regierungssprecher Walter Schumacher. Der, auch Mitglied der SPD und als Lauterer selbst Fan der Roten Teufel, hatte vor seiner Zeit in Mainz als Moderator beim Südwestfunk (SWF, heute SWR) gearbeitet und unter anderem die morgendliche *Funkboutique* moderiert. Seine HörerInnen schätzten ihn dabei als scharfsinnigen und ironischen Radiomann und bedauerten seinen Abschied aus dem Äther sehr. Doch diese Anfrage Altherrs bot Schumacher nun in seinem neuen, trockeneren Metier die Möglichkeit, mit den Mitteln der Satire zu antworten.

Was war geschehen? Der brasilianische Mittelfeldspieler des 1. FCK, Ratinho, hatte in einer Wahlanzeige der rheinland-pfälzischen SPD den Satz „Ohne Kurt Beck wird bei uns kein Spiel angepfiffen" losgelassen und folgende Kleine Anfrage der CDU provoziert:

*1. Welche Heimspiele des o.g. Fußballclubs besuchte der Ministerpräsident Kurt Beck in der Saison 1999/2000 und in der laufenden Saison 2000/2001?*

*2. Bei welchen Heimspielen war der Ministerpräsident in der Saison 1999/2000 und der Saison 2000/2001 nicht anwesend?*

*3. Vorbehaltlich der detaillierten Beantwortung der Frage 2 kann man davon ausgehen, dass der Ministerpräsident nicht alle o.a. Heimspiele des FCK besuchen konnte. Folgt man nun der Aussage des o.a. Spielers Ratinho, so hätten diese Spiele nicht angepfiffen werden können. Ist der Landesregierung ein solcher Fall bekannt?*

*4. Sofern die Frage 3 mit Nein beantwortet wird, wie ist dann die Glaubwürdigkeit und Ernsthaftigkeit des o.a. Zitates in der Wahlanzeige der SPD Rheinland-Pfalz zu bewerten?*

Schumacher ließ die Spiele zu den Fragen 1 und 2 auflisten, beantwortete Frage 3 mit Nein und führte zu Frage 4 aus:

„Hoch. Die Glaubwürdigkeit und Ernsthaftigkeit des Zitates ist philologisch zu bewerten – im sprichwörtlichen und nicht im wörtlichen Sinne.

Ein anderes Beispiel mag dies veranschaulichen: ‚Ohne Krimi geht die Mimi nie ins Bett.' Mit diesem Schlager-Refrain hat der Sänger Bill Ramsey eine Begeisterung und liebe Gewohnheit zum Ausdruck gebracht. Keinesfalls ist in dem volkstümlich gewordenen Lied die Behauptung aufgestellt worden, dass jene Frau mit Namen Mimi jeden Abend ausschließlich mit einem Krimi verbringe.

So wollte auch der Fußballspieler Everson Ratinho Rodriguez mit dem vom Fragesteller beanstandeten Zitat die Begeisterung und liebe Gewohnheit des Ministerpräsidenten, Fußballspiele auf dem Betzenberg zu besuchen, formulieren.

Die enge Verbindung zwischen dem Mitglied des 1. FC Kaiserslautern, Kurt Beck, und dem 1. FC Kaiserslautern wird auch in zahllosen Zeitungsartikeln beschrieben. Sie geht sogar so weit, dass sowohl Kurt Beck als auch Miroslav Klose, dem jüngsten Nationalspieler des 1. FC Kaiserslautern, ‚Bodenhaftung' attestiert wird *(Kölner Stadtanzeiger, 30. März 2001)*.

Beispiele für alltagssprachliche Übertragungen finden sich nicht nur im deutschen Schlager und im deutschen Fußball, sondern auch in der politischen Berichterstattung. So schreibt der Korrespondent der *Süddeutschen Zeitung* am 27. März 2001: ‚Christoph Böhr (damaliger Oppositionsführer der CDU im Mainzer Landtag) kommt aus Trier... hier wählen die Leute seit Jahrtausenden CDU.' Dem Korrespondenten, der ein gebürtiger Rheinland-Pfälzer, ja sogar ein Kind der Eifel ist, ist gewiss bekannt, dass die CDU nicht seit Jahrtausenden wählbar ist, da sie erst seit Jahrzehnten besteht. Er wollte offenbar das spezifische Wahlverhalten in Trier am 25. März 2001 signifikant beschreiben.

Wenn das Ergebnis der Landtagswahl im Wahlkreis 45, in dem der Fragesteller kandidierte, in der Lokalausgabe der *Rheinpfalz* am 26. März 2001 mit der Überzeile dargestellt wird, ‚Neuling auf dem Landesparkett nur eine Nasenlänge voraus', so wollte der Redakteur damit keinesfalls sagen, dass das Land Rheinland-Pfalz mit Parkett belegt ist oder die Wahl nicht durch Stimmenmehrheit, sondern durch die Länge der Nasen entschieden worden ist. In alltagssprachlicher Übertragung ist die Überzeile aber richtig, glaubwürdig und ernsthaft."

Kurt Beck ließ sich von der Kleinen Anfrage nicht von seinen lieben Gewohnheiten abbringen und nimmt so oft er kann seinen Platz auf der Nordtribüne ein – stets pünktlich, denn seiner Karosse bahnt selbstverständlich Blaulicht den Weg durch den Stau der normalen Fans, hindurch durch die Blechlawine und bergauf zum Parkplatz, der sonst Spielern und Funktionären vorbehalten ist – Gasse frei für Kurt Beck. ■

# Wieder in der 2. Liga

## Wie der 1. FC Kaiserslautern fast die gesamte Mannschaft austauschte und vergeblich um den sofortigen Wiederaufstieg kämpfte

Trainer Wolfgang Wolf.

„Ich will am 34. Spieltag zufrieden sein", verkündete Trainer Wolfgang Wolf vor Beginn der Saison und rechnete nicht im Traum damit, dass er diesen letzten Spieltag gar nicht mehr als Trainer des 1. FCK erleben würde. Zu stark schienen die Bande, die mit dem Mann geknüpft worden waren, der den Betzenberg aus seiner eigenen Zeit als engagierter Kämpfer in der Abwehr in- und auswendig kannte. Mehrmals schon war er – genau wie die anderen Ex-Lauterer Friedhelm Funkel und Klaus Toppmöller – genannt worden, wenn es um den Wunschkandidaten des 1. FCK für den Trainerstuhl ging, doch stets traf es sich, dass alle drei unter Vertrag standen, wenn bei den Roten Teufeln Handlungsbedarf bestand. Trotzdem war es Wolf, der ja zuvor in Nürnberg entlassen worden war, nicht leicht gefallen, den Trainerjob bei seinem alten Verein anzunehmen. „Ich bin in kochend heißes Wasser gesprungen, als ich hierher gekommen bin", wusste er, dass es schwierige Zeiten werden würden, die er und die Mannschaft zu durchleben hatten. Trotzdem war Wolf überzeugt von seiner Mannschaft, die er selbst zusammengestellt hatte und für die die 2. Bundesliga lediglich eine einjährige Durchgangsstation sein sollte. Allerdings waren die finanziellen Mittel zur Bildung einer aufstiegsfähigen Mannschaft stark eingeschränkt. Aus diesem Grund musste der 1. FCK den Ivorer Boubacar Sanogo für 3,8 Mio. € zum HSV ziehen lassen.

Für 350.000 € kam Aimen Demai vom 1. FC Saarbrücken, der Rest der Neuzugänge war weitgehend ablösefrei oder kam für eine geringe Leihgebühr.

Wer gehofft hatte, Wolf werde die in der Rückrunde der vorangegangenen Saison bewährten jungen Spieler als Gerüst benutzen und um sie herum erfahrene Akteure gruppieren, wurde enttäuscht. Die Liste der Neuen las sich, als hätte der 1. FCK auf einem großen Basar zugeschlagen. Ismael Bouzid und Noureddine Daham kamen vom Mouloudia Club Algier, Tamas Hajnal vom belgischen VV Saint Truiden, Moussa Ouattara von Legia Warschau, Ricardo Villar aus Südkorea von den Chunnam Dragons und Azer Karadas leihweise von Benfica Lissabon. Aus der englischen Football League, der ehemaligen 2. Division, kamen der Finne Aki Riihilahti vom Süd-Londoner Club Crystal Palace sowie der Kanadier Josh Simpson vom Süd-Londoner Absteiger FC Millwall. Vom russischen Saturn Ramenskoje wurde Nicolas Pavlovich verpflichtet, und aus der Bundesliga kamen Sven Müller (1. FC Nürnberg) und Stefan Lexa (Eintracht Frankfurt). Aus dem eigenen Fundus wurden Sascha Kotysch, Steffen Bohl, Andreas Gaebler, Tobias Sippel und Marcel Ziemer in den Kader übernommen.

In den Vorbereitungsspielen auf die 2. Bundesliga überzeugten die neuen Roten Teufel mit Siegen gegen Werder Bremen und den FC Liverpool, die beide allerdings ohne ihre zuvor bei der WM eingesetzten Spieler angetreten waren. Einen ersten Dämpfer für die hochgeschraubten Erwartungen erfuhr die Mannschaft bei ihrer Generalprobe eine Woche vor dem Saisonstart gegen den griechischen Erstligisten OFI Kreta, die mit 0:1 verloren ging. Die Feinabstimmung fehlte, viele Flanken kamen nicht an, im Mittelfeld gab es keinen, der Ordnung ins Spiel brachte, und im Angriff fehlte die Durchschlagskraft, so dass bereits an die Verpflichtung eines weiteren Stürmers gedacht wurde. Die Qual der Wahl hatte Wolfgang Wolf lediglich bei seinen Torhütern. Florian Fromlowitz, der in der Bundesliga starke Leistungen gezeigt hatte, hoffte demnach, auch in der neuen Saison die Nummer eins zu sein, doch Wolfs Wahl fiel auf den routinierteren Jürgen Macho. Der war über die gesamte Saison gesehen auch kein Fehlgriff, doch Wolf hatte gegen die Jugend entschieden und auch den anderen jungen Spielern einen Fingerzeig gegeben, dass sie künftig hinter dem einen oder anderen Neuzugang zurückstehen müssten. Der Frage, ob er weiter auf die Jungen bauen werde, wich Wolf am Beispiel Sebastian Reinert aus: „Ich will ihn nicht verheizen." Ähnliches galt auch für Fabian Schönheim, der sich in der Abwehr großer Konkurrenz ausgesetzt sah. „Allein neun Spieler stammen aus der Region – das schafft Identifikation", frohlockte der *Mannheimer Morgen* und verkannte dabei, dass der Vorteil der doppelt besetzten Positionen gerade für diese Spieler nicht selten zum Nachteil wurde, weil sie auf der Ersatzbank Platz nehmen und von dort zusehen mussten, wie es die älteren Neuen beileibe nicht besser machten. Dies führte ebenso zur Verunsicherung wie die Geheimniskrämerei des Trainers um die Position des Torhüters. Anstatt frühzeitig eine Entscheidung zu treffen, fiel diese erst zwei Tage vor dem Spiel gegen RW Essen.

In der Einschätzung der Aufstiegschancen dieser neuen Mannschaft gingen die Meinungen im Südwesten deutlich auseinander. Die einen hofften, mit den vielen neu geholten ausländischen Spielern einen guten Griff getan zu haben. Dagegen sprach, dass viele von ihnen bei ihren alten Clubs nur Ersatz gewesen waren und man dort froh war, sie los zu sein. Andere sahen angesichts des Exodus und des völligen Neuaufbaus beim 1. FCK die große Konkurrenz durch eine ganze Reihe anderer ehemaliger Bundesligisten, die alle auch den Aufstieg zum Ziel hatten. Der *Mannheimer Morgen* gehörte zu den Optimisten und verglich das neue Team mit der Meistermannschaft von 1990/91: „Was den Betzebuben vielleicht noch spielerisch fehlt, werden sie mit Einsatz und Kampfgeist ausgleichen… Mit erfahrenen Spielern… könnte sich ein Team mit Charakter finden, dann gelingt der Aufstieg…" Solche Vorschusslorbeeren taten dem 1. FCK vor der Premiere erst einmal gut.

Positiv am ersten Auftritt des 1. FCK war einzig die Kulisse. Anstatt der erwarteten 30.000 kamen an einem heißen Freitag um 18 Uhr über 40.000 Zuschauer ins Fritz-Walter-Stadion und ärgerten sich teilweise heftig, dass sie die Anfangsphase des Spiels überhaupt nicht mitbekamen. Staus an den Kassen verursachten ein Chaos, nicht wenige zogen verärgert wieder ab. Ihnen blieb der Anblick eines leidenschaftslosen Spiels der neu formierten Mannschaft gegen Aufsteiger RW Essen erspart, in dem der Ungar Hajnal eine Minute vor der Halbzeit auf Zuspiel von Reinert das einzige Tor des Tages erzielte. Die beiden Angreifer Daham und Pavlovich versagten und wurden in der Schlussphase des Spiels gegen Halfar und Ziemer ausgetauscht. Schönheim kam schon nach 46 Minuten für den völlig indisponierten und gelbrot-gefährdeten Ouattara. Besser lief es beim ersten Auswärtsspiel beim Karlsruher SC, der nach dem ersten Spieltag die Tabellenführung innehatte. Allein die Chancenverwertung stimmte nicht bei den Roten Teufeln, die immer wieder an Torhüter Markus Miller scheiterten und vier Minuten vor der Pause durch ein Tor von Giovanni Federico in Rückstand gerieten. Derselbe Spieler nutzte 20 Minuten vor Schluss einen Foulelfmeter, den Ouattara verursacht und dafür die Rote Karte gesehen hatte, zum 2:0-Endstand. Gegen den überforderten SC Paderborn legte der 1. FCK nach. Daham zeigte, was er kann und erzielte beide Tore gegen die Westfalen. Sechs Punkte aus drei Spielen war keine schlechte Ausbeute, doch nun war es an der Zeit, auch auswärts zu punkten. Vor der Partie bei Hansa Rostock stand jedoch das Pokalspiel beim 1. FC Gera 03 an. Der Auftritt bei den Thüringern, bei dem Karadas und Daham die Tore zum glanzlosen 2:0-Sieg beitrugen, entsetzte Wolfgang Wolf, der mit ansehen musste, wie Spieler, denen – wie Riihilahti – eine Schlüsselrolle zukommen sollte, versagten. Es war kein gutes Omen für Rostock, wo man durch ein Tor von Enrico Kern nach einer halben Stunde in Rückstand geriet und Demai 20 Minuten vor Spielende durch eine Gelb-Rote Karte verlor. Drei Minuten danach unterlief Beda ein Eigentor, der 1. FCK verlor wieder mit 0:2 und trat auf der Stelle.

Zwei Jahre zuvor waren die Karten im Fußball in Rheinland-Pfalz noch normal gemischt: Der 1. FCK und Mainz 05 in der Bundesliga, Eintracht Trier Zweitligist,

**22.9.2006 – TuS Koblenz auf dem Betzenberg. Die Roten Teufel erkämpfen ein 4:3.**

weiteres siehe Oberliga. Während Trier anschließend den Fahrstuhl zwei Etagen tiefer bis in die Oberliga Südwest nahm, ging die TuS Koblenz den umgekehrten Weg. Und nun begegnete sie dem 1. FCK auf Augenhöhe, das erste Derby im Fritz-Walter-Stadion stand an. Beide hatten nach zwei Siegen und zwei Niederlagen je sechs Punkte auf ihrem Konto, die Gäste verfügten aber über die bessere Tordifferenz, so dass der 1. FCK als Tabellenneunter gegen den Achten ins Rennen ging. In den Reihen der Koblenzer stand an jenem Freitagabend im September ein junger Spieler, der beim 1. FCK keine Chance mehr für sich gesehen hatte und an Rhein und Mosel gewechselt war: Rüdiger Ziehl erzielte nicht nur sein Traumtor auf dem Betzenberg, sondern war auch einer der Besten seiner Mannschaft, die dem 1. FCK ein bärenstarker Gegner war, der sich nie geschlagen gab.

Dabei lag lange Zeit sogar eine Sensation in der Luft, denn Koblenz führte zur Pause mit 2:0. Doch dann unterlief Sahin ein Eigentor, und mit einem Doppelschlag drehte der kurz zuvor eingewechselte Steffen Bohl das Spiel. Dahams 4:2 konnte Dzaka nur noch das späte Anschlusstor entgegensetzen. Der 1. FCK hatte mit einer grandiosen Aufholjagd das Spiel gedreht. Vielleicht hätte eine Niederlage an jenem Abend aber auch frühzeitig zu einer Selbstbesinnung und Neuorientierung und zum rechtzeitigen Umsteuern beim 1. FCK führen können. Aber die Freude über das Fußballfest überwog die kritischen Stimmen zu dem engen Spiel gegen einen weiteren Aufsteiger, der den 1. FCK an seine Grenzen geführt hatte. Dem enttäuschenden 1:1

beim späteren Absteiger SpVgg. Unterhaching folgte ein 4:0-Sieg gegen Erzgebirge Aue und das glückliche 1:0 bei 1860 München. Mit 16 Punkten stand der 1. FCK dort, wo er auch nach dem 34. Spieltag stehen wollte: Platz drei war erreicht, zwei Zähler hinter dem KSC und vier hinter Rostock, ein Zähler vor Duisburg, zwei vor Köln und vier vor den „Löwen".

Drei Tage später musste der 1. FCK erneut in der Allianz-Arena antreten, dieses Mal im DFB-Pokal gegen Bayern München. Nach einer Unaufmerksamkeit von Sven Müller erzielte Andreas Ottl in der 50. Minute das 1:0. Die Bemühungen der Roten Teufel blieben erfolglos. Noch in der Schlussminute hatte Schönheim den Ausgleich auf dem Fuß gehabt. Mit vielerlei Komplimenten fuhr der 1. FCK gen Pfalz und konnte sich nun ausschließlich auf das Ziel Aufstieg konzentrieren. Die Vorzeichen vor dem Spiel gegen den SC Freiburg waren kurios. Das Team von Trainer Volker Finke war schlecht aus den Startlöchern gekommen und hatte nur einen Punkt Vorsprung auf einen Abstiegsplatz. Im Breisgau ging die Angst um vor einem weiteren Absturz in Richtung Regionalliga. Finke war deshalb in die Kritik geraten, die Fans im badenova-Stadion waren gespalten in Finke-Anhänger und erbitterte Finke-Gegner. Doch an jenem 30. Oktober, einem Montagabend demonstrierten Pitroipa und Co. erstmals, was in diesem SC Freiburg steckte. Unerschrocken spielten sie nach vorne, ohne dem 1. FCK viel Raum zu gestatten und waren von der ersten bis zur 90. Minute die bessere Mannschaft. Am Ende hatte der 1. FCK mit 1:3 verloren und seine erste Heimniederlage in der 2. Bundesliga kassiert. Mannschaft, Trainer und Zuschauer waren ernüchtert, Platz drei war erst einmal an den MSV Duisburg verloren, und nun galt es, erneut tief Luft zu holen, um wieder auf einen Aufstiegsplatz zu gelangen. Vier Spieltage später war es geschafft. Durch ein 1:1 beim MSV und ein 2:2 bei Greuther Fürth sowie das 4:0 gegen Wacker Burghausen und den 1:0-Sieg bei Kickers Offenbach hatte sich der 1. FCK wieder auf Aufstiegsplatz drei „gemogelt", wie es *Die Rheinpfalz* zutreffend bezeichnete.

Der erneute Sprung auf Platz drei war aber eher der Schwäche der Mitkonkurrenten als der eigenen Stärke zuzuschreiben. Der 1. FCK verfügte nicht über die Abgeklärtheit der die Tabelle anführenden Karlsruher und Rostocker und hinkte spielerisch dem immer noch im hinteren Mittelfeld platzierten SC Freiburg weit hinterher. Gegen vermeintliche Abstiegskandidaten und gerade erst aus der Regionalliga aufgestiegene Mannschaften tat man sich ungewöhnlich schwer für einen Absteiger aus der höchsten Spielklasse. Nur mit viel Glück, wenig Verletzungspech und dem Unvermögen der Konkurrenten würde man so das Ziel Aufstieg vielleicht erreichen können. Diese Sicht der Dinge hatten viele Anhänger, die nach den Heimspielen in den S-Bahnen in Richtung Vorderpfalz saßen und kopfschüttelnd das zuvor Erlebte noch einmal Revue passieren ließen.

In der Mannschaft selbst herrschte Unruhe. „Talente drohen Wolf", schrieb die *SportBild* und listete die durchschnittlichen Einsatzminuten der jungen Spieler des 1. FCK aus der Rückrunde 2005/06 und der Hinrunde 2006/07 auf. Fromlowitz war von 86 Minuten pro Spiel auf null zurück gefallen, Schönheim von 86 auf 65, Halfar gar von 41 auf 17. Lediglich Reinert hatte sich von 53 auf 76 Minuten steigern können, aber nur, weil Riihilahti verletzt ausfiel. Grund genug für die Lauterer Wohngemeinschaftspartner Schönheim und Halfar, ihre beiden Kollegen einzuladen und einen Krisengipfel abzuhalten. Dem 1. FCK gelang es zwar, den Konflikt unter Kontrolle zu halten, doch auch bei den Fans regte sich Unmut. Erich Huber vom einflussreichen Fanklub Fair-Play Landstuhl-Wittlich klagte: „Wir dachten, dass nach dem Abstieg wieder Jungs aus der Pfalz die Mannschaft bilden. Jetzt sieht es aber so aus, als würde die Legionärs- und Söldnermentalität wieder Einzug halten." Trainer Wolf konterte die Vorwürfe und hielt dagegen, die jungen Spieler befänden sich „in einem körperlichen Loch", weshalb er sie schonen müsse. Damit wiederum war Fromlowitz nicht einverstanden: „Es ist sehr komisch, dass immer nur die jungen Spieler in irgendeinem Loch sein sollen. Wir sind topfit und brennen darauf zu spielen", ließ er sich in der *SportBild* zitieren.

Für Fromlowitz erfüllte sich dieser Wunsch nicht. Schönheim und Halfar aber durften gegen den FC Augsburg ran und verließen beide, ebenso wie Demai, mit schweren Verletzungen den Rasen. Der Franzose erlitt einen Kreuzbandriss und fiel für den Rest der Saison aus. Das gleiche galt für Schönheim, der einen Knieschaden davontrug und operiert werden musste. Der in der 62. Minute eingewechselte Halfar erlitt einen Nasenbeinbruch. Es sollte auch für ihn sein letztes Spiel in dieser Saison gewesen sein. Das Ergebnis passte zu diesen Hiobsbotschaften. Durch das 0:0 fiel der 1. FCK erneut auf Platz vier zurück. Dass es ausgerechnet die jungen Spieler, die auf ihren Einsatz gepocht hatten, erwischt hatte, lag vielleicht auch daran, dass sie besonders motiviert in das Spiel gegangen waren, um ihre Zugehörigkeit zur Stammelf zu unterstreichen. Zudem hatte die Verunsicherung angesichts der vom Trainer bevorzugten Konkurrenten die Verletzungsneigung begünstigt, da Spieler ohne ausreichendes Selbstbewusstsein nachweislich verletzungsanfälliger sind. „Wolf unter Druck", sah das *KICKERsportmagazin* den Trainer und seine Personalpolitik vor der Mitgliederversammlung des 1. FCK in keiner beneidenswerten Lage. Zudem hatte Wolf Verstärkungen gefordert und drei Slowaken zum Test eingeladen, von denen zwei wenige Monate zuvor vom SC Paderborn abgewiesen worden waren. Das Fachblatt warnte zudem davor, Wolf zu stark werden zu lassen und riet dem Verein, möglichst schnell einen Sportmanager einzustellen.

Die Mitgliederversammlung nutzten Vereinsspitze und Trainer zu Durchhalteparolen, bescheinigten sich gegenseitig gute Arbeit und traten der Kritik an der angeblichen Multi-Kulti-Mannschaft entgegen. Vorstandsvorsitzender Göbel glaubte an Wolf, der glaubte an die Mannschaft, die sich angeblich „den Arsch für den FCK" aufriss. Doch die Realität war eine andere, der 1. FCK befand sich in der kritischsten Phase dieser Zweitligasaison, in der er durch vier verschenkte Heimpunkte gegen zwei Liganeulinge entscheidenden Boden im Kampf um Platz drei preisgab. So stand man nach dem mageren 1:0-Sieg in Braunschweig, dem abermals doppelten Punkteverlust gegen

**Der SC Freiburg siegte mit 3:1 auf dem Betzenberg.**

Jena und dem mehr als glücklichen 2:2 in Köln nach 17 Spieltagen mit 30 Punkten auf Platz vier, noch in Tuchfühlung mit Duisburg (32) auf Platz drei, aber bedrängt von Aue und 1860 München, die einen bzw. zwei Punkte weniger aufwiesen und deutlich werden ließen, dass die Rolle der Lauterer in der Rückrunde eher die eines Verfolgers als die eines Gejagten sein würde.

Mit vier neuen Spielern begann der 1. FCK im Januar 2007 die Vorbereitung auf die letzten 17 Spiele der Saison. Vom tunesischen Club ES Sahel Sousse wurde der nigerianische Angreifer Emeka Opara verpflichtet, als Leihgaben kamen Silvio Meißner vom VfB Stuttgart, Benjamin Auer vom VfL Bochum und der Franzose Grégory Vignal vom RC Lens. Vignal sollte in der Abwehr für mehr Sicherheit sorgen, doch wer seine Vita mit ungewöhnlich vielen Clubadressen und dem mehrfachen Ausleihgeschäft seines früheren Vereins FC Liverpool betrachtete, hegte Zweifel, ob er den 1. FCK verstärken könnte. Auer, der von 1995 bis 1999 in der FCK-Jugend gespielt hatte, und Opara sollten im Angriff für Tore sorgen, doch der Nigerianer brauchte Zeit zur Eingewöhnung und Auer war verletzungsanfällig, weshalb er in Bochum den Anschluss verpasst hatte. Allein Meißner, der beim verjüngten VfB Stuttgart keinen Stammplatz mehr hatte, galt als verlässliche Größe mit einer festen Aufgabenzuordnung im Mittelfeld. Er sollte das Scharnier bilden zwischen den jungen und den zu Saisonbeginn neu verpflichteten Spielern und zur Führungsfigur werden. Abgegeben wurde Nicolas Pavlovich, der schnell an seine Grenzen gestoßen war und zum mexikanischen Erstligisten Monarcas Morelia wechselte. Vom Trainingslager im spanischen Lomas de

Campoamor brachten die Lauterer einen weiteren Verletzten mit. Im Zweikampf im Training hatte Lexa seinen Konkurrenten Reinert erwischt, der mit einem Haarriss im Wadenbein bis Mitte März nicht zur Verfügung stand.

Der Start in die Rückserie verlief ernüchternd. Anstatt mit drei Punkten kehrten die Roten Teufel aus Essen mit einem enttäuschenden 0:0 zurück. Im darauf folgenden Prestigespiel gegen den Karlsruher SC verlor man im fast ausverkauften Fritz-Walter-Stadion beim 1:1 weitere zwei Punkte. Dem 1:0-Sieg in Paderborn folgten weitere Rückschläge. Konnte man mit dem 1:1 gegen Rostock noch einigermaßen leben, war die trostlose Nullnummer auf dem Koblenzer Oberwerth ein weiterer Nachweis der Lauterer Aufstiegsuntauglichkeit. Der 1. FCK hatte sich inzwischen zu einem Remisexperten entwickelt, zu viele Punkte waren bei den zehn Unentschieden liegen geblieben. Von den neuen Spielern hatte sich einzig und allein Meißner etablieren können, die anderen erwiesen sich als biedere Ergänzungen einer Mannschaft, die Verstärkungen dringend benötigt hätte und keine bekommen hatte. Nach dem Unentschieden bei der TuS Koblenz saßen die Roten Teufel mit 37 Punkten auf Rang vier fest und hatten bereits fünf Punkte Rückstand auf den Tabellendritten Hansa Rostock.

Den Trainer und die halbe Mannschaft befiel danach nicht zufälligerweise ein Magen-Darm-Virus, und das *KICKERsportmagazin* schrieb: „Lautern – dauerhaft Patient? Der Wiederaufstieg ist in ernsthafter Gefahr." Gegen den späteren Absteiger aus Unterhaching führte der überragende Silvio Meißner eine Rumpfmannschaft des 1. FCK zu einem 4:0-Sieg, der allerdings den Blick auf die Realität gehörig vernebelte. Zu schwach war der Gegner gewesen, als dass er hätte Maßstab sein können für die kommenden vier Aufgaben im März und Anfang April, den Wochen der Wahrheit. Erneut war man zwar auf drei Punkte an den Tabellendritten MSV Duisburg herangekommen, doch auf Rang fünf stand Erzgebirge Aue, und genau dort ging es als Nächstes hin. 79 Minuten Zeit, den Ausgleich zu erzielen, hatten die Roten Teufel nach Dostaleks frühem Führungstor für die Sachsen, doch der 1. FCK lebte ab der 42. Minute mit dem Handicap der Gelb-Roten Karte für Ismael Bouzid, der nach diesem Spiel keine Zukunft mehr in Kaiserslautern haben sollte. Da auch Duisburg sein Spiel verlor, war der Abstand gleich geblieben, doch durch die Niederlage hatte der 1. FCK es schlicht verpasst, mit den „Zebras" gleichzuziehen.

In den Leserbriefspalten der samstäglichen *Rheinpfalz* musste dem Thema Rote Teufel und Wolfgang Wolf immer mehr Platz eingeräumt werden. Man klagte über „ideenlosen Fußball" und brachte die Misere auf den Punkt: „Wolf macht keine gute Arbeit". Die Kritik am Trainer wuchs, nicht weil er sich nicht bemüht hätte, die Mannschaft aufzurichten, sondern weil er die Spielweise seiner Akteure ständig schön redete, wenn es nun auch gar nichts zu beschönigen gab. Selbst die raren Siege waren selten auf eine Weise eingefahren worden, die die Zuschauer begeistert hätte nach Hause fahren lassen. Nein, es waren sogenannte Arbeitssiege, glanzlos ereignet, wenig inspiriert, ohne überraschende Effekte, geniale Spielzüge Fehlanzeige, kurzum: Der leidenschaftslose Fußball dominierte auf dem Betzenberg, und derjenige, der das am

**Das Rückspiel in Koblenz endete trostlos 0:0.**

besten wahrnehmen musste, drehte den Kopf weg und wollte die Realität nicht sehen. Immerhin hatte er diese Spieler haben wollen, aber es nicht fertiggebracht, aus ihnen eine Einheit zu bilden, die über Mittelmaß hinausreichte.

Auch im Heimspiel gegen einen Leidensgenossen, den ebenfalls seinen Aufstiegsambitionen hinterherhinkenden TSV 1860 München, geriet der 1. FCK, wie schon gegen den KSC und Rostock, in Rückstand. Ausgerechnet Berkant Göktan, von Wolfgang Wolf nach dem Abstieg aus der Pfalz weggeschickt, war der Torschütze. Doch der Streich des Ausgebooteten reichte nicht für die „Löwen". Ziemer gelang im Gegenzug schon der Ausgleich, und nachdem die 60er es in der 2. Halbzeit versäumt hatten, davonzuziehen, schlug Meißner zu und stellte den 2:1-Sieg sicher. Der 1. FCK hatte einen Mitkonkurrenten geschlagen, die Hoffnung lebte wieder auf. Doch brutaler als sechs Tage später im badenova-Stadion konnte man nicht in die Realität zurückgeholt werden. Dabei hatte es gut begonnen für den 1. FCK, als Opara nach Vorarbeit von Vignal schon nach drei Minuten das 0:1 erzielte. Doch anstatt nachzulegen ließ man den SC Freiburg kommen und kassierte durch ein abseitsverdächtiges Tor von Iashvili den Ausgleich. Noch in der 1. Halbzeit stellte der SC die Weichen auf Sieg und erneut sorgte Iashvili nach 82 Minuten für die Entscheidung. Mohamads 4:1 in der 92. Minute war die Krönung einer Freiburger Gala und der finale Schlag gegen eine Mannschaft aus der Pfalz, die keine war und sich auf dem frühen Führungstor hatte ausruhen wollen und dem Gegner nach dem 1:2 nichts mehr entgegenzusetzen wusste.

Doch die Lauterer konnten so schlecht spielen und Punkte liegen lassen, wie sie wollten – die Tabelle ließ ihnen auch nach diesem 26. Spieltag noch alle Möglichkeiten. Aber alle waren näher aneinander gerückt. Duisburg, das abermals ein Heimspiel verloren hatte, war mit 43 Punkten Dritter, der 1. FCK nächster Gastgeber des MSV auf dem Betzenberg, punktgleich Vierter. Dahinter kamen mit jeweils 42 Zählern die SpVgg. Greuther Fürth, der SC Freiburg und Erzgebirge Aue. Gleichzeitig mit der Vorbereitung auf das psychologisch wichtige Spiel gegen den MSV Duisburg, den man mit einem Sieg hätte überholen und sich auf einen Aufstiegsplatz hieven können, lief auf dem Betzenberg die Suche nach einem Sportdirektor auf Hochtouren. Das *KICKERsportmagazin* präsentierte drei Köpfe in seiner Donnerstagsausgabe: Guido Buchwald, Jürgen Kohler und den ehemaligen Roten Teufel Michael Schjönberg.

Das Schlüsselspiel war für den 1. FCK quasi nach 15 Minuten gelaufen. Nach Handspiel und Roter Karte für Josh Simpson und dem zum 0:1 verwandelten Elfmeter durch Tararache liefen die dezimierten Gastgeber dem Rückstand hinterher und verpassten kurz vor der Halbzeit gleich zwei Mal den Ausgleich. In der Schlussphase demonstrierte Duisburg seine Klasse gegen einen enttäuschenden 1. FCK, der durch Mokhtari und Lavric noch das 0:2 und das 0:3 hinnehmen musste. Der Sprung auf Platz drei war gründlich misslungen, die schlechtere Mannschaft hatte zu Recht verloren. „Es sieht so aus, als ob wir mit dem Aufstieg nichts zu tun haben", resümierte Wolfgang Wolf und ließ sieben Spieltage vor Saisonende Resignation erkennen.

Die Wahl des 1. FCK in Sachen Sportmanager fiel schließlich auf Schjönberg, der zuvor Hannover 96 II trainiert hatte. Zu seinem Amtsantritt kamen die üblichen Bekenntnisse. Der neue Mann wollte den 1. FCK wieder dorthin bringen, wo er hingehört, in die Bundesliga. Doch was er gegen Duisburg gesehen hatte, war kaum dazu angetan, weiter an den Aufstieg zu glauben, ganz abgesehen von der Aussicht, sich wieder dauerhaft oben etablieren zu können. Für Wolfgang Wolf war die Installierung Schjönbergs zum einen Entlastung, zum anderen aber auch ein Stück Entmachtung, denn nun musste er Aufgabenbereiche abgeben, die er nach den gescheiterten Bemühungen um Marc Wilmots in der vorangegangenen Saison in Personalunion wahrgenommen hatte. Die Zusammenarbeit der beiden währte denn auch denkbar kurz. Nach dem blamablen 0:0 gegen neun Spieler des späteren Absteigers Wacker Burghausen war für Wolf die Uhr abgelaufen. „FCK spielt in Überzahl in Unterzahl", spottete *Die Rheinpfalz* und kritisierte den Angsthasenfußball, den Wolf in dieser entscheidenden Phase des noch nicht aussichtslosen Aufstiegskampfes spielen ließ. Das Blatt, über dessen Berichterstattung der 1. FCK sich normalerweise nicht beschweren kann, legte den Finger in die Wunde und zählte die Gründe dafür auf, warum die Roten Teufel ihren Aufstiegshoffnungen hinterherhinkten. Da waren der geringe Etat und die damit verbundenen Flops bei vielen Transfers, hinzu kam die Stürmermisere, denn keiner der vier Angreifer brachte konstante Leistungen und war ein sogenannter Knipser. Die Wintereinkäufe blieben – außer Meißner – lediglich, wenn überhaupt, Ergänzungen. Hinzu gesellten sich Verletzungspech, schlechte Stimmung in der Mannschaft und die Unruhe im Umfeld. Nachdem Hajnal Angebote aus der Bundesliga erhalten hatte, ging seine Leistungskurve steil nach unten. Zwei der Gründe,

**Schon viel Verantwortung in jungen Jahren – Steffen Bohl.**

die *Die Rheinpfalz* aufführte, seien besonders hervorgehoben: „Die Taktik – Der Versuch mit der Ein-Mann-Spitze brachte nichts; Disziplin – Sieben Platzverweise sind zu viel. Das kostete Punkte."

Diese Bilanzierung, die auch im Vorstand und im Aufsichtsrat wahrgenommen wurde, schrie förmlich nach Veränderung, die längst hätte eingeleitet werden müssen. Nun aber war man der Schönfärberei schlechter Leistungen überdrüssig und zog die Reißleine. Am Abend des 11. April gab der 1. FCK die vorzeitige Trennung von Wolfgang Wolf bekannt. Von nun ab bis zum Saisonende sollte Co-Trainer Wolfgang Funkel das Training leiten. Bei der Suche nach einem Nachfolger Wolfs wollte sich der Verein Zeit lassen. „Wolf entsorgt", meldete *Die Rheinpfalz,* beleuchtete noch einmal Wolfs Weigerung in der Abstiegssaison, Sforza zurück in die Mannschaft zu holen und bezichtigte ihn schwerer taktischer Mängel: „Wolfs Mission scheiterte… vor allem am unglaublichen Verletzungspech… Das trug zum Anti-Fußball des 1. FCK bei, dem Wolf bei allem Eifer kein wirkliches System zu geben vermochte. Die Doppel-Sechs und ein Ein-Mann-Sturm passen nicht wirklich auf den Betzenberg. Wolfs großer Traum wurde zum Alptraum." Vor allem zeigte das Scheitern des geborenen Pfälzers und ehemaligen FCK-Spielers, dass allein mit dem Nachweis einer regionalen Identität noch keine ausreichende Qualität zur Heranbildung und Führung einer aufstiegsfähigen Mannschaft verbunden sein musste. Die *Rhein-Neckar-Zeitung* ging schonungslos mit Wolf ins Gericht und holte zu einem Rundumschlag aus: „Von allen

Nieten, die der 1. FCK beim Trainer-Lotto in den letzten fünf Jahren gezogen hat, war Wolf deshalb die größte, weil er als geborener Pfälzer und ehemaliger FCK-Spieler die Mentalität rund um den Betzenberg hätte kennen müssen. Statt die Chance am Schopf zu packen, die sich ihm geboten hatte, als im Frühjahr 2006 aus der Not heraus fünf, sechs 18- und 19-jährige hochtalentierte Eigengewächse auftauchten und zeigen durften, was sie konnten, setzte Wolf nach dem Abstieg die planlose Multi-Kulti-Personalpolitik seiner gescheiterten Vorgänger fort.“ In die gleiche Kerbe hieb auch der auf dem Betzenberg stets dann gehandelte Mann, wenn ein neuer Trainer gesucht wurde: Klaus Toppmöller, aktueller Nationaltrainer Georgiens. Er stellte sich jedoch mit despektierlichen Äußerungen zu den Qualitäten Wolfs ins Abseits, ehe er überhaupt in die engere Wahl gekommen wäre und schied vorzeitig aus dem Kreis der potenziellen Kandidaten aus.

Interimstrainer Funkel nahm im ersten Spiel nach Wolf eine Systemänderung vor, brachte den Kanadier Simpson und ließ mit Ziemer und Opara zwei Stürmer auflaufen. 25.000 Zuschauer kamen gegen Greuther Fürth und sahen einen 1. FCK, der erstmals seit langem überzeugte und durch Treffer von Riihilahti, Opara und Simpson mit 3:0 siegte. Am darauf folgenden Freitag ging es wieder zu Hause gegen die abstiegsbedrohten Offenbacher Kickers weiter, die mit 4:0 geschlagen vom Betzenberg hinab stiegen. Da der MSV Duisburg gegen Braunschweig über ein 0:0 nicht hinausgekommen war und der SC Freiburg überraschend gegen Carl Zeiss Jena 1:3 verloren hatte, war der 1. FCK plötzlich wieder bis auf drei Punkte an Platz drei herangekommen. War das der Funkel-Effekt? In der Pfalz keimte die Hoffnung, dass es so weitergehen würde. Funkel selbst hatte frühzeitig bei seinem Amtsantritt alle Spekulationen zerstreut, er wolle neuer Cheftrainer werden. Nein, er wollte nur bis Saisonende seine Arbeit machen und dann wieder ins zweite Glied rücken. Den Fans war das egal, Hauptsache, die Roten Teufel hatten nun noch einmal die Chance, am Aufstieg zu schnuppern und ihn mit etwas Glück und viel Leidenschaft zu erkämpfen. Doch in Kaiserslautern wusste man, dass dies nur dann noch gelingen könnte, wenn die restlichen vier Spiele gewonnen würden.

Doch die Kartenseuche seiner Spieler warf den 1. FCK beim FC Augsburg wieder zurück. Sven Müller sah bereits nach 15 Minuten Gelb-Rot. Zu allem Übel verursachte Meißner noch einen Foulelfmeter, den Lawarée zum 1:0 verwandelte. Oparas Ausgleich hielt nur bis acht Minuten nach der Pause, als Lawarée den FCA erneut in Führung brachte. Nachdem Meißner nach einer knappen Stunde erneut ausgeglichen hatte, erzielte da Costa eine Viertelstunde vor Schluss das Siegtor zum 3:2. Trotz dieser Niederlage hätten die Lauterer mit einem Sieg gegen Absteiger Braunschweig nochmals an den Aufstiegsrang drei herankommen können, da alle Mitkonkurrenten ihre Heimspiele verloren: Freiburg gegen Paderborn, Rostock gegen Koblenz, Greuther Fürth gegen Essen und am Tag danach auch Duisburg gegen Köln. Doch die Eintracht ging auf dem Betzenberg sogar in Führung, und Meißner gelang in der 85. Minute nur noch der Ausgleich. Vier Punkte Rückstand und die weitaus schlechtere Tordifferenz gegenüber Duisburg bedeuteten, dass der 1. FCK es nicht mehr aus eigener Kraft schaffen würde.

Eine Woche später war der Traum vom sofortigen Wiederaufstieg endgültig geplatzt. Oft genug hatten die Konkurrenten gepatzt und der 1. FCK seine Chance nicht genutzt, zu ihnen aufzuschließen oder sie zu überholen. Durch das 1:1 in Jena war die letzte theoretische Chance dahin, denn der Rückstand auf den MSV Duisburg auf Platz drei betrug fünf Punkte. Wer den Karlsruher SC in die Bundesliga begleiten würde, machten nun Hansa Rostock, der MSV und der SC Freiburg unter sich aus.

Vor dem letzten Saisonspiel gegen den gleichfalls enttäuschenden 1. FC Köln, der gemeinsam mit dem 1. FCK zu den Aufstiegsfavoriten gezählt hatte, verdichtete sich die Gewissheit, dass der neue Trainer auf dem Betzenberg Kjetil Rekdal heißen würde. Der lange Zeit hoch gehandelte Ciriaco Sforza, in seiner ersten Trainersaison beim FC Luzern, hatte anscheinend die Meinungen in Vorstand und Aufsichtsrat auseinandergehen lassen, und auf neuerliche Auseinandersetzungen war man beim 1. FCK nicht unbedingt versessen. Außerdem hatte Sforza geäußert, nur mit seinem Luzerner Trainerstab kommen zu wollen, was für die Lauterer, die an Co-Trainer Wolfgang Funkel und Torhütertrainer Gerry Ehrmann festhalten wollten, nicht akzeptabel war. Schließlich fiel die Wahl auf den Norweger Rekdal, ehemaliger Bundesligaprofi von Hertha BSC Berlin und Borussia Mönchengladbach, der aktuell Lierse SK in Belgien trainierte. Und der konnte in seinem letzten Spiel mit einem Sieg noch einen Platz in der Relegationsrunde um den Klassenverbleib erreichen. Aus diesem Grund hielt der 1. FCK die offizielle Erklärung zur Trainerverpflichtung noch zurück, wenn auch die-

**Das neue Gespann auf dem Betzenberg: Sportdirektor Michael Schjönberg (links) und Cheftrainer Kjetil Rekdal.**

ses schlecht gehütete Geheimnis längst keines mehr war. Lierse gewann samstags beim SC Lokeren, und so konnte Rekdal am Tag danach beim Spiel gegen die Kölner offiziell vorgestellt werden.

Während der kommende Trainer, der einen Vertrag bis 2010 erhielt, anwesend war und sich beim Sommerkick gegen die „Geißböcke" ein Bild vom Zustand einer Mannschaft machen konnte, die unter ihm ein völlig neues Gesicht haben würde, war einer der Leistungsträger der Rückrunde schon gar nicht mehr dabei. Silvio Meißner, die Leihgabe vom VfB Stuttgart, war auf eigenen Wunsch beurlaubt und weilte beim Spiel der Schwaben gegen Energie Cottbus, wo er nach dem Schlusspfiff die Deutsche Meisterschaft mit seinem Club feierte. Damit war klar, dass alle Hoffnungen, Meißner zum Bleiben in der Pfalz bewegen zu können, dahin waren. Zum Abschied vor seinem Wechsel zum KSC erzielte Tamás Hajnal beide Lauterer Tore beim 2:2 gegen den 1. FC Köln und krönte den 1. FCK gemeinsam mit Aufsteiger Hansa Rostock mit 14 Unentschieden zum Meister der Punkteteilungen. War man 1996 wegen zu vieler Remis abgestiegen, so hatte man elf Jahre danach aus dem gleichen Grund den Aufstieg leichtfertig verspielt. Der 1. FCK beendete die Spielzeit auf dem 6. Platz mit 53 Punkten, sieben Punkte hinter dem Dritten, MSV Duisburg, der die klar bessere Tordifferenz aufwies. Von einem knappen Scheitern im Aufstiegskampf konnten die Roten Teufel also nicht reden, sie waren leistungsmäßig ein gutes Stück hinter den Mannschaften geblieben, die sich den Aufstieg durch ihre konstantere Saisonleistung verdient hatten: KSC, Rostock und Duisburg.

Für den 1. FCK begann mit diesem letzten Spiel die Vorbereitung auf seine dritte Saison in der 2. Bundesliga, in der sich immer mehr Traditionsvereine tummelten, die einst fester Bestandteil des Oberhauses waren, sowie Vereine, die nach Abstiegen wieder nach oben strebten. Da waren ehemalige Deutsche Meister zu Bundesligazeiten wie die ebenfalls hinter den Erwartungen zurückgebliebenen Münchner „Löwen" und der 1. FC Köln, der knapp gescheiterte SC Freiburg, die abgestiegenen Gladbacher, Mainzer und Aachener oder die ewig scheiternde SpVgg. Greuther Fürth und der Aufsteiger FC St. Pauli.

Deutsche
WÜRTH

# Nie mehr 2. Liga?

## Wie der 1. FC Kaiserslautern mit großen Ambitionen in die Saison startete und in die größte sportliche Krise seiner Vereinsgeschichte geriet

Mittwoch, 1. August 2007, Sektkellerei Schloss Wachenheim. Der 1. FCK hält seine traditionelle Jahrespressekonferenz ab. Im Vergleich zu früher fällt auf, dass sich die Reihen im Lauf der mageren Jahre gelichtet haben. Längst nicht alle Stühle sind besetzt, selbst das anschließende festliche Essen taugt nicht mehr zum Lockvogel. Auf dem Podium fehlen der Vorstandsvorsitzende Göbel und Trainer Rekdal, aus beruflichen bzw. privaten Gründen. Sportdirektor Schjönberg und Pressechef Oliver Dütschke geben sich optimistisch, und auch die beiden Spieler, die gekommen sind – Lokalmatador Steffen Bohl und Axel Bellinghausen – machen einen entschlossenen Eindruck. Sie wollen mithelfen, damit der 1.FCK in der Saison 2008/09 wieder in der Bundesliga spielt. Beim Rundgang durch die Kellerei bittet Gabi Kunz, die Hausfotografin der *Rheinpfalz,* die beiden um ein Foto vor zwei Stellagen mit Flaschen voll edler Weine im Reifeprozess – eine Momentaufnahme mit Symbolcharakter. Noch ahnt niemand, dass der 1. FCK einen katastrophalen Saisonstart hinlegen und den Verein in seine schwerste sportliche Krise aller Zeiten stürzen wird.

„Kämpfen, rennen und ein bisschen kicken", hatte Michael Schjönberg gefordert und Steffen Bohl erklärt, eine so junge Mannschaft müsse mit Vollgas Fußball spielen, derweil Axel Bellinghausen feststellte, „im Großen und Ganzen" sei „nicht viel anders geworden." Doch damit lag er verkehrt, denn was der 1. FCK seinen Fans in den ersten sieben Spielen bot, war nicht mehr zu unterbieten. Verletzungspech, Geldmangel und mangelnde Klasse waren auch früher schon öfter über die Roten Teufel gekommen, doch stets hatten die Spieler aus der zweiten Reihe mit Kampf und Einsatz ihr Bestes gegeben und waren ein ums andere Mal über sich hinaus gewachsen. So hatte man sogar Abstiege in letzter Minute vermeiden können.

Doch im Spätsommer 2007 war alles anders. Was im ersten Spiel gegen Borussia Mönchengladbach noch relativ akzeptabel aussah, wäre da nicht nach Bohls spätem Führungstreffer noch der Ausgleich gefallen, wuchs sich in den darauffolgenden

Die Hoffnung währt am längsten: vollbesetzte Westtribüne im Fritz-Walter-Stadion.

GLOBUS-FAN-LOGE
WM Countdown
1:0
Deutsche Vermögensberatung

Begegnungen als permanenter Offenbarungseid selbst gegen harmlose Gegner wie den SC Paderborn aus. 1:3 bei 1860, 0:1 gegen Greuther Fürth, 2:2 bei TuS Koblenz, 0:0 gegen Paderborn, 0:1 beim SC Freiburg, 0:2 gegen Wehen-Wiesbaden, 0:0 bei den Offenbacher Kickers – gegen wen wollte dieser 1. FCK in Auflösung denn überhaupt gewinnen, wenn nicht zu Hause gegen einen Aufsteiger und einen Club, der zu diesem Zeitpunkt noch ohne Torerfolg war? Von den neu verpflichteten Spielern hatte sich bis dahin noch keiner als Verstärkung erwiesen – im Gegenteil: Es verdichtete sich die Gewissheit, dass der 1. FCK ein Qualitätsproblem hat. Bugera und Bernier, die als Führungsspieler geholt worden waren, handelten sich gleich zu Anfang Spielsperren ein und erwiesen ihren Mitspielern einen Bärendienst. Jendrisek und Stachnik waren von Anfang an als Ergänzungsspieler vorgesehen, doch die hoch eingeschätzten Runström und Hansen blieben den Nachweis ihrer behaupteten Klasse bis dahin schuldig. Den ersten Sieg gab es dann am 9. Spieltag mit einem 3:0 gegen Osnabrück.

Dass Daniel Halfar erst suspendiert, dann zum 1. FCK II beordert und schließlich aus Geldnöten zu Arminia Bielefeld transferiert wurde, war nur schwer verständlich und widersprach der neuen Vereinsphilosophie, verstärkt auf eigene junge Spieler zu setzen. Stefan Lexa und Nourredine Daham wurden ebenfalls zum 1. FCK II versetzt, kamen aber dort nie zum Einsatz, waren somit totes Kapital und hatten keine Chance, ihr Können nachzuweisen. Daham wurde kurz vor Transferschluss nach Koblenz verkauft und hätte beinahe ein Tor gegen den 1. FCK zum Sieg für die TuS erzielt. Lexa schmorte währenddessen weiter vor sich hin. Gründe für die Maßnahmen gegen die Spieler nannte der Verein nicht.

Doch was nach drei, vier sieglosen Spielen noch klein geredet wurde, schwebte spätestens nach der Pleite gegen Wehen-Wiesbaden überlebensgroß über dem Betzenberg: Das Abstiegsgespenst. Längst redet in Kaiserslautern niemand mehr von der Rückkehr in die Bundesliga. Statt dessen studieren realistisch denkende Fans schon mal die Tabellenplätze drei bis zehn der beiden Regionalligen. Mit denen nämlich bilden die Absteiger aus Liga zwei in der nächsten Spielzeit die neu eingerichtete 3. Liga. Der 1. FCK im Herbst 2007 wäre somit sicher dabei. Dann hießen die Gegner in der nächsten Spielzeit Lübeck, Dresden, Magdeburg, Bremen und Dortmund II, Stuttgart und 1860 II, Burghausen, Sandhausen, Ingolstadt und Unterhaching. Minuskulissen wären die Folge, Mindereinnahmen ebenfalls. Sponsoren zögen sich teilweise zurück. Dem 1. FCK drohte dann der freie Fall.

Wenn die Roten Teufel in geschätzten fünf bis zehn Jahren wieder erstklassig sein wollen, müssen sie einerseits ihr Jugendkonzept konsequent umsetzen, aber auch in der Winterpause 2007/08 kräftig nachbessern und sich von unwilligen Spielern trennen. Nur dann scheint der Absturz in die Drittklassigkeit abwendbar. Im negativen Fall droht dem 1. FCK das Schicksal des bei den Fans ungeliebten SV Waldhof. Der wehrt sich in der Oberliga Baden-Württemberg gegen den Absturz in die Fünftklassigkeit, 17 Jahre nach dem Abstieg aus der Bundesliga …

# Rund um den Betzenberg

# Zum Glück gezwungen in der Not

## Die neuen jungen Wilden aus der Pfalz

Lang ist es her, dass der junge Axel Roos von der SG Thaleischweiler-Fröschen ins Trikot des 1. FCK schlüpfte, dass Trainer Erich Ribbeck auf dem Dorffußballplatz des SV Rodenbach Hans-Peter Briegel entdeckte und auf den Betzenberg lotste, dass Miroslav Klose von der SG Blaubach-Diedelkopf über den Umweg FC Homburg beim 1. FCK landete. Und lange galt: Je ausgeglichener das Verhältnis der Anzahl von Spielern aus der Region und auswärtiger und ausländischer Spieler war, desto erfolgreicher spielten die Roten Teufel in der Bundesliga. In der Ära Otto Rehhagel wich man besonders krass von dieser Linie ab, wurde 1998 zwar Deutscher Meister, doch danach ging es mit immer neu zusammengesetzten Multi-Kulti-Mannschaften schrittweise abwärts, zurück in längst vergessene Zeiten, als der 1. FCK Saison für Saison gegen den Abstieg kämpfen musste.

In der Abstiegssaison 2005/06 griff der damalige Trainer Michael Henke in seiner Not erstmals wieder ernsthaft auf Spieler aus der eigenen Talentschmiede zurück, dank der profilierten Jugendarbeit im Sportpark Rote Teufel auf dem Fröhnerhof vor den Toren der Stadt und der Konzentrierung einzelner Spieler im Heinrich-Heine-Sportgymnasium Kaiserslautern.

Obwohl es trotz des engagierten Einsatzes gleich mehrerer dieser jungen Spieler unter Henkes Nachfolger Wolfgang Wolf nicht für den Klassenverbleib reichte, konnte der 1. FCK stolz sein auf seine neuen jungen Wilden aus der Pfalz und aus den angrenzenden Regionen. Vor allem dank ihres Einsatzes spielten die Roten Teufel bis zum letzten Spieltag um ihre Chance, erstklassig zu bleiben, und die Youngster hatten dabei andere Spieler, an deren Engagement manches auszusetzen war, aus dem Aufgebot verdrängt.

Der Auffälligste unter ihnen, der die Zuschauer im Fritz-Walter-Stadion in Erstaunen versetzte und begeisterte, war **Daniel Halfar,** damaliger U 19-Nationalspieler, der bereits im Kindesalter von seinem Stammverein MFC Phönix 02 Mannheim auf den Betzenberg gekommen war. Dort hatte er prominente Vorbilder gehabt: Ulf Quaisser vom SV Waldhof und Christian Wörns hatten dort einst gespielt, ehe sie zu Bundesligaprofis wurden, Wörns sogar 66-facher Nationalspieler in den Trikots von Bayer Leverkusen, Paris Saint Germain und Borussia Dortmund. Schnell erkannte man beim

Daniel Halfar

Fabian Schönheim

Sebastian Reinert

1. FCK das Talent Halfars, den *Die Rheinpfalz* wegen seiner körperlichen Beweglichkeit und seiner Drehungen und Dribblings scherzhaft als „Lauterns Daniel Düsentrieb" bezeichnete und den die *Süddeutsche Zeitung* als „Strachan aus Kurpfalz" outete, weil er an den schottischen Nationalspieler gleichen Namens aus den 1980er Jahren erinnert. Sein Debüt in der Bundesliga gab er im Dezember 2005 in der Allianz-Arena gegen Bayern München und sah gegen den französischen Nationalspieler Willy Sagnol nicht schlecht aus. Wenige Tage vor Weihnachten hätte er dann zum Helden werden können, doch er verschoss den entscheidenden Elfer im Elfmeterschießen beim Pokalkrimi gegen Mainz 05. Aber danach hielt er durch so manches Tor die Hoffnung der Lauterer am Leben, die Klasse doch noch zu halten – leider vergeblich.

Nach dem Abstieg kamen viele neue Spieler, und nicht nur Halfar, auch seine Kollegen Fabian Schönheim, Sebastian Reinert und Florian Fromlowitz, an denen sich die Zuschauer begeisterten, gerieten etwas ins Abseits. Dabei hatten sie alle in höchster Not gezeigt, zu was sie fähig sein können: Fromlowitz hatte den verletzten Torhüter Jürgen Macho ersetzt, Schönheim den unsicheren Abwehrspieler Marcelo Pletsch, Reinert hatte den Winterschlusseinkauf Balasz Borbely schlicht vergessen lassen und Halfar anstatt des verletzten Boubacar Sanogo die wichtigen Tore erzielt. Man wolle die jungen Spieler nicht verheizen, verkündete der Trainerstab, sie müssten Pausen einlegen. Doch wer so unbekümmert und leidenschaftlich spielt, dem machen Dauereinsätze nichts aus. Im Gegenteil, das Vertrauen stärkt das Selbstbewusstsein, und als eben dieses durch die neue Politik des Trainers angeknackst war, stellten sich auch Verletzungen ein. Nicht nur bei Halfar, auch bei Schönheim und Reinert, die längere oder kürzere Zwangspausen akzeptieren mussten. Das Zweitligajahr 2006/07 fand für Halfar und Schönheim so gut wie gar nicht statt. Vor Beginn der Saison 2007/08 wurde Halfar Opfer disziplinarischer Maßnahmen seitens des Vereins, der ihn wegen Fehlverhaltens in der Öffentlichkeit zum 1. FCK II abordnete. Kurz nach Saisonbeginn hatte dieses unwürdige Spiel ein Ende. Halfars Berater Martin Wagner meldete Vollzug: Sein Schützling wechselte in die Bundesliga zu Arminia Bielefeld.

**Fabian Schönheim** hatte unter Trainer Henke beim 1:4 bei Borussia Mönchengladbach bei den Profis debütiert und auf Anhieb als Innenverteidiger überzeugt. 2001 war er vom FSV Rehborn nach Kaiserslautern gewechselt, in die Jugend des 1. FCK und auf das Heinrich-Heine-Gymnasium, wo er zu Beginn des Jahres 2006, mitten im Abstiegskampf, sein Abitur ablegte. Der erst U 18-, dann U 19-Nationalspieler musste schmerzlich miterleben, wie trotz unbändigen Einsatzes der Abstieg doch nicht zu vermeiden

Florian Fromlowitz

Marcel Ziemer

Steffen Bohl

war. Was danach folgte, war ein herber Rückschlag. Durch die Verpflichtung neuer Abwehrspieler wie Ouattara und Bouzid hatte Trainer Wolf die Wahl und verschrieb ihm zu Beginn der Zweitligasaison Ruhepausen. Wie die anderen jungen Spieler musste er auf die Ersatzbank und mit ansehen, wie statt ihrer die Neuen aufliefen und ihre Sache nicht besser machten. Vor allem konnten sich die Fans mit ihnen nicht annähernd so identifizieren wie zum Beispiel mit ihrem „Fabi". Zu allem Unglück kam dann doppeltes Pech hinzu: Im Spiel gegen den FC Augsburg verletzten sich Schönheim und der Franzose Demai so schwer, dass sie für den Rest der Spielzeit ausfielen – eine entscheidende Schwächung im Rennen um den Aufstieg.

Auch der Dritte im Bunde, der 1987 geborene **Sebastian Reinert,** 1996 vom saarländischen FC Gronig gekommen, musste unter der Personalauswahl von Trainer Wolf merklich leiden. Nach acht Zweitligaspielen, in denen Reinert Bestnoten im *KICKERsportmagazin* erhalten hatte, setzte er ihn auf die Bank und ließ stattdessen Stefan Lexa spielen. Dass Reinert dadurch verunsichert worden war, merkte man dem Spieler in der Folge deutlich an. Auch durch die Verletzungen Halfars und Schönheims sowie die Zurückversetzung von Fromlowitz hinter Macho fehlte Reinert die Achse, die die neuen jungen Wilden vom Betzenberg zuvor so stark gemacht hatte.

Trotz all dem Pech seiner Kollegen war **Florian Fromlowitz** der Verlierer überhaupt. Nach der Verletzung Machos im Abstiegsjahr hatte der junge Torhüter aus Gerry Ehrmanns Torhüterschule bravourös gehalten und nur wenige Fehler begangen. Doch nach der Sommerpause verriet bereits des Trainers Geheimniskrämerei um seine künftige Nummer eins, dass Fromlowitz wieder hinter Macho würde zurückstehen müssen. Der musste das hinnehmen und hütete fortan meist das Tor beim 1. FCK II in der Regionalliga, der über die gesamte Saison nicht zu einem einzigen Sieg kam, was zusätzliche Frustration für den jungen Torhüter bedeutete. Lediglich bei Freundschaftsspielen, im Pokal und bei einem Hallenturnier durfte Fromlowitz zwischen die Pfosten. Mit dem Amtsantritt von Trainer Rekdal schlug dann die Stunde des Jüngeren: Fromlowitz wurde zur Nummer eins, und Macho ging, um seine EM-Chancen zu wahren, zu AEK Athen. Schon nach wenigen Spielen in der Saison 2007/08 hatte Fromlowitz seine Klasse nachgewiesen.

Einer, der zu Beginn der Zweitligaspielzeit von Wolf ebenfalls zurückgehalten wurde, aber im Lauf der Saison zu einem wichtigen Angriffsspieler wurde, ist **Marcel Ziemer,** der vom damaligen Wormser Verbandsligisten TuS Neuhausen zum 1. FCK gekommen und zunächst beim 1. FCK II eingesetzt worden war. Die Verletzungsmisere, Krankheiten und Sperren ebneten ihm den Weg zum Stammspieler.

**Steffen Bohl,** hervorgegangen aus dem TuS Wachenheim und an der Deutschen Weinstraße aufgewachsen, kam über den in finanzielle Schwierigkeiten geratenen Oberligisten SV Weingarten zum 1. FCK II. Er schaffte in der Zweitligasaison 2006/07 den Sprung zu den Profis, wo er sich durch Engagement und Einsatz einen festen Platz im Mannschaftskader erspielte. Die Autogrammkarte des echten Pfälzers hängt inzwischen in vielen Wirtshäusern zwischen Neustadt und Landau, wie auch in der Burgschänke auf der Wachtenburg, dem Wahrzeichen seiner Heimatstadt hoch über Wachenheim.

**Sascha Kotysch**

**Tobias Sippel**

Neben diesen sechs Spielern sind auch **Sascha Kotysch** und Torhüter **Tobias Sippel** in den Fokus gerückt, vor allem Kotysch, der in der Zweitligamannschaft einen gelungenen Einstand feierte und prompt einen Profivertrag bis 2010 erhielt.

Dahinter warten bei den in der Bundesliga Süd spielenden A-Junioren und den ebenfalls erstklassigen B-Junioren weitere Spieler, die den Sprung schaffen wollen und auf die sich der 1. FCK künftig wird stützen müssen. Ihre Namen wird man sich schon einmal merken müssen und beim Blick auf ihre Herkunft wird klar, dass der 1. FCK in Rheinland-Pfalz trotz der Konkurrenz aus Mainz und Koblenz immer noch erste Wahl ist: **Kevin Trapp** (SSV Bachem), **Emilio Fioranelli** (SV Waldhof), **Thomas Fest** und **Enis Saiti** (VfR Kaiserslautern), **Chris Chorrosch** und **Uwe Rebholz** (Ludwigshafener SC), **Christian Henel** (SV 1911 Bad Dürkheim) und **Mario Diehl** (FV Rockenhausen), um nur einige zu nennen. Und die Namen für den 1. FCK 2010 könnten sich dann so anhören: **Alan Stulin** (SV Edenkoben), **Philipp Regneri** (JSG Schweich), **Gilberto Barbosa** ( 1. FCK U 16) und **Tobias** und **Daniel Geiger** (FSV Offenbach/ Queich).

Die Gründung der drei Bundesligen im A-Juniorenbereich, dem jetzt die B-Junioren gefolgt sind, sowie die Arbeit der Jugendtrainer und Koordinatoren im Sportpark Rote Teufel Fröhnerhof verheißt Zukunft für den 1. FCK, dessen finanzielle Mittel begrenzt sind und der in erheblichem Umfang auf die eigene Nachwuchsarbeit setzen muss. Kostspielige Spielerverpflichtungen und horrende Prämien an Spielerberater sind nicht mehr möglich, doch muss dies kein Nachteil für die sportliche Wettbewerbsfähigkeit sein. Wie man mit guter, kontinuierlicher Jugendarbeit und selbst herangebildeten Talenten dauerhaft im Profifußball, zuweilen auch in der nationalen und internationalen Spitze mitspielen kann, zeigen die Beispiele VfB Stuttgart in Deutschland und AJ Auxerre in Frankreich. Dort begreift man die Heranbildung junger Profis in den vom Verband vorgeschriebenen „Centre de Formation“ als vornehmste Aufgabe der Clubs und nicht als Rekrutierung junger Nachwuchstalente für den Notfall – eine Philosophie, die sich auch der 1. FCK zu eigen machen muss, wenn er seine Zukunft im Profifußball mittel- und langfristig sichern will.

# Jugendnachwuchsarbeit zu Zeiten von Hoffenheim

## Wie der Druck vom Rand für den 1. FCK zunimmt

Angesichts seiner Konkurrenzlosigkeit im Südwesten war der 1. FCK lange Jahre erster Adressat für Jugendspieler aus dem C-, B- und A-Juniorenbereich, die in ihren Heimatvereinen an Grenzen stießen, aber höhere Aufgaben und Herausforderungen suchten. Die Fußballwelt zwischen Saarbrücken, Mainz, Heidelberg und Karlsruhe war aufgeteilt. Die Saarländer gingen zum 1. FC Saarbrücken, vereinzelt auch zum 1. FCK, ähnlich war es auch bei den Mainzern. Talente aus dem Nordbadischen landeten je nach Entfernung vom Heimatort entweder beim SV Waldhof oder beim Karlsruher SC.

Schon immer stießen diese Bewegungen nicht auf ungeteilte Zustimmung seitens der abgebenden Vereine, die immerhin Jugendtrainer zur Verfügung gestellt und den Jugendlichen ein soziales Umfeld zum Lernen und zur Integration geboten hatten. Bei aller Euphorie über die Meistertitel 1991 und 1998 gab es in der Pfalz stets kritische Stimmen, die sich darüber beklagten, dass sich der 1. FCK „nicht sehr kooperativ" verhalte, wie es zum Beispiel ein ehemaliger aktiver Fußballspieler des heute in der Bezirksklasse Nord Vorderpfalz spielenden VfR Frankenthal ausdrückte.

Die Grenzen der Einflussbereiche haben sich inzwischen längst aufgelöst. Durch die Möglichkeit, Spieler auch an Ort und Stelle zu konzentrieren, sei es in Internaten oder bei Gastfamilien, sind lange tägliche Fahrtzeiten entfallen und regionale Einschränkungen Vergangenheit. Vor allem die sportlichen Aufstiege von rheinland-pfälzischen Clubs wie Mainz 05, das 2006/07 sogar höherklassiger spielte als die Lauterer, oder TuS Koblenz haben Konkurrenzen geschaffen, denen sich der 1. FCK stellen muss. Sind auf Grund der sportlichen Niedergänge von Saarbrücken und Waldhof zwei Rivalen quasi aus dem Rennen, baut sich aus dem Badischen ein wahrer Block auf. Der Karlsruher SC, stets bekannt für seine vorzügliche Jugendarbeit (Beispiele: Mehmet Scholl und Oliver Kahn) spielt wieder in der Bundesliga, und keine 50 Kilometer nördlich davon hat die TSG 1899 Hoffenheim mit einer kontinuierlichen Aufbauarbeit und hochqualifiziertem Personal – vom Mäzen über den Vorstand, die Geschäftsführung und den Trainerstab um Ralf Rangnick bis zu den Spielern – die 2. Bundesliga erreicht, ist jetzt ranghöchster Club der Metropolregion Rhein-Neckar und Klassenkollege des 1. FCK.

Aber vor allem ist der Dorfclub aus dem Ortsteil von Sinsheim ein Konkurrent im Jugendbereich, in der Ausbildung junger Fußballer. Möglicherweise ist dem 1. FCK

| *Die Herkunft der Spieler aus dem Kader 2006/07 des 1. FCK II, U 19 und U 17* | |
|---|---|
| *Hunsrück, Eifel (u.a. Trier, Koblenz)* | *9* |
| *Saarland (u.a. Saarbrücken, Neunkirchen, Homburg)* | *2* |
| *Westpfalz (u.a. Pirmasens, Kaiserslautern, Kusel)* | *11* |
| *Vorderpfalz (u.a. Ludwigshafen, Landau, Bad Dürkheim)* | *15* |
| *Rheinhessen (u.a. Mainz, Worms)* | *12* |
| *Südhessen (u.a. Darmstadt, Heppenheim)* | *3* |
| *Nordbaden (u.a. Mannheim, Weinheim)* | *4* |
| *Sonstige (v.a. neue Bundesländer)* | *8* |

angesichts der Euphorie um die ersten Früchte seines Sportparks Rote Teufel auf dem Fröhnerhof entgangen, dass es darüber hinaus wichtig ist, mit anderen Vereinen, die ein oder zwei Stufen tiefer in der Hierarchie angesiedelt sind, zu kooperieren. Früher fehlte es den Vereinen an Alternativen, doch besteht heute keine Scheu mehr, auch jenseits der Verbandsgrenzen die Zusammenarbeit zu suchen. Norbert Rühm, der Jugendleiter des früheren Oberligisten und heutigen Landesligisten Ludwigshafener SC (LSC), führender Club in der Jugendarbeit in der Chemiestadt, wollte vor zwei Jahren mit der U 19 des LSC ein Vorbereitungsspiel gegen die U 19 des 1. FCK bestreiten. Doch die Lauterer lehnten dies mit dem Hinweis darauf ab, der LSC habe „nicht den großen Namen" *(Die Rheinpfalz)*. Da der LSC schon immer Reservoir für den 1. FCK war – die letzten Wechsler auf den Betzenberg waren 2005 Uwe Rebholz und Chris Chrorrosch –, stieß dieses Verhalten auf großes Unverständnis, zumal der 1. FCK in Ludwigshafen und im die Stadt umgebenden Rhein-Pfalz-Kreis ein großes Fanreservoir hat.

Doch der LSC wusste sich zu helfen und wandte sich an die Dietmar-Hopp-Stiftung des Hoffenheimer Mäzens Dietmar Hopp. Das Ergebnis der Kontakte zu dem Fußballförderer, der gar die Größe besaß, Geld für die Realisierung eines Nachwuchszentrums für den Mannheimer Norden beim SV Waldhof zu geben, obwohl er von dessen Fans übel geschmäht und beleidigt worden ist, war im Mai 2007 zu sehen. Auf der Bezirkssportanlage Ludwigshafen-Gartenstadt fand der erste Spatenstich für den künftigen Standort des Jugendförderzentrums „Anpfiff ins Leben" der Dietmar-Hopp-Stiftung statt. Es ist das dritte seiner Art, die anderen stehen in Walldorf und Zuzenhausen, und die Erfolge der geduldigen Arbeit mit den jungen Fußballern zeigt sich allerorten. So schaffte der FC Astoria Walldorf den Aufstieg in die Oberliga Baden-Württemberg. Zwar sagte Erwin Göbel, der Vorstandsvorsitzende des 1. FCK, zur *Rheinpfalz*, ihm sei „nicht bange vor dem Stützpunkt". Doch wenn künftig junge Talente aus den U 19 zur TSG 1899 wechseln anstatt zum 1. FCK, könnte dies mittelfristig zu einer Bedrohung für die Lauterer werden, die aufpassen müssen, dass ihnen Hoffenheim mit seinen innovativen Projekten nicht das Wasser abgräbt und sportlich an ihnen vorbeizieht – siehe Beispiel Waldhof.

# Die Fans am „Betze“

## Fanprojekt statt Rauchbomben

*„Müllmann und Staatsminister, Arbeitsloser und Bankdirektor, Pfälzer, Saarländer, Ausländer, Christ, Moslem, Rollstuhlfahrer und Leistungssportler, Sponsor und Fan-Club, Kind und Opa/Oma, Putzfrau, Student, Polizist, Winzer, reich und arm. Mitglied, Sympathisant und, und… Alle haben ihren Platz im Vereinsgefüge, finden ihre Akzeptanz, ein Stück ‚Kultur‘, da frei aus dem Volke kommend!“*

Norbert Thines, ehemaliger Präsident des 1. FC Kaiserslautern

*„Solange Leute unter uns sind, die dumme und rassistische Sprüche machen, halte ich von der Auszeichnung ‚Beste Fans der Liga‘ gar nichts.“*

Alexander Lutz, ehemaliges Mitglied des Fanbeirats und
Redakteur des Fanzines „IN TEUFELS NAMEN“

Die besten Fans der Liga wurden sie einst genannt und sogar für ihre Begeisterungsfähigkeit und Treue zu ihrem Verein ausgezeichnet. Doch diese Zeit liegt scheinbar lange zurück. Einstige Westtribünen-Dauergäste sind längst auf die Osttribüne gewechselt oder haben es sich auf der Süd- oder Nordtribüne bequem gemacht. Es gibt vielerlei Gründe dafür: Innerhalb einer Dekade hat sich die Fangemeinde altersbedingt fast komplett umgewälzt – von Ausnahmen abgesehen. Wer 1991 als Sechsjähriger mit Fähnchen und Trikot vor dem Fernseher saß und die Meisterschaft bejubelte, steht nun mit 22 Jahren auf den Stufen in Block 8, während der Vater, der das Fansein weitergereicht hat, einen Sitzplatz bevorzugt. Und nicht nur der Frauenanteil ist größer geworden im Lager des 1. FCK, die Fans sind auch jünger geworden und angesichts wirtschaftlich immer unsicherer Zeiten zunehmend desintegriert und anfällig für jedwede Beeinflussungen von außen. Das schafft Probleme – vor dem Spiel, während des Spiels und nach dem Spiel.

### Gewalt, Provokation, Angst…

29. Januar 2007, Montag Abend. Der 1. FCK empfängt den Tabellenführer Karlsruher SC, gegen den er nicht verlieren darf, um den Anschluss an die Aufstiegsplätze zu wahren. Die Nordbadener sind seit eh und je ein Reizgegner der Lauterer, vor allem die

**1. FC Kaiserslautern - Hannover 96 (2005/06).**

Fans der beiden Vereine sind sich alles andere als grün. Bei der Anreise geht alles gut, bis endlich das Stadion in Sichtweite ist. Der Parkplatz West ist so nah und gleichzeitig ganz fern, denn unter der Eisenbahnbrücke und am Kreisel der elf Freunde liefern sich gewaltbereite Lauterer und Karlsruher eine wahre Schlacht. Am Ende gibt es einen schwer verletzten Polizisten, der eine Flasche abbekommen hat und dem man in einer komplizierten Operation Glassplitter aus dem Auge herausholt. Ob er je wieder wird Dienst tun können, steht dahin.

Vor Anpfiff des Spiels gibt es in der Westtribüne eine gigantische Choreographie mit dem Logo des 1. FCK, beeindruckend, aber auch mit einer einschüchternden und provokativen Zielrichtung: „Größer als je zuvor, steigt unser Wappen heut empor" – Massenpsychologie pur und eine geradezu martialische Aufführung, die eher an kriegerische Auseinandersetzungen als an einen sportlichen Wettkampf um drei Punkte erinnert. Das Spiel ist keine zehn Minuten alt, als im KSC-Fanblock mehrere Rauchbomben gezündet werden. Innerhalb weniger Minuten sieht man nichts mehr, und dazu stinkt es erbärmlich. Atemnot macht sich breit. Das Spiel wird unterbrochen und steht kurz vor dem Abbruch. „Fußballfest Fehlanzeige", überschreibt *Die Rheinpfalz* ihren Kommentar hierzu und fährt fort: „Es ist unfassbar, dass aggressive Hohlköpfe am Rande von Fußballspielen vorzugsweise Polizisten provozieren und gar verletzen, anstatt zivilisiert ins Stadion zu gehen und ihre Mannschaft zu unterstützen. Aus dem tragischen Fall des französischen Polizisten Daniel Nivel, der bei der WM 1998 in Lens durch Deutsche lebensbedrohlich verletzt wurde, haben fast neun Jahre danach

viele überhaupt nichts gelernt… Wo vor einigen Jahren der ‚Betze' bebte, minutenlange Anfeuerungsrufe für die Roten Teufel überwogen, dominieren längst idiotische Schmähgesänge untersten Niveaus für den gegnerischen Torwart. Positiver Ansporn für das eigene Team kommt viel zu kurz."

Einige wenige Fans lehnen sich gegen diese Entwicklung, der man auch von Seiten der Vereinsführung viel zu lange tatenlos zugesehen hat, auf und halten dagegen. Doch die Anzahl der Indifferenten, die nicht wahrnehmen wollen, was vor, hinter und neben ihnen abläuft, ist groß. Einmischung ist verpönt, weil man dabei einstecken könnte. Eine Beobachtung, die insbesondere nach den Spielen in der S-Bahn von Kaiserslautern nach Heidelberg zunehmend zu machen ist: Pöbelnde, beleidigende und einschüchternde Trikotträger jüngsten Alters zwischen 15 und 20 Jahren terrorisieren ganze Abteile, und die Menschen dort lassen es über sich ergehen, weil sie schlicht Angst haben. Der Wegabschnitt zwischen Kaiserslautern und Neustadt ist der schlimmste. Alle sind froh, wenn der Zug heil durch die vielen Tunnels gekommen ist, ohne Stromausfall oder Notbremse, denn das wäre in den meist überfüllten Abteilen die Katastrophe. Von Solidarität, Zusammenhalt und einem sportlichen Wir-Gefühl, von Fairness ist hier gar nichts zu spüren. Dummheit, Dumpfheit, primitivste Parolen dominieren und lassen den Vernünftigen keine Chance.

Sara Mathäß aus Ludwigshafen geht seit 1992 zum 1. FCK und stellt fest, dass sich das Klima unter den Fans seitdem stark gewandelt hat. In ihrem Leserbrief an *Die Rheinpfalz* schreibt sie: „Seit ein paar Jahren bemerken wir… die immer diffamierendere Art der Heim- und Auswärtsfans, den Gegner niederzuschreien, anstatt die eigene

Mannschaft anzufeuern … Statt dessen werden die Gegner beleidigt und deren Anhänger mit Hasstiraden, verbalen und handgreiflichen Attacken belegt. Leider fängt das schon auf dem Weg zum Spiel an, was wir alle zwei Wochen immer wieder miterleben müssen. In der S-Bahn fangen diese ‚Fans' schon an, sich mit Alkohol und Anti-Gegner-Gegröle auf das ‚Fußballfest' einzustimmen. Versuche, diese Personen vernünftig anzusprechen, scheitern grundsätzlich … Wo sind die Fans, die wegen dem Fußball auf die Spiele fahren? Die Spaß daran haben, ihre Mannschaft zu unterstützen?"

Diese Auswüchse waren in Kaiserslautern bis vor wenigen Jahren erfreulich selten und auf Vorkommnisse bei Gastspielen der Vereine SV Waldhof und Eintracht Frankfurt beschränkt. Als der 1. FCK noch in der Spitze mitspielte, hielt sich alles im Rahmen. Schlimmer wurde es, als die fetten Jahre nach dem Abgang von Trainer Otto Rehhagel und der Demission Andreas Brehmes endgültig vorbei waren und der 1. FCK nicht mehr um die Meisterschaft und die Teilnahme an internationalen Wettbewerben spielte, sondern gegen den Abstieg kämpfen musste. Frustration, Ärger und Wut über die nicht mehr gewohnte Rolle der Underdogs machte sich breit, das Selbstwertgefühl so mancher Anhänger, deren Ich-Stärke mit dem jeweiligen Grad des Wohlergehens des 1. FCK zu korrelieren scheint, sank auf den Tiefpunkt. Aggressionen gegen die Besseren machten sich breit, und um sich entsprechend einzustimmen, beginnen die Rituale nun verstärkt schon bei der Anfahrt zum Spiel. Und geht dieses verloren, ist hinterher in der S-Bahn Frustrationsbewältigung angesagt, sprich: Es werden Mitreisende beleidigt, Frauen belästigt, Familien mit Kindern bedroht. Das Rauchverbot wird ignoriert, und die leer getrunkenen Bierdosen landen unter den Sitzen oder sonst wo im Abteil. Kurzum: Es wird schlicht Angst verbreitet, und die Zahl derer, die den Mut haben, hier einzuschreiten, hält sich in Grenzen. Der große Rest sitzt das würdelose Treiben aus, bis die Rabauken irgendwo aussteigen.

Schwere Zeiten hatte der 1. FCK auch früher schon durchzustehen, zum Beispiel in der Saison 1989/90. Doch Angst brauchte niemand zu haben, denn es ging um die Unterstützung der Mannschaft, die am Abgrund stand und sich – auch dank der Unterstützung ihrer Fans – vor dem Abstieg rettete und dem Verein in den 1990er Jahren zwei Meisterschaften und zwei Pokalsiege sowie fast ununterbrochene Präsenz in den europäischen Wettbewerben bescherte. Die Zeit Ende der 1980er bis Mitte der 1990er Jahre war geprägt von Präsident Norbert Thines, der bei den Fans eine unangefochtene Autorität war und der Glaubwürdigkeit ausstrahlte. In seine Amtszeit fielen die Änderung der Stadionordnung, mit der man die Reichskriegsflagge im Fritz-Walter-Stadion verbot sowie Aktionen wie „Rote Karte dem Rassismus" und zahlreiche soziale Hilfsaktionen. Dem linken CDU-Mann Thines, Mitglied der Kolpingfamilie und der Katholischen Soziallehre verpflichtet, nahm man das ab, wofür er einstand, weil er sich auf einer Ebene mit den Fans sah und nicht von oben herab agierte. Es war die Zeit, als es eine echte und tiefe Verbindung gab zwischen Präsidium und Fans. Schon damals gab es einen Fanbeauftragten und einen Fanbeirat, doch Thines war die oberste moralische Instanz für die Fans des 1. FCK.

**Fans und Freundschaften in der Westkurve.**

## Wie alles begann

Fans, die äußerlich als solche erkennbar waren, hatte der 1. FCK schon beim Start der Bundesliga 1963. Es gab auch schon Fan-Clubs, die aber noch nicht so recht ernst genommen und von vielen belächelt wurden und die eine hohe Fluktuation aufwiesen und noch nicht offiziell von Vereinsseite registriert waren. Schon damals, zu der Zeit, als den Roten Teufeln der Ruf einer „Kloppertruppe" anhaftete, waren es meist raubauzige Anhänger, die sich zusammenfanden und nicht nur gegnerische Fans, sondern auch zivilisierte Einheimische das Fürchten lehrten. Vor allem bei Auswärtsspielen traten sie in Erscheinung. Erst Mitte der 1970er Jahre erkannte man beim 1. FCK die „Arbeit mit und für die Fans als soziale Aufgabe" (Norbert Thines). Im März 1977 rief der neu gewählte Präsident Jürgen „Atze" Friedrich zur 1. Fan-Club-Veranstaltung und rund 100 Delegierte aus 44 Fan-Clubs kamen der Einladung nach. Mit den einnehmenden Worten: „Ihr seid unsere Außendienstmitarbeiter, ihr könnt für harmonische Zusammenarbeit sorgen, innerhalb und außerhalb der Stadien", gelang es Friedrich, erstmals ein Wir-Gefühl unter den Fans zu entfachen. Ab diesem Zeitpunkt traf man sich vierteljährlich, und der damalige Geschäftsführer und spätere Präsident Thines begann mit der systematischen Erfassung der Fan-Clubs. Vorrangiges Ziel in den 1970er Jahren war die Bekämpfung des Rowdytums. Der Verein setzte Prämien aus für Fans, die Büchsenwerfer aus den eigenen Reihen dingfest machen halfen.

Friedrich und Thines ging es auch darum, den eigenen Fans klarzumachen, dass die gegnerischen Anhänger Gäste und keine Feinde sind, die man beschimpft, beleidigt und beschädigt. Ihre vorbildliche Arbeit mündete im Juli 1989 in einen ersten Kongress der 1. FCK-Fan-Clubs, bei dem sich der Fanbeirat konstituierte (s. auch Statistischer Anhang).

Erster Fanbeauftragter des 1. FCK wurde Werner Süß, der wie sein Nachfolger Harald Heidermann gleichzeitig Sicherheitsbeauftragter war. 1996 wurden diese Funktionen voneinander getrennt, und der ehemalige Spieler Hannes Riedl wurde neuer Fanbeauftragter. Neu hinzu kam die Funktion eines Beauftragten für Behinderte, der sich u.a. um den Kontakt zu den Rollstuhlfahrern kümmern soll, die zahlreich im Stadion vertreten sind. Später folgte ein weiterer ehemaliger FCK-Profi, Hans-Günther Neues, Riedl nach. Aktueller Fanbetreuer ist seit der Saison 2003/04 der Diplom-Germanist Stefan Roßkopf, eingefleischter Fan der Roten Teufel und Herausgeber des Fanzines „*West Side Story*", der sich in kritischen Situationen auch per Stadionzeitschrift an die Fans wendet. So drohte, nachdem bei mehreren Heimspielen Becher und Feuerzeuge aus dem Fanblock auf das Spielfeld geworfen worden waren, das Netz vor der Westtribüne wieder aktiviert zu werden. Roßkopf schrieb: „Will wirklich jemand wieder ein Netz vor der Westkurve haben? Und was bringt das Werfen von Gegenständen überhaupt? Dies zeugt weder von Kreativität, noch wird es den Schiedsrichter zu unse-

**16. Februar 2007: TuS Koblenz - 1. FCK 0:0. Die enttäuschten Lauterer Fans zünden Rauchbomben.**

ren Gunsten beeinflussen – eher das Gegenteil ist der Fall.“ Nach dem Feuerzeugwurf in der Saison 1990/91, bei dem Schiedsrichter Dr. Umbach getroffen wurde und kurzzeitig zu Boden gegangen war, hatte man das Netz hochgezogen, und es dauerte lange, bis der Verein es wagte, die freie Sicht auf das Spielfeld wieder freizugeben. „Gegen Dummheit hilft kein Netz“, schrieb damals nach dem Spiel gegen Wattenscheid 09 die *taz*. Und Rauchbomben, wie sie in Block 8 immer wieder gezündet wurden, kann das Netz auch nicht aufhalten. Nachdem uneinsichtige Fans des 1. FCK bei einem Spiel bei Bayern München das Olympiastadion in Nebel gehüllt und die Gesundheit vieler Zuschauer gefährdet hatten, zog der Verein nach massiven Protesten von Uli Hoeneß die Notbremse und startete eine Aktion mit Plakaten und Flyern mit dem Text:

*„JETZT REICHT'S! Die wahren Fußball-Fans des 1. FCK wollen keine Rauchbomben und keine anderen Feuerwerkskörper. Die Mannschaft des 1. FCK braucht keine unverbesserlichen Chaoten, die das Spiel und vor allem Zuschauer gefährden. Alle zusammen lassen sich den Spaß am Fußball nicht durch eine absolute Minderheit verderben. ANFEUERN STATT RAUCHBOMBEN!!!“*

Doch solche Appelle wirken stets nur kurzzeitig. Auch in der Saison 2006/07 taten sich Fans des 1. FCK z.B. beim Auswärtsspiel bei TuS Koblenz im engen Stadion Oberwerth mit dem Zünden von Rauchbomben hervor.

## Der Fanbeirat

Seit 1989 gibt es den Fanbeirat, der die Fanclubs aus den verschiedenen Regionen zusammenfasst und die Interessen der organisierten Fans gegenüber dem Verein vertritt. Seine Funktion und seine Einflussmöglichkeiten sind mit dem Vergleich mit der Rolle, die ehemals die Jusos in der SPD spielten, zutreffend beschrieben. In der Ära Thines hatte man den Eindruck, dass dieser Einfluss zunahm, denn Aktionen wie „Rote Karte dem Rassismus“, das Einsetzen für den Erhalt von Stehplätzen oder das Verbot der Reichskriegsflagge hatten im Präsidenten, der sich als wahrer Fan-Präsident erwies, nicht nur einen Fürsprecher, sondern einen Mit-Organisator. Und überdies wurde der Fanbeirat als Institution im 1. FCK Mitglied im „Bündnis Aktiver Fußball-Fans“ (BAFF), das einen politischen Anspruch erhebt und ein unverzichtbarer Teil des Kampfes gegen rechtsradikale und rassistische Auswüchse in den Stadien und rund um die Spiele ist. Als Thines und sein Präsidium nach dem Abstieg 1996 aus dem Amt gedrängt wurden, veränderte sich das Klima beim 1. FCK. Der gesamtgesellschaftliche Ansatz, für den Thines stand, geriet in den Hintergrund. Der Fußball im Verein hatte sich auf ganzer Linie Trainer Otto Rehhagel unterzuordnen. Die Fans wurden vor allem wieder als potenzielle Käufer von Fanartikeln angesehen, ungeachtet dessen gab es weiterhin die regionalen Treffen der Fanclubs in den Regionen mit Verantwortlichen des Vereins und einzelnen Spielern. Und so lange der sportliche Erfolg da war, hielten alle still. Kritische Stimmen waren eher unerwünscht, wenngleich sie geduldet, aber eben nicht gerade als nötiges Feedback gefördert wurden.

## Schlechte Zeiten für Fanfreundschaften

Vielleicht sind es die fortschreitende Kommerzialisierung und der permanente Existenzkampf, die dazu geführt haben, dass die Fanfreundschaften, die die Fans des 1. FCK pflegten, etwas in den Hintergrund gerückt sind. Sah man noch vor zehn Jahren in den Zügen vor den Spielen zahlreiche Fans auch in Trikots von 1860 München oder auch vereinzelt von Werder Bremen, so sind solche Anblicke rar geworden – ein Zeichen auch für die demographische Veränderung in den Fanblöcken.

Dabei bestand mit Werder Bremen eine gewachsene Freundschaft, die lange zurückreichte bis zu einem Spiel, zu dem zahlreiche Bremer Fans in die Pfalz gekommen waren und die dann registrieren mussten, dass das Spiel wegen der schlechten Platzverhältnisse ausfiel. Als Ausgleich absolvierten rotweiße und grünweiße Fans ein „geselliges Programm“. Und seit diesem Erlebnis freuten sich jahrelang stets viele FCK-Fans auf das Spiel in Bremen und die Grünweißen auf die Reise zum Betzenberg. Auch nach dem dramatischen Pokalfinale 1990 in Berlin, das der 1. FCK mit 3:2 gegen Werder gewann, lagen sich am Abend in den Kneipen und auf den Straßen die Anhänger beider Clubs in den Armen. Auch die 1993 aufgetretenen Dissonanzen wegen eines auf Grund der Witterung von Werder abgesagten Pokalspiels tat den guten Beziehungen unter den Fans keinen Abbruch. Vor den Spielen fand fast immer ein Spiel zweier Fanteams statt und danach ging es am Tresen weiter. Doch kommerzielle Interessen und Zwänge störten immer öfter diese gute Tradition, denn immer wieder kam es vor, dass Spiele nicht mehr samstags um 15:30 Uhr, sondern am späten Sonntagnachmittag stattfanden. Viele Fans konnten nicht mehr mitreisen, und der gute Brauch ging mit der Zeit verloren. Inzwischen muss man die Fanfreundschaft mit Werder Bremen als regelrecht eingeschlafen betrachten – ungeachtet der Tatsache, dass man in unterschiedlichen Ligen spielt. Dies ging sogar so weit, dass man in der Meistersaison 1997/98 lautstark einen Sieg von 1860 München gegen Werder Bremen bejubelte.

Apropos 1860. Auch mit den Fans der Münchner Löwen hatte man einst ein inniges Verhältnis, doch in der Spielzeit 2004/05 geriet man zu Konkurrenten im Kampf gegen den Abstieg und die Freundschaft musste zurückstehen. Im November 2006 – inzwischen spielen der 1. FCK und 1860 gemeinsam in der 2. Bundesliga – kündigte die Fan-Initiative „Jetzt erst recht“ an, die Fanfreundschaft mit den 60ern wieder zu intensivieren. Sie ließen T-Shirts mit der Aufschrift „Fan-Freundschafts-Tour 2006/2007“ anfertigen, auf dem ein „Betzi“ in rot und ein Löwe in blau zu sehen waren und die reißenden Absatz fanden. Auch beim 1:0-Sieg der Roten Teufel in der Allianz-Arena feierte man gemeinsam und beschloss, beim Rückspiel ein freundschaftliches Fußballfest, ungeachtet der erneuten Konkurrenzsituation, zu feiern.

Die Freundschaft mit den Fans von Wattenscheid 09 ist durch den Abstieg der Bochumer Vorstädter bis in der Landesliga obsolet geworden. Es gibt seit Jahren keinen gemeinsamen Spielbetrieb mehr. Ehemalige Lauterer wie Frank Hartmann, Hans-Werner Moser, Stefan Emmerling, Roger Prinzen, Hannes Bongartz und Hans-Peter

**Fans auf der Westtribüne.**

Briegel spielen und trainieren auch nicht mehr bei den 09ern, und die Initiatoren von damals sind in alle Himmelsrichtungen verstreut. Zu lange liegt das 3:2 der Wattenscheider gegen Bayern München aus der Meistersaison 1990/91 zurück, das die Bayern auf Distanz zum 1. FCK hielt.

## Die Fanzines – Von „In Teufels Namen" zu „Weiß der Teufel"

Anfang der 1990er Jahre entstand der Wunsch und das Bedürfnis nach einer Publikation von Fans für Fans. Den Anfang machte die alte Stadionzeitschrift *Hinein*, die den 1. FCK bis 1996 durch die Bundesliga begleitet hatte und längst nicht mehr zeitgemäß war. Vier Mal im Jahr gab es die Beilage *Die Welle*, vom Fanbeirat publiziert, aber von der Geschäftsführung kontrolliert. Im Abstiegsjahr war es dann soweit, im November 1995 gründete eine Gruppe von Fans das „unabhängige Provinzine" *In Teufels Namen*, in Form und Inhalt orientiert an dem viel gelobten *Schalke Unser*. Am Samstag Morgen vor dem Spiel gegen den SC Freiburg ging man in der Gaststätte *Benderhof* das Abenteuer Fanzine an. Der Nr. 0, die im März 1996 zum Spiel gegen Werder Bremen erschien, gingen auch Gespräche mit den Verantwortlichen im Verein voraus, die schließlich grünes Licht gaben und den Verkauf von *In Teufels Namen* auf dem Vereinsgelände und die Verteilung im Presseraum an die Journalisten erlaubten. Es dauerte nicht lange, bis das Fanzine ein fester und beachteter Bestandteil der deutschen Fanzine-Szene war. Auf originelle Weise illustrierte man die Tatsache des Abstiegs und

das Leiden in der 2. Bundesliga mit dem Titelblatt der Ausgabe Nr.1, die zum zweiten Heimspiel im Unterhaus gegen Mainz 05 erschien. Da war das alte Foto von Jürgen „Atze“ Friedrich, wie er mit gebrochenem Bein auf dem Krankenbett liegt: „Abstieg ist doch kein Beinbruch“. *In Teufels Namen* begleitete den 1. FCK durch die 2. Bundesliga, feierte 1997 den Aufstieg und ein Jahr danach die Meisterschaft, doch dann lahmte das Engagement der wenigen Aktiven, die sich allesamt wichtigen schulischen und beruflichen Dingen widmen mussten. Mit der Ausgabe Nr. 5, also nach sechs Nummern, war Schluss, doch noch heute prangt – meist in der Osttribüne – ein Transparent mit dem Namenszug des verblichenen Fanzines.

Es sollte bis August 2003 dauern, ehe der Fanclub „FCKFANS-gegen-Rassismus“ aus Speyer seine Vision aus seiner Gründungsversammlung wahr machte: Die Herausgabe eines neuen Fanzines in der Nachfolge von *In Teufels Namen.* Am Anfang kam *Weiß der Teufel* noch etwas holprig daher, im Lauf der Jahre – und inzwischen liegt das Erscheinen bereits im zweistelligen Bereich – mauserte sich der Neuling, der sich im Editorial der Erstausgabe als konsequente Fortsetzung des Vorgängers sah, zu einer durch und durch lesenswerten und ernstzunehmenden Lektüre. Dabei sahen sich die idealistischen Macher durchaus mit Rückschlägen konfrontiert. Nicht nur, dass sie zuweilen bei Wind und Wetter hinter der Westtribüne ihr Produkt anbieten mussten – übel gesinnte Zuschauer entwendeten und zerstörten die während des Spiels untergestellten Hefte und fügten den engagierten Fanzine-Redakteuren einen enormen materiellen Schaden zu.

Welch großen Einfluss die Arbeit dieses Fanclubs und die Wirkung ihres Produktes auf die antirassistische Arbeit im Großen ausübt, zeigte eine Podiumsdiskussion in den Räumen des Fritz-Walter-Stadions zum Thema „Rassismus und Fußball“ im Sommer 2006 mit Dr. Gunter Pilz, Fan-Forscher aus Hannover, dem Buchautor Nils Havemann, Martin Endemann vom BAFF und Dr. Franz-Josef Kemper, dem WM-Beauftragten des Landes Rheinland-Pfalz und dem Vorsitzenden des Verbandes Deutscher Sinti und Roma, Jacques Dellfeld. Beklagt wurden Beschimpfungen dunkelhäutiger Spieler und Schmähgesänge gegen sie. „Die Bewegung gegen Rassismus und die soziale Kontrolle müssen aus der Fankurve kommen“, lautete das Resümee.

Zur Ausstellung „Tatort Stadion“, die im Ludwigshafener Rathaus-Center gezeigt wurde, begleitet von mehreren Veranstaltungen in der Fachhochschule für Sozialwesen, warb der Fanclub „FCKFANS-gegen-Rassismus" mit einem Flyer für sein Anliegen und sprach die Fans links und rechts in der Westtribüne direkt an:

*Die schöne FCK-Familie, alles liebe, nette Pfälzer. So heil ist die Welt auf dem Betze leider nicht mehr. Seit einiger Zeit … kommt es immer wieder zu rassistischen Äußerungen rund um die Spiele des 1. FCK. Dazu gehören u.a.*

- *„Zigeuner"-Rufe in großer und vor allem lautstarker Zahl bei vielen Spielen*
- *vereinzelte „Zickzack-Zigeunerpack"-Rufe*
- *„Juden"-Rufe*
- *diskriminierende Rufe gegen farbige Spieler*
- *Diskriminierung von Homosexuellen in massiver Weise*
- *Singen des so genannten U-Bahn-Liedes (Wir bauen eine U-Bahn von xy nach Auschwitz).*

*Diese Aufzählung ist nur ein kleiner Ausschnitt der auffälligsten rassistischen Vorfälle im Stadion. Leider war der Verein in der Vergangenheit nicht in der Lage, angemessen darauf zu reagieren, obwohl so was ein klarer Verstoß gegen die Stadionordnung ist …*

*Mit dieser Aktion soll versucht werden, FCK-Fans für solche Vorfälle zu sensibilisieren, Kräfte zu mobilisieren, die sich den Rassisten entgegenstellen und so wieder eine positive, rassismusfreie Stadionatmosphäre gewährleisten, die es auch denkenden und aufgeschlossenen Leuten wieder ermöglicht, sich an der Hölle Betzenberg zu erfreuen …*

*Aktiver Einsatz gegen Rassismus von Fans und Verein entspricht auch dem „10-Punkte-Plan-gegen-Rassismus" der UEFA. Es wäre wünschenswert, wenn sich der FCK diesen zu eigen machen würde …*

*In diesem Sinne – Hölle ja, Rassismus nein – Macht mit!*

Vor dem Heimspiel in der 2. Bundesliga gegen Erzgebirge Aue im Oktober 2006 feierte *Weiß der Teufel* sein zehntes Erscheinen mit Interviews mit dem Vorstandsvorsitzenden Erwin Göbel und Torhüter Jürgen Macho sowie einem Gespräch mit dem Wissenschaftler und Autor Dr. Markwart Herzog anlässlich der Veröffentlichung seines Buches „Der Betze unterm Hakenkreuz". Das neue Fanzine hat sich innerhalb von vier Jahren etabliert und ist ein würdiger Nachfolger von *In Teufels Namen* geworden.

## Ausblick

Welche Forderungen sind an die Fans des 1. FCK zu stellen? Welche Ansprüche sind angemessen, welche übertrieben? Fragen über Fragen …

Zunächst gilt es, sich zu besinnen und die bewahrenswerten Errungenschaften aus der Anfangszeit der organisierten Fanbewegung zu bewahren. Die Zielrichtung, die Norbert Thines vorgab, die Kombination zwischen sozialen Aktionen (Tarnovo, Tschernobyl, „Sozial aktiv“) und politischen Manifestationen (Verankerung des Verbots der Reichskriegsflagge in der Stadionordnung, Anti-Rassismus-Kampagnen, Erhalt der Stehplätze) gilt es fortzuführen und eine Grundhaltung zu demonstrieren, die der Pflege von Toleranz und Mitmenschlichkeit verpflichtet ist. Dabei gilt es auch darüber nachzudenken, angesichts der abscheulichen Vorkommnisse in Catania, Leipzig und anderswo, die Etablierung eines unabhängigen Fanprojektes auf professioneller Basis, wie etwa vor der Haustür in Saarbrücken, zu forcieren. Und man sollte nicht so blauäugig sein, zu glauben, dass sich solche Vorkommnisse nicht auch in Kaiserslautern ereignen könnten, wenn keine umfassende und sorgfältige Pflege der sich ständig wandelnden und den gesellschaftlichen Bedingungen anpassenden Fanszene stattfindet. Die Kosten für die Aufarbeitung von Ereignissen, die voraussehbaren Entwicklungen entspringen, sind aller Voraussicht nach höher als Investitionen in eine vernünftige und zielgerichtete Fanpolitik, die dem Anspruch des 1. FCK entspricht.

# Der Blick über den Berg hinaus...

**Ein Gespräch mit Johannes Stender vom Speyerer Fanclub „FCKFans-gegen-Rassismus" und verantwortlicher „Weiß der Teufel"-Redakteur**

Seit 2003 gibt der Speyerer Fanclub „FCKFans-gegen-Rassismus" das Fanzine „Weiß der Teufel" heraus. Fünf Jahre nach dem Ende des Vorgängers „In Teufels Namen" hatten die Fans des 1. FCK endlich wieder ein vorzeigbares Fanmagazin. In Fanclub und Redaktion an vorderster Stelle ist Johannes Stender aktiv, der dazu noch einen Beruf ausübt, nämlich als Diplom-Sozialarbeiter/FH im Heinrich-Wetzlar-Haus in Stutensee bei Karlsruhe tätig ist, einer Einrichtung zur Vermeidung von Untersuchungshaft bei Jugendlichen.

**„*Weiß der Teufel*" ist ein Produkt der „FCKFANS-gegen-Rassismus". Was hat Sie bewogen, sich die arbeitsintensive Herausgabe eines Fanzines vorzunehmen?**

Da waren unsere Kontakte zu BAFF, dem „Bündnis Aktiver FußballFans" und auch die Tatsache, dass es andere Fanzines wie den „Übersteiger" oder „Schalke Unser" gibt und es beim 1. FCK nach dem Ende von „*In Teufels Namen*" kein Fanzine dieser Art mehr gab. Nicht zuletzt war die Freude am 1. FCK mit ausschlaggebend dafür, die viele Arbeit auf uns zu nehmen. Mit den Jahren und der Anzahl der Ausgaben von „*Weiß der Teufel*" ist die Zahl der MitarbeiterInnen gestiegen. Die Fäden laufen bei mir zusammen.

**Welche Rolle hat dabei der Vorgänger „*In Teufels Namen*" gespielt?**

Ich habe unseren Vorgänger kennen gelernt, als es ihn eigentlich schon gar nicht mehr in gedruckter Form gab. An ältere Ausgaben bin ich herangekommen, und auch online konnte man ja noch einiges lesen. Irgendwie hatte ich dann die Inspiration, etwas Ähnliches zu machen. Als wir 2003 begonnen haben, war das natürlich eine ganz andere Zeit beim 1. FCK als zwischen 1995 und 1998, als es „*In Teufels Namen*" gab. Und auch die Zusammensetzung der Fans hat sich stark verändert, die Zeit spielt hier doch eine große Rolle.

**Wie ist die Resonanz auf die durchweg kritischen Beiträge in Ihren Heften, was wird beachtet, was ignoriert?**

Die Rückmeldungen halten sich in Grenzen. Es gibt sie ganz persönlich an unserem Stand hinter der Westtribüne oder auch mal in einer Zuschrift, meistens aber per Mail. Die heftigsten Reaktionen gab es anlässlich der Unterschlagung der sechs Tore von Carsten Jancker aus dem Pokalspiel beim FC 95 Schönberg, da ging es doch hoch her, es wurde uns Diskriminierung vorgehalten. Aber es gab auch andere Stimmen, denn Jancker hatte als ehemaliger Spieler von Bayern München einen schweren Stand. Positiv waren die Reaktionen nach der mutwilligen Zerstörung eines Teils unseres Fanzines nach dem samstäglichen Verkauf, als wir selbst auf der Tribüne standen. Als wir nach dem Spiel zurückkamen, standen wir vor der Bescherung. Ob das Frustrationsbewältigung war oder die pure Zerstörungswut, wer weiß … Unser Spendenaufruf wurde dann erfreulicherweise oft gelesen, und es flossen doch kleinere und größere Beträge, um den Schaden aufzufangen. Auch einige Fanclubs haben sich beteiligt, wie z.B. der FCK-Ärzte-Fanclub, wo das jetzige Aufsichtsratsmitglied Dr. Burkhart Schappert aktiv ist. Hätte es keine Spenden gegeben, hätten wir alles aus der eigenen Tasche zahlen müssen. Aber wir hätten trotzdem weitergemacht.

**Sie prangern bestimmte Auswüchse in den Fanblöcken an; wie stellt sich nach Ihrer Erfahrung die konkrete Situation in Kaiserslautern dar?**

Die Grundstimmung war in den letzten Jahren sehr angespannt und kritisch, bis hin zu Diffamierungen von Spielern, wie z.B. Marco Engelhardt. Der konnte ja Fußball spielen, aber bei den Fans war er wegen seines Outfits schnell unten durch. Rassistische Äußerungen sind auf dem Betzenberg stark zurückgegangen, vor allem, glaube ich, seit beim 1. FCK immer wieder dunkelhäutige Spieler am Ball sind. Aber die Fanszene hat sich hier insgesamt gewandelt. Alte Westtribünenbesucher sind auf Sitzplätze gewechselt, die Ultras von „Generation Luzifer“ haben sich auf der Westtribüne herausgebildet, etliche sind von der West- auf die Osttribüne, manche aber auch wieder zurück, seit durch den Ausbau für die WM viel mehr Platz auf der Westtribüne ist. Es sind vor allen Dingen viele neue und besonders viele ganz junge Leute dazugekommen.

**Der Anteil der Frauen unter den Fans hat sich in den letzten Jahren vervielfacht; wie nehmen sie deren Einfluss auf der Westtribüne wahr?**

Es sind mehr Frauen da, obwohl der Anteil beim 1. FCK schon immer recht hoch war. Da sind z.B. ältere Frauen, die noch zu Fritz Walters Zeiten das erste Mal hierher kamen, aber auch viele junge Frauen und Mädchen, die mit ihren Freunden oder auch in Gruppen zu den Spielen kommen. Eine Mitarbeiterin von „*Weiß der Teufel*“ ist von ihrer Oma das erste Mal mitgenommen worden, und das hat sie dann festgelegt und geprägt. Überhaupt schreiben auch Frauen bei uns im Fanzine, was bei unserem Vorgänger noch nicht der Fall war.

**„*Weiß der Teufel*“ hat gelegentlich den Stadionsprecher kritisiert, er nehme zu wenig Einfluss auf rassistische und diskriminierende Parolen und Schmähgesänge. Was erwarten Sie von ihm?**

Horst Schömbs steckt durch die Auflagen der DFL und des DFB in einem engen Korsett. Bei schlimmen Dingen werden von den Stadionsprechern ja Interventionen verlangt, die dann auch erfolgen, aber der Einfluss über Lautsprecher im Stadion scheint mir doch sehr begrenzt. Gerade bei Rauchbomben oder Bengalos fühlen sich die Fans anscheinend eher aufgestachelt, es noch einmal zu machen, obwohl auf das

Verbot hingewiesen wurde. Wichtig ist, dass der Verein mit Spielern und Mitarbeitern auf die Fans zugeht, damit bestimmte Dinge wie Beschimpfungen und Schmähungen (z.B. „Zigeuner") unterbleiben. Insgesamt macht Schömbs meiner Meinung nach eine gute Arbeit, er lässt sich auch bei den Fantreffen hie und da sehen und pflegt die Nähe zu den Fans.

**Erwin Göbel hat 2006 René C. Jäggi als Vorstandsvorsitzender abgelöst. Welche Veränderungen spüren Sie bzw. was erwarten Sie von ihm?**

Nach dem Alleinunterhalter René C. Jäggi erwarte ich nun wieder mehr Sachlichkeit. Vielleicht müsste Herr Göbel noch etwas offensiver und lauter werden, sich öfter zu Wort melden. Ich denke, er hält sich zu sehr zurück. Seine Aufgabe ist es, Ziele zu formulieren und zu vertreten, ein eigenes Profil zu entwickeln. Durch den Abstieg ist der Verein zwar zurückgeworfen worden, aber man konnte dadurch auch Ballast abwerfen. Immerhin hat Herr Göbel eine Beziehung zu den Fans, er scheint unsere Hefte auch zu lesen, und sein Sohn steht auf der Westtribüne und kann ihm direkt vermitteln, wie die Stimmung bei den Fans so ist.

**Wie beurteilen Sie die Vereinspolitik nach dem zweiten Abstieg des 1. FCK aus der Bundesliga angesichts einer Mixtur aus Eigengewächsen, anderen jungen Spielern und den aus unterschiedlichen Fußballkulturen rekrutierten Spielern? Wo bleibt die viel beschworene Pfälzer Identität des neuen 1. FCK?**

Alles hängt vom Geld ab, und davon hat der 1. FCK eher wenig. Wo die Spieler herkommen, ist mir nicht wichtig, sie müssen lediglich als Team funktionieren. Elf Pfälzer für den 1. FCK sind für mich kein Kriterium. Wenn die Ziele, die man sich gesteckt hat, nicht erreicht werden sollten, wäre es nicht schlimm, wenn die Fans draußen das Gefühl haben, dass die Mannschaft alles versucht hat.

**Was muss der 1. FCK ändern, um wieder zu der Popularität zu gelangen, die er nach den Meisterschaften 1991 und 1998 bundesweit genießen durfte?**

Beim 1. FCK ist es über viele Jahre gelungen, aus wenig viel zu machen. Da waren charismatische Spieler und Trainer, Leute wie Kuntz, Marschall und Feldkamp, um nur einige zu nennen. Sie waren im Nachhinein gesehen ein angenehmer Gegenpol gegen die Großkotzigen, die nach Rehhagels Meisterschaft 1998 in Größenwahn verfielen. Das war der Beginn des Abstiegs. Leute wie Wieschemann und Friedrich waren für die Fans keine Sympathieträger, und dass Jäggi eine Funktion bei der WM 2006 bekleidete, obwohl er zuvor davon gesprochen hatte, die WM sei eigentlich zu groß für Kaiserslautern, war für mich zumindest zweischneidig.

**Wie lange, schätzen Sie, wird es *„Weiß der Teufel"* geben – und glauben Sie, dass es im Falle dessen möglichen Endes ein Nachfolge-Fanzine geben wird?**

Wie lange es unser Fanzine geben wird, kann man nicht abschätzen. Solange es Spaß macht und solange der 1. FCK noch Freude bereitet. Der Rest ist auch abhängig von den individuellen Lebensplanungen. ■

# Mainz 05 und TuS Koblenz, die neuen Rivalen vom Rhein

## Wie der selbst ernannte „Karnevalsverein" den 1. FCK überholte und der TuS Koblenz plötzlich auf Augenhöhe in der 2. Bundesliga auftauchte

Rheinland-Pfalz ist ein verhältnismäßig kleines Bundesland mit gerade einmal fünf Städten, die mehr als 100.000, aber auch allesamt weniger als 200.000 Einwohner haben: Mainz, Ludwigshafen, Koblenz, Trier und Kaiserslautern. 1963, bei der Gründung der Bundesliga, war Kaiserslautern mit kaum mehr als 90.000 Einwohnern die mit Abstand kleinste Stadt mit einem Fußball-Bundesligisten. Dass sich der 1. FCK bis 1996 ununterbrochen erstklassig behaupten konnte und nach nur einem Jahr Zweitklassigkeit in der Saison 1997/98 erneut neun Jahre bis zum zweiten Abstieg in der Saison 2005/06 oben blieb, muss deshalb im Nachhinein als Wunder betrachtet werden. War doch die Westpfalz auch schon vor dem Ende des Kalten Krieges nicht gerade ein wirtschaftlich prosperierendes Gebiet, sondern litt unter ihrer Randlage an den Grenzen zum Saarland und zu Frankreich. Und das machte es schwierig, dauerhaft mit den Großen, die alle bessere Möglichkeiten und ein größeres Einzugsgebiet hatten, finanziell mitzuhalten.

Da war man nicht nur in Kaiserslautern froh, dabei zu sein und einen Bundesligisten zu haben, um den einen manch größere Stadt beneidete. Im ganzen Bundesland wurde der 1. FCK – spätestens seit der ersten Ära Feldkamp zwischen 1978 und 1982 – als Heim(at)verein quasi adoptiert. Und (noch) niemand dachte ernsthaft daran, dass ein anderer Club aus Rheinland-Pfalz es je bis in die Bundesliga schaffen würde, nachdem Wormatia Worms 1965 in der Aufstiegsrunde an Borussia Mönchengladbach und der FK Pirmasens 1975 in der Relegation an Bayer 05 Uerdingen gescheitert waren.

Auch der SV Alsenborn in unmittelbarer Nachbarschaft des 1. FCK war gleich drei Mal in der Bundesliga-Aufstiegsrunde gescheitert.

## Trier, Worms und Ludwigshafen – Wo die Fußball-Vergangenheit die Gegenwart überstrahlt

Anfang der 1980er Jahre gab es einen Anlauf von Eintracht Trier, die zwischen 1948 und 1962 14 Jahre lang mit dem 1. FCK in der Oberliga Südwest gespielt hatte. Mit Hilfe eines Psychologen, was damals ungewöhnlich war und viel Staub aufwirbelte, versuchte man, die Mannschaft in die eingleisige 2. Bundesliga zu hieven. Doch der Versuch scheiterte, und erst sehr viel später, in der Saison 2001/02 gelang mit Trainer Paul Linz der Aufstieg aus der Regionalliga Süd ins Unterhaus. Zuvor hatte die Mannschaft 1998 und 2000 im DFB-Pokal Furore gemacht, einmal das Halbfinale und einmal das Achtelfinale erreicht. Doch der Höhenflug der Trierer, die insbesondere nach dem Aufstieg des FSV Mainz 05 in die Bundesliga davon zu träumen begannen, man könnte ja auch noch nach oben kommen, um das rheinland-pfälzische Triumvirat komplett zu machen, wurde jäh gestoppt. In der Saison 2004/05 kam man nicht aus den Startlöchern, kurze Zwischenhochs wichen immer wieder Zwischentiefs. Am letzten Spieltag fehlte der Mannschaft ein Tor, um sich zu retten und Energie Cottbus nach unten zu stoßen. Doch an jenem Sonntag im Saarbrücker Ludwigsparkstadion zerplatzten die Träume der Eintracht von einer guten Zukunft im Profifußball. Zurück ging es in die Regionalliga und ein neues Stadion brauchte in Trier nun auch keiner mehr. Doch damit nicht genug. Der Aderlass war so groß, dass sich der drei Jahre zuvor noch so ambitionierte Club in der Saison 2006/07 in der viertklassigen Oberliga Südwest wiederfand, wo er bis zum Beginn der Rückrunde mit dem FSV Mainz II, Wormatia Worms und dem FSV Oggersheim um die Tabellenführung stritt, seine Ambitionen auf die Meisterschaft jedoch frühzeitig begraben musste.

Für den 1. FCK ging es 2006 im DFB-Pokal ins Moselstadion, wo man klar mit 3:0 gewann. In den Jahren zuvor war Eintracht Trier, wo einst Klaus Toppmöller und Harald Kohr, zwei der besten Torjäger der Lauterer, vorher gespielt hatten, stets ein bevorzugter Testspielgegner bei der Saisonvorbereitung.

Wormatia Worms, von 1946 bis 1963 17 Jahre lang Dauergegner des 1. FCK in der Oberliga Südwest, schöpfte in der Saison 1978/79 kurzzeitig Hoffnung auf einen Aufstieg in die Bundesliga. Doch auch die Träume der Rheinhessen erfüllten sich nicht, weil sie ihre anfängliche Spitzenposition nicht behaupten konnten. Immerhin qualifizierten sie sich 1981 für die eingleisige 2. Bundesliga, aus der sie jedoch gleich nach der ersten Spielzeit 1981/82 wieder abstiegen und seither auch nicht mehr nach oben kamen. Schlimmer noch: Die Wormatia rückte zwischenzeitlich durch einen weiteren Abstieg in die Verbandsliga Südwest in der Wormser Fußballhierarchie sogar hinter den Stadtteilverein TSG Pfeddersheim. Inzwischen sind die Verhältnisse wieder zurechtgerückt. Der 2008 sein 100-jähriges Jubiläum feiernde Verein spielt in der Oberliga wieder vorne mit, die städtischen Konkurrenten TuS Neuhausen, SV Horchheim und eben Pfeddersheim sind mindestens zwei Etagen tiefer angesiedelt.

Der 1. FCK ist in den zurückliegenden Jahren immer wieder zu Freundschaftsspielen in die Nibelungenstadt gekommen. Der 1. FCK II hat in der Oberliga Südwest die Wormser zum Gegner, die sich im Verbandspokalfinale 2007 mit 1:0 gegen Lauterns Zweite durchsetzen konnten und sich für den DFB-Pokal qualifizierten. Auch die diversen Juniorenmannschaften beider Vereine spielen zuweilen um Punkte gegeneinander.

Den schlimmsten Abstieg haben die ehemaligen Konkurrenten der Roten Teufel aus Ludwigshafen zu beklagen. Von den einstigen Rivalen aus der Oberliga Südwest haben Phönix und TuRa 1965 zum SV Südwest fusioniert, mit dem Ziel, dem Fußball in der Chemiestadt durch die Konzentration der Kräfte eine Chance auf mittelfristige Erstklassigkeit zu geben. Doch der ungeliebte Club verpasste zuerst 1974 die Qualifikation zur 2. Liga Süd und bei der Einführung der Regionalligen als Puffer zwischen 2. Bundesliga und Oberliga war man wieder nicht dabei. Ganz im Gegenteil: Bis in die Landesliga Ost, die sechste Spielklasse, rutschte man ab, aus der es gerade mal wieder hoch in die Verbandsliga ging. Der Ludwigshafener SC, der vor allem für seine exzellente Jugendarbeit bekannt ist, tauchte ebenfalls unter, stieg aber 2007 wieder in die Landesliga Ost auf – immerhin zwei Klassen höher als der vierte Oberligist vergangener Tage, der BSC Oppau, der sich in der Bezirksklasse Nord Vorderpfalz schwer tut. Andere haben das Zepter übernommen: Der FSV Oggersheim schreitet mit dem Aufstieg in die Regionalliga Süd ungeahnten Höhen entgegen, der FC Arminia Rheingönheim hält sich wacker in der Verbandsliga, ebenso wie der Landkreisverein ASV Fußgönheim.

In Ludwigshafen hat der 1. FCK traditionell viele Fans, was auch auf die Präsenz der Roten Teufel bei ihren Endrundenspielen um die Deutsche Meisterschaft zurückzuführen ist. Außerdem diente das Südweststadion etliche Male als Ausweichstadion, als der Betzenberg umgebaut wurde, so etwa in der Spielzeit 1978/79, als die ersten beiden Heimspiele hier stattfanden. Gelegentlich kommt es zu Freundschaftsspielen des 1. FCK gegen die unterklassigen Mannschaften aus der Stadt und aus dem Rhein-Pfalz-Kreis.

## Mainz 05 – Narhallamarsch … oder ein Beispiel geduldigen Arbeitens

Das Kräfteverhältnis zwischen dem 1. FCK und Mainz 05 war seit jeher klar: Hier der potente Erstligist, Abonnements-Südwestmeister und zweimalige Deutsche Meister der 1950er Jahre, dort der auf gleichmäßig mittelmäßigem Niveau spielende Verein aus der Landeshauptstadt, dem man die eine oder andere Überraschung, etwa im DFB-Pokal zutraute, der aber nicht konstant auf höherem Level agierte. Zu Oberligazeiten von 1945 bis 1963 standen die 05er in der Abschlusstabelle 18 Spieljahre lang stets hinter dem 1. FCK. Die besten Platzierungen waren der 4. Platz 1946/47 sowie der

5. Platz 1960/61, damals nur einen Rang hinter den zu der Zeit etwas kriselnden Lauterern. Mit Einführung der Bundesliga trennten sich die Wege der beiden für lange Zeit. Abgesehen vom Pokalspiel im September 1989, das der 1. FCK im Stadion am Bruchweg mit 3:1 gewann, kam es gelegentlich zu Test- und Freundschaftsspielen. An eine Angleichung der Mainzer an die Lauterer oder gar an eine Wachablösung im Land verschwendete niemand einen Gedanken. Regionalliga Südwest, damals Zweite Liga, hieß fortan die Heimat des FSV, der sich auch für die 2. Liga Süd, die 1974 eingeführt wurde, qualifizierte, aber nach zwei Spielzeiten die Lizenz zurückgab und in der Amateur-Oberliga Südwest, eine Klasse tiefer, weiterspielte. Erst 1988/89 tauchten die 05er wieder in der nun eingleisigen 2. Bundesliga auf, stiegen aber sofort wieder ab. Zur Saison 1990/91 gelang der Wiederaufstieg, und als der 1. FCK 1991 seine dritte Deutsche Meisterschaft feierte, freuten sich die Mainzer eine Liga tiefer über einen für einen Neuling hervorragenden 8. Platz. Doch die folgenden Jahre waren schwierig und strapazierten die Nerven der Fans, die noch nicht so zahlreich wie später zu Jürgen Klopps Trainerzeiten an den Bruchweg kamen. 1991/92 hatte man drei Punkte mehr als der erste Absteiger, zwei Jahre später waren es gerade zwei Zähler, die den Abstieg verhinderten. 1994/95 waren die 05er gar punktgleich mit Absteiger 1. FC Nürnberg, und auch in der Saison danach hatte man nur zwei Punkte mehr als Absteiger Chemnitzer FC. Ausgerechnet als der 1. FCK nach seinem ersten Abstieg in die 2. Bundesliga erstmals nach 34 Jahren wieder Punktspiele gegen Mainz 05 austragen musste, setzte der FSV zu einem Höhenflug an, der erst am letzten Spieltag in einem wahren Aufstiegsendspiel durch den VfL Wolfsburg, der die Lauterer in die Bundesliga begleitete, beendet wurde. Public Viewing gab es in Mainz auf einer großen Leinwand, und die begeisterten Fans demonstrierten nachhaltig, dass hier etwas heranwachsen könnte, wenn man nur die Geduld bewahrte. In den folgenden drei Spielzeiten wurde es jedoch noch nichts mit dem erhofften Sprung nach ganz oben: Die Plätze 10, 7 und 9 zeigten, dass

**Bekannte Spieler, die beim 1. FCK und bei Mainz 05 spiel(t)en**

| Name | 1. FCK | Mainz 05 |
|---|---|---|
| Matthias Abel | - 1998 | 2002 - 2006 |
| Benjamin Auer | 1996 - 1999, 2006 - 2007 | 2002 - 2006 |
| Gerd Bold | 1984 - 1986 | 1975 - 1977 |
| Andreas Buck | 1997 - 2002 | 2002 - 2003 |
| Franco Foda | 1981 - 1984, 1987 - 1990 | 1979 - 1981 |
| Frank Haun | 1986 - 1987 | 1987 - 1989 |
| Fabrizio Hayer | 1986 - 1988 | 1979 - 1986, 1990 - 1994, 1997 - 1999 |
| Herward Koppenhöfer | 1965 - 1969 | 1974 - 1982 |
| Torsten Lieberknecht | 1992 - 1994 | 1995 - 2002 |
| Patrick Mohr | 1980 - 1987 | 1987 - 1991 |
| Herbert Scheller | 1976 - 1977 | 1970 - 1976, 1981 - 1986 |
| Horst-Dieter Strich | 1963 - 1965 | 1962 - 1963 |

man zwar in der 2. Bundesliga etabliert war, mehr aber ging noch nicht. Schlimmer noch – in der Saison 2000/01 folgte der Sturz auf Platz 14, und lange Zeit hatte es ausgesehen, als müsse Mainz gar den Gang in die Regionalliga antreten. Es folgten zwei Spielzeiten, die Anhänger, Spieler und Trainer entscheidend zusammenschweißten. Zwei Mal nacheinander wurden die 05er Vierter und hatten beim Aufstieg das Nachsehen. 2001/02 landete man einen Punkt hinter Bielefeld und Bochum, und 2002/03 stieg Eintracht Frankfurt durch einen Treffer in allerletzter Sekunde anstatt der punktgleichen Mainzer auf, die im Fernduell in Braunschweig souverän gewonnen hatten und quasi schon aufgestiegen waren. Nach diesem unglaublichen Tiefschlag rechnete fast niemand mehr damit, dass es mit dem Aufstieg überhaupt einmal klappen könnte. Doch im Jahr danach hatte der FSV endlich das Glück auf seiner Seite und verwies Energie Cottbus, das punktgleich war, auf den 4. Platz. Die Bundesliga war in Mainz angekommen.

## Die Konkurrenz aus dem eigenen Bundesland

Mit dem Aufstieg gab es nun erstmals in der Bundesliga ein rheinland-pfälzisches Derby. Und schon vor Saisonbeginn wurde spekuliert, wo der 1. FCK und der FSV am Saisonende in der Tabelle stehen würden. Zur SWR-Streitrunde „Reiss & Leute“ am 28. Juli 2004 live aus dem Stadion am Bruchweg waren Fans beider Clubs, die beiden Stadionsprecher Klaus Hafner und Horst Schömbs, vor seiner Zeit beim 1. FCK Stadionsprecher bei Mainz 05, sowie die Journalisten Stefan Kieffer von der *Rhein-Zeitung* und Günter Rohrbacher-List eingeladen. Gastgeberin Beatrix Reiss wollte geradezu alles von ihnen wissen: „Weshalb liegen die Lauterer Fans dem FCK zu Füßen? Was macht Kloppos Mannen so unwiderstehlich? Wer hat die besseren Fans? Und: Wer wird die Nr.1 im Land – die Roten Teufel vom Betzenberg oder die Fußballkarnevalisten aus Mainz?“ Beiden den Abstieg zu prophezeien traute sich niemand, also einigten sich alle darauf, dass beide in der Bundesliga bleiben würden, was ja auch am Ende der Saison so eintreffen sollte. Die Lauterer mit einer neu formierten Mannschaft erwartete man im Mittelfeld der Tabelle, und Mainz 05 würde sich gerade so vor dem Abstieg retten. Aber dass die 05er am Saisonende vor dem 1. FCK stehen würden, daran glaubte niemand.

Noch 1996/97 hatten sich beide in der 2. Bundesliga gegenübergestanden, nachdem es Jahre lang nur hin und wieder mal ein Pokalspiel zwischen den beiden alten Südwest-Rivalen gegeben hatte. Die Landesmeisterschaft hatte damals unentschieden geendet – 1:1 auf dem Betzenberg, 0:0 am Bruchweg. Und schon da hatten die 05er im Hinspiel gegen den Aufstiegsfavoriten modernen Fußball zelebriert und die Mannschaft von Trainer Otto Rehhagel in Verlegenheit gebracht. Michael Schjönbergs 1:0 aus der 70. Minute hatte Marco Grevelhörster zehn Minuten vor Spielende ausgeglichen. Bei beiden Spielen dabei war 05-Torhüter Dimo Wache, und beim Rückspiel spielte der jetzige Trainer Jürgen Klopp in der Abwehr. Die Lauterer waren am Ende der Saison als Meister der 2. Bundesliga aufgestiegen und wurden ein Jahr später Deutscher Meister, während die Mainzer noch etliche Ehrenrunden drehen und einige Male richtig um den Klassenverbleib zittern mussten.

Doch nun war es geschafft: Mainz 05 und der 1. FCK spielten nach 42 Jahren wieder gemeinsam in der höchsten deutschen Spielklasse. Als beide am 16. Spieltag am 5. Dezember 2004, einem Sonntag, erstmals in der Bundesliga aufeinander trafen, standen die Mainzer mit 22 Punkten auf dem 11. Tabellenplatz, während der 1. FCK mit 17 Punkten 14. war und nur drei Punkte Vorsprung auf den ersten Abstiegsrang hatte. In einem Interview der Lauterer Stadionzeitschrift „Betze-Magazin" hob 05-Trainer Jürgen Klopp die Bedeutung dieser Begegnung hervor: „Aus sportlicher Sicht wurde es höchste Zeit, dass es diese Partie auf Bundesliga-Niveau gibt und eine sportliche Tradition entstehen kann." Doch der 1. FCK setzte die alte Tradition aus gemeinsamen Oberligazeiten fort und holte mit dem 2:0 im 21. Heimspiel um Punkte gegen die 05er seinen 19. Sieg. Lediglich zu zwei Unentschieden hatte es in all den Jahren für die Mainzer gereicht. Doch trotz der Niederlage gegen Kurt Jaras zusammengewürfelte Mannschaft erwiesen sich die 05er als intaktes Team von Spielern, in deren Reihen keine Stars und alternde Fußballdiven standen, sondern Fußballer, die jenseits von Rheinhessen nicht allzu bekannt waren. Der Star war nicht die Mannschaft, sondern ihr Trainer Jürgen Klopp, der zuweilen etwas übertrieben jubelte und scheinbar hemmungslos seiner Freude ihren Lauf ließ, aber als Sportwissenschaftler kluge Dinge von sich gab und sich von der Masse der Fußballlehrer in der Bundesliga wohltuend unterschied. „Klopp ... predigt unermüdlich Kampf, Leidenschaft und Hingabe eines jeden Spielers für seine Mannschaft. Diese traditionell deutschen Fußballwerte sind in Mainz mit einer Neigung zu britischem Überfallspiel kombiniert, und das hat schon seinen besonderen Reiz", lobte der Kolumnist Christoph Biermann im Fußballmagazin *11 Freunde* das Spiel des Neulings.

Dass die Mainzer am Ende der Saison mit 43 Punkten auf dem 11. Platz landeten und die Lauterer um einen Punkt schlechter Zwölfte wurden, lag an der desolaten Vorstellung des 1. FCK in der zweiten Halbzeit des Rückspiels am 33. Spieltag. Abels Führungstor hatte Amanatidis ausgeglichen, doch nach der Pause dominierten die 05er, denen sich nur der Lauterer Torhüter Thomas Ernst entgegenstemmte. Die Niederlage des 1. FCK am letzten Spieltag gegen Werder Bremen machte die kleine Sensation perfekt: Mainz 05 stand in der Abschlusstabelle vor dem 1. FCK.

Doch es sollte noch schlimmer kommen. In der darauf folgenden Spielzeit kam es am 6. Spieltag am 21. September 2005, einem Mittwoch, auf dem Betzenberg zu einer Neuauflage des Derbys. Der 1. FCK war mit sieben Punkten unter seinem neuen Trainer Michael Henke in die Runde gestartet, während die Mainzer nach einem desaströsen Saisonstart mit fünf Niederlagen behaftet mit null Punkten in die Pfalz kamen. Die Schlüsselszene spielte sich beim Stand von 0:1 in der 45. Minute ab: Lauterns Regisseur Ciriaco Sforza fuhr dem Mainzer Petr Ruman von hinten in die Beine und sah die Rote Karte. In Überzahl gelang ausgerechnet dem Ex-Lauterer Benjamin Auer in der 90. Minute das 0:2. Eine Wachablösung in Rheinland-Pfalz schien sich anzubah-

**Strafraumszene vor imposanter Kulisse.**

nen mit diesem zweiten Sieg in Folge für die Mainzer gegen den einst übermächtigen 1. FCK, dazu der erste Sieg überhaupt auf dem Betzenberg. Es sollte nicht der letzte sein im Kalenderjahr 2005.

Am 20. Dezember, einem Dienstagabend, kam es im Achtelfinale des DFB-Pokals erneut zum Aufeinandertreffen der beiden, die in der Bundesliga vom Abstieg bedroht waren: Der 1. FCK als Tabellenletzter mit zwölf Punkten, die 05er auf dem 14. Platz mit vier Zählern mehr. Die 1:0-Führung der Lauterer glichen die Mainzer nach einer Stunde aus, die Verlängerung blieb torlos, und so musste das Elfmeterschießen entscheiden. Die ersten beiden Elfer für den 1. FCK saßen, während Babatz für Mainz verschoss und Macho gegen Demirtas hielt. Dann kam der Schlüsselmoment mit Zandis Elfmeter, der hinter der Linie war, was jedoch Schiedsrichter Weiner nicht sah und deshalb das Tor nicht gab. Aufruhr auf dem Betzenberg war die Folge und Nervosität bei den Lauterern nach da Silvas 2:1 und Waches Glanztat gegen Altintop. Den letzten Elfmeter für den 1. FCK verschoss Daniel Halfar beim Stand von 3:3. Petr Rumans 4:3 war die Entscheidung, die den 1. FCK um die dringend benötigte finanzielle Spritze von annähernd 1 Mio. € für das Erreichen des Viertelfinales brachte. Mit ihrem zweiten Sieg in Folge auf dem Betzenberg durften sich die Mainzer nun als die neue Nr. 1 in Rheinland-Pfalz fühlen. Zuvor hatte es 1989 und 2001 zwei Pokalbegegnungen zwischen beiden Clubs gegeben, die jeweils am Bruchweg stattgefunden hatten und mit 3:1 und 3:2 für den 1. FCK geendet hatten.

Doch den Lauterern blieb noch das Rückspiel in der Bundesliga, um Revanche zu nehmen. Und das taten sie völlig unerwartet. Beide Mannschaften hatten vor dem 23. Spieltag am 25. Februar 2006 20 Punkte auf ihrem Konto, die 05er standen auf Rang 15, der 1. FCK rangierte dahinter auf einem Abstiegsplatz. Dessen Neuzugang Boubacar Sanogo war es, der die Mainzer mit seinem Doppelschlag in der 24. und 26. Minute schockte. Zwar hatten die Gastgeber noch viele Chancen, doch engagierte Rote Teufel hielten das 2:0 bis zum Schlusspfiff fest, verließen den Abstiegsplatz und gaben ihn an Mainz weiter. Doch es war nur eine Momentaufnahme. Am Ende ihrer zweiten gemeinsamen Bundesligasaison mussten die erneut auf dem 11. Platz rangierenden Mainzer Abschied nehmen vom 1. FCK, der am letzten Spieltag den 16. Platz nicht mehr verlassen konnte und sich in die 2. Bundesliga verabschiedete.

Ein Jahr danach herrschte auch in Mainz Tristesse. Die 05er, durch die Abgänge von da Silva und Thurk und die Rückkehr des von Werder Bremen ausgeliehenen Mohamed Zidan geschwächt, spielten eine schwache Hinrunde und holten nur elf Punkte. Zwar kam zur Rückrunde Zidan, begleitet von Andreasen, erneut von der Weser an den Rhein, doch nach einem zwischenzeitlichen Hoch mit Aussicht auf Rettung folgten demoralisierende Heimniederlagen gegen Leverkusen, Schalke und Hannover, die den Klassenverbleib immer unwahrscheinlicher werden ließen. Als man am vorletzten Spieltag mit einem Sieg gegen die bereits abgestiegenen Mönchengladbacher letzte Hoffnung schöpfte, beseitigte der VfL Wolfsburg mit einem Unentschieden bei Alemannia Aachen letzte Zweifel am Gang der Mainzer zurück in die 2. Bundesliga.

Doch in Mainz steckte man nicht die Köpfe in den Sand. Was einst der ulkige rosarote Panther großmaulig verkündete, gab Trainer Jürgen Klopp den Fans, die ihre Mannschaft trotz des Abstiegs feierten, als Versprechen: „Heute ist nicht aller Tage, wir kommen wieder, keine Frage!“ Und das ist durchaus ernst zu nehmen, denn in Mainz hat das Bundesligazeitalter gerade erst begonnen. Der Abstieg wird als Zwischenfall, als Zwischenstufe akzeptiert, nach der man gestärkt und verbessert erneut nach oben kommen will. Die Voraussetzungen sind bestens: Der Verein gilt als seriös, hat eine konstante Führungsmannschaft, einen innovativen Trainer und ist eine gute Adresse für Spieler, die den Fußball lieben und gemeinsam mit ihren Mitspielern und einem unvergleichlich empathischen Publikum etwas bewegen wollen. Und ab 2009 wird nicht mehr am Bruchweg vor 20.300 Zuschauern gespielt, sondern in einer neuen Arena mit 35.000 Plätzen, die für 60 Mio. € vor den Toren der Stadt am Europakreisel entstehen wird. Nachdem lange Zeit gar ein Stadionneubau auf der Wiesbadener Seite – die Mainzer Stadtteile Amöneburg, Kostheim und Kastel liegen rechtsrheinisch auf hessischer Gemarkung – zur Debatte stand und gar eine gemeinsame Nutzung mit Zweitliganeuling SV Wehen-Taunusstein im Gespräch war, demonstrierten die Fans der 05er erfolgreich für eine Mainzer Lösung auf rheinhessischem Boden zwischen den Stadtteilen Bretzenheim, Finthen und Gonsenheim. Stadt, Land und Verein einigten sich schließlich auf eine Mischfinanzierung für die neue Spielstätte, die aber auch für andere Veranstaltungen genutzt werden soll.

| Der Spielbetrieb zwischen dem 1.FCK und dem FSV Mainz 05 | | | |
|---|---|---|---|
| **Spieljahr** | **Liga** | **1.FCK Heim** | **1.FCK Auswärts** |
| 1933/34 | Gauliga Südwest | 7:0 | 2:8 |
| 1945/46 | Oberliga Südwest | 13:0 | 4:1 |
| 1946/47 | | 6:1 | 1:3 |
| 1947/48 | | 13:2 | 3:0 |
| 1948/49 | | 7:1 | 5:1 |
| 1949/50 | | 7:0 | 2:0 |
| 1950/51 | | 7:1 | 7:1 |
| 1951/52 | | 4:2 | 4:1 |
| 1952/53 | | 6:0 | 4:1 |
| 1953/54 | | 6:0 | 2:5 |
| 1954/55 | | 2:1 | 4:2 |
| 1955/56 | | 5:1 | 4:3 |
| 1956/57 | | 1:1 | 7:0 |
| 1957/58 | | 5:2 | 5:1 |
| 1958/59 | | 9:2 | 3:1 |
| 1959/60 | | 3:1 | 1:0 |
| 1960/61 | | 1:0 | 1:1 |
| 1961/62 | | 3:2 | 2:2 |
| 1962/63 | | 3:0 | 3:0 |
| 1976/77 1.FCK (A) | AOL Südwest (3.L.) | 0:1 | 4:2 |
| 1977/78 1.FCK (A) | | 0:3 | 1:1 |
| 1978/79 1.FCK (A) | | 3:2 | 0:2 |
| 1979/80 1.FCK (A) | | 6:0 1:0 | 1:1 1:3 |
| 1980/81 1.FCK (A) | | 2:2 | 2:1 |
| 1981/82 1.FCK (A) | | 0:1 | 0:3 |
| 1983/84 1.FCK (A) | | 2:1 | 0:2 |
| 1984/85 1.FCK (A) | | 2:3 | 0:3 |
| 1985/86 1.FCK (A) | | 0:2 | 0:1 |
| 1986/87 1.FCK (A) | | 2:2 | 0:5 |
| 1987/88 1.FCK (A) | | 0:0 | 2:4 |
| 1989/90 1.FCK (A) | | 1:3 | 2:5 |
| 1996/97 | 2. Bundesliga | 1:1 | 0:0 |
| 2003/04 1.FCK (A) M 05 (A) | Regionalliga Süd | 0:1 | 2:0 |
| 2004/05 | Bundesliga | 2:0 | 2:3 |
| 2005/06 | Bundesliga | 0:2 | 2:0 |
| 2007/08 | 2. Bundesliga | | |
| **Spieljahr** | **Pokal** | | |
| 1988/89 1.FCK (A) | Südwest-Pokal | | 0:2 |
| 1989/90 | DFB-Pokal | | 3:1 |
| 2000/01 1.FCK (A) | Südwest-Pokal | 1:2 | |
| 2001/02 | DFB-Pokal | | 3:2 |
| 2001/02 1.FCK (A) | Südwest-Pokal | | 1:4 |
| 2003/04 1.FCK (A) | Südwest-Pokal | 0:1 | |
| 2005/06 | DFB-Pokal | 1:1 n.V. 3:4 11m | |

| Spieljahr | Freundschaftsspiele | heim | auswärts |
|---|---|---|---|
| 1945/46 | Freundschaftsspiel | 15:0 | |
| 1965/66 | | | 3:1 |
| 1971/72 | | | 1:2 |
| 1972/73 | | | 1:1 |
| 1974/75 | | | 2:1 |
| 1978/79 | | | 6:3 |
| 1980/81 | | | 9:1 |
| 1992/93 | | | 2:3 |
| 2001/02 | | | 2:1 |
| 2002/03 | Benefizspiel für den Speyerer Dom in Ludwigshafen | 1:0 | |

## TuS Koblenz – Die Wiederkehr eines alten Bekannten, der einst TuS Neuendorf war

Einfach ist sie nicht zu erzählen, die Geschichte der TuS Koblenz, die seit 1982 durch eine Umbenennung den Platz der einst auch bundesweit bekannten TuS Neuendorf eingenommen hat. Überregional macht der Stadtteil am Zusammenfluss von Mosel und Rhein heute nur noch Schlagzeilen, wenn das Wasser wieder einmal bedrohlich steigt und die knapp 6.000 Einwohner Land unter melden müssen. Warum der Vorstand der Neuendorfer Ende 1981 auf die Idee kam, die Marke TuS Neuendorf gegen den Namen TuS Koblenz eintauschen zu wollen, bleibt sein Geheimnis. Jedenfalls benötigte man zwei Anläufe für diesen Anschlag auf die Tradition. Erst im März 1982 stimmte eine knappe Mehrheit der Vereinsmitglieder für die Übernahme des Stadtnamens, unter dem Vorwand, die Koblenzer würden sich fortan mehr mit der TuS identifizieren, die damals in der viertklassigen Verbandsliga Rheinland vor sich hindümpelte. Doch die Erneuerer irrten, und es dauerte bis 1994, ehe TuS Koblenz in die Amateur-Oberliga Südwest aufstieg. Hier dauerte es weitere zehn Jahre, ehe man mit dem Aufstieg in die Regionalliga Süd wieder ins Rampenlicht der Sportteile auch überregionaler Tageszeitungen rückte. Zwei Spielzeiten später war es soweit: Unter Trainer Milan Sasic, der schon für den Aufstieg in die Regionalliga verantwortlich gezeichnet hatte und Sportmanager Stefan Kuntz schafften die Koblenzer 2006 den Sprung in die 2. Bundesliga und begründeten eine Renaissance auch des alten Namens TuS Neuendorf, der immer dann fällt, wenn bei den Fernsehübertragungen des *DSF* oder von *Premiere* erklärt wird, unter welchem Namen die TuS Koblenz in alten Zeiten aufgetreten war. Verwirrend für Außenstehende ist hier, dass traditionsbewusste Neuendorfer, die mit der Umbenennung nicht einverstanden waren, 1982 als Reaktion auf ihre Niederlage die TuS 1982 Neuendorf gründeten, einen Verein, der unterklassig spielt und tief im Stadtteil verwurzelt ist. Die TuS Koblenz dagegen ist längst zum Stadtverein geworden, der nicht nur die Koblenzer Fußballfans anzieht, sondern auch die Anhänger aus dem

| Bekannte Spieler, die beim 1. FCK und bei TuS Neuendorf/TuS Koblenz spiel(t)en | | |
|---|---|---|
| Name | 1. FCK | TuS Neuendorf/Koblenz |
| Karl Adam | 1948 - 1951 | 1946 - 1948, 1951 - 1956 |
| Jakob Miltz | 1958 - 1959 | 1946 - 1958, 1959 - 1961 |
| Ferydoon Zandi | 2004 - 2006 | 2006 |
| Rüdiger Ziehl | 1995 - 2002 | 2004 - |
| Stefan Kuntz | 1989 - 1995 | 2004 - 2006 (Manager) |
| Noureddine Daham | 2006 - 2007 | 2007 - |

Umland, die zuvor nur die Wahl zwischen weiten Fahrten nach Köln, Frankfurt oder Kaiserslautern hatten, wenn sie ein höherklassiges Fußballspiel anschauen wollten.

In der Gauliga hatten die Lauterer und TuS Neuendorf keine Berührungspunkte, da der 1. FCK der Gauliga Südwest, die TuS aber 1939 der Gauliga Mittelrhein und ab 1941 der Gauliga Moselland zugeordnet waren. Immerhin kam man 1942/43 bis in die 1. Vorrunde um die Deutsche Meisterschaft, wo man Victoria 1911 Berlin mit 0:2 unterlag. Ein Jahr danach gab es in der Ausscheidungsrunde eine 0:5-Klatsche gegen Schalke 04.

Nach der Gründung des Bundeslandes Rheinland-Pfalz und der Neuordnung der Spielklassen hatten es der 1. FCK und TuS Neuendorf 16 Spielzeiten lang in der Oberliga Südwest miteinander zu tun. Der bekannteste Spieler der TuS ist sicherlich das heutige Ehrenmitglied Rudi Gutendorf, der von 1946 bis 1952 hier spielte und später als Trainer-Globetrotter um die Welt zog, sowie der damalige Nationalspieler Jupp Gauchel. Den Koblenzern gelangen in der Oberliga sechs Siege gegen den 1. FCK in ihrem Stadion Oberwerth, wenn auch das letzte Heimspiel vor Gründung der Bundesliga am 9. Dezember 1962 vor 4.000 Zuschauern in einem Desaster endete: Der 1. FCK gewann mit 9:3, und am 29. Spieltag Anfang Mai 1963 wurde es für die TuS auf dem Betzenberg auch nicht angenehmer, als die Lauterer mit 8:2 gewannen und den Meistertitel in dieser letzten Oberligasaison klar machten. Es war gleichzeitig das letzte Aufeinandertreffen der beiden, bis die umbenannte TuS Koblenz am Ende der Saison 2005/06 in die 2. Bundesliga aufstieg, wohin der 1. FCK gerade abgestiegen war.

Und so kam es am 22. September 2006 im Fritz-Walter-Stadion zu einem Rheinland-Pfalz-Derby, von dem die Fans beider Clubs noch wenige Jahre zuvor nicht zu träumen gewagt hätten. Nach zwei Siegen und zwei Niederlagen stand dabei der 1. FCK unter Zugzwang, aber nach 45 Minuten führten die Gäste mit 2:0. Erst ein Eigentor von Kenan Sahin brachte die Wende. Innerhalb von acht Minuten zogen die Lauterer gleich und dann auf 4:2 davon. Anel Dzakas Anschlusstreffer zum 4:3 kam für TuS Koblenz zu spät, um einen verdienten Punkt mitzunehmen. Beim Rückspiel am 16. Februar 2007 auf dem Oberwerth hätten sich die Roten Teufel nicht beschweren dürfen, wenn sie statt mit einem 0:0 mit einer satten Niederlage nach Hause gefahren wären. Der Neuling, der von unten kam, setzte dem Absteiger aus der Bundesliga schwer zu und relativierte die Aufstiegsambitionen des 1. FCK deutlich. Noch zwei Jahre zuvor wäre die TuS Koblenz

| Der Spielbetrieb zwischen dem 1. FCK und TuS Neuendorf/TuS Koblenz | | | |
|---|---|---|---|
| Spieljahr | Liga | 1. FCK Heim | 1. FCK Auswärts |
| 1946/47 | Oberliga Südwest | 5:3 | 3:1 |
| 1947/48 | Oberliga Südwest; Halbfinale Deutsche Meisterschaft | 5:1 | 4:2 |
| 1948/49 | Oberliga Südwest | 5:2 | 1:4 |
| 1949/50 | | 3:0 | 3:2 |
| 1950/51 | | 2:2 | 0:0 |
| 1951/52 | | 4:3 | 1:2 |
| 1952/53 | | 2:2 | 3:1 |
| 1953/54 | | 6:1 | 1:0 |
| 1954/55 | | 2:1 | 0:2 |
| 1955/56 | | 3:1 | 3:5 |
| 1956/57 | | 12:6 | 2:5 |
| 1957/58 | | 2:0 | 3:1 |
| 1958/59 | | 5:2 | 5:1 |
| 1960/61 | | 3:0 | 3:2 |
| 1961/62 | | 4:1 | 1:5 |
| 1962/63 | | 8:2 | 9:3 |
| 2006/07 | 2. Bundesliga | 4:3 | 0:0 |
| 2007/08 | 2. Bundesliga | | 2:2 |

in einer der Vorbereitungsphasen nicht mehr als ein angenehmer Gegner zum Einspielen gewesen. Auch beim 2:2 auf dem Oberwerth in der Hinrunde 2007/08 verhielt es sich nicht anders: Der 1. FCK konnte froh sein über den einen gewonnenen Punkt.

In der Rückrunde der Saison 2006/07 geriet die TuS Koblenz nicht nur durch zahlreiche vereinsinterne Querelen in die Schlagzeilen. Auch sportlich ging es ständig auf und ab, und als nach einer Negativserie wenige Spieltage vor Saisonende gar der Klassenverbleib noch einmal in Gefahr geriet, wurde Trainer Sasic entlassen und durch den ein Jahr zuvor beim 1. FC Köln entlassenen Uwe Rapolder ersetzt. Der unter anderem beim SV Waldhof Mannheim und bei Arminia Bielefeld erfolgreiche Fußballlehrer vermochte nach seinem Amtsantritt mit ungewöhnlichen Vorbereitungsmaßnahmen wie einem Trainingslager mit spanischer Gitarrenmusik die Mannschaft wieder aufzurichten und für die entscheidenden Spiele fit zu bekommen. Der Lohn waren drei Siege in Folge und der vorzeitige Klassenverbleib, so dass – nach dem Abstieg von Mainz 05 aus der Bundesliga und dem Nichtaufstieg des 1. FCK – für die Saison 2007/08 gleich zwei rheinland-pfälzische Derbys angesagt waren. Als Co-Trainer holte sich Rapolder für seine erste volle Spielzeit in Koblenz den Ex-Lauterer Mario Basler an seine Seite.

# Vom „Waldschlößchen" zum WM-Stadion

## Die Spielstätten des 1. FC Kaiserslautern und seiner Vorgänger

Ein Besuch in Kaiserslautern ist immer auch eine Konfrontation mit dem Betzenberg und dem Fritz-Walter-Stadion. Auch ohne Fußball. Auch an einem beliebigen Werktag, wenn die Fußgängerzone voller Menschen ist und nichts darauf hindeutet, dass hier einer der Gründungsvereine der Fußball-Bundesliga zu Hause ist. Die dichte Bebauung verdeckt hier die Sicht, doch nur für wenige Augenblicke verliert man den „Betze" aus den Augen.

Der imposante Neubau der Nordtribüne und die WM-gerechte Anpassung und Aufstockung von West- und Osttribüne machen die Spielstätte noch besser sichtbar, außer bei Dunkelheit allerdings, denn die legendären Flutlichtmasten, die das Stadion noch vom Rathaus am anderen Ende der City sichtbar machten, mussten der WM-Modernisierung weichen. Muss man am normalen Bundesligaspieltag spätestens zwei Stunden vor Spielbeginn ärgerliche Staus in der Kantstraße und ein Gedränge beim Aufstieg in der Malzstraße in Kauf nehmen, so hat man am spielfreien Tag oder Wochenende beim Besuch des Sportparks Betzenberg hoch oben über der Stadt mehr Muße. Während unten in der Eisenbahnstraße, in der Fußgängerzone und in der Altstadt das kleine Großstadtleben leise pulsiert, liegt das Stadion still da. Ganz allein ist man aber nie dort oben. Eilige Zulieferer für die Stadion-Gastronomie, neugierige Stadion-Touristen und ein paar Kiebitze vom letzten Training, die fachsimpelnd und meist knotternd herumstehen und stets besser wissen, wie der Trainer die Mannschaft aufstellen sollte – es herrscht stets ein reges Treiben auch abseits des Spielbetriebs. Dennoch ist es dann für die meisten, die sich hier herumtreiben, viel mehr „mein eigenes Stadion" als am Spieltag, wenn Zehntausende hier versammelt sind und den gleichen Anspruch erheben.

Viele Fans aus den umliegenden und weiter entfernten Regionen kennen wenig von dem Kaiserslautern da unten. Vielleicht die eine oder andere Kneipe, den Hauptbahnhof und die Autobahnauffahrten ... Weniger das Pfalztheater, die Pfalzgalerie, das Kulturzentrum Kammgarn. Kaiserslautern ist für sie schlicht der Betzenberg.

Auch die Namensgebung zu Ehren Fritz Walters noch zu dessen Lebzeiten hat am Idiom der Fans und der Alt-Anhänger nichts geändert. Man geht nicht ins Fritz-Walter-Stadion, sondern „uff de Betze". „De Betze", das ist Kaiserslautern, auch in all den Jahren, da es unentwegt gegen den Abstieg aus der Bundesliga geht. Denn „de Betze" stiftet immer noch jede Menge Identität, die die Menschen in diesem Landstrich so bitter nötig haben. Benachteiligt über Jahrzehnte durch die grenznahe Lage zu Frankreich und viele Jahre überwältigt von der Übermacht der US-Army, die überall in der Westpfalz präsent war, blieb den Menschen hier mangels eines dominanten Handels- und Kulturzentrums nur die Identifikation mit dem Fußball. Der Fußball hatte die Region in den 1950er Jahren weithin bekannt gemacht und allen gezeigt: Dort hinter den Bergen Donnersberg und Kalmit wird ehrlicher und zuweilen auch guter Fußball gespielt, in einem Stadion, in dem es lange Zeit für die Gastmannschaften schwer war, zu gewinnen. Auch als die Amerikaner nach dem Ende der Ost-West-Konfrontation nach dem Fall der Mauer nach und nach aus der Pfalz abzogen und in den verbliebenen Einrichtungen eine zutiefst unsoziale Personalpolitik durchzogen, hatten die Menschen hier wieder jede Menge Trost nötig. Dazu kamen die permanenten Ängste um den Erhalt von Arbeitsplätzen bei der Nähmaschinenfabrik Pfaff, dem Opel-Werk und in den mittelständischen Betrieben. Immer wieder geistern Hiobsbotschaften durch die Wirtschaftsteile der regionalen Presse. Hier schließt eine Schuhfabrik, dort werden Arbeitsplätze ins Ausland verlagert. Und die Stadt nebendran ist finanziell längst am Ende. Alltag (nicht nur) in der Pfalz. Da tut es gut, den Betzenberg und den 1. FC Kaiserslautern zu haben.

Spieler kommen und gehen, Trainer auch, Präsidenten, Geschäftsführer, Aufsichtsräte, Funktionäre, Ordnungspersonal und Würstchenverkäufer. Der „Betze" aber überdauert sie alle, tröstet über jeden noch so schweren Verlust eines geliebten und bewunderten Spielers hinweg. Mit ihrem Geld können andere, reichere Vereine den einen oder anderen Spieler aus Kaiserslautern weglocken, aber „de Betze" bleibt erhalten. Unerreicht, unbezahlbar, fast unerstürmbar und unabsteigbar und phasenweise unbezwingbar.

## „Ländel", „Waldschlößchen", „Eselsfürth", „Betzenberg" ...

Wie all die anderen frühen Fußballclubs in Kaiserslautern spielte auch der FC Kaiserslautern 1900 anfangs auf der Platzanlage im „Ländel". Die schon beschriebene allgemeine Sport- und Spielplatznot veranlasste den Verein, frühzeitig zu handeln und ein Gelände für die eigenen Zwecke zu pachten. Fortan rollte der Ball beim FC Kaiserslautern 1900 „Am Waldschlößchen", gar nicht weit entfernt vom späteren Spielort „Betzenberg". Die Fusionspartner von 1909, der FC Palatia und der FC Bavaria 02, spielten auf der „Sportanlage Eselsfürth" im Nordosten bzw. im „Ländel". Nach dem Zusammenschluss zum FVK benutzte der neue Verein sowohl den Platz „Am Waldschlößchen" als auch die „Sportanlage Eselsfürth". Als die Pachtkosten für das „Waldschlöß-

**Die Platzanlage im „Ländel".**

**Sportplatz Eselsfürth.**

chen" zu hoch wurden – die „Eselsfürth" war inzwischen aufgegeben worden – fand der FVK ein neues Gelände hinter dem Hauptbahnhof auf den „luftigen Höhen des Betzenbergs", wie die *Pfälzische Presse* schrieb. Die neue Anlage wurde aus wirtschaftlichen Gründen teils gekauft und teils gepachtet und in Eigenarbeit zu einem neuen Sportplatz umgestaltet. Der damalige Vorsitzende Otto Candidus, der Baufachmann des Vereins, Cornel Mildenberger, und der zuständige Stadtbaurat Hussong sprachen sich gemeinsam für diesen Platz aus, nachdem Hussong behauptet hatte, die mangelhafte Wasserversorgung auf dem Berg schließe eine Wohnbebauung aus. Er irrte, und dies sollte in den 1990er Jahren noch schwer wiegende und teure Folgen haben. Dank des Einsatzes und des Opfermutes seiner Mitglieder konnte der FVK die Anlage in zwar primitivem Rahmen, aber dem Zweck entsprechend ausrüsten. Der Verein gab Schuldscheine an seine Mitglieder aus, ein Sportplatzfond wurde gebildet. Ab dem 1.1.1920 gab es 5 % Zinsen.

Allzu bald wurde die Erfahrung gemacht, dass das sandige Spielfeld dringend umgestaltet werden musste. 1926 wendete der Verein beträchtliche Mittel auf und schuf ein Jahr nach Fertigstellung der Südtribüne zum Jubiläum einen Rasenplatz. Aber es wurde auch notwendig, räumlich zu erweitern, um allen Bedürfnissen im Verein gerecht zu werden. Stückweise, wie es die Mittel erlaubten, wurde an der Ausgestaltung des Betzenbergs gearbeitet. Doch in der Nacht vom 22. auf den 23. November 1930 traf den FV/Phönix ein schwerer Schlag. Ein verheerender Orkan zerstörte die erst fünf Jahre alte Südtribüne.

Die Einführung des freiwilligen Arbeitsdienstes im Frühjahr 1932 bot eine Möglichkeit, den schon damals so bezeichneten „Sportpark Betzenberg“ in Angriff zu nehmen. Durch die verbesserten sportlichen Leistungen erzielte der 1. FCK zudem höhere

**Der neu angelegte Betzenberg wurde am 13. Mai 1920 eingeweiht.**

**Stadion Betzenberg, 1927.**

Einnahmen, die für die Beschaffung der Materialien aufgewendet wurden, die zum Ausbau gebraucht wurden. Zunächst wurde die südliche, erhöhte Seite grundlegend umgestaltet und Betonstufen eingebaut. Danach füllten die freiwilligen Helfer die Ostkurve auf und durchzogen sie ebenfalls mit Betonstufen, so dass hier 10.000 Zuschauer ungehinderte Sicht auf das Spielfeld hatten. Eine Reihe Kaiserslauterer Unternehmer ließ auf der Stadtseite des Sportparks, dem Standort der heutigen Nordtribüne, eine neue Tribüne entstehen, die in den ersten fünf Reihen völlig säulenfrei war. Um das Projekt abzurunden, wurden auch der steile Anstiegsweg ausgebessert und zweckmäßige Kassenanlagen und eine Pforte installiert. Der Ausbau der Westkurve wurde neben weiteren Vorhaben rund um das Stadion bereits ins Auge gefasst. Das Fassungsvermögen des Stadions betrug jetzt 18.000.

Weiteren Ausbauarbeiten setzte aber der Ausbruch des 2. Weltkriegs ein Ende. Auch der Betzenberg blieb nicht von massiven Kriegsfolgen verschont. So wie die Stadt und die Region darnieder lagen, nachdem sie in den letzten Kriegstagen noch gezielt zerbombt worden war, zeigte auch der Betzenberg deutliche Spuren des Krieges. In seinem Buch „Anpfiff in Ruinen" über die Anfänge der deutschen Oberligen in der Nachkriegszeit berichtet Hans-Dieter Baroth von der Beschlagnahmung des Stadions durch die französischen Besatzungsstreitkräfte. „Die Franzosen beschlagnahmen auch den zerstörten Betzenberg, der einen anderen Namen erhält. Nach dem Befehlshaber der französischen Besatzungsstreitkräfte, General Goislard de Monsabert, heißt er offiziell „Stade Monsabert". Die Bürger und Sportler der Stadt entwickeln ein eigenes Französisch – der Volksmund behauptet, „Mon" laute in der anderen Sprache ähnlich wie „Mont", also Berg, somit müsse „Sabert" Betzen heißen: Stade Monsabert heiße deshalb immer noch Betzenberg."

Die Franzosen, die die wenige noch vorhandene Infrastruktur der Pfalz und des abgetrennten Saargebiets eher zerstören denn selbst nutzen wollten, betrachteten den Betzenberg nicht als Sportstätte. Seines Zwecks entfremdet, diente das Stadion als Abstell- und Reparaturplatz für schwere Militärlastwagen und wurde dementsprechend beschädigt. Als die Franzosen das Stadion im Winter 1945/46 in desolatem Zustand zurückgaben, war an Fußballspiele auf dem „Betze" zunächst nicht zu denken. Der „Erbsenberg" des VfR diente vorübergehend als Ausweichspielstätte. Gleichzeitig machten sich die Mannschaft und freiwillige Helfer an die Aufräumarbeiten und richteten den „Betze" wieder her, um an die alte Heimstätte zurückkehren zu können.

## Erste Ausbaumaßnahmen

Schon in den Nachkriegsjahren rückten der DFB und seine Mitgliedsverbände den Vereinen, die von den Kriegsfolgen noch schwer gebeutelt waren und sich nur langsam davon erholten, mit allerlei Auflagen zu Leibe. Am 2. März 1953 berichtete der Präsident des 1. FC Kaiserslautern, Dr. Müller, der Mitgliederversammlung von einer „Verfügung, nach der ab 1. August diesen Jahres nur noch solche Vereine in der ersten

Liga spielen dürfen, die über einen Platz von 70 und 105 Meter verfügen" *(Die Rheinpfalz).* Da der Platz auf dem Betzenberg aber nur 68 Meter breit sei, brauche der 1. FCK für diese Umbaumaßnahme zwischen 160.000 und 170.000 DM. Der Verein hoffte dabei auf die Unterstützung des Toto-Verbandes und der Stadt und trug sich gar mit dem Gedanken, Bausteine zu verkaufen, um die Finanzierung zu erleichtern. In einem Schreiben an das Grundstücksamt bat Dr. Müller um die Überlassung eines Geländestreifens von ca. 65 bis 100 Metern auf dem Betzenberg in Richtung Stadtwald.

Bereits 1952 hatte sich der Präsident um den Kauf von vier auf dem Betzenberg gelegenen, stadteigenen Grundstücken bemüht. Da die vorhandenen Spielfelder nicht ausreichten, um den Übungs- und Wettkampfbetrieb der 25 Mannschaften der Fußball-, Handball- und Hockeyabteilungen aufzunehmen, sah man die Anlage eines neuen Spielfeldes vor. Der Erwerb der städtischen Grundstücke war darauf ausgerichtet, die Zuschauerterrassen zu vergrößern, um das Fassungsvermögen weiter zu erhöhen und Parkplätze für Fahrräder und Krafträder zu schaffen. Diese geplante Erweiterung des Stadions Betzenberg war für den 1. FCK aus sportlichen und wirtschaftlichen Gründen dringend notwendig, denn wie schon 1951 mussten auch 1953 nach der Südwest-Meisterschaft die Endrundenspiele um die Deutsche Meisterschaft wegen zu geringer Zuschauerkapazität im Ludwigshafener Südweststadion ausgetragen werden. Die Kaiserslauterer Geschäftswelt und Gastronomie weinte den entgangenen Umsätzen nach. „Anstatt dass Zehntausende von auswärts nach Kaiserslautern kommen, fahren Tausende von Kaiserslautern nach Ludwigshafen. Die Stadt erhält keine Vergnügungssteuer, Gastwirtschaften und andere Unternehmen haben einen Einnahme-Ausfall, die Fußballfreunde aus Kaiserslautern und Umgebung müssen, wenn sie das Spiel sehen wollen, tiefer in die Tasche greifen." *(Pfälzische Volkszeitung* vom 29.4.1953)

Nach den vorliegenden Plänen sollte das Stadion Betzenberg für 40.000 Zuschauer, davon 8.500 Sitzplätze, ausgebaut werden, was aber nicht erreicht wurde. Die Kosten wurden auf ca. 300.000 DM veranschlagt, wovon der 1. FCK 100.000 DM selbst tragen wollte und die Stadt bat, eine Bürgschaft für ein Darlehen über die restlichen 200.000 DM zu übernehmen. Im Frühsommer 1953 begannen die Bauarbeiten, die bis zum 15. August abgeschlossen sein mussten, da hier bereits die neue Saison begann. An Nord- und Südseite des Spielfeldes wurden die notwendigen Korrekturen vorgenommen, insgesamt 5.000 Kubikmeter Boden verlagert. Auf der neuen Böschung entstanden neben 18 Reihen für Sitzplätze 25 Terrassen für Stehplätze.

„Wissen die Kaiserslauterer eigentlich", fragte *Die Rheinpfalz* am 20.6.1953, „wie schön der Sportplatz Betzenberg gelegen ist, oder müssen erst Sportler und Journalisten aus aller Welt kommen, um es ihnen zu sagen?" Und philosophierte weiter: „Unter dem Juni-Himmel, der sich voll dicker Wolken über der Erde spannt, dehnt sich das Pfälzer Land. Weit geht der Blick von der Höhe der neuen Böschung hinüber bis Landstuhl, zum Potzberg und Eulenkopf. Von Norden grüßt der Donnersberg herüber, und im Osten blicken die Berge der Vorderpfalz zwischen den Hängen um

Frankenstein hindurch. Ein Bild wunderbarer Größe lässt im Betrachter das Gefühl der Freiheit und des Gelöstseins von aller Erdenschwere aufkommen ..."

Neun Jahre später, nach einigen mageren Spielzeiten nach dem Ende der Walter-Ära, klopfte der 1. FCK an das Tor zur neu entstehenden Bundesliga. Eine der Bedingungen des DFB für die Aufnahme in die Eliteklasse war ein Fassungsvermögen von mindestens 35.000 Zuschauern und eine Flutlichtanlage. Um den Antrag des 1. FCK, einen städtischen Zuschuss von 200.000 bis 250.000 DM für die Flutlichtanlage zu gewähren, gab es Auseinandersetzungen, wie sie sich bei späteren Anträgen wiederholen sollten. Der Stadtrat konnte sich nicht für einen Zuschuss erwärmen, favorisierte vielmehr eine Ausfallbürgschaft oder eine Darlehenshilfe. Mit überwältigender Mehrheit fasste man zu vorgeschrittener Stunde folgenden Beschluss: „Der Stadtrat von Kaiserslautern ist der festen Zuversicht, dass der ruhmreiche 1. FC Kaiserslautern angesichts seiner großen Leistungen und Erfolge im letzten Jahrzehnt in die Bundesliga aufgenommen und auf lange Zeit darin verbleiben wird. Um die in Südwestdeutschland zu erwartenden Großveranstaltungen in Kaiserslautern durchführen zu können, wird die Stadtverwaltung dem 1. FCK nach Kräften behilflich sein, um eine den Ansprüchen genügende Flutlichtanlage auf dem Betzenberg zu erstellen."

Zwischen dem Gewinn des Südwestmeistertitels 1963, der für die Bundesliga qualifizierte, und den Endrundenspielen um die Deutsche Meisterschaft, die letztmals in Ludwigshafen stattfanden, verwandelte sich der Betzenberg in eine monströse Großbaustelle. Die Südtribüne wurde überdacht und bot nun zusammen mit der Nordtribüne über 12.000 Zuschauern wetterfeste Sitz- und Stehplätze. Die Westkurve wurde in ihrer Halbovalform erhöht und erweitert. Die *Pfälzische Volkszeitung* vom 11.5.1963 bezifferte die Eigenmittel des 1. FCK auf ca. 500.000 DM und sah die „grundsätzliche Bereitschaft seitens der Landesregierung in Mainz, dem süddeutschen Bundesligisten in ausreichendem Maße zu helfen." Das Großprojekt wurde außerdem durch den Einsatz von US-Pioniereinheiten zügig vorangebracht. Am 12.6.1963, nur knapp zwei Monate vor dem Start der Bundesliga, lehnte die Stadtverwaltung die Gewährung eines verlorenen Zuschusses für die Flutlichtanlage ab, stellte den Verein vor die Wahl eines Darlehens oder einer selbstschuldnerischen Bürgschaft in Höhe von 200.000 DM. Außerdem setzten sich die Kaiserslauterer Landtagsabgeordneten für einen Landeszuschuss ein und argumentierten, der 1. FCK sei der einzige Verein des Landes, dem die Aufnahme in die Bundesliga gelungen sei.

Rechtzeitig zum Start in die erste Bundesligasaison war das Stadion fertig. Das Flutlicht sollte noch im selben Jahr folgen. Die Eintrittspreise von 1963 lesen sich für heutige Verhältnisse recht exotisch:

***Stadion Betzenberg – Eintrittspreise für Spiele der Bundesliga***

| | |
|---|---|
| *Nord- oder Südtribüne* | *DM 10,00* |
| *Vor- oder Freitribüne* | *DM 6,50* |
| *Tribünen-Stehplatz Gerade* | *DM 4,50* |

| | |
|---|---|
| *Stehplatz Kurve* | *DM 3,00* |
| *Kriegsversehrten-Sitzplatz* | *DM 4,50* |
| *Jugend* | *DM 1,50* |

Mitglieder erhielten zu jedem Spiel zwei Mitgliederkarten bei einer Ermäßigung von 2 DM auf die Nord- oder Südtribüne bzw. von 1 DM auf den Tribünen-Stehplatz. Am 13. August 1963 waren die beiden Zusatztribünen angeliefert worden, deren Montage schnell abgeschlossen wurde, um die Bedingungen des DFB rechtzeitig zu erfüllen.

Die Flutlichtpremiere auf dem Betzenberg fand am 18.12.1963 gegen den damaligen Tabellenführer der Regionalliga Südwest, den alten Konkurrenten Wormatia Worms, statt. Die 400-Lux-Anlage galt damals als eine der besten Flutlichtanlagen Europas. Um eine absolute Blendungsfreiheit und eine Gleichmäßigkeit der Beleuchtung zu erreichen, wurde eine maximale Lichtpunkthöhe von 64 Metern gewählt. Zur Installierung waren 12.000 Meter Kabel verlegt worden. Wieder erhielt die einheimische Industrie Aufträge, die der Sicherung von Arbeitsplätzen in der strukturschwachen Region dienten. Doch Unbekannte sorgten beim großen Premierenabend für lange Gesichter. Mutmaßliche Flutlichtgegner zündeten im nahe gelegenen Steinbruch Nebelkerzen. Nacheinander wurden Tore und Spielfeld von Nebelschwaden verschluckt, das Spiel unterbrochen. Nach zehn Minuten aber war der Spuk bzw. die Sabotage vorbei.

Als sich eineinhalb Jahre später herausstellte, dass das Flutlicht erheblich teurer geworden war als ursprünglich veranschlagt, und dem 1. FCK ca. 200.000 DM zur Restfinanzierung fehlten, stellte FCK-Präsident Dr. Karl-Heinz Brinkop in seiner Eigenschaft als SPD-Stadtrat den Antrag, die Stadt möge die Bürgschaft für einen Kredit in dieser Höhe bei der Stadtsparkasse übernehmen. Auch die CDU-Fraktion, in der FCK-Presswart Hans Rottmüller eine führende Rolle spielte, verhielt sich diesem Wunsch des Vereins gegenüber freundlich. Besonders pikant aber war der Zeitpunkt dieses Begehrens, denn Brinkop war nur wenige Tage vor dem abstiegsentscheidenden Spiel bei Eintracht Frankfurt vorgeprescht. Der 1. FCK siegte mit 2:1, blieb in der Bundesliga, und der Weg für die Bürgschaft war frei.

Ein Jahr darauf gab es erneut Handlungsbedarf. Die alte Holztribüne wurde für baufällig befunden und musste mit einem Kostenaufwand von ca. 170.000 DM neu gebaut werden. Laut klagten die FCK-Verantwortlichen über die damals fast ausschließlich als Bürde empfundene Tatsache, dass sich das Stadion Betzenberg in den Händen des Vereins befand. Während andere Vereine mit städtischen Stadien in ihre Mannschaften investieren konnten und so ihr Betriebskapital erhöhten, musste der 1. FCK immer wieder hohe Beträge für den Ausbau des Stadions aufwenden, die ihm für den Aufbau einer Mannschaft, die dauerhaft ohne ständige Abstiegssorgen in der Bundesliga mitspielen konnte, fehlten.

Dafür fehlte es auf dem „Betze“ der 1960er Jahre nicht an mysteriösen Zwischenfällen. Im September 1967 gab es beim Spiel gegen Eintracht Frankfurt eine Keilerei

**Ausverkaufter Betzenberg**

mit einem Beinschuss, durch den ein Zuschauer aus Rodenbach verletzt wurde. Im Städtischen Krankenhaus musste ihm eine Kugel vom Kaliber „22-lang“ operativ entfernt werden. Mit ein Grund für die Randale der frühen Jahre war der Umstand, dass sich in der Westkurve Anhänger der Lauterer und der Eintracht tummelten und sich vehement ins Gehege kamen. „Betzenberg? Hexenberg!“ titelte eine Boulevardzeitung und ließ Mitte der 1970er Jahre eine Reihe Fußballprominenter zu Wort kommen. „Das ist das einzige Stadion, in dem ich wirklich Angst habe“, bekannte Gerd Müller, und Schiedsrichter Weyland aus Oberhausen fügte hinzu: „Nirgends spürt man die Massen so massiv wie in Kaiserslautern!“

## Verpasste Chance? – WM 1974 auf dem Betzenberg

Als die FIFA 1969 die Fußball-Weltmeisterschaft 1974 an die Bundesrepublik Deutschland vergab, verzichtete die Stadt Kaiserslautern aus Rücksichtnahme auf Ludwigshafen, das über das größere Südweststadion verfügte, auf eine Bewerbung als potenzieller Austragungsort. Die Lauterer, die jahrelang während ihrer Oberligazeit ihre Endrundenspiele in Ludwigshafen ausgetragen hatten, wollten aus Dankbarkeit und Loyalität unter Pfälzern nicht mit den Vorderpfälzern, die zudem auf Grund der BASF-Gewerbesteuereinnahmen als reichste Stadt in Rheinland-Pfalz galten, in Konkurrenz treten. Anstatt die Gegengerade des Südweststadions mit ihren unkomfortablen Sitzplätzen komplett zu überdachen, schlug Ludwigshafen in letzter Minute die Überdachung von 18.000 Stehplätzen vor, was beim Weltmeisterschaftskomitee des DFB auf Unverständnis stieß. Der damalige Oberbürgermeister der Chemiestadt, Dr. Werner

Ludwig, erklärte zwar, alles getan zu haben, was möglich und vertretbar war, doch wurde genau dies bezweifelt, denn Ludwigshafen unternahm zumindest zuletzt keinerlei Anstrengungen mehr, um doch noch Austragungsort der WM zu werden.

Als klar war, dass Ludwigshafen aus dem Rennen war, reichte die Stadt Kaiserslautern unter enormem Zeitdruck und viel zu spät seine Bewerbung ein. Kaiserslautern bot 1.000 überdachte Sitzplätze und 30.000 Stehplätze an – zu wenig! Der DFB hielt an den Grundsatzanforderungen der FIFA fest, wonach die WM-Stadien jeweils 50.000 bis 60.000 Zuschauer fassen sollten. *Die Rheinpfalz* bedauerte am 19.5.1971: „Kaiserslauterns Bewerbung kam zu spät, vielleicht auch nicht ausgereift genug; in jedem Falle aber haben die Lauterer in den wenigen Tagen und trotz der Ablehnung ihre Pläne energischer und zielbewusster verfolgt als Ludwigshafen in den zwei Jahren zuvor."

Letztlich erwies sich Ludwigshafens Rückzug als klug, da die Stadt zu jenem Zeitpunkt über keine Fußballmannschaft (mehr) verfügte, die das Stadion nach der WM hätte füllen können. Dass auch Kaiserslautern nicht zum Zuge kam, war Anfang der 1970er Jahre ein Segen für Stadt und Verein. Ein Stadion mit einem Fassungsvermögen von 50.000 Plätzen wäre damals für den 1. FCK mindestens eine Nummer zu groß geraten. Zwei oder drei Mal im Laufe einer Saison annähernd gefüllt, ansonsten etwas mehr als zu 50 % besetzt, wäre es mit der Stimmung auf dem Betzenberg, der gerade von seiner Enge lebte, weitgehend vorbei gewesen. Viele der Stadien, die für die WM 1974 renoviert bzw. neu gebaut wurden, erwiesen sich im Lauf der Jahre als Fehlplanungen und wurden im Hinblick auf die WM 2006 völlig umgestaltet, neu gebaut, stillgelegt und im Fall des Düsseldorfer Rheinstadions sogar komplett abgerissen.

In Kaiserslautern wurden seinerzeit auch die anderen Sportvereine der Stadt zu einem möglichen Ausbau des Betzenbergs für die WM 1974 befragt. Allein der damalige Präsident der TSG Kaiserslautern, Bodo Herren, äußerte sich hierzu in der *Rheinpfalz* vom 21.12.1971 ablehnend und realistisch: „Wenn wir hier ein Fußballstadion für 50.000 Zuschauer hätten, wäre das vielleicht alle zehn Jahre mal voll besetzt..." 30 Jahre später sollte Kaiserslautern, im Schulterschluss von Verein, Stadt und Land, unterstützt von gleich fünf Weltmeistern, den Schritt wagen, sich als Austragungsort der WM 2006 zu bewerben.

## Der Ausbau geht weiter

1972 erhielt der 1. FCK für den dringend notwendigen Ausbau der Nordtribüne und der darunter liegenden Funktionsräume erneut Zuschüsse von Stadt und Land. Die Zustände in den Umkleidekabinen waren untragbar geworden. Die alte Holztribüne wurde abgerissen und die neue Tribüne bis hin zur Ostkurve erweitert. 8.600 Zuschauer fanden nun auf ihr Platz.

Nachdem Jürgen „Atze" Friedrich 1977 das Amt des Präsidenten des 1. FCK angetreten hatte, ging er gemeinsam mit seinen Kollegen daran, das Stadion Betzenberg als eine zusammenhängende Einheit zu konzipieren. Sukzessiv sollte das Stadion zu einer

Spielstätte englischen Zuschnitts ausgebaut werden. Die mit diesem Ausbau befassten Fachleute befürworteten aus Kostengründen eine rechteckige Lösung, da eine Fertigung mit runden Teilen erhebliche Schwierigkeiten bereitet hätte. Friedrich machte sich auf nach Mainz, um Zuschüsse aus dem Sozialministerium, dem damals der Sport angegliedert war, locker zu machen. Das Land erklärte sich zu einem Zuschuss in Höhe mehrerer Millionen bereit, wenn auch die Stadt sich beteiligen würde. Nach Umbauten, die die Verlegung der beiden ersten Heimspiele der Saison gegen den VfB Stuttgart und den 1. FC Köln ins Ludwigshafener Südweststadion notwendig machten, fand am 16.9.1978 die Premiere des neuen Betzenbergs statt. Nur 16 Wochen hatten die Baufirmen benötigt, um die 6,8 Millionen DM teure Osttribüne zu bauen.

In der zweiten Ära Friedrich von 1985 bis 1988 wurde der Ausbau der Westkurve angepackt. Der Präsident schrieb an den damaligen Ministerpräsidenten Dr. Bernhard Vogel und bat um Unterstützung des Landes Rheinland-Pfalz bei der beabsichtigten, aus Konkurrenzgründen notwendigen Baumaßnahme. Friedrich hatte richtig erkannt, dass der 1. FCK nur mit einem größeren und komfortableren Stadion auf Dauer in der Bundesliga mithalten könnte. Die Kosten bezifferte der 1. FCK auf 7,5 Millionen DM, dic sich Land, Stadt und Verein teilen könnten. Allerdings erhöhte sich dieser Betrag durch den Einbau einer Rasenheizung auf 8,9 Millionen DM, was in der Kaiserslauterer SPD-Fraktion einigen Wirbel verursachte. Deren Vorschlag, den städtischen Zuschuss um den Anteil für die Rasenheizung zu kürzen, stieß bei Friedrich auf Unverständnis, da die Kosten für einen nachträglichen Einbau höher gekommen wären. Schließlich trug das Land 4,5 Millionen, die Stadt steuerte 2 Millionen bei, und die restlichen 2,5 Millionen musste der 1. FCK selbst aufbringen. Um die 25.000 Kubikmeter Erde verschwanden mit der altehrwürdigen Westkurve, die analog zur Osttribüne zur Westtribüne umgestaltet wurde.

Ende März 1985 musste das Bundesligaspiel gegen den VfL Bochum abgesagt werden, weil ein Platzwart bei Wartungsarbeiten zufällig einen Riss an einer Schweißnaht eines Flutlichtmastes entdeckt hatte. Es sollte nicht die letzte Spielabsage auf dem „Betze" bleiben, der – Fritz Walter war am 31.10.1985 65 Jahre alt geworden – ab dem 2.11.1985 Fritz-Walter-Stadion hieß. Die Ehrung galt dem größten Fußballer, den der 1. FCK je hervorgebracht hat, dem dies aber eher Last denn Ehre war, denn prompt ging das Spiel gegen Bayern München am gleichen Tag mit 0:2 verloren.

Trotz aller sportlichen Rückschläge machten sich die Verantwortlichen des 1. FCK bereits Gedanken über einen Ausbau der Nordtribüne. Die dafür notwendigen Flächen sicherte sich der Verein durch den gezielten Kauf von Grundstücken und durch Geländetausch. Nach einer gründlichen Flurbereinigung umfasste das Vereinsgelände 90.987 Quadratmeter. Das Anlagevermögen des 1. FCK aus Grundstücken und Stadion betrug nach einem Bericht in der *Rheinpfalz* vom 13.9.1989 ca. 15 Millionen DM.

Als ein Jahr später der 90. Geburtstag des 1. FCK kurz bevorstand, kämpfte die Mannschaft mal wieder gegen den Abstieg, und bedeutende Literaten und Journalisten der Region wie Michael Bauer und Walter Schumacher machten sich und dem

„Betze“ Mut. In seinem „Gebet geje de Abstiech“ flehte Bauer den Herrgott an, das nicht geschehen zu lassen, was einfach unmöglich erschien: Den „Betze“ absteigen zu lassen.

*„Uf de Tribüne wachst vielleicht bal Moos!*
*D'Sunn versinkt uns noch genau am Mittelkreis!*
*Dort, wo de Peter Briegel in soim rote Hemd*
*Erumgerennt is, blüht es Edelweiß…*
*Bewahr, oh Herr, de Betze vor dem Los!“*

Dieses Gedicht in Pfälzer Mundart war weit mehr als ein Stoßgebet gen Himmel. Es verdeutlichte, dass mit einem Abstieg des 1. FCK auch das Stadion dort versinken würde, von wo es kein schnelles Auftauchen mehr geben würde. Bauer machte mit einfachen Worten vielen Menschen klar, was ihnen Verein und Stadion bedeuteten und was für Stadt, Region und Land auf dem Spiel stand.

In einem aber irrte Bauer: Die Fans des 1. FCK ließen es sich auch in der Saison 1996/97, nach dem Abstieg in die 2. Bundesliga, nicht nehmen, in Massen auf den „Betze“ zu pilgern.

Walter Schumacher, damals beim Südwestfunk, jetzt Regierungssprecher in Mainz, setzte in der Zeitschrift *Die Pfalz am Rhein* vom April 1990, als auf dem Betzenberg immer noch um den Klassenverbleib gebangt wurde, noch einen drauf:

*„…lauter lautere laute Lauterer im Fußball-Himmel*
*feuern die Teufel mit Höllenfeuer an: „Betze!“*
*Der Betzenberg ist einfach das Höchste.*
*Ein Abstieg von dieser Höhe? Wirklich unmöglich!“*

Womit auch Schumacher nicht Recht behielt…

## Die Modernisierung

Als das Präsidium des 1. FCK am 5.12.1990 das Modell für den Neubau der Nordtribüne vorstellte, konnte niemand ahnen, dass es mehr als vier Jahre dauern würde, bis alle Teile ineinander passten. Damals ging der 1. FCK von einer „großen Lösung“ aus und rechnete mit Gesamtkosten von etwa 40 Millionen DM. In das Projekt sollte ein Parkhaus mit drei Decks und 600 Stellplätzen unter der Nordtribüne integriert werden, jedoch wurde diese Variante auf Grund der Verkehrsbelastung für die Anwohner schnell wieder fallen gelassen. Der Verein zeigte sich aber selbstbewusst, als er offen darüber klagte, mit der in Aussicht gestellten Quotierung bei der Bezuschussung zwischen Stadt und Land nicht mehr zufrieden zu sein. Der damalige Schatzmeister und Vizepräsident Günter Klingkowski verwies auf die Rolle des 1. FCK als Steuerzahler und rechnete vor, in der Saison 1989/90 habe der Verein 4,5 Millionen DM an Steuern entrichtet. Mit den Stimmen von SPD und CDU beschloss der Stadtrat schließlich im April 1991 – der 1. FCK befand sich auf Meisterkurs – die

**Das Fritz-Walter-Stadion vor dem Ausbau der Nordtribüne.**

Förderung des Neubaus der Nordtribüne mit 14 Millionen DM. Zuvor hatte bereits das Land einen Zuschuss in gleicher Höhe bewilligt.

Doch nun begannen sich die Neubau-Gegner zu formieren. Die „Interessengemeinschaft Obere Malzstraße" entstand und machte gegen das Projekt mobil. Die ökologische Bedeutung des Steinbruchs, um den sich zuvor kaum jemand gekümmert hatte, wurde bemüht, ebenso die waghalsige und letztlich unbewiesene Behauptung, hier niste eine seltene und vom Aussterben bedrohte Eulenart. Die Anwohner der Hochhäuser in der Malzstraße hatten aber auch schlicht Angst, künftig beim Blick aus dem Fenster oder vom Balkon ein riesiges Monstrum aus Beton vor Augen zu haben. Noch immer ging der 1. FCK davon aus, dass in der Sommerpause vor der Saison 1992/93 die Tribüne, das Herzstück des Neubaus, erstellt werden könnte. Doch neue, kompetente Kritiker meldeten sich zu Wort. Der Planungsbeirat der Stadt Kaiserslautern, ein unabhängiges Fachgremium aus Architekten und Planern, rügte die vorgesehenen Ausmaße der neuen Nordtribüne in einer Expertise mit dem Titel „Eine Stadt verliert ihr Gesicht". Die beabsichtigten Eingriffe in die Felskante, den angrenzenden Wald und die dort liegenden Biotope hielt der Beirat für „stadtbildzerstörend" *(Die Rheinpfalz* vom 13.9.1991). Auch die Kreisgruppe Kaiserslautern des Bundes für Umwelt- und Naturschutz (BUND) äußerte erhebliche Bedenken in einem Schreiben an den damaligen städtischen Baudezernenten Bernhard Deubig und forderte eine Umweltverträglichkeitsprüfung.

Nachdem der 1. FCK nach den zahlreichen Bedenken und Beschwerden die ursprünglichen Baupläne hatte abändern lassen, erteilte Deubig im November 1991 die Baugenehmigung. Nun aber wurden die Gerichte bemüht. Probleme bereitete vor allem das Fehlen eines ausreichenden Lärmgutachtens. Es kam zu einem vorübergehenden Baustopp, zu erheblichen Kostensteigerungen und zu einem Tauziehen um den städtischen Baukostenzuschuss.

Als die Nordtribüne mit all ihren Funktions- und Geschäftsräumen zum Rückrundenbeginn 1994/95 endlich fertig war, sprach man von Kosten von 51 Millionen DM für den gesamten Neubau, wie der damalige Präsident Norbert Thines am 17.3.1995 stolz im DSF verkündete. Somit wäre nach Abzug der Zuschüsse von Stadt und Land ein Eigenanteil des 1. FCK von 23 Millionen DM geblieben. Später stellte sich jedoch heraus, dass die Zahl viel zu niedrig und der 1. FCK durch diese Bautätigkeit in erhebliche Turbulenzen geraten war.

Im Dezember 1997 bemühte sich der 1. FCK um eine Landesbürgschaft für einen Bankkredit zur Nachfinanzierung der Nordtribüne, die letztlich 63 Millionen DM gekostet hatte. Der Bürgschaftsausschuss des Landes sprach sich schließlich für einen Kredit in Höhe von 6 Mio. DM mit 70%iger Absicherung und einer Laufzeit von sechs Jahren aus. Während die Vertreter von SPD, FDP und CDU dem Antrag zustimmten, hielten die Grünen dagegen. Deren Fraktionsvorsitzende Ise Thomas kritisierte, „der 1. FCK könne nicht als florierendes Sportunternehmen Landesmittel in Anspruch nehmen wollen wie ein in Not geratener Wirtschaftsbetrieb" *(Die Rheinpfalz)*. Nur wenige Jahre später sollten diese Worte von Thomas einen völlig anderen Klang bekommen…

Konzipiert wurde die neue Nordtribüne nach der Besichtigung zahlreicher europäischer Vorzeigestadien wie das Philips-Stadion des PSV Eindhoven und das Constant Vanden Stock-Stadion des RSC Anderlecht. So entstanden in der Nordtribüne unter anderem zwölf Business-Logen sowie Business-Seats für 6.000 DM pro Stück. Im Unterrang tummelten sich, zum Teil mit Zugang in den VIP-Bereich, diejenigen, die sich die teureren Plätze leisten konnten; auf dem Oberrang siedelte man die Presseplätze inmitten der „normalen" Sitzplatzinhaber an. Große Fehler wies die Planung der inneren Bereiche auf. So befanden sich z.B. jahrelang, bis zur Umgestaltung für die WM 2006, die Umkleidekabinen auf der Westseite, aber der Wäschereibereich auf der Ostseite – getrennt durch den Presseraum.

## Nach der Meisterschaft 1998: Die Südtribüne entsteht neu

Am letzten Spieltag der Saison 1997/98, als der 1. FCK durch ein 4:0 gegen den VfL Wolfsburg Deutscher Meister wurde, war für die alte Südtribüne die letzte Stunde gekommen. Am Montag danach rückte das Abrisskommando an und schaffte Meter um Meter Platz für eine Neukonstruktion, die den Ansprüchen der Champions League und weiterer künftiger internationaler Begegnungen genügen sollte. Da das Stadion in den vorausgegangenen zwei Jahren stetig ausverkauft war und viele Fans vergeblich nach Karten fragten, sah der Verein zudem die Chance gekommen, 4.000 Zuschauern mehr einen Zugang zum 1. FCK zu verschaffen als je zuvor. Das Projekt war von Anfang an ein Wettlauf gegen die Zeit, denn zum Saisonbeginn 1998/99 sollten 9.400 Zuschauer von der neuen Südtribüne die Roten Teufel anfeuern. 1.500 Tonnen Beton und 500 Tonnen Stahl wurden so in Rekordzeit verbaut, 23 Mio. DM kostete das Bauwerk, für das eine große Anzahl zuvor zu kurz gekommener Anhänger Fünfjahreskarten kauften, angelockt durch zuschlagsfreie Spiele in der Champions League und die Garantie einer zeitlich begrenzten Preisstabilität. Als stabil erwies sich auch die Konstruktion der Tribüne, deren Dach im Herbst 2005 an das Niveau der Dächer der West- und Osttribüne angeglichen werden musste. Zwei Stunden wurden für den Hubvorgang benötigt, bei dem das Dach um viereinhalb Meter angehoben wurde. Es war die komplizierteste Arbeit beim Ausbau des Stadions, das bis Ende Dezember 2005 den Anforderungen der WM 2006 genügen musste.

## Das Fritz-Walter-Stadion wird WM-Stadion

Unterstützt von Fritz Walter, dem WM-Botschafter und Ehrenspielführer der Nationalmannschaft, bewarb sich Kaiserslautern im Oktober 2000 als kleinste Stadt unter 16 potenziellen Ausrichtern um den Zuschlag als einer von zwölf Austragungsorten. Von Anfang an konnte man sich nicht vorstellen, dass das WM-OK in Frankfurt dem nun 80 Jahre alten Fritz Walter seinen sehnlichst gehegten Wunsch versagen würde, die WM 2006 in dem Stadion verfolgen zu dürfen, das seinen eigenen Namen trägt. Flugs einigten sich das Land Rheinland-Pfalz, die Stadt Kaiserslautern und der 1. FCK auf ein Finanzierungskonzept für den WM-gerechten Ausbau, der 94,5 Mio. DM kosten sollte: Das Land stellte 42,5 Mio. DM bereit, die Stadt 15 Mio., der Verein sollte 37 Mio. tragen. 70 % der Pfälzer standen hinter der Bewerbung, und ein Drittel von ihnen wäre sogar bereit gewesen, dafür eine WM-Abgabe zu zahlen. Auch die politischen Parteien im Land schlossen sich dieser Einheitsfront an, sogar die Grünen verzichteten auf ihren sonst fast obligatorischen Protest gegen sportliche Großprojekte. Was für ein Glück zudem, dass der 1. FCK anno 2001 (noch) über fünf Weltmeister verfügte, darunter einen aktuellen. Mit dem Slogan „Fünf Weltmeister und Kaiserslautern: WM 2006 – Wir sind bereit" warben Fritz und Ottmar Walter, Horst Eckel, Andreas Brehme und Youri Djorkaeff auf einem Poster, das der Vorstandsvorsitzende Jürgen Friedrich Anfang Dezember 2001 der Öffentlichkeit präsentierte. Wenige Tage danach gab Kaiserslautern die offiziellen Bewerbungsunterlagen beim WM-OK ab.

Noch bevor klar war, dass sich Kaiserslautern tatsächlich gegen Mönchengladbach und Bremen durchgesetzt hatte und Gastgeber bei fünf WM-Spielen sein würde, hatte man am 31. Oktober 2001, dem Geburtstag Fritz Walters, einen Bauantrag gestellt. Unabhängig von der WM wäre die Osttribüne auch bei einem negativen Votum des OK ausgebaut worden.

Unabhängig von der sportlichen Attraktivität und dem Reiz, der von einer WM ausgehen würde, gab es aber auch Stimmen, die von Anfang an davor warnten, der Verein könnte sich an dem Projekt verheben, sprich: die Kosten könnten explodieren

und den 1. FCK und die beiden öffentlichen Finanziers in Bedrängnis bringen. Genau dies trat auch ein. Zudem geriet der 1. FCK durch eine schier größenwahnsinnige Personal- und Ausgabenpolitik in der Rehhagel-Ära und durch die Kirch-Krise in die Bredouille. Nach dem Abgang der Führungspersonen Friedrich und Wieschemann und dem Amtsantritt des Sanierers René C. Jäggi stand der Verein sogar kurz vor dem Aus, denn der Gang zum Insolvenzrichter schien nicht ausgeschlossen. Ausgerechnet das Teuerste, das die Lauterer bis dahin besessen hatten und auf das sie in der Bundesliga immer so stolz waren, das vereinseigene Stadion, musste nebst dem Sportpark Rote Teufel auf dem Fröhnerhof für 56 Mio. € an eine eigens von der Stadt Kaiserslautern gegründete Stadiongesellschaft veräußert werden. Der 1. FCK war fortan Mieter im ehedem eigenen Haus, ein Umstand, den einer, dem dies das Herz gebrochen hätte, nicht mehr miterlebte – Fritz Walter, der während der WM 2002 verstorben war.

Doch nicht nur Turbulenzen beim 1. FCK ließen sogar erneut die Frage aufwerfen, ob die WM nicht ein paar Nummern zu groß sei für das kleine Kaiserslautern. Die ausführende Baufirma Holzmann ging pleite, die Bauarbeiten an der Osttribüne ruhten längere Zeit und der Blick auf den Tribünentorso geriet schmerzhaft für die Fans des 1. FCK. Dazu kam, dass die Kosten explodierten, und nach der gerade noch vermiedenen Pleite des 1. FCK mussten dessen Anteile an den Mehrkosten des Ausbaus auf die öffentlichen Geldgeber übertragen werden. Ursprünglich im Mai 2001 mit umgerechnet 29,4 Mio. € veranschlagt, erhöhten sich die Kosten, die die öffentliche Hand zu tragen hatte, auf 45,6 Mio. € im September 2004, 54,6 Mio. € im Mai 2005 und letztlich auf 57,6 Mio. € im Dezember 2005. Hinzu kamen 18,9 Mio. € Eigenanteil des 1. FCK für die Osttribüne, so dass der Ausbau des Stadions für die WM insgesamt 76,5 Mio. € verschlang. Die Mehrkosten betrugen annähernd 30 Mio. €. Die Gründe für diesen deutlichen Kostenanstieg: Die Pleite der Baufirma, ständig neue Auflagen der FIFA, das Ansteigen der Nebenkosten und die Bodenbeschaffenheit. In dieser Situation warfen die damaligen Oppositionsparteien im Mainzer Landtag, CDU und Grüne, der Landesregierung vor, der ursprünglich angenommene Anteil der öffentlichen Hand sei damals aus politischen Beweggründen zu niedrig angesetzt worden, um unliebsame Debatten zu vermeiden. Der SPD-geführten Landesregierung und dem CDU-Oberbürgermeister Bernhard Deubig ging es vor allem darum, die WM 2006 für Kaiserslautern zu retten, denn ein Rückzug hätte einen enormen Imageverlust und eine immer währende Blamage für Stadt, Land und Verein bedeutet. Das einstmals gute Ansehen Kaiserslauterns hatte ohnehin genug gelitten, denn immerhin wurde das Fritz-Walter-Stadion als letzte der WM-Arenen fertig.

**Volles Haus im Fritz-Walter-Stadion mit 48.500 Zuschauern.**

Doch die Hiobsbotschaften in Sachen Stadion rissen nicht ab. Zwar erwies sich die Ende 2005 von der Stiftung Warentest geäußerte Kritik an angeblichen Mängeln im Fritz-Walter-Stadion letztlich als ungerechtfertigt, doch dafür stockte den Fußballfreunden in der Pfalz der Atem, als die Stadt Kaiserslautern das Stadion vor dem Bundesligaspiel des 1. FCK gegen Eintracht Frankfurt, das am 3. Dezember 2005 stattfinden sollte, aus Sicherheitsgründen vorsorglich sperrte. Was war geschehen? Ein Träger der Osttribüne wies Risse auf, und es war unklar, ob eine Gefahrensituation würde eintreten können. Durch Zufall war man auf den Mangel gestoßen. Nachdem in einem Stahlträger der Westtribüne, die kurz vor der Fertigstellung stand, Risse entdeckt worden waren, schaute man der Vorsicht halber auch nach der Trägerkonstruktion der Osttribüne und wurde dabei fündig. So blieb der Stadt nichts anderes übrig, als das Stadion zu sperren und das Spiel abzusagen. Denn es galt zu vermeiden, dass erneut eine gefährliche Situation eintreten würde wie am 12. Februar 2005, als in der Halbzeit des Spiels gegen Hansa Rostock ein Ordner durch ein herabstürzendes Teil der Dachkonstruktion verletzt wurde und letztlich Glück im Unglück hatte. Das Spiel gegen Frankfurt wurde um elf Tage verlegt und die Zeit bis dahin dazu genutzt, eine temporäre Abstützung im Bereich der Südtribüne vorzunehmen. Der Schaden wurde letztlich behoben, und die Verantwortlichen in Stadt und Land ließen keinen Zweifel daran, dass Kaiserslautern WM-Standort bleiben würde.

So geschah es, dass im Juni 2006 die WM nach Kaiserslautern kam und im Fritz-Walter-Stadion vier Vorrunden- und ein Achtelfinalspiel über die Bühne gingen. Australien gegen Japan, USA gegen Italien, Trinidad & Tobago gegen Paraguay, Spanien gegen Saudi-Arabien und Italien gegen Australien hießen die Begegnungen, die den Betzenberg und die ganze Stadt für zweieinhalb Wochen in einen WM-Taumel stürzten. Es waren außer dem bedeutungslosen Spiel der Spanier ausnahmslos begeisternde

**Das 1:0 der Italiener bei der WM-2006. US-Keeper Keller ist machtlos.**

Demonstrationen der Spielfreude, aber auch umkämpfte Spiele auf des Messers Schneide, wie die drei Platzverweise bei Italien gegen die USA zeigten. Die Lauterer Zuschauer zeigten viel Sympathie für die Außenseiter, vor allem für die Australier, die – wie der spätere Weltmeister Italien – gleich zwei Mal in die Pfalz kamen und die trotz ihres Ausscheidens im Achtelfinale gegen die „Azzurri" frenetisch gefeiert wurden.

Die Kommentatoren aus aller Welt meldeten sich aus dem jedes Mal mit 46.000 Zuschauern ausverkauften Fritz-Walter-Stadion, das neben dem Berliner Olympiastadion, dem Leipziger Zentralstadion, dem Nürnberger Frankenstadion und dem Stuttgarter Gottlieb-Daimler-Stadion nicht – auf Geheiß der FIFA – als WM-Stadion tituliert werden musste, sondern bei seinem richtigen Namen genannt werden durfte. Schließlich hatte die Vereinsführung des 1. FCK in der Vereinssatzung festgeschrieben, dass der Name Fritz-Walter-Stadion nicht angetastet werden dürfe, so wie es der damalige Aufsichtsratsvorsitzende Dr. Robert Wieschemann formuliert hatte: „Nur mit einer Zweidrittelmehrheit wäre es dann möglich, unser Stadion in ‚Maggi-Brühwürfel-Stadion' umzubenennen." Chronische Finanznöte und der Zwang, neue Geldquellen zu erschließen, könnten freilich schon in naher Zukunft dazu führen, dass es doch zu einer teilweisen Umwidmung kommen könnte. Vielleicht mit dem Namen eines Geldgebers, kombiniert mit Fritz-Walter und mit Bezug zum Lauterer Ehrenspielführer …

# Die Weltmeister

## Wie der Erfolg im Verein die fünf FCK-Spieler in der Nationalmannschaft beflügelte und sie in Kaiserslautern zu Helden machte

Als der 1. FC Kaiserslautern sein Stadion 1985 aus Anlass des 65. Geburtstages von Fritz Walter schon zu dessen Lebzeiten nach ihm benannte, war das ein allgemein unüblicher Vorgang. Erinnerte er doch den Geehrten daran, dass er ein ganz besonderer Zeitgenosse war. Dabei hätte Fritz Walter in seiner bekannten Bescheidenheit und Zurückhaltung auch darauf verzichten können, zumal er einmal geäußert hatte, er bringe der Mannschaft als Zuschauer auf dem Betzenberg nicht immer Glück. Und so klagte der „große Fritz" denn auch am 2.11.1985: „Warum nur habt ihr dem Betze meinen Namen gegeben?" Zwei Tage nach seinem Geburtstag hatte der 1. FCK mit 0:2 gegen Bayern München seine erste Heimniederlage der Saison erlitten. Das erste Spiel im „Fritz-Walter-Stadion"!

Der Schritt des Vereins, das Stadion nach Fritz Walter zu benennen, ist mit den zwei Deutschen Meisterschaften, fünf Endspielteilnahmen und elf Südwesttiteln nur unzureichend erklärt. Denn trotz der großen Erfolge war der Zuschauerzuspruch eher durchwachsen bis enttäuschend gering. Den Gipfel bestiegen die fünf Lauterer Werner Kohlmeyer, Werner Liebrich, Horst Eckel, Ottmar Walter und allen voran Fritz Walter erst mit dem überraschenden 3:2 gegen Ungarn im Endspiel um die Fußball-Weltmeisterschaft 1954 in Bern. An diesem 4. Juli 1954 war das 1:5 gegen Hannover 96 sechs Wochen zuvor im Endspiel um die Deutsche Meisterschaft vergessen. In Kaiserslautern machte der keineswegs herabwürdigend gemeinte Spruch die Runde, die Weltmeisterschaft habe die ersatzgeschwächte Mannschaft des 1. FCK gewonnen. Die Freude war einfach zu groß, Freude darüber, dass fünf Lauterer mit dazu beigetragen hatten, diesen Sieg zu erkämpfen. Bei aller Freude wurde in der Pfalz aber auch nachgekartet. Ein Teil der Sportpresse, besonders im Norden, bekam die Rache des Südwestens zu spüren. Von „Entgleisungen" und „Schönheitsfehlern" bei einem Teil der Journalisten sprach die *Pfälzische Volkszeitung* im Zusammenhang mit der an Bundestrainer Sepp Herberger geäußerten Kritik, weil dieser an „seinen Günstlingen aus Kaiserslautern" festgehalten hatte. Tatsächlich war Herberger nach dem 5:1 der Hannoveraner gegen die Lauterer seine „Vorliebe für die Spieler des 1. FCK“ vorgeworfen worden. „Düstere Orakel“ gingen auf ihn nieder. Aber Herberger wusste, was er an Fritz Walter und den anderen Lauterern hatte: Einen bedingungslos loyalen Mannschaftskapitän, der auch für seine Mannschaftskollegen eine absolute, wenn auch leise Autorität war.

## Sturm und Drang des Fritz Walter

Fritz Walter war am 14. Juli 1940 beim 9:3 gegen Rumänien der erste Nationalspieler des 1. FC Kaiserslautern. Mit drei Toren zog er als Debütant an den zweifachen Torschützen Plener, Hahnemann und Fiederer vorbei. Für Kaiserslautern, die Stadt und den Verein, war die Berufung des knapp 20 Jahre alten Sparkassenangestellten eine Sensation. Erst zehn Jahre später bekam der 1. FCK mit Ottmar Walter einen weiteren A-Internationalen. Der 1. FCK, der sich in den ersten 40 Jahren seines Bestehens nicht gerade mit viel Fußballruhm bekleckert hatte und längere Zeit zweitklassig war, hinkte lange hinter der südwestdeutschen Konkurrenz her. Längst hatten Spieler von Wormatia Worms, Borussia Neunkirchen, FK Pirmasens, FV Saarbrücken und Phönix Ludwigshafen Berufungen in die Nationalmannschaft erhalten. Doch schnell wurde Fritz Walter zur lokalen Berühmtheit in Kaiserslautern. Bald wusste jeder Fußball spielende Junge, wo er wohnte.

Als Fritz Walter mit acht Jahren zur Schülermannschaft des 1. FCK kam, wurde er von seinem Trainer als Verteidiger aufgestellt. Für einen Ausflug nach vorne handelte er sich, obwohl ihm dabei ein Tor gelang, eine Rüge ein. Aber Sturm und Drang des Fritz Walter waren nicht zu stoppen, und der 1. FCK profitierte bald davon.

Die Fahrstuhlmannschaft der ersten Gauliga-Jahre fieberte vor Beginn der Saison 1938/39 der Erteilung der Spielgenehmigung für Fritz Walter entgegen. Doch zuvor musste der Unglückliche hinter dem Zaun mit ansehen, wie der 1. FCK wieder einmal abstieg. Aber der 18-Jährige führte seinen Verein sofort wieder aus der Bezirksklasse in die Erstklassigkeit. Und auf Anhieb hieß der Meister der Gauliga 1. FC Kaiserslautern.

Karl Hohmann, südwestdeutscher Bereichssportlehrer, „entdeckte“ Fritz Walter bei einem Kursus in Kaiserslautern und empfahl ihn weiter. Schon im Frühjahr 1939 kam Sepp Herberger mit Walter in Kontakt und nominierte ihn für die süddeutsche Auswahl, die Italiens B-Nationalelf mit 2:1 schlug. Die Italiener wurden so auf den jungen Spieler aufmerksam. Deutsche Sportjournalisten, die zu den unterschiedlichsten Anlässen in Italien weilten, wurden unaufhörlich mit Fragen konfrontiert: „Wer ist Walter? Ist Walter besser als Binder? Wo liegt Kaiserslautern? In welcher Klasse spielt sein Club?“ Nie zuvor war ein deutscher Spieler in Italien so schnell bekannt geworden.

Doch nach 24 Länderspielen, von denen die deutsche Mannschaft 16 gewann, drei Mal Unentschieden spielte und fünf Mal verlor und in denen Fritz Walter 19 Tore erzielte, war – nach dem 5:2 gegen die Slowakei am 22. November 1942 in Bratislava – erst einmal Schluss. Der 2. Weltkrieg ließ keine weiteren Länderspiele mehr zu. Das

**Die Deutsche Nationalmannschaft wenige Minuten nach dem Triumpf in Bern 1954. Mit den fünf Kaiserslauterern.**

Reisen war zu gefährlich geworden, und viele der jungen Spieler wurden einberufen. Außerdem schränkte sich die Anzahl der potentiellen Gegner immer weiter ein. Fritz Walter musste Kaiserslautern ebenfalls verlassen und spielte in den Kriegsjahren in der Soldatenmannschaft „Rote Jäger". Seine Länderspielkarriere ging nach fast neunjähriger Unterbrechung erst am 15. April 1951 in Zürich beim 3:2 gegen die Schweiz weiter. Es war die Zeit zwischen seinem 22. und 31. Lebensjahr, wo er zwangsläufig ohne Länderspiele blieb. So behaupten auch viele seiner alten Weggefährten, Fritz Walter wäre mit Sicherheit Rekord-Nationalspieler geworden, wären Deutschland und der Welt die Nazis erspart geblieben.

Sofort in seinem ersten Länderspiel nach der Zwangspause machte Sepp Herberger Fritz Walter zum Kapitän. Es gab aber auch viele, vor allem im fußballerisch von der Bundesrepublik Deutschland abgehängten Saarland, die Walter seine große Popularität neideten. Schon ein Jahr später, nach dem 1:3 in Paris gegen Frankreich geriet er in der Saarbrücker Presse in die Kritik. „Bricht Herberger endlich mit seiner Liebe zu den Walters?", wurde Bruder Ottmar in die Suggestivfrage gleich mit einbezogen. Nicht zum letzten Mal in seiner Laufbahn wurde Fritz Walter mit solchen Anfeindungen konfrontiert.

Nach der erfolgreichen WM-Qualifikation gegen das Saarland, das vom späteren Bundestrainer Helmut Schön trainiert wurde, und gegen Norwegen nahm der unbeirrbare und zuweilen sture Herberger trotz aller Proteste „seine" fünf Lauterer mit zum WM-Turnier in die Schweiz. Die Mannschaft quartierte sich in einem Hotel in Spiez am Thuner See ein und hatte neben einer ansprechenden und stimulierenden

Umgebung kurze, angenehme Fahrtwege zu ihren Spielorten Bern, Basel, Zürich und Genf. Im ersten Spiel gegen die Türkei, das man wegen des umständlichen Modus – die Türken waren gesetzt, die Deutschen nicht – gewinnen musste, um angesichts der übermächtigen Ungarn überhaupt weiter zu kommen, spielten außer Werner Liebrich alle Lauterer mit. Ottmar Walter erzielte bei dem 4:1-Sieg ein Tor. Da Herberger anschließend glaubte, gegen die Ungarn sowieso den Kürzeren zu ziehen und eher eine Chance in einem Entscheidungsspiel gegen die Türken sah, spielte gegen den hohen WM-Favoriten eine umgekrempelte Mannschaft, diesmal ohne Ottmar Walter, und verlor mit 3:8. Beim Entscheidungsspiel gegen die Türken (7:2) mussten Kohlmeyer und Liebrich zuschauen, doch von der Zwischenrunde an, beim 2:0 gegen Jugoslawien, kamen alle fünf Spieler des 1. FCK zum Einsatz. Nach dem 6:1 in der Vorschlussrunde gegen Österreich stand die deutsche Mannschaft im Endspiel.

## Deutscher Sieg und Pfälzer Triumph

Schon Tage vor dem Endspiel gegen Ungarn plante die Stadtverwaltung Kaiserslautern den Empfang der erfolgreichen Spieler, denen man einen Sieg nach dem 3:8 in der Vorrunde kaum zutraute. Oberbürgermeister Müller fuhr zusammen mit seiner Ehefrau nach Bern und erlebte den unerwarteten Triumph „seiner" Mitbürger. Wieder zu Hause, türmten sich die Glückwunschschreiben und Telegramme auf den Schreibtischen des Rathauses. Der „Haute Commissaire Alliée en Allemagne du Cercle de Kaiserslautern", der Repräsentant der französischen Besatzungsmacht, gratulierte geradezu überschwänglich. „Der hervorragende Sieg der deutschen Nationalmannschaft … krönt erneut die Verdienste der Kaiserslauterer Fußballer und ihres Kapitäns Fritz Walter. Der Ruf der Stadt Kaiserslautern als Stadt des Fußballs hat nunmehr die Grenzen Deutschlands weit überschritten …" In der Kaiserslauterer Stadtchronik werden die Vorbereitungen des überschwänglichen Empfangs der fünf Weltmeister im Detail beschrieben, zitiert aus diversen Tageszeitungen vom 7. Juli 1954: „Heute Abend 19 Uhr treffen die fünf Kaiserslauterer Nationalspieler … in Kaiserslautern ein. In der abgesperrten Empfangshalle des im Wiederaufbau befindlichen neuen Bahnhofsgebäudes werden die Angehörigen der Spieler, die Vertreter der Landes- und Bezirksregierung, des Vereins, von Presse, Funk und Wochenschau die Heimkehrer begrüßen. Vom Bahnhofsvorplatz aus bewegt sich der Zug von bereitgestellten geschmückten Fahrzeugen durch die beflaggten Straßen der Stadt zur Fruchthalle, wo Oberbürgermeister Müller, der gesamte Stadtrat und die große Vereinsfamilie des 1. FCK und ihre Gäste den Spielern einen großen Empfang bereiten werden. U.a. wird jedem der Fußballer im Namen der Stadtverwaltung ein silbernes vergoldetes Lorbeergebinde überreicht. Morgen um 11 Uhr werden sich die fünf Spieler im Amtszimmer des Oberbürgermeisters in Anwesenheit des Stadtoberhauptes und der Beigeordneten in das „Goldene Buch" der Stadt eintragen. Der Oberbürgermeister bittet die Bevölkerung unserer Stadt zum Empfang der Spieler die Häuser zu beflaggen. Die Firma Karl Philipp

**Die Weltmeister bei der Firma Pfaff-Nähmaschinen.**

Schmidt und die Druckerei Rohr am Altenhof geben heute ab 9:30 Uhr Schmuckplakate im Format 84 x 120 cm kostenlos zur Ausschmückung der Häuser heraus, deren Entwurf von dem Grafiker Sepp Semar stammt. Die Geschäfte schließen anlässlich des Empfangs heute um 18 Uhr. Der Unterricht an den Volks- und höheren Schulen fällt aus …"

Um 19:30 Uhr trafen die fünf Weltmeister am Lauterer Bahnhof ein und wurden mit Böllerschüssen empfangen. Über 100.000 begeisterte Menschen säumten die Straßen, standen auf Leitern und Gerüsten, Balkonen, Hausdächern und Laternen, um die Triumphfahrt durch die Stadt mitzuerleben. Ein Funktionär des regionalen Fußballverbandes rief in provinzieller Verzückung aus: „Es gibt in Deutschland nur eine Fußballhochburg, und die heißt Kaiserslautern."

Die Stadt, die Region und die ganze Pfalz erhoben sich in diesen Feier-Tagen über ihre selbst gezüchteten und die von außen projizierten Minderwertigkeitsgefühle. Der Südwesten, der in der Endrunde um die Deutsche Meisterschaft bis dahin nur einen Teilnehmer stellen durfte, was sich ab da änderte, hatte mit fünf Spielern zum Gewinn der Weltmeisterschaft beigetragen. Für die Menschen in der von der Politik vernachlässigten und weithin als „Land der Winzer und Bauern, von Wald und Wein" belächelten Pfalz zählte das gehobene Selbstwertgefühl mindestens genau so viel wie der eigentliche Anlass, das 3:2 gegen Ungarn. Noch waren die Zerstörungen des 2. Weltkrieges nicht vollständig überwunden und befanden sich das Land und die Industrie im Aufbau. Noch ging es den Menschen nicht gut, doch jetzt immerhin etwas besser. Das 3:2 von Bern und die unumstößliche Tatsache, dass der bescheidene Fritz Walter, der, auf seinen Anteil an diesem Erfolg angesprochen, eher schüchtern reagierte, und seine Kollegen Eckel, Kohlmeyer, Liebrich sowie sein Bruder Ottmar daran beteiligt waren, gaben der Pfalz einen entscheidenden Ruck, der sich in den folgenden Wochen und Monaten auf das gesamte soziale, kulturelle und wirtschaftliche Leben positiv auswirkte. Die Menschen streiften ihre Pessimistenrolle ab und strahlten plötzlich Optimismus aus, gingen freundlicher miteinander um, denn der Erfolg verband sie alle. In der Pfalz verbreitete sich eine lockere Atmosphäre, die eine ganze Weile anhielt.

Die fünf Weltmeister des 1. FCK wurden auch reich beschenkt. Horst Eckel erinnert sich an eine Lampe, die er heute noch sein eigen nennt. Dagegen haben der legendäre und überall zitierte Motorroller, die PFAFFsche Nähmaschine nach Wahl und der Schrankfernseher längst ausgedient und landeten schon vor längerer Zeit auf dem Sperrmüll. Alfred Georg Frei beschreibt in seinem Buch „Finale Grande 1954" Station für Station das Procedere, an dessen Ende die Spieler nicht mehr wussten, wohin sie den ganzen „Kram" tun sollten. Doch da man sich von Sachspenden, deren Gebrauchswert in einzelnen Fällen eher zweifelhaft war, nichts kaufen konnte, nutzte der Oberbürgermeister die Gunst der Stunde und richtete am 13. Juli 1954 einen Appell an die örtliche Industrie.

*Der Oberbürgermeister der*
*Stadt Kaiserslautern* *Kaiserslautern, den 13.7.1954*

*Sehr geehrte Herren!*
*Die einmalige große Leistung unserer National-Fußball-Spieler verdient einmalige Anerkennung. Da den 5 Spielern von Fußballseite bereits große Angebote gemacht wurden, halte ich es für notwendig, dass diesen*
*seitens der Stadt und der Industrie*
*eine einmalige Zuwendung gemacht wird, die es Ihnen ermöglicht ihre finanzielle Lage etwas zu verbessern bzw. dazu beiträgt, soweit sie sich kleinen Grundbesitz angeschafft haben, sie von ihrer Schuldenlast etwas zu erleichtern. Dem Kapitän der Mannschaft, Herrn F r i t z  W a l t e r , dem die Stadt einen Bauplatz zur Verfügung gestellt hat, sollte die Errichtung eines Eigenheimes doch ermöglicht werden.*
*Ich gestatte mir deshalb an Sie mit der höfl. Bitte heranzutreten mir für diesen Zweck*
*einmalig einen größeren Geldbetrag*
*zur Verfügung zu stellen. Die Spende soll an den*
*Stadtverband für Leibesübungen, Kaiserslautern*
*überwiesen werden, wodurch der Betrag bei der Steuer abzugsfähig ist. Ich rechne gerne auf Ihre gütige Mithilfe in dieser einmaligen Aktion und bitte Sie höfl. mir den Betrag, den Sie mir zu überlassen beabsichtigen, schriftlich oder telefonisch bekanntzugeben; falls Sie es wünschen, bin ich gerne bereit zur Entgegennahme desselben bei Ihnen vorbeizukommen. Für jede Unterstützung in der Sache bin ich Ihnen zu Dank verbunden.*

Die Liste der Angesprochenen ließ keinen namhaften Vertreter der Kaiserslauterer Wirtschaft aus:

| | |
|---|---|
| *G.M. PFAFF AG* | *Herrn Direktor Lind oder Kieffer* |
| *Kammgarn* | *Herrn Direktor Adolff oder Dr.Schütz* |
| *Guß- und Armaturwerk* | *Herrn Direktor Zeising oder Theisinger* |
| *Eisenwerke Klt.* | *Herrn Dr. Gehlen* |
| *Bayerische Brauerei* | *Herrn Direktor Kern* |
| *Lampertsmühle* | *Herrn Direktor Böhm* |
| *Ottmann-Thomas* | *Herrn Herrmann oder Thomas* |
| *Emil Kieffer* | *Herrn Otto Kieffer* |
| *Kopp & Kraus* | *Herrn Kopp oder Leuthbecher* |
| *Rittersbacher* | *Herrn Rittersbacher* |
| *Zeiß & Janenz* | *Frau Janenz* |
| *Rh. Kreditbank* | *Herrn Dr. Runge oder Paasch* |
| *Fa. Eckel* | *Herrn Direktor Zeyer* |
| *Fa. Schreiber* | *Herrn Lacoste* |
| *Fa. Kosum* | *Herrn Roth* |
| *Gebr. Pfeiffer* | *Herrn Direktor Dr. Pollert* |
| *Schondelmaier* | *Herrn Schondelmaier* |
| *Schuster & Sohn* | *Herrn Michel* |
| *C. Ph. Schmidt* | *Herrn Lenhardt* |

Doch Aktionen dieser Art, so gut sie auch gemeint waren, stießen auch auf Kritik. Als am 9. Dezember 1954 *BILD* unter dem Titel „Christkindchen für 5 Lauterer" meldete, jeder der Weltmeister des 1. FCK erhalte auf Beschluss des Stadtrates eine Prämie von 3.000 DM, war die Entrüstung groß. Patienten des Städtischen Krankenhauses wandten sich in einem bemerkenswerten Leserbrief, der die Lebensverhältnisse einfacher Leute in den 1950er Jahren plastisch darstellt, an *Die Rheinpfalz.*

*An die* *Kaiserslautern, den 10. Dezember 1954*
Schriftleitung der Rheinpfalz
*Kaiserslautern*

*Wir bitten Sie höflichst unsere Zuschrift als Leserbrief zu veröffentlichen und sind gespannt, ob unsere Zeilen überhaupt noch Diskussion auslösen.*
*Vielen Dank*
*gez. Fr. Szallies*
*Leserbrief!*

*Wir, – Patienten des Städt. Krankenhauses, – nehmen mit Entrüstung, (angesichts unserer Marmeladebrötchen) davon Kenntnis, dass die Stadtverwaltung aus dem Steu-*

*ersäckel: 15.000.-DM zu verschenken hat. Zu verschenken an Leute, die gesund sind und im besten Alter stehen und von sich behaupten, Sportler zu sein. Sämtliche Spieler stehen unter Vertrag, haben eigene Geschäfte oder gute Stellungen, in denen sie Lohn sowie eine Gratifikation erhalten,- bekommen Spesen und so manches mehr; während vergleichsweise eine Krankenschwester, die sich 14 Stunden im Dienste des Nächsten abmüht und längst zu einer Langstrecken-Läuferin geworden ist, 85.-DM Barvergütung erhält. Eine Lernschwester, die außer diesem Einsatz noch jede freie Minute zum Studium benutzen muss, erhält: 32.-DM. Diese Kräfte, die jahraus, jahrein, im selbstlosen Einsatz stehen, die sich so manche Grobheit unverständiger Patienten anhören und doch immer freundlich sein müssen; diese Frauen, die wohl die unentbehrlichsten sind und die Achtung aller verdienen, – denen drückt die gleiche Stadtverwaltung: 20.-DM in die Hand. Hier muss wahrhaftig angefragt werden, ob noch „alle Tassen im Spind" sind. Es ist ein Hohn dem Invaliden gegenüber, der mit 97.– DM, abzüglich 26.– DM Miete und 6.– DM für Wasser und Licht sein Leben unter jeder Würde fristen muss. Da hätte die löbliche Stadtverwaltung unendlich große Freude mit diesen 15.000.– DM bereiten können; denn es gibt Waisenkinder und Kriegsversehrte, Altersrentner und Kriegerwitwen, – doch falls ihr das entfallen sein sollte, – es gibt sie hier im Krankenhaus, – ein äußerst dürftiges Krankenhaus, in dem noch heute kranke Menschen in einer Baracke kampieren müssen. Wenn diese Eulenspiegelei nicht so unsagbar traurig wäre, – weiß Gott, es lohnte sich sie in die Geschichte eingehen zu lassen. So aber bleibt für den normalen Staatsbürger nur ein tiefes Schamgefühl zurück.*

*gez. F.S.*

Nicht ganz Kaiserslautern stand also hinter dem 1. FCK und seinen Weltmeistern. Angesichts der immer noch grassierenden Not in den Nachkriegsjahren riefen Aktionen wie die des gut meinenden Oberbürgermeisters Wut und verständlichen Neid bei denen hervor, die nicht auf der Sonnenseite des Lebens standen.

Nach der gewonnenen Weltmeisterschaft spielte die deutsche Nationalmannschaft nie mehr in der Aufstellung des Endspiels von Bern. Die ersten drei Länderspiele nach dem WM-Turnier in Belgien (0:2), gegen Frankreich (1:3) und in England (1:3) waren eine einzige Enttäuschung. Im September 1954 hatte Fritz Walter seinen Rücktritt verkündet, auch aus Angst vor eventuell wieder aufkommenden unsachlichen Kritiken nach nicht ganz so gelungenen Spielen. „Einer derartigen Belastung bin ich nicht mehr gewachsen", zog der sensible Walter die Konsequenzen, auch in der Gewissheit, dass der Gewinn der Weltmeisterschaft nicht wiederholbar sein würde und er an seinen Leistungen von 1954 gemessen würde. Aber im März 1955 gegen Italien (1:2) war er bereits wieder dabei. Sepp Herberger war es gelungen, ihn umzustimmen, und die weiter in Schwarz und Weiß spielenden Kollegen Eckel und Liebrich und sein Bruder Ottmar hatten so lange „gebohrt", bis der 34-Jährige nachgegeben hatte.

Als es 1958 zur Weltmeisterschaft nach Schweden ging, waren vom 1. FCK nur noch Horst Eckel und Fritz Walter dabei. Der zwischenzeitliche Nationalspieler Karl Schmidt, der von 1955 bis 1957 neun Länderspiele machte, wurde von Herberger nicht berücksichtigt. Die Mannschaft kam bis ins Halbfinale, wo sie Schweden mit 1:3 unterlag. Für Fritz Walter, der bei diesem Spiel schwer verletzt wurde, war nun endgültig Schluss. Beim Spiel um den dritten Platz gegen Frankreich schaute Walter zu, wie die neuformierte Mannschaft mit 3:6 verlor. Der Empfang der beiden WM-Vierten in Kaiserslautern war zwar nicht so euphorisch wie vier Jahre zuvor, aber Fritz Walter und Horst Eckel waren trotzdem nicht alleine, als sie am Hauptbahnhof Kaiserslautern ankamen.

**Fritz Walter und Sepp Herberger vor der WM 1958.**

Von Sepp Herberger ist überliefert, dass er in Vorahnung dessen, was ihn bei der WM 1962 in Chile erwarten würde, Fritz Walter selbst noch mit 42 Jahren zu einem Comeback in der Nationalmannschaft überreden wollte. Aber in dieser Situation handelte Fritz Walter klug und vorsichtig. Er lehnte ab.

## Die Helden heute

Reich sind die Weltmeister des 1. FCK durch ihren Erfolg im Vergleich zu ihren Nachfolgern von 1974 und 1990 nicht geworden. Allein Fritz Walter nahm hier zu seinen Lebzeiten eine Sonderrolle ein, da er als einziger bis zu seinem Tod am 17. Juni 2002, überall wo er auftauchte, im Mittelpunkt stand. Dies war aber auch der Tatsache geschuldet, dass Fritz Walter jenseits des aktiven Fußballs immer mehreren Tätigkeiten nachging, um seinen Lebensstandard zu sichern. Er hätte es sich einfacher machen können, hätte er 1951 das Angebot von Atletico Madrid angenommen. Für einen Einjahresvertrag bot ihm der damalige spanische Spitzenclub 175.000 DM, für zwei Jahre 225.000 DM sowie jeweils ein üppiges Monatsgehalt

**Fritz Walter mit seiner Ehefrau Italia, Mitte der Neunziger Jahre.**

plus Prämien. Auch der französische Erstdivisionär FC Nancy wollte ihn mit ausreichend französischen Francs und der Übernahme eines gut gehenden Hotels locken. Doch wie schon auf der Heimreise aus dem Kriegsgefangenenlager nach Kaiserslautern, wo er Rapid Wien einen Korb gegeben hatte, lehnte Fritz Walter alle Versuche, ihn abzuwerben, ab.

Hoch oben über Alsenborn hatte er sich zusammen mit seiner Frau Italia in einem schmucken Bungalow eingerichtet, auf einem 4.000 Quadratmeter großen Grundstück mit Schwimmbad. Hier empfing er seine Gäste und die Freunde alter Tage aus dem In- und Ausland und beschäftigte bis zuletzt Hannelore Kehl, gewissermaßen die gute Seele und Privatsekretärin des Hauses Walter, die alle Anfragen und Bitten nach Rücksprache mit Fritz Walter beantwortete. Und hier verharrte er auch, wenn er sich nicht hinunter traute nach Kaiserslautern und hinauf auf den Betzenberg, weil er die Aufregung und innere Anspannung bei Live-Spielen seines 1. FCK nicht mehr ertrug. Hier stieg er dann in den Pool oder ging im Garten auf und ab, bis seine Italia ihm pünktlich nach Spielende Meldung erstattete: „Schnuckelino, sie hann gewunn!"

Als Italia Walter 2001 starb, war das für ihren Mann ein schwerer Verlust, ja ein Schock, der ihn – selbst bereits gesundheitlich angeschlagen – vor allem seelisch traf und über den er nicht hinwegkam. Ein Jahr später, am 17. Juni 2002, während der Fußball-Weltmeisterschaft in Japan und Südkorea, ging das erfüllte Leben des großen Fußballers und Menschen Fritz Walter zu Ende. Es war ihm nicht mehr vergönnt, den überraschenden Erfolg der deutschen Nationalmannschaft, die das Finale gegen Brasilien erreichte, mitzufeiern und sich vor allem über die gelungenen Auftritte des jungen Lauterers Miroslav Klose, für den er als Sportsmann das große Vorbild war, zu freuen. Und nach seinem gemeinsam mit den Weltmeister-Kollegen Horst Eckel, Ottmar Walter, Andreas Brehme und Youri Djorkaeff betriebenen erfolgreichen Werben um die WM 2006 in Kaiserslautern blieb es ihm versagt, diese noch erleben zu dürfen.

Dass Fritz Walter über den Fußball hinaus ein anerkannter Botschafter für Fairness, Zuverlässigkeit und Geradlinigkeit war, zeigt sich in den vielen Ehrungen, die ihm zuteil wurden. Die FIFA zeichnete ihn mit ihrer Goldenen Verdienstmedaille aus, der Bundespräsident verlieh ihm das Große Verdienstkreuz des Verdienstordens der BR Deutschland, dazu kam mehrmals das Silberne Lorbeerblatt. Der 1. FC Kaiserslautern widmete ihm und seinem Bruder Ottmar, Horst Eckel, Werner Liebrich und Werner Kohlmeyer im März 2006 ein Denkmal am Fritz-Walter-Stadion, fünf Bronzefiguren auf einem Sandsteinsockel mit der Inschrift eines Ausspruchs von Sepp Herberger: „Die Außenseiterrolle ist ein Schlüssel für die Schatzkammer unermesslicher Kräfte, die – geweckt und geschürt – Energien freisetzt, die helfen, Berge zu versetzen."

Und wie viel Respekt Fritz Walter im Ausland genießt, demonstrierte das französische Fachmagazin *France Football*, „Bibel des Fußballs" genannt, als es unter dem Titel „Walter, Botschafter" dem Verstorbenen nachrief: „Er war ein Großer des westdeutschen Fußballs und das Symbol des neuen Deutschlands."

Fritz Walters Bruder Ottmar Walter, der ebenfalls mit acht Jahren zur Schülermannschaft des 1. FCK gekommen war und dem sein Vater einst prophezeit hatte, so weit wie der Fritz werde er es nie bringen, weil er viel zu steif sei, hat das Leben zuweilen übel mitgespielt. Der gelernte Autoschlosser, der ab dem 8. Dezember 1953 die Tag und Nacht geöffnete Rheinpreußen-Großtankstelle an der Ecke Mainzer Straße/ Hilgardring in Kaiserslautern betrieb („Willst Du unserem Ottmar danken, musst Du fleißig bei ihm tanken"), musste mehrere Operationen des Knies, des Hüftgelenks und des Nackens über sich ergehen lassen, bevor er 1986 gar ein künstliches Kniegelenk erhielt. Während des 2. Weltkriegs diente Ottmar Walter bei der Marine in Kiel und verstärkte den damaligen Spitzenverein Holstein Kiel, mit dem er 1943 das Halbfinale um die Deutsche Meisterschaft erreichte. Im damals üblichen Spiel um den 3. Platz schoss er beim 4:1 gegen Vienna Wien drei Tore. Bei diesem Anlass kam auch erstmals Reichstrainer Sepp Herberger auf ihn zu und kündigte ihm eine Einladung für den nächsten Lehrgang der Nationalmannschaft an. Doch dazu kam es zunächst nicht, da aus Kriegsgründen keine Länderspiele mehr stattfanden.

Zu Lebzeiten seines Bruders – vor allem nach dem Ende ihrer aktiven Zeit – stets in dessen Schatten stehend, rückte Ottmar Walter als einer von zwei noch lebenden Lauterer Weltmeistern seit Fritz Walters Tod mehr in den Vordergrund und ins Rampenlicht, wenn Repräsentationsaufgaben anstanden. Ob 50 Jahre nach dem 3:2 von Bern die ungarische Nationalmannschaft auf dem Betzenberg aufkreuzte, ob diverse Festakte ein halbes Jahrhundert nach dem Gewinn der Weltmeisterschaft anstanden oder ob es um die Öffentlichkeitsarbeit für Sönke Wortmanns Film „Das Wunder von Bern" ging, um die große WM-Ausstellung im Historischen Museum der Pfalz in Speyer oder um die etwas kleinere Schau im Lauterer Kulturzentrum Kammgarn – Ottmar Walter war zusammen mit Horst Eckel immer dabei.

Auch Horst Eckel, acht Jahre jünger als Ottmar Walter lässt sich, regelmäßig auf dem Betzenberg blicken. Eckel hat einige Aufgaben von Fritz Walter übernommen, repräsentiert die Fritz-Walter-Stiftung und besucht Strafgefangene in den Vollzugsanstalten, beschenkt sie mit Sportkleidung und Bällen und leistet so einen wichtigen Beitrag zu deren Resozialisierung. Als Interviewpartner, bei Autogrammstunden, Benefizspielen und in Gesprächsrunden ist er ein gern gesehener Gast, der vor allem bei seinen sportlichen Aktivitäten auch heute noch eine hervorragende Figur abgibt. Als 2004 – zur 50. Wiederkehr des 3:2 gegen Ungarn – eine wahre Bücherflut zu diesem Ereignis über Deutschland hereinbrach, griff auch Eckel zur Feder und schrieb sein Buch mit dem Titel „Die 84. Minute". Nach seiner Zeit beim 1. FCK spielte Eckel noch beim damaligen Regionalligisten SV Völklingen, den er ebenso trainierte wie den TSC Zweibrücken, SV St. Ingbert und den ASV Kleinottweiler. Sein aktives Berufsleben, das bei der Nähmaschinenfabrik Pfaff begonnen hatte, endete 1992 an der Realschule Kusel, wo er als Fachlehrer für Sport tätig war.

Den ersten Toten hatten die Weltmeister von Bern bereits 1974 zu beklagen. Werner Kohlmeyer, der nach seiner Zeit beim 1. FCK noch beim FC Homburg gespielt hatte und schließlich in Mainz lebte, starb dort im Alter von 49 Jahren. Vor seiner Zeit beim 1. FCK hatte Kohlmeyer bei Reichsbahn Kaiserslautern gespielt und war oft von weit draußen vom Bahnheim zum Betzenberg gejoggt. 1945 aus amerikanischer Gefangenschaft zurück, setzte er seine 1941 begonnene Karriere beim 1. FCK fort. Im Hauptberuf war er Angestellter beim Städtischen Schlachthof. Kohlmeyer konnte den Sturz von der Popularität des Weltmeisters von Bern in die Anonymität nicht verkraften und sprach immer stärker dem Alkohol zu, der ihm schließlich zum Verhängnis wurde.

Von den fünf Lauterer Weltmeistern kam Werner Liebrich zwar mit insgesamt 16 auf die wenigsten Länderspiele, aber sein Titel „Weltstopper", den sie ihm bei der Weltmeisterschaft verliehen hatten, verschaffte ihm hinter Fritz Walter das meiste Renommée. 1956 schockte er den Betzenberg, als er seinen Vertrag beim 1. FCK kündigte. Schwarz-Weiß Essen wollte angeblich 80.000 DM für ihn bezahlen. Der Hintergrund: Liebrich hatte seine Stellung verloren, weil er ständig zu Länderspielen, Gruppenspielen und Lehrgängen unterwegs war. Um sich eine neue Existenz aufzubauen, wollte er Kaiserslautern und den 1. FCK schweren Herzens verlassen. Doch schließlich gelang es, ihn zum Bleiben zu bewegen. 1965/66 sprang er für drei Monate als Vertreter des zur Erlangung seiner Lizenz an der Sporthochschule Köln weilenden Trainers Gyula Lorant beim 1. FCK ein und trainierte außerdem sieben Jahre lang die Amateure des Vereins. Im Hauptberuf betrieb er bis zuletzt eine Toto-Lotto-Annahmestelle. Im März 1995 verabschiedete sich der „Rote", wie er als Spieler gerufen wurde und der im Alter ganz weiß geworden war, zu einer dringenden Herzoperation, die er nicht überlebte. Am 20. März 2005, zehn Jahre nach seinem Tod, wurde in Anwesenheit des rheinland-pfälzischen Ministerpräsidenten Kurt Beck eine Straße im Nachwuchszentrum „Sportpark Rote Teufel" auf dem Fröhnerhof umgewidmet: Sie trägt nun den Namen Werner Liebrichs.

Die fünf Weltmeister von 1954: Werner Kohlmeyer, Ottmar Walter, Horst Eckel, Werner Liebrich, Fritz Walter (von links).

## Die Länderspiele der fünf Weltmeister des 1. FCK und ihre Tore

**Horst Eckel** 32 Länderspiele, kein Tor

1952 Schweiz 5:1, Jugoslawien 3:2, Spanien 2:2

1953 Österreich 0:0, Saarland 3:0, Norwegen 1:1, Norwegen 5:1

1954 Schweiz 5:3, Türkei 4:1, Ungarn 3:8, Türkei 7:2, Jugoslawien 2:0, Österreich 6:1, Ungarn 3:2

1955 Sowjetunion 2:3, Jugoslawien 1:3, Norwegen 2:0, Italien 1:2

1957 Ungarn 1:0

1958 Belgien 2:0, Spanien 2:0, CSSR 2:0, Argentinien 3:1, Nordirland 2:2, Jugoslawien 1:0, Schweden 1:3, Österreich 2:2

**Werner Kohlmeyer** 22 Länderspiele, kein Tor

1951 Türkei 1:2, Österreich 2:0, Irland 2:3, Türkei 2:0

1952 Irland 3:0, Schweiz 5:1, Jugoslawien 3:2, Spanien 2:2

1953 Österreich 0:0, Norwegen 1:1, Norwegen 5:1

1954 Saarland 3:1, Schweiz 5:3, Türkei 4:1, Ungarn 3:8, Jugoslawien 2:0, Österreich 6:1, Ungarn 3:2, Belgien 0:2, Frankreich 1:3, England 1:3

1955 Italien 1:2

**Werner Liebrich** 16 Länderspiele, kein Tor

1951 Türkei 1:2

1952 Frankreich 1:3

1954 Saarland 3:1, Ungarn 3:8, Jugoslawien 2:0, Österreich 6:1, Ungarn 3:2, Belgien 0:2, Frankreich 1:3, England 1:3, Portugal 3:0
1955 Sowjetunion 2:3, Jugoslawien 1:3, Norwegen 2:0, Italien 1:2
1956 Schweiz 1:3

**Fritz Walter** 61 Länderspiele, 33 Tore
1940 Rumänien 9:3 (3), Finnland 13:0 (2), Ungarn 2:2, Bulgarien 7:3, Jugoslawien 0:2, Dänemark 1:0
1941 Schweiz 4:2 (1), Ungarn 7:0 (1), Schweiz 1:2, Rumänien 4:1 (1), Kroatien 5:1 (2), Schweden 2:4 (1), Dänemark 1:1, Slowakei 4:0 (1)
1942 Kroatien 2:0, Schweiz 1:2, Spanien 1:1, Ungarn 5:3 (2), Bulgarien 3:0, Rumänien 7:0 (3), Schweden 2:3, Schweiz 5:3 (1), Kroatien 5:1 (1), Slowakei 5:2
1951 Schweiz 3:2 (1), Türkei 1:2, Österreich 2:0, Irland 2:3 (1), Türkei 2:0, Luxemburg 4:1
1952 Frankreich 1:3, Schweiz 5:1 (1), Jugoslawien 3:2 (1), Spanien 2:2
1953 Österreich 0:0, Norwegen 1:1 (1), Norwegen 5:1 (1)
1954 Saarland 3:1, Schweiz 5:3 (2), Türkei 4:1, Ungarn 3:8, Türkei 7:2 (1), Jugoslawien 2:0, Österreich 6:1(2), Ungarn 3:2
1955 Italien 1:2, Sowjetunion 2:3 (1), Jugoslawien 1:3, Norwegen 2:0 (1), Italien 1:2
1956 Holland 1:2, England 1:3 (1), Sowjetunion 1:2, Schweiz 1:3
1958 Spanien 2:0, CSSR 2:0, Argentinien 3:1, CSSR 2:2, Nordirland 2:2, Jugoslawien 1:0, Schweden 1:3

**Ottmar Walter** 21 Länderspiele, 10 Tore
1950 Schweiz 1:0
1951 Schweiz 3:2 (1)
1952 Irland 3:0 (1), Frankreich 1:3 (1), Schweiz 5:1 (1), Jugoslawien 3:2, Spanien 2:2 (1)
1953 Österreich 0:0, Norwegen 1:1, Norwegen 5:1 (1)
1954 Saarland 3:1, Schweiz 5:3, Türkei 4:1 (1), Türkei 7:2 (1), Jugoslawien 2:0, Österreich 6:1 (2), Ungarn 3:2, Belgien 0:2, Frankreich 1:3
1955 Jugoslawien 1:3

# ABC des 1. FCK

## Kleines Lexikon wichtiger und weniger wichtiger Akteure des 1. FC Kaiserslautern

**Ackermann, Klaus** (20.3.1946):
Der schnelle Angreifer kam 1969 von Borussia Mönchengladbach zum 1. FCK und schoss in 188 Spielen 23 Tore. Zuvor war er für Germania Hamm und Preußen Münster am Ball. Insgesamt bestritt er 260 Bundesligaspiele. Wechselte 1974 zu Borussia Dortmund, mit der ihm 1976 der Wiederaufstieg in die Bundesliga glückte. Daran schloss sich 1979/80 noch ein Engagement in der 2. Liga Nord beim SC Herford an. Nach seiner Zeit als Fußballer absolvierte er eine Schreinerlehre, schulte aber später um zum Versicherungskaufmann. Heute ist er als Prokurist bei der Volksbank Gelsenkirchen-Buer tätig.

**Adam, Karl** (5.2.1924):
Er war von 1948 bis 1951 Torhüter des 1. FCK und Mitglied der Meistermannschaft von 1951 und kam insgesamt 64 Mal zum Einsatz.

**Aehlig, Frank**
Der Bankkaufmann kam im Lauf der Saison 2005/06 als Nachfolger von Jürgen Bühler als Manager für Sport-Organisation und Administration zum 1. FCK. War zuvor von 1992 bis 1997 als ehrenamtlicher Geschäftsführer und Manager beim FV Dresden-Nord tätig, ehe er in gleicher Funktion zu Dynamo Dresden wechselte, wo er bis 2000 blieb. Daran schloss sich eine Tätigkeit als Sportdirektor beim damaligen Zweitligisten SSV Reutlingen an, bevor er 2002 als Manager zum damaligen Regionalligisten FC Augsburg ging. Die Saison 2003/04 begann er als Scout für Hansa Rostock und heuerte im November 2003 beim damaligen Zweitligisten LR Ahlen an. Aktiv als Spieler war Aehlig bei der BSG Chemie Radebeul und beim FV Dresden-Nord.

**Allievi, Sergio** (17.1.1964):
Er kam 1986 von Wattenscheid 09 zum 1. FCK. Zuvor spielte er für den SV Schonebeck und FC Stelle 09. Der schnelle Linksaußen spielte 119 Mal für den 1. FCK, erzielte aber nur 18 Tore und enttäuschte die in ihn gesetzten Erwartungen. 1990 verließ er den Betzenberg und kam über Dynamo Dresden, wo er 1991/92 spielte und die SpVgg. Unterhaching zu Fortuna Düsseldorf. Ging 1995 wieder zurück zu Wattenscheid 09. Nach dem Ende seiner aktiven Zeit arbeitete er als Trainer bei TuS Hordel in der Verbandsliga Westfalen.

**Allofs, Thomas** (17.11.1959):
Der zweimalige Nationalspieler – je ein Spiel für den 1. FCK und für den 1. FC Köln – kam 1982 von Fortuna Düsseldorf und war in 144 Spielen 66 Mal als Torschütze erfolgreich. Er geriet in die Schlagzeilen, als in der Pfalz sein überaus üppiges Salär publik wurde und verabschiedete sich 1986 zum 1. FC Köln, wo er 1988/89 Bundesliga-Torschützenkönig und Vizemeister wurde. Daran schloss sich ein halbjähriges Engagement beim Racing Club Strasbourg an, von wo er 1990 zu Fortuna Düsseldorf zurückkehrte, wo er heute im Vorstand tätig ist.

**Altintop, Halil** (8.12.1982):
Der türkische Nationalspieler kam im Juli 2003 von Wattenscheid 09 zum 1. FCK, während sein Bruder Hamit zu Schalke 04 ging. In seinem ersten Jahr unter Trainer Gerets stand er noch im Schatten des Sturmduos Klose/ Lokvenc, doch in den beiden darauf folgenden Spielzeiten machte er sich schier unentbehrlich, da der 1. FCK hauptsächlich von seinen Toren lebte. Im Abstiegsjahr entschied sich Altintop frühzei-

tig für einen Wechsel zu Schalke 04, engagierte sich aber wie zuvor für die Mannschaft und schoss Tore für den am Ende doch verpassten Klassenverbleib. Seine Karriere begann 1991/92 bei SW Gelsenkirchen-Süd. Von 1992 bis 1997 spielte er bei TuS Rotthausen und von 1997 bis 2003 bei Wattenscheid 09.

**Amanatidis, Ioannis** (3.12.1981):
Der griechische Nationalspieler kam zur Saison 2004/05 als Hoffnungsträger von Eintracht Frankfurt zum 1. FCK. Zuvor war er für den VfB Stuttgart Amateure, die SpVgg. Greuther Fürth und den VfB Stuttgart am Ball. Er verletzte sich vor Beginn der Spielzeit schwer und fiel zunächst für längere Zeit aus. Danach stellte sich seine Verpflichtung als Irrtum heraus, denn die Spielweise des Angreifers entsprach nicht dem Geschmack der Lauterer Fans, die den kämpfenden Typ vergöttern und vermeintlich weniger engagierte Spieler nicht mögen. Da der 1. FCK am Ende der Saison dringend Geld für neue Spieler benötigte und der Grieche einer Rückkehr nach Frankfurt nicht abgeneigt war, ließ man ihn trotz einer drohenden Flaute im Sturm gehen. In Frankfurt akklimatisierte er sich schnell wieder und fand temporär zu alter Form zurück.

**Anfang, Markus** (12.6.1974):
Der Mittelfeldspieler kam 2002 vom FC Tirol Innsbruck auf den Betzenberg, wurde aber nie zu der Verstärkung, die man sich von ihm versprochen hatte. Nach seiner Suspendierung beim 1. FCK, deren Gründe nie ganz an die Oberfläche kamen, wechselte er in der Winterpause 2003/04 zu Energie Cottbus. Die nächste Station hieß dann MSV Duisburg, der ihn Anfang 2006 an Fortuna Düsseldorf abgab. Begonnen hatte seine Karriere beim KSV Heimersdorf. Über Bayer Dormagen, Bayer Leverkusen, Fortuna Düsseldorf und Schalke 04 führte sein Weg dann nach Tirol. Seit 2006 ist er wieder bei Fortuna Düsseldorf am Ball.

**Ankovic, Andrija** (6.11.1939):
Der jugoslawische Nationalspieler, der im Mittelfeld und im Angriff spielen konnte, kam von Hajduk Split, spielte von 1966 bis 1968 für den 1. FCK und schoss in 25 Spielen vier Tore.

**Arilson Gilberto da Costa** (11.6.1973):
Der damalige Manager Reiner Geye holte ihn mitten im deutschen Winter 1995, als dem 1. FCK das Wasser bis zum Hals stand, vom Weltpokalfinalisten Gremio Porto Alegre zum 1. FCK. Der siebenfache brasilianische Nationalspieler pendelte fortan zwischen Südamerika und Europa, da er ständig zu Länderspielen berufen wurde. Seine Integration wurde dadurch erschwert. Auf Schritt und Tritt benötigte er seinen Agenten und Dolmetscher Nilson Maldaner, da er auch nach mehreren Wochen noch kein Wort Deutsch sprach. Die nachgeholte junge Familie trat bereits nach kurzem Aufenthalt in der Pfalz wieder die Heimreise an. Arilson selbst war danach mehr in Discotheken als auf dem Rasen des Fritz-Walter-Stadions zu sehen. Zudem fiel er beim Qualifikationsturnier für die Olympischen Spiele unangenehm auf, als er ohne Erlaubnis das brasilianische Trainingslager verließ, weil er über seine Rolle als Ersatzspieler sauer war und es sich so mit dem damaligen Nationaltrainer Mario Zagalo für alle Zeiten verdarb, der ihn danach nicht mehr nominierte. Auch der für Friedel Rausch gekommene Trainer Eckart Krautzun setzte ihn beim 1. FCK nur noch selten ein. Schließlich lieh man ihn noch vor dem bitteren Ende mit dem Abstieg aus der Bundesliga an Internacional Porto Alegre aus, wo er in der Saison 1996/97 spielte. Wenigstens einen Teil seiner bis dahin höchsten Ablösesumme von 4,2 Mio. DM erhielt der 1. FCK später wieder zurück. Arilson war anschließend 1997/98 bei Palmeiras Sao Paulo und 1998/99 wieder bei Gremio Porto Alegre am Ball, ehe er in der Spielzeit 1999/2000 für den damaligen spanischen Erstligisten Real Valladolid tätig war.

**Auer, Benjamin** (11.1.1981):
Der Angreifer kam in der Winterpause 2006/07 auf Leihbasis vom VfL Bochum zum 1. FCK, nachdem er auf Grund von Krankheit den Anschluss bei den Westfalen verpasst hatte, zu denen er zur Saison 2006/07 von Mainz 05 gewechselt war. Bereits als Jugendlicher und Amateurspieler hatte er von 1995 bis 1999 bei den Roten Teufeln gespielt, ging ursprünglich aus dem HSV Landau hervor, wo er bis 1988 aktiv war, ehe er anschließend bis 1995 beim

FSV Offenbach/Queich spielte. Nach seiner ersten Zeit beim 1. FCK wechselte Auer zum Karlsruher SC und von dort zu Borussia Mönchengladbach, ehe er von 2002 bis 2006 für Mainz 05 am Ball war. Nach einer enttäuschenden Rückrunde beim 1. FCK kehrte Auer am Ende der Saison 2006/07 nach Bochum zurück.

**Ballack, Michael** (26.9.1976):

Der Mittelfeldspieler kam 1997 vom damaligen Regionalligisten Chemnitzer FC zum 1. FCK. Der von Trainer Otto Rehhagel zunächst gepriesene und später immer öfter kritisierte und unter seinen Möglichkeiten gehandelte U 21-Nationalspieler saß aber in seiner ersten Saison auf dem Betzenberg meist auf der Ersatzbank und kam immer wieder auch lediglich bei den Amateuren des 1. FCK zum Einsatz. Schon bei der Präsentation des damals noch nicht 20 Jahre alten Sachsen wenige Tage vor dem ersten Bundesligaspiel nach dem Wiederaufstieg brüskierte Rehhagel Ballack, als er auf die Frage nach dessen Einsatz gegen Bayern München antwortete, der kenne die Bayern doch bisher nur aus dem Fernsehen und müsse noch viel lernen. Andreas Brehme war es damals, der Ballack durch seinen Verzicht, bei diesem Spiel zum Kader zu gehören, wenigstens einen Platz auf der Ersatzbank verschaffte. Zwar war es Rehhagel, der Ballack nach Kaiserslautern geholt hatte, doch richtig vertraut in ihn und gesetzt auf ihn hat er in der Folgezeit nie. Welch großes Juwel dieser Spieler war, erkannten die meisten auf dem Betzenberg trotz der Erringung des Meistertitels 1998 erst, als Ballack unter Trainer Klaus Toppmöller mit Bayer Leverkusen 2001/02 bis ins Finale der Champions League kam und Meisterschaft sowie Pokalsieg nur knapp verpasste. Der aus Görlitz stammende Spieler begann seine Karriere 1983 bei Motor Karl-Marx-Stadt, wo er bis 1987 spielte, ehe er zum FC Karl-Marx-Stadt wechselte, der sich nach der Wende in Chemnitzer FC umbenannte. 1997 folgte der Wechsel zum 1. FCK, für den er 46 Mal in der Bundesliga, 17 Mal in der Regionalliga sowie sechs Mal in der Champions League spielte und insgesamt zwölf Tore erzielte. Rudi Völler holte ihn 1999 nach Leverkusen, wo er drei erfolgreiche Spielzeiten, allerdings ohne einen Titel, absolvierte. 2002 kam der Sprung zu Bayern München, wo er 2003 und 2005 Deutscher Meister und Pokalsieger wurde. Dazu kam noch der Gewinn des Ligapokals 2004. Doch auch bei Bayern München stand Ballack wie schon beim 1. FCK immer wieder in der Kritik, weil man mehr Engagement und Führungseigenschaften von ihm erwartete. Nach Ende seines Vertrags wechselte er im Sommer 2006 nach der WM, bei der er die begeisternde deutsche Mannschaft bis ins Halbfinale geführt hatte, zum FC Chelsea in die englische Premier League, wo es ihm jedoch überaus schwer fiel, Fuß zu fassen, Bindung zu seinen Mitspielern zu bekommen und von Zuschauern und Presse akzeptiert zu werden.

**Banovas, Nassim** (8.9.1986)

Er kam eigentlich als Neuzugang für den Oberligisten 1. FCK II von den Sportfreunden Siegen in die Pfalz, wurde jedoch bereits bei den Profis eingesetzt, als verletzungsbedingt Not am Mann war.

**Basler, Mario** (18.12.1968):

„Super-Mario", wie er auf dem Höhepunkt seiner Karriere genannt wurde, ging aus der Jugend des VfL Neustadt/Weinstraße hervor und wechselte 1987 zum 1. FCK, kam aber nur selten zum Einsatz und wurde 1989 an RW Essen abgegeben. 1991 wechselte der für seine Ecken und Kanten bekannte Spieler zu Hertha BSC Berlin, ehe ihn 1993 Trainer Otto Rehhagel zu Werder Bremen holte. Es war der entscheidende Karrieresprung, denn Basler wurde nicht nur Pokalsieger 1994 und Torschützenkönig 1995, sondern auch 30-facher Nationalspieler und gewann 1996 unter Berti Vogts den Europameistertitel. 1996 folgte der nächste Schritt mit dem Wechsel zu Bayern München, wo Basler 1997 und 1998 Meister sowie 1998

Pokalsieger wurde und 1999 den Gewinn der Champions League nur knapp verpasste. Nicht profihaftes Verhalten im Freizeitbereich führte im November 1999 zur Trennung. Was viele in der Pfalz erhofften, traf ein: Otto Rehhagel rief – und Basler kam auf den Betzenberg, dieses Mal nicht als junger Spund, sondern als etablierter Spieler, der sich von niemandem nichts sagen ließ. Doch seine beste Zeit hatte er hinter sich, und seine Auftritte brachten mal Licht und mal Schatten. 2003 ließ der 1. FCK ihn nach Katar zu Al Rayyan ziehen, danach arbeitete Basler von Juni 2004 bis zu seiner Entlassung im September 2005 als Trainer beim Regionalligisten Jahn Regensburg. Besonderen Spaß bereitet dem Exzentriker, der sich in Wattenheim im Leininger Land ein Haus gebaut hat, seine Tätigkeit als Präsident des ATSV Wattenheim, für den er auch noch in der Saison 2006/07 in der Bezirksklasse Nord Vorderpfalz seine Stiefel schnürte und im Februar 2007 Hans-Günther Neues, der aus beruflichen Gründen aufgehört hatte, auch als Trainer nachfolgte und mit seiner Mannschaft den Aufstieg in die Bezirksliga Vorderpfalz schaffte. Seit der Saison 2007/08 fungiert Basler als Co-Trainer von Uwe Rapolder bei TuS Koblenz.

**Baßler, Werner** (2.10.1921):
Er spielte von 1939 bis 1957 für den 1. FCK und stand 1951 in der Meisterelf, die Preußen Münster mit 2:1 besiegte. Er schoss in 264 Spielen 237 Tore. Wie Ottmar Walter spielte er während des 2. Weltkriegs auch für den KSV Holstein Kiel.

**Bauer, Heinrich** (11.6.1935):
Der klassische Außenläufer spielte von 1954 bis 1965 für den 1. FCK, war in 194 Einsätzen 49 Mal erfolgreich und trug 1963 maßgeblich zur Qualifikation des 1. FCK für die Bundesliga bei.

**Beda, Mathieu** (28.7.1981):
Der in Nizza geborene Franzose kam im Januar 2006 zum 1. FCK, um die Abwehr zu stabilisieren und den drohenden Abstieg zu verhindern. Bis 1991 für AS Vence am Ball, spielte er von 1991 bis 1999 für AS Cannes, von 1999 bis 2001 für Girondins de Bordeaux sowie in der Saison 2001/02 für AS Nancy. Von 2002 bis 2004 war er erneut für Bordeaux aktiv und wech-

selte 2004 zum belgischen VV Saint Truiden und 2005 zu Standard Lüttich. Beim 1. FCK avancierte er zu einer festen Größe und zu einem Publikumsliebling, ganz im Gegensatz zu den mit ihm verpflichteten Noteinkäufen Borbély und Hoiland. Als der 1. FCK am Ende der Spielzeit den bitteren Gang in die 2. Bundesliga antreten musste, gehörte Beda zu den wenigen Spielern aus dem alten Kader, die Trainer Wolfgang Wolf behielt, um das Ziel Wiederaufstieg in Angriff zu nehmen.

**Bellinghausen, Axel** (17.5.1983):

Er kam 2005 als Ergänzungsspieler, der langsam an die Stammformation herangeführt werden sollte, von Fortuna Düsseldorf zum 1. FCK und stieg nach dem Wechsel von Trainer Michael Henke zu Wolfgang Wolf zum Stammspieler auf. Seine früheren Stationen waren TuS 05 Oberpleis von 1988 bis 1993 sowie von 1993 bis 1998 Bayer Leverkusen.

**Bernier, Patrice** (23.9.1979):
Der defensive Mittelfeldspieler aus dem frankokanadischen Quebec wurde im Mai 2007 vom 1. FCK als Ersatz für den abgewanderten Hajnal verpflichtet. Zuletzt hatte Bernier in Norwegen bei Tromsö IL gespielt, davor war er für Moss FK am Ball. Seine Karriere begann in seiner Heimat bei Montreal Impact in der kanadischen A-League. Danach spielte er College-Fußball in New York für die Syracuse University. Eigentlich wäre Bernier gerne Eishockeyspieler geworden, doch davon hatte man ihm wegen mangelnder Körpergröße – er misst 1,77 m – abgeraten. Zuletzt hatte Tromsö ein Angebot von Besiktas Istanbul für Bernier ausgeschlagen, konnte aber den 19-fachen kanadischen Nationalspieler auch mit einem verbesserten Angebot nicht davon abhalten, zum 1. FCK in die 2. Bundesliga zu wechseln.

**Bitz, Hermann** (21.9.1950):
Der Mittelfeldspieler absolvierte von 1970 bis 1975 162 Spiele für den 1. FCK, in denen er 21 Tore schoss. Wurde 23 Mal in die Amateurnationalmannschaft und zwei Mal in die U 23 berufen. Sein Stammverein war TuS Olsbrücken, und nach seiner Zeit beim 1. FCK spielte er für Kickers Offenbach und 1860 München.

**Bjelica, Nenad** (20.8.1971):
Der kroatische Nationalspieler kam in der Winterpause 2000/01 von NK Osijek zum 1. FCK und führte sich bei einem Freundschaftsspiel seines neuen gegen seinen alten Verein gut ein. Seine Karriere hatte auch in Osijek begonnen, von wo er über Albacete Balompie, Betis Sevilla und DU Las Palmas wieder zurückgekommen war nach Osijek. Am Ende der Saison 2003/04 erhielt er auf dem Betzenberg keinen Vertrag mehr und wechselte zum damaligen österreichischen Erstligisten VfB Admira/ Wacker Mödling.

**Blank, Stefan** (10.3.1977):
Der Abwehrspieler kam in der Winterpause der Saison 2004/05 von Alemannia Aachen zum 1. FCK und verließ den Verein nach dem Abstieg in die 2. Bundesliga am Ende der Spielzeit 2005/06 und unterschrieb beim MSV Duisburg. Nach anfänglich ansprechenden Leistungen wurde Blank in einer unsicheren Abwehr selbst zum Wackelkandidaten und geriet erst auf die Ersatzbank und dann auf die Tribüne. Er begann seine Laufbahn 1984 bei Schalke 04, daran schlossen sich Engagements bei Wattenscheid 09, Hannover 96, VfB Stuttgart, Werder Bremen und FC St. Pauli an.

**Bohl, Steffen** (28.12.1983):
Der Mittelfeldspieler, der bis 1997 bei TuS Wachenheim spielte und dessen Autogrammkarte der Burgwirt in der Burgschänke der Wachtenburg hoch über der Stadt stolz am Tresen präsentiert, kam 2005 zum 1. FCK. Von 1997 bis 2003 spielte er beim VfL Neustadt und von 2003 bis 2005 beim SV Weingarten. Bohl zeigte schon in der Rückrunde der Abstiegssaison 2005/06, dass er großes Potenzial besitzt und bestätigte das in ihn gesetzte Vertrauen auch bei seinen Einsätzen in der Spielzeit 2006/07, wo er den 1. FCK im Landesderby gegen TuS Koblenz nach einem Rückstand wieder auf die Siegerstraße brachte.

**Bold, Gerd** (16.3.1955):
Er kam 1984 vom FC Zürich zum 1. FCK, wo er auf Grund einer Knieverletzung nur 24 Bundesligaspiele machen konnte, in denen er zwei Tore schoss. Hervorgegangen war Bold aus dem FC Rodalben, von wo er zum damaligen Zweitligisten Mainz 05 wechselte und bei seiner nächsten Station Karlsruher SC den Aufstieg in die Bundesliga schaffte. Für die Badener spielte er 97 Mal in der Bundesliga, dabei gelangen ihm 27 Tore. Ende der 1980er Jahre war Bold Mitglied des Vorstandes des 1. FCK. Nach einer Ausbildung zum Physiotherapeuten eröffnete er eine Praxis.

**Bongartz, Hannes** (3.10.1951):

Der frühere Wattenscheider kam 1978 von Schalke 04 zum 1. FCK und trug unter Trainer Karl-Heinz Feldkamp entscheidend zur Steigerung des spielerischen Niveaus des 1. FCK bei. Zuvor hatte er für den Bonner SC und Preußen Duisdorf gespielt. In seiner Schalker Zeit wurde er vier Mal in die Nationalmannschaft berufen. Traf in 210 Spielen 24-mal ins Tor, musste aber 1984 als Sportinvalide seine aktive Laufbahn beenden. Jürgen Friedrich holte Bongartz im Juli 1985 als Trainer zurück auf den Betzenberg, wo er 1986/87 einen UEFA-Cup-Platz knapp verpasste. Nach der 2:3-Niederlage am 7.11.1987 beim FC Homburg musste er gehen. Es folgte ein Jahr als Coach des FC Zürich sowie von 1989 bis 1994 das Engagement bei Wattenscheid 09. Von 1994 bis 1996 trainierte er den MSV Duisburg, mit dem er 1995 aus der Bundesliga abstieg. Im Mai 1996 wurde er in Duisburg entlassen und heuerte im Dezember 1996 bei Borussia Mönchengladbach an, wo er im November 1997 nach zwei Heimniederlagen gegen den 1. FCK und den VfL Wolfsburg ebenfalls entlassen wurde. Von 1998 bis 2004 war er Trainer bei Wattenscheid 09 und zeitweilig auch Sportdirektor. Von Februar bis

Juli 2006 folgte ein Engagement bei den Sportfreunden Siegen. Im Mai 2007 trat Bongartz sein Amt als Sportdirektor beim griechischen Erstligisten AO Xanthi an.

**Borbély, Balász** (2.10.1979):
Der Slowake wurde in der Winterpause 2005/06 vom Champions-League-Teilnehmer FC Artmedia Bratislava, wo er von 2000 bis 2005 gespielt hatte, verpflichtet, um dem Spiel des vom Abstieg bedrohten 1. FCK mehr Inspiration zu verleihen. Doch der Nationalspieler, der von 1995 bis 2000 für Dunajská Streda am Ball war, verletzte sich alsbald und fiel über weite Strecken der Restsaison aus. Immer wieder vom Verletzungspech verfolgt, gelang es Borbély auch in der darauf folgenden Spielzeit nicht, seine Qualitäten zu beweisen und der Mannschaft eine unverzichtbare Stütze zu sein. Am Ende der Saison 2006/07 musste er deshalb gehen und kehrte zu Artmedia Bratislava zurück.

**Bouzid, Ismael** (21.7.1983):
Der in Nancy geborene Abwehrspieler kam zur Saison 2006/07 zum 1. FCK und eroberte sich auf Anhieb einen Stammplatz. Zuvor war er für den FC Jarville, den FC Metz, in dessen Centre de Formation er sein Baccalauréat baute, den 1. FC Union Berlin sowie für den algerischen Spitzenclub Mouloudia Club d'Alger am Ball. Der Sohn eines Algeriers und einer Französin definiert seine Identität halb algerisch, halb französisch. Trainer Wolfgang Wolf sortierte den Spieler bereits während der Saison aus disziplinarischen Gründen aus. Am Ende der Spielzeit wurde sein Vertrag nicht verlängert.

**Braner, Harald** (19.8.1943):
Der Angreifer kam 1963 zum Bundesligastart von Wormatia Worms zum 1. FCK und spielte von 1963 bis 1967 für die Lauterer. In 96 Spielen schoss er 13 Tore. 1967 wechselte Braner zum SSV Reutlingen, von wo er 1969 weiterzog zum VfL Osnabrück. Als Spielertrainer war er anschließend beim FV 09 Weinheim, SV Schriesheim, TuS Göllheim und SC Bobenheim-Roxheim in unteren Ligen aktiv. Als Trainer wirkte er ohne großen Erfolg beim FC Homburg, außerdem bei Wormatia Worms sowie bei den FCK-B-Junioren.

**Brehme, Andreas** (9.11.1960):

Der 86-fache Nationalspieler kam 1980 von Barmbek-Uhlenhorst zum 1. FC Saarbrücken, von wo er ein Jahr später zum 1. FCK wechselte. 1986 verpflichtete ihn Bayern München, wo er 1987 Deutscher Meister und Supercup-Sieger wurde. Von 1988 bis 1992 spielte er für Inter Mailand, und 1990 legte er mit seinen Mitspielern bei Inter, Jürgen Klinsmann und Lothar Matthäus, im Guiseppe-Meazza-Stadion den Grundstein für den Gewinn des Weltmeistertitels. Per Elfmeter erzielte er das Siegtor im Finale in Rom gegen Argentinien. In der Saison 1992/93 spielte er für Real Saragossa und kam 1993 zurück auf den Betzenberg, wo er mit dem 1. FCK auf Anhieb Meisterschaftszweiter wurde, zwei Jahre später abstieg und den DFB-Pokal holte und in der Spielzeit 1996/97 beim Wiederaufstieg mithalf. In der Meistersaison 1997/98 fungierte er gewissermaßen als „Stand-By"-Spieler und trat freiwillig ins zweite Glied zurück. Der Gewinn des Meistertitels war der krönende Abschluss seiner Spielerkarriere, in der er zwei Mal Deutscher Meister, ein Mal Italienischer Meister, Fußballer des Jahres in Italien sowie UEFA-Pokal-Sieger mit Inter wurde. Dazu kamen der Weltmeistertitel 1990, ein zweiter Platz 1986 und der zweite Platz bei der EM 1992. Im Oktober 2000 wurde Brehme Teammanager beim 1. FCK als Nachfolger von Otto Rehhagel und sorgte zunächst gemeinsam mit seinem Assistenten Reinhard Stumpf für einen neuen Aufschwung. Mit dem Ausscheiden Jürgen Friedrichs aus seinem Vorstandsamt und dem Amtsantritt von René C. Jäggi war auch Brehmes Zeit abgelaufen. Im August 2002 wurde er entlassen. In der Spielzeit 2004/05 trainierte er die SpVgg. Unterhaching, trat aber schon vor Ablauf der ersten Saison wegen Erfolglosigkeit zurück. Im Juni 2005 machte er von sich reden, als er beim VfB Stuttgart als Co-Trainer mit seinem alten Mentor bei Inter Mailand, Trainer Giovanni Trapattoni, einen Vertrag unterschrieb. Doch das Duo blieb glücklos und wurde im Februar 2006 entlassen.

**Briegel, Hans-Peter** (11.10.1955):

„Die Walz aus der Pfalz" war ehemals Leichtathlet beim TV Rodenbach. Er wurde als Fußballer des SV Rodenbach vom damaligen FCK-Trainer Erich Ribbeck entdeckt und 1975 zum 1. FCK geholt, wo er wegen seiner ungestümen Auftritte als Angreifer oft verspottet und ausgepfiffen wurde. Erst als Abwehrspieler fand er zu seiner Idealrolle und wurde 1979 erstmals in die Nationalmannschaft berufen, für die er 72 Spiele machte. 1980 wurde er mit Deutschland Europameister, bei den verlorenen WM-Endspielen in Spanien 1982 und Mexiko 1986 war Briegel dabei. 1984 zwangen finanzielle Erwägungen den 1. FCK, Briegel an Hellas Verona abzugeben, mit dem er auf Anhieb italienischer Meister wurde. Während seiner italienischen Zeit, wo er auch mit Sampdoria Genua Pokalsieger war, wurde Briegel zum „Fußballer des Jahres" in Deutschland gewählt. Er schoss in 292 Spielen für den 1. FCK 61 Tore. 1988 beendete er seine Karriere als Spieler. Als Trainer war er von Oktober 1989 bis Juni 1992 beim FC Glarus in der Schweiz und von 1992 bis 1994 beim damaligen südpfälzischen Oberligisten SV Edenkoben tätig. Es folgte in der Saison 1994/95 der damalige Zweitligist Wattenscheid 09. 1996, als der 1. FCK im schlimmsten Abstiegsschlamassel stand, bot er sich dem Verein als ehrenamtlicher Nothelfer an. Nach dem Abstieg in die 2. Bundesliga avancierte Briegel zum Sportlichen Leiter, fand aber nach der Verpflichtung von Trainer Otto Rehhagel kaum noch Arbeitsfelder für sich. Nach dem Wiederaufstieg wagte er es, Rehhagel öffentlich zu kritisieren, der jedoch gegen jegliche Kritik immun war, weil er den Erfolg auf seiner Seite hatte. Briegel zog im Herbst 1997 die Konsequenzen aus seinem Nicht-Verhältnis zum Trainer und trat von seinem Posten zurück. Von Mai 1999 bis September 1999 war er als Co-Trainer Karl-Heinz Feldkamps bei Besiktas Istanbul tätig, vertrat diesen zuweilen, ehe er nach dessen Rückzug von September 1999 bis Juni 2000 auch Cheftrainer war. In der Saison 2001/02 trainierte er den türkischen Club Trabzonspor und wurde im Dezember 2002 Trainer der albanischen Nationalmannschaft, die er zu ungeahnten Höhen führte, als ihm mit ihr Erfolge gegen Rehhagels Griechen und gegen Russland gelangen. Im Mai 2006 trat er von seinem Amt zurück und wurde zwei Monate später Nationaltrainer von Bahrain. Während des laufenden Golf-Cups im Januar 2007 trat er nach einer Niederlage gegen Saudi-Arabien zurück, nachdem seine Mannschaft disziplinlos gespielt hatte und die Verbandsoberen in seinen Arbeitsbereich hineingewirkt hatten. Seit der Saison 2007/08 trainiert er den Hauptstadtclub Ankaragücü.

**Brocker, Günter** (24.5.1925):
Der frühere Spieler des Duisburger FV 08 und von Schalke 04, mit dem er 1958 Deutscher Meister wurde, kam 1961 auf Empfehlung Sepp Herbergers als Trainer auf den Betzenberg und führte den 1. FCK nach einer Periode der Schwäche, die die Qualifikation für die Bundesliga ernsthaft hätte in Frage stellen können, auf Platz vier und holte im letzten Oberligajahr vor Einführung der Bundesliga den Meistertitel. 1965 wechselte Brocker zu Werder Bremen, weitere Stationen in der Bundesliga waren Schalke 04 und RW Oberhausen. Später war Brocker als Sportlehrer an einer Berufsbildenden Schule in Duisburg tätig.

**Brummer, Axel** (25.11.1961):
Der Mittelfeldspieler kam 1979 von Mainz 05 zu den A-Junioren des 1. FCK und erlebte in vier Jahren, in denen er 73 Bundesligaspiele bestritt und dabei sieben Tore erzielte, mehr Highlights als mancher langgediente Kollege. Er war dabei, als der 1. FCK im UEFA-Cup nach dem 1:3 im Estadio Santiago Bernabeu den Königlichen von Real Madrid im Rückspiel mit 5:0 das Fell über die Ohren zog. 1983 zog Brummer weiter zu Kickers Offenbach und spielte danach von 1991 bis 1993 für den SV Wehen-Taunusstein, wo er auch beruflich bei einem Hersteller von Wasserfiltern Wurzeln schlug. 1993 näherte er sich wieder seiner rheinhessischen Heimat und trat bis 1997 für den damaligen Oberligisten RWO Alzey an den Ball. Seine Karriere beendete er als Spielertrainer bei seinem Heimatverein SG Partenheim, wo er von 1997 bis 2003 aktiv war.

**Buck, Andreas** (29.12.1967):

Er kam 1997 zum 1. FCK und avancierte zum pfeilschnellen Seitenläufer, der mit zunehmender Dauer der Saison das eine oder andere entscheidende Tor erzielte. Seiner ersten Deutschen Meisterschaft 1992 mit dem VfB Stuttgart fügte er 1998 die zweite mit den Roten Teufeln hinzu. Seine Karriere begann er beim VfL Kirchheim/Teck, von wo er zum SC Geislingen wechselte. Von 1988 bis 1990 spielte er für den SC Freiburg, danach vor seinem Wechsel zum 1. FCK für den VfB. Als er unter Teamchef Brehme und Trainer Stumpf auf das Abstellgleis geriet, zog Buck die Konsequenzen und verließ den 1. FCK in Richtung Mainz, wo er aber nur elf Spiele für die damals in der 2. Bundesliga spielenden 05er bestritt. Nach einem Muskelabriss musste er seine Laufbahn beenden und arbeitet als Versicherungs- und Immobilienkaufmann und berät junge Spieler bei ihren Geldanlagen.

**Bugera, Alexander** (8.8.1978):
Er kam zu Beginn der Saison 2007/08 vom MSV Duisburg zum 1. FCK. Groß geworden bei Inter Bergsteig Amberg und beim FC Amberg hatte er erstmals 1999/2000 für den MSV gespielt und anschließend bis 2002 für die SpVgg. Unterhaching. Von 1996 bis 1998 und in der Saison 2002/03 war er bei Bayern München, vorwiegend in der Regionalligamannschaft, am Ball.

**Clauß, Andreas** (13.1.1969):
Der Torhüter kam im November 2003 von Darmstadt 98 zu den Amateuren des 1. FCK. Wie Daniel Halfar ging Clauß aus dem MFC Phönix 02 Mannheim hervor, von wo er 1983 zum damaligen Bundesligisten SV Waldhof wechselte. Hier kam er sieben Mal in der Bundesliga zum Einsatz und war Mitglied der Mannschaft, die 1990 in die 2. Bundesliga abstieg. Es folgten 50 Spiele im Unterhaus und der Wechsel zu Kickers Offenbach. Beim 1. FCK II stand der Torwart-Oldie zuweilen im Tor, wenn Not am Mann war und trainierte die Nachwuchstorhüter. 2007 wechselte er als Co-Trainer zum SV Waldhof.

**Daham, Noureddine** (15.11.1977):
Der algerische Nationalspieler kam zur Saison 2006/07 von Mouloudia Club d'Alger zum 1. FCK, um mit seinen Toren zum Wiederaufstieg beizutragen. Doch dem Angreifer klebte oft das Pech an den Schuhen. In Algerien spielte er zuvor von 1997 bis 2002 bei ASM Oran und 2002/03 für JS Kabylie. Vom 1. FCK suspendiert, heuerte Daham zu Beginn der Saison 2007/08 bei TuS Koblenz an.

**Demai, Aimen** (10.12.1982):
Der im lothringischen Thionville geborene Franzose kam zur Saison 2006/07 vom Zweitliga-Absteiger 1. FC Saarbrücken zum 1. FCK und eroberte sich auf Anhieb einen Stammplatz. Gegen Ende der Hinrunde verletzte er sich schwer und fiel lange aus. Von 1998 bis 2004 hatte er für den FC Metz gespielt, aus dessen Centre de Formation er hervorgegangen war. Zuvor war er als Jugendlicher 1994/95 für USAG Uckange sowie von 1995 bis 1998 beim FC Woippy am Ball.

**Diarra, Boubacar** (15.7.1979):
Der vielfache Nationalspieler aus Mali, der auch einen französischen Pass besitzt, kam zur Saison 2007/08 vom SC Freiburg zum 1. FCK. In Mali hatte er zuvor für AS Real Bamako und für Djoliba AC Bamako gespielt.

**Diehl, Ernst** (28.3.1949):

Er spielte von 1967 bis 1978 für den 1. FCK und schoss in 370 Spielen 25 Tore. 1992 wurde er als Trainer mit den A-Junioren des 1. FCK durch ein 5:1 gegen den 1. FC Köln Deutscher Meister. Während der Saison 1996/97 fungierte Diehl als Co-Trainer von Otto Rehhagel und ging anschließend wieder in den Jugendbereich zurück, um dort als Koordinator zu wirken.

**Djorkaeff, Youri** (9.3.1968):
Der französische Weltmeister von 1998, der 82 Länderspiele absolvierte und 28 Tore erzielte, kam 1999 zu Saisonbeginn als Nachzügler zum

1. FCK und seine Verpflichtung war eine große Sensation, die die Fans in der Pfalz elektrisierte. Der Mittelfeldspieler mit armenischen Wurzeln wusste in seinen ersten beiden Spielzeiten zeitweilig zu begeistern, weil er es verstand, seine Mitspieler in entscheidenden Situationen zu motivieren und so ein Spiel herumzureißen und zu entscheiden. Aber es gab auch schlechtere Spiele und diese werden ihm noch heute, mehr als fünf Jahre nach seinem unwürdigen Abschied, nachgetragen. In seiner Jugend spielte er für Villeurbanne und den FC Décines in der Nähe von Lyon. Von 1984 bis 1989 war er in der 2. Division Frankreichs bei Grenoble Foot 38 am Ball, danach für eine Spielzeit für Racing Strasbourg, ebenfalls im Unterhaus. Erst 1990 wechselte er in die Premier Division zum AS Monaco, wo er bis 1995 blieb, 1991 Pokalsieger wurde und dabei war, als man 1992 im Europapokalfinale der Pokalsieger gegen Werder Bremen unterlag. Es folgte 1995/96 ein einjähriges Intermezzo bei Paris Saint Germain, wo er den Europapokal der Pokalsieger gewann. Nach der EM 1996 ging Djorkaeff nach Italien zu Inter Mailand, wo er 1998 den UEFA-Cup holte und von wo ihn der 1. FCK in die Pfalz lotste. Nach seiner ersten Spielzeit beim 1. FCK wurde er mit Frankreich Europameister beim Turnier in Belgien und Holland durch einen Sieg gegen Italien. Ein Jahr später gewann er mit der Équipe Tricolore den Konföderationenpokal, und vielleicht wäre erneut der UEFA-Cup dazugekommen, wenn er unter dem Rehhagel-Nachfolger Andreas Brehme, der keinen zweiten Weltmeister neben sich vertrug, nicht auf das Abstellgleis geraten wäre. Gegen CD Alavés blieb er draußen und der 1. FCK ging zwei Mal unter. 2002 nahm Djorkaeff Abschied von Kaiserslautern und spielte zwei Jahre in der englischen Premier League für die Bolton Wanderers, die ihn am Ende seines Engagements an die Blackburn Rovers ausliehen. 2005 folgte der Wechsel zu den New York Metro Stars in die US-Profiliga. Im Oktober 2006 beendete er hier – der Verein heißt inzwischen Red Bull New York – seine aktive Karriere.

**Dominguez, Jose** (16.2.1974):
Der nur 1,64 Meter große Portugiese kam in der Saison 2000/01 vom Premiere League-Club Tottenham Hotspur, wo er über die Rolle eines besseren Reservespielers nicht hinausgekommen war, zum 1. FCK und gefiel hauptsächlich durch seine schnellen Sprints entlang der Außenlinie und durch die Haken, die er dabei schlug. In der Saison 1993/94 war er von Benfica Lissabon zu Birmingham City transferiert worden, wo er bis 1995 spielte, ehe er nach Portugal zu Sporting Lissabon zurückkehrte, wo er bis 1997 Stammspieler war. Es folgte der Wechsel an die White Hart Lane, wo Dominguez der „pocket sized player" genannt wurde und in vier Spielzeiten auf nur 45 Einsätze kam, in denen er nur zwei Tore erzielte. Im November 2000 holte ihn Andreas Brehme dann zum 1. FCK. Als 2004 sein Vertrag nicht mehr verlängert wurde, wechselte er nach Katar zu Al-Ahly Doha.

**Dooley, Thomas** (12.5.1961):
Der 81-fache US-Nationalspieler kam 1988 vom FC Homburg zum 1. FCK. Zuvor hatte er für TuS Bechhofen, TuS Landstuhl und den FK Pirmasens gespielt. Der zuverlässige Spieler, der in Abwehr und Mittelfeld eingesetzt werden konnte, wurde mit dem 1. FCK 1990 Pokalsieger und 1991 Deutscher Meister und Supercup-Sieger. Differenzen mit Trainer Rainer Zobel machten ihm 1993 den Abschied zum US-Team nach Mission Viejo leicht. Da sein Stiefvater, den er nie kennen gelernt hatte, US-Soldat gewesen war und Dooley somit die Berechtigung besaß, für das Land zu spielen, wurde er im Dezember überraschend angefragt, ob er nicht für die USA spielen wolle. Schon ein halbes Jahr später feierte er sein Debüt gegen Irland. 1992 und 1995 gewann er mit den USA den US-Cup. 1994 nach der WM in den USA, wo er mit seinem Team erst im Achtelfinale mit 0:1 am späteren Weltmeister Brasilien scheiterte, kehrte er in die Bundesliga zurück zu Bayer Leverkusen. Wechselte 1995 zu seinem Lieblingsclub Schalke 04 und war mit dabei, als die Königsblauen UEFA-Pokalsieger wurden. 1997 ging er in die amerikanische Major League Soccer zu Columbus Crew und qualifizierte sich mit den USA für die WM 1998 in Frankreich. Danach war er noch für die New York Metro Stars am Ball. Dooley spielte 131 Mal für den 1. FCK und schoss 15 Tore. Dooleys Bruder Steven ist Trainer der A-Junioren des 1. FCK.

**Dusek, Michael** (10.11.1958):
Er kam 1976 vom SV Niederwörresbach zu den Amateuren des 1. FCK, von wo ihn Karl-Heinz Feldkamp ein Jahr später in den Profi-Kader übernahm. Machte bis 1988 243 Spiele und schoss zehn Tore. Wurde einmal in die B-Nationalmannschaft berufen. Als Trainer war er für den SV Niederwörresbach, TuS Tiefenstein, SV Wittlich, SC Idar-Oberstein und die 1. FCK Amateure sowie für die A-Junioren des 1. FCK tätig.

**Eckel, Horst** (8.2.1932):

Er kam 1949 vom SV Vogelbach zum 1. FCK. Stand 1951 und 1953 in den Meistermannschaften des 1. FCK und war auch 1954 und 1955 bei den verlorenen Endspielen mit dabei. Höhepunkt seiner Karriere war für den damals 22-Jährigen, der zuvor bei der Nähmaschinenfabrik PFAFF gearbeitet hatte, der Gewinn der Fußball-Weltmeisterschaft 1954 an der Seite seiner Klubkameraden Fritz und Ottmar Walter, Werner Kohlmeyer und Werner Liebrich. Als er den 1. FCK 1960 verließ und zum SV Völklingen wechselte, hatte er in 247 Spielen 74 Tore erzielt. Eckel war WM-Botschafter für Kaiserslautern und ein viel gefragter Gesprächspartner im Umfeld der WM 2006, u.a. für den Regisseur Sönke Wortmann bei dessen Film „Deutschland – ein Sommermärchen". Auch als sich 2004 der Gewinn des WM-Titels in Bern gegen Ungarn zum 50. Mal jährte, war Eckel – zusammen mit Ottmar Walter – ein gern gesehener Gast bei vielen Gesprächsrunden und Fernsehsendungen.

**Ehrmann, Gerald** (18.2.1959):
Der aus dem TSV Tauberbischofheim hervorgegangene Torhüter wurde 1984 als Nachfolger für Ronnie Hellström verpflichtet. Zuvor war er zweiter Mann beim 1. FC Köln hinter Nationaltorhüter Harald Schumacher. An „Tarzan" Ehrmann kam keiner seiner zahlreichen Ersatzleute vorbei, obwohl er unter Trainer Gerd Roggensack seinen Stammplatz zeitweilig an Michael Serr verloren hatte. Karl-Heinz Feld-

kamp machte ihn wieder zur Nummer eins. Ehrmann trug entscheidend zum Pokalsieg 1990 und zur Meisterschaft 1991 bei. Erst nach der Verpflichtung des ungarischen Torwarts Lajos Szücs im Dezember 1997 konnte er sich ganz auf seine Tätigkeit als Torwarttrainer konzentrieren, denn bis dahin musste er wegen des Ausfalls des Tschechen Petr Kouba mehrmals auf der Ersatzbank Platz nehmen. Seither hat er mit Roman Weidenfeller und Tim Wiese zwei seiner Schützlinge an die Spitze der deutschen Torhüter herangeführt. Auch Florian Fromlowitz und Tobias Sippel, die zusammen mit Jürgen Macho das derzeitige Torhüterterzett bei den Roten Teufeln bilden, genießen die Torhüterschule des Mannes, der zuweilen bei kniffligen Spielsituationen an der Außenlinie etwas die Contenance verliert und sich gerne mit gegnerischen Trainern und Spielern sowie mit den Schiedsrichtern und ihren Assistenten anlegt.

**Eigendorf, Lutz** (16.7.1956, † 5.3.1983):
Der sechsfache DDR-Nationalspieler setzte sich 1979 bei einem Gastspiel von Dynamo Berlin im Westen von der Mannschaft ab und bestritt bis 1982 65 Spiele für den 1. FCK, in denen er sieben Tore schoss. Wechselte anschließend zu Eintracht Braunschweig und verunglückte während seiner Zeit bei den Niedersachsen 1983 tödlich mit seinem Auto. Nach neuen Dokumenten aus der Gauck-Behörde, die jetzt von Marianne Birthler geleitet wird, soll es sich bei dem Unfall um einen Anschlag der Stasi gehandelt haben.

**Eilenfeldt, Norbert** (17.2.1956):
Der Angreifer kam 1981 von Arminia Bielefeld zum 1. FCK, der ihn in der Hinrunde 1984/85 an Schalke 04 auslieh. Vorher hatte er bei RW Essen und beim 1. FC Mülheim-Styrum gespielt. Schoss in 154 Spielen 31 Tore und verließ den Betzenberg 1986 wieder in Richtung Bielefeld, wo er erneut bis zu seiner schweren Sprunggelenkverletzung 1988 für Arminia

spielte. Anschließend war er als Trainer tätig und führte als Co-Trainer den SC Verl in die damalige Regionalliga West/Südwest. Parallel zu seiner Trainertätigkeit erlernte er den Beruf des Physiotherapeuten.

**Elting, Josef** (29.12.1944):
Als Wolfgang Schnarr 1970 seine Karriere beendete, sollte Josef Elting in seine Fußstapfen treten. Er kam von Schalke 04, war zuvor für den 1. FC Bocholt aktiv und stand bis 1974 103 Mal im Tor des 1. FCK. Elting verließ den 1. FCK, als dieser vor der WM 1974 den schwedischen Torhüter Ronnie Hellström unter Vertrag nahm. Beim damaligen spanischen Erstligisten Real Murcia sowie beim Wuppertaler SV setzte er seine Karriere fort.

**Emig, Karl-Heinz** (29.6.1962):
Der gebürtige Mannheimer hatte es in Kaiserslautern schwer. Er kam vom SV Waldhof, mit dem er 1983 Deutscher Meister der A-Jugend geworden war, über Hertha BSC Berlin und Darmstadt 98 auf den Betzenberg, wo er in die unglückliche Umbruchzeit, das Ende des Engagements von Trainer Josef Stabel und das unglückliche Interregnum von Gerd Roggensack geriet. Dessen Nachfolger Karl-Heinz Feldkamp musterte ihn am Ende der Saison 1989/90 aus. Bestritt 63 Spiele für den 1. FCK und erzielte zwei Tore. Er spielte danach 1992/93 für die SpVgg. Unterhaching und von 1993 bis 1995 beim VfL Wolfsburg. Danach war er Trainer beim Regionalligisten Eintracht Trier sowie von 2002 bis 2004 Co-Trainer beim 1. FCK. Nach seiner überraschenden Entlassung heuerte er als Co-Trainer bei Markus Schupp bei Wacker Burghausen an, wo er im Dezember 2006 zusammen mit diesem entlassen wurde.

**Engelhardt, Marco** (1.12.1980):
Der Mittelfeldspieler kam 2004 vom Karlsruher SC auf den Betzenberg und sollte auf dem Spielfeld der verlängerte Arm seines Trainers Kurt Jara werden. Doch der Spieler verscherzte es sich schnell mit dem Publikum, das ehrlich kämpfende Spieler dem lässigen Typ vorzieht und ihn oft schon beim ersten Fehlpass auspfiff. Obwohl er hier zum Nationalspieler wurde, die Teilnahme an der WM 2006 aber korrekterweise verpasste, weinte ihm am Ende der Saison 2005/06 niemand eine Träne nach, als er wie die meisten anderen, die mit dem 1. FCK abgestiegen waren, den Verein in Richtung 1. FC Nürnberg verließ. Hier kam er in der Hinrunde verletzungsbedingt nicht zum Einsatz, feierte aber in der Rückrunde ein erfolgreiches Comeback und wurde mit dem „Club" Pokalsieger. Engelhardt war 1994 von Preußen Bad Langensalza zu RW Erfurt gewechselt, von wo ihn 2001 der Karlsruher SC verpflichtet hatte.

**Eriksson, Jan** (24.8.1967):
Er wurde nach seinen überragenden Vorstellungen im schwedischen Nationalteam bei der EM 1992, wo er mehrere Kopfballtore erzielte, auf den Betzenberg geholt. Eine schwere Verletzung warf den sympathischen und bescheidenen Manndecker zurück, zudem fand er sich mit seiner Rolle im Lauterer Mittelfeld, die ihm Trainer Rainer Zobel zugedacht hatte, nie zurecht. Als Anfang 1994 Pavel Kuka für den Angriff verpflichtet wurde, geriet Eriksson als überzähliger Ausländer ins Abseits. Zu seinem Pech verletzte er sich vor der WM 1994 erneut, so dass seine WM-Teilnahme in den USA ebenso platzte wie sein Wechsel zum FC Everton. Insgesamt bestritt der Schwede 43 Spiele für den 1. FCK und erzielte fünf Tore. 1995 lieh ihn der 1. FCK an AIK Stockholm aus. Danach spielte er noch für Servette Genf.

**Ernst, Rainer** (31.12.1961):
Der Spieler, der 1990 vom ehemaligen Stasi-Club Dynamo Berlin, mit dem er zehn Mal Meister und zwei Mal Pokalsieger war, zum 1. FCK kam, konnte sich in der Pfalz nie richtig akklimatisieren. Zuvor hatte er für Dynamo Neustrelitz gespielt. Bis zu seinem Abschied am Ende der Meistersaison spielte er 21 Mal für den 1. FCK und schoss drei Tore. Er konnte auch bei seinem neuen Arbeitgeber Girondins Bordeaux in der Saison 1991/92 nicht Fuß fassen und spielte 1992/93 für den AS Cannes. Nach einer Station in der Schweiz beim FC Zürich wechselte er 1994 in die neu geschaffene Regionalliga zum FSV Salmrohr, wo er bis 1996 blieb. Ernst bestritt 56 Länderspiele für die DDR.

**Ernst, Thomas** (23.12.1967):

Der Torhüter kam zur Saison 2003/04 als zweiter Mann zum 1. FCK und hatte, wie bei seinen vorherigen Stationen, meist den Platz auf der Ersatzbank inne. Wurde er bei den Roten Teufeln gebraucht, war er meist die Zuverlässigkeit in Person und bei den Fans überaus beliebt. Begonnen hatte er seine Laufbahn bei seinem Wiesbadener Heimatverein FV Biebrich 02, wo er von 1974 bis 1981 spielte, ehe er zu Eintracht Frankfurt wechselte. Dort absolvierte er bis 1994 nur fünf Bundesligaspiele und kam meist bei den Amateuren in der Oberliga Hessen zum Einsatz. 1994/95 hütete er das Tor des damaligen Zweitligisten FSV Frankfurt und wechselte zur Saison 1995/96 zum ebenfalls zweitklassigen VfL Bochum, wo ihm anfangs abermals nur die Reservistenrolle blieb, ehe er zwischen 1997 und 2000 zu mehr Spielpraxis kam. In der Spielzeit 2000/01 folgte der Wechsel zum VfB Stuttgart, der ihn als Ersatzmann für Timo Hildebrandt verpflichtete und wo er bis zum Ende der Saison 2002/03 auf 19 Einsätze kam. Als zweiter Mann hinter Tim Wiese kam er 2003 zum 1. FCK und kam bis zu seinem Karriereende im Mai 2006 auf 30 Bundesligaspiele. Durch Wieses Kreuzbandriss kam er 2004 in die Mannschaft, musste aber 2005/06 Jürgen Macho zunächst den Vortritt lassen, ehe er seinen Platz zurückeroberte, den er aber durch eine Verletzung alsbald wieder verlor.

**Feldkamp, Karlheinz** (2.6.1934):

Der ehemalige Spieler von RW Oberhausen, der seine Trainerkarriere 1972/73 bei Wattenscheid 09 begonnen hatte und danach bis 1976 bei der DJK Gütersloh tätig war, stieg an seiner dritten Station mit Arminia Bielefeld 1978 in die Bundesliga auf und wurde zu Beginn der Saison 1978/79 beim 1. FCK Nachfolger von Erich Ribbeck. Die folgenden vier Jahre waren die bis dahin erfolgreichsten der Lauterer seit der Walter-Ära. Stets landete der 1. FCK unter den ersten Vier, qualifizierte sich immer für den UEFA-Pokal, war 1978/79 gar Herbstmeister und erreichte 1981 das DFB-Pokalfinale und kam 1982 im UEFA-Pokal bis ins Halbfinale, wo man an IFK Göteborg unglücklich scheiterte. Danach arbeitete Feldkamp für Borussia Dortmund, Arminia Bielefeld und Bayer 05 Uerdingen, mit dem er 1987 sensationell gegen Bayern München Pokalsieger wurde und erneut bis ins Halbfinale des UEFA-Pokals kam. Bei seiner folgenden Station Eintracht Frankfurt wurde er Pokalsieger und wechselte 1988 nach Ägypten zu Al-Ahly Kairo. Als dem 1. FCK am Fastnachtssamstag 1990 nach dem 0:4 beim SV Waldhof das Wasser bis zum Hals stand und Manager Reiner Geye ihn inständig am Telefon bat, doch zurückzukommen und den 1. FCK vor dem Abstieg zu retten, ließ sich Feldkamp nicht lange bitten. In einer spannenden Restrückrunde gelang ihm nicht nur dieses Wunder, sondern die Lauterer wurden nebenbei auch noch DFB-Pokalsieger durch einen 3:2-Sieg gegen Favorit Werder Bremen. Im Jahr darauf wurde der 1. FCK mit Feldkamp Deutscher Meister und verpasste im Europapokal der Landesmeister gegen den FC Barcelona nur unglücklich die Gruppenphase der damals gerade eingeführten Champions League. 1992 dankte Feldkamp überraschend und spontan ab und ging mit seinem Co-Trainer aus Lauterer Zeiten, Rainer Hollmann zu Galatasaray Istanbul, wo er Türkischer Meister wurde. Zusammen mit Hans-Peter Briegel war er in der Saison 1999/2000 bei Besiktas Istanbul tätig, gab diese Tätigkeit jedoch bald aus gesundheitlichen Gründen auf. Briegel war es auch, der Feldkamp 2002 als Sportdirektor beim 1. FCK ins Gespräch brachte, mit dieser Idee aber bei Vorstandschef Jäggi keine offenen Ohren fand. Für das ZDF arbeitete Feldkamp längere Zeit als Co-Kommentator. Zusammen mit Richard Schneider und Otto Rehhagel ist Feldkamp einer der drei großen und verdienstvollen Trainer des 1. FCK. In der Saison 2007/08 feierte er ein Comeback als Trainer, als er bei Galatasaray Istanbul den Ex-Lauterer Trainer Erik Gerets ablöste.

**Foda, Franco** (23.4.1966):
Der gebürtige Mainzer, der über den SVW Mainz und Mainz 05 als B-Jugendspieler zum 1. FCK gekommen war, musste 1987 für 600.000 DM vom 1. FC Saarbrücken zurückgekauft werden, wohin er über sein Gastspiel bei Arminia Bielefeld geraten war. Mit beiden Clubs war er abgestiegen. Beim 1. FCK wurde er unter Trainer Karl-Heinz Feldkamp 1990 Pokalsieger. Danach verabschiedete er sich zu Bayer Leverkusen, wo er „mal Meister werden" wollte und musste sich das Lauterer Meisterstück 1991 aus der Ferne mit ansehen. 1994/95 wechselte er zum VfB Stuttgart, von wo er zum FC Basel ging, bevor er 1997 bei Sturm Graz anheuerte, wo er inzwischen als Trainer tätig ist. Spielte 102 Mal für den 1. FCK und erzielte fünf Tore. Foda wurde zu zwei Länderspielen berufen.

**Freund, Steffen** (19.1.1970):
Der 21-malige Nationalspieler und Europameister von 1996 kam 2003 als Noteinkauf zum 1. FCK. Seine Karriere hatte er 1976 bei der BSG Motor Süd Brandenburg gestartet. Von 1991 bis 1993 spielte er bei Schalke 04, danach bis 1999 bei Borussia Dortmund, wo er zwei Mal Deutscher Meister wurde, die Champions League und den Weltpokal gewann. Die nächste Station war Tottenham Hotspur. Nach einem Kreuzbandriss 2002 hatte er Probleme, den Anschluss wiederzufinden und wechselte in die Pfalz, wo er aber noch in seiner ersten Spielzeit wieder aussortiert wurde. Seine Laufbahn endete 2004 bei Leicester City.

**Friedmann, Kay** (15.5.1963):
Der Abwehrspieler kam 1986 vom FC Homburg zum 1. FCK. Wurde 1990 Pokalsieger, 1991 Deutscher Meister. Spielte bis 1991 109 Mal für den 1. FCK und schoss sechs Tore. Wechselte nach dem Gewinn der Meisterschaft zum 1. FC Nürnberg. Vor seiner Homburger Zeit hatte Friedmann für TuS Mechtersheim und Südwest Ludwigshafen gespielt, nach seiner Nürnberger Zeit war er für den TV Althornbach und den SV Niederauerbach, mit dem er in die Verbandsliga Südwest aufstieg, am Ball. Zum 1. FCK fand er beruflich zurück und arbeitete als Physiotherapeut bei den Profis, ehe er zu Beginn der Saison 2007/08 entlassen wurde.

**Friedrich, Jürgen „Atze"** (11.11.1943):

Er kam 1968 von Eintracht Frankfurt zum 1. FCK und setzte dort spielerische Akzente in der bis dahin eher für ihre kämpferischen Fähigkeiten bekannten Mannschaft. Ein Beinbruch bei einem Freundschaftsspiel beim ASV Landau beendete seine aktive Karriere. Der damalige Besitzer zweier Modeläden in der Lauterer City kandidierte 1977 gegen den amtierenden Präsidenten Willi Müller für das Amt des FCK-Präsidenten und gewann knapp. 1981 gab er das Amt ab, nachdem er in Sachen Stadionausbau Akzente gesetzt und Karl-Heinz Feldkamp als Nachfolger von Erich Ribbeck verpflichtet hatte. Als dem 1. FCK 1985 das Wasser bis zum Hals stand, ließ er sich erneut in die Pflicht nehmen, trat aber 1988 frustriert zurück. Von 1988 bis 1989 war er Manager bei Eintracht Frankfurt. Nach dem Abstieg 1996 stellte sich Friedrich erneut zur Verfügung und wurde in den neu installierten Aufsichtsrat gewählt, wo er wegen des Rotationsprinzips bis Herbst 1997 Vorsitzender war. Mit dem Lockruf „Bei uns darfst du wieder Otto sein" gelang es ihm, 1996 Otto Rehhagel als Nachfolger für Eckhart Krautzun auf den Betzenberg zu holen und die Voraussetzung für einen erneuten Höhenflug des 1. FCK zu schaffen. Es war aber gleichzeitig auch der Anfang vom Ende erfolgreicher Jahre, weil Friedrich und seine Mitstreiter dem Trainer nahezu blind vertrauten und nicht sahen, dass der 1. FCK dabei war, sich zu übernehmen. Mit dem Ende der Präsidentschaft Hubert Keßlers und der Schaffung neuer Vereinsstrukturen avancierte Friedrich im Dezember 1998 zum Vorstandsvorsitzenden, der aber nicht drumherum kam, Rehhagel im Herbst 2000 nach anhaltenden Misserfolgen und einer um sich greifenden Missstimmung unter den Fans zu entlassen. Mit der Verpflichtung von Team-Manager Andreas Brehme gelang Friedrich danach ein zunächst erfolgreicher Coup. Es folgte die Entscheidung, sich als Austragungsort für die WM 2006 zu bewerben. Als nach dem peinlichen Auftritt des Aufsichtsratsvorsitzenden Dr.

Robert Wieschemann beim DSF-Stammtisch die Missstände beim 1. FCK nach und nach auf den Tisch kamen, geriet das Vereinsgefüge ins Wanken und der Vorstandsvorsitzende in die Kritik. So machte das Duo Friedrich/ Brehme dem Schweizer Sanierer René C. Jäggi und Trainer Erik Gerets Platz. In der Folge stand Friedrich nicht nur gemeinsam mit Wieschemann und Gerhard Herzog, dem weiteren Vorstandsmitglied, in der Kritik, sondern sah sich in der Stadt und in seinem Privatleben einem Spießrutenlauf ausgesetzt und geriet durch das konsequente Handeln der neuen Vereinsführung in die Mühlen der Justiz und wurde zur Verantwortung gezogen. Gemessen an dem, was Friedrich in seinen vier Abschnitten als Spieler, Präsident und Vorstandsvorsitzender beim 1. FCK bewegt hat, kam er in der Gesamtbetrachtung trotz der katastrophalen Zustände, die nach seinem Abgang zum Vorschein kamen, zu schlecht weg. Der 1. FCK wäre ohne die Initiativen Friedrichs in seinen ersten beiden Perioden als Präsident kaum so lange wettbewerbsfähig gewesen. Dass die Fans aber nur die negativen Dinge sehen wollten und keinen Blick für Friedrichs Verdienste übrig hatten, war auch verständlich, stand doch der 1. FCK fast vor dem wirtschaftlichen Ruin und dem damit verbundenen Aus im Profifußball. Insgesamt war Friedrich 187 Mal für den 1. FCK am Ball und erzielte 30 Tore.

**Fromlowitz, Florian** (2.7.1986):
Der Torhüter, der in der Rückrunde 2005/06 auf Grund der Verletzung von Jürgen Macho zum Stammtorhüter wurde, ist ein waschechter FCKler, spielt er doch schon seit 1992 im Dress der Roten Teufel. Nach zwölf Bundesligaspielen musste er auf Geheiß seines Trainers Wolfgang Wolf wieder ins zweite Glied rücken, als Macho zu Beginn der Zweitligasaison 2006/07 wieder einsatzfähig war. Mit dem Amtsantritt von Trainer Kjetil Rekdal schlug im August 2007 Fromlowitz' Stunde.

**Frosch, Walter** (19.12.1950):
Zwischen 1974 und 1976 bestritt der gelernte Schornsteinfeger, der zuvor bei Arminia Rheingönheim aktiv war, für den 1. FCK 50 Spiele und schoss vier Tore. Der zuweilen ruppige Abwehrspieler wechselte anschließend zum FC St. Pauli und 1982 weiter zu Altona 93, wo er die Aufstiege aus der Hammoniastaffel über die Landesliga bis in die Oberliga Nord mitmachte. Später führte er mehrere Gasthäuser und Kneipen und ist immer noch bei Gastspielen des 1. FCK in Hamburg Anlaufstelle für viele Fans aus der Pfalz.

**Fuchs, Fritz** (18.10.1943):
Er kam 1969 vom SV Alsenborn, mit dem er zuvor nur knapp den Aufstieg in die Bundesliga verpasst hatte, zum 1. FC Kaiserslautern und erzielte in 202 Spielen zwölf Tore. 1975 ging er als Spielertrainer zum Oberligisten Hassia Bingen und trainierte danach 1983/84 den SC Freiburg und 1984/85 Kickers Offenbach sowie danach den FC Homburg, den er 1986 in die Bundesliga führte. Es folgten Arminia Bielefeld von 1986 bis 1988, der 1. FC Saarbrücken 1993/94 sowie RW Essen 1999. Zum 1. FC Saarbrücken zog es ihn auch später wieder, wo er erst die Amateure trainierte, zeitweilig Übergangstrainer bei den Profis war und die Marketingabteilung verstärkte.

**Fuchs, Uwe** (23.7.1966):
Der typische Wandervogel spielte schon als Jugendlicher beim 1. FCK und kam 1993 nach längerer Wanderschaft vom 1. FC Köln auf den Betzenberg. Doch nach einer Spielzeit war sein Gastspiel im Team von Trainer Friedel Rausch bereits beendet, weil die Konkurrenz groß und vor allem stark war. Bevor Fuchs von 1984 bis 1986 beim FC Homburg spielte, war er für den FSV Salmrohr, ESC West Kaiserslautern, den 1. FCK, VfB Stuttgart und den FK Pirmasens am Ball gewesen. 1986/87 folgte die Station Stuttgarter Kickers, danach spielte er von 1987 bis 1989 für Fortuna Köln und 1989/90 für Fortuna Düsseldorf, bevor er für drei Jahre zum 1. FC Köln wechselte. 1994/95 spielte er erneut für Fortuna Köln sowie von 1996 bis 1998 bei Arminia Bielefeld. Fuchs spielte auch in England in der Premier League beim FC Middlesbrough, wo er einer der Kult-Spieler wurde und danach beim damaligen Süd-Londoner Zweitdivisionär FC Millwall. Als Trainer war er 2000/01 bei Fortuna Düsseldorf sowie 2001 kurzzeitig bei Fortuna Köln. Es folgte 2002/03 LR Ahlen, bevor Fuchs 2004 beim Regionalligisten Wuppertaler

SV Borussia anheuerte, wo er in der Rückrunde der Saison 2006/07 entlassen wurde.

**Funkel, Friedhelm** (10.12.1953):
Trainer Karl-Heinz Feldkamp holte ihn 1980 von Bayer Uerdingen. In 90 Spielen schoss er 34 Tore. Er folgte Karl-Heinz Feldkamp und ging nach drei Jahren Betzenberg wieder zurück in die Krefelder Grotenburg, wo Feldkamp die Bayer-Elf mit beiden Funkels zum Pokalsieg führte. Von 1991 bis 1996 arbeitete er bei Bayer Uerdingen (ab 1995/96: KFC Uerdingen) erfolgreich als Trainer. Anschließend trainierte er von 1996 bis 2000 den MSV Duisburg, von 2000 bis 2001 Hansa Rostock und von 2002 bis 2003 den 1. FC Köln. Im Juli 2004 wurde er Coach von Eintracht Frankfurt, die er in die Bundesliga zurück und in das DFB-Pokalfinale führte und die er nach Jahren des Auf und Ab wieder in der Bundesliga etablierte.

**Funkel, Wolfgang** (10.8.1958):
Der zweifache Nationalspieler kam 1991 nach dem Gewinn der Deutschen Meisterschaft auf den Betzenberg, weil Karl-Heinz Feldkamp nach dem verletzungsbedingten Ausfall von Reinhard Stumpf die Abwehr stabilisieren wollte. Nach einem Kreuzbandriss während der Saison 1994/95 verlängerte der 1. FCK den Vertrag mit dem zuverlässigen Spieler frühzeitig. Das änderte jedoch nichts daran, dass Funkels Karriere beendet war. Als Spieler war er zuvor für den VfR Neuss, Viktoria Goch, RW Oberhausen und Bayer 05 Uerdingen am Ball. 1988 war er Mitglied der Olympiamannschaft in Seoul, die die Bronzemedaille gewann, außerdem wurde er 1985 mit Uerdingen Pokalsieger durch ein 2:1 gegen Bayern München. Als Trainer arbeitete er beim VfR Neuss sowie als Co-Trainer bei RW Oberhausen und Hansa Rostock, ehe er im November 2005 beim 1. FCK Co-Trainer von Wolfgang Wolf wurde. Nach dessen Entlassung im April 2007 betreute er die Mannschaft verantwortlich bis zum Saisonende 2006/07.

**Gaebler, Andreas** (17.4.1984):
Der Abwehrspieler kam 1999 zu den 1. FCK Amateuren und erhielt 2006 einen Profivertrag. Seine vorherigen Stationen waren von 1991 bis 1995 der SV Edenkoben und 1995 bis 1999 der FSV Offenbach.

**Gawletta, Walter** (14.10.1935):
Er spielte von 1961 bis 1964 beim 1. FCK und schoss in 54 Spielen acht Tore.

**Geisert, Otto** (18.11.1939):
Er kam 1965 vom Karlsruher SC zum 1. FCK, spielte bis 1970 166 Mal für die Pfälzer und schoss 22 Tore. Später war er noch für den belgischen SC Charleroi und den FC Homburg am Ball und trainierte unterklassige Verein wie den FV Kusel, SV Martinshöhe und den SV Alsenborn.

**Gerets, Erik** (18.5.1954):
Als René C. Jäggi ihn im September 2002 als Nachfolger von Andreas Brehme präsentierte, war er der erste belgische Trainer in der Bundesliga. Mit ihm wollte der Schweizer Sanierer den 1. FCK mittelfristig zu neuen internationalen Ehren führen. Dementsprechend genoss Gerets sehr viel Vertrauen im Umfeld des Vereins und trotz zunächst fast permanenter Misserfolge hielten auch die Fans zu ihm. Sein gutes Image als Sportsmann hatte er u.a. einer Aktion beim UEFA-Cup-Spiel seines ehemaligen Clubs PSV Eindhoven gegen den 1. FCK zu verdanken, als er beherzt aufgebrachten PSV-Fans entgegentrat und eine zu eskalieren drohende Situation beruhigte. Als Spieler war Gerets bei Standard Lüttich von 1972 bis 1983, AC Mailand in der Spielzeit 1983/84, MVV Maastricht 1984/85 sowie bei PSV Eindhoven von 1985 bis 1992 aktiv. Er absolvierte 86 Länderspiele, nahm an drei WM teil und stand 1980 mit Belgien gegen Deutschland (1:2) im Endspiel um die EM in Italien. 1988 wurde er mit PSV Eindhoven Europapokalsieger der Landesmeister, war zwei Mal belgischer Meister und ein Mal Pokalsieger mit Standard Lüttich sowie sechs Mal holländischer Meister und drei Mal Pokalsieger mit dem PSV. Als Trainer arbeitete Gerets vor seiner Zeit beim 1. FCK von 1992 bis 1994 beim FC Lüttich, von 1994 bis 1997 bei Lierse SK, von 1997 bis 1999 beim FC Brügge und danach bei PSV Eindhoven. Dabei gelangen ihm zwei belgische Meistertitel mit Lierse und Brügge sowie zwei Meis-

tertitel und ein Pokalsieg mit dem PSV. Am 2.2.2004 wurde Gerets in Kaiserslautern entlassen, nachdem es ihm nicht gelungen war, aus den von ihm selbst neu verpflichteten Spielern eine Einheit zu formen. Am 4.4.2004 heuerte er beim VfL Wolfsburg an, doch auch hier ging die vom Verein aufgemachte Rechnung nicht auf. Obwohl der VfL in der Hinrunde die Tabelle anführte, ließ die Mannschaft Nerven erkennen und dem Trainer gelang es nicht, die Situation so zu beruhigen, dass man sich zumindest in der Spitzengruppe halten konnte. Am Ende der Spielzeit 2004/05 verabschiedete sich Gerets zu Galatasaray Istanbul und führte die Mannschaft in die Champions League. Am Ende der Saison 2006/07 wurde sein Vertrag nicht mehr verlängert. Im September wurde er vom französischen Champions-League-Teilnehmer Olympique Marseille verpflichtet.

**Geye, Reiner** (22.11.1949, † 8.8.2002):

Er spielte für Eintracht Duisburg und Fortuna Düsseldorf, ehe er 1977 zum 1. FCK kam. Seine vier Länderspiele bestritt er für Fortuna. Für den 1. FCK war er in 345 Spielen am Ball, den er 61 Mal ins gegnerische Netz beförderte. 1986 beendete er seine Karriere und wurde 1988 Vize-Präsident des 1. FCK. Zuständig für den sportlichen Geschäftsbereich, tauschte der Wahl-Pfälzer 1994 das Ehrenamt des Vize-Präsidenten mit dem hauptamtlichen Engagement als Sportlicher Direktor (Manager). Obwohl er nicht unbedingt ihr Liebling war, respektierten ihn die Fans, weil er durch seine kluge Transferpolitik maßgeblich zum Höhenflug der Lauterer Anfang der 90er Jahre beigetragen hatte. 1995 ritt ihn jedoch der Teufel, als er Kuntz, Haber und Sforza ziehen ließ und gegen vielfachen Rat Masse statt Klasse verpflichtete. Im Frühjahr 1996, kurz nach der Entlassung von Trainer Friedel Rausch, musste auch Geye gehen.

**Göbel, Erwin** (23.9.1959):
Der Diplom-Kaufmann, der im Juni 1997 als Leiter des Controlling zum 1. FCK kam und im Oktober 2002 Mitglied des Vorstandes wurde, fungiert nach dem Ende des Engagements von René C. Jäggi seit August 2006 als Vorstandsvorsitzender und verkörpert eine regionale, hausgemachte Lösung in schwierigen Zeiten. Der Wechsel dokumentiert aber auch eine Umorientierung, die beim 1. FCK insgesamt im Gang ist: Die Besinnung auf die eigenen, im Umfeld vorhandenen Kapazitäten – sowohl in der Administration als auch auf dem Spielfeld.

**Göktan, Berkant** (12.12.1980):
Der Angreifer, der 2005 von Besiktas Istanbul zum 1. FCK kam, war eine Fehlverpflichtung, denn der Türke konnte sich nicht durchsetzen und war nur ein Mitläufer. Schon die lange Liste der Vereine des noch jungen Spielers hätte Warnung genug sein müssen: 1987/88 bei der SpVgg. Helios München, folgten zehn Jahre bei Bayern München und im Anschluss Engagements bei Borussia Mönchengladbach (1999), Arminia Bielefeld (1999/2000), wieder Bayern München (2001/02) sowie Galatasaray (2001 bis 2004) und Besiktas Istanbul (2004/05). In der Spielzeit 2006/07 war Göktan bei 1860 München II am Ball und kam auch in der 2. Bundesliga zum Einsatz, wo er sich im Laufe der Saison durchsetzte.

**Goldbaek, Bjarne** (6.10.1968):
Der dänische Nationalspieler, der zuvor bei IF Naestved gespielt hatte, kam während der Saison 1989/90 als Noteinkauf von Schalke 04 zum 1. FCK, wurde 1990 Pokalsieger und 1991 Deutscher Meister. Geniale Phasen wechselten bei dem Blondschopf mit mageren Vorstellungen. 1993 fiel er der Verpflichtung von Ciriaco Sforza zum Opfer. Der vierte Ausländer wechselte 1994 zu Tennis Borussia Berlin, stieg in die Regionalliga ab und heuerte beim 1. FC Köln an, wo er wiederum dem Überangebot an ausländischen Spielern zum Opfer fiel. Spielte danach von 1996 bis 1998 für den FC Kopenhagen, von wo ihn Trainer Ruud Gullit zum FC Chelsea holte, wo er bis 2000 am Ball war. Danach spielte er noch bis 2003 für den FC Fulham und von 2003 bis 2005 bei RW Essen, mit dem er auf-, aber auch gleich wieder abstieg. Für den 1. FCK absolvierte Goldbaek 95 Spiele und erzielte zwölf Tore.

**Grammozis, Dimitrios** (8.7.1978):
Der Grieche spielte von 1994 bis 1998 bei Bayer Uerdingen und von 1998 bis 2000 beim Hamburger SV, ehe er zum 1. FCK wechselte. Seine Leistungen schwankten auf einer Skala zwischen zuverlässig und leichtsinnig, hinzu kamen Verletzungen, die sein Fortkommen behinderten. Am Ende der Saison 2004/05 stand der Wechsel zum 1. FC Köln, der ihn nach nur einer Spielzeit an RW Essen abgab.

**Groh, Jürgen** (17.7.1956):
Er kam 1976 vom VfR Bürstadt zum 1. FCK und wechselte 1980 zum Hamburger SV. Jeweils ein Länderspiel für den 1. FCK und den HSV stehen für ihn zu Buche. Mit dem HSV wurde er 1983 Europapokalsieger der Landesmeister. Über den türkischen Erstligisten Trabzonspor kehrte Groh 1986 zum 1. FCK zurück und wurde zum Leistungsträger in einer Zeit, in der mehrmals der Abstieg drohte. Insgesamt spielte er 225 Mal für den 1. FCK und schoss drei Tore. Groh war außerdem für Starkenburgia Heppenheim und den SV Edenkoben am Ball und kehrte nach seiner aktiven Fußballerzeit in seinen Beruf als Postbediensteter zurück.

**Haber, Marco** (21.9.1971):
Er kam 1985 als Jugendspieler vom VfR Frankenthal zum 1. FCK. Nach einer überragenden Saison 1990/91 stürzte der Schwarm der Teenager in den darauffolgenden Spielzeiten kontinuierlich ab und sah sich zudem seiner Rolle durch die Verpflichtung Ciriaco Sforzas beraubt. Mitunter fehlte ihm auch das Vertrauen der Trainer und vor allem die Geduld der Zuschauer, die mit ihm besonders kritisch waren. Als er 1995 frühzeitig seinen Wechsel zum VfB Stuttgart klarmachte, ging es mit ihm wieder aufwärts. Bei den Schwaben schaffte er es aber auch nie zum unumstrittenen Stammspieler. Wurde 23 Mal in die U21 berufen und klopfte kurzzeitig auch an die Tür zur Nationalmannschaft. Seit 2002 spielt Haber für zyprische Vereine, war mit Omonia Nikosia und Anorthosis Famagusta Meister und spielte für Nea Salamina Famagusta. Seit 2007 ist Haber für den Süd-Regionalligisten FSV Oggersheim am Ball.

**Hajnal, Tamás** (15.3.1981):
Der ungarische Nationalspieler kam 2006 vom belgischen Erstdivisionär VV Saint Truiden zum 1. FCK und übernahm sofort eine Führungsrolle in der neu formierten Mannschaft. Zuvor hatte er in Ungarn von 1985 bis 1990 für Zoltek SE Nyergesujfalu und danach für Ferencvaros Budapest, FC Vac und Schalke 04 gespielt. Am Ende der Saison 2006/07 wechselte Hajnal für die Ablösesumme von 450.000 € zum Bundesliga-Aufsteiger Karlsruher SC.

**Halfar, Daniel** (7.1.1988):
Der Schüler am Kaiserslauterer Heinrich-Heine-Sportgymnasium wechselte mit zehn Jahren 1998 vom MFC Phönix Mannheim 02 zum 1. FCK in dessen E-Jugend. Über die Juniorenmannschaften schaffte er in der Saison 2005/06, als die Not am größten war und junge, unbekümmerte Kräfte gebraucht wurden, den Sprung zu den Profis und debütierte im Dezember 2005 gegen Bayern München. Halfar kam, schnappte sich den Ball und bewies Spielwitz und Torhunger. In der Spielzeit 2006/07 erlebte der Spieler die Grenzen des plötzlichen Ruhms, als – auch durch Verletzungen – erste Einbrüche zu beklagen waren und er sich zusätzlich gegen die neu verpflichteten Kollegen behaupten musste. Im Juli 2007 wurde Halfar aus disziplinarischen Gründen zum 1. FCK II versetzt. Zu Beginn der Saison verpflichtete ihn der Bundesligist Arminia Bielefeld.

**Hansen, Ebsen** (10.8.1981)
Mit einem Teil des Erlöses aus dem Verkauf von Daniel Halfar wurde der dänische Nationalspieler Ende August 2007 von Odense BK verpflichtet.

**Hartmann, Frank** (27.9.1960):
Er kam 1986 von Schalke 04 und spielte 107 Mal für den 1. FCK, dabei schoss er 31 Tore. Gleich fünf gelangen ihm beim ersten Aufeinandertreffen mit seinem alten Verein beim 5:1-Sieg des 1. FCK. Zum Abschluss seiner Karriere spielte er beim damaligen Bundesligisten Wattenscheid 09. Seine erste Profistation war der 1. FC Köln. Als Trainer wirkte er bei der SpVgg. Wirges, Wattenscheid 09, FV Engers, TuS Montabaur, SG Alfbachtal und SG Müde-Moselkern.

**Hasebrink, Heinz-Dieter** (28.8.1941):
Der Freistoßspezialist kam 1967 von RW Essen auf den Betzenberg und erzielte in 74 Spielen 20 Tore. 1969 wechselte er zu Werder Bremen und spielte danach noch für TuS Vahr und Atlas Delmenhorst und trainierte den SV Hemelingen, Atlas Delmenhorst und den FC Oberneuland.

**Hellström, Ronnie** (21.2.1949):

Der 77-fache schwedische Nationalspieler wurde vor der WM 1974, bei der er glänzende Leistungen zeigte, vom 1. FCK verpflichtet. Hier stand er 311 Mal im Tor, bevor er sich 1984 wieder nach Schweden verabschiedete. Er nahm auch 1970 und 1978 an der WM teil. Bis heute blieb Hellström der beliebteste aller Ausländer, die je beim 1. FCK gespielt haben. Er ist stets ein gern gesehener Gast auf dem Betzenberg, ob als Kommentator eines schwedischen Fernsehsenders oder als Privatier. Sein Sohn Erland ist in seine Fußstapfen getreten und spielte zuletzt 2005/06 mit Assyriska FF in der 1. schwedischen Liga.

**Hengen, Thomas** (22.9.1974):
Der Mittelfeldspieler kam 1989 von Phönix Bellheim zu den A-Junioren des 1. FCK. Zuvor hatte er für den FC Rülzheim gespielt. Erste Bundesligaeinsätze hatte er in der Saison 1993/94, wo er zum Shooting-Star avancierte und mit dem Dortmunder Lars Ricken verglichen wurde. Reiner Geye band ihn frühzeitig an den 1. FCK. Als Trainer Friedel Rausch ihn nicht mehr regelmäßig berücksichtigte, unterschrieb Hengen im Frühjahr 1996 noch vor dem Abstieg des 1. FCK einen Vertrag beim Karlsruher SC. Hengen wechselte nach Nordbaden, gewann aber mit dem 1. FCK das Pokalfinale gegen seinen künftigen Club mit 1:0. Nach dem Abstieg des KSC 1998 ging Hengen zu Borussia Dortmund, doch der ganz große Durchbruch blieb ihm versagt. Nach einem Zwischenstopp bei Besiktas Istanbul verpflichtete ihn 1999 der VfL Wolfsburg, von wo er 2001 wieder zurück ging zum 1. FCK. In der Spielzeit 2003/04 wurde er aus nicht nachvollziehbaren Gründen suspendiert und wechselte am Ende der Saison zu Alemannia Aachen, wo er aber auf Grund einer Hüftgelenksarthrose den Anschluss nicht mehr schaffte, am Ende der Saison 2005/06 seine aktive Karriere beendete und Jugendkoordinator auf dem Tivoli wurde, wo er zuletzt als Trainer der Alemania II wirkte.

**Henke, Michael** (27.4.1957):
Der ewige Co-Trainer, der insgesamt zehn Jahre Ottmar Hitzfeld assistiert hatte, trat im Juli 2005 mit großen Vorschusslorbeeren und hohen Erwartungen das Traineramt auf dem Betzenberg an und wurde nach einem katastrophalen Fehlstart seiner Mannschaft, der er kein Profil verleihen und kein System verordnen konnte, schon im November 2005 wieder entlassen. Aktiv spielte Henke von 1964 bis 1975 beim SV 21 Büren, von 1975 bis 1978 beim 1. FC Paderborn, von 1980 bis 1983 bei Wattenscheid 09, von 1983 bis 1986 bei TuS Paderborn Neuhaus sowie von 1986 bis 1988 beim FC Gütersloh, wo er anschließend ein Jahr als Trainer arbeitete. Danach war er Co-Trainer bei Borussia Dortmund unter Horst Köppel (1989 bis 1991), Ottmar Hitzfeld (1991 bis 1997) und Nevio Scala (1997/98) und danach erneut unter Hitzfeld bei Bayern München von 1998 bis 2004. Nach dem Lauterer Irrtum wurde er 2006 Cheftrainer beim 1. FC Saarbrücken, wo er erneut nach schwachem Saisonstart im Oktober 2006 entlassen wurde, aber als Sportdirektor bleiben konnte. Am 31. Januar 2007 beendete er seine Tätigkeit im Saarland und rückte als Co-Trainer wieder an die Seite von Ottmar Hitzfeld bei Bayern München.

**Henn, Matthias** (28.4.1985):
Der Abwehrspieler, der 2002 vom Klose-Club SG Blaubach-Diedelkopf zu den 1. FCK Amateuren kam, erhielt zur Saison 2006/07 einen Profivertrag. Von 1991 bis 1997 spielte er für die JSG Unnertal Berschweiler. Zur Saison 2007/08 wechselte Henn zum Zweitliga-Absteiger Eintracht Braunschweig.

**Hertzsch, Ingo** (22.7.1977):
Der zweifache Nationalspieler kam 2004 von Eintracht Frankfurt auf den Betzenberg, um die

Abwehr des 1. FCK zu stabilisieren. Am Ende stand 2006 der Abstieg in die 2. Bundesliga und des Spielers Wechsel zum FC Augsburg. Hervorgegangen aus dem Callenberger SV spielte Herztsch anschließend für Motor Hohenstein-Ernstthal, den Chemnitzer FC, den Hamburger SV und Bayer Leverkusen, ehe er an den Main wechselte.

**Hölz, Willi** (16.4.1929):
Er hütete von 1947 bis 1961 290 Mal das Tor des 1. FCK, mit dem er 1953 Deutscher Meister wurde. Er stand auch bei den verlorenen Endspielen 1948, 1954 und 1955 im Tor der Pfälzer. Gekommen war der Torhüter vom VfR Frankenthal. Später wechselte er zum SV Alsenborn.

**Hoffmann, Guido** (20.12.1965):
Er wurde 1990 vom FC Homburg verpflichtet, bei dem der ehemalige Mönchengladbacher den Durchbruch in der Bundesliga geschafft hatte. In der Meisterschaftssaison 1990/91 wurde er Stammspieler, geriet aber nach dem Europapokalspiel beim FC Barcelona im Oktober 1991 aufs Abstellgleis, weil er eine hundertprozentige Chance vergeben hatte. Zu Beginn der Saison 1992/93 wurde er auf Drängen von Trainer Rainer Zobel an Bayer Leverkusen ausgeliehen, wo er Pokalsieger wurde. Später ließ er sich für den SV Wehen reamateurisieren und wechselte danach in die 2. Bundesliga zum VfB Leipzig, den er 1997 wieder verließ. Anschließend war er noch kurzzeitig für den SV Waldhof Mannheim am Ball.

**Hollerbach, Bernd** (8.12.1969):
Der gelernte Metzger und knorrige Abwehrspieler kam zur Saison 1995/96 zum 1. FCK und erlebte schwere Zeiten auf dem Betzenberg. Seine rustikale Spielweise brachte ihm in kurzer Zeit mehrere Platzverweise ein. Im Dezember 1995 beendete der Verein die Zusammenarbeit, und Hollerbach spielte ab Januar 1996 für den Hamburger SV, bei dem er 2004 seine Laufbahn beendete. In der Saison 2006/07 war er als Trainer des Regionalligisten VfB Lübeck tätig und wurde am 28 Februar 2007 wegen Erfolglosigkeit gefeuert. Beim VfL Wolfsburg ist er unter Felix Magath als Co-Trainer tätig.

**Hosic, Idriz** (7.1.1944):
Der mehrfache jugoslawische Nationalspieler aus Bosnien spielte von 1970 bis 1973 beim 1. FCK. Verletzungsbedingt kam er nur 93 Mal zum Einsatz und schoss dabei 40 Tore. Nach seiner Lauterer Zeit spielte er noch beim MSV Duisburg und ging dann zurück in seine Heimat. 1993 kam er auf Initiative von Jürgen Friedrich aus Bosnien, wo er mit seiner Frau interniert und auf Grund der „ethnischen Säuberungen“ in Ex-Jugoslawien vom Tod bedroht war, zurück nach Kaiserslautern, wo er zunächst die FCK-Portugiesen trainierte und danach als Trainer im Juniorenbereich des 1. FCK tätig wurde. 1968 gehörte Hosic zur jugoslawischen Nationalmannschaft, die im EM-Endspiel gegen Italien erst im Wiederholungsspiel unterlag.

**Hotic, Demir** (9.7.1962):

Er kam 1989 als Noteinkauf während der Saison vom VfB Stuttgart zum 1. FCK und wurde nach Karl-Heinz Feldkamps Verpflichtung als Trainer zu einem echten Leistungsträger, der großen Anteil am Gewinn der Deutschen Meisterschaft 1991 hatte. Groß geworden war der bosnische Fußballdeutsche bei Sloboda Bosanski Brod. In Deutschland spielte er zunächst für den PSV Borussia Düsseldorf, danach für Fortuna Düsseldorf und für Union Solingen. Zur Spielzeit 1988/89 kam dann der Wechsel zu den Stuttgarter Kickers. In der Saison 1992/93 eckte er mit Trainer Rainer Zobel an und musste nach einer harschen öffentlichen Kritik wenige Wochen vor dem Trainer gehen. Insgesamt kam Hotic zu 122 Einsätzen, in denen er 31 Tore erzielte. Nach seiner Zeit beim 1. FCK spielte er noch für Fenerbahce Istanbul, erneut für die Stuttgarter Kickers sowie den damaligen Schweizer Erstligisten Yverdon Sports. In der Saison 1997/98 trainierte er den Verbandsligisten Wormatia Worms mit großem Erfolg und führte später TuRu Düsseldorf von der Landesliga Niederrhein bis in die Oberliga. Hotic ist Mitglied der Traditionsmannschaft des 1. FCK und regelmäßig für diese am Ball.

**Hristov, Marian** (29.7.1973):

Der bulgarische Nationalspieler kam von Levski Sofia 1997 zum 1. FCK und verletzte sich gleich im ersten Bundesligaspiel in München schwer. Zuvor hatte er für Slavia Sofia gespielt. Erst gegen Ende der Hinrunde konnte er wieder spielen und schoss in seinen beiden ersten Spielen nach dem Fußbruch prompt zwei wichtige Tore. Sein größter Erfolg mit dem 1. FCK war der Gewinn der Deutschen Meisterschaft 1998. Bis zu seinem Wechsel 2004 zum VfL Wolfsburg war der hochgewachsene Spieler, den immer wieder schwere Verletzungen zurückwarfen, einer der Gestalter im Mittelfeld und zudem ein gefürchteter Kopfballtorschütze. Auch in der VW-Stadt blieb er von Verletzungen nicht verschont. Begonnen hatte er seine Karriere bei Balkan Botewgrad. Am Ende der Saison 2006/07 wurde sein Vertrag beim VfL Wolfsburg nicht mehr verlängert.

**Hrutka, Janos** (26.10.1974):
Er kam in der Winterpause 1997/98 von Ferencvaros Budapest und war neben seinem Landsmann Lajos Szücs die überflüssigste Verpflichtung, die Otto Rehhagel tätigte. In den internationalen Spielen war der Ungar – weil zu langsam – restlos überfordert und auch in der Bundesliga konnte er sich nie einen Stammplatz sichern, weil ihm zu viele Fehler unterliefen.

**Huber, Lothar** (5.5.1952):
Er war von 1970 bis 1974 beim 1. FCK, für den er 76 Mal spielte und sieben Tore erzielte. Anschließend wechselte er zu Borussia Dortmund, wo er maßgeblich am Wiederaufstieg in die Bundesliga beteiligt war und bis 1986 spielte. Nach seiner aktiven Zeit war er Co-Trainer bei der Borussia und Trainer der BVB Amateure sowie danach u.a. Coach beim SC Buer-Hassel.

**Jäggi, René C.** (17.12.1948):
Der Schweizer wurde Anfang September 2002 Generalbevollmächtigter beim 1. FCK und löste Jürgen Friedrich, der als Vorstandsvorsitzender zurückgetreten war, ab. Zwei Monate später wurde er zum Vorstandsvorsitzenden ernannt. Er führte den 1. FCK, der wirtschaftlich in Schieflage geraten war, durch eine schwierige und die Existenz bedrohende Zeit, indem er das bis dahin vereinseigene Fritz-Walter-Stadion verkaufte und den Angreifer Miroslav Klose mit dessen Einverständnis verpfändete und den Verein damit vor der drohenden Insolvenz rettete. Der frühere Vertriebschef von Adidas und Romika-Sanierer war von 1996 bis 2002 Präsident des FC Basel und hatte dort zusammen mit der Unternehmerin Gigi Oeri und Trainer Christian Gross die Weichen für die zuletzt so erfolgreiche Zeit des Vereins gestellt. In seine Zeit fiel der Umbau des St. Jakob-Stadions zu einer modernen Arena und der Einzug der Basler in die Champions League. Im November 2005 trat Jäggi von seinem Posten beim 1. FCK zurück, blieb aber auf Wunsch des Aufsichtsrates noch bis zum Ende der Saison 2005/06, die mit dem Abstieg endete, im Amt. Parallel zu seiner Aufgabe beim 1. FCK war er Geschäftsführer der OK-Außenstelle Kaiserslautern bei der WM 2006 und meisterte allerlei Schwierigkeiten während des Ausbaus des Fritz-Walter-Stadions zum WM-Stadion. Die Bewertungen seiner Tätigkeit beim 1. FCK fallen unterschiedlich aus. Werfen ihm die einen vor, er habe den Verein kaputt saniert und sei letztlich schuld am Abstieg 2006, ist die überwiegende Mehrheit der Meinung, ohne sein Engagement würde es den Verein im Profifußball nicht mehr geben, was der Realität sehr nahe kommen dürfte. Allerdings hatte Jäggi bei der Wahl seiner Trainer nicht immer ein glückliches Händchen. Zudem waren zu viele Mitläufer und Flops bei den Spielerverpflichtungen während seiner Amtszeit zu beklagen.

**Jancker, Carsten** (28.8.1974):
Der 33-fache deutsche Nationalspieler und Vize-Weltmeister 2002 kam zur Saison 2004/05 von Udinese Calcio aus der italienischen Serie A zum 1. FCK, konnte hier aber die in ihn gesetzten Erwartungen nicht erfüllen. Zudem hatte er es anfangs schwer, sich mit den Fans der Roten Teufel anzufreunden, denn zu seiner Zeit bei Bayern München war

er für diese auf Grund seines Verhaltens im Spiel eine Reizfigur. Seine ersten Schritte auf dem Fußballplatz tat er bei der SG Schwarze Pumpe Hoyerswerda, danach spielte er von 1981 bis 1986 bei der TSG Wismar und von 1986 bis 1991 bei Hansa Rostock, 1991 folgte der Wechsel zum 1. FC Köln, wo er bis 1995 blieb. Es folgte die Station Rapid Wien in der Spielzeit 1995/96, ehe Jancker mit den Bayern seine beste Zeit erlebte und vier Mal Deutscher Meister und Ligapokalsieger, zwei Mal Pokalsieger, Champions-League-Sieger sowie Weltpokalsieger wurde. 2002 kam dann der Wechsel nach Italien. Der 1. FCK trennte sich von dem oft verletzten Spieler im Sommer 2006. Danach spielte der gebürtige Grevesmühlener bei Shanghai Shenhua, doch auch hier hinderte ihn eine langwierige Beinverletzung an regelmäßigen Einsätzen. Im Oktober 2006 ging er zurück nach Europa und unterschrieb einen Vertrag beim österreichischen Erstligisten SV Mattersburg, wo er 2007 das Pokalfinale erreichte und hinter Meister Red Bull Salzburg und dem SV Ried Dritter in der Meisterschaft wurde.

**Jara, Kurt** (14.10.1950):
Der österreichische Trainer kam im Februar 2004 als Nachfolger von Erik Gerets zum 1. FCK und sicherte dem Club den Klassenverbleib. Als es auch in der darauf folgenden Saison gegen den Abstieg ging, geriet Jara in die Kritik. Auch bei Erfolgserlebnissen schaffte er es nicht, die Fans auf der Westtribüne hinter sich zu bringen und wurde bei Misserfolgen schnell zum Buhmann. Seine zuweilen weinerliche Art, die dem Gefühl entsprang, nicht genügend für seine Leistung gewürdigt zu werden, führte auch zu dem einen oder anderen Ausbruch, einmal – nach einer Pokalniederlage gegen Schalke 04 – gar zu einer Rücktrittsdrohung. Im April 2005 hatte der Vorstand des 1. FCK genug und entließ Jara, der nicht lange ohne Job blieb und in der Spielzeit 2005/06 Trainer von Red Bull Salzburg wurde. Hier wurde er am Ende der Saison von Giovanni Trapattoni und Lothar Matthäus als Trainergespann abgelöst. Als Spieler nahm Jara an den Weltmeisterschaften 1978 und 1982 teil und spielte von 1969 bis 1973 für den FC Wacker Tirol, von 1973 bis 1975 für den FC Valencia, von 1975 bis 1980 für den MSV Duisburg und in der Saison 1980/81 für Schalke 04. Es folgte die Station Grasshopper Zürich, wo er von 1986 bis 1988 auch als Trainer tätig war. Danach war er Coach des FC St. Gallen von 1988 bis 1991 und des FC Zürich von 1991 bis 1994. Es folgten im Spieljahr 1994/95 der VfB Mödling und danach AO Xanthi in Griechenland sowie Apoel Nikosia auf Zypern. Von 1999 bis 2001 trainierte er den FC Wacker Tirol, mit dem er österreichischer Meister wurde, der jedoch tragischerweise die Lizenz entzogen bekam. Im Oktober 2001 heuerte Jara beim Hamburger SV an, wo er im Oktober 2003 entlassen und von Klaus Toppmöller abgelöst wurde.

**Jendrisek, Erik** (26.10.1986):
Der slowakische Angreifer kam zur Spielzeit 2007/08 zum 1. FCK. Bis 2006 spielte er bei MFK Ruzombek, mit dem er slowakischer Meister und Pokalsieger wurde. Von dort wechselte er zu Hannover 96, wo er sich jedoch in der Saison 2006/07 nicht durchsetzen konnte.

**Jesus Junior, Carlos de** (10.10.1977):
Der damalige Sportmanager des 1. FCK, Hans-Peter Briegel hatte den Brasilianer in Belgien gesehen und in die Pfalz geholt. Hier bot er in der Saison 1998/99 nach der Meisterschaft einige überragende Spiele, tauchte dann aber unter und wechselte 2000 zum 1. FC Nürnberg, für den er bis 2003 spielte. Danach folgte eine Spielzeit beim FC Kärnten Austria in Klagenfurt, ehe er in der Saison 2004/05 für Wacker Burghausen am Ball war.

**Kadlec, Miroslav** (22.6.1964):

Während der WM 1990 in Italien verpflichtet, wurde der umsichtige Libero, der vorher bei TJ Vitkovice und Roter Stern Cheb gespielt hatte, zu einer Säule der Meistermannschaft des 1. FCK von 1990/91. Er blieb auch nach dem Abstieg 1996 beim 1. FCK und half diesem, wieder nach oben zu kommen. Eigentlich eher gegen seinen Willen unterschrieb er danach für ein weiteres Jahr, bevor er mit Abschluss der Saison 1997/98 und dem Gewinn der Deutschen Meisterschaft der Pfalz den Rücken kehrte und seiner Familie nach Tschechien folgte. Hier war er für FK Petra Drnovice und den 1. FC Brünn am Ball und förderte die Karriere seines Sohnes, der bei Sparta Prag spielt. 2002 wurde er Sportmanager in Brünn. 1996 war Kadlec Mitglied der tschechischen Nationalmannschaft, die Deutschland im EM-Finale in London mit 1:2 nach Verlängerung unterlag.

**Kapitulski, Helmut** (29.9.1934):
Er kam 1964 vom FK Pirmasens und war 1956 und 1957 mit Borussia Dortmund Deutscher Meister. Der Mittelfeldregisseur mit der linken Klebe spielte bis 1968 105 Mal für den 1. FCK und schoss 24 Tore.

**Karadas, Azar** (9.8.1981):
Den Norweger lieh der 1. FCK zu Beginn der Saison 2006/07 von Benfica Lissabon aus, das ihn bereits im vorangegangenen Spieljahr an den englischen Premier League-Club FC Portsmouth ausgeliehen hatte. Begonnen hatte der Angreifer seine Karriere bei SK Brann, wo er von 1999 bis 2001 spielte. Es folgte der Wechsel zum norwegischen Abonnementsmeister Rosenborg Trondheim, wo er 2002 und 2003 Meister und 2003 Pokalsieger wurde. Von hier lockte ihn der damalige Benfica-Trainer Giovanni Trapattoni nach Lissabon, wo er Portugiesischer Meister wurde. Auf dem Betzenberg konnte er die in ihn gesetzten Erwartungen im Angriff nicht erfüllen und war nach der ersten Halbserie lediglich noch ein Kandidat für eine Funktion im Abwehrbereich. Bereits vor Ablauf der Saison 2006/07 kehrte Karadas in seine norwegische Heimat zurück.

**Kentschke, Gerhard** (18.9.1942):
Er kam 1966 vom Karlsruher SC auf den Betzenberg und erzielte in 130 Spielen 26 Tore. Zuvor hatte er für Blau-Weiß Langenbochum gespielt. 1970 wechselte er zum MSV Duisburg und von dort zu Bayer Leverkusen, wo er anschließend im Trainerstab tätig war und den Gewinn des UEFA-Pokals 1988 gegen Espanyol Barcelona mitfeiern durfte.

**Keßler, Hubert** (13.10.1934):
Der Pirmasenser Unternehmer übernahm das Präsidentenamt beim 1. FCK 1996 nach dem Abstieg in der schwierigen Zeit nach der Ära Thines. Gemeinsam mit dem Aufsichtsrat um Jürgen Friedrich und Dr. Robert Wieschemann erlebte Keßler erfolgreiche und turbulente Zeiten mit dem direkten Wiederaufstieg 1997 und dem sensationellen Gewinn der Deutschen Meisterschaft ein Jahr später. 1998 tauschte er mit Friedrich, der Vorstandsvorsitzender wurde, den Platz und rückte in den Aufsichtsrat, zeitweise als Vorsitzender. Als es nach dem Auftritt Wieschemanns beim DSF-Stammtisch zur Offenlage der Situation beim 1. FCK kam, war es mit den Männerfreundschaften vorbei. Keßlers guten beruflichen Kontakten zum Hauptsponsor des 1. FCK war es zu verdanken, dass dieser auch in stürmischen und gar nicht werbeträchtigen Zeiten dem Verein die Stange hielt und ihn nicht fallen ließ.

**Kiefaber, Roland** (19.9.1942):
Er kam vom Vorortverein SV Phönix Otterbach 1962 zum 1. FCK. Bis 1969 kam er 112 Mal zum Einsatz und schoss ein Tor.

**Klimaschefski, Uwe** (11.12.1938):

Über Bremerhaven 93, Bayer Leverkusen und Hertha BSC Berlin kam das krummbeinige Raubein 1965 zum 1. FCK und schoss in 109 Spielen fünf Tore. 1969 verließ er den 1. FCK und wurde in der Saison 1970/71 erstmals Trainer des FC Homburg, den er auch von 1972 bis 1974 und nach einem kurzen Intermezzo bei Mainz 05 von 1974 bis 1980 in dessen erfolgreichster Zeit vor dem Aufstieg in die Bundesliga betreute. Im Juli 1987 kam er erneut nach Homburg zurück, doch sein Gastspiel dauerte nur drei Monate, was ihn jedoch nicht davon abhielt, den FCH von Januar 1993 bis März 1994 ein fünftes Mal zu betreuen. Weitere Trainerstationen waren Hapoel Haifa, Hertha BSC Berlin, 1. FC Saarbrücken, FC St. Gallen, 1860 München und Blau-Weiß 90 Berlin.

**Klose, Miroslav** (9.6.1978):
Der Nationalspieler, der auf den Wunschzetteln vieler internationaler Spitzenklubs steht, wuchs in den Juniorenmannschaften der SG Blaubach-Diedelkopf, einem Dorf in der Nähe von Kusel heran, von wo er 1998 zum damaligen Regionalligisten FC Homburg wechselte. Nach einer Spielzeit ging er zum 1. FCK, wo er zunächst bei den Amateuren zum Einsatz kam und nur wenige ahnten, welches Juwel da auf dem Nebenplatz vier heranwuchs. Erst gegen Ende der Saison 1999/2000 bekam er einen Profivertrag und durfte bei Otto Rehhagel sein erstes Spiel machen. Der im polnischen Oppeln geborene Sohn von Josef Klose, einem ehemaligen Fußballprofi des AJ Auxerre, und Barbara Klose, einer ehemaligen polnischen Handballnationalspielerin, musste nicht lange auf eine Berufung in die deutsche Nationalmannschaft warten. 2001 war es soweit, und Klose sah sich in seiner Entscheidung bestätigt, dem polnischen Verband zuvor einen Korb gegeben zu haben. Beim 1. FCK war er bald der umjubelte Torjäger, der es liebte, nach besonders schönen und entscheidenden Treffern einige Salti zu schlagen. Als dem 1. FCK das Wasser bis zum Hals stand, erklärte sich der WM-Teilnehmer und Vizeweltmeister 2002 bereit, für fünf Millionen Euro am Ende der Saison 2003/04 den Verein zu verlassen. So landete er 2004 bei Werder Bremen, wo die Fans zunächst skeptisch waren, ob er den abgewanderten Ailton würde ersetzen können. Doch Klose erwies sich als günstiger Glücksgriff, wurde 2005/06 bester Torschütze der Bundesliga und half Werder, zum Dauerteilnehmer an der Champions League zu werden. Seinen internationalen Höhepunkt erlebte er bei der WM 2006 in Deutschland, als er entscheidend dazu beitrug, dass Deutschland das Halbfinale gegen Italien erreichte und am Ende auf dem 3. Platz landete. Der Ligapokalsieger und Vizemeister 2006 wurde dafür mit der Wahl zum Fußballer des Jahres belohnt, eine Ehrung, der in der Saison 2006/07 ein unverhoffter Absturz folgte, als Klose seinen Verein über einen möglichen vorzeitigen Wechsel ins Ausland im Unklaren ließ, sich kurz vor dem wichtigen UEFA-Cup-Spiel gegen Espanyol Barcelona mit Vertretern von Bayern München traf und sich die Schreibweise Miro Klo$e einfing. Am Ende standen Klose und Werder nach dem Aus im UEFA-Cup und verspielter Meisterschaft mit leeren Händen da und Klose weiterhin ohne einen Titel. Nach wochenlangem Hin und Her ließ Werder Klose zu Beginn der Saison 2007/08 zum FC Bayern München ziehen, wo er sogleich zu alter Stärke zurückfand.

**Knavs, Aleksandr** (5.12.1975):
Der slowenische Nationalspieler kam 2001 vom FC Tirol Innsbruck zum 1. FCK und war von Anfang an Leistungsträger in der Abwehr. Sein Weggang zum VfL Bochum 2004 verursachte eine Lücke, da fortan in der Verteidigung ein Spieler fehlte, der das Spiel von hinten organisieren konnte. Nach dem Abstieg der Bochumer 2005 wechselte er zu Red Bull Salzburg.

**Knefler, Otto** (5.9.1923, † 30.10.1986):
Der zuvor beim Regionalligisten Saar 05 Saarbrücken tätige Fußballlehrer wurde zur Saison 1967/68 beim 1. FCK Nachfolger von Gyula Lorant, aber nach dem 24. Spieltag von Egon Piechaczek abgelöst. Es folgten Engagements beim Regionalligisten Fortuna Düsseldorf sowie danach erneut in der Bundesliga bei Eintracht Braunschweig, damals Deutscher Meister, mit der Knefler 1973 abstieg, aber ein Jahr später den Wiederaufstieg schaffte. 1974 heuerte er bei Borussia Dortmund an, 1976 folgte der MSV Duisburg. Während seines Wirkens bei Eintracht Frankfurt in der Spielzeit 1978/79 musste er seinen Vertrag wegen Krankheit frühzeitig auflösen.

**Koch, Georg** (3.2.1972):
Der Torhüter kam 1999 zum 1. FCK und war in den schwierigen Jahren von 2001 bis 2003, als der Club gegen den Abstieg kämpfte, zusammen mit Mario Basler einer der Wortführer in der Mannschaft. 2003 verließ er die Pfalz, nachdem Tim Wiese zur Nummer 1 geworden war, und wechselte zu Energie Cottbus und 2004 von dort zum MSV Duisburg, mit dem er 2007 in die Bundesliga aufstieg. Seine Laufbahn führte ihn vom VfR Marienfeld, dessen Präsident er ist, 1991/92 zur SpVgg. Erken-

schwick, danach hütete er fünf Spielzeiten lang das Tor von Fortuna Düsseldorf und machte den PSV Eindhoven auf sich aufmerksam. Doch das Gastspiel Kochs in den Niederlanden währte nur eine Spielzeit. 1998/99 spielte er bei Arminia Bielefeld, von wo ihn der 1. FCK verpflichtete. Seit der Saison 2007/08 steht er bei Dinamo Zagreb zwischen den Pfosten.

**Koch, Harry** (15.11.1969):

Der zum Kultspieler erhöhte Abwehrspieler kam 1995 vom TSV Vestenbergsgreuth zum 1. FCK. Zuvor hatte er beim SV Hallstadt gespielt. Unter den mittelmäßigen Neuzugängen Hollerbach, Greiner, Wegmann und Wollitz war Koch nicht nur der Beste, sondern auch der Fleißigste und Einsatzfreudigste, was ihn bei den Fans besonders beliebt machte. Technische Schwächen ließen ihn zuweilen zu einem Risikofaktor im Abwehrspiel des 1. FCK werden. Zusammen mit Mario Basler musste auch Koch am Ende der Saison 2002/03 gehen und schloss sich dem damaligen Zweitligisten Eintracht Trier an. Als die Moselstädter in die Regionalliga abstiegen, blieb Koch, beendete aber während einer desaströsen Saison, an deren Ende die Eintracht erneut abstieg, seine aktive Karriere. Danach war er als Trainer beim Verbandsligisten SV Dörbach tätig. Seit Mitte 2007 ist Koch für das Fitnessprogramm der Mitarbeiter der rheinland-pfälzischen Straßenmeisterreien verantwortlich.

**Kohlmeyer, Werner** (19.10.1924, † 26.3.1974):

Er spielte von 1941 bis 1957 beim 1. FCK, stand in allen fünf Endspielen um die Deutsche Meisterschaft und wurde zwei Mal Deutscher Meister. Höhepunkt seiner Karriere war der Gewinn der WM 1954 in der Schweiz. Nach seiner aktiven Laufbahn geriet Kohlmeyer ins Abseits und wurde ein Opfer des Alkohols. Er starb als erster der Lauterer Weltmeister von 1954. Für den 1. FCK bestritt er 332 Spiele und erzielte 20 Tore. Außerdem trug er 22 Mal das Nationaltrikot.

**Kohr, Harald** (14.3.1962):
Er kam 1986 von Eintracht Trier in die Pfalz und wollte 1989 zum VfB Stuttgart wechseln. Aufgrund einer Verletzung trat der Vertrag mit den Schwaben nie in Kraft. Später spielte er dann noch bei Grasshopper Zürich und bei Wattenscheid 09 und war Trainer der A-Junioren von Eintracht Trier, beim SV Leiwen, in Luxemburg bei CS Grevenmacher und beim TSC Pfälzer Mehring. Für den 1. FCK erzielte der treffsichere Stürmer in 92 Spielen 49 Tore.

**Koppenhöfer, Herward** (25.5.1946):
Er kam vom FC Wacker Weidenthal zum 1. FCK und spielte von 1965 bis 1969 128 Mal für die Roten Teufel und schoss ein Tor. Danach wechselte er zu Bayern München, von wo es ihn zum VfB Stuttgart verschlug. Weitere Stationen waren Kickers Offenbach, Hertha BSC Berlin und Mainz 05.

**Kosowski, Kamil** (30.8.1977):
Der polnische Nationalspieler kam zur Saison 2003/04 von Wisla Krakow zum 1. FCK und enttäuschte die in ihn gesetzten Hoffnungen total. Im August 2005 wurde er an den FC Southampton ausgeliehen, von wo er zur Saison 2006/07 wieder auf den Betzenberg zurückkam. Für den teuren Spieler fanden die Lauterer schließlich im italienischen Serie A-Club AC Chievo Verona doch noch einen Abnehmer. Hervorgegangen ist der Pole aus KSZO Ostrowiec Swietokrzyski, weitere Stationen waren Gwarek Zabrze und Gornik Zabrze.

**Kostrewa, Willi** (14.1.1940):
Er kam 1962 von Eintracht Gelsenkirchen und absolvierte bis zu seinem Wechsel zu TuS Neuendorf 1966 81 Spiele und erzielte zwei Tore. Der solide Verteidiger trug mit zur Qualifikation des 1. FCK für die Bundesliga bei. Anschließend war er als Trainer bei der SG Bacharach/Oberwesel, der SpVgg. Bendorf und der SpVgg. Wirges tätig.

**Kotysch, Sascha** (2.10.1988):
Der in der Winterpause 2006/07 in den Profikader beförderte Abwehrspieler kam im Jahr 2000 von der SpVgg. Gauersheim zu den 1. FCK-Junioren. In der Saison 2006/07 gehörte er zum Kader des Regionalligisten 1. FCK II und erhielt am Ende der Spielzeit seinen ersten Profivertrag bei den Roten Teufeln.

**Krafft, Manfred** (11.12.1937):
Er gehörte wie Rudi Kröner zu den Trainern, die nach der erfolgreichen ersten Feldkamp-Ära auf dem Betzenberg an dessen Erfolge anknüpfen wollten, dazu aber weder die richtige Mischung aus Spielern hatten noch über das nötige Format verfügten, das Werk Feldkamps fortzusetzen. Während der Saison 1983/84 kam er als Nachfolger des schon nach elf Spieltagen entlassenen Dietrich Weise und wurde am Ende der Spielzeit 1984/85 von Hannes Bongartz ersetzt. Gespielt hatte Krafft in den 60er Jahren für Fortuna Düsseldorf in der Regionalliga West. Dort war er auch zwei Mal kurzzeitig als Übergangstrainer tätig, bevor er von 1976 bis 1978 den damaligen Bundesligisten 1. FC Saarbrücken betreute. Es folgten von 1978 bis 1981 der Karlsruher SC sowie von 1982 bis 1983 Darmstadt 98. Nach dem 1. FCK trainierte er Union Solingen und führte in der Saison 1987/88 die Stuttgarter Kickers in die Bundesliga.

**Kranz, Markus** (4.8.1969):
Der Mittelfeldspieler kam 1985 vom FSV Schifferstadt zu den A-Junioren des 1. FCK und spielte von 1987 bis 1992 für die Profis. 1990 wurde er Pokalsieger, 1991 Deutscher Meister. In 57 Bundesligaspielen für die Pfälzer erzielte er sechs Tore. In der Saison 1992/93 spielte er bei Bayer 05 Uerdingen und von 1993 bis 1995 für Dynamo Dresden. Von dort wechselte er in die niederländische Zweite Liga zum BV 06 Emmen. Engagements bei Fortuna Köln und beim VfR Mannheim in der Regionalliga Süd schlossen sich an. 2007/08 wirkte er als Co-Trainer bei Wacker Burghausen.

**Krautzun, Eckart** (13.1.1941):
Er spielte in der Saison 1965/66 für den 1. FCK und war zuvor bei Union Solingen und beim Rheydter SV aktiv. Anschließend war er für Young Fellows Zürich und Tennis Borussia Berlin am Ball. Hielten sich seine Stationen als Spieler noch in Grenzen, so gilt er als wahrer Trainer-Globetrotter. Krautzun, der eine englische Trainerlizenz besitzt, coachte nach dem Rauswurf von Friedel Rausch im März 1996 auch den 1. FCK, konnte aber den Abstieg nicht mehr vermeiden und wurde im Juli desselben Jahres von Otto Rehhagel abgelöst, weil man ihm den direkten Wiederaufstieg nicht zutraute. Vor seiner Lauterer Zeit trainierte er Union Solingen, Matedo Hiroshima, Wormatia Worms, 1860 München, Alemannia Aachen, den SC Freiburg, VfL Wolfsburg und den 1. FC Union Berlin. Nach der Zeit beim 1. FCK folgten der FC St. Pauli, Darmstadt 98, Mainz 05, Vancouver Whitecaps, CS Sfaxien in Tunesien und die Nationalteams von Kenia, Kanada, Südkorea und Tunesien sowie die Junioren-Nationalmannschaft von China.

**Kuka, Pavel** (9.7.1968):

Der tschechische Angreifer, der 89 Länderspiele für die Tschechoslowakei bzw. für Tschechien absolvierte und dabei 29 Tore erzielte, kam während der Saison 1993/94 für 1,75 Mio. DM von Slavia Prag zum 1. FCK und schoss die Pfälzer mit seinen Toren fast noch zur Deutschen Meisterschaft. 1987 hatte Kuka bei Slavia debütiert und war immer bei dem Verein aus Vrsovice geblieben, unterbrochen nur von dem Intermezzo bei Roter Stern Cheb während seiner Militärzeit. Nach dem Abstieg und dem Pokalsieg blieb Kuka beim 1. FCK, wurde bei der EM in England mit seiner Mannschaft Zweiter und trug dazu bei, dass der 1. FCK gleich wieder in die Bundesliga aufstieg. Unter Trainer Otto Rehhagel sank sein Stern, so dass er in der Meistersaison 1997/98 nur noch selten zum Einsatz kam. Es folgte der Wechsel zum 1. FC Nürnberg, und nach dessen Abstieg ging es weiter zum VfB Stuttgart, wo er aber den Anschluss nicht mehr schaffte. 2000 kehrte Kuka zu Slavia Prag zurück und wurde 2002 Tschechischer Pokalsieger. Nach dem Ende sei-

ner Karriere als Spieler 2005 wandte er sich der Tätigkeit des Spielerberaters zu und arbeitete als Sportdirektor beim Erstligaverein Marila Pribram, dem Nachfolgeverein des einst großen Dukla Prag.

**Kuntz, Stefan** (30.10.1962):

Der Neunkirchener kam über den VfL Bochum, wo er von 1983 bis 1986 gespielt hatte und Bayer 05 Uerdingen, wo er anschließend drei Jahre aktiv war, 1989 zum 1. FCK, mit dem er in seinem ersten Jahr nur knapp dem Abstieg entging, aber Pokalsieger wurde. Im Jahr darauf folgte gar die Meisterschaft. Begonnen hatte der Sohn des ehemaligen Bundesligaspielers Günter Kuntz bei Borussia Neunkirchen, dem Verein seines Vaters. Sein Name strahlte ebenso stark wie die Namen der Spieler der Walter-Elf, denn mit ihm waren Pokalsieg und Meisterschaft eng verknüpft. Kuntz, der zum Identifikationsobjekt für viele Zuschauer wurde, wechselte zu Beginn der Saison 1995/96 vorwiegend aus finanziellen Gründen zum türkischen Meister Besiktas Istanbul. Als es im Jahr danach für den 1. FCK steil abwärts ging, hallten die Rufe nach ihm durch das Stadion. Halbherzig versuchten die Verantwortlichen, ihn zurückzuholen. Nach dem Abstieg 1996 bemühte man sich erneut, kam aber zu spät. Arminia Bielefeld hatte Kuntz einen lukrativen Dreijahresvertrag angeboten, zudem wollte der Nationalspieler Kuntz in der Bundesliga spielen. Als er 1997 mit Arminia auf den Betzenberg kam, wurde er von den Fans überwiegend freundlich begrüßt. 1998 wechselte er noch einmal für eine Saison zum VfL Bochum. Er machte zwischen 1993 und 1997 25 Länderspiele und schoss sechs Tore, darunter den Ausgleich beim 1:1 gegen England im Halbfinale der EM 1996. Als Trainer führte er in der Spielzeit 1999/2000 Borussia Neunkirchen zum Meistertitel in der Oberliga Südwest. Von 2000 bis 2002 trainierte er den Karlsruher SC, den er aus der Regionalliga zurück in die 2. Bundesliga führte. In der Endphase der Saison 2002/03 übernahm er das Traineramt beim fast hoffnungslos abgeschlagenen SV Waldhof Mannheim und fand keine Mittel, den sportlichen Weg nach unten zu stoppen. 2003/04 heuerte er bei LR Ahlen an, wurde während der Saison entlassen. Anschließend hielt sich Kuntz beim Neunkircher Vorortverein SV Haus Furpach fit und gab sein Comeback als Spieler. Von 2004 bis 2006 lief er gelegentlich auch für den saarländischen Verbandsligisten FC Palatia Limbach auf. Nach einer erfolgreichen Zeit als Sportmanager beim Regionalligisten TuS Koblenz, dem er zum Aufstieg in die 2. Bundesliga verhalf, unterschrieb er 2006 einen Vertrag als Manager beim VfL Bochum, nachdem zuvor beim 1. FCK mehrfach das Gerücht kursierte, Kuntz werde als Sportmanager auf den Betzenberg zurückkehren. Dass der VfL Bochum sich in der Bundesliga behaupten konnte und nicht erneut den Fahrstuhl nach unten nehmen musste, geht auch auf Kuntz' Konto, dem mit der Verpflichtung des Griechen Theofanis Gekas ein Glücksgriff gelungen war.

**Labbadia, Bruno** (8.2.1966):

Der Hesse mit italienischen Wurzeln kam 1988 vom Hamburger SV und wurde in den beiden darauf folgenden Spielzeiten zu einem der Lieblinge der Westtribüne. Er absolvierte 75 Spiele für den 1. FCK, in denen er 23 Tore schoss. Nach der Meisterschaft 1991 ging er, enttäuscht von Trainer Feldkamp und einigen Mitspielern, zu Bayern München, von wo er 1994 nach dem Gewinn der Deutschen Meisterschaft zum 1. FC Köln wechselte. Von 1995 bis 1998 spielte er für Werder Bremen, ehe er Arminia Bielefeld in der Saison 1998/99 half, in die Bundesliga aufzusteigen, im Jahr darauf mit dem Verein aber wieder abstieg. 2001 folgte der Wechsel zum damaligen Zweitligisten Karlsruher SC. Von Mai 2003 bis zum Abschluss der Saison 2005/06 wirkte er als Trainer bei Darmstadt 98, wo er von 1984 bis 1987 in der 2. Bundesliga am Ball war. Seine

Laufbahn begonnen hatte er beim SV Weiterstadt und beim FSV Schneppenhausen. Zur Saison 2007/08 heuerte Labbadia als Trainer bei der SpVgg. Greuther Fürth an.

**Laumen, Herbert** (11.8.1943):
Der Rechtsaußen kam 1973 von Werder Bremen und schoss in seiner einzigen Saison auf dem Betzenberg in 26 Spielen acht Tore. Zuvor hatte er für Borussia Mönchengladbach in Hennes Weisweilers „Fohlenelf" gespielt, mit der er zwei Mal Deutscher Meister und zum zweifachen Nationalspieler wurde. Seine Stationen nach dem 1. FCK waren der FC Metz, SpVgg. Neu-Isenburg und der SV Wesel. Danach arbeitete er auch als Trainer beim FC Blau-Weiß 07 Niederembt.

**Lehmann, Michael** (16.10.1984):
Der talentierte Mittelfeldspieler wurde bereits in der Saison 2003/04 als große Entdeckung gehandelt, geriet jedoch durch Verletzungen und Formschwankungen schnell ins Abseits. Der aus dem SV Wiesenthalerhof hervorgegangene Spieler, der insgesamt 13 Bundesligaspiele bestritt, gehörte auch in der Saison 2006/07 hauptsächlich dem Kader des 1. FCK II an. Am Ende der Saison 2006/07 wurde sein Vertrag nicht mehr verlängert.

**Lelle, Frank** (4.2.1965):
Er kam über den FK Pirmasens und SV 53 Rodalben zum 1. FCK, wo er zwischen 1986 und 1993 99 Spiele machte und acht Tore schoss. 1993 wechselte er zum FC Homburg und spielte danach beim FK Pirmasens, ehe er als Co-Trainer von Stefan Kuntz u.a. beim Karlsruher SC und bei LR Ahlen tätig war.

**Lexa, Stefan** (1.11.1976):
Der österreichische Nationalspieler ist einer der am meisten Herumgekommenen unter den Spielern des 1. FCK. Groß geworden beim SV Heimstetten, spielte er von 1989 bis 1995 bei 1860 München und danach bei der SpVgg. Landshut, Wacker Burghausen, SV Wehen, SSV Reutlingen, SpVgg. Unterhaching, CD Teneriffa sowie von 2003 bis 2006 für Eintracht Frankfurt. Im Juli 2007 wurde er vom Training der Profis suspendiert.

**Liebrich, Ernst** (18.12.1923, gestorben 2001):
Er spielte von 1941 bis 1955 für den 1. FCK. Schoss in 178 Spielen drei Tore und war Mitglied der Meistermannschaften von 1951 und 1953.

**Liebrich, Werner** (18.1.1927, † 20.3.1995)
Er spielte von 1945 bis 1962 für den 1. FCK, gehörte beiden Meistermannschaften an und wurde 1954 Weltmeister. Insgesamt bestritt er 412 Spiele für den 1. FCK und erzielte 30 Tore. Das Nationaltrikot trug er 16 Mal. Er war Trainer im Junioren- und im Amateurbereich und wirkte in der Saison 1964/65 auch als Übergangstrainer bei den Profis des 1. FCK. Am 20. März 2005 wurde im Nachwuchszentrum Sportpark Rote Teufel eine Straße nach ihm benannt.

**Lincoln** (22.1.1979):
Der Brasilianer kam 2001 von Atletico Mineiro Belo Horizonte zum 1. FCK, wo er sich gut einführte und zunächst zu einem Publikumsliebling wurde. Als es im zweiten und dritten Spieljahr auf Grund von Verletzungen und Formschwankungen nicht mehr so gut lief und der Spieler zur Behandlung seiner chronischen Beschwerden nach Brasilien flog, ohne ein Einvernehmen mit seinem Verein erzielt zu haben, wurde das Kapitel 1. FCK und Lincoln geschlossen. Doch der Mittelfeldspieler kam wieder und heuerte im Juni 2004 bei Schalke 04 an, wo er in der darauf folgenden Saison herausragende Leistungen erbrachte und zwölf Tore erzielte. Besonders seine Freistöße sorgten bei den Fans immer wieder für Aaahs und Ooohs. Gastspiele Schalkes auf dem Betzenberg wurden für ihn in der Folge jedoch zu Spießrutenläufen, denn bei jeder Aktion wurde er gnadenlos ausgepfiffen. Zur Saison 2007/08 wechselte er zu Galatasaray Istanbul.

**Loch, Henry** (31.12.1937):
Der Physiotherapeut arbeitete 29 Jahre für den 1. FCK unter 17 Trainern, von denen er Bongartz, Stabel, Stumpf und Brehme schon als Spieler behandelt hatte. 1974 war er vom TSC Zweibrücken auf den Betzenberg gekommen.

**Lokvenc, Vratislav** (27.11.1973):
Der tschechische Nationalspieler kam 2000 von Sparta Prag zum 1. FCK und schoss bis zu

seinem Wechsel 2004 zum VfL Bochum in 116 Spielen 35 Tore. Begonnen hatte er seine Karriere 1980 bei TJ Náchod, von wo er 1986 zu SK Hradec Králové ging. 1994 folgte der Wechsel nach Prag. Mit dem VfL Bochum stieg er in der Saison 2004/05 ab und spielte anschließend bei Red Bull Salzburg.

**Lorant, Gyula** (6.2.1923, † 31.5.1981):
Der Verteidiger der ungarischen Nationalmannschaft der Goldenen Ära der ersten Hälfte der 50er Jahre war gleich zwei Mal Trainer beim 1. FCK – von 1965 bis 1967 und von 1969 bis in die Rückrunde der Saison 1970/71. Als Spieler hatte er 1952 in Stockholm die Goldmedaille mit Ungarn gewonnen und war 1954 Mitglied der Mannschaft, die Deutschland mit fünf Lauterern im Endspiel in Bern mit 2:3 unterlag. Insgesamt bestritt er zwischen 1948 und 1955 37 Spiele. Seine Vereinsstationen waren Köszegi SE, Szombathelyi FC, Nagyváradi AC, Nagyváradi Szabadság SK, Vasas Budapest und Honved Budapest, wo er 1962 das Amt des Trainers übernahm. Anschließend betreute er den Club Oroszlány, bevor er nach Deutschland ging und hier den Rheydter SV, den 1. FCK, MSV Duisburg, den 1. FC Köln und Kickers Offenbach trainierte. Es folgte ein Ausflug nach Griechenland zu PAOK Saloniki, mit dem er Meister wurde. Zurück in der Bundesliga war er für Eintracht Frankfurt, Bayern München und Schalke 04 tätig. 1980 folgte die Rückkehr zu PAOK Saloniki. Hier starb er ein Jahr später bei einem Spiel seiner Mannschaft auf der Trainerbank an einem Herzinfarkt.

**Lusch, Michael** (16.6.1964):
Der Abwehrspieler kam 1993 von Borussia Dortmund auf den Betzenberg und machte die ersten beiden guten Jahre unter Trainer Friedel Rausch mit, als der 1. FCK 1994 in einem fulminanten Endspurt fast noch Bayern München abgefangen hätte und Vizemeister wurde. Hervorgegangen ist Kusch aus der TuS Lohauserholz, danach spielte er für Germania Hamm, von wo er zum BVB wechselte. Nach seiner Lauterer Zeit wechselte er zur Saison 1995/96 zu Bayer 05 Uerdingen und nach dem Abstieg der Krefelder zum damaligen Oberligisten RW Essen, mit dem er den Aufstieg schaffte.

**Lutz, Roger** (15.7.1964):
Er kam 1988 vom FK Clausen zum 1. FCK. Zuvor hatte er für den SV Linden gespielt. Bereits in der Meisterschaftssaison ein zuverlässiger Abwehrspieler, holte Trainer Friedel Rausch den Diplom-Ingenieur nach bestandenem Examen von den 1. FCK Amateuren zurück zu den Profis. Nach dem Wiederaufstieg 1997 wäre Lutz beinahe zu Mainz 05 gewechselt, wenn auch der FSV gleichzeitig den Aufstieg geschafft hätte. Beim 1. FCK trat er dann erneut ins zweite Glied und spielte erneut bei den Amateuren. Er kam aber schneller wieder zum Einsatz bei den Profis, als mancher glaubte, da auf Grund von Verletzungen Not am Mann war. 2000 wechselte Lutz nach Luxemburg, wirkte dort u.a. bei F91 Dudelange sowie bei Jeunesse Esch und kam auch zu Meisterehren. Als Trainer heuerte er in der Oberliga Südwest beim SC Hauenstein an, trat aber während der Saison 2006/07 auf Grund von Differenzen mit dem Vorstand zurück. Zur Saison 2007/08 kam er als Co-Trainer zum 1. FCK zurück.

**Macho, Jürgen** (24.8.1977):

Der österreichische Nationaltorhüter kam im Januar 2005 noch unter Trainer Kurt Jara zum 1. FCK. Zuvor war er von 1982 bis 1989 bei Red Star Wien aktiv sowie von 1989 bis 1996 bei Rapid Wien. In der Saison 1996/97 hütete er beim Wiener Sportclub und von 1997 bis 2000 beim First Vienna FC das Tor. Es folgte der Wechsel zum FC Sunderland und 2003/04 ein Intermezzo als Ersatztorhüter beim FC Chelsea, ehe Macho erneut bis Dezember 2004 für Rapid Wien spielte. In der Abstiegsspielzeit 2005/06 verlor er seinen Stammplatz im Tor der Roten Teufel wegen einer schweren Verletzung an Florian Fromlowitz, den er jedoch in der Saisonvorbereitung 2006/07 erfolgreich wieder verdrängen konnte. In der Saison 2006/07 wählten ihn die

Fans bei einer Umfrage der *Rheinpfalz* zum FCK-Spieler des Jahres. Trainer Rekdal entschied sich zu Beginn der Saison 2007/08 gegen Macho und für Fromlowitz. Jürgen Macho wechselte daraufhin zu AEK Athen.

**Majewski, Stefan** (31.1.1956):
Der polnische Nationalspieler war von 1984 bis 1987 beim 1. FCK. Er erzielte ein Tor in 66 Spielen. Gekommen war er von Legia Warschau, zuvor hatte er für Gwiazda, Chemik und Zawisza Bydgoszcz gespielt. Vom Betzenberg wechselte er zu Arminia Bielefeld, wo er ebenso eine Saison verweilte wie bei Apollon Limassol auf Zypern. Daran schloss sich ein vierjähriges Engagement beim damaligen Amateur-Oberligisten Freiburger FC an, wo er als Spieler und auch als Trainer tätig war. Weitere Trainerstationen waren Polonia Warschau, der 1. FCK Amateure, Amica Wronki und Zaglebie Lubin.

**Malz, Stefan** (5.6.1972):
Der Mittelfeldspieler kam 2001 von Arsenal London zum 1. FCK, den er stets als seinen Traumverein bezeichnet hatte. Begonnen hatte er seine Laufbahn beim Ludwigshafener Stadtteilverein SV Pfingstweide, danach folgte DJK Blau-Weiß Oppau, ehe er zum Stadtverein Südwest Ludwigshafen wechselte. Von hier ging es weiter zum VfR Mannheim und über Darmstadt 98 in der Spielzeit 1992/93 zu 1860 München, wo er von 1997 bis 1999 am Ball war. Dann erlebte Malz seine wahrscheinlich lehrreichste Zeit als Spieler in Highbury unter Trainer Arsène Wenger, der ihn für den FC Arsenal verpflichtete, wo es vor Weltstars nur so wimmelte, so dass der Deutsche es schwer hatte, in die Stammformation zu gelangen. Da waren Dennis Bergkamp, Marc Overmars, Patrick Vieira oder auch Robert Pires, und so kam Malz nicht auf allzu viele Einsätze in Premier League und Champions League, durfte aber vorzugsweise in den Pokalspielen ran und wurde dann und wann auch in der Liga eingewechselt. 2001 meldete sich dann der 1. FCK. Hier warfen ihn immer wieder Verletzungen zurück, so dass er die auf ihn zugeschnittene Rolle des offensiven und torgefährlichen Mittelfeldspielers nicht dauerhaft ausfüllen konnte. Lediglich punktuell gelang es ihm, sein großes Talent aufblitzen zu lassen, wenn er einen Antritt á la Bergkamp wagte und die Gegner narrte. Als Malz in der Saison 2004/05 mit Trainer Kurt Jara aneinandergeriet, nachdem er diesen kritisiert hatte, zog er einen Schlussstrich und verließ den Verein. Fortan wirkte er bis 2006 als Spielertrainer beim damaligen Ludwigshafener Stadtteilverein Arminia Rheingönheim, mit dem er in die Verbandsliga Südwest aufstieg. 2005 winkte ein Engagement in der australischen Profiliga bei Newcastle United, doch letztlich zerschlug sich der Wechsel nach Down Under. Zur Saison 2006/07 unterschrieb Malz einen Vertrag beim Südwest-Oberligisten FSV Oggersheim, mit dem er Meister wurde und in die Regionalliga Süd aufstieg.

**Mangold, Werner** (19.9.1934):
Er spielte von 1948 bis 1966 beim 1. FCK und bestritt 244 Spiele, in denen er sieben Tore schoss. Als Trainer war er bei Bayern Hof, TuS Neuendorf, SV Alsenborn, 1. FCK Amateure, VfR Heilbronn und bei Südwest Ludwigshafen tätig.

**Marschall, Olaf** (19.3.1966):

Als Dynamo Dresden den technisch versierten Angreifer 1994 verkaufen musste, sicherte sich der 1. FCK die Dienste des viermaligen DDR-Auswahlspielers, der nach der Wende von 1994 bis 1999 13 Mal zur Nationalmannschaft berufen wurde. Hervorgegangen aus der BSG Chemie Torgau hatte er bis 1990 bei Lokomotive Leipzig gespielt und danach 1993/94 unter Trainer Siegfried Held beim VfB Admira/ Wacker Mödling. Seit Beginn der Saison 1994/95 spielte er beim 1. FCK, wo er in seinen ersten drei Jahren über die Maßen oft verletzt war. 1996 stieg er mit den Roten Teufeln ab und wurde eine Woche später Pokalsieger. In der Saison 1997/98 avancierte er zum Goalgetter und trug maßgeblich zum Gewinn der Deutschen Meisterschaft bei. Die Fans ernannten ihn für seine Tore und seinen Einsatz zum „Fußballgott“. 2002 wechselte er nach

Katar zu Al-Etehad Sports Club und kehrte 2004 als Vorstandsassistent von René C. Jäggi auf den Betzenberg zurück. Diese Tätigkeit entsprach jedoch nicht unbedingt seinen Fähigkeiten, so dass er 2006 abgelöst wurde. In der Saison 2006/07 wirkte er zeitweilig als Trainer des 1. FCK II, wurde aber im Dezember 2006 durch Alois Schwartz ersetzt, weil man ihm die Doppelbelastung der Trainerausbildung in Köln und des Traineramts nicht zumuten wollte.

**Meier, Erich** (30.3.1935):
Der „Flutlicht-Meier" spielte von 1962 bis 1965 beim 1. FCK und war in 56 Spielen 36 Mal erfolgreich, vorzugsweise bei Flutlichtspielen. Seinen Spitznamen hatte der Spieler 1957 und 1958 im Flutlicht-Pokal erhalten, als ihm in neun Spielen vier Tore gelangen. Bis 1956 hatte Meier für den FV Breidenbach gespielt, danach bis 1962 für Eintracht Frankfurt. Nach seiner Lauterer Zeit war er 1965/66 bei VV Alkmaar 54 und 1966 für AGOVV Apeldoorn am Ball.

**Meier, Reinhard** (11.3.1946):
Er kam 1973 vom SV Alsenborn zum 1. FCK und spielte bis 1981 210 Mal für den 1. FCK. Dabei erzielte er 28 Tore. Später war er als Trainer u.a. bei Südwest Ludwigshafen tätig.

**Meißner, Silvio** (19.1.1973):
Der defensive Mittelfeldspieler kam in der Winterpause 2006/07 auf Leihbasis vom VfB Stuttgart zum 1. FCK. Begonnen hatte er seine Karriere 1978 bei Post Halle, von wo er 1985 zum SV Merseburg 99 wechselte. 1992/93 war er für den Halleschen FC am Ball. Es folgten die Profistationen Chemnitzer FC von 1993 bis 1996, Arminia Bielefeld von 1996 bis 2000 sowie danach der VfB, mit dem er in der Champions League spielte. Am Ende der Saison 2006/07 kehrte Meißner nach dem verpassten Bundesliga-Aufstieg wieder zum VfB Stuttgart zurück.

**Melzer, Werner** (2.5.1954):
Der solide Abwehrspieler kam 1974 vom FK Clausen und kam auf lediglich drei B-Länderspiele, weil er das Pech hatte, auf seiner Position als Libero Franz Beckenbauer vor sich zu haben. Bis 1986 kam er auf 437 Einsätze und schoss dabei 37 Tore. Später war er Trainer der 1. FCK Amateure, wo ihn Stefan Majewski 1997 ablöste. Melzer betätigte sich zuletzt als Co-Trainer Klaus Toppmöllers beim 1. FC Saarbrücken und beim Hamburger SV.

**Mettomo, Lucien** (19.4.1977):
Der kamerunische Nationalspieler, der 2000 und 2002 den Afrika-Cup gewann, kam 2003 von Manchester City zum 1. FCK, um die fragile Abwehr zu stabilisieren. Begonnen hatte seine Karriere bei Ocean Kribi in Kamerun, von wo er 1996 zu AS Saint-Étienne wechselte, mit dem er in die französische Ligue 1 aufstieg und bis 2001 spielte. Nach dem erneuten Abstieg wechselte er nach Manchester, wo er in seinem zweiten Jahr aber kaum noch zu Einsätzen kam. Der 1. FCK lieh den in seinen Leistungen wenig konstanten Spieler in der Rückrunde 2005/06 an den türkischen Erstligisten Kayseri Erciyesspor aus. Für die Saison 2006/07 schloss sich Mettomo dem Schweizer Super League Club und Aufsteiger FC Luzern an, der von seinem ehemaligen Lauterer Mitspieler Ciriaco Sforza trainiert wird.

**Miksa, Gerhard** (3.11.1935):
Er spielte von 1956 bis 1963 beim 1. FCK und schoss in 155 Spielen sieben Tore. Mit dem Start der Bundesliga 1963 verabschiedete er sich vom Betzenberg.

**Moser, Hans-Werner** (24.9.1965):
Der Abwehrspieler spielte von 1980 bis 1988 beim 1. FCK. Gekommen war er vom SV Rammelsbach, wo er von 1976 bis 1980 aktiv war. Nach 124 Spielen, in denen er sechs Tore erzielt hatte, wechselte er zum Hamburger SV, von wo er 1990 zu Wattenscheid 09 ging. Veränderte sich 1995 zum Regionalligisten SC Verl. Ab 1997 war er Trainer beim SV Sodingen, danach von 2000 bis 2002 bei Westfalia Herne, in der Saison 2002/03 bei Darmstadt 98 und danach von 2003 bis August 2006 beim 1. FCK II, wo er aus eigenem Antrieb ausstieg. Nach der Entlassung Kurt Jaras in der Saison 2004/05 war Moser für die letzten sieben Spiele Interimscoach des 1. FCK, vermied zwar den Abstieg, konnte aber konzeptionell nicht überzeugen, so dass ihm für die Spielzeit 2005/06 Michael Henke vorgezogen wurde.

**Müller, Sven** (4.4.1980):

Der Mittelfeldspieler kam zur Saison 2006/07 vom 1. FC Nürnberg zum 1. FCK, unter dessen Trainer Wolfgang Wolf er bereits dort sowie beim VfL Wolfsburg gespielt hatte. Müller wurde von Beginn an einer der Leistungsträger in der neu formierten Mannschaft. Begonnen hatte seine Karriere beim TSV Burgau, wo er von 1986 bis 1992 am Ball war. Danach folgten von 1992 bis 1997 die TSG Thannhausen sowie 1997/98 der FC Augsburg, ehe er in die VW-Stadt wechselte.

**Müller, Willi** (1911, gestorben am 18.12.2004):
Der Schuhfabrikant aus Waldfischbach-Burgalben war der dritte Präsident des 1. FCK zu Bundesligazeiten. Er amtierte von 1970 bis 1978, als der junge Jürgen Friedrich gegen ihn antrat und knapp siegte. Müller war verantwortlich für die Verpflichtungen u.a. von Ronnie Hellström und Roland Sandberg und half damit, die bis dahin eher hausbackene Mannschaft ohne Flair fortzuentwickeln und ihr zu mehr Renommée zu verhelfen. In wirtschaftlich schlechten Zeiten, als noch keine großen Fernsehgelder flossen, Werbung auf den Trikots noch verboten war und Sponsoring und Merchandising noch außerirdische Fremdwörter waren, gelang es Müller mit geschickten Transfers, die den Verein nichts oder nur wenig kosteten und die später Geld in die Kasse brachten, die Finanzen in Ordnung zu bringen und neuen Spielraum zu schaffen.

**Nerlinger, Christian** (21.3.1973):
Der sechsmalige Nationalspieler kam 2004 von den Glasgow Rangers zum 1. FCK. Obwohl er in drei Spielzeiten in Schottland von 2001 bis 2004 nur 25 Spiele bestritten hatte, weil er ständig verletzt war, galt er in Kaiserslautern als Hoffnungsträger, blieb jedoch erneut von Blessuren, die ihn ständig lahm legten, nicht verschont. Im Dezember 2005 beendete der Spieler selbst seinen Leidensweg und löste seinen Vertrag mit den Roten Teufeln auf. Seine Karriere hatte er 1981 beim TSV Forstenried begonnen, anschließend spielte er von 1985 bis 1988 bei Bayern München und wurde zwei Mal Deutscher Meister, ein Mal Pokalsieger und holte den UEFA-Cup.

**Neubauer, Sergej** (14.4.1985):
Er wurde 2006 für den 1. FCK II verpflichtet und arbeitete sich in der Saisonvorbereitung 2007/08 in den Manschaftskader der Profis. Sein vorheriger Verein war der KSV Baunatal.

**Neues, Hans-Günther** (14.11.1950):
Der Abwehrspieler kam 1977 von RW Essen und war in Sachen Kompromisslosigkeit Hans-Werner Mosers adäquater Vorgänger. In seinen sechs Jahren bis 1983 spielte er 165 Mal für den 1. FCK und schoss 21 Tore. In der Saison 1995/96 war er für kurze Zeit Trainer beim SV Waldhof Mannheim und musste wegen Erfolglosigkeit gehen. Beim 1. FCK füllte Neues als Nachfolger von Johannes Riedl und Vorgänger von Stefan Roßkopf die Rolle des hauptamtlichen Fanbeauftragten aus. In der Saison 2006/07 trainierte Neues die Bezirksklasse-Mannschaft ATSV Wattenheim, deren Präsident und gelegentlicher Spieler Mario Basler ist, trat aber im Februar 2007 zurück und überließ Basler das Traineramt.

**Neumann, Jürgen** (6.12.1941, † 25.12.2002):
Der Außenläufer machte von 1959 bis 1966 193 Spiele und schoss 38 Tore. 1963 war er maßgeblich an der Qualifikation zur Bundesliga beteiligt. Nach seiner Lauterer Zeit spielte er für den FC Zürich, Daring White Brüssel und 1970/71 für Arminia Bielefeld.

**Nilsson, Torbjörn** (9.7.1954):
Er kam 1982 von IFK Göteborg zum 1. FCK, konnte aber nicht die Popularität seiner Landsleute Sandberg und Hellström erreichen. Nach 77 Spielen und 29 Toren packte der schwedische Nationalspieler zwei Jahre später seine Koffer und ging wieder zum IFK Göteborg zurück. Begonnen hatte er seine Laufbahn 1966 bei Jonserends IF, von wo er 1975 erstmals zum IFK Göteborg wechselte. 1976/77 spielte er für PSV Eindhoven. 1982 gewann er mit Göteborg den UEFA-Pokal im Duell mit dem Hamburger SV,

nachdem man im Halbfinale den 1. FCK ausgeschaltet hatte. Als Trainer war er bei Jonserends IF, Örgryte Göteborg, IK Oddevold, Frölonda IF, BK Häcken Göteborg und der schwedischen U 21-Nationalmannschaft tätig. Bei der Suche nach einem neuen Trainer war Nilsson am Ende der Saison 2006/07 kurzzeitig als potenzieller Nachfolger für Wolfgang Wolf im Gespräch.

**Nothaass, Fritz** (19.9.1902, † 21.9.2004):
Nur wenige Bundesligaspiele von 1963 bis kurze Zeit vor seinem Tod waren es, die der ehemalige Diplom-Landwirt, der auch im hohen Alter noch im eigenen Auto zum Betzenberg kam, versäumte. Als Geschenk zu seinem 100. Geburtstag durfte er den Anstoß beim Bundesligaspiel gegen Arminia Bielefeld ausführen.

**Nzelo-Lembi, Hervé** (25.8.1975):

Von dem Nationalspieler aus der Demokratischen Republik Kongo in Diensten des FC Brügge schwärmte man beim 1. FCK schon lange, bevor er 2002 endlich verpflichtet werden konnte. Die Erwartungen waren entsprechend, doch der hoch gelobte Spieler hatte alles andere als eine stabile Form und konnte die fragile Abwehr zunächst nicht festigen. Im Abstiegsjahr 2006 wurde er zu einem der Leistungsträger, verabschiedete sich aber anschließend in die Ukraine zu Metalurg Donezk. Bis dahin hatte er 90 Spiele für den 1. FCK bestritten und dabei drei Tore erzielt.

**Ojigwe, Pascal „Karibe"** (11.12.1976):
Er kam 1995 von Enyimba Aba zu den 1. FCK Amateuren. Der nigerianische Nationalspieler gehörte seit der Saison 1996/97 auch zum Profikader des 1. FCK, kam aber lediglich auf sechs Einsätze und wechselte 1999 zum Zweitligisten 1. FC Köln, mit dem er in die Bundesliga aufstieg. Von 2000 bis 2003 spielte er bei Bayer Leverkusen und gehörte zu Klaus Toppmöllers traurigen Helden, die sowohl in der Meisterschaft als auch im Pokal nur Zweite wurden und überdies das Champions-League-Finale gegen Real Madrid verloren. 2003 folgte der Wechsel zu Borussia Mönchengladbach, ein Jahr später zog Ojigwe weiter zu 1860 München, bevor er 2006 wieder zu Enyimba Aba zurückkehrte.

**Opara, Emeka** (2.12.1984):
Der Nigerianer wurde in der Winterpause 2006/07 zur Verstärkung des Angriffs vom 1. FCK verpflichtet. Zuvor war er in Tunesien bei Ètoile Sportive du Sahel Sousse tätig, mit dem er 2006 den CAF Confederation Cup gewann. In Nigeria spielte Opara davor für die Engugu Rangers und Enimbya Aba.

**Ouattara, Moussa** (31.12.1981):
Der in Bobo Dioulasso in Burkina Faso geborene Abwehrspieler kam zur Saison 2006/07 zum 1. FCK und zeigte bei seinen Auftritten schwankende Leistungen, die ihn zum Wackelkandidaten in Sachen Zuverlässigkeit werden ließen. Seine Karriere begann der Nationalspieler Burkina Fasos bei ASFA Yennega, von wo er zum französischen FC Tours wechselte. Über den Pariser Vorstadtverein US Créteil und Legia Warschau kam er in die Pfalz.

**Pavlovich, Nicolas** (14.2.1978):
Der Argentinier mit dem italienischen Pass kam zur Saison 2006/07 zum 1. FCK, konnte sich aber nicht durchsetzen und wechselte in der Winterpause zu Morelia Monarcas in Mexico. Seine Stationen vorher waren die Newell's Old Boys Rosario und Racing Club Buenos Aires, wo er von Januar bis Dezember 2002 spielte. Danach war er für den russischen Verein Saturn Ramenskoje bis Dezember 2005 am Ball.

**Pettersson, Jörgen** (29.9.1975):

Der 28-fache schwedische Nationalspieler kam 1999 von Borussia Mönchengladbach zum 1. FCK, wo er aber nicht die in ihn gesetzten Erwartungen erfüllte und manchmal mehr durch seinen bunten Haarschopf auffiel als durch sein Spiel. Seine Karriere hatte er bei Dösjebro IF begonnen. Nach seiner Zeit beim 1. FCK spielte er für den FC Kopenhagen und wechselte 2004 zum schwedischen Zweitligisten Landskrona BoIS.

**Piechaczek, Egon** (16.11.1931, † 23.10.2006):
Der Pole war Assistent von Trainer Gyula Lorant und im März 1968 Nachfolger Otto Kneflers auf dem Trainerstuhl des 1. FCK. Spektakuläre Erfolge hatten die Roten Teufel in seiner Zeit als Trainer nicht zu verzeichnen. Piechaczek trainierte anschließend von 1969 bis 1971 Arminia Bielefeld und geriet hier in den Bundesligaskandal und handelte sich eine Sperre auf Lebenszeit ein, die später befristet wurde. In der Saison 1986/87 trainierte er den zyprischen Erstligisten Apollon Limassol. Als Spieler war er in Polen für AKS Chorzów, Wawel Krakow, Legia Warschau, Ruch Chorzów und Odra Opole am Ball, in Deutschland in der Spielzeit 1963/64 für den FSV Frankfurt.

**Pirrung, Josef** (24.7.1949):
Er kam 1968 vom FC Münchweiler/Rodalb zum 1. FCK und wurde bis zum Ende seiner Laufbahn 359 Mal eingesetzt. Dabei erzielte er 72 Tore. Außerdem trug er zwei Mal das Trikot der Nationalmannschaft.

**Pletsch, Marcelo** (13.5.1976):
Der rustikale, eher untypische Brasilianer, der 2003 Deutscher wurde, kam zur Saison 2005/06 von Borussia Mönchengladbach, wo er wegen angeblich vereinsschädigender Äußerungen suspendiert worden war, zum 1. FCK. Hier gab er der Abwehr nicht den von ihm erwarteten Halt, sondern war in der Viererkette eines von vier meist schwachen und leicht überwindbaren Gliedern. Nach dem Abstieg 2006 musste Pletsch mit den meisten anderen Spielern gehen und heuerte in Griechenland bei Panionios Athen an.

**Prins, Jacobus** (5.6.1938, † 25.9.1987):
Der holländische Nationalspieler kam zum Bundesligastart 1963 als Star der Pfälzer von Ajax Amsterdam, wohin er zwei Jahre später auch wieder zurückkehrte. Der holländische Nationalspieler wurde zum „Enfant terrible“ in der Pfalz, weil er auf sehr großem Fuß lebte, schnelle Autos fuhr und dem schönen Leben

frönte. Er kam auf 37 Einsätze und erzielte zehn Tore. Spielte später noch für die Pittsburgh Phantoms, die New York Generals, Maastricht VV, Vitesse Arnheim und Helmond Sport. Als Spielertrainer wirkte er beim FC Boom und beim FC Turnhout. Bei einem Spiel der Alten Herren des Antwerpener Vorstadtclubs FC Schilde blieb ihm beim Jubel über ein selbst erzieltes Tor der Atem weg. Er starb mit 49 Jahren auf dem Fußballplatz an einem Herzaderbruch. Er ist einer der wenigen Spieler des 1. FCK, dem eine eigene Biografie gewidmet wurde.

**Pulter, Dieter** (9.2.1939):
Er spielte von 1959 bis 1965 beim 1. FCK und schoss in 121 Spielen 23 Tore. Später leitete er das Katasteramt in Kaiserslautern.

**Ramzy, Hany** (10.3.1969):
Der 124-malige ägyptische Nationalspieler kam 1998 nach dem Gewinn der Deutschen Meisterschaft zusammen mit seinem Landsmann Samir Ibrahim auf den Betzenberg. Zuvor hatte Ramzy von 1994 bis 1998 bei Werder Bremen große Erfolge gefeiert. Davor war er seit 1987 bei Al-Ahly Kairo aktiv und wechselte 1990 zum Schweizer Nationalligisten Xamax Neuchâtel. Ramzy setzte sich – im Gegensatz zu Samir – auch beim 1. FCK durch und war stets ein zuverlässiger Abwehrspieler, bis ihn in der Saison 2002/03 eine Verletzung dauerhaft außer Gefecht setzte. 2005 wechselte er zum 1. FC Saarbrücken und wurde danach Co-Trainer bei ENPPI Kairo. In der Saison 2001/02 war Ramzy beim 1. FCK zeitweilig suspendiert, nachdem eine Frau gegen ihn Anzeige wegen sexueller Nötigung erstattet hatte. Der geständige Spieler kam mit einer Bewährungsstrafe davon.

**Ratinho, Rodrigues Everson** (8.6.1971):
Der unter Friedel Rausch wirkende Co-Trainer Ignaz Good holte Ratinho 1996 vom FC Aarau zum 1. FCK. Unter Otto Rehhagel („Buck oder Ratinho“) kam er in der Saison 1996/97 in der 2.

Bundesliga nicht immer zum Einsatz und auch nicht immer zur Geltung. Doch spätestens ab Ostersamstag 1997, als ihm gegen den VfL Wolfsburg ein Traumtor gelang, war Ratinho der Liebling der Fans („Ratinho, ohhohoho"). In der Meistersaison 1997/98 avancierte das „Mäuschen" zu einem der Schlüsselspieler, der mit, nicht anstatt Andreas Buck die Gegner zuweilen schwindlig spielte und großen Anteil am Triumph des 1. FCK hatte. Als der Brasilianer 2003 bei Trainer Eric Gerets keine Rolle mehr spielte, löste er seinen Vertrag, der noch ein Jahr lief, vorzeitig auf und wechselte nach China zu Shenyang Jinde, dessen Trainer Dragoslav Stepanovic war. Im Dezember 2003 zog Ratinho weiter zu Zhenis Astana nach Kasachstan und unterschrieb 2004 einen Vertrag beim FC Luzern, mit dem er 2006 in die Schweizer Superliga aufstieg, danach seine aktive Karriere beendete und fortan als Jugendkoordinator wirkte.

**Rausch, Friedel** (27.2.1940):
Als der Feldkamp-Nachfolger Rainer Zobel am Ende der Saison 1992/93 nach nur einer Spielzeit gehen musste, fiel die Wahl des 1. FCK auf den beim FC Basel tätigen Trainer, der zwei erfolgreiche Jahre auf dem Betzenberg hatte. Gleich in seinem ersten Jahr wurde seine Mannschaft um Ciriaco Sforza und Stefan Kuntz Vizemeister. Nach deren Weggang nach der darauf folgenden Saison stürzte der 1. FCK ab, weil Rausch und Manager Geye auf Masse statt Klasse bei den Ersatzlösungen gesetzt hatten. Stur hielten beide daran fest, dass Abstieg kein Thema sei und stürzten während der Saison, die mit dem Abstieg endete, selbst ab. Als Spieler war Rausch bis 1963 beim Meidericher SV (MSV Duisburg) aktiv und wechselte danach zu Schalke 04, wo er 1971 seine Laufbahn beendete. 1976 übernahm er das Training in Gelsenkirchen, wurde aber 1977 entlassen. In der Saison 1979/80 machte er Eintracht Frankfurt zum UEFA-Cup-Sieger. Danach trainierte er zwei Jahre lang Fenerbahce Istanbul. Weitere Stationen waren der FC Luzern und der FC Basel. Nach seiner Lauterer Zeit nahm er ein Engagement beim Linzer ASK an, wo er bis 1997 blieb. Es folgten 1998 Borussia Mönchengladbach und von 1998 bis 2000 der 1. FC Nürnberg. Zuletzt war er als Sportlicher Berater beim FC Luzern tätig und schließt nicht aus, noch einmal als Trainer auf den Fußballplatz zurückzukehren.

**Rehhagel, Otto** (9.8.1938):

Der Abwehrspieler kam 1966 von Hertha BSC Berlin zum 1. FCK. Zuvor war er für TuS Helene Essen und RW Essen aktiv gewesen. Er machte 160 Spiele und erzielte 18 Tore. Nach seiner aktiven Laufbahn wurde er 1972 Trainer beim 1. FC Saarbrücken, betreute von 1973 bis 1976 Kickers Offenbach und zum Ende der Saison 1975/76 Werder Bremen. Von 1976 bis 1978 arbeitete er bei Borussia Dortmund, wo er sich den Namen „Otto Torhagel" einhandelte, nachdem Dortmund am letzten Spieltag in Mönchengladbach untergegangen war. 1978/79 folgte die Station Arminia Bielefeld und von 1979 bis 1981 wirkte er bei Fortuna Düsseldorf, ehe er im April 1981 erneut bei Werder Bremen landete, wo er 14 Jahre lang erfolgreich arbeitete, bevor er zu Beginn der Saison 1995/96 zu Bayern München wechselte. Trotz eines 2.Tabellenplatzes in der Bundesliga und dem Erreichen des UEFA-Pokal-Finales wurde Rehhagel nach einer 0:1-Niederlage gegen Hansa Rostock entlassen und daran gehindert, den späteren Gewinn des UEFA-Pokals mit seiner Mannschaft zu feiern. 1996 überraschte Rehhagel-Freund und 1. FCK-Aufsichtsrat Jürgen Friedrich die Öffentlichkeit mit dem Versprechen: „Bei uns darfst du wieder Otto sein!" Der 1. FCK präsentierte Rehhagel als Nachfolger für Eckart Krautzun, dem viele den Durchmarsch durch die 2. Bundesliga nicht zutrauten. Rehhagel konterte jede aufkommende Kritik, indem er auf das Ziel Aufstieg verwies und behielt letztlich recht. Nach dem Aufstieg war er dann so richtig in seinem Element. Im ersten Bundesligaspiel gelang ihm ein 1:0-Sieg bei Bayern München, das auch vier

Monate später im Rückspiel mit 2:0 geschlagen wurde. Nur im Pokal musste er der Stärke und Ausgebufftheit der Münchner Tribut zollen, der 1. FCK verlor mit 1:2. Am Ende der Saison 1997/98 hatte er die Sensation geschafft: Der 1. FCK war als Aufsteiger durchmarschiert und Deutscher Meister geworden. Doch damit machte sich auf dem Betzenberg auch der Größenwahn breit. Rehhagel bestimmte die Politik des Vereins fast im Alleingang, unterstützt von einer Vereinsspitze, die ihm fast jeden Wunsch von den Lippen ablas und erfüllte. In der Folge verpasste der 1. FCK zwei Mal hintereinander die Qualifikation zur Champions League und den Griff nach dem großen Geld. In der Saison 2000/01 war der Kredit des Trainers beim Publikum aufgebraucht. Rehhagel musste Platz machen für seine Nachfolger Andreas Brehme und Reinhard Stumpf. Seitdem hat er nur noch einen Trainerjob angenommen, den des Nationaltrainers von Griechenland. Hier schaffte er 2004 die große Überraschung und wurde in Portugal Europameister, verpasste aber danach die Qualifikation für die WM 2006 in Deutschland.

**Reich, Marco** (30.12.1977):

Er kam 1992 von der SG Meisenbach/Odenbach zu den 1. FCK-Junioren. Zuvor hatte er für Viktoria Merxheim gespielt. Otto Rehhagel baute den auf der rechten Außenseite und als Stürmer verwendbaren Spieler behutsam auf, indem er seine Einsätze in der 2. Bundesliga und nach dem Aufstieg in die Bundesliga dosierte. So kam das Mitglied der Meistermannschaft von 1998 zu einer Berufung in die Nationalmannschaft, doch danach ging es für ihn in Lautern abwärts. Es folgte 2001 der Wechsel zum 1. FC Köln für die Rekordsumme von sechs Mio. DM. Seine nächste Station war nur ein Jahr später Werder Bremen, doch auch hier blieb Reich den Beweis seiner Klasse schuldig. Von der Weser wechselte er 2003 nach England zum Zweitdivisionär Derby County, wo er wieder zu alter Form fand und zu einem Leistungsträger wurde. 2005 verpflichtete ihn der Süd-Londoner Zweitligaclub Crystal Palace, von wo er im Januar 2007 zum Zweitligisten Kickers Offenbach wechselte. Dort wurde er schon nach kurzer Zeit wegen Disziplinlosigkeiten vom Spielbetrieb freigestellt.

**Reichel, Armin** (31.1.1958):
Er stieß 1973 als Jugendlicher von der JSG Glan-Münchweiler zum 1. FCK. Meist blieb ihm hinter Ronnie Hellström nur die Reservistenrolle. Er stand 81 Mal im Tor des 1. FCK, vor allem wenn Hellström verletzt war oder eine Formkrise hatte. Seine Karriere setzte er bei Tennis Borussia Berlin fort und spielte danach für den 1. FC Saarbrücken, Wormatia Worms und Eintracht Bad Kreuznach, wo er mit 42 Jahren seine Laufbahn beendete.

**Reinders, Günther** ( 22.9.1944):
Er kam vom FK Pirmasens und spielte von 1970 bis 1974 100 Mal für den 1. FCK. Dabei erzielte er zwei Tore.

**Reinert, Sebastian** (20.4.1987):
Der Mittelfeldspieler, dem in der Spielzeit 2005/06 neben Schönheim, Halfar und Fromlowitz der Durchbruch beim 1. FCK gelang, ging aus dem saarländischen FC Gronig hervor, wo er von 1992 bis 1996 gespielt hatte. 1996 kam der Wechsel in den Juniorenbereich des 1. FCK, der sich für Reinert, der bis 2010 Vertrag hat, ausgezahlt hat. In der Spielzeit 2006/07 plagte er sich zeitweise mit Verletzungen herum und musste sich auch der großen Konkurrenz im Kader erwehren.

**Reinke, Andreas** (10.1.1969):

Er wurde als Ersatz für den unzufriedenen Reservetorhüter Claus Reitmaier zu Beginn der Saison 1994/95 vom FC St. Pauli verpflichtet. Zuvor hatte er für den PSV Güstrow, PSV Schwerin und den Hamburger SV gespielt. Nach Gerry Ehrmanns Verletzungen in der Saison 1994/95 wurde er früher als erwartet Stammtorhüter, stand aber immer wieder auch nach guten Spielen in der Kritik, obwohl er insgesamt eine gute Bilanz vorzuweisen hat. Vor allem in der Saison 1996/97 in der 2. Bundesliga und im Jahr nach dem Aufstieg war Reinke ein großer Rückhalt für seine Mannschaft. Immer wieder versuchte man beim 1. FCK, Reinke einen besseren Mann vor die Nase zu setzen, doch Petr Kouba, Jürgen Gospodarek und Lajos Szücs kamen nicht am „Dicken" vorbei. Erst die Verpflichtung von Georg Koch und eine längere Verletzungspause Reinkes führte zur Wachablösung. Zur Trennung kam es am Ende der Saison 1999/2000, nachdem der Torhüter angeblich zu viel Geld für einen neuen Vertrag gefordert habe, was der Spieler jedoch dementierte. Die nächste Station war in der Saison 2000/01 Iraklis Saloniki, mit dem er im UEFA-Pokal auf den 1. FCK traf, sowie von 2001 bis 2003 der spanische Zweitdivisionär Real Murcia, mit dem er in die Primera Division aufstieg und zum besten Torhüter der spanischen Profiligen avancierte. Reinke zog danach das Angebot von Werder Bremen der Aussicht, mit Murcia im Nou Camp in Barcelona und im Santiago Bernabeu in Madrid zu spielen, vor und wurde 2004 noch einmal Meister und Pokalsieger. Nach einer schweren Verletzung in einem Bundesligaspiel beim VfB Stuttgart gelang ihm zwar ein kurzzeitiges Comeback, doch in der Saison 2006/07 bevorzugte Trainer Thomas Schaaf seinen jüngeren Konkurrenten Tim Wiese. Am Ende der Saison wurde sein Vertrag nicht mehr verlängert.

**Reitgaßl, Willy** (29.2.1936, † August 1988):
Er kam 1962 vom Karlsruher SC auf den Betzenberg und trug in der letzten Oberligasaison 1962/63 entscheidend dazu bei, dass sich der 1. FCK gegen die Konkurrenz aus Pirmasens und Neunkirchen für die Bundesliga qualifizierte. 173 Mal trug er das Trikot des 1. FCK und schoss 52 Tore. Dazu kam ein Länderspiel 1960 gegen Island. Vor seiner Zeit in Karlsruhe hatte Reitgaßl für die SpVgg. Landshut und den VfB Coburg gespielt.

**Reitmaier, Claus** (17.3.1964):
Der 1993 von den Stuttgarter Kickers zum 1. FCK gekommene Torhüter war vielleicht der unglücklichste Mann, der bei den Roten Teufeln je zwischen den Pfosten stand. Trotz seiner nachgewiesenen Klasse kam er an Gerald Ehrmann nicht vorbei und geriet wegen seiner aus Frust losgelassenen Frotzeleien bei den Fans ins Abseits. Eine solche Saison reichte ihm, und so ging Reitmaier 1994 als Nachfolger von Oliver Kahn zum KSC, mit dem er 1996 im DFB-Pokalfinale ausgerechnet gegen den 1. FCK 0:1 unterlag. Von 1998 bis 2003 hütete er das Tor des VfL Wolfsburg, wurde von Trainer Jürgen Röber abgeschoben und ging zu Borussia Mönchengladbach und danach 2004 zu RW Erfurt, wo er jedoch mit den Fans nicht zurecht kam. 2005 spielte er für Lilleström SK in Norwegen und wurde dort zum besten Torwart der Liga gewählt. In der Saison 2007/08 wirkte er als Torwarttrainer beim Hamburger SV.

**Rekdal, Kjetil** (6.11.1968):
Im Mai 2007 entschied sich der 1. FCK für ihn als Nachfolger des entlassenen Wolfgang Wolf. Am 28.6.2007 trat der Norweger sein Amt auf dem Betzenberg an. Zuvor hatte er den belgischen Erstligisten Lierse SK trainiert. Seine Karriere als Spieler startete 1985 bei seinem Heimatverein Molde FK, von wo er 1988 zu Borussia Mönchengladbach wechselte. Es folgten ab 1990 sechs Spielzeiten bei Lierse SK, danach war er für ein Jahr bei Stade Rennes am Ball. Von 1997 bis 2000 folgte seine zweite Station in der Bundesliga bei Hertha BSC Berlin, bevor er von 2000 bis 2004 für Valerenga Oslo am Ball war und danach dort bis 2006 als Spielertrainer wirkte. Rekdal wurde als Spieler 2002 norwegischer Pokalsieger und 2005 als Trainer Meister. Seit November 2006 war er nach seinem Rücktritt in Oslo als Trainer bei Lierse SK tätig. Der zentrale Mittelfeldspieler bestritt 83 Länderspiele und erzielte den Siegtreffer für Norwegen gegen Brasilien bei der WM 1998 in Frankreich, als er einen zweifelhaften Elfmeter in der Schlussminute verwandelte. In einem Interview mit der Zeitung „*Aftenposten*" hatte er wenige Wochen vor seinem angekündigten Engagement in Kaiserslautern erklärt: „Mein Ziel ist es, Trainer von Hertha BSC zu werden." Doch sein Weg zurück nach Deutschland führte ihn zunächst in die 2. Bundesliga zum 1. FCK.

**Render, Otto** (16.4.1926, † April 1969):
Er spielte von 1951 bis 1958 beim 1. FCK und war Mitglied der Meistermannschaft von 1953 sowie Endspielteilnehmer 1954 und 1955. Insgesamt kam er auf 122 Einsätze und erzielte neun Tore. Später trainierte er den SV Alsenborn. 1969 verunglückte er tödlich mit seinem Auto.

**Ribbeck, Erich** (13.6.1937):
Der spätere Bundestrainer bereitete von 1973 bis 1978 als Nachfolger von Dietrich Weise und Vorgänger Karl-Heinz Feldkamps den Weg des 1. FCK, der ohne große Ambitionen war, hin zu einer Mannschaft, die über Jahre vorne mitspielen konnte und über ihren üblichen Kampf auch das Spielen nicht vernachlässigte. Als Spieler war er beim SSV 1904 Wuppertal, dem Wuppertaler SV und bei Viktoria Köln aktiv. Vor seiner Zeit beim 1. FCK coachte er RW Essen und Eintracht Frankfurt, danach folgten Borussia Dortmund, Bayer Leverkusen, Bayern München und – gemeinsam mit Ulli Stielike – die deutsche Nationalmannschaft. Bei Leverkusen erlebte er seinen größten Triumph, als man in den beiden UEFA-Cup-Endspielen gegen Espanyol Barcelona siegreich war.

**Richter, Winfried** (19.1.1941):
Er spielte von 1959 bis 1965 und von 1969 bis 1971 beim 1. FCK. Schoß in 189 Spielen 73 Tore. Später arbeitete er im Amt für Umweltschutz in Kaiserslautern.

**Riedl, Johannes** (2.1.1950):
Er kam 1974 über Hertha BSC Berlin nach Kaiserslautern, spielte vorher für den FK Pirmasens und den MSV Duisburg. In 251 Spielen erzielte er 39 Tore. Nach seiner Zeit beim 1. FCK war er bei Arminia Bielefeld und Kickers Offenbach am Ball. Sein Sohn Thomas trat in seine Fußstapfen und wurde ebenfalls Profi, u.a. beim 1. FCK.

**Riedl, Thomas** (18.6.1976):
Er kam 1994 als Vertragsamateur in den Kader des 1. FCK. 1997 baute er sein Abitur und stieg mit dem 1. FCK wieder in die Bundesliga auf, wo er aber über die Rolle eines Ersatzspielers nicht hinaus kam und meist bei den Amateuren Erfahrung sammeln durfte. So wechselte er 1999 zu 1860 München, wo er bis heute in Erinnerung geblieben ist, weil ihm im November 1999 im Derby gegen Bayern München das goldene Tor zum Sieg gelang. 2001 kehrte er zum 1. FCK zurück, wurde aber im Lauf der Spielzeit 2005/06 nicht mehr berücksichtigt. 2006 unterschrieb er einen Zweijahresvertrag beim österreichischen Erstligisten SV Superfund Pasching.

**Riihilahti, Aki** (9.9.1976):
Der finnische Nationalspieler, zur Saison 2006/07 von Crystal Palace gekommen, sollte wie Hajnal eine Führungsrolle beim 1. FCK übernehmen, fiel aber längere Zeit wegen einer Verletzung aus. Seine vorherigen Stationen waren Honka Espoo, HJK Helsinki und Valerenga Oslo. Am Ende der Saison 2006/07 trennten sich die Wege, weil Riihilahti sich nicht als die erhoffte Verstärkung im Mittelfeld erwies.

**Rische, Jürgen** (30.10.1970):

Während der Saison 1995/96 kam der damalige Torschütze vom Dienst des VfB Leipzig zum 1. FCK, geriet aber in eine zerstrittene Mannschaft und wurde der ihm zugedachten Rolle nicht gerecht. Unter Otto Rehhagel stellte er in der Saison 1996/97 in der 2. Bundesliga seine Qualitäten unter Beweis und trug mit seinen Toren zum Aufstieg und in der Saison 1997/98 zum Gewinn der Deutschen Meisterschaft bei. In der Winterpause 1999/2000 wechselte er zum VfL Wolfsburg und 2002 weiter zu Eintracht Braunschweig.

**Ritter, Thomas** (10.10.1967):
Die Blitzkarriere überhaupt: Aus der ehemaligen DDR per Zufall bei den Stuttgarter Kickers gelandet, kam Ritter 1992 zusammen mit Trainer Rainer Zobel nach Kaiserslautern. Hier wurde er fast über Nacht zum Nationalspieler. Allerdings blieb es auch bei der einen Berufung am 13. Oktober 1993 beim 5:0 gegen Uruguay. Während der Saison 1995/96 wurde er an den Karlsruher SC abgegeben. Weitere Stationen waren erneut

die Stuttgarter Kickers, Austria Lustenau, Changeh in China und FT Eider Büdelsdorf. Nach Abschluss seiner Karriere als Spieler ließ sich Ritter an einer Fachschule für Sozialpädagogik in Kiel zum Erzieher ausbilden.

**Rösler, Uwe** (15.11.1968):
Der fünfmalige DDR-Nationalspieler kam 1998 von Manchester City zum 1. FCK. Seine vorherigen Stationen waren Chemie Leipzig, 1. FC Magdeburg, Dynamo Dresden und der 1. FC Nürnberg. Nach seiner Lauterer Zeit spielte er für Tennis Borussia Berlin, FC Southampton, West Bromwich Albion, die SpVgg. Unterhaching und Lilleström SK, wo er auch als Trainer arbeitete und im November 2006 entlassen wurde. Danach erhielt er eine neue Anstellung bei Viking Stavanger.

**Roesner, Sandro** (23.6.1986):
Der Abwehrspieler, der noch überwiegend beim 1. FCK II zum Zug kommt, spielte bei Viktoria Herxheim und SV Edenkoben, ehe er 1998 zu den 1. FCK Junioren wechselte.

**Roggensack, Gerd** (5.10.1941):
Der Torjäger spielte in der Saison 1967/68 für den 1. FCK und erzielte in 33 Spielen zehn Tore. Er blieb damit ebenso unter den Erwartungen wie 1989, als er Josef Stabel als Trainer des 1. FCK ablöste. Im Februar 1990 kam die Entlassung, nachdem der 1. FCK schier aussichtslos den letzten Tabellenplatz einnahm. Seine Laufbahn begann er beim VfL Paderborn 08, weitere Stationen waren Borussia Dortmund und Arminia Bielefeld. Nach seiner Lauterer Zeit spielte er für die DJK Gütersloh, wo er ebenso als Trainer tätig war wie beim FC Stukenbrock. Es folgten Trainertätigkeiten bei Arminia Bielefeld, Eintracht Braunschweig, Wattenscheid 09, 1. FCK, Preußen Münster, Fortuna Köln, SpVgg. Unterhaching, FC Gütersloh, VfL Wolfsburg, SC Verl, SV Wilhelmshaven und Kickers Emden. Mit Wolfsburg erreichte er 1995 das DFB-Pokalfinale gegen Borussia Mönchengladbach, das 0:3 verloren wurde. In der Saison 2005/06 stieg er als Trainer mit den A-Junioren des FC Stukenbrock in die Landesliga auf.

**Roos, Axel** (19.8.1964):

Der leidenschaftliche Musiker, der gerne eine Band der Profi-Fußballer gegründet hätte, spielte seit seiner B-Juniorenzeit 1979 beim 1. FCK. Gekommen war er von seinem Heimatverein TuS Thaleischweiler-Fröschen. Jahrelang eine Stütze der Mannschaft, fiel Roos bei Trainer Karl-Heinz Feldkamp in Ungnade und musste allzu oft auf der Tribüne Platz nehmen. Oftmals kursierten Wechselgerüchte. Auch unter Rainer Zobel hatte Roos nicht viel zu lachen, das Martyrium setzte sich fort. Erst Friedel Rausch baute wieder auf die Stärken des Allrounders, der nun nicht mehr um seinen Stammplatz fürchten musste. Er machte alle Höhen und Tiefen mit: Abstieg, Pokalsieg, Aufstieg. Doch mit der ihm von vielen zugedachten Rolle als Pfälzer Identifikationsfigur, 1996 nach dem Weggang von Stefan Kuntz und Marco Haber, war er überfordert, da es in der Mannschaft nicht stimmte und der eher leise Roos die Dissonanzen nicht ausräumen konnte. Seine Vereinstreue ersparte ihm in seiner letzten Saison 2000/01 unter Teammanager Brehme und Trainer Stumpf nicht die Demütigung, nur noch als Stand-By-Profi zum Kader zu gehören. Später bekleidete Roos den Managerposten beim FK Pirmasens, bei dem einst sein Vater spielte und begann ein Betriebswirtschaft-Studium an der Fachhochschule Westpfalz in Zweibrücken. Als Hans-Peter Briegel Nationaltrainer Albaniens wurde und ihn als Co-Trainer anfragte, sagte Roos nicht nein und genoss fortan bis zum Ende dieses Engagements noch einmal das Flair der internationalen Fußballwelt. Aktuell betreibt Roos eine Fußballschule für Kinder und Jugenliche.

**Rufer, Wynton** (29.12.1962):
Als der neuseeländische Vorzeigefußballer 1997 seine Karriere beim japanischen J-League-Club JEF United ausklingen lassen wollte, erreichte ihn ein Anruf seines ehemaligen Trainers Otto Rehhagel, mit dem er bei Werder Bremen erfolgreich zusammengearbeitet hatte. Der bat

ihn, ihm beim 1. FCK in Sachen Wiederaufstieg behilflich zu sein. Rufer kam, wurde zum Publikumsliebling und erzielte in 14 Spielen vier Tore. Von 1989 bis 1995 hatte Rufer bei Werder unter Rehhagel zwei Pokalsiege und eine Deutsche Meisterschaft sowie den Gewinn des Europapokals der Pokalsieger gefeiert. Mit einem Tor hatte er zum 2:0-Sieg gegen AS Monaco beigetragen. Mit 18 Jahren hatte Rufer Neuseeland verlassen und seine Karriere in England bei Norwich City begonnen. Es folgten die Stationen FC Zürich, FC Aarau und Grasshopper Zürich, von wo er an die Weser wechselte. Nach seiner Rückkehr nach Neuseeland baute er eine Fußballschule auf und betätigte sich u.a. als Trainer der Nationalmannschaft und der Auckland Kingz. Ausgezeichnet wurde er als Ozeaniens Spieler des (20.) Jahrhunderts.

**Rummel, Manfred** (22.7.1938):
Der Angreifer kam 1965 von Duisburg 48/99 zum 1. FCK und erzielte in 40 Spielen 18 Tore. Zuvor war er für SW Essen und im ersten Bundesligajahr für Preußen Münster aktiv gewesen. In der Saison 1966/67 spielte er zusammen mit dem Ex-Lauterer Co Prins für die Pittsburgh Phantoms in der amerikanischen Soccer-Liga. Er trainierte u.a. Bayer Leverkusen, SW Essen und RW Oberhausen, wo er auch in verschiedenen anderen Funktionen tätig war.

**Rumor, Jürgen** (19.2.1945):
Er kam 1968 vom 1. FC Köln zum 1. FCK, spielte 69 Mal für die Roten Teufel und schoss drei Tore.

**Runström, Björn** (1.3.1984)
Vom Londoner Premier-League-Club FC Fulham kam der Schwede zu Beginn der Spielzeit 2007/08 auf den Betzenberg und machte zunächst mehr durch sein Aussehen als durch sein Können Furore.

**Sandberg, Roland** (16.12.1946):
Er spielte von 1973 bis 1977 auf dem Betzenberg. Wegen einer schweren Verletzung musste er seine Karriere beenden. Der 37-fache schwedische Nationalspieler, der wie ein Jahr später Ronnie Hellström vom damaligen Präsidenten Willi Müller verpflichtet wurde, erzielte in 137 Spielen 69 Tore. Gekommen war er von Atvidaberg FF. Er arbeitete später in Malmö in seinem erlernten Beruf als Sozialarbeiter.

**Sanogo, Boubacar** (17.12.1982):
Der Nationalspieler der Elfenbeinküste kam 2005 vom Al-Ain Club in Abu Dhabi zum 1. FCK, dem in wichtigen Phasen der Saison, in der es stets gegen den Abstieg ging, seine Tore fehlten. Der agile Angreifer hatte zuvor in seiner Heimat für Siroco FC San Pedro und für Espérance Tunis gespielt. Zur Saison 2006/07 verkaufte ihn der 1. FCK für 3,8 Mio. € an den Hamburger SV, wo Sanogo vor allem in der Champions League den Beweis internationaler Klasse schuldig blieb und auch bei Ligaspielen immer öfter auf der Ersatzbank Platz nehmen musste.

**Schäfer, Oliver** (27.2.1969):
Den soliden Abwehrspieler verpflichtete Trainer Karl-Heinz Feldkamp nach dem Gewinn der Deutschen Meisterschaft 1991 vom SC Freiburg. Anfangs Stammspieler, musste Schäfer stets um einen Stammplatz kämpfen, war aber bei den Fans auf der Westtribüne eine Kultfigur („Olliiie"). Engagements bei Besiktas Istanbul und Hannover 96 folgte ein Intermezzo beim 1. FC Saarbrücken. Schäfer kam 2004 zurück zum 1. FCK und verstärkte fortan den 1. FCK II. Seine vorherigen Stationen waren VfR Allmannsweiler und der Freiburger FC. In der Saison 2007/08 ist er Co-Trainer des 1. FCK II.

**Scheffler, Erwin** (24.5.1927):
Er spielte von 1951 bis 1959 beim 1. FCK und war Mitglied der Meistermannschaft von 1953 und Endspielteilnehmer von 1954 und 1955. Der gefürchtete Torjäger schoss in 185 Spielen 120 Tore.

**Scherr, Uwe** (16.11.1966):
Er kam 1989 vom FC Augsburg zum Betzenberg, schoss in 94 Spielen sechs Tore, wurde 1990 Pokalsieger und hatte 1990/91 seine

stärkste Saison. Seine ersten Stationen waren SG Siemens Augsburg, FC Amberg und der 1. FC Nürnberg. Als Scherr im Jahr nach der Meisterschaft seiner Form hinterlief, wurde er am Ende der Spielzeit 1991/92 für 3,6 Mio. DM an Schalke 04 verkauft. Danach spielte er noch für den 1. FC Köln und für den Wuppertaler SV.

**Schjönberg, Michael** (19.1.1967):

Otto Rehhagel holte ihn kurz nach Beginn der Saison 1996/97 in der 2. Bundesliga von Odense BK. Mit Hannover 96, wo er von 1991 bis 1994 aktiv war, wurde er 1992 DFB-Pokalsieger. 1998 war er nicht nur Deutscher Meister mit dem 1. FCK, sondern nahm mit der dänischen Nationalmannschaft auch an der WM in Frankreich teil. Eine schwere Verletzung setzte ihn dann in der Spielzeit 1998/99 außer Gefecht und führte dazu, dass er nach Auftreten weiterer Beschwerden 2001 seine Karriere als Fußballer beenden musste. Ab 2003 arbeitete er als Juniorentrainer des 1. FCK, in der Saison 2004/05 trainierte er in Dänemark Herfolge BK. Danach arbeitete er als Co-Trainer bei Hannover 96 und betreute bis April 2007 die Oberligamannschaft des Vereins. Seit dem 5. April 2007 ist er Sportdirektor beim 1. FCK.

**Schmidt, Karl** (5.3.1932):
Er spielte von 1955 bis 1960 beim 1. FCK und machte neun Länderspiele. Insgesamt war er 129 Mal für die Roten Teufel am Ball und schoss sieben Tore. Seine vorherigen Vereine waren TuSpo Wabern und Hessen Kassel. Zur Saison 1962/63 wechselte er zum FK Pirmasens und wirkte danach als Spielertrainer beim SC Baden-Baden. Schmidt studierte Jura und Sport und war Regierungsrat beim Landratsamt Kaiserslautern. Der damalige rheinland-pfälzische Sozialminister Dr. Heiner Geißler übertrug ihm 1968 das Sportreferat in seinem Ressort und beförderte ihn hoch bis zum Ministerialdirigenten.

**Schnarr, Wolfgang** (9.6.1941):
Er stand von 1959 bis 1970 316 Mal im Tor des 1. FCK. Nach seinem Abschied wurde erst 1974 mit Ronnie Hellström ein Torhüter gefunden, der an die Klasse Schnarrs anknüpfen konnte. Schnarr hatte während seiner Zeit als Nummer 1 beim 1. FCK die Meinung vertreten, er brauche keinen zweiten Torhüter hinter sich. Den damaligen zweiten Mann Horst-Dieter Strich, der ihm zuweilen auch seinen Platz streitig machte, erlebte er als Konkurrenz und gab nicht eher Ruhe, bis dieser den Verein wieder verlassen hatte.

**Schneider, Gerd** (18.12.1940):
Er war von 1960 bis 1970 beim 1. FCK und schoss in 240 Spielen ein Tor. Später war er kurzzeitig Schatzmeister des 1. FCK. Er verstarb in den 1990er Jahren plötzlich an einem Herzinfarkt.

**Schneider, Richard** (16.12.1919, † 28.4.1982):
Nicht Karl-Heinz Feldkamp oder Otto Rehhagel ist der erfolgreichste Trainer des 1. FCK aller Zeiten, sondern Richard Schneider, der von 1950 bis 1960 als Trainer auf dem Betzenberg tätig war, zwei Endspiele um die Deutsche Meisterschaft gegen Preußen Münster und den VfB Stuttgart gewann und zwei verlor – gegen Hannover 96 und RW Essen. Er war der Garant für eine Serie von Meisterschaften in der Oberliga Südwest gegen die zuweilen starke Konkurrenz durch die Konkurrenten FK Pirmasens und 1. FC Saarbrücken. In Kaiserslautern geboren spielte er in seiner Jugend an der Seite von Fritz Walter, später auch in der Gauliga. Ein Meniskusschaden beendete seine aktive Karriere schon mit 20 Jahren. Zur Trainerlaufbahn kam er durch die Bekanntschaft mit Bundestrainer Sepp Herberger. Nach seiner Zeit beim 1. FCK trainierte er Preußen Münster und war Bundesligagründungsmitglied. Trotz des Abstiegs schon nach dem ersten Jahr blieb Schneider bis 1966 in Münster und wechselte anschließend für drei Jahre zum SSV Reutlingen. 1975 kam er mit seiner Frau wieder nach Kaiserslautern zurück. Als er 1982 starb, gab es nicht einmal einen Nachruf in der Presse. Der erfolgreichste Trainer des 1. FCK war einfach vergessen worden.

**Schömbs, Horst** (22.2.1957):

Der Bankdirektor aus Mainz war Stadionsprecher bei Mainz 05, ehe er 1994 als Nachfolger von Udo Scholz, damals ein Denkmal beim 1. FCK, das zum Unmut vieler Fans gestürzt worden war, auf den Betzenberg kam. Anfangs hatte er mit Widerständen der Traditionalisten und eingefleischten Anhänger seines Vorgängers zu kämpfen, aber nach mehr als einem Jahrzehnt ist Schömbs unangefochten die „Stimme vom Betzenberg".

**Schönborn, Dieter** (7.9.1939):
Den Angreifer lockte 1957 Trainer Richard Schneider vom Zweibrücker Stadtteilclub SV Ixheim zum 1. FCK. Wegen der damals geltenden Vorschriften und Sperren bei Wechseln von Amateur- zu Profivereinen spielte er ein ganzes Jahr lang unter dem Decknamen „Hoffmann", ehe er nach Ablauf der Sperrfrist unter seinem richtigen Namen auflaufen durfte. Obwohl er zum Bundesligakader der ersten Stunde gehörte, wurde er in Punktspielen von Trainer Günter Brocker nicht berücksichtigt, bestritt aber Pokalspiele und diverse Freundschaftsspiele. Beim Abschiedsspiel für Fritz Walter gegen den Racing Club Paris erzielte Schönborn den letzten Treffer zum 4:2-Sieg. Während seiner Zeit bei der Bundeswehr hatte er zwischendurch beim SC Eitelborn gespielt. 1964 kehrte er Lautern den Rücken und ging zurück in seine Heimatstadt zum Regionalligisten TSC Zweibrücken, wo er bis 1968 aktiv war.

**Schönheim, Fabian** (14.2.1987):
Der U 21-Nationalspieler kam während der Saison 2005/06 in den Profikader des 1. FCK und avancierte zu einer der großen Entdeckungen aus dem eigenen Fundus. Obwohl es ihm gemeinsam mit Fromlowitz, Reinert, Bohl, Ziemer und Halfar nicht gelang, den Abstieg zu vermeiden, wurden sie alle zu Lieblingen der Fans, die sich endlich wieder mit Spielern aus ihren regionalen Umfeldern identifizieren konnten. In der Spielzeit 2006/07 erlitt Schönheim zunächst eine Rückversetzung auf Grund der von Trainer Wolf getroffenen Personalauswahl und verletzte sich, als er wieder an seine alte Form anknüpfte, schwer und fiel lange aus. Vor seinem Wechsel zu den 1. FCK Junioren 2001 war er für den FSV Rehborn und die SG Desloch-Jeckenbach am Ball.

**Scholz, Udo:**
Bis 1994 war der gebürtige Westfale und in Weinheim wohnende Mann mit der unverkennbaren Stimme Stadionsprecher des 1. FCK und gehörte quasi zum Inventar. Sein Sturz während der Zeit des Geschäftsführers Klaus Fuchs kam plötzlich und überraschend, doch alle Proteste aus den Reihen der Fans nützten nichts. Scholz war Vergangenheit und machte es seinem Nachfolger lange Zeit schwer, bei den Anhängern Akzeptanz zu finden. Der Rausschmiss traf ihn hart, aber er machte weiter: Bei den damaligen Bundesligahandballern der SG Leutershausen, beim DEL-Primus Adler Mannheim und bei vielen Veranstaltungen (nicht nur) rund um den Sport, wie beim Internationalen Inselcup für A-Junioren der SpVgg. Ilvesheim, der jedes Jahr an Pfingsten ausgetragen wird und bei dem Scholz drei Tage lang ohne Honorar zu Gunsten der Jugendkasse moderiert.

**Schuhmacher, Michael** (20.8.1957):
In seiner Jugend war er in Ludwigshafen für Alemannia Maudach und den Ludwigshafener SC aktiv, ehe er nach dem Abitur zum 1. FCK wechselte, für den er von 1978 bis 1982 spielte. In diese Zeit fiel auch ein kurzes Intermezzo bei Borussia Mönchengladbach, wohin er ausgeliehen worden war. Weitere Stationen waren Bayer 05 Uerdingen, Wattenscheid 09, Mainz 05 und die SpVgg. Ingelheim. Hier sowie bei Alemannia Waldalgesheim und bei der TSG Wörsdorf war er auch als Trainer tätig.

**Schulz, Michael** (3.9.1961):
Er spielte von 1987 bis 1989 beim 1. FCK und zuvor beim VfB Oldenburg. Schulz erzielte sechs Tore in 56 Spielen. Sein Weggang zu Borussia Dortmund, für die er sieben Länderspiele bestritt, schwächte die Mannschaft in der darauffolgenden Saison 1989/90 entscheidend. 1988 gewann er mit der Olympiamannschaft in Seoul

die Bronzemedaille. Von 1994 bis 1997 spielte er bei Werder Bremen. Inzwischen arbeitet Schulz als Sportjournalist beim Fernsehen.

**Schupp, Markus** (7.1.1966):
Der Mittelfeldspieler kam 1985 von der SpVgg. Nahbollenbach und spielte bis 1991 für den 1. FCK. Er schoss in 194 Bundesliga- und Pokalspielen 17 Tore. Nach dem Gewinn der Meisterschaft 1991 wechselte er zu Wattenscheid 09, von wo ihn 1992 Bayern München verpflichtete, wo er 1994 erneut Deutscher Meister wurde. Als die Bayern sich für die Saison 1995/96 mit Herzog, Sforza und Strunz verstärkten, wechselte Schupp zu Eintracht Frankfurt. Bei seinem nächsten Verein, dem Hamburger SV geriet er mit Trainer Felix Magath aneinander und heuerte beim FC Basel an, von wo er zu Sturm Graz ging, wo er nach dem Ende seiner aktiven Laufbahn von 2002 bis 2004 Leiter der Jugendabteilung und Trainer der A-Junioren sowie zeitweilig Interimstrainer bei den Profis war. Bei den Steiermärkern wurde er je zwei Mal Meister und Pokalsieger. Zur Saison 2004/05 trat er die Trainerstelle beim Zweitligisten Wacker Burghausen an, wo er im Dezember 2006 nach anhaltenden Misserfolgen entlassen wurde. Im Februar 2007 engagierte ihn HSV-Trainer Huub Stevens als Co-Trainer.

**Schwager, Dietmar** (15.8.1940):
Von 1964 bis 1975 spielte der vom Lokalrivalen VfR gekommene Verteidiger beim 1. FCK. Er war der perfekte Nachfolger von Werner Liebrich als Mittelläufer, absolvierte 367 Spiele und schoss fünf Tore. Später trainierte er u.a. in der Saison 1979/80 zeitweilig Schalke 04, Borussia Neunkirchen, FSV Frankfurt, Eintracht Trier, den FSV Salmrohr und die Amateure des 1. FCK.

**Schwarz, Peter** (14.6.1953):
Er kam von Grün-Weiß Hochspeyer und spielte von 1972 bis 1981 beim 1. FCK. Er absolvierte 168 Spiele und erzielte 21 Tore.

**Schwarzer, Mark** (6.10.1972):
Der Torhüter kam zur Saison 1995/96 von Dynamo Dresden zum 1. FCK und war dritter Mann hinter Reinke und Ehrmann. Unzufrieden über seine Reservistenrolle wechselte er nach England zu Bradford City. Dort entdeckten ihn Späher des FC Middlesbrough, wo er seit 1997 ein zuverlässiger Rückhalt ist und zum Stammtorhüter der australischen Nationalmannschaft wurde. Mit ihr nahm er an der WM 2006 statt und spielte gegen Japan in der Vorrunde und im Achtelfinale gegen Italien im Fritz-Walter-Stadion. Begonnen hatte seine Karriere in Sydney bei den Marconi Stallions, wo er von 1990 bis 1994 zwischen den Pfosten stand. Über seine Laufbahn schrieb er das Buch „Mark My Words".

**Seel, Karl-Heinz** (21.6.1948):
Der torgefährliche Angreifer kam 1971 vom 1. FC Saarbrücken und zog 1973 zu Fortuna Düsseldorf weiter. Er spielte 86 Mal für den 1. FCK und schoss 21 Tore.

**Serr, Michael** (14.7.1962):
Der Torhüter kam 1985 vom ASV Landau zum 1. FCK und war meist zweiter Mann hinter Gerald Ehrmann. Er hatte insgesamt 64 Einsätze, bevor er 1993 zum 1. FC Saarbrücken wechselte, wo er sich aber auch nicht durchsetzen konnte. Nach seiner aktiven Karriere betätigte er sich als Spielerberater.

**Sforza, Ciriaco** (2.3.1970):

1993 wurde der 79-fache Schweizer Nationalspieler mit italienischen Wurzeln für 2,4 Mio. DM von Grasshopper Zürich verpflichtet und entpuppte sich gleich als Volltreffer. Zuvor hatte Sforza für den FC Villmergen, den FC Wohlen und FC Aarau gespielt. Bereits nach einer Spielzeit beim 1. FCK wollte ihn Lazio Rom aus seinem Vertrag herauskaufen, jedoch scheiterte der Deal an der Höhe der Ablösesumme. Nach einer eher schwachen Weltmeisterschaft in den USA schwang sich Sforza in der Saison 1994/95 zunächst zum unumstrittenen Spielgestalter des 1. FCK auf, auf den die ganze Bundesliga ein Auge warf. Als er Anfang März erklärte, er werde seinen Vertrag beim 1. FCK nicht verlängern, glaubten viele, er werde nach Italien oder Spanien wechseln. Doch am 20.3.1995 gab Sforza seinen Wechsel zu Bayern München bekannt und bereitete sich damit viel Ärger mit den Fans in der Pfalz. Mit Bayern München holte Sforza den UEFA-Pokal und wurde Zweiter in der Bundesliga. Nach nur einem Jahr verließ er den Club und wechselte zu Inter Mailand, womit er sich einen Traum erfüllte: Im Land seiner Vorfahren in der Serie A zu spielen. Doch bei der Ansammlung vieler Stars bei Inter waren Eifersüchteleien und übertriebenes Konkurrenzdenken nur eine Frage der Zeit. Inter verpasste das Erreichen der Champions League und verlor das UEFA-Pokal-Finale gegen Schalke 04. Zur Saison 1997/98 kehrte Sforza überraschend zum 1. FCK zurück und führte den Aufsteiger direkt zum Gewinn der Deutschen Meisterschaft. „Der Trainer mit der Nummer zehn", titulierte ihn ein Fachmagazin. Sforza scheute sich nicht, mit Trainer Rehhagel in den verbalen Clinch zu gehen, wenn ihm die Personalpolitik des Vereins nicht behagte und ging aus dieser Auseinandersetzung als Sieger hervor. 2000 wechselte er erneut zu Bayern München, kam aber im August 2002 zurück auf den Betzenberg. Nach einer langen Verletzungspause, bei der vielen unklar war, ob er jemals wiederkommen würde, kam Sforza Ende 2004 zurück in die Mannschaft, die gegen den Abstieg kämpfte. Erneut gab es Querelen zwischen dem Führungsspieler und seinem Trainer, dem Österreicher Kurt Jara. Jara musste gehen, Sforza blieb, und der 1. FCK blieb in der Bundesliga. Als in der darauf folgenden Saison der Schweizer Alarm beim Vorstand auslöste und auf dringende Abhilfe bei konkret von ihm benannten Missständen drang, wurde Sforza vom damaligen Trainer Michael Henke suspendiert und kam nie mehr beim 1. FCK zum Einsatz. Auch als Henke schließlich gehen musste, was Sforzas Einschätzungen im Nachhinein bestätigte, verzichtete sein Nachfolger Wolfgang Wolf darauf, auf Sforza zurückzugreifen – möglicherweise ein Fehler, denn vielleicht hätte die Erfahrung und die Übersicht des im Mittelfeld und als Abwehrorganisator einsetzbaren Schweizers dem 1. FCK ein paar Punkte mehr gebracht und ihn abermals vor dem Abstieg bewahrt. Seit der Saison 2006/07 ist Sforza als Trainer beim Schweizer Super-League-Club FC Luzern erfolgreich tätig. Bei der Suche des 1. FCK nach einem Nachfolger für Wolfgang Wolf war Sforza lange als möglicher Nachfolger im Gespräch, entschied sich aber letztlich dafür, in Luzern zu bleiben.

**Simpson, Josh** (15.5.1983):
Der kanadische Nationalspieler kam zur Saison 2006/07 von dem zu diesem Zeitpunkt gerade in die Drittklassigkeit abgestiegenen Süd-Londoner Clubs FC Millwall. Zuvor war er von 1995 bis 2001 für Lower Island Soccer sowie von 2001 bis 2004 für University of Portland am Ball gewesen.

**Sippel, Tobias** (22.3.1988):
Ab der Saison 2006/07 war der aus dem SV Bad Dürkheim hervorgegangene Torhüter dritter Mann des 1. FCK zwischen den Pfosten und sammelt seine Spielpraxis beim 1. FCK II in der Regionalliga Süd. Nach dem Weggang Machos rückte er zur Nummer 2 auf.

**Skela, Ervin** (17.11.1976):
Der albanische Nationalspieler kam 2005 von Arminia Bielefeld zum 1. FCK, wo man von ihm eine gestaltende Rolle im Mittelfeld erwartete. Leider wurde er diesen Ansprüchen nie gerecht und erreichte nicht annähernd die Klasse, die ihn in Bielefeld ausgezeichnet hatte. Begonnen hatte seine Karriere 1994 bei Flamurtari Vlora, dann folgte von 1995 bis 1998 ein Engagement beim 1. FC Union Berlin. In der Saison 1998/99 spielte er bei Erzgebirge Aue, 1999/2000 beim Chemnitzer FC. Es folgte 2001 der SV Waldhof Mannheim, wo der Aufstieg in die Bundesliga nur knapp verpasst wurde. Von 2001 bis 2004 war er für Eintracht Frankfurt am Ball. Nach dem Abstieg des 1. FCK musste auch Skela 2006 gehen und heuerte in Italien bei Ascoli Calcio an, von wo er im Januar 2007 zu Energie Cottbus zurück in die Bundesliga wechselte.

**Sopp, Udo** (5.12.1934):
Der Pfarrer begleitete das Amt eines Kirchenrates der Evangelischen Kirche der Pfalz in Speyer von 1977 bis 1999 und war von 1973 bis 1981 Vizepräsident und von 1981 bis 1985 Präsident des 1. FCK, der in dieser Phase sportlich nicht seine besten Jahre erlebte.

**Stabel, Josef** (21.9.1948):
Der geduldigste zweite Torhüter des 1. FCK spielte von 1967 bis 1980 auf dem Betzenberg. Zuvor war er bei der SG Pirmasens und beim VfB Post Pirmasens aktiv. Er war stets ein zuver-

lässiger Torhüter, der meist hinter Ronnie Hellström zurückstehen musste und stand in seiner langen Zeit auf dem Betzenberg nur 97 Mal im Tor. Dafür erzielte er selbst einen Treffer per Elfmeter. Stabel war Trainerassistent beim 1. FCK sowie Trainer bei Wormatia Worms, TuS Hohenecken und den Amateuren des 1. FCK, bevor er im November 1987 Hannes Bongartz als Cheftrainer ablöste. Er rettete den 1. FCK vor dem Abstieg und hatte danach eine durchwachsene Saison, nach der er Gerd Roggensack Platz machen musste. Als er 1990 als Trainer des FC Homburg auf unmenschliche Weise abserviert wurde, wandte sich Stabel vom Profigeschäft ab.

**Stachnik, Sebastian** (14.6.1986)
Der Angreifer kam 2007 von Hannover 96, von wo ihn Sportdirektor Michael Schjönberg als ehemaliger Trainer von 96 II kannte.

**Strasser, Jeff** (5.10.1974):

Luxemburgs Rekord-Nationalspieler kam 1999 vom FC Metz zum 1. FCK und fiel von Anfang an durch seinen unbändigen Ehrgeiz auf. Als Trainer Otto Rehhagel ihm beim ersten Heimspiel nicht aufs Spielfeld schickte, beschwerte sich Strasser hinterher erst auf Deutsch und danach auf Letzeburgerisch. Und der selten fehlerfrei, aber stets mit ehrlichem Einsatz spielende Verteidiger erkämpfte sich seinen Stammplatz und half dem 1. FCK durch schwere Zeiten, bis man 2002 seinen Vertrag nicht mehr verlängerte. Strasser wechselte zu Borussia Mönchengladbach, wo ihn Trainer Jupp Heynckes zu Beginn der Saison 2006/07 kaltstellte und sein Vertrag vorzeitig aufgelöst wurde. Einen neuen Arbeitgeber fand er in der französischen Ligue 2 bei Racing Club Strasbourg, mit dem er 2007 in die Ligue 1 aufstieg. Danach wechselte er zurück zum FC Metz.

**Strich, Horst-Dieter** (8.4.1941):
Er spielte von 1963 bis 1965 beim 1. FCK und stand 36 Mal im Tor. Strich wollte alleiniger Stammtorhüter des 1. FCK sein, konnte sich aber gegen Wolfgang Schnarr nicht entscheidend durchsetzen, so dass zwischen beiden ein permanenter Nervenkrieg tobte. Entnervt wechselte er 1965 zum holländischen Ehrendivisionär PSV Eindhoven.

**Stumpf, Reinhard** (26.11.1961):

Der Abwehrspieler weilte von 1989 bis 1992 beim 1. FCK. Gekommen war er von Kickers Offenbach. In 74 Spielen schoss der kompromisslose Manndecker zwei Tore. Stumpf erlitt in seiner Karriere mehrere Jochbeinbrüche und stand mehrmals am Rande der Sportinvalidität. Nach der Verpflichtung von Jan Eriksson sah er für sich keine Chance mehr und folgte Trainer Karl-Heinz Feldkamp zu Galatarasay Istanbul, von wo er 1994 zum 1. FC Köln wechselte. Es folgte 1996 das Engagement beim japanischen Club Brumel Sendai sowie 1997 seine letzte Station als Spieler bei Hannover 96. Nach Abschluss seines Trainerexamens war er 1997/98 Co-Trainer beim 1. FCK und fungierte als Cheftrainer unter Teamchef Andreas Brehme. Nach Anschuldigungen aus Spielerkreisen über den Umgang mit ihnen wurde Stumpf vom Verein beurlaubt, kehrte aber nach Brehmes Entlassung als Co-Trainer von Nachfolger Erik Gerets wieder zurück, was erneut für Unruhe sorgte. Mit Gerets Entlassung und der Nachfolge durch Kurt Jara, der seinen Co-Trainer mitbrachte, war die Tätigkeit Stumpfs beim 1. FCK beendet. 2007/08 arbeitet er als Cheftrainer bei Genclerbirligi Ankara.

**Tare, Igli** (25.7.1973):

Der albanische Nationalspieler kam 1999 von Fortuna Düsseldorf zum 1. FCK und absolvierte 26 Bundesligaspiele, in denen ihm wichtige Tore gelangen. Ganz zum Durchbruch reichte es für ihn jedoch nie. Begonnen hatte die Karriere des einst auf einem Asylbe-

werberschiff im Ludwigshafener Luitpoldhafen Lebenden bei Südwest Ludwigshafen, wo er von 1994 bis 1995 am Ball war. Von hier wechselte er zum Karlsruher SC, ehe er 1997 nach Düsseldorf ging. Nach seiner Lauterer Zeit zog es Tare nach Italien, und von Norden nach Süden hießen seine Stationen Brescia Calcio von 2001 bis 2003, FC Modena 2003 sowie FC Bologna von 2003 bis 2005 und danach Lazio Rom.

**Teber, Selim** (7.3.1981):
Der deutsch-türkische Angreifer wurde beim DFB-Pokalspiel des 1. FCK beim SV Waldhof im November 2001 vom damaligen Teammanager Andreas Brehme als künftige Verstärkung für den 1. FCK ausgedeutet und noch während der laufenden Saison für die darauf folgende Spielzeit verpflichtet. Dies machte ihn bei den SVW-Fans zur unerwünschten Person. Als der aus dem VfR Frankenthal hervorgegangene Spieler, der 1999 zum SV Waldhof gewechselt war, 2002/03 für die Lauterer auflief, musste er sich an die raue Luft der Bundesliga erst einmal gewöhnen. Doch durchsetzen konnte er sich nicht entscheidend, was eine Ausleihe an Austria Salzburg für die Saison 2003/04 zur Folge hatte. Wieder zurück in der Pfalz, wurde er 2005 an den türkischen Erstligisten Denizlispor abgegeben. Schließlich folgte die Rückkehr nach Nordbaden: 2005/06 unterschrieb er einen Vertrag beim damaligen Regionalligisten TSG Hoffenheim, mit dem er 2007 in die 2. Bundesliga aufstieg.

**Tchato, Bill** (14.5.1975):
Der kamerunische Nationalspieler kam im Januar 2003 vom HSC Montpellier zum 1. FCK, um mitzuhelfen, dessen instabile Abwehr zu verstärken. 2002 hatte er mit Kamerun den Afrika-Cup gewonnen. Doch anfänglich guten Leistungen folgten zum Teil indiskutable Vorstellungen im Dress der Roten Teufel, deren Fans des Öfteren ihre Missbilligung dessen zum Ausdruck brachten. 2005 wechselte Tchato zurück nach Frankreich und heuerte bei OGC Nice an.

**Thines, Norbert** (19.8.1940):
Er war von 1988 bis 1996 der volkstümlichste Präsident des 1. FCK zu Bundesligazeiten und erlebte wahre Wechselbäder mit mehreren erfolgreich absolvierten Abstiegskämpfen, den Pokalsiegen 1990 und 1996, der Meisterschaft 1991, aber auch dem Abstieg 1996, der letztlich seinen Sturz durch die Aktivitäten der Opposition um Jürgen Friedrich und Dr. Robert Wieschemann beschleunigte. Von 1977 bis 1984 arbeitete er als Geschäftsführer beim 1. FCK, wurde 1986 Vizepräsident und 1988 Präsident als Nachfolger von Jürgen Friedrich. Thines stand und steht für den sozialen Charakter seines Vereins, was er mit zahlreichen Aktionen wie der Hilfe für Tarnovo in Bulgarien oder auch für Kinder aus Tschernobyl bewiesen hat. Er hat auch politische Akzente gesetzt, indem er sich offen und erfolgreich für die Aufnahme des Verbots der Reichskriegsflagge in die Satzung einsetzte und klar und deutlich gegen jeglichen Rassismus Stellung bezog, als dies andernorts in Bundesligastadien noch überhaupt kein Thema war.

**Toppmöller, Klaus** (12.8.1951):
Der beste Torjäger zu Bundesligazeiten, den der 1. FCK je hatte, spielte von 1972 bis 1980 auf dem Betzenberg. Er kam von Eintracht Trier, und er ist bis heute Bundesliga-Rekordtorschütze: In 204 Spielen gelangen ihm 108 Tore, dazu kommen noch 20 Treffer aus 34 nationalen und internationalen Pokalspielen. Der Diplom-Ingenieur aus Rivenich musste wegen einer Verletzung seine Karriere, in der er auch drei Länderspiele unter Helmut Schön absolvierte, frühzeitig beenden und ging danach in die USA in die Soccer-Liga. In Deutschland spielte er noch für den FSV Salmrohr und trainierte danach den SSV Ulm, Wismut Aue und den SV Waldhof Mannheim. Bei seinem anschließenden Engagement bei Eintracht Frankfurt wurde er vorzeitig entlassen. Es folgte ein Trainerjob beim VfL Bochum, mit dem er 1995 in die 2. Bundesliga abstieg, aber ein Jahr später mit einer völlig neu formierten Mannschaft sofort wieder aufstieg und auf Anhieb den VfL zum ersten Mal in seiner Vereinsgeschichte in den UEFA-Pokal führte. Einem Intermezzo beim 1. FC Saarbrücken folgte die erfolgreichste Zeit des Trainers bei Bayer Leverkusen. Obwohl er alle möglichen Titel verfehlte, spielte sich Leverkusen unter ihm und mit einem überragenden Michael Ballack bis ins Finale der Cham-

pions League, wo nur Zinedine Zidane den kleinen Unterschied machte. In der Meisterschaft und im Pokal scheiterte man ebenfalls denkbar knapp, und als in der darauf folgenden Saison Leverkusen abfiel, musste Toppmöller herhalten und wurde entlassen. Danach wurde er beim HSV Nachfolger des dort geschassten Kurt Jara, scheiterte jedoch im Machtkampf mit dem Spieler Sergej Barbarez und musste vor Ablauf seines Vertrages Thomas Doll Platz machen. Als der 1. FCK im Frühjahr 2007 nach der Entlassung von Wolfgang Wolf einen neuen Trainer für die Spielzeit 2007/08 suchte, kam automatisch auch der Name Toppmöller in die Verlosung. Doch der georgische Nationaltrainer redete sich mit despektierlichen Äußerungen über Wolf um Kopf und Kragen und strich sich somit selbst von der Liste der aussichtsreichen Kandidaten.

**Trunk, Dieter** (22.3.1959):
Der Angreifer kam 1984 vom 1. FC Nürnberg und spielte bis 1987 75 Mal für den 1. FCK und schoss 13 Tore. Vom „Club" war er zeitweilig ausgeliehen an Fortuna Köln, hervorgegangen war er aus dem SC Reichmannsdorf. Nach seiner Zeit in der Pfalz folgten Engagements bei Darmstadt 98 und VOEST Linz. Außerdem war er Spielertrainer in der Schweiz beim SC Breitenbach, bei Eintracht Kaiserslautern und ATS Kulmbach. Später folgte eine Anstellung beim DFB als Stützpunkttrainer.

**Vignal, Grégory** (19.7.1981):
Der Abwehrspieler kam in der Winterpause 2006/07 als Ersatz für den langzeitverletzten Fabian Schönheim vom französischen Erstdivisionär RC Lens auf Leihbasis zum 1. FCK. Begonnen hatte er seine Karriere 1998 bei HSC Montpellier, von wo er 2000 zum FC Liverpool wechselte. Der lieh ihn gleich vier Mal aus: 2003 erst an den SC Bastia und dann an Stade Rennes, 2004 an Espanyol Barcelona und zur Saison 2004/05 an die Glasgow Rangers, wo er Meister und Ligapokalsieger wurde. 2005 unterschrieb er einen Vertrag beim FC Portsmouth und ging am Ende der Spielzeit zurück nach Frankreich nach Lens. Beim 1. FCK überzeugte Vignal lediglich durch seine Schusskraft und erwies sich ansonsten als Fehlerteufel, der die Abwehr eher instabil machte als ihr die notwendige Stabilität zu verleihen.

**Villar, Ricardo** (11.8.1979):
Der in Brasilien geborene Spieler mit dem italienischen Pass kam zur Saison 2006/07 von den Chunnam Dragons aus Südkorea auf den Betzenberg. Seine Karriere begann beim FC Sao Paulo, danach war er bei Penn State University sowie in der Spielzeit 2004/05 bei Austria Salzburg am Ball. Sein Vertrag wurde am Ende der Saison 2006/07 nicht mehr verlängert.

**Vogt, Karl-Heinz** (23.2.1945):
Der „Hexer" kam 1969 vom 1. FC Saarbrücken zum 1. FCK und erzielte in 110 Spielen 46 Tore. Zuvor hatte er bei Tura Ludwigshafen, der SpVgg. Mundenheim und beim FC Homburg gespielt. Als Trainer Erich Ribbeck ihn 1974 aussortierte, wechselte er zum VfR Bürstadt, mit dem er 1975 Deutscher Amateurmeister wurde, nachdem er im Finale gegen Victoria Hamburg alle drei Tore zum 3:0-Sieg erzielt hatte. Von Südhessen führte sein Weg dann erneut nach Homburg und von dort ins benachbarte Lothringen zu Stiring Wendel, wo er ebenso als Spielertrainer tätig war wie danach noch beim SV Niederauerbach und bei den SF Walsheim.

**Wagner, Martin** (24.2.1968):

Der Mann auf der linken Außenbahn kam 1992 vom 1. FC Nürnberg zum 1. FCK. Zuvor hatte er für den Kehler FV und den Offenburger FV gespielt. Beim 1. FCK wurde er Nationalspieler, nahm 1994 an der WM in den USA teil und bestritt insgesamt sechs Länderspiele. Einen Stammplatz bei Berti Vogts hatte er aber nicht inne, außerdem warf ihn 1995 eine langwierige Verletzung zurück. Er wurde im Jahr nach dem Abstieg 1996 einer der Führungsspieler des 1. FCK, der sich nicht scheute, auch in der Öffentlichkeit Stellung zu beziehen, wenn Kritik notwendig schien. Zur Saison 2000/01 wechselte er zum VfL Wolfsburg, wo er seine Karriere wegen einer Knieverletzung frühzeitig beenden musste. Wagner zählte in seiner Lauterer Zeit zu den Spielern, die sich voll und ganz einbrachten und für den 1. FCK spielten und lebten.

**Walter, Fritz** (31.10.1920, † 17.6.2002):
Er spielte von 1938 bis 1959, unterbrochen durch den Zweiten Weltkrieg, 379 Mal für den 1. FCK und schoss 306 Tore. Bei allen fünf Endspielen des 1. FCK um die Deutsche Meisterschaft war er dabei und wurde 1951 und 1953 Deutscher Meister. Er hielt Angeboten des FC Nancy und von Atlético Madrid stand und blieb in der Pfalz. 1954 wurde er Weltmeister, 1958 WM-Dritter. Später war er auch Berater des Dorfvereins SV Alsenborn, der in den 1960er Jahren beinahe in die Bundesliga aufgestiegen wäre. Er war außerdem aktiv für die Sepp-Herberger-Stiftung und engagierte sich für Strafgefangene. Sein Andenken bewahren Verein, Stadt und Land mit der Fritz-Walter-Stiftung und vor allem mit der schon zu Lebzeiten vorgenommenen Namensgebung für das Stadion des 1. FCK, das den Namen des Ehrenspielführers der Nationalmannschaft trägt.

**Walter, Ottmar** (6.2.1924):
Er war bei den Endspielen 1948, 1951, 1953 und 1954 dabei und wurde zweimal Deutscher Meister sowie 1954 in der Schweiz Weltmeister. Spielte von 1941 bis 1959, unterbrochen durch den Krieg, für den 1. FCK sowie als Soldat für Holstein Kiel und erzielte in 321 Spielen für die Pfälzer 336 Tore. Nach seiner aktiven Zeit musste er mehrere schwere Operationen über sich ergehen lassen. Im Vorfeld der WM 2006 wurde er WM-Botschafter Kaiserslauterns, war und ist immer noch ein viel gefragter Interviewgast, der vor allem nach dem Tod seines Bruders verstärkt angefragt wurde.

**Wanger, Karl** (9.2.1930):
Er spielte von 1950 bis 1957 beim 1. FCK, für den er in 181 Spielen 98 Tore schoss. 1953 wurde er mit dem 1. FCK Deutscher Meister und stand 1954 und 1955 in der unterlegenen Endspielelf.

**Weidenfeller, Roman** (6.8.1980):
Der Torhüter kam 1996 von den Sportfreunden Eisbachtal zu den A-Junioren des 1. FCK und schaffte über die 1. FCK Amateure 1999 den Sprung in den Profikader. Obwohl er in den wenigen Spielen, die er bis zu seinem Abschied 2002 zu Borussia Dortmund bestreiten durfte, seine außergewöhnliche Klasse

nachwies, wurde ihm der ältere und erfahrenere Georg Koch vorgezogen. Vor allem im UEFA-Cup-Heimspiel gegen PSV Eindhoven heimste Weidenfeller nicht nur das Lob einheimischer Beobachter, sondern auch der internationalen Fachpresse ein. Sein Weg beim BVB war ebenfalls steinig, denn hier stand er bis zu dessen Wechsel zu Arsenal London im Schatten von Jens Lehmann. Auch danach schaffte er nicht gleich die Beförderung zur Nummer 1, denn Trainer Matthias Sammer gab dem Franzosen Guillaume Warmuz den Vorzug. Erst in der Spielzeit 2005/06 war der Durchbruch geschafft und der ehrgeizige Westerwälder sogar ein Kandidat für die dritte Torhüterposition der Nationalmannschaft. Mehrmals erhielt er von der Fachpresse Auszeichnungen als bester Bundesligatorhüter trotz der prominenten und erfahrenen Konkurrenz.

**Weinsheimer, Anne:**

Funktionäre, Trainer und Spieler kommen und gehen, sie ist stets geblieben: Die Frau, die seit mehr als drei Jahrzehnten die Geschäftsstelle des 1. FCK managt, Pressemitteilungen verschickt, Kontakte vermittelt und freundlich Auskünfte erteilt, hat in dieser Zeit 18 Trainer, sieben Präsidenten bzw. Vorstandsvorsitzende und Hunderte von Spielern kommen und gehen sehen und alle Höhen und Tiefen miterlebt und durchlitten, darunter zwei Meisterschaften, zwei Pokalsiege und zwei Abstiege.

**Weise, Dietrich** (21.11.1934):
Er trainierte den 1. FCK gleich zwei Mal. In der Saison 1970/71 wurde er Nachfolger von Gyula Lorant und blieb bis einen Spieltag vor Ende der Spielzeit 1972/73. Sein Engagement in der Saison 1983/84 währte sogar nur elf Spieltage, dann musste er Platz machen für Manfred Krafft. In

der ehemaligen DDR hatte er bis zu seinem Weggang 1958 für Fortschritt Weißenfels gespielt. Danach trat er im Westen für den SV Neckarsulm und für den VfR Heilbronn gegen den Ball. In der Bundesliga trainierte er außerdem Fortuna Düsseldorf und Eintracht Frankfurt, mit der er 1974 und 1975 den DFB-Pokal gewann. 1981 wurde er als Trainer der deutschen U18-Nationalmannschaft Europameister. Ein Jahr später wurde die gleiche Mannschaft als U19 in Australien Weltmeister. Außerdem war er Trainer der Nationalteams Ägyptens und Liechtensteins.

**Wendt, Benny** (4.11.1950):
Der Schwede kam 1977 zum 1. FCK. Zuvor hatte er für IFK Norrköpping, den 1. FC Köln und Tennis Borussia Berlin gespielt und sollte in der Pfalz Roland Sandbergs Nachfolger werden. In seinen vier Spielzeiten erzielte er in 139 Spielen 46 Tore. Anschließend wechselte er zu Standard Lüttich.

**Wenzel, Timo** (30.11.1977):
Der Abwehrspieler kam in der Winterpause 2003/04 vom VfB Stuttgart zum 1. FCK, geriet aber nach anfänglich guten Leistungen in ein unerklärliches Leistungstief, aus dem er nicht wieder herausfand. Groß geworden beim FC Burlafingen hatte Wenzel anschließend beim SSV Ulm 46 gespielt. Nach dem Abstieg des 1. FCK 2006 unterschrieb er einen Vertrag beim MSV Duisburg.

**Wenzel, Willi** (30.6.1931):
Er spielte von 1951 bis 1962 beim 1. FCK und war 1953 Deutscher Meister sowie 1954 und 1955 Mitglied der Endspielmannschaften der Lauterer. In 239 Spielen erzielte er 165 Tore.

**Werner, Christoph** (26.6.1986):
Der Angreifer kam in der Winterpause 2006/07 als Perspektivspieler zum 1. FCK und soll über den 1. FCK II an die Bundesligamannschaft herangeführt werden. Seine vorherigen Stationen waren die Sportfreunde Oberau 1951 und der SV Bernbach.

**West, Taribo** (26.3.1974):
Der nigerianische Nationalspieler kam im November 2001 vom damaligen englischen Premier League-Club Derby County zum 1. FCK und war sofort in der Abwehr gesetzt, wo er aber nicht immer der Zuverlässigste war und zuweilen Chaos verursachte. Der charismatische Spieler, der zu seinem Debüt gegen den FC St. Pauli mit zwei rot-schwarzen Teufelszöpfchen auf dem Kopf auflief, gründete in Mailand, wo er von 1997 bis 1999 für Inter und von 1999 bis 2000 für den AC gespielt hatte, eine Kirchengemeinschaft, in der er zuweilen als Prediger in Erscheinung trat. Begonnen hatte die Karriere Wests 1992 bei den Sharks Port Harcourt, von wo er 1993 zu Julius Berger FC wechselte. 1993 holte ihn Trainer Guy Roux zu AJ Auxerre in die französische Premier Division, formte ihn zu einem Weltklasseverteidiger und machte ihn zum festen Bestandteil seiner Mannschaft, die 1996 Französischer Meister und Pokalsieger wurde und in der Champions League nur unglücklich im Viertelfinale an Borussia Dortmund scheiterte. Zuvor hatte West bereits 1994 mit Auxerre den Pokal gewonnen. Es folgten weitere Triumphe mit dem Olympiasieg 1996 in Atlanta und dem Gewinn des UEFA-Cups 1998 mit Inter Mailand. Der 1. FCK suspendierte West, nachdem er sich krank gemeldet hatte und anstatt zu spielen nach Mailand flog, um in seiner Kirche einen Gottesdienst abzuhalten. 2002 nahm er mit Nigeria an der WM in Südkorea und Japan teil. In der Saison 2003/04 spielte er für Partizan Belgrad, danach 2004/05 für Al-Arabi Doha in Katar. Das anschließende Engagement 2005 beim englischen Plymouth Argyle währte nur kurz.

**Wiese, Tim** (17.12.1981):
Gerald Ehrmann, der Torwarttrainer des 1. FCK entdeckte ihn 2001 bei Fortuna Köln, wo er in der Regionalliga das Tor der Südstädter hütete und lotste ihn auf den Betzenberg. Groß geworden war der ehrgeizige Torhüter, der in seinem Temperament seinem Entdecker sehr nahe kam, bei der DJK Dürscheid, wo er von 1987 bis 1989 spielte. Von dort wechselte er zu Bayer Leverkusen, wo er von 1989 bis 1999 im Tor der verschiedenen Juniorenmannschaften stand. Beim 1. FCK kam er zunächst nur zum Einsatz, wenn Stammtorhüter Georg Koch verletzt war, doch mit der Zeit gelang es ihm auf Grund seiner herausragenden Leistungen, den

Routinier zu verdrängen. 2005 nahm Wiese ein Angebot von Werder Bremen an, obwohl er wusste, dass dort mit Andreas Reinke ein starker Konkurrent im Tor stand, der dieses nicht kampflos räumen würde. Zwei Kreuzbandrisse warfen ihn in seiner Bremer Zeit zurück und verhinderten auch seine Pläne, schon zur WM 2006 an die Tür zur Nationalmannschaft zu klopfen. Eine schwere Verletzung Reinkes brachte Wiese dann Anfang 2006 zurück ins Werder-Tor, wo er überzeugte, allerdings im Champions-League-Spiel gegen Juventus Turin einen fatalen Fehler beging, der für seine Mannschaft das Aus bedeutete. Doch der ehrgeizige Keeper steckte das schnell weg und wurde am Ende der Saison Vizemeister und Ligapokalsieger und behauptete seinen Platz im Tor gegenüber Konkurrent Reinke.

**Winkler, Bernhard** (24.6.1966):
Er kam 1990 von Schweinfurt 05 zum 1. FCK und erzielte in der Meister-Saison einige wichtige Tore, zwei davon beim entscheidenden 6:2-Sieg beim 1. FC Köln. Danach flachte seine Leistungskurve ab. Über Fortuna Köln landete Winkler bei 1860 München, wo er mit seinen Toren maßgeblich zum Bundesliga-Aufstieg und im Jahr darauf zum Klassenverbleib der „Löwen“ beitrug.

**Witeczek, Marcel** (18.10.1968):
Der Angreifer kam zur Saison 1991/92 als Ersatz für Bruno Labbadia von Bayer 05 Uerdingen zum 1. FCK, erreichte aber nie dessen Popularität und blieb den Beweis seiner Klasse schuldig. Reiner Geye verkaufte den ehemaligen Uerdinger am Ende der Saison 1992/93 für sechs Mio. DM an Bayern München, wo er bis 1997 spielte und zwei Mal Deutscher Meister sowie ein Mal UEFA-Cup-Sieger wurde. Danach spielte er von 1997 bis 2003 für Borussia Mönchengladbach. Es folgten Engagements bei Wattenscheid 09 und 2006/07 beim württembergischen Landesligisten FC Albstadt 07.

**Wolf, Wolfgang** (24.9.1957):
Er kam vom VfR Hettenleidelheim zum 1. FCK und absolvierte bis 1988 295 Spiele und schoss 15 Tore. Der zuverlässige Abwehrspieler wechselte anschließend zu den Stuttgarter Kickers und danach zum VfR Mannheim. Von 1993 bis 1998 war er Manager, ab Oktober 1994 auch Trainer der Stuttgarter Kickers. Von März 1998 bis März 2003 trainierte Wolf den VfL Wolfsburg und danach bis zu seiner Entlassung im November 2005 den 1. FC Nürnberg. Als Nachfolger des erfolglosen Michael Henke kam Wolf noch im selben Monat als Cheftrainer zum 1. FCK, konnte aber den Abstieg in die 2. Bundesliga nicht verhindern. Im April 2007 wurde er entlassen, nachdem er sechs Spieltage vor Schluss in freilich wenig aussichtsreicher Situation den Aufstieg abgehakt hatte und bis zum Saisonende durch Co-Trainer Wolfgang Funkel ersetzt.

**Wrenger, Willi** (15.4.1938):
Der Abwehrspieler kam 1963 zum Bundesligastart zum 1. FCK. Vorher spielte er für den ESV Essen, RW Essen, den 1. FC Köln und RW Oberhausen. In 67 Spielen gelangen ihm elf Tore. Nach seiner Lauterer Zeit war der spätere Mitarbeiter der Coca-Cola Werbeabteilung noch für die St. Louis Stars in der US Soccer League, die DJK Gütersloh, den FC Homburg und TuS Hohenecken am Ball. Als Trainer wirkte Wrenger beim ASV Idar-Oberstein, TSC Zweibrücken und beim SV Otterberg.

**Wuttke, Wolfram** (17.11.1961):

Der exzentrische Angreifer spielte von 1985 bis 1990 beim 1. FCK. Wie in seiner Zeit beim Hamburger SV unter Trainer Ernst Happel und bei Borussia Mönchengladbach unter Jupp Heynckes eckte er auch in der Pfalz immer wieder an. Seine erste Station in der Bundesliga war Schalke 04 gewesen. Wuttke war einer der genialsten Mittelfeldspieler, die der 1. FCK je hatte. Insgesamt bestritt er 123 Spiele und schoss 35 Tore. Außerdem wurde er vier Mal von Franz Beckenbauer in die Nationalelf berufen und war Mitglied der Olympiaauswahl, die 1988 in Seoul die Bronzemedaille gewann. Nach Differenzen mit Trainer Gerd Roggensack und lustlosen Auftritten wurde er suspendiert und wechselte zu Espanyol Barcelona. Später war Wuttke dann noch für den 1. FC Saarbrücken aktiv, bevor er sich dem Trainerjob in unterklassigen Ligen zuwandte.

**Zandi, Ferydoon** (26.4.1979):
Der iranische Nationalspieler kam 2004 vom VfB Lübeck auf den Betzenberg und enttäuschte in zwei Spielzeiten die in ihn gesetzten Erwartungen. Zwar reichte es für die Teilnahme an der WM 2006 mit dem Nationalteam des Iran, doch im Mittelfeld der Roten Teufel blieb er den Nachweis seiner Bundesligatauglichkeit schuldig. Zusammen mit Marco Engelhardt bildete er das Duo der Schönlinge, die optisch einen gut gestylten Eindruck hinterließen, aber bald bei den eigenen Fans unten durch waren. Von 1998 bis 2000 hatte Zandi beim SV Meppen gespielt, danach von 2000 bis 2002 beim SC Freiburg, von wo er nach Lübeck gewechselt war. Nachdem der 1. FCK 2006 seinen Vertrag nicht mehr verlängerte, ging er zum Zweitliga-Aufsteiger TuS Koblenz, der ihn nach nur acht Spielen ausmusterte. Im Januar 2007 unterschrieb er einen Kontrakt mit dem zyprischen Club Apollon Limassol.

**Zeyer, Michael** (9.6.1968):
Der Mittelfeldspieler kam zur Saison 1992/93 vom SC Freiburg zum 1. FCK, hatte aber das Pech, dass Trainer Karl-Heinz Feldkamp, der ihn unbedingt haben wollte, zum Ende der Saison 1991/92 überraschend abdankte. Als Ciriaco Sforza 1993 zum Betzenberg kam, wechselte Zeyer, der schon zuvor selten zum Einsatz gekommen war, zum SV Waldhof Mannheim, wo er zuerst mit Trainer Uli Stielike Probleme hatte und später mit Klaus Schlappner überhaupt nicht zurecht kam. 1996 ging der umweltbewusste Spieler, der stets ohne Auto, sondern mit dem Fahrrad oder mit öffentlichen Verkehrsmitteln zum Training kam, zum MSV Duisburg, wo er wieder Fuß fasste. Ein anschließendes Engagement in der Saison 1998/99 beim VfB Stuttgart erwies sich als Irrtum, so dass Zeyer wieder zum MSV zurückkam und bis 2003 für die „Zebras" am Ball war. Danach spielte er von 2003 bis 2005 für Fortuna Düsseldorf in der Regionalliga und danach für Ungmennaflag Grindavik in Island. Nach einem letzten Abstecher zurück zum Heidenheimer SB beendete er im Sommer 2006 seine Laufbahn. Seine ersten Stationen waren der SV Auernheim, der Heidenheimer SB und der SSV Ulm 46.

**Ziemer, Marcel** (3.8.1985):
Der Angreifer, der aus der SG Kickers Worms hervorgegangen ist, für die er 1993/94 spielte, kam nach zehn Jahren beim Wormser Stadtteilverein TuS Neuhausen 2004 zum 1. FCK. In der Spielzeit 2005/06, als die Not beim 1. FCK am größten war, schlug Ziemers Stunde, der zusammen mit anderen jungen Spielern das Publikum auf dem Betzenberg zuweilen begeisterte.

**Zobel, Rainer** (3.11.1948):
Er war Trainer beim Zweitligisten Stuttgarter Kickers, als ihn nach dem überraschenden Rückzug von Karl-Heinz Feldkamp am Ende der Saison 1991/92 der Ruf auf den Betzenberg ereilte. Dem nach außen hin smart wirkenden Coach, der seine Spieler Thomas Ritter und Marcus Marin mit in die Pfalz brachte, gelang es während der gesamten Saison nicht, den 1. FCK in die Nähe der vorderen Tabellenplätze zu führen. Stattdessen legte er sich mit altgedienten Profis wie Thomas Dooley, der sich in die USA verabschiedete, und Demir Hotic an. Am Ende sprang für die Lauterer nur ein enttäuschender Mittelfeldplatz heraus, und Zobel war seinen Job los. Danach trainierte er den 1. FC Nürnberg, Tennis Borussia Berlin, Al Ahly Kairo, Abudahbi in den Vereinigten Arabischen Emiraten und den SC Alexandria. Als Spieler begann er seine Karriere beim VfL Bad Zwischenahn, spielte danach für den SC Uelzen, Hannover 96 und Bayern München, wo er jeweils drei Mal Deutscher Meister und Europapokalsieger der Landesmeister sowie ein Mal DFB-Pokalsieger wurde.

# Statistischer Anhang

# 1. FC Kaiserslautern

## Daten zum Verein

**Gegründet:** 2. Juni 1900
**Sportarten:**
Fußball, Basketball, Boxen, Handball, Hockey, Leichtathletik, Running, Triathlon
**Mitglieder:** 11.400
**Vereinsfarben:** rot-weiß
**Spielkleidung:**
rotes Hemd, rote Hose, rote Stutzen

**Titel:**
Deutscher Meister 1951, 1953, 1991, 1998
Deutscher Pokalsieger 1990, 1996
Super-Cup-Gewinner 1991
Hallen-Masters-Sieger 1997

**Vorstand:**
Erwin Göbel (Vorstandsvorsitzender)
Arndt Jaworski (Vorstandsmitglied)
Frank Aehlig (Manager für Sport-Organisation und Administration)

**Hauptsponsor:**
Deutsche Vermögensberatung
**Ausrüster:** Kappa
**Leiter Öffentlichkeitsarbeit:**
Oliver Dütschke
**Sportdirektor:** Michael Schjönberg
**Leiter Merchandising:** Jens Bräunig
**Leiter Karten-Service:** Berthold Bandner
**Sicherheitsbeauftragter:**
Harald Heidermann
**Fanbetreuer:** Stefan Roßkopf
**Abteilungsleiter Gesamt-Fußball:**
Rudi Merk
**Amateur-und Jugendkoordination:**
N.N.
**Scouts:** Hubert Neu, Arno Wolf
**FCK-Portugiesen:** Francisco Santos

**Traditions-Fußball:** Reinhard Höfli

**Aufsichtsrat:**
Dieter Buchholz (Vorsitzender)
Ottmar Frenger (stellvertretender Vorsitzender)
Dr. Michael Koll, Prof. Dr. Walter Ruda, Dr. Burkhard Schappert, Bernhard Deubig, Hartmut Emrich

**Ehrenrat:**
Günter Klingkowski (Vorsitzender)
Dr. Willi Pfeifer, Erwin Scheffler, Georg Adolf Schnarr, Klaus Westrich
**Kassenrevisoren:** Herbert Bauer, Fritz Kuby, Gerhard Ultes
**Mitgliederverwaltung:** Walter Herbrand
**Cheftrainer:** Kjetil Rekdal
**Co-Trainer:** Wolfgang Funkel
**Torwart-Trainer:** Gerald Ehrmann
**Mannschaftsärzte:**
Dr. Werner Hauck, Dr. Stefan Thaler, Hans-Joachim Storck
**Reha-Trainer:** Thomas Neubert
**Masseure:** Heinz Bossert, Markus Zeyer
**Zeugwart:** Wolfgang Wittich
**Busfahrer:** Bernd Hollstein

**Anschrift:**
1. FC Kaiserslautern e.V.
Fritz-Walter-Straße 1
67663 Kaiserslautern
Tel. 0631/ 3188-0
Fax 0631/ 3188-290
E-Mail: info@fck.de
Internet: www.fck.de

**Karten-Service:**
01805/ 3188-0 ticketservice@fck.de
**Fan-Shop:**
Tel. 0631/ 316890 Fax 3168920 fanshop@fck.de
**Mitglieder-Service:**
Tel. 0631/ 3188-230 Fax 3188-290 info@fck.de
**Gastronomie:**
Tel. 0631/ 3188-180/181 Fax 3188-182
gastronomie@fck.de
**Spielort:**
Fritz-Walter-Stadion Betzenberg
48.500 Zuschauer, davon 32.137 Sitzplätze und 16.363 überdachte Stehplätze

**Fanbetreuer:**
Stefan Roßkopf 1. FC Kaiserslautern, Fritz-Walter-Str.1, 67663 Kaiserslautern
Tel. 0631/ 3188-236 Fax 3188-235
Stefan.Rosskopf@fck.de

**Fanbeirat:**
**Region Überregional:**
Otto Roth (Fanvertreter im Vereinsrat), Wolfsangel 37, 67653 Kaiserslautern
**Region Rheinhessen/Pfalz:**
Klaus Becker, Framersheimer Weg 2, 55234 Hochborn
**Region Kusel:**
Jürgen Krauß, Alte Straße 14, 66909 Hüffler
**Region Saarland/Luxemburg:**
Michael Kasel, Schulstr. 16, 54429 Mandern
**Region Südpfalz:**
Alfred Wünstel, Im Horst 19, 76779 Hatzenbühl
**Region Südwestpfalz:**
Udo Herz, Berliner Ring 78a, 66955 Pirmasens
**Region Hunsrück/Nahe/Mosel:**
Albert Buch (Fanbeiratssprecher), Frohweg 3, 55568 Staudernheim
**Region Ludwigshafen/Neustadt/Bergstraße:**
Georg Roth, Hasselbachstr. 3, 67471 Elmstein
**Region Kaiserslautern/Sickinger Höhe:**
Werner Bohl, Hauptstr. 5, 67706 Krickenbach
**Behinderten-Beauftragter:**
Nino Gagliano, Im Stockwoog 4, 66862 Kindsbach

# Der 1. FCK von 1900 – 2007

## Ligazugehörigkeit, Platzierungen, Meisterschaften

**1900/01**
nur Freundschaftsspiele, keine Beteiligung an der Süddeutsch. Meisterschaft (FC 1900)

**1901/02**
nur Freundschaftsspiele, keine Beteiligung an der Süddeutsch. Meisterschaft (FC 1900)

**1902/03** Gau Pfalz
(FC 1900 Meisterschaft und Qualifikation für die Endrunde zur Süddeutschen Meisterschaft –
Teilnahme daran unbekannt)
(FC Bavaria 02 Meisterschaftszweiter)

**1903/04**
vermutlich keine Meisterschaftsbeteiligung Kaiserslauterer Vereine

**1904/05**
vermutlich keine Meisterschaftsbeteiligung Kaiserslauterer Vereine

**1905/06** Gau Pfalz
FC Bavaria 02 Gaumeister: Teilnahme an Endrunde Nordkreis

**1906/07** Gau Pfalz
Über das Abschneiden Kaiserslauterer Vereine ist nichts bekannt

**1907/08** Kreisliga West
(FC Palatia 01 2. Platz, FC 1900 3. Platz, FC Bavaria 02 4. Platz)

**1908/09** Kreisliga West
FC 1900 Kreismeister, FC Palatia 01 3. Platz, FC Bavaria 02 7. und letzter Platz, FC 1900 Teilnehmer an der Endrunde um die Süddeutsche Meisterschaft, 4. und letzter Platz, Fusion von FC 1900, FC Palatia 01 und FC Bavaria 02 zum FV 1900 Kaiserslautern

**1909/10** Kreisliga West
FV 1900 2. Platz

**1910/11** Kreisliga West
FV 1900 3. Platz

**1911/12** Kreisliga West
FV 1900 2. Platz, SV Phönix 1910 4. Platz in der 2. Spielklasse

**1912/13** Kreisliga West
FV 1900 5. Platz

**1913/14** Kreisliga West
FV 1900 4. Platz

**1914/15**
keine Meisterschaftsspiele wegen des 1. Weltkrieges

**1915/16** Bezirk Pfalz
Westkreis Staffel 3
FV 1900 6. Platz
SV Phönix 1910 2. Platz

**1916/17**
keine Angaben über Kaiserslauterer Vereine

**1917/18** Bezirk Pfalz Westkreis
FV 1900 1. Platz
SV Phönix 1910 2. Platz
Endspiel um die pfälzische Bezirksmeisterschaft: FV 1900 – FG 03 Ludwigshafen 0:4

**1918/19**
keine Angaben über Kaiserslauterer Vereine

**1919/20** Bezirksliga Saar
FV 1900 3. Platz

**1920/21** Bezirksliga Pfalz
(Wechsel des Bezirks)
FV 1900 8. Platz

**1921/22** Bezirksliga Pfalz Gruppe 2
FV 1900 2. Platz

**1922/23** Bezirksliga Pfalz
FV 1900 5. Platz
Abstieg in die Kreisliga Hinterpfalz (2. Liga)

**1923/24** Kreisliga Hinterpfalz (2. Liga)
FV 1900 1. Platz
Teilnahme an Aufstiegsrunde zur Bezirksliga Rhein, am VfL Neckarau und SV Darmstadt 98 gescheitert

**1924/25** Kreisliga Hinterpfalz (2. Liga)
FV 1900 2. Platz

**1925/26** Kreisliga Hinterpfalz (2. Liga)
FV 1900 2. Platz hinter dem VfR Kaiserslautern

**1926/27** Kreisliga Hinterpfalz (2. Liga)
FV 1900 2. Platz

**1927/28** Kreisliga Hinterpfalz (2. Liga)
FV 1900 1. Platz, Teilnahme an Aufstiegsrunde zur Bezirksliga Rhein-Saar Gruppe Saar, an SV 05 Saarbrücken und SpVgg 08 Oberstein gescheitert

**1928/29** Kreisliga Hinterpfalz (2. Liga)
FV 1900 2. Platz hinter dem VfR Kaiserslautern, Aufstieg des VfR in die Bezirksliga Rhein-Saar Gruppe Saar

**1929/30** Kreisliga Hinterpfalz (2. Liga)
FV 1900 1. Platz
Fusion von FV 1900 und SV Phönix 1910 zum FV/Phönix
Teilnahme an der Aufstiegsrunde zur Bezirksliga Rhein-Saar Gruppe Saar: am VfB Dillingen im Entscheidungsspiel mit 1:2 gescheitert

**1930/31** Kreisliga Hinterpfalz (2. Liga)
FV/Phönix 1. Platz, Teilnahme an der Aufstiegsrunde zur Bezirksliga Rhein-Saar Gruppe Saar, Aufstieg in die Bezirksliga durch Entscheidungsspiel gegen VfB Dillingen (2:1)

**1931/32** Bezirksliga Rhein-Saar
Gruppe Saar (1. Liga),
Umbenennung in 1. FC 1900 Kaiserslautern,
4. Platz

**1932/33** Bezirksliga Rhein-Saar
Gruppe Saar (1. Liga) 2. Platz

**1933/34** Gauliga Südwest (1. Liga)
7. Platz

**1934/35** Gauliga Südwest
10. Platz, Abstieg in die Bezirksklasse

**1935/36** Bezirksklasse (2. Liga)
1. Platz, Aufstieg gescheitert

**1936/37** Bezirksklasse (2. Liga)
1. Platz, Aufstieg in die Gauliga Südwest

**1937/38** Gauliga Südwest (1. Liga)
9. Platz, Abstieg in die Bezirksklasse

**1938/39** Bezirksklasse (2. Liga)
1. Platz, Entscheidungsspiel um den Aufstieg
4:0 gegen Burbach

**1939/40** Gauliga Südwest
Gruppe Saarpfalz (1. Liga),
1. Platz und Erreichen der Endspiele um die Bereichskriegsmeisterschaft gegen Kickers Offenbach: 1:1 und 3:6

**1940/41** Gauliga Westmark (1. Liga)
2. Platz

**1941/42** Gauliga Westmark (1. Liga)
1. Platz und Erreichen der Endrunde um die Deutsche Meisterschaft
1. FCK – SV Waldhof 7:1
Schalke 04 – 1. FCK 9:3

**1942/43** Gauliga Westmark (1. Liga)
5. Platz

**1943/44** Gauliga Westmark (1. Liga)
10. und letzter Platz

**1944/45** Kriegsspielgemeinschaft zwischen dem 1. FCK und dem VfR, kein Spielbetrieb wegen des 2. Weltkriegs

**1945/46** Oberliga Südwest
Gruppe Nord (1. Liga) 2. Platz

**1946/47** Oberliga Südwest
Gruppe Nord (1. Liga) 1. Platz
Endspiele um die Meisterschaft der französischen Zone gegen VfL Konstanz 8:1 und 8:4

**1947/48** Oberliga Südwest
Gruppe Nord (1. Liga) 1. Platz
Endspiele um die Meisterschaft der französischen Zone gegen FC Rastatt 04: 3:0 und 6:1
Teilnahme an der Endrunde um die Deutsche Meisterschaft
Viertelfinale: 1. FCK – 1860 München 5:1, Christmann (2), Baßler (2), Ottmar Walter (in Worms)
Halbfinale: 1. FCK – TuS Neuendorf 5:1, Ottmar Walter (2), Fritz Walter, Grewenig, Baßler (in Wuppertal)
Finale: 1. FC Nürnberg – 1. FCK 2:1, Uebelein (Eigentor) (in Köln)

**1948/49** Oberliga Südwest
Gruppe Nord (1. Liga) 1. Platz
Endspiele um die Meisterschaft der französischen Zone gegen Fortuna Freiburg: 4:0 und 6:3
Teilnahme an der Endrunde um die Deutsche Meisterschaft
Viertelfinale: FC St.Pauli – 1. FCK 1:1 n.V., Ottmar Walter (in Bremen)
Wiederholung: 1. FCK – FC St.Pauli 4:1, Ottmar Walter, Baßler, Grewenig (Schütze des 4. Tores unbekannt) (in Düsseldorf)
Halbfinale: 1. FCK – Borussia Dortmund 0:0 n.V. (in München)
Wiederholung: Borussia Dortmund – 1. FCK 4:1, Baßler (in Köln)
Um den 3. Platz: 1. FCK – Kickers Offenbach 2:1 n.V., Grewenig, Ottmar Walter (in Koblenz)

**1949/50** Oberliga Südwest
Gruppe Nord (1. Liga) 1. Platz
Endspiel um die Meisterschaft der französischen Zone gegen SSV Reutlingen: 6:1 n.V.
Teilnahme an der Endrunde um die Deutsche Meisterschaft
Achtelfinale: 1. FCK – RW Essen 2:2 n.V., Fritz Walter (2) (in Karlsruhe)
Wiederholung: RW Essen – 1. FCK 2:3 n.V., Baßler, Fritz Walter, Ottmar Walter (in Köln)
Viertelfinale: VfB Stuttgart – 1. FCK 5:2, Ottmar Walter (2) (in Nürnberg

**1950/51** Oberliga Südwest (1. Liga)
1. Platz, Teilnahme an der Endrunde um die Deutsche Meisterschaft
Gruppe 1
1. FCK – SpVgg. Fürth 2:2, Eckel (2) (in Ludwigshafen)
FC St.Pauli – 1. FCK 2:4, Baßler (2), Wanger, Fritz Walter
1. FCK – Schalke 04 1:0, Baßler (in Ludwigshafen)
1. FCK – FC St.Pauli 2:0, Eckel (2) (in Ludwigshafen)
SpVgg, Fürth – 1. FCK 1:3, Baßler (2), Eckel
Schalke 04 – 1. FCK 3:2, Baßler, Eckel

| | |
|---|---|
| 1. 1. FC Kaiserslautern | 9:3 Pkt. 14:8 Tore |
| 2. FC Schalke 04 | 7:5 Pkt. 7:6 Tore |
| 3. SpVgg. Fürth | 4:8 Pkt. 8:9 Tore |
| 4. FC St. Pauli | 4:8 Pkt. 6:12 Tore |

Finale: 1. FCK – Preußen Münster 2:1, Ottmar Walter (2) (in Berlin)
Aufstellung: Adam, Rasch, Kohlmeyer, E. Liebrich, W. Liebrich, Jergens, Eckel, F. Walter, O. Walter, Baßler, Fuchs

**1951/52** Oberliga Südwest (1. Liga)
3. Platz

**1952/53** Oberliga Südwest (1. Liga)
1. Platz, Teilnahme an der Endrunde um die Deutsche Meisterschaft
Gruppe 1
1. FCK – Holstein Kiel 2:1, Scheffler (2) (in Ludwigshafen)
1. FC Köln – 1. FCK 1:2, Fritz Walter, Wenzel
Eintr. Frankfurt – 1. FCK 0:1, Ottmar Walter

1. FCK – Eintr.Frankfurt 5:1, Wenzel (2), Ottmar Walter (3) (in Ludwigshafen)
1. FCK – 1. FC Köln 2:2, Röhrig (Eigentor), Fritz Walter (in Ludwigshafen)
Holstein Kiel – 1. FCK 2:4, Wenzel (2), Fritz Walter, Wanger

| | |
|---|---|
| 1. 1. FC Kaiserslautern | 11:1 Pkt. 16:7 Tore |
| 2. Eintr. Frankfurt | 7:5 Pkt. 8:7 Tore |
| 3. 1. FC Köln | 5:7 Pkt. 8:10 Tore |
| 4. Holstein Kiel | 1:11 Pkt. 8:16 Tore |

Finale: 1. FCK – VfB Stuttgart 4:1, Fritz Walter, Wanger, Scheffler, Wenzel (in Berlin)
Aufstellung: Hölz, E. Liebrich, Kohlmeyer, Eckel, W. Liebrich, Render, Scheffler, F. Walter, O. Walter, Wenzel, Wanger

**1953/54** Oberliga Südwest (1. Liga)
1. Platz, Teilnahme an der Endrunde um die Deutsche Meisterschaft
Gruppe 2
1. FCK – Eintracht Frankfurt 1:0, Fritz Walter (in Köln)
1. FCK – 1. FC Köln 4:3, Fritz Walter, Scheffler, Wenzel, Ottmar Walter (in Stuttgart)

| | |
|---|---|
| 1. 1. FC Kaiserslautern | 4:0 Pkt. 5:3 Tore |
| 2. 1. FC Köln | 2:2 Pkt. 6:6 Tore |
| 3. Eintr.Frankfurt | 0:4 Pkt. 2:4 Tore |

Finale: Hannover 96 – 1. FCK 5:1, Kohlmeyer (in Hamburg)

**1954/55** Oberliga Südwest (1. Liga)
1. Platz, Teilnahme an der Endrunde um die Deutsche Meisterschaft
Gruppe 1
Viktoria 89 Berlin – 1. FCK 1:2, Scheffler, Eckel
1. FCK – Hamburger SV 2:2, Render, Scheffler
SV Sodingen – 1. FCK 2:2, Wanger, Scheffler
1. FCK – SV Sodingen 2:2, Fritz Walter, Wenzel
Hamburger SV – 1. FCK 1:2, Wenzel (2)
1. FCK – Viktoria 89 Berlin 10:0, Fritz Walter (2), Wenzel (2), Wanger (2), W. Liebrich, Kohlmeyer, Baßler, Scheffler

| | |
|---|---|
| 1. 1. FC Kaiserslautern | 9:3 Pkt. 20:8 Tore |
| 2. Hamburger SV | 8:4 Pkt. 8:5 Tore |
| 3. SV Sodingen | 7:5 Pkt. 13:9 Tore |
| 4. Viktoria 89 Berlin | 0:12Pkt. 4:23Tore |

Finale: RW Essen – 1. FCK 4:3, Wenzel (2), Baßler (in Hannover)

**1955/56** Oberliga Südwest (1. Liga)
1. Platz, Teilnahme an der Endrunde um die Deutsche Meisterschaft
Gruppe 1
Schalke 04 – 1. FCK 3:1, Schroer
Hannover 96 – 1. FCK 2:5, Ottmar Walter (3), Fritz Walter, Wenzel
1. FCK – Karlsruher SC 0:1 (in Ludwigshafen)
1. FCK – Schalke 04 4:4, Wenzel (2), Schroer, Scheffler (in Ludwigshafen)
Karlsruher SC – 1. FCK 0:1, Ottmar Walter
1. FCK – Hannover 96 5:3, Ottmar Walter (2), Wenzel (2), Mangold (in Ludwigshafen)

| | |
|---|---|
| 1. Karlsruher SC | 7:5 Pkt. 7:5 Tore |
| 2. Schalke 04 | 7:5 Pkt. 16:12 Tore |
| 3. 1. FC Kaiserslautern | 7:5 Pkt. 16:13 Tore |
| 4. Hannover 96 | 3:9 Pkt. 8:17 Tore |

**1956/57** Oberliga Südwest (1. Liga)
1. Platz, Teilnahme an der Endrunde um die Deutsche Meisterschaft
Gruppe 2
1. FCK -Hertha BSC Berlin 14:1, Wenzel (5), Fritz Walter (3), Ottmar Walter (2), Schroer (2), Späth, Eckel (in Wuppertal)
Borussia Dortmund – 1. FCK 3:2, Späth, Fritz Walter (in Hannover)
Kickers Offenbach – 1. FCK 4:1, Eckel (in Augsburg)

| | |
|---|---|
| 1. Bor. Dortmund | 6:0 Pkt. 7:4 Tore |
| 2. Kickers Offenbach | 4:2 Pkt. 8:4 Tore |
| 3. 1. FC Kaiserslautern | 2:4 Pkt. 17:8 Tore |
| 4. Hertha BSC Berlin | 0:6 Pkt. 3:19 Tore |

**1957/58** Oberliga Südwest (1. Liga)
2. Platz, Qualifikationsspiel zur Teilnahme an der Endrunde um die Deutsche Meisterschaft:
1. FC Köln – 1. FCK 3:3, Ottmar Walter, Wodarzik, Wenzel (in Frankfurt)
Wiederholung: 1. FC Köln – 1. FCK 3:0

**1958/59** Oberliga Südwest (1. Liga) 3. Platz
**1959/60** Oberliga Südwest (1. Liga) 5. Platz
**1960/61** Oberliga Südwest (1. Liga) 4. Platz
**1961/62** Oberliga Südwest (1. Liga) 4. Platz
**1962/63** Oberliga Südwest (1. Liga) 1. Platz
(Qualifikation zur Bundesliga)
Teilnahme an der Endrunde um die Deutsche Meisterschaft
Gruppe 1
1. FCK – Hertha BSC Berlin 1:1, Meier (in Ludwigshafen)
1. FCK – 1. FC Nürnberg 2:2, Reitgaßl, Settelmeyer (in Ludwigshafen)
1. FC Nürnberg – 1. FCK 5:1, Pulter
1. FCK – 1. FC Köln 1:1, Neumann (in Ludwigshafen)
1. FC Köln – 1. FCK 8:2, Reitgaßl, Neumann
Hertha BSC Berlin – 1. FCK 3:0

| | |
|---|---|
| 1. 1. FC Köln | 10:2 Pkt. 29:12 Tore |
| 2. 1. FC Nürnberg | 8:4 Pkt. 19:12 Tore |
| 3. Hertha BSC Berlin | 3:9 Pkt. 8:19 Tore |
| 4. 1. FC Kaiserslautern | 3:9 Pkt. 7:20 Tore |

**1963/64** Bundesliga 12. Platz
**1964/65** Bundesliga 13. Platz
**1965/66** Bundesliga 15. Platz
**1966/67** Bundesliga 5. Platz
**1967/68** Bundesliga 16. Platz
**1968/69** Bundesliga 15. Platz
**1969/70** Bundesliga 10. Platz
**1970/71** Bundesliga 8. Platz
**1971/72** Bundesliga 7. Platz
**1972/73** Bundesliga 9. Platz
**1973/74** Bundesliga 6. Platz
**1974/75** Bundesliga 13. Platz
**1975/76** Bundesliga 7. Platz
**1976/77** Bundesliga 13. Platz
**1977/78** Bundesliga 8. Platz
**1978/79** Bundesliga 3. Platz
**1979/80** Bundesliga 3. Platz
**1980/81** Bundesliga 4. Platz
**1981/82** Bundesliga 4. Platz
**1982/83** Bundesliga 6. Platz
**1983/84** Bundesliga 12. Platz
**1984/85** Bundesliga 11. Platz
**1985/86** Bundesliga 11. Platz
**1986/87** Bundesliga 7. Platz
**1987/88** Bundesliga 14. Platz
**1988/89** Bundesliga 9. Platz
**1989/90** Bundesliga 12. Platz
**1990/91** Bundesliga 1. Platz, Deutscher Meister
**1991/92** Bundesliga 5. Platz
**1992/93** Bundesliga 8. Platz
**1993/94** Bundesliga 2. Platz
**1994/95** Bundesliga 4. Platz
**1995/96** Bundesliga 16. Platz, Abstieg
**1996/97** 2. Bundesliga 1. Platz, Aufstieg
**1997/98** Bundesliga 1. Platz, Deutscher Meister
**1998/99** Bundesliga 5. Platz
**1999/00** Bundesliga 5. Platz
**2000/01** Bundesliga 8. Platz
**2001/02** Bundesliga 7. Platz
**2002/03** Bundesliga 14. Platz
**2003/04** Bundesliga 15. Platz
**2004/05** Bundesliga 12. Platz
**2005/06** Bundesliga 16. Platz, Abstieg
**2006/07** 2. Bundesliga 6. Platz
**2007/08** 2. Bundesliga

## Fußballer des Jahres

**1991** Stefan Kuntz

## Torschützenkönig

**1994** Stefan Kuntz (mit Anthony Yeboah) je 18 Tore

## Zuschauer von 1963 – 2007

| Saison | Gesamt | Ø | Hoch | Tief |
|---|---|---|---|---|
| 1963/64 | 332.000 | 22.133 | 34.000 | 10.000 |
| 1964/65 | 363.000 | 24.200 | 38.000 | 12.000 |
| 1965/66 | 303.000 | 17.824 | 34.000 | 6.000 |
| 1966/67 | 333.000 | 19.588 | 34.000 | 5.000 |
| 1967/68 | 230.500 | 13.559 | 29.000 | 3.000 |
| 1968/69 | 241.000 | 14.176 | 25.000 | 9.000 |
| 1969/70 | 251.500 | 14.794 | 35.000 | 5.000 |
| 1970/71 | 298.000 | 17.529 | 32.000 | 8.000 |
| 1971/72 | 299.000 | 17.588 | 33.000 | 3.000 |
| 1972/73 | 204.500 | 12.029 | 60.000 (LU) | 3.000 |
| 1973/74 | 302.000 | 17.765 | 34.000 | 6.000 |
| 1974/75 | 337.000 | 19.824 | 37.000 | 7.000 |
| 1975/76 | 348.500 | 20.500 | 36.000 | 12.000 |
| 1976/77 | 343.500 | 20.206 | 33.000 | 8.500 |
| 1977/78 | 416.000 | 24.471 | 34.000 | 8.000 |
| 1978/79 | 455.800 | 26.812 | 41.000 (LU) | 12.500 |
| 1979/80 | 416.427 | 24.496 | 35.000 | 15.232 |
| 1980/81 | 402.221 | 23.660 | 36.000 | 15.132 |
| 1981/82 | 362.661 | 21.333 | 34.154 | 11.096 |
| 1982/83 | 363.170 | 21.363 | 34.500 | 12.300 |
| 1983/84 | 323.300 | 19.018 | 34.000 | 10.400 |
| 1984/85 | 289.513 | 17.030 | 34.000 | 9.587 |
| 1985/86 | 281.112 | 16.536 | 34.000 | 8.934 |
| 1986/87 | 465.728 | 27.396 | 37.714 | 16.887 |
| 1987/88 | 365.593 | 21.505 | 36.923 | 13.500 |
| 1988/89 | 373.756 | 21.986 | 37.714 | 14.736 |
| 1989/90 | 432.281 | 25.428 | 35.335 | 18.427 |
| 1990/91 | 546.468 | 32.145 | 37.714 | 21.392 |
| 1991/92 | 628.661 | 33.087 | 37.714 | 28.944 |
| 1992/93 | 564.169 | 33.186 | 37.700 | 28.300 |
| 1993/94 | 585.975 | 34.469 | 40.500 | 29.182 |
| 1994/95 | 632.364 | 37.197 | 38.000 | 33.833 |
| 1995/96 | 620.966 | 36.527 | 38.000 | 31.496 |
| 1996/97 | 627.560 | 36.915 | 38.000 | 34.469 |
| 1997/98 | 646.000 | 38.000 | 38.000 | 38.000 |
| 1998/99 | 679.262 | 39.957 | 41.500 | 39.800 |
| 1999/00 | 659.402 | 38.788 | 41.500 | 36.291 |
| 2000/01 | 641.822 | 37.754 | 41.500 | 35.354 |
| 2001/02 | 628.004 | 36.941 | 40.600 | 34.958 |
| 2002/03 | 587.372 | 34.551 | 40.232 | 30.264 |
| 2003/04 | 626.800 | 36.870 | 47.315 | 32.361 |
| 2004/05 | 583.688 | 34.335 | 46.615 | 29.215 |
| 2005/06 | 561.730 | 33.043 | 50.754 | 23.244 |
| 2006/07 | 537.958 | 31.645 | 48.000 | 20.061 |
| 2007/08 | | | | |

# DFB-Pokal

## (bis 1944 Tschammer-Pokal)
## (mit Verbandspokal, Kreispokal und Bezirkspokal)

**Saison 1918/19 (Verbandspokal)**
FV 1900 – SV Phönix 1910 Kaiserslautern 4:1
Germania 04 Ludwigshafen – FV 1900 2:1

**Saison 1924/25 (Kreispokal)**
FV 1900 – Amicitia Viernheim 3:2

**Saison 1931/32 (Bezirkspokal)**
1. FCK – Amicitia Viernheim 2:4

**Saison 1934/35**
1. FCK – VfL Neckarau 2:1
FV Gersweiler – 1. FCK 2:2
1. FCK – FV Gersweiler 7:0
Karlsruher FV – 1. FCK 1:0

**Saison 1937/38**
VfL Merzig – 1. FCK 1:3
1. FCK – SpVgg. Mundenheim 5:1
Phönix Karlsruhe – 1. FCK 3:2

**Saison 1939/40**
SV Wiesbaden – 1. FCK 3:5
1. FCK – Eintracht Bad Kreuznach 20:0
SC Friedrichsthal – 1. FCK 4:10
1. FCK – Fortuna Düsseldorf 2:3, Fritz Walter (2)

**Saison 1940/41**
SG Pirmasens – 1. FCK 0:3
1. FCK – FC Walk 15:1
Borussia Neunkirchen – 1. FCK 7:3

**Saison 1941/42**
1. FCK – Kickers Offenbach 2:3, Marker, Schneider

**Saison 1942/43**
Borussia Neunkirchen – 1. FCK 2:2 n.V.
1. FCK – Borussia Neunkirchen 8:4
SV Völklingen – 1. FCK 1:3
1. FCK – TSG 1861 Ludwigshafen 7:3
FV Metz – 1. FCK 0:2
1. FCK – FV Saarbrücken 2:4

**Saison 1953/54 (ab hier DFB-Pokal)**
Zwischenrunde: 1. FCK – Hamburger SV 2:3, Scheffler, Wenzel

**Saison 1954/55**
1. Hauptrunde: Düren 99 – 1. FCK 2:5, Fischer (3), Wanger, Baßler
2. Hauptrunde: 1. FCK – 1. FC Köln 7:0, Biontino (2), Scheffler (3), F. Walter, O. Walter
Zwischenrunde: Kickers Offenbach- 1. FCK 4:1, W. Liebrich

**Saison 1955/56**
Regionale Ebene: 1. FC Saarbrücken – 1. FCK 7:7 n.V., Los für 1. FCK
1. FC Saarbrücken – 1. FCK 4:3 (nachträglich angesetztes Wiederholungsspiel, das den Losentscheid aufhob)

**Saison 1958/59**
Regionale Ebene: VfR Baumholder – 1. FCK 1:0

**Saison 1959/60**
Regionale Ebene: FC Homburg – 1. FCK 2:3
ASV Landau – 1. FCK 1:3 n.V.
Sportfreunde Saarbrücken – 1. FCK 5:3

**Saison 1960/61**
Regionale Ebene: BSC Oppau – 1. FCK 2:4
Phönix Bellheim – 1. FCK 2:4
FV Mombach – 1. FCK 2:4
1. FCK – Saar 05 Saarbrücken 7:2

Vorrunde: 1. FCK – Heider SV 2:0, Settelmeyer, W. Liebrich
Zwischenrunde: 1. FCK – Tasmania 1900 2:1 n.V.
Vorschlussrunde: Hamborn 07 – 1. FCK 1:2
Finale: Werder Bremen – 1. FCK 2:0

### Saison 1961/62
VfB Theley – 1. FCK 2:1

### Saison 1962/63
FSV Schifferstadt – 1. FCK 2:3
SC Friedrichsthal – 1. FCK 1:0

### Saison 1963/64
1. Hauptrunde: 1. FCK – Wuppertaler SV 2:0
2. Hauptrunde: 1860 München – 1. FCK 4:2

### Saison 1964/65
1. Hauptrunde: 1. FCK – Karlsruher SC 3:0, Richter, Neumann, Leydecker
2. Hauptrunde: 1. FCK – Hannover 96 1:3, Reitgaßl

### Saison 1965/66
1. Hauptrunde: Südwest Ludwigshafen - 1. FCK 0:1, Kapitulski
2. Hauptrunde: 1. FCK – Holstein Kiel 3:0, Kapitulski, Neumann, Leydecker
Zwischenrunde: 1. FCK – Werder Bremen 3:1
Vorschlussrunde: Meidericher SV – 1. FCK 4:3

### Saison 1966/67
1. Hauptrunde: 1. FCK – Hannover 96 2:1, Rehhagel (2)
2. Hauptrunde: 1. FCK – Kickers Offenbach 0:0 n.V.
Wiederholung: Kickers Offenbach – 1. FCK 1:0 n.V.

### Saison 1967/68
1. Hauptrunde: VfB Stuttgart – 1. FCK 1:0

### Saison 1968/69
1. Hauptrunde: Freiburger FC – 1. FCK 0:1
2. Hauptrunde: 1. FCK – Eintr. Frankfurt 1:0, Hasebrink
Zwischenrunde: 1. FCK – Werder Bremen 3:0
Vorschlussrunde: 1. FCK – Schalke 04 1:1 n.V., Kentschke
Wiederholung: Schalke 04 – 1. FCK 3:1

### Saison 1969/70
1. Hauptrunde: Wuppertaler SV – 1. FCK 1:0

### Saison 1970/71
1. Hauptrunde: Bor. Neunkirchen – 1. FCK 0:1, Vogt
2. Hauptrunde: 1. FCK – Bayern München 1:1 n.V., Koppenhöfer (Eig.)
Wiederholung: Bayern München – 1. FCK 5:0

### Saison 1971/72
1. Hauptrunde: Wuppertaler SV – 1. FCK 2:1, Hosic
1. FCK – Wuppertaler SV 3:2 n.V. 5:3 n. 11-m-Schießen
2. Hauptrunde: VfB Stuttgart – 1. FCK 4:3, Schwager, Hosic, Vogt
1. FCK – VfB Stuttgart 3:1
Zwischenrunde: RW Oberhausen – 1. FCK 3:1, Pirrung
1. FCK – RW Oberhausen 5:0 n.V.
Vorschlussrunde: 1. FCK – Werder Bremen 2:1
Werder Bremen – 1. FCK 1:2, Seel (2)
Finale: Schalke 04 – 1. FCK 5:0

### Saison 1972/73
1. Hauptrunde: SpVgg.Bayreuth – 1. FCK 4:2
1. FCK – SpVgg. Bayreuth 4:0
2. Hauptrunde: VfB Stuttgart – 1. FCK 2:1, Toppmöller
1. FCK – VfB Stuttgart 2:0 n.V., Pirrung, Diehl
Zwischenrunde: Bor. Mönchengladbach – 1. FCK 2:1, Ackermann
1. FCK – Bor. Mönchengladbach 1:3

### Saison 1973/74
1. Hauptrunde: 1. FCK – RW Essen 5:3 n.V., R. Meier, Laumen, Pirrung, Bitz, Wörner (Eigentor)
2. Hauptrunde: Arminia Bielefeld – 1. FCK 1:1 n.V., Sandberg
Wiederholung: 1. FCK – Arminia Bielefeld 3:0 E. Diehl, Laumen, Bitz
Zwischenrunde: Kickers Offenbach – 1. FCK 2:2 n.V.
1. FCK – Kickers Offenbach 2:3 n.V.

### Saison 1974/75
1. Hauptrunde: Schweinfurt 05 – 1. FCK 3:4, Schwager, Riedl(2), Sandberg

2. Hauptrunde: 1. FCK – Spandauer SV 7:0, Riedl, Weiler, E. Diehl(2), Bitz(2), Wilhelmi
3. Hauptrunde: Fortuna Düsseldorf – 1. FCK 3:2, Toppmöller, Sandberg

### Saison 1975/76

1. Hauptrunde: 1. FCK – VfR Mannheim 2:0, Riedl, Eigentor(?)
2. Hauptrunde: Blumenthaler SV – 1. FCK 1:5
3. Hauptrunde: Westfalia Herne – 1. FCK 1:3
4. Hauptrunde: 1. FCK – Eintr. Braunschweig 2:0
Zwischenrunde: 1. FCK – Fortuna Düsseldorf 3:0, Toppmöller, Frosch, P. Schwarz
Vorschlussrunde: 1. FCK – Hertha BSC Berlin 4:2, Toppmöller(3), Sandberg
Finale: Hamburger SV – 1. FCK 2:0

### Saison 1976/77

1. Hauptrunde: 1. FCK – VfR Mannheim 1:0, Toppmöller
2. Hauptrunde: Stuttgarter Kickers – 1. FCK 1:1 n.V.
Wiederholung: 1. FCK – Stuttgarter Kickers 3:1
3. Hauptrunde: Bayer Uerdingen – 1. FCK 3:1

### Saison 1977/78

1. Hauptrunde: FSV Oggersheim – 1. FCK 0:3, Stickel, Geye, Pirrung
2. Hauptrunde: 1. FCK – Wacker 04 Berlin 4:1, Pirrung (2), Geye, Toppmöller
3. Hauptrunde: MSV Duisburg – 1. FCK 2:1, Geye

### Saison 1978/79

1. Hauptrunde: 1. FCK – BFC Preußen Berlin 7:0, Wendt (2), Riedl, Toppmöller, Geye, Bongartz, Menges
2. Hauptrunde: Eintracht Trier – 1. FCK 0:1, Bongartz
3. Hauptrunde: Südwest Ludwigshafen – 1. FCK 2:1, Melzer

### Saison 1979/80

1. Hauptrunde: 1. FCK – MSV Duisburg 2:0, Toppmöller, Neues
2. Hauptrunde: Darmstadt 98 – 1. FCK 4:0

### Saison 1980/81

1. Hauptrunde: VfR Heilbronn – 1. FCK 0:3, F. Funkel, R. Meier (2)
2. Hauptrunde: SG Egelsbach – 1. FCK 1:3, Geye, Bongartz, R. Meier
3. Hauptrunde: 1. FCK – Bayern München 2:1, Briegel, Neues
Achtelfinale: 1. FCK – Alemannia Aachen 3:0, Hofeditz, Wendt, F. Funkel
Viertelfinale: 1. FCK – Bor. Mönchengladbach 3:1, Bongartz, Wendt (2)
Halbfinale: 1. FCK – Eintr. Braunschweig 3:2, Wendt, Neues, F. Funkel
Finale: Eintr. Frankfurt – 1. FCK 3:1, Geye

### Saison 1981/82

1. Hauptrunde: Werder Bremen – 1. FCK 1:0

### Saison 1982/83

1. Hauptrunde: FSV Frankfurt – 1. FCK 3:2, Th. Allofs, Geye

### Saison 1983/84

1. Hauptrunde: MSV Duisburg – 1. FCK 1:2 n.V., Briegel, Nilsson
2. Hauptrunde: Karlsruher SC – 1. FCK 5:4 n.V., Brehme (2), Geye, Eilenfeldt

### Saison 1984/85

1. Hauptrunde: Bayer Leverkusen – 1. FCK 5:0

### Saison 1985/86

1. Hauptrunde: 1. FCK – Eintr. Frankfurt 3:1, Brehme, Trunk, Th. Allofs
2. Hauptrunde: 1. FCK – 1. FC Köln 4:1 n.V., Th. Allofs, W. Wolf, Roos, Brehme
Achtelfinale: SSV Ulm – 1. FCK 3:4 n.V., Wuttke, Spielberger, Moser, W. Wolf
Viertelfinale: 1. FCK – Bayern München 0:3

### Saison 1986/87

1. Hauptrunde: BVL 08 Remscheid – 1. FCK 3:0

### Saison 1987/88

1. Hauptrunde: 1. FCK – SV Waldhof Mannheim 3:1 n.V., W. Wolf, Emmerling, Wuttke
2. Hauptrunde: 1. FCK – Blau-Weiß 90 Berlin 4:3, Kohr, Allievi (2), Hartmann
Achtelfinale: 1. FCK – Hamburger SV 1:2, Moser

**Saison 1988/89**

1. Hauptrunde: 1. FCK – FC St.Pauli 2:1, Kohr, Schulz
2. Hauptrunde: 1. FCK – Kickers Offenbach 5:0, Kohr, Emig, Friedmann, Wuttke, Schulz
Achtelfinale: SV Wehen – 1. FCK 2:3, Kohr, Schulz, Allievi
Viertelfinale: VfB Stuttgart – 1. FCK 4:0

**Saison 1989/90**

1. Hauptrunde: Bayer Leverkusen (Amat.) – 1. FCK 0:1, Friedmann
2. Hauptrunde: FSV Mainz 05 – 1. FCK 1:3, Labbadia, Allievi, Kuntz
Achtelfinale: 1. FCK – 1. FC Köln 2:1, Roos, Kuntz
Viertelfinale: 1. FCK – Fortuna Düsseldorf 3:1, Kuntz (2), Stumpf
Halbfinale: Kickers Offenbach – 1. FCK 0:1, Dooley
Finale: 1. FCK – Werder Bremen 3:2, Labbadia (2), Kuntz

**Saison 1990/91**

1. Hauptrunde: Südwest Ludwigshafen – 1. FCK 1:7, Hotic (3), Kuntz (2), Ernst, Schupp
2. Hauptrunde: 1. FCK – 1. FC Köln 1:2, Haber

**Saison 1991/92**

1. Hauptrunde: Freilos
2. Hauptrunde: MSV Duisburg – 1. FCK 0:2 n.V., Witeczek, Hoffmann
3. Hauptrunde: FC Homburg – 1. FCK 0:0 n.V., 1:3 nach 11-m-Schießen, Lelle, Vogel, Kuntz
Achtelfinale: SC Bamberg – 1. FCK 0:1, W. Funkel
Viertelfinale: Werder Bremen – 1. FCK 2:0

**Saison 1992/93**

1. Hauptrunde: Stahl Brandenburg – 1. FCK 0:2 Kuntz, Marin
2. Hauptrunde: Bayer Leverkusen – 1. FCK 1:0

**Saison 1993/94**

1. Hauptrunde: 1. FC Pforzheim – 1. FCK 0:4, Kuntz, Marin, Wagner, Kadlec
2. Hauptrunde: VfB Stuttgart – 1. FCK 2:6 n.V., Lusch, Wagner, Kruse (Eig.), Kuntz, Eriksson, Haber
3. Hauptrunde: Eintracht Haiger – 1. FCK 1:3 n.V., Wagner (2), Degen
Achtelfinale: Bor. Mönchengladbach – 1. FCK 2:3, Brehme, U. Fuchs, Stadler (Eigentor)
Viertelfinale: Werder Bremen – 1. FCK 2:2 n.V., 4:3 nach 11-m- Schießen, Sforza, Roos, (Sforza, Kadlec,W. Funkel)

**Saison 1994/95**

1. Hauptrunde: Freilos
2. Hauptrunde: SG Egelsbach – 1. FCK 0:2, Anders, Kuka
3. Hauptrunde: 1. FCK – Borussia Dortmund 6:3 n.V., Anders, Brehme, Kadlec, Marschall, Kuka, Wagner
Achtelfinale: 1. FCK – Fortuna Köln 7:3, Haber (2), Kuntz, Kuka, Ritter, Brehme, Wagner
Viertelfinale: 1. FCK – FC St. Pauli 4:2, Marschall (2), Lusch, Hengen
Halbfinale: Bor. Mönchengladbach – 1. FCK 1:0 n.V.

**Saison 1995/96**

1. Hauptrunde: Fortuna Köln – 1. FCK 3:4 n.V., Kuka, Marschall, Wagner, Flock
2. Hauptrunde: 1. FCK – Wattenscheid 09 3:0, Koch, Kuka, Hengen
Achtelfinale: 1. FCK – FC Schalke 04 1:0, Koch
Viertelfinale: FC Homburg – 1. FCK 3:4 n.V., Kuka (2), Flock, Siegl
Halbfinale: 1. FCK – Bayer Leverkusen 1:0, Kadlec
Finale: Karlsruher SC – 1. FCK 0:1, Wagner

**Saison 1996/97**

1. Hauptrunde: Spvgg. Greuther Fürth – 1. FCK 1:0

**Saison 1997/98**

1. Hauptrunde: 1. FCK Amateure – 1. FCK 0:5, Marschall, Rische, Kuka (2), Ratinho
2. Hauptrunde: 1. FC Saarbrücken – 1. FCK 0:4, Marschall, Reich, Rische, Eigentor Trautmann
Achtelfinale: 1. FCK – FC Bayern München 1:2, Sforza

**Saison 1998/99**

1. Hauptrunde: Fortuna Köln – 1. FCK 1:3, Marschall (2), Rösler
2. Hauptrunde: 1. FCK – VfL Bochum 1:1 n.V., 4:5 n. 11-m-Schießen, Rösler (Rische, Marschall, Ballack, Samir)

### Saison 1999/2000

(Europäisch tätige Clubs erst ab Runde 3)
3. Runde: Werder Bremen – 1. FCK 2:2 n.V., 4:3 n. 11-m-Schießen, Wagner (2)

### Saison 2000/2001

1. Hauptrunde: Kickers Offenbach – 1. FCK 0:4
2. Hauptrunde: Bor. Mönchengladbach – 1. FCK, 5:1 Pettersson

### Saison 2001/2002

1. Hauptrunde: Blau-Weiß Brühl – 1. FCK 1:4, Lokvenc (2), Knavs, Lincoln
2. Hauptrunde: SV Waldhof Mannheim – 1. FCK 2:3, Ramzy, Lokvenc, Marschall
Achtelfinale: FSV Mainz 05 – 1. FCK 2:3, Lokvenc, Lincoln (2)
Viertelfinale: 1. FCK – Bayern München 0:0 n.V., 3:5 n. 11-m-Schießen

### Saison 2002/2003

1. Hauptrunde: USC Paloma Hamburg – 1. FCK 0:5, Lokvenc (2), Klose (2), Basler
2. Hauptrunde: Energie Cottbus – 1. FCK 0:1, Timm
Achtelfinale: 1. FCK – SC Freiburg 2:0, Ramzy, Lincoln
Viertelfinale: VfL Bochum – 1. FCK 3:3 n.V., 3:4 n. 11-m-Schießen, Lokvenc (3)
Halbfinale: 1. FCK – Werder Bremen 3:0, Lincoln, Klose, Timm
Finale: Bayern München – 1. FCK 3:1, Klose

### Saison 2003/2004

1. Hauptrunde: Eintracht Braunschweig – 1. FCK 4:1, Klose

### Saison 2004/2005

1. Hauptrunde: FC Schönberg 95 – 1. FCK 0:15, Jancker (6), Zandi (3), Teber (2), Nerlinger, Kosowski, Engelhardt, Eigentor Radom
2. Hauptrunde: 1. FCK – FC Schalke 04 4:4 n.V., 3:4 n. 11-m-Schießen, Teber (2), Lincoln, Hertzsch

### Saison 2005/2006

1. Hauptrunde: Eintracht Trier – 1. FCK 0:3, Pletsch, Jancker, Zandi
2. Hauptrunde: RW Erfurt – 1. FCK 2:4, Sanogo (2), Altintop, Engelhardt
Achtelfinale: 1. FCK – FSV Mainz 05 1:1 n.V., 3:4 n. 11-m-Schießen

### Saison 2006/2007

1. Hauptrunde: 1. FC Gera 03 – 1. FCK 0:2, Karadas, Hajnal
2. Hauptrunde: Bayern München – 1. FCK 1:0

### Saison 2007/2008

1. Hauptrunde: Wilhelmshaven – 1. FCK 0:4
2. Hauptrunde: RW Essen – 1. FCK

## Deutscher Supercup

### 1990

Bayern München (Meister) – 1. FCK (Pokalsieger) 4:1 (in Karlsruhe)

### 1991

Halbfinale:
Hansa Rostock (Meister DDR-Oberliga) – 1. FCK (Meister Bundesliga) 1:2
Finale (in Hannover):
1. FCK – Werder Bremen (Pokalsieger) 3:1

### 1996

Borussia Dortmund (Meister) – 1. FCK (Pokalsieger) 1:1 n.V., 4:3 n. 11-m-Schießen

## Ligapokal

### 1998

Halbfinale:
1. FCK – VfB Stuttgart 2:3 (in Ludwigshafen)

### 1999

Vorrunde:
Bayer Leverkusen – 1. FCK 3:1 (in Jena)

### 2000

Vorrunde:
1860 München – 1. FCK 0:2 (in Ludwigshafen)
Halbfinale:
Bayern München – 1. FCK 4:1 (in Augsburg)

## DFB-Hallenpokal

### 1997

Finale: 1. FCK – Bayern München 3:1 (in München)

# Die Jugend im 1. FCK

### Bundesliga-Nachwuchsrunde

**1979**
Finale: 1. FCK – VfB Stuttgart 2:0
**1980**
Finale: 1. FCK – MSV Duisburg 2:1

### Deutsche Meisterschaft A-Junioren

**1984**
Finale: VfB Stuttgart – 1. FCK 3:1 n.V. (in Heilbronn)

**1991**
Finale: VfB Stuttgart – 1. FCK 4:1 (in Heilbronn)

**1992**
Finale: 1. FCK – 1. FC Köln 5:1 (in Köln)
Aufstellung: Bitzer – Hengen, Simon, Lieberknecht, Leipold, Fetzer, Neumann, Gensel, Müller, Dittgen (Brill), Dengel
Tore: Dengel (3), Gensel, Dittgen
Trainer: Ernst Diehl

**1993**
Finale: FC Augsburg – 1. FCK 3:1

### Deutsche Meisterschaft B-Junioren

**1983**
Finale: 1. FCK – Werder Bremen 2:1 (in Kaiserslautern)
Aufstellung: Bertram – Wetz, Strich, Schultheiß, Brenner, Kimmel, Denger, Kunz, Gerstner (Hirschfeld), Kauf, Auschill
Tore: Kunz (2); Trainer: Ernst Diehl

**1992**
Finale: Bayer Leverkusen – 1. FCK 2:1 (in Leverkusen)

### DFB-Jugend-Kicker-Pokal U18/ U19

**2003**
1. Runde: Fortuna Düsseldorf – 1. FCK 0:2
Achtelfinale: FC Augsburg – 1. FCK 1:1 n.V., 1:4 n. 11-m-Schießen
Viertelfinale: 1. FCK – VfL Wolfsburg 2:1 n.V.,
Halbfinale: Carl Zeiss Jena – 1. FCK 0:0 n.V., 4:5 n. 11-m-Schießen
Finale: 1. FCK – Bayer Leverkusen 4.1 n.V., (in Berlin)
Aufstellung:
Fromlowitz – Schunck, Henn, J. Müller, Garlinski, Lehmann, Gaebler (Angel), Bzducha, Akten (Roth), Moritz (Wischang), Kumbela (Nazarov)
Tore: Wischang (2), Akten, Kumbela
Trainer: Michael Dusek

**2004**
1. Runde: Werder Bremen – 1. FCK 3:2 n.V.

**2005**
Achtelfinale: Carl Zeiss Jena – 1. FCK 1:4
Viertelfinale: Hansa Rostock – 1. FCK 3:1

# Der 1. FCK in Europa

### UEFA-Pokal 1972/73

1. Runde: Stoke City – 1. FCK 3:1, Hosic
1. FCK – Stoke City 4:0, Huber, Friedrich, Bitz, Hosic
2. Runde: CUF Barreiro – 1. FCK 1:3, Hosic (2), E. Diehl
1. FCK – CUF Barreiro 0:1
Achtelfinale: Ararat Yerevan – 1. FCK 2:0
1. FCK – Ararat Yerevan 2:0 n.V., 5:4 n. 11-m-Schießen, Bitz, Huber (Huber, F. Fuchs, E. Diehl, Müller, Ackermann)
Viertelfinale: 1. FCK – Bor. Mönchengladbach 1:2, Huber
Bor. Mönchengladbach – 1. FCK 7:1, Toppmöller

### UEFA-Pokal 1976/77

1. Runde: Paralimni Famagusta – 1. FCK 1:3, Riedl, R. Meier, Stickel
1. FCK – Paralimni Famagusta 8:0, Toppmöller (4), Riedl, Pirrung (2), R. Meier
2. Runde: 1. FCK – Feyenoord Rotterdam 2:2, Briegel (2)
Feyenoord Rotterdam – 1. FCK 5:0

### UEFA-Pokal 1979/80

1. Runde: FC Zürich – 1. FCK 1:3, Neues, Bongartz, W. Wolf
1. FCK – FC Zürich 5:1, Melzer (2), Geye, J. Kaminke, Wendt
2. Runde: Sporting Lissabon – 1. FCK 1:1, Bongartz
1. FCK – Sporting Lissabon 2:0, Bongartz, Neues
Achtelfinale: VTK Diosgyör – 1. FCK 0:2, Wendt, Bongartz
1. FCK – VTK Diosgyör 6:1, Neues, Melzer, Brummer, J. Kaminke, Bongartz, Stabel
Viertelfinale: 1. FCK – Bayern München 1:0, Brummer
Bayern München – 1. FCK 4:1, Wendt

### UEFA-Pokal 1980/81

1. Runde: 1. FCK – RSC Anderlecht 1:0, F. Funkel
RSC Anderlecht – 1. FCK 3:2, F. Funkel, Wendt
2. Runde: 1. FCK – Standard Lüttich 1:2, Wendt
Standard Lüttich – 1. FCK 2:1, Briegel

### UEFA-Pokal 1981/82

1. Runde: 1. FCK – Akademik Sofia 1:0, Brehme
Akademik Sofia – 1. FCK 1:2, Melzer, Briegel
2. Runde: Spartak Moskau – 1. FCK 2:1, F. Funkel
1. FCK – Spartak Moskau 4:0, F. Funkel, Geye, Briegel (2)
Achtelfinale: SC Lokeren – 1. FCK 1:0
1. FCK – SC Lokeren 4:1, Hofeditz, Briegel, F. Funkel, Eilenfeldt
Viertelfinale: Real Madrid – 1. FCK 3:1, Eilenfeldt
1. FCK – Real Madrid 5:0, F. Funkel (2), Bongartz, Geye, Eilenfeldt
Halbfinale: 1. FCK – IFK Göteborg 1:1, Hofeditz
IFK Göteborg – 1. FCK 2:1 n.V., Geye

### UEFA-Pokal 1982/83

1. Runde: 1. FCK – Trabzonspor 3:0, Nilsson, Briegel (2)
Trabzonspor – 1. FCK 0:3, Eilenfeldt, Briegel (2)
2. Runde: SSC Neapel – 1. FCK 1:2, Nilsson, Th. Allofs
1. FCK – SSC Neapel 2:0 Nilsson, Briegel
3. Runde: FC Sevilla – 1. FCK 1:0
1. FCK – FC Sevilla 4:0, Nilsson, Geye, Brehme, Eilenfeldt
Viertelfinale: 1. FCK – Universitatea Craiova 3:2, Brehme (2), Irimescu (Eigentor)
Universitatea Craiova – 1. FCK 1:0

## UEFA-Pokal 1983/84

1. Runde: 1. FCK – FC Watford 3:1, Th. Allofs, Nilsson (2)
FC Watford – 1. FCK 3:0

## Europapokal der Pokalsieger 1990/91

1. Runde: 1. FCK – Sampdoria Genua 1:0, Kuntz
Sampdoria Genua – 1. FCK 2:0

## Europapokal der Landesmeister 1991/92

1. Runde: 1. FCK – Etar Tarnovo 2:0, Funkel (2)
Etar Tarnovo – 1. FCK 1:1, Degen
Achtelfinale: FC Barcelona – 1. FCK 2:0
1. FCK – FC Barcelona 3:1, Hotic (2), Goldbaek

## UEFA-Pokal 1992/93

1. Runde: Fram Reykjavik – 1. FCK 0:3, Witeczek (2), Wagner
1. FCK – Fram Reykjavik 4:0, Kuntz (2), Witeczek (2)
2. Runde: 1. FCK – Sheffield Wednesday 3:1, F. Funkel, Marin, Witeczek
Sheffield Wednesday – 1. FCK 2:2, Witeczek, Zeyer
Achtelfinale: Ajax Amsterdam – 1. FCK 2:0
1. FCK – Ajax Amsterdam 0:1

## UEFA-Pokal 1994/95

1. Runde: IA Akranes – 1. FCK 0:4, Hamann, Anders, Kuntz, Kuka
1. FCK – IA Akranes 4:1 Kuka (2), Wagner, Haber
2. Runde: 1. FCK – Odense BK 1:1, Sforza
Odense BK – 1. FCK 0:0

## UEFA-Pokal 1995/96

1. Runde: Slovan Bratislava – 1. FCK 2:1, Hollerbach
1. FCK – Slovan Bratislava 3:0, Wegmann (2), Wollitz
2. Runde: 1. FCK – Betis Sevilla 1:3, Koch
Betis Sevilla – 1. FCK 1:0

## Europapokal der Pokalsieger 1996/97

1. Runde: 1. FCK – Roter Stern Belgrad 1:0, Wegmann
Roter Stern Belgrad – 1. FCK 4:0

## Champions League 1998/99

Gruppe F: Benfica Lissabon, PSV Eindhoven, HJK Helsinki – 1. FCK

1. FCK – Benfica Lissabon 1:0, Wagner
HJK Helsinki – 1. FCK 0:0
PSV Eindhoven – 1. FCK 1:2, Riedl, Rische
1. FCK – PSV Eindhoven 3:1, Rische, Reich, Hristov
Benfica Lissabon – 1. FCK 2:1 Rische
1. FCK – HJK Helsinki 5:2, Rösler (3), Marschall, Rische

1. 1. FC Kaiserslautern 13 Punkte, 12-6 Tore 4 Siege, 1 Unent., 1 Nied.
2. Benfica Lissabon 8 Punkte, 8-9 Tore, 2 Siege 2 Unent., 2 Nied.
3. PSV Eindhoven 7 Punkte, 10-11 Tore, 2 Siege 1 Unent., 3 Nied.
4. HJK Helsinki 5 Punkte, 8-12 Tore, 1 Sieg 2 Unent., 3 Nied.

Viertelfinale:
FC Bayern München – 1. FCK 2:0, 4:0

## UEFA-Pokal 1999/2000

1. Runde 1. FCK – FC Kilmarnock 3:0, 2:0 H. Koch, Djorkaeff, Marschall – Djorkaeff, Ramzy
2. Runde Tottenham Hotspur – 1. FCK 1:0, 0:2, Buck, Eigentor Carr
3. Runde RC Lens – 1. FCK 1:2, 4:1, Wagner, Schjönberg – Hristov

## UEFA-Pokal 2000/2001

1. Runde: Bohemians Dublin – 1. FCK 1:3, 1:0, Reich, Hristov, Tare
2. Runde: Iraklis Saloniki – 1. FCK 1:3, 3:2, H. Koch, Djorkaeff, Marschall – Klose, Hristov, Tavlaridis (Eigentor)
3. Runde: Glasgow Rangers – 1. FCK 1:0, 0:3, Klose, Buck, Lokvenc

Achtelfinale: Slavia Prag – 1. FCK 0:0, 0:1, Lokvenc
Viertelfinale: 1. FCK – PSV Eindhoven 1:0, 1:0, H. Koch – Basler
Halbfinale: Deportivo Alavés – 1. FCK 5:1, 4:1, H. Koch – Djorkaeff

## UEFA-Pokal 2003/2004

1. Runde 1. FCK – FK Teplice 1:2, 0:1, Klose

## UEFA-Intertoto-Cup

### 1962/63

Gruppe B 1: Banyasz Tatabánya – 1. FCK 6:2, 2:2
Ajax Amsterdam – 1. FCK 6:0, 5:4
FC Nancy – 1. FCK 3:1, 3:0
1. Tatabanya 11 P., 2. Amsterdam 8 P. 3. Nancy 4 P. 4. 1. FCK 1 P.

### 1964/65

Gruppe A 3: 1. FCK – SC Enschede 0:0, 2:0
1. FCK – Beerschot AC 1:0, 0:0
1. FCK – FC Granges 3:0, 2:0
1. 1. FCK 10 P. 2. Enschede 7 P. 3. Beerschot 6 P. 4. Granges 1 P.
1. Runde: 1. FCK – Slovnaft Bratislava 1:1, 1:3

### 1965/66

Gruppe A 2: Fortuna '54 Geleen – 1. FCK 2:0, 1:2
1. FCK – Djurgarden Stockholm 0:3, 1:1
1. FCK – Grasshopper Zürich 1:1, 4:2
1. Geleen 10 P. 2. 1. FCK 6 P. 3. Stockholm 5 P. 4. Zürich 3 P.

### 1966/67

Gruppe B 4: Inter Bratislava – 1. FCK 5:2, 2:4
Wisla Krakow – 1. FCK 1:2, 4:2
Malmö FF – 1. FCK 4:0, 3:2
1. Bratislava 8 P. 2. Krakow 7 P. 3. Malmö 5 P. 4. 1. FCK 4 P.

### 1969

Gruppe 1: Malmö FF – 1. FCK 4:0, 3:1
1. FCK – Olympique Marseille 6:0, 0:1
1. FCK – Servette Genf 1:0, 1:0
1. Malmö 9 P. 2. 1. FCK 6 P. 3. Marseille 5 P. 4. Genf 4 P.

### 1970

Gruppe B 6: Austria Salzburg – 1. FCK 1:2, 1:0
1. FCK – Tatran Presov 4:0, 0:0
1. FCK – KB Kopenhagen 0:1, 1:0
1. Salzburg 7 P. 2. 1. FCK 7 P. 3. Presov 7 P. 4. Kopenhagen 3 P.

### 1971

Gruppe 4: TZ Trinec – 1. FCK 3:0, 3:1
Austria Wien – 1. FCK 3:4, 2:1
Hvidovre Kopenhagen – 1. FCK 4:0, 2:2
1. Trinec 10 P. 2. Wien 6 P. 3. Kopenhagen 5 P. 4. 1. FCK 3 P.

### 1974

Gruppe 5: Slovan Bratislava – 1. FCK 1:0, 0:1
1. FCK – Grasshopper Zürich 3:3, 1:3
1. FCK – Atvidabergs FF 1:0, 2:2
1. Bratislava 10 P. 2. 1. FCK 6 P. 3. Zürich 5 P. 4. Atvidaberg 3 P.

### 1975

Gruppe 8: 1. FCK – Bohemians Prag 2:0, 1:2
1. FCK – Young Boys Bern 4:2, 3:1
1. FCK – GAIS Göteborg 6:0, 3:1
1. 1. FCK 10 P. 2. Prag 10 P. 3. Bern 2 P. 4. Göteborg 2 P.

### 1978

Gruppe 2: Slavia Prag – 1. FCK 4:2, 3:1
1. FCK – Odense BK 4:1, 2:1
1. FCK – FC Tirol Innsbruck 4:0, 4:3
1. Prag 12 P. 2. 1. FCK 8 P. 3. Odense 2 P. 4. Innsbruck 2 P.

### 1988

Gruppe 6: 1. FCK – Admira/ Wacker Wien 1:0, 1:1
1. FCK – FC Luzern 4:2, 1:2
1. FCK – LKS Lodz 4:1, 4:2
1. 1. FCK 9 P. 2. Wien 7 P. 3. Luzern 7 P. 4. Lodz 1 P.

### 1989

Gruppe 11: 1. FCK – Vienna Wien 2:0, 0:3
1. FCK – RKC Waalwijk 2:2, 1:1
1. FCK – Carl Zeiss Jena 3:1, 3:1
1. 1. FCK 8 P. 2. Wien 7 P. 3. Waalwijk 6 P. 4. Jena 3 P.

### 1990

Gruppe 5: Malmö FF – 1. FCK 1:1, 1:3
1. FCK – Energie Cottbus 2:2, 0:4
1. FCK – Bohemians Prag 1:1, 4:0
1. Malmö 8 P. 2. 1. FCK 7 P. 3. Cottbus 7 P. 4. Prag 2 P.

### 2002

3. Runde: 1. FCK – FK Teplice 2:1, 0:4, Basler (2)

## Internationale Freundschaftsspiele seit 1998

### 1998/99

| | | | |
|---|---|---|---|
| 1. FCK | Nationalmannschaft Bulgarien | Homburg | 0:4 |
| FC Vaduz | 1. FCK | Vaduz | 0:9 |
| 1. FCK | Inter Mailand | Mainz | 0:0 |
| FC Ascona | 1. FCK | Ascona | 0:4 |
| 1. FCK | Partizan Belgrad | Ludwigshafen | 3:1 |

### 1999/2000

| | | | |
|---|---|---|---|
| FC Brügge | 1. FCK | Brügge | 2:3 |
| 1. FCK | AC Florenz | Kaiserslautern | 2:2 |
| 1. FCK | Grasshopper Zürich | Kaiserslautern | 4:2 |

### 2000/01

| | | | |
|---|---|---|---|
| 1. FCK | Sparta Prag | Andernach | 4:2 |
| 1. FCK | NK Osijek | Kaiserslautern | 4:0 |

### 2001/02

| | | | |
|---|---|---|---|
| Sporting Lissabon | 1. FCK | Lissabon | 3:0 |
| 1. FCK | AJ Auxerre | Kaiserslautern | 3:0 |
| FC Basel | 1. FCK | Basel | 1:0 |
| 1. FCK | Nationalmannschaft Kuwait | Kaiserslautern | 4:1 |
| 1. FCK | Feyenoord Rotterdam | Maspalomas | 1:3 |
| 1. FCK | FC Basel | Kaiserslautern | 1:2 |

### 2002/03

| | | | |
|---|---|---|---|
| 1. FCK | Fenerbahce Istanbul | Seefeld | 2:6 |
| 1. FCK | Racing Strasbourg | Niederbronn-les-Bains | 2:3 |
| 1. FCK | SC Heerenveen | Belek | 0:1 |
| 1. FCK | FC Basel | Kaiserslautern | 2:1 |

### 2003/04

| | | | |
|---|---|---|---|
| FC Zürich | 1. FCK | Wädenswil | 1:2 |
| 1. FCK | Rapid Bukarest | Balsthal | 4:2 |
| Grashopper Zürich | 1. FCK | Balsthal | 4:3 |

| | | | |
|---|---|---|---|
| Vitoria Guimaraes | 1. FCK | Guimaraes | 4:1 |
| 1. FCK | Galatasaray Istanbul | Antalya | 0:2 |
| 1. FCK | Spartak Moskau | Antalya | 0:1 |

**2004/05**

| | | | |
|---|---|---|---|
| 1. FCK | FC Basel | Grenchen | 3:0 |
| 1. FCK | FC Wacker Tirol | Kössen | 2:1 |
| SV Salzburg | 1. FCK | Kössen | 2:4 |
| 1. FCK | FC Metz | Mülheim-Kärlich | 2:4 |
| 1. FCK | Vitoria Guimaraes | Kaiserslautern | 2:0 |
| RC Genk | 1. FCK | Genk | 3:0 |
| Roda JC Kerkrade | 1. FCK | Kerkrade | 4:1 |
| Jeunesse Esch | 1. FCK | Esch-sur-Alzette | 0:9 |

**2005/06**

| | | | |
|---|---|---|---|
| 1. FCK | FC Basel | Grenchen | 2:0 |
| 1. FCK | Young Boys Bern | Grenchen | 1:2 |
| 1. FCK | Slavia Prag | Kehl | 2:1 |

**2006/07**

| | | | |
|---|---|---|---|
| 1. FCK | SV Kapfenberg | Kapfenberg | 5:3 |
| Red Bull Salzburg | 1. FCK | Irdning | 2:2 |
| 1. FCK | Nationalmannschaft Bahrain | Hatzenbühl | 2:0 |
| FC Liverpool | 1. FCK | Eschen-Mauren | 2:3 |
| FC Winterthur | 1. FCK | Winterthur | 2:6 |
| 1. FCK | OFI Kreta | Kaiserslautern | 0:1 |
| 1. FCK | RSC Anderlecht | Lomas de Campamor | 1:0 |
| 1. FCK | MVV Maastricht | Kaiserslautern | 3:0 |

**2007/08**

| | | | |
|---|---|---|---|
| MVV Maastricht | 1. FCK | Eigsden / Belgien | 1:3 |
| FC Kopenhagen | 1. FCK | | 3:0 |
| SV Kapfenberg | 1. FCK | Stainach / Östereich | 0:3 |
| Panionios Athen | 1. FCK | Mechtershaim | 4:3 |
| Luxemburg | 1. FCK | Luxemburg | 2:2 |

# Die Nationalspieler des 1. FCK

## (angegeben sind nur die Länderspiele für den 1. FCK)

### A-Nationalspieler

| | |
|---|---|
| Fritz Walter | 61 Berufungen |
| Hans Peter Briegel | 53 |
| Andreas Brehme | 40 |
| Miroslav Klose | 40 |
| Horst Eckel | 32 |
| Werner Kohlmeyer | 22 |
| Ottmar Walter | 21 |
| Werner Liebrich | 16 |
| Olaf Marschall | 13 |
| Stefan Kuntz | 11 |
| Karl Schmidt | 9 |
| Martin Wagner | 6 |
| Wolfram Wuttke | 4 |
| Marco Engelhardt | 3 |
| Klaus Toppmöller | 3 |
| Josef Pirrung | 2 |
| Franco Foda | 2 |
| Thomas Allofs | 1 |
| Michael Ballack | 1 |
| Jürgen Groh | 1 |
| Marco Reich | 1 |
| Thomas Ritter | 1 |

### B-, A2- und Team 2006-Nationalspieler

| | |
|---|---|
| Jürgen Groh | 8 Berufungen |
| Friedhelm Funkel | 4 |
| Josef Pirrung | 4 |
| Werner Melzer | 3 |
| Reiner Geye | 3 |
| Hans Peter Briegel | 2 |
| Norbert Eilenfeldt | 2 |
| Marco Engelhardt | 2 |
| Klaus Toppmöller | 2 |
| Hannes Bongartz | 1 |
| Michael Dusek | 1 |
| Werner Kohlmeyer | 1 |
| Werner Liebrich | 1 |
| Johannes Riedl | 1 |
| Wolfgang Seel | 1 |
| Christian Timm | 1 |
| Ottmar Walter | 1 |

### Olympia-Nationalmannschaft

| | |
|---|---|
| Wolfram Wuttke | 11 Berufungen |
| Andreas Brehme | 10 |
| Michael Schulz | 7 |
| Marco Haber | 2 |
| Markus Kranz | 2 |
| Marco Reich | 2 |
| Joachim Stadler | 2 |
| Thomas Allofs | 1 |

### Amateur-Nationalmannschaft

| | |
|---|---|
| Hermann Bitz | 23 Berufungen |
| Heinz Wilhelmi | 10 |
| Arno Wolf | 7 |
| Hans Peter Briegel | 6 |
| Rudolf Weiler | 6 |
| Lothar Huber | 3 |
| Peter Schwarz | 1 |
| Helmut Wagner | 1 |
| Wolfgang Wolf | 1 |

### U23-Nationalmannschaft

| | |
|---|---|
| Herward Koppenhöfer | 4 Berufungen |
| Jürgen Neumann | 4 |
| Josef Pirrung | 4 |
| Wolfgang Seel | 3 |
| Hermann Bitz | 2 |
| Friedel Späth | 1 |

### U21-Nationalmannschaft

| | |
|---|---|
| Marco Haber | 23 Berufungen |
| Thomas Hengen | 13 |
| Tim Wiese | 13 |
| Marco Reich | 11 |
| Michael Ballack | 10 |
| Markus Kranz | 10 |
| Hans-Werner Moser | 9 |
| Thomas Lechner | 7 |
| Markus Schupp | 7 |
| Franco Foda | 6 |
| Axel Brummer | 5 |
| Joachim Stadler | 4 |
| Thorsten Lieberknecht | 3 |
| Manfred Plath | 3 |
| Roman Weidenfeller | 3 |
| Thomas Allofs | 2 |
| Andreas Brehme | 2 |
| Florian Fromlowitz | 2 |
| Roland Grüner | 2 |
| Daniel Graf | 1 |
| Herbert Hoos | 1 |
| Thomas Riedl | 1 |
| Selim Teber | 1 |

# Europapokalspieler des 1. FCK

| | |
|---|---|
| Hans Peter Briegel | 34 Spiele/ 12 Tore |
| Werner Melzer | 32/4 |
| Reiner Geye | 31/6 |
| Harry Koch | 31/5 |
| Hannes Bongartz | 29/5 |
| Marian Hristov | 25/4 |
| Wolfgang Wolf | 25/1 |
| Andreas Brehme | 24/4 |
| Hany Ramzy | 23/1 |
| Andreas Reinke | 22/0 |

| | |
|---|---|
| Hans-Günther Neues | 21/3 |
| Norbert Eilenfeldt | 20/5 |
| Olaf Marschall | 20/2 |
| Martin Wagner | 20/4 |
| Michael Dusek | 19/0 |
| Marco Reich | 19/2 |
| Axel Roos | 19/0 |
| Andreas Buck | 18/2 |
| Axel Brummer | 17/2 |
| Ronnie Hellström | 17/0 |
| Ratinho | 17/0 |
| Jeff Strasser | 17/0 |
| Josef Pirrung | 16/2 |
| Armin Reichel | 16/0 |
| Ciriaco Sforza | 16/1 |
| Friedhelm Funkel | 15/7 |
| Miroslav Kadlec | 15/0 |
| Miroslav Klose | 14/3 |
| Jörgen Pettersson | 14/0 |
| Marco Haber | 13/1 |
| Oliver Schäfer | 13/0 |
| Youri Djorkaeff | 12/4 |
| Dimitrios Grammozis | 12/0 |
| Jürgen Groh | 12/0 |
| Erhard Hofeditz | 12/2 |
| Demir Hotic | 12/2 |
| Vratislav Lokvenc | 12/2 |
| Thomas Riedl | 12/1 |
| Ernst Diehl | 11/1 |
| Gerald Ehrmann | 11/0 |
| Georg Koch | 11/0 |
| Johannes Riedl | 11/1 |
| Thomas Allofs | 10/2 |
| Lutz Eigendorf | 10/0 |
| Wolfgang Funkel | 10/3 |

| | |
|---|---|
| Torbjörn Nilsson | 10/6 |
| Jürgen Rische | 10/4 |
| Benny Wendt | 10/5 |
| Marcel Witeczek | 10/6 |
| Mario Basler | 9/1 |
| Bjarne Goldbaek | 9/1 |
| Slobodan Komljenovic | 9/0 |
| Pavel Kuka | 9/3 |
| Thomas Ritter | 9/0 |
| Klaus Ackermann | 8/0 |
| Thomas Dooley | 8/0 |
| Fritz Fuchs | 8/0 |
| Lothar Huber | 8/2 |
| Bruno Hübner | 8/0 |
| Josef Stabel | 8/1 |
| Hermann Bitz | 7/2 |
| Thomas Hengen | 7/0 |
| Stefan Kuntz | 7/4 |
| Reinhard Meier | 7/2 |
| Michael Schjönberg | 7/0 |
| Dietmar Schwager | 7/0 |
| Peter Schwarz | 7/0 |
| Wolfgang Seel | 7/1 |
| Klaus Toppmöller | 7/5 |
| Michael Ballack | 6/0 |
| Jürgen Friedrich | 6/1 |
| Matthias Hamann | 6/1 |
| Idriz Hosic | 6/4 |
| Dieter Kitzmann | 6/0 |
| Uwe Rösler | 6/3 |
| Ibrahim Samir | 6/0 |
| Uwe Wegmann | 6/3 |
| Dirk Flock | 5/0 |
| Markus Kranz | 5/0 |
| Frank Lelle | 5/0 |

| | |
|---|---|
| Marcus Marin | 5/1 |
| Günther Reinders | 5/0 |
| Uwe Scherr | 5/0 |
| Michael Schuhmacher | 5/0 |
| Arno Wolf | 5/0 |
| Michael Zeyer | 5/1 |
| Jose Dominguez | 4/0 |
| Frank Greiner | 4/0 |
| Guido Hoffmann | 4/0 |
| Janos Hrutka | 4/0 |
| Jörn Kaminke | 4/2 |
| Roger Lutz | 4/0 |
| Pascal Ojigwe | 4/0 |
| Igli Tare | 4/1 |
| Thomas Vogel | 4/0 |
| Heinz Wilhelmi | 4/0 |
| Claus-Dieter Wollitz | 4/1 |
| Dirk Anders | 3/1 |
| Jürgen Degen | 3/1 |
| Bernd Hollerbach | 3/1 |
| Jesus Junior | 3/0 |
| Michael Lusch | 3/0 |
| Jochen Müller | 3/0 |
| Manfred Plath | 3/0 |
| Manfred Ritschel | 3/0 |
| Herbert Scheller | 3/0 |
| Michael Serr | 3/0 |
| Thomas Sobotzik | 3/0 |
| Heinz Stickel | 3/1 |
| Bernhard Winkler | 3/0 |
| Murat Yakin | 3/0 |
| Josef Elting | 2/0 |
| Kay Friedmann | 2/0 |
| Hans-Joachim Henkes | 2/0 |
| Kamil Kosowski | 2/0 |
| Hervé Nzelo-Lembi | 2/0 |
| Lucien Mettomo | 2/0 |
| Mika Nurmela | 2/0 |
| Thomas Richter | 2/0 |
| Klaus Scheer | 2/0 |
| Reinhard Stumpf | 2/0 |
| Bill Tchato | 2/0 |
| Christian Timm | 2/0 |
| Karl-Heinz Vogt | 2/0 |
| Tim Wiese | 2/0 |
| Silvio Adzic | 1/0 |
| Halil Altintop | 1/0 |
| Bernd Dobiasch | 1/0 |
| Jan Eriksson | 1/0 |
| Rainer Ernst | 1/0 |
| Thomas Franck | 1/0 |
| Steffen Freund | 1/0 |
| Roland Grüner | 1/0 |
| Aleksandr Knavs | 1/0 |
| Andreas Kröhler | 1/0 |
| Thorsten Lieberknecht | 1/0 |
| Werner Mörsdorf | 1/0 |
| Günther Rademacher | 1/0 |
| Roland Sandberg | 1/0 |
| Stijn Vreven | 1/0 |
| Roman Weidenfeller | 1/0 |
| Heinz-Rudi Weiler | 1/0 |

# Die Ausländer beim 1. FCK

**Spieler:**

| | | |
|---|---|---|
| Halil ALTINTOP | Türkei | 2003 – 2006 |
| Ioannis AMANATIDIS | Griechenland | 2004 – 2005 |
| Andrija ANKOVIC | Jugoslawien | 1966 – 1968 |
| ARILSON | Brasilien | 1995 – 1996 |
| Mathieu BEDA | Frankreich | 2005 – 2007 |
| Patrice BERNIER | Kanada | 2007 – 2008 |
| Nenad BJELICA | Kroatien | 2000 – 2004 |
| Ismael BOUZID | Frankreich | 2006 – 2007 |
| Balász BORBÉLY | Slowakei | 2005 – 2007 |
| Noureddine DAHAM | Algerien | 2006 – 2007 |
| Aimen DEMAI | Frankreich | 2006 – 2008 |
| Boubacar DIARRA | Mali/ Frankreich | 2007 – 2008 |
| Youri DJORKAEFF | Frankreich | 1999 – 2002 |
| Jose DOMINGUEZ | Portugal | 2000 – 2004 |
| Thomas DOOLEY | USA | 1988 – 1993 |
| Bratislav DORDEVIC | Jugoslawien | 1970 – 1971 |
| Jan ERIKSSON | Schweden | 1992 – 1994 |
| Petr GABRIEL | Tschechien | 2000 – 2003 |
| Berkant GÖKTAN | Türkei | 2005 – 2006 |
| Bjarne GOLDBAEK | Dänemark | 1989 – 1994 |
| Dimitrios GRAMMOZIS | Griechenland | 2000 – 2005 |
| Lars GUDMUNDSSON | Island | 1987 – 1988 |
| Tamás HAJNAL | Ungarn | 2006 – 2007 |
| Elvis HAJRADINOVIC | Jugoslawien | 1991 – 1992 |
| Ebsen HANSEN | Dänemark | 2007 – 2008 |
| Ronnie HELLSTRÖM | Schweden | 1974 – 1984 |
| Jon Inge HOILAND | Norwegen | 2005 – 2006 |
| Idriz HOSIC | Jugoslawien | 1970 – 1973 |
| Demir HOTIC | Jugoslawien | 1989 – 1993 |
| Marian HRISTOV | Bulgarien | 1997 – 2004 |

| | | |
|---|---|---|
| Janos HRUTKA | Ungarn | 1997 – 2000 |
| Erik JENDRISEK | Slowakei | 2007 – 2008 |
| Jesus JUNIOR | Brasilien | 1998 – 2000 |
| Miroslav KADLEC | CSFR/ Tschechien | 1990 – 1998 |
| Tomasz KLOS | Polen | 2000 – 2003 |
| Aleksander KNAVS | Slowenien | 2001 – 2004 |
| Slobodan KOMLJENOVIC | Serbien | 1999 – 2001 |
| Kamil KOSOWSKI | Polen | 2003 – 2005 |
| Pavel KUKA | CSFR/ Tschechien | 1993 – 1999 |
| Stefan LEXA | Österreich | 2006 – 2008 |
| LINCOLN | Brasilien | 2001 – 2004 |
| Vratislav LOKVENC | Tschechien | 2000 – 2004 |
| Jürgen MACHO | Österreich | 2004 – 2008 |
| Benno MAGNUSSON | Schweden | 1973 – 1974 |
| Stefan MAJEWSKI | Polen | 1984 – 1987 |
| Lucien METTOMO | Kamerun | 2003 – 2006 |
| Michael MIFSUD | Malta | 2001 – 2004 |
| Mihael MIKIC | Kroatien | 2004 – 2006 |
| Torbjörn NILSSON | Schweden | 1982 – 1984 |
| Mika NURMELA | Finnland | 2003 – 2005 |
| Hervé NZELO-LEMBI | Demokratische Rep. Kongo | 2002 – 2006 |
| Perica OGNJENOVIC | Serbien | 2001 – 2002 |
| Pascal OJIGWE | Nigeria | 1996 – 1999 |
| Emeka OPARA | Nigeria | 2006 – 2008 |
| Moussa OUATTARA | Burkina Faso | 2006 – 2008 |
| Nicolas PAVLOVICH | Argentinien | 2006 – 2007 |
| Jörgen PETTERSSON | Schweden | 1999 – 2002 |
| Marcelo PLETSCH | Brasilien | 2005 – 2006 |
| Jacobus PRINS | Niederlande | 1963 – 1965 |
| Hany RAMZY | Ägypten | 1998 – 2005 |
| RATINHO | Brasilien | 1996 – 2004 |
| Aki RIIHILATI | Finnland | 2006 – 2007 |
| Wynton RUFER | Neuseeland | 1996 – 1997 |
| Björn RUNSTRÖM | Schweden | 2007 – 2008 |
| Ibrahim SAMIR | Ägypten | 1998 – 2001 |

| | | |
|---|---|---|
| Roland SANDBERG | Schweden | 1973 – 1977 |
| Boubacar SANOGO | Elfenbeinküste | 2005 – 2006 |
| Jewgeni SCHACHOW | UdSSR | 1989 – 1990 |
| Michael SCHJÖNBERG | Dänemark | 1996 – 2001 |
| Peter SCHMITT | Österreich | 1968 – 1969 |
| Mark SCHWARZER | Australien | 1995 – 1997 |
| Ciriaco SFORZA | Schweiz | 1993 – 1995<br>1997 – 2000<br>2002 – 2006 |
| Josh SIMPSON | Kanada | 2006 – 2008 |
| Ervin SKELA | Albanien | 2005 – 2006 |
| Jeff STRASSER | Luxemburg | 1999 – 2002 |
| Lajos SZÜCS | Ungarn | 1997 – 2001 |
| Igli TARE | Albanien | 1999 – 2001 |
| Bill TCHATO | Kamerun | 2002 – 2005 |
| Grégory VIGNAL | Frankreich | 2006 – 2007 |
| Ricardo VILLAR | Brasilien | 2006 – 2007 |
| Stijn VREVEN | Belgien | 2003 – 2004 |
| Benny WENDT | Schweden | 1977 – 1981 |
| Taribo WEST | Nigeria | 2001 – 2002 |
| Gregorz WIEZIK | Polen | 1989 – 1990 |
| Murat YAKIN | Schweiz | 2000 – 2001 |
| Ferydoon ZANDI | Iran | 2004 – 2006 |

**Trainer:**

| | | |
|---|---|---|
| Gyula LORANT | Ungarn | 1965 – 1967<br>1969 – 1971 |
| Egon PIECHACZEK | Polen | 1968 – 1969 |
| Erik GERETS | Belgien | 2002 – 2004 |
| Kurt JARA | Österreich | 2004 – 2005 |
| Kjetil REKDAL | Norwegen | 2007 – 2008 |

# Trainer und Präsidenten

## Die Präsidenten des 1. FCK

(keine Gewähr für die Vollständigkeit vor 1945)

1900 Louis Lotz
1901 Karl Feikert
1909 Karl Wünschel (FVK)
1913? Otto Candidus
19 ? Karl Wünschel
1925 Ludwig Höffler
1928 Rudolf Bang
1936 August Nebling
1938 Bürgermeister Allbrecht (NSDAP)
1945 Paul Karch
1950 Dr. Müller
1955 Werner Krabler
1957 Ernst Wüstenhagen (kommissarisch)
1957 Hans Adolff
1960 Dr. Heinz Brinkop
1970 Willi Müller
1977 Jürgen „Atze" Friedrich
1981 Udo Sopp
1985 Jürgen „Atze" Friedrich
1988 Norbert Thines
1996 Hubert Keßler
1998 Jürgen „Atze" Friedrich (Vorstandsvorsitzender – nach Auflösung der alten ehrenamtlichen Präsidiumsstruktur und Professionalisierung des Vorstands)
2002 René C. Jäggi (Vorstandsvorsitzender)
2006 Erwin Göbel (Vorstandsvorsitzender)

## Die Trainer des 1. FCK

Schwab, Werner Dreißiger und
Turii, Berndt Vierziger Jahre
Fritz Walter 1945 – 1949
Sepp Herberger 1945 – 1949 zeitweise
Kuno Krügel 1949 – 1950
Richard Schneider 1950 – 1961
Günter Brocker 1961 – 22. Spiel 1964/65
Werner Liebrich 23. – 30. Spiel 1964/65
Gyula Lorant 1965/66 – 1966/67
Otto Knefler 1967/68 – 24. Spiel 1967/68
Egon Piechaczek 25. Spiel 1967/68 – 1968/69
Gyula Lorant 1969/70 – 23. Spiel 1970/71
Dietrich Weise 24. Spiel 1970/71 – 33. Spiel 1972/73
Gerd Schneider 34. Spiel 1972/73
Erich Ribbeck 1973/74 – 1977/78
Karl-Heinz Feldkamp 1978/79 – 1981/82
Rudi Kröner 1982/83 – 25. Spiel 1982/83
Ernst Diehl 26. – 34. Spiel 1982/83
Dietrich Weise 1983/84 – 11. Spiel 1983/84
Ernst Diehl 12. Spiel 1983/84
Manfred Krafft 13. Spiel 1983/84 – 1984/85
Hannes Bongartz 1985/86 – 15. Spiel 1987/88
Josef Stabel 16. Spiel 1987/88 – 1988/89
Gerd Roggensack 1989/90 – 22. Spiel 1989/90
Karl-Heinz Feldkamp 23. Spiel 1989/90 – 1991/92
Rainer Zobel 1992/93
Friedel Rausch 1993/94 – 24. Spieltag 1995/96
Eckhart Krautzun 25. Spieltag 1995/96 – 1995/96
Otto Rehhagel 1996/97 – 1.10.2000
Andreas Brehme 6.10.2000 – 25.8.2002
Erik Gerets 4.9.2002 – 2.2.2004
Kurt Jara 3.2.2004 – 6.4.2005
Hans-Werner Moser 6.4.2005 – 30.6.2005
Michael Henke 1.7.2005 – 19.11.2005
Wolfgang Wolf 21.11.2005 – 10.4.2007
Wolfgang Funkel 11.4.2007 – 27.6.2007
Kjetil Rekdal 28.6.2007 –

# Die Kader des 1. FCK

## 1945/46 – 2007/08

Berücksichtigt sind nur Spieler, die auch zum Einsatz kamen – in alphabetischer Reihenfolge

**1945/46**
Auer, Baßler, Baum, Berndt, Grewenig, Hammer, Hankel, Ininger, Jung, Kohlmeyer, E. Liebrich, W. Liebrich, Marker, Martin, Rödler, Thines, F. Walter, L. Walter

**1946/47**
Baßler, Baum, Berndt, Hans Christmann, Heini Christmann, Grewenig, Huppert, Jung, Kohlmeyer, E. Liebrich, W. Liebrich, Marker, F. Walter, O. Walter, Wetz

**1947/48**
Auer, Baßler, Baum, K.Berndt, W.Berndt, Hans Christmann, Heini Christmann, Folz, Grewenig, Hölz, Huppert, K. Jung, Klee, Kohlmeyer, E. Liebrich, W. Liebrich, F. Walter, O. Walter

**1948/49**
Abel, Adam, Baßler, Baum, Berndt, Hans Christmann, Doll, Ebensperger, Folz, Grewenig, Hölz, Hoffmann, Huppert, Klee, Kohlmeyer, E. Liebrich, W. Liebrich, Marker, F. Walter, L. Walter, O. Walter, Wenzel

**1949/50**
Adam, Baßler, Berndt, Hans Christmann, Eckel, Folz, B.Fuchs, Gawliczek, Grewenig, Hölz, Huppert, Jergens, Jung, Klee, R. Kohlmeyer, W.Kohlmeyer, E. Liebrich, W. Liebrich, Schweikert, F. Walter, O. Walter

**1950/51**
Adam, Baßler, Hans Christmann, Eckel, Folz, B. Fuchs, Hartenstein, Huppert, Jergens, Klee, W. Kohlmeyer, E. Liebrich, W. Liebrich, Pilkahn, Rasch, Schaak, F. Walter, O. Walter, Wanger,Wettig

**1951/52**
Eckel, Fischer, Folz, Fritschi, Jergens, K. Jung, Junker, Klee, W. Kohlmeyer, Kraußer, E. Liebrich, W. Liebrich, Ludwig, Rasch, Render, Schaak, Scheffler, Seitz, F. Walter, O. Walter, Wanger, Wenzel

**1952/53**
Eckel, Fischer, Folz, Fritschi, B. Fuchs, Hölz, K. Jung, Klee, W. Kohlmeyer, E. Liebrich, W. Liebrich, Render, Scheffler, Sokoll, F. Walter, O. Walter, Wanger, Wenzel

**1953/54**
Baßler, Eckel, Fischer, Folz, Hölz, K. Jung, W. Kohlmeyer, E. Liebrich, W. Liebrich, Render, Scheffler, Sokoll, F. Walter, O. Walter, Wanger, Wenzel

**1954/55**
Ahrens, Baßler,Bauer, Biontino, Eckel, Fischer,Hölz, Karch, W.Kohlmeyer, E. Liebrich, W. Liebrich, Mangold, F.Müller, Render, Scheffler, Sokoll, F. Walter, O. Walter, Wanger, Wenzel

**1955/56**
Ahrens, Baßler, Eckel, Hölz, Kern, W. Kohlmeyer, W. Liebrich, Mangold, Render, Scheffler, K. Schmidt, Schroer, Thum, Wagner, F. Walter, O. Walter, Wanger, Wenzel

**1956/57**
Ahrens, Baßler, Bauer, Eckel, Fritzinger, Hölz, Kern, W. Kohlmeyer, W. Liebrich, Mangold, Miksa, Render, Scheffler, K. Schmidt, Schroer, Späth, F. Walter, O. Walter, Wanger, Wenzel, Wodarczek

**1957/58**
Ahrens, Bauer, Eckel, H. Fischer, Hölz, Kern, Lichtl, W. Liebrich, Lulka, Miksa, Mangold, Render, Scheffler, K. Schmidt, Späth, F. Walter, O. Walter, Wenzel, Wodarczek

**1958/59**
Bauer, Baumann, Eckel, Hölz, Hoffmann, Kraft, Kühlwetter, W. Liebrich, Mangold, Miksa, Miltz, Neukirch, Reckel, Scheffler, Schmelzer, K.Schmidt, H. G. Schmitt, Späth, Sprengard, Wagner, F. Walter, O. Walter, Wenzel

**1959/60**
Bauer, Eckel, Hölz. Hoffmann, Kasperski, Kraft, W. Liebrich, Mangold, Miksa, Neumann, Neukirch, Pulter, W. Richter, Ringer, K. Schmidt, Schnarr, M. Schneider, Schönborn, Sprengard, Stumpf, Wenzel

**1960/61**
Bauer, Baumann, Feldmüller, Heß, Hölz, Kasperski, Landmann, W. Liebrich, Mangold, Miksa, Neumann, Pulter, W. Richter, Schlegelmilch, Schnarr, G. Schneider, Settelmeyer, Sprengard, Wenzel

**1961/62**
Bauer, Feldmüller, Gawletta, Horn, Kasperski, Landmann, W. Liebrich, Mangold, Miksa, Neumann, Pulter, W. Richter, Schnarr, G. Schneider, Settelmeyer, Sprengard, Treumann, Wenzel

**1962/63**
Bauer, H. Diehl, Feldmüller, Gawletta, Heß, R. Kiefaber, Kostrewa, Mangold, E. Meier, Miksa, Neumann, Pulter, Reitgaßl, W. Richter, Schindler, Schnarr, G. Schneider, Schönborn , Settelmeyer

**1963/64**
Bauer, Braner, Feldmüller, Gawletta, R. Kiefaber, Kostrewa, Mangold, E. Meier, Neumann, Prins, Pulter, Reitgaßl, W. Richter, Schnarr, G. Schneider, Schönborn, H. D. Strich, Wrenger

**1964/65**
Bauer, Braner, Kapitulski, R. Kiefaber, Kostrewa, Leydecker, Mangold, E. Meier, Neumann, Prins, Pulter, Reitgaßl, W. Richter, Schnarr, G. Schneider, Schwager, Strich, Wrenger

**1965/66**
Becker, Braner, Geisert, W. Kaminke, Kapitulski, R. Kiefaber, Koppenhöfer, Kostrewa, Leydecker, Mangold, Neumann, Reitgaßl, Rummel, Schnarr, G. Schneider, Schwager

**1966/67**
Ankovic, Braner, Geisert, W. Kaminke, Kapitulski, Kentschke, R. Kiefaber, Klimaschefski, Koppenhöfer, Krautzun, Rehhagel, Reitgaßl, Rummel, Schnarr, G. Schneider, Schwager, Wrenger

**1967/68**
Ankovic, E. Diehl, W. Fuchs, Geisert, Hansing, Hasebrink, Kapitulski, Kentschke, V. Klein, R. Kiefaber, Klimaschefski, Koppenhöfer, Rehhagel, Reitgaßl, Roggensack, Schnarr, G. Schneider, Schwager, Soyez, Stabel, Windhausen

**1968/69**
E. Diehl, Friedrich, Geisert, Glaß, Hansing, Hasebrink, Kentschke, R. Kiefaber, V. Klein, Klimaschefski, Koppenhöfer, Rehhagel, Rumor, P. Schmidt, Schnarr, G. Schneider, Schwager, Stabel, Windhausen

**1969/70**
Ackermann, E. Diehl, Fecht, Friedrich, F. Fuchs, Geisert, Glaß, Kentschke, Krafczyk, Pirrung, Rademacher, Rehhagel, W. Richter, Ripp, Rumor, Schnarr, G. Schneider, Schwager, Soyez, Stabel, Vogt

**1970/71**
Ackermann, Bitz, Blusch, E. Diehl, Dordevic, Elting, Fecht, Friedrich, F. Fuchs, Hosic, Huber, Krafczyk, Pirrung, Rademacher, Rehhagel, G. Reinders, W. Richter, Schwager, Stabel, Vogt

**1971/72**
Ackermann, Bitz, E. Diehl, Elting, Friedrich, F. Fuchs, Henkes, Hosic, Huber, Pirrung, Rademacher, Rehhagel, G. Reinders, Schwager, Seel, Stabel, Vogt

**1972/73**
Ackermann, Bitz, Brehm, E. Diehl, Elting, Friedrich, F. Fuchs, Henkes, Hosic, Huber, Michelbach, J. Müller, Pirrung, Rademacher, G. Reinders, Schwager, P. Schwarz, Seel, Stabel, K. Toppmöller, Vogt, H. Wilhelmi

**1973/74**
Ackermann, Bitz, E. Diehl, Elting, F. Fuchs, Huber, Laumen, Magnusson, R. Meier, Pirrung, G. Reinders, Schwager, P. Schwarz, Sandberg, Stabel, K. Toppmöller, Vogt, H. Wilhelmi

**1974/75**
Bender, Bitz, E. Diehl, Frosch, F. Fuchs, Hellström, Kroth, R. Meier, Melzer, Pirrung, J. Riedl, Schwager, P. Schwarz, Sandberg, Stabel, Thelen, H. Toppmöller, K. Toppmöller, Weiler, H. Wilhelmi

**1975/76**
Briegel, E. Diehl, H. D. Diehl, Frosch, Hellström, Kroth, R. Meier, Melzer, Pirrung, J. Riedl, Scheer, P. Schwarz, Sandberg, Stickel, K. Toppmöller, Weiler, H. Wilhelmi

**1976/77**
Briegel, E. Diehl, Groh, Hellström, R. Meier, Melzer, Metzler, Pirrung, J. Riedl, Ritschel, Scheer, Scheller, P. Schwarz, Sandberg, Stabel, Stickel, K. Toppmöller, Weiler, H. Wilhelmi

**1977/78**
Briegel, E. Diehl, Geye, Groh, Hellström. R. Meier, Melzer, Menges, Neues, Pirrung, J. Riedl, Ritschel, Schwarz, Stabel, Stickel, K. Toppmöller, Wendt, H. Wilhelmi

**1978/79**
Bongartz, Briegel, Dobiasch, Geye, Groh, Hellström, Mackensen, R. Meier, Melzer, Menges, Neues, Pirrung, J. Riedl, Schuhmacher, P. Schwarz, Stabel, K. Toppmöller, Wendt, W. Wolf

**1979/80**
Bongartz, Briegel, Brummer, Dobiasch, Dusek, Eigendorf, Geye, Groh, Hellström, J. Kaminke, Kolath, R. Meier, Melzer, Mörsdorf, Neues, Pirrung, J. Riedl, Schuhmacher, P. Schwarz, Stabel, K. Toppmöller, Wendt, A. Wolf, W. Wolf

**1980/81**
Bongartz, Briegel, Brummer, Buschlinger, Dusek, Eigendorf, F. Funkel, Gerber, Geye, Hellström, Hofeditz, J. Kaminke, R. Meier, Melzer, Neues, Pirrung, J. Riedl, Wendt, W. Wolf

**1981/82**
Bongartz, Brehme, Briegel, Brummer, Dusek, Eigendorf, Eilenfeldt, F. Funkel, Geye, Hellström, Hellström, Henrichs, Hofeditz, Hübner, Kitzmann, Melzer, Plath, Reichel, Schuhmacher, W. Wolf

**1982/83**
Th. Allofs, Bongartz, Brehme, Briegel, Brummer, Dusek, Eilenfeldt, Frowein, F. Funkel, Geye, Hellström, Henrichs, Hübner, Kitzmann, Melzer, Neues, Nilsson, Plath, Reichel, W. Wolf

**1983/84**
Th. Allofs, Bongartz, Brehme, Briegel, Brummer, Dusek, Eilenfeldt, Foda, Frowein, Geye, Glaser, Gries, Grüner, Hellström, Hoos, Hübner, Kitzmann, Lang, Löchelt, Melzer, Moser, Nilsson, Plath, Reichel, W. Wolf

**1984/85**
Th. Allofs, Bold, Brehme, Dusek, Ehrmann, Eilenfeldt, Geye, Hoos, Hübner, Kitzmann, Lang, Majewski, Melzer, Mohr, Moser, Reichel, Roos, Schupp, Trunk, W. Wolf

**1985/86**
Th.Allofs, Bold, Brehme, Dusek, Ehrmann, Eilenfeldt, Geye, Graf, Hoos, Kitzmann, Löchelt, Majewski, Melzer, Mohr, Moser, Roos, Schupp, Spielberger, Trunk, W.Wolf, Wuttke

**1986/87**
Allievi, Dusek, Ehrmann, Friedmann, Groh, F. Hartmann, Haun, Hoos, Kohr, Lelle, Majewski, Metz, Mohr, Moser, Roos, Schupp, Serr, Spielberger, Trunk, W.Wolf, Wuttke

**1987/88**
Allievi, Dusek, Ehrmann, Emmerling, Foda, Friedmann, Groh, Gudmundsson, F.Hartmann, Hoos, Koch, Kohr, Kranz, Lelle, J. Lutz, Moser, Nushöhr, Roos, Schulz, Schupp, Serr, Sommer, W. Wolf, Wuttke

**1988/89**
Allievi, Basler, Dooley, U. Eckel, Ehrmann, Emig, Emmerling, Foda, Friedmann, Giehl, Groh, F. Hartmann, Hery, Hoos, Kohr, Kranz, Labbadia, Lelle, R. Lutz, Roos, Schulz, Schupp, Serr, Sommer, Wuttke

**1989/90**
Allievi, Dooley, Ehrmann, Emig, Foda, Friedmann, Goldbaek, Haber, F. Hartmann, Hoos, Hotic, Kranz, Kuntz, Labbadia, Lelle, R. Lutz, Roos, Scherr, Schupp, Serr, Shakov, Sommer, Stadler, Stumpf, Wiezik, Wuttke

**1990/91**
Dooley, Ehrmann, Ernst, Friedmann, Goldbaek, Haber, G.Hoffmann, Hotic, Kadlec, Krämer, Kranz, Kuntz, Labbadia, Lelle, R. Lutz, Th. Richter, Roos, Scherr, Schupp, Serr, Stadler, Stumpf, Winkler, Zimmermann

**1991/92**
Degen, Dooley, Ehrmann, W. Funkel, Goldbaek, Haber, Hajradinovic, G. Hoffmann, Hotic, Kadlec, Kranz, Kröhler, Kuntz, Lelle, R. Lutz, Roos, Schäfer, Scherr, Serr, Stumpf, Toth, Vogel, Winkler, Witeczek

**1992/93**
Dooley, Ehrmann, Eriksson, W. Funkel, Goldbaek, Haber, Hengen, G. Hoffmann, Hotic, Kadlec, Kuntz, Lelle, Lieberknecht, Marin, Th. Richter, Ritter, Roos, Schäfer, Serr, Vogel, M. Wagner, Winkler, Witeczek, M. Zeyer

**1993/94**
Brehme, Degen, Dittgen, Ehrmann, Eriksson, U. Fuchs, W. Funkel, Goldbaek, Haber, Hengen, Kadlec, Kuka, Kuntz, Lieberkecht, Lusch, R. Lutz, Marin, Reitmaier, Ritter, Roos, Schäfer, Sforza, M. Wagner, M. Zeyer

**1994/95**
Anders, Brehme, Ehrmann, Flock, W. Funkel, Haber, M. Hamann, Hengen, Kadlec, Kuka, Kuntz, Lusch, R. Lutz, Marschall, Reinke, Ritter, Roos, Schäfer, Sforza, M.Wagner

**1995/96**
Anders, Arilson, Brehme, Dengel, Ehrmann, Flock, W. Funkel, Greiner, M. Hamann, Hengen, Hollerbach, Kadlec, Kern, H. Koch, Kuka, R. Lutz, Marschall, Reinke, Rische, Ritter, Roos, Schäfer, Schwarzer, Wagner, U. Wegmann, Wollitz

**1996/97**
Brehme, Broß, Ehrmann, Franck, Greiner, Kadlec, Keller, H. Koch, Kuka, R. Lutz, Marschall, Ojigwe, Ratinho, Reinke, Roos, Reich, Rische, Riedl, Rufer, Schäfer, Schjönberg, Schwarzer, Wagner. Wegmann

**1997/98**
Ballack, Brehme, Buck, Ertl, Franck, Greiner, Hristov, Hrutka, Kadlec, H. Koch, Kouba, Kuka, R. Lutz, Marschall, Ojigwe, Ratinho, Reinke, Reich, Riedl, Rische, Roos, Schäfer, Schjönberg, Sforza, Szücs, Wagner

**1998/99**
Ballack, Buck, Franck, Gospodarek, Graf, Hristov, Hrutka, Jesus Junior, H. Koch, Kuka, R. Lutz, Marschall, Ojigwe, Ramzy, Ratinho, Reich, Reinke, Riedl, Rische, Rösler, Roos, Samir, Schäfer, Schjönberg, Sforza, Szücs, Wagner

**1999/2000**
Adzic, Basler, Buck, Gospodarek, Djorkaeff, Hristov, Hrutka, Jesus Junior, Klose, G. Koch, H. Koch Komljenovic, Marschall, Pettersson, Ramzy, Ratinho, Reich, Reinke, Rische, Roos, Samir, Schjönberg, Sforza, Sobotzik, Strasser, Szücs, Tare, Wagner

**2000/2001**
Adzic, Basler, Bjelica, Buck, Djorkaeff, Dominguez, Gabriel, Gospodarek, Grammozis, Hristov, Klos, Klose, G. Koch, H. Koch, Komljenovic, Lokvenc, Marschall, Pettersson, Ramzy, Ratinho, Reich, Roos, Samir, Schjönberg, Stark, Strasser, Szücs, Tare, Weidenfeller, M. Yakin

**2001/2002**
Adzic, Basler, Bjelica, Boskovic, Buck, Djorkaeff, Dominguez, Gabriel, Grammozis, Hengen, Hristov, Klos, Klose, Knavs, G. Koch, H. Koch, Kullig, Lincoln, Lokvenc, Malz, Marschall, Mifsud, Ognjenovic, Pettersson, Ramzy, Ratinho, Reuter, Riedl, Strasser, Weidenfeller, West, Wiese

**2002/2003**
Adzic, Anfang, Basler, Bjelica, Boskovic, Dominguez, Gabriel, Grammozis, Hengen, Hristov, Klos, Klose, Knavs, G. Koch, H. Koch, Lembi, Lincoln, Lokvenc, Malz, Mifsud, Ramzy, Ratinho, Reuter, Riedl, Sforza, Tchato, Teber, Timm, Wiese

**2003/2004**
Halil Altintop, Anfang, Bjelica, Dominguez, Ernst, Freund, Grammozis, Hengen, Hristov, Klose, Knavs, Kosowski, Lembi, Lincoln, Lokvenc, Malz, Mettomo, Mifsud, Nurmela, Ramzy, Ratinho, Reuter, Riedl, Sforza, Tchato, Teber, Timm, Vreven, Wenzel, Wiese, Wittich

**2004/2005**
Halil Altintop, Amanatidis, Blank, Drescher, Engelhardt, Ernst, Gjasula, Grammozis, Hertzsch, Jancker, Kosowski, Lehmann, Lembi, Macho, Malz, Mettomo, Mikic, Nerlinger, Nurmela, Ramzy, Riedl, Seitz, Sforza, Tchato, Teber, Timm, Wenzel, Wiese, Wittich, Zandi

**2005/2006**
Halil Altintop, Beda, Bellinghausen, Blank, Bohl, Borbély, Engelhardt, Ernst, Fromlowitz, Göktan, Halfar, Henn, Hertzsch, Hoiland, Jancker, Lehmann, Lembi, Macho, Mettomo, Mikic, Nerlinger, Pletsch, Reinert, Reuter, Riedl, Sanogo, Schönheim, Seitz, Sforza, Skela, Wenzel, Zandi, Ziemer

**2006/2007**
Auer, Beda, Bellinghausen, Bohl, Borbély, Bouzid, Daham, Demai, Fromlowitz, Gaebler, Hajnal, Halfar, Henn, Karadas, Kotysch, Lexa, Macho, Meißner, Müller, Opara, Ouattara, Pavlovich, Reinert, Riihilahti, Schönheim, Simpson, Vignal, Villar, Werner, Ziemer

**2007/2008**
Beda, Bellinghausen, Bernier, Bohl, Bonovas, Bugera, Demai, Diarra, Fromlowitz, Gaebler, Hansen, Henel, Jendrisek, Kotysch, Lexa, Müller, Neubauer, Opara, Ouattara, Reinert, Runström, Schönheim, Simpson, Sippel, Stachnik, Thomas, Werner, Ziemer

# Kaiserslautern –

## kurz und bündig

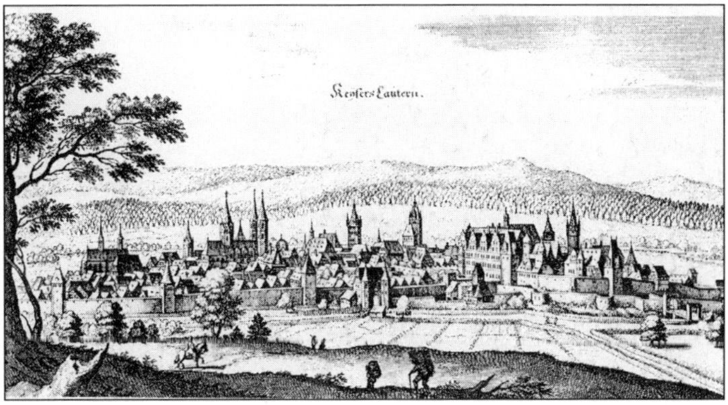

Kaiserslautern war von Anfang an stets die kleinste Bundesligastadt, nur Nachbar Homburg hatte in den 1980er Jahren für kurze Zeit diese Rolle inne. Immer bewegt sich die Einwohnerzahl um die 100.000, und zwar ohne die zahlreichen US-Amerikaner, die trotz Abrüstung und Konversion weiterhin die Gegend um Kaiserslautern, Landstuhl und Ramstein bevölkern und das kulturelle und das Alltagsleben immer noch spürbar beeinflussen. Früher hat hier ein Kaiser mir rotem Bart namens Friedrich Barbarossa residiert, von dessen kurzzeitiger Anwesenheit in der Mitte der Pfalz erstaunlich viele Namen künden: Barbarossahalle, Barbarossa-Gymnasium, Barbarossabäckerei und Barbarossabrot und so weiter …

Von den alten Industrieunternehmen, die Lautern einst bekannt gemacht haben, ist nicht mehr viel übrig geblieben. Erst erwischte es die Kammgarn-Spinnerei, dann die Eisenwerke, und der Nähmaschinenhersteller PFAFF stagniert unter multinationaler Führung schon seit Jahren und leistet sich intervallmäßig kleinere und größere Entlassungswellen. Ein weiteres Sorgenkind heißt Opel. Und so bleiben als innovative Errungenschaften der letzten drei Jahrzehnte der Technologiepark und die inzwischen von Trier emanzipierte Universität, die im nationalen Vergleich in so mancher Disziplin ganz hervorragend abschneidet.

Und Karl-Heinz Feldkamps berühmter Spruch „Hier gibt es nicht so viel Kultur, also haben wir Fußball-Kultur" gilt längst nicht mehr. Vieles hat sich seit der Zeit von „König Kalli" zum Guten verändert.

Kaiserslautern liegt in jeder Hinsicht verkehrsgünstig, was auch Frankreichs Kaiser Napoleon zu schätzen wusste, dessen Kaiserstraße gen Osten auch den Ort an der Lauter nicht ausließ.

Aus dem Saarland, aus Luxemburg, Lothringen und aus dem Hunsrück und der Eifel geht es auf der A6 bis KL-West, danach den Hinweisschildern nach – und da kann das Warten schon mal länger dauern. Aus Richtung Mannheim, Ludwigshafen und Heidelberg wählt man die Ausfahrt KL-Ost und begibt sich in die Warteschlange auf der Mainzer Straße.

Die idyllischste Anfahrt genießt man mitten durch den Pfälzer Wald auf der Bundesstraße 38 zwischen Bad Dürkheim und Kaiserslautern, allerdings zum Leidwesen der Einwohner von Frankenstein und Hochspeyer, die unter den Verkehrslawinen leiden, die Tag für Tag das Neustadter Tal heimsuchen.

Aus Richtung Frankfurt und Mainz gelangt man über die A 63 zur Ausfahrt KL-Ost.

Kaiserslautern ist auch Bahnknotenpunkt, nur eine Stunde Fahrt mit der S-Bahn vom Hbf Mannheim entfernt. 2006 ist die Strecke bis nach Homburg verlängert worden, so dass die Anschlüsse sowohl in Richtung Westen (Saarland, Metz, Paris) als auch nach Osten (Ludwigshafen, Mannheim, Karlsruhe) gegeben sind.

Flughäfen gibt es in Frankfurt und Stuttgart, hinzu kommen die kleineren Flugplätze in Saarbrücken, Zweibrücken, Mannheim und Baden-Baden sowie das Frankfurter Anhängsel Hahn im Hunsrück.

## Hotels

Dorint Novotel, St.-Quentin-Ring 1, auf dem Betzenberg stadionnah gelegen
Schulte's Hotel du Vin, Malzstr. 7, am Fuße des Fritz-Walter-Stadions
Stadthotel, Friedrichstr. 39, im Zentrum
Hotel Blechhammer, Am Hammerweiher 1, idyllische Lage im Westen der Stadt
Lautertaler Hof, Mühlstr. 31, zwischen Gartenschaugelände und Zentrum
Akzent Hotel Froehlich, Dansenberger Str. 10, 5 km vom Betzenberg in Dansenberg gelegen
Seehotel Gelterswoog, am Ortsausgang von Hohenecken im Süden der Stadt
Kaiserslautern hat keine Jugendherberge, die nächste ist 10 Kilometer entfernt in Hochspeyer – Tel. 06305/ 336 Fax 5152
E-Mail: HYPERLINK mailto:hochspeyer@diejugendherbergen.de

## Essen, Trinken

Uwes Tomate, Schillerplatz 4, französische Küche, 1 Stern
Le Marché, Richard-Wagner-Str. 20, französische Küche
Casa Mia, Pariser Str. 41, ital. Küche
Medici, Münchstr. 10-12, ital. Küche
Spinnrädl, Schillerstr. 1, rustikales Weinlokal, Haus 1740 erbaut

## Kneipen und Clubs

Wieners, Marktstr. 26, auch Spielertreff
Benderhof, Richard-Wagner-Str. 74, Treff für Fußballfans
Brauhaus am Markt, Stiftsplatz 2, Treff für Fußballfans
Bierbrezel, Lutrinastr. 2
Harlekin, Mannheimer Str. 12
Underground, Logenstr. 4, Musikclub
St. Martin, St.-Martinsplatz (Altstadt)

## Das Fritz-Walter-Stadion

auf dem Betzenberg wurde für die WM 2006 komplett umgestaltet. Ost- und Westtribüne wurden erweitert, die 1998 neu gebaute Südtribüne auf deren Niveau angehoben. Das Fassungsvermögen erhöhte sich auf 48.500 Sitzplätze. Die große Wandelhalle in der Nordtribüne bietet den Zuschauern vor den Spielen ein breites gastronomisches Angebot und als besondere Spezialität die leckeren Pferdebratwürste und Pferdefrikadellen aus der örtlichen Pferdemetzgerei Härting.
Stadionführungen müssen bei der Geschäftsstelle des 1. FCK erfragt werden. Leider gibt es im Stadionbereich noch kein Fußballmuseum, wo die zahlreich vorhandenen, aber zum Teil weit verstreuten Kostbarkeiten des 1. FCK zu sehen sind. Aber was nicht ist, kann ja noch werden.

Zwar ist der 1. FC Kaiserslautern nicht mehr Besitzer des Fritz-Walter-Stadions auf dem Betzenberg, doch fußballerisch muss er in der Stadt und drum herum keine Konkurrenz fürchten. Die früheren lokalen Rivalen vom VfR und von der TSG sowie der TuS Hohenecken und der SV Alsenborn spielen in unteren Ligen. Nach dem Verkauf des Stadions an eine städtische Betreibergesellschaft war kurzzeitig von der möglichen Etablierung eines Footballteams im amerikanisch angehauchten K-Town die Rede, doch daraus wurde nichts.

Kaiserslautern ist keine Medienstadt. Die „Zeitung für die Pfalz", *Die Rheinpfalz* hat hier eine größere Redaktion und berichtet kontinuierlich über Sport und vor allem über den 1. FC Kaiserslautern, ihr Hauptsitz ist aber Ludwigshafen am Rhein. Der Südwestrundfunk (SWR), Hauptsitz Mainz, hat hier ein Studio, ebenso wie der Privatsender RPR.

Daneben gibt es diverse Anzeigenblätter und Info-Broschüren.
Informationen aus Kultur, Politik und der lokalen Szene sowie Termine satt:
Pavillon – www.pavillon.de
T5 – www.lehnert-verlag.de
meier – www.meier-online.de
„Weiß der Teufel" – Unabhängiges FCK-Fanzine, www.weissderteufel@fckfans.info
Früher, vom Bundesligastart 1963 bis zum Abstieg 1996, gab es „HINEIN", danach „play." und nun das „Betze-Magazin", die Stadionzeitschrift des 1. FCK, – www.vis-a-vis.de
Für einen Rundgang durch Kaiserslautern empfiehlt sich der Kauf des kleinen bebilderten Büchleins „Kaiserslautern – Views, Ansichten, Vues", dreisprachig geschrieben, erschienen 1997 im pfälzischen Verlag K.F.Geißler, Edenkoben.

# Zitierte Zeitungen, Zeitschriften und andere Medien

DIE RHEINPFALZ, Rhein-Neckar-Zeitung, die tageszeitung, Süddeutsche Zeitung, Frankfurter Allgemeine Zeitung, Frankfurter Allgemeine Zeitung am Sonntag, Sonntag Aktuell, Mannheimer Morgen, DIE ZEIT, DER SPIEGEL, L'ÉQUIPE, El Pais, KICKERsportmagazin, 11FREUNDE, FourFourTwo (englisch), Flutlicht (SWR Fernsehen Mainz), ddp/ ADN, HINEIN, Let's go Betze, DIE WELLE, In Teufels Namen, Weiß der Teufel, Die Freiheit, Pfälzische Presse, Die Pfalz am Rhein, Wohin heute, Kaiserslautern – Stadt und Land, Pfälzische Volkszeitung, NSZ Rheinfront, Neue Zürcher Zeitung, HATTRICK Fußballmagazin, Armenisch-Deutsche Korrespondenz, France Football, Stadtmagazin meier Mannheim, play., Betze-Magazin, Pavillon, T 5, BILD, Pfälzischer Merkur, Ludwigshafener Wochenblatt, wikipedia.

# Fotonachweis

**Paul Gilbrecht:** S. 104, 105, 107 (2), 109 (2), 112, 113, 119, 120, 122, 125 (2), 127, 131, 135, 137, 139, 141, 147, 151, 152, 155, 157, 159, 161, 162, 164, 166, 167, 171, 173, 174, 175, 177, 178, 179, 181, 182, 183 (2), 186 o., 190, 226, 267, 271, 305, 309, 341, 363 (2), 365, 366, 368 li., 372, 373, 378, 379, 380. 381, 384 o., 385, 386, 388 li., 389, 392 re., 394 (2), 395 (2), 397, 398, 399, 400, 402, 404 (3), 406, 407 o., 409 re.

**Bernd Endres:** S. 193 (2), 196, 201 (2), 203, 205, 207, 211, 213, 216, 219, 221, 223, 229, 231, 239, 243, 245, 247, 249, 253 (2), 255, 256, 259, 263, 275, 278, 281, 283, 285, 287, 296 (3), 297 (3), 298 (2), 306, 346, 364 (2), 370, 372 o., 388 re., 391, 392 li., 401, 407 u., 409 li.

**Max Bachem:** S. 41, 43, 48, 65, 66, 73, 74, 81

**Nachlass Richard Schneider:** S. 44, 46, 51 (2), 55, 69

**1. FC Kaiserslautern:** S. 15, 19, 23, 33, 35, 67, 76, 80, 89, 91, 97, 101, 237, 331 (2), 332 o., 351, 356, 359, 368 u., 370, 381, 382, 384 u.

**Nachlass Co Prins:** S. 84, 393

**Stadtarchiv Kaiserslautern:** S. 13, 20, 337, 445

**Wilfried Jungmann:** S. 17

**Fotoagentur Kunz:** S. 184, 186 u.

**H.-P. Beyer:** S. 56

**Reinaldo Coddou:** S. 290, 302, 323, 345, Anzeigen-Rückseite,

**Archiv Markwart Herzog:** S. 25, 27, 29, 59, 332 u.

**Umschlag: vorne:** Getty Images (2), Fotoagentur Kunz, Nachlass Richard Schneider; hinten: Reinaldo Coddou